LE PAYS DE LA LITTÉRATURE

DU MÊME AUTEUR

Romanciers du XXe siècle

(en collaboration avec Michèle Gazier)

Marabout, 1989

Romanciers du XIXe siècle

(en collaboration avec Michèle Gazier)

Marabout, 1990

Diderot

Flammarion, 1991
et « Champs », 1994

Voltaire le conquérant

Naissance des intellectuels au siècle des Lumières

Seuil, 1994
et « Points », nº P324

André Gide, le messager

Seuil, 1997
et « Points », nº P817

Fiction & Cie

Pierre Lepape

LE PAYS DE LA LITTÉRATURE

Des Serments de Strasbourg
à l'enterrement de Sartre

Seuil
*27, rue Jacob, Paris VIe*

COLLECTION

« *Fiction & Cie* »

DIRIGÉE PAR DENIS ROCHE

ISBN 2-02-035879-4

www.seuil.com

À Michèle, toujours

Ce monde est sans accueil. Aucun dieu ne montre, ni n'appelle. Toute œuvre véritable, comme tout individu véritable, est d'abord un « ce qui n'est pas ». N'étant conforme à rien de ce qui est déjà, ce qui n'est pas ne correspond à rien. Il faut œuvrer à partir de ce qu'on ne sait pas pour atteindre on ne sait où. Aucun maître et aucun critique ne sont à suivre. Il n'y a aucune étude de marché à instrumenter pour s'assurer que ce qui n'est pas ne sera pas attendu par ceux qui l'ignorent. Il n'y a aucune science possible, critique possible, conseil possible, volonté possible pour ce qui n'est pas. Aucune étoile ne guidant, il faut suivre fermement l'étoile absente du langage.

Pascal QUIGNARD, *Rhétorique spéculative*

Préambule

Nous sommes des gens pressés. Nos ancêtres se contentaient de faire l'histoire : de vivre, de penser, de choisir, de subir, d'espérer. À d'autres, plus tard, d'écrire cette histoire, de proposer une signification objective à la multitude des actes, des savoirs et des faits : « *On ne voit pas l'histoire se faire pas plus que l'on ne voit l'herbe pousser* », écrivait Boris Pasternak. Mais nous n'avons plus la patience d'attendre ; nous voulons décider tout de suite de ce que nos petits-enfants penseront de nous dans un demi-siècle ; nous voulons être notre postérité. Il ne se passe guère une semaine sans qu'un journal nous avertisse qu'un événement historique vient d'avoir lieu sous nos yeux. Autrefois pourvoyeuse de nouvelles, la presse s'adonne désormais avec un sérieux de comptable à la confection de bilans. À trente ans, on écrit ses Mémoires.

L'activité littéraire n'échappe pas à cette hâte anxieuse. À peine sortis de chez l'imprimeur, un roman, un recueil de poèmes, un essai sont moins lus pour ce qu'ils sont – l'œuvre d'un artiste ou d'un penseur affrontant sa subjectivité au monde à travers une langue – qu'en fonction de la place, importante ou négligeable – un chapitre, une page, un paragraphe, une ligne, rien du tout –, qu'ils occuperont dans de virtuels manuels de littérature à l'usage des lycéens de 2080. Y aura-t-il encore des manuels de littérature en 2080 ? Et des lycéens ? Nos critiques pressés ne se rendent pas compte que leur histoire est déjà anachronique. Peu leur importe d'ailleurs, ils ont une autre préoccupation, autrement sérieuse, une angoisse nationale : à leur loterie de la postérité, aucun écrivain français vivant n'a encore tiré de billet gagnant. Les pages du futur manuel sont désespérément blanches, ou occupées, faute de mieux, par des remplaçants de petite figure, des doublures, des utilités. Pas de Racine en vue, ni de Victor Hugo, ni de Proust.

Voilà un événement historique, disent-ils, comme il y en a peu : la littérature française fout le camp. Quinze siècles de gloire et d'excellence ininterrompues viennent mourir comme une vague sur une plage déserte. On sonne l'alerte, on désigne des coupables, on ouvre déjà les dossiers du procès. Avocats et procureurs peaufinent leurs effets oratoires. Les bateleurs y trouvent leur compte : on peut désormais traiter les écrivains d'aujourd'hui par-dessous la jambe puisqu'ils ne seront rien demain.

Les Français sont habitués à ces exercices de jubilation masochiste. C'est l'envers de leur complexe de supériorité : s'ils ne sont pas les premiers, autant être les derniers des derniers ; c'est tout ou rien : l'Empire ou bien la décadence. Ce livre est né d'une réaction contre cette folle vanité se retournant en ressentiment et contre ce prophétisme sans mémoire.

D'abord, il fallait prendre son temps. Ces procès stupides instruits depuis l'avenir témoignaient au moins d'un sentiment réel : une passion française pour la langue et pour la littérature, enfouie, comme toutes les passions, dans les replis de notre histoire. Plus ou moins bien, nous nous résignons à être matériellement ce que nous sommes, ce que le temps et l'espace nous ont fait : un petit pays riche, une puissance de second rang. Mais qu'on ne s'en prenne pas à notre littérature, qu'on ne touche pas à notre langue, elles sont ce qui nous reste : notre mode d'accès à l'universel.

Nulle part ailleurs, sauf peut-être dans la vieille Chine des mandarins, les écrivains ne jouissent d'un tel prestige, sans commune mesure avec leur position sociale ; nulle part ailleurs la langue n'y est une affaire d'État, au point qu'un modeste débarbouillage de ses usages orthographiques suscite des débats parlementaires de guerre civile ; nulle part ailleurs la littérature fait ainsi corps avec le sentiment de l'identité nationale. Nos chefs politiques viennent encore chercher dans les vitrines des librairies l'onction de la légitimité : ils écrivent des livres.

Comme la France, la littérature se vit à la fois comme essence et comme existence, dans un perpétuel tourniquet dont nous connaissons tous le modèle de fonctionnement : la religion. À la fois une croyance et une institution. Une faim d'universel et un pouvoir singulier, allié à d'autres pouvoirs et le disputant avec eux ; un message, un clergé et des fidèles ; une foi et d'infinies disputes théologiques ; des tables de la loi et des hérétiques. Il sera question ici de la religion française de la littérature et de son système symbolique, la langue.

Prendre son temps, c'est se méfier de la théorie. On laissera à d'autres le soin de décider du sens de cette passion nationale, s'ils le peuvent. Quant à nous qui l'éprouvons toujours, au-delà de toute raison, nous nous bornons au plus agréable du travail : plonger dans la bibliothèque, en extraire, un à un, quelques-uns des maillons qui forment la chaîne et faire de chacun une histoire, à défaut de l'histoire. Une histoire : une petite concrétion instantanée de réalité et de fiction, de faits et d'images, de mystères parfois interprétés, parfois non, de personnages et d'institutions, de matière et de symboles. Comme les jours, les histoires se suivent et ne se ressemblent pas ; mais mises bout à bout, elles composent, si tout va bien, une autre histoire : celle de la naissance, du développement et, peut-être, de la mort d'une croyance collective dans l'étoile absente. Avec ses sujétions et ses aveuglements, ses rituels, ses leurres, ses abus, ses tyrannies ; mais aussi ses fêtes, ses extases, ses conquêtes, ses héros, ses martyrs, sa vérité.

Le choix de raconter des histoires détermine aussi ce que ce livre n'est pas. Il n'est pas, par exemple, une histoire de la littérature française ; pas davantage une histoire de ses écrivains ou un quelconque palmarès. Certaines des gloires les mieux établies de notre littérature en sont absentes, pour la raison tout arbitraire qu'ils n'entraient pas dans le récit. Villon, par exemple, ou Molière. On pourrait sans inconvénient ajouter cinquante chapitres à ceux qui suivent, la chaîne serait plus lourde ; je ne suis pas certain qu'elle serait plus solide.

Pour les raisons évoquées au début de ce préambule, ces récits de la croyance française s'arrêtent en 1980, avec l'enterrement de Jean-Paul Sartre. Après cette date, nous sommes dedans. Le nez sur le livre qui vient de naître, la critique trompe son monde lorsqu'elle entend consacrer. Qu'elle parie, c'est sa fonction sociale. Mais la mort de Sartre ne marque pas seulement une limite chronologique décente. Avec Sartre, après Sartre, il semble qu'un nouvel épisode commence, la croyance vacille, les vieux liens se dénouent. De nouvelles figures, encore floues, apparaissent, dans un espace désormais mondialisé et morcelé. L'image de l'universel s'efface, remplacée par celle de la mosaïque. Le travail des écrivains en est bouleversé. D'autres histoires commencent.

La double naissance

842 ■ *Serments de Strasbourg*

ILS SONT trois, Lothaire, Louis et Charles. Les deux premiers sont frères. Lothaire, quarante-sept ans, et Louis, trente-quatre, sont les fils de l'empereur Louis le Pieux et d'Ermangarde. Charles est le fruit du remariage de l'empereur avec la jeune et belle Judith de Bavière. Il a dix-neuf ans. Tous les trois sont les petits-fils de Charlemagne. Ils se font la guerre depuis deux lustres, et plus encore depuis la mort de leur père.

Le Pieux semblait pourtant avoir tout prévu et réglé depuis longtemps. En 817, l'année suivant son couronnement, il a rompu avec la tradition franque du partage en instituant son premier fils, Lothaire, en futur détenteur de la couronne impériale. Ses autres fils, Louis et Pépin (ce dernier devait mourir quelques années plus tard), recevraient en lots de consolation des royaumes soumis à l'autorité de Lothaire. Entre la coutume des Francs et le rêve d'un Empire romain reconstitué, Louis Ier choisit l'unité de l'Empire et celle de l'Europe chrétienne. L'Église applaudit. Les guerriers francs et leurs chefs plient, sans enthousiasme.

La naissance de Charles, l'ambition de Judith et l'amour de Louis pour sa jeune épouse vont bouleverser le schéma. Pour doter le petit Charles et lui assurer un bel avenir, on va peu à peu rogner sur les territoires promis à Lothaire, lequel n'entend pas être dépossédé par un gamin et par une marâtre qui a ensorcelé son père. Le ton monte et, chez les princes francs, il est rare qu'on en reste aux mots. D'autant que Lothaire est pressé de ceindre la couronne promise avant qu'elle ne tombe en quenouille. Si pressé que, par deux fois, il monte une expédition, dépose son père – avec l'appui de l'archevêque de Reims – et l'envoie méditer, en compagnie de l'impératrice, derrière les murs d'un couvent. Deux fois, le vieil empereur refait surface. Intrigues, coups de main, assassinats, yeux crevés, alliances faites et défaites, mais aussi, comme personne ne l'emporte durablement, réconciliations spectaculaires, embrassades, pardons, traités, nouveaux partages. Les royaumes virtuels et leurs titulaires se font et défont. Lorsque Louis meurt à Mayence en 840, l'idée impériale est morte. Elle n'aura pas duré un demi-siècle. Elle entre dans la légende de l'Europe.

Mais Lothaire s'y accroche encore, et pour cause. L'Église franque, elle, hésite. L'unité politique de l'Empire, garante de son unité spirituelle, c'était sa grande idée. Un empereur, un pape, une chrétienté. Mais elle vient aussi, dans les dernières années du règne de Louis le Pieux, de découvrir les bénéfices d'un pouvoir impérial affaibli et divisé : sous Charlemagne, elle était soumise ; depuis 830, elle dirige l'essentiel des affaires politiques et l'administration d'un monarque affaibli. Et Lothaire, le violent, le brutal, risque de replacer l'épiscopat sous le joug.

Le sort des armes va trancher le cas de conscience des évêques et exprimer, faute d'un message plus clair, la volonté divine : le 25 juin 841, les troupes conjointes de Louis, dit le Germanique, et de Charles, qu'on surnommera le Chauve, rencontrent à Fontenoy-en-Puisaye, près d'Auxerre, les soldats de Lothaire. Le choc fut, disent les annales, d'une extraordinaire violence. Lothaire, défait, s'enfuit, abandonnant sur le champ de bataille les corps de la plupart de ses partisans. La guerre est finie, la parole appartient désormais aux politiques, c'est-à-dire aux clercs.

Comment, sur les débris de l'Empire d'Occident, instituer un partage durable, c'est-à-dire acceptable par tous ? Comment découper justement cet immense territoire qui va de l'Atlantique au Danube et de la Frise à la Toscane ?

Des discussions commencent, dont on peut penser qu'elles ne finiront jamais, sinon sous la forme de compromis boiteux, promesses de nouvelles guerres et de contestations infinies. Comment évaluer chaque pièce de ce manteau que l'on déchire, sa superficie, sa richesse, sa population, ses défenses naturelles, ses activités ? Sur quels critères, avec quelles données, pour répondre à quelles passions ?

Faute de document, on doit imaginer les tractations entre les camps, les émissaires, les cartes rudimentaires, les colères des uns et des autres et les efforts des religieux pour mettre fin au plus vite à un conflit dont les hordes païennes, les Arabes au sud, les Normands à l'ouest et au nord, les Hongrois à l'est, pourraient profiter. Sans doute est-ce d'un groupe de ces clercs savants, formés aux écoles d'Aix-la-Chapelle, de Corbie ou de Fulda, imprégnés de culture latine traditionnelle, qu'est venue cette idée si simple et si révolutionnaire : effectuer le partage entre Charles et Louis – Lothaire, provisoirement, est hors course, contraint d'accepter ce qu'on lui donne – selon la langue parlée par leurs sujets. Une *Francia occidentalis* à l'ouest, dont les habitants parlent le roman ; une *Francia orientalis* à l'est, de langue germanique. Entre les deux, en tampon parce qu'on n'est pas naïf, on réservera pour Lothaire un royaume tout en longueur et assez invivable, multilingue de surcroît, qui court de la Lombardie à l'embouchure du Rhin. En guise de consolation, Lothaire conservera la couronne impériale, réduite à un simple symbole d'unité. L'idée de la France et celle de l'Allemagne sont nées autour de l'appartenance homogène à une manière de parler.

Le roman est une langue doublement vulgaire : un dérivé populaire du latin populaire, celui des marchands, des esclaves et des soldats arrivés en Gaule avec la conquête romaine huit siècles plus tôt. Du mauvais latin mâché et remâché par l'usage quotidien jusqu'à n'avoir plus qu'un vague souvenir de sa naissance. Ces origines fort plébéiennes de la langue française n'ont jamais fait l'affaire des nationalistes : on n'avoue pas aisément que le génie de la langue, ce don des dieux, est né dans le ruisseau. Selon les époques, les idéologies et l'état des connaissances linguistiques, idéologues et grammairiens – c'est tout un – se sont échinés à trouver des parents plus nobles ou à imaginer des mariages augustes dont serait issu le divin enfant. Le celtique, le grec, le germain, l'hébreu. Peine perdue, immenses chantiers ouverts pour n'y découvrir qu'une poignée de cailloux, quelques mots, quelques formes grammaticales, quelques racines importées, comme il en existe dans toutes les langues, perdues dans un océan de latin bâtard et rustique, lequel traînait déjà avec lui un fantôme de grec.

On ne sait pas trop quelles langues parlaient nos ancêtres les Gaulois avant Jules César, le celte excepté. Le fait est que, hormis dans le bastion breton, ces langues n'ont guère, la christianisation aidant, résisté à la dévoration latine. Tout le monde parlait latin, à sa manière. Plus infidèlement encore, sans doute, au fur et à mesure qu'on s'éloignait de la source romaine, des grandes voies de communication, des centres politiques et intellectuels et des zones de contact avec les autres langues.

Dater la naissance de la langue française parlée est donc une vaine entreprise. Chacun croit parler le latin de son père et de sa mère et chacun le transforme. Mais à un moment, vers le début du VIIe siècle, chacun se rend compte qu'il ne comprend plus que vaguement le vieux latin des gens instruits, celui qu'on parle dans les églises, et moins encore celui des livres. Il a cessé de parler latin. Déjà, les évêques recommandent aux prêtres d'utiliser dans leurs prêches un latin simplifié. Un pas de plus, quelques dizaines d'années, ils demanderont aux pasteurs, en Gaule du Nord, d'utiliser dans leurs homélies *l'autre langue*, celle de leurs ouailles. Que Charlemagne et sa cour d'intellectuels rénovent les études et les lettres latines tombées en déshérence, et l'écart se creuse encore, définitivement. Les contemporains de Charlemagne ont conscience qu'il existe désormais deux langues dans la partie occidentale de l'Empire, celle de l'écrit, le latin, et celle des illettrés, de la parole, que personne encore n'appelle le français et qui s'éparpille d'ailleurs en une infinité de dialectes.

Du côté de l'écriture – latine : le sacré, le pouvoir, la justice, la littérature, les formes nobles du savoir ; le tout entre les mains d'une toute petite minorité de clercs, bilingues, seuls détenteurs de cette immense puissance, celle de traduire en *langue romane rustique* la parole de Dieu, les ordres de l'administration, les décisions des juges et la mémoire de la civilisation. Du côté de la parole : la sujétion, l'espace restreint des patois, la force brutale de l'aristocratie militaire franque, l'exercice rugueux et borné de la vie quotidienne.

Pour longtemps, l'écrivain, le possesseur de l'écriture et de l'autre langue, sera le passeur, l'interprète du monde d'en haut auprès du monde d'en bas. Un grand prêtre, un magicien, même lorsqu'il aura cessé d'être tonsuré, et encore quand il paraîtra écrire la même langue que celle qui se parle. Parce que ça n'est pas la même. Pour longtemps, aussi longtemps qu'il y aura de l'écriture. On admire les sorciers, mais pas davantage qu'on ne les hait.

Le 14 février 842, Louis le Germanique et Charles le Chauve se rencontrent à Strasbourg pour sceller l'alliance d'où sortiront, quelques mois plus tard, les traités de Verdun. Les conseillers des deux rois ont tout fait pour donner à l'événement un éclat exceptionnel. Plus que publique, la cérémonie est publicitaire. Il ne s'agit pas d'un simple serment d'accord entre deux princes comme il y en a eu, comme il y en aura tant, mais d'un acte fondateur, directement inspiré par la volonté divine : la création de deux royaumes égaux que les deux demi-frères se donnent l'un à l'autre par total consentement, après le jugement de Dieu sans appel qu'est la victoire de Fontenoy.

Il est donc essentiel que tous entendent et comprennent le serment échangé. Ils sont donc là, présents, *« en la cité qui jadis s'appelait Argentaria, mais qui aujourd'hui est appelée communément Strasbourg »*, les conseillers qui ont préparé l'accord, les clercs qui administrent, les législateurs, les hommes de cour, mais aussi, mais surtout, les chefs de guerre et leurs troupes. C'est à eux que s'adressent en priorité Louis et Charles. Le premier, le plus âgé, parle d'abord, en langue germanique, à ceux de son camp pour leur expliquer la force particulière du serment qu'il va prononcer : *« Si toutefois, ce qu'à Dieu ne plaise, je venais à violer le serment juré à mon frère, je délie chacun de vous de toute soumission envers moi, ainsi que du serment que vous m'aurez prêté. »* Charles, en langue romane, reprend exactement les mêmes termes.

C'est après ce moment que se produit le coup de théâtre politique et linguistique préparé en coulisse. Louis le Germanique, toujours au bénéfice de l'âge, se tourne vers les troupes de Charles et jure, en langue romane : *« Pro Deo amur et pro Christian poblo et nostro commun salvament, dist di en avant, in quant Deus savir et podir me dunat, si salvarai eo cist meon fradre Karlo et in aiudha et in cadhuna cosa, si cum om per dreit son fradra salvar dift, in o quid il mi altresi fazet… »*

On est obligé aujourd'hui de traduire cette première apparition du français : *« Pour l'amour de Dieu et pour le salut commun du peuple chrétien et le nôtre, à partir de ce jour, pour autant que Dieu m'en donne le savoir et le pouvoir, je soutiendrai mon frère Charles ici présent de mon aide matérielle et en toute chose, à condition qu'il m'en fasse autant… »*

Et Charles prononce un serment de nature identique, en langue tudesque : *« In Goddes minna ind thes christianes folches ind unser bedhero gehaltnissi… »*

Vient ensuite un troisième serment, celui que *« le peuple de chacun des deux »* prononce dans sa propre langue. En roman : *« Si Lodhuvigs sagrament que son fradre Karlo jurat conservat, et Karlus meos sendra... » (« Si Louis tient le serment qu'il a juré à son frère Charles et que Charles, mon seigneur, de son côté n'observe pas le sien, au cas où je ne pourrais l'en détourner, je ne lui prêterai en cela aucun appui, ni moi ni nul que j'en pourrais détourner »).*

Les *Serments de Strasbourg* marquent la naissance conjointe de la France et de l'Allemagne, sous le signe de la reconnaissance mutuelle de leur spécificité linguistique sur la ruine de l'idée impériale latine. Événement politique considérable auquel un grand seigneur de la cour de Charles va donner sa véritable ampleur d'acte fondateur.

Il se nomme Nithard. Loin d'être un chroniqueur ou un historien, c'est un chef politique et militaire. Il est petit-fils de Charlemagne, de la main gauche, le fruit des amours de Berthe, fille de l'empereur, et du poète franc Angilbert, dit *facundus Homerus*, noble, diplomate et fin lettré. Nithard est donc le cousin germain des trois rois ; il fait partie de la famille. Né aux environs de 800, il a très vite pris parti pour le jeune Charles dont il est devenu le principal conseiller. C'est à la demande de Charles qu'il commence à écrire en 841, en latin évidemment, l'*Historiarum libri quator*, l'*Histoire des fils de Louis le Pieux*. Un livre de propagande politique donc, rédigé par l'un des acteurs de la guerre des frères, témoin actif et engagé des événements qu'il rapporte. Le livre I commence à la mort de Charlemagne et rappelle le règne de Louis et les turpitudes de Lothaire. Le livre II s'achève avec la victoire du Chauve et du Germanique à Fontenoy. Nithard a rempli sa fonction : justifier et légitimer les actions de son cousin Charles qui ont abouti à la destruction de l'Empire de Charlemagne. Il décide néanmoins d'ajouter un troisième livre :

« Ne pouvant souffrir d'entendre dire du mal de notre famille, il m'est encore bien plus pénible d'en dire moi-même. Aussi, tout en ne voulant pas manquer de respect pour les ordres reçus [de Charles le Chauve], *dès que je fus arrivé, selon mes vœux, à la fin du livre second, avais-je résolu en moi-même de clore définitivement cet ouvrage. Mais dans la crainte, qu'induit en erreur d'une manière ou d'une autre, il ne se trouvât quelqu'un pour entre-*

prendre de raconter les événements de notre temps autrement qu'ils se sont passés, j'ai consenti à ajouter ce troisième livre sur les événements auxquels j'ai pris part. »

Nithard en ajoutera d'ailleurs rapidement un quatrième : la reprise de la guerre par Lothaire, décidément intraitable, la trêve de Thionville et le mariage de Charles avec Ermentrude, la fille du comte d'Orléans. Il n'ira pas plus loin, il trouve la mort en 844, sur les bords de l'Agout, près d'Angoulême, en se battant contre les troupes de Pépin d'Aquitaine qui voulait obliger Charles à lever le siège de Toulouse.

Le livre III est entièrement consacré aux *Serments de Strasbourg*, c'est assez dire l'importance qu'il accorde à cette manifestation dans son exercice de légitimation. Le texte est écrit trois ou quatre mois seulement après la rencontre. Nithard a participé à tout. Aux discussions préliminaires, à la rédaction des actes, sans doute même à celle des serments bilingues. Noble, guerrier et lettré, la réunion de ces vertus est trop rare pour qu'il n'ait pas joué un rôle éminent dans l'accord et dans sa mise en scène. Mais Nithard, loin de se mettre en avant, choisit au contraire de disparaître derrière la solennité de son récit et l'audace de sa relation : il interrompt sa narration en latin pour transcrire le serment prononcé en langue romane par Louis le Germanique. La langue française écrite est née, le même jour que la France et par une même décision politique liant l'une à l'autre. Écrire le roman dans un texte, c'est d'un même mouvement inscrire ce texte dans l'ordre du sacré et offrir au langage vulgaire, parlé, le statut d'une langue. Nithard ne célèbre pas seulement à Strasbourg la fin de la mythologie impériale de domination d'un seul et son remplacement par des monarchies autonomes et égales, il attribue aux langues des peuples et de leurs rois un statut d'écriture qui en fait des égales et les égales du latin. C'est la deuxième mort de l'Empire, la sacralisation de la dispersion.

Charles et Louis ont évidemment disposé d'un texte écrit lors de leur lecture du serment. Ce texte n'a pas été conservé, alors que d'autres, de la même époque, l'ont été. Le seul qui nous reste est celui de Nithard, ou, plus exactement, des copies qui en ont été faites. On peut toujours s'interroger sur les hasards de la conservation et sur ceux des découvertes. Quelles traces subsisteront de notre civilisation actuelle dans douze siècles, à supposer qu'il reste encore des êtres vivants pour les lire, et quelles interprétations en proposeront-ils ? À l'inverse, on ne peut pas totalement exclure que demain se découvre, au fond d'une abbaye tyrolienne ou d'un ancien monastère de Syrie, sous la reliure d'un grimoire latin, grec ou arabe, un morceau de parchemin sur lequel sera noté le texte d'un sermon en roman, ou celui d'un poème traduit d'Ovide, écrits quelques dizaines d'années avant les *Serments de Strasbourg*. Il faudrait alors tout repenser de l'origine…

Il nous suffit, pour l'heure, de constater que les clercs archivistes des accords entre Charles et Louis ont tout conservé des documents, chartes et traités de cette période. Tout, sauf les serments prononcés dans les deux langues. Il a fallu la volonté d'un laïc pour qu'ils ne soient pas oubliés. Est-ce le résultat d'une déformation professionnelle qui aurait conduit ces moines à négliger un texte qui, n'étant pas en latin, n'appartenait pas vraiment à l'écriture ? Peut-être, à condition de bien mesurer, dans cette déformation, le poids du refus. Les détenteurs de l'écriture – latine par définition – n'entendent pas voir entamer leur monopole. Les *Serments de Strasbourg*, l'accession du roman et du tudesque comme langues communes aux pouvoirs et aux peuples, doivent demeurer un « coup » politique spectaculaire et sans lendemain. Une sorte d'accident de la parole que la mémoire des textes va se charger d'effacer. L'Empire n'existe plus, hélas, mais lui restent sa religion unique et, comme sa religion, sa langue.

Cette « opération silence », Nithard a dû en percevoir immédiatement la volonté. Sa *« crainte qu'il ne se trouvât quelqu'un pour entreprendre de raconter les événements autrement qu'ils se sont passés »* y fait écho. Il en saisit l'enjeu : la sujétion du royaume de Charles sous l'empire de la langue. Il allume le contre-feu : la publication des deux discours roman et germain, insérés comme naturellement dans une narration latine. Louis et Charles prenaient la parole, Nithard écrit, c'est-à-dire qu'il invente une langue.

L'écriture est une langue que personne ne parle. Lorsqu'ils décident de transcrire, selon les normes de l'alphabet et de la graphie latines, les paroles romanes que doit prononcer Louis le Germanique, Nithard et, avant lui, le ou les rédacteurs du serment – à supposer que ce ne soit pas Nithard lui-même – doivent presque tout inventer. Il n'existe aucun système, aucun principe de transcription. Il n'existe aucune langue parlée fixe ou considérée comme « bonne » sur laquelle fonder leur mise en texte. Ils doivent être compris de tous, chefs de guerre et soldats, qu'ils soient de Chartres ou de Saintes, de Reims ou de Toulouse. L'écriture romane des *Serments* est nationale. L'écriture dessine un espace national qu'aucun parler ne recouvre. La lettre ne recopie pas, elle crée. Le ou les rédacteurs des *Serments* ne coulent pas un dialecte « dominant » – poitevin, lyonnais, champenois ou « francien » – dans le moule de l'écriture romaine, ils *fabriquent* un texte roman, en s'appuyant évidemment sur leur acquis culturel d'intellectuels et de lettres : sur la prose latine, le modèle de toute écriture.

Le français est une fabrication de la littérature.

SOURCES

NITHARD : *Histoire des fils de Louis le Pieux*. Édition et traduction de Philippe Laueur. Paris, Les Belles Lettres, 1926. Rééd. 1964.

Ferdinand BRUNOT : *Histoire de la langue française, des origines à 1900*. Tome I : *De l'époque latine à la Renaissance*. Paris, Armand Colin, 1905. Rééd. 1966.

Bernard CERQUIGLINI : *La Naissance du français*. Paris, PUF, 1991.

Paul ZUMTHOR : *Histoire littéraire de la France médiévale (VIe-XIVe siècle)*. Paris, 1954. Rééd. Genève, Slatkine, 1981.

Renée BALIBAR : *L'Institution du français. Essai sur le colinguisme, des Carolingiens à la République*. Paris, PUF, 1985.

M. VAN UYTFANGHE : *Latin mérovingien, latin carolingien et rustica romana lingua*. Bruxelles, *Revue de l'Université libre*, 1977, p. 65-86.

Le moine, le noble et le saint

1041 ■ *La Vie de saint Alexis*

L'AMOUR, la politique, la religion : entre les sommets de ce triangle se tissent les romans historiques, parfois même l'histoire. Celle de Robert II est exemplaire. Le fils d'Hugues Capet et d'Adélaïde de Poitou, né à Orléans vers 970, est un roi chrétien impeccable, au point d'être surnommé le Pieux. Dévot, mais aussi instruit et brillant, il est bon poète et musicien de talent. Il vit entouré de conseillers, laïcs et surtout clercs, de haute réputation intellectuelle. Adepte d'une profitable politique matrimoniale, Hugues Capet a marié son fils en 988 à Rosala, fille de Bérenger, roi d'Italie, déjà veuve du comte de Flandres. Rosala amène en dot Montreuil-sur-Mer, mais Robert demeure insensible à l'argument : il aime sa cousine et maîtresse, la belle Berthe de Bourgogne. Il répudie donc la malheureuse Rosala et épouse Berthe. Personne n'y aurait trouvé à redire si cette dernière n'apportait la Bourgogne dans sa corbeille de noces.

La Bourgogne est un beau morceau de territoire, et riche. L'empereur Othon III, qui règne à Rome et rêve de reconstituer l'Empire de Charlemagne, n'entend pas voir s'agrandir ainsi le royaume français. Il a sous la main son cousin le pape Grégoire V, vingt-trois ans, qu'il vient d'imposer sur le trône pontifical. Le dévoué pape déclare illégitime le mariage de Robert. Celui-ci résiste. Une épreuve de force s'engage entre le roi et la papauté. Une figure s'invente et se développe, destinée à se répéter de siècle en siècle tout au long de notre histoire avec la régularité d'une habitude : la querelle du roi catholique, défenseur intransigeant de la religion, mais bien décidé à être maître chez lui et à diriger « son » clergé, et du souverain pontife chargé des intérêts universels et supérieurs du christianisme – jusque dans leurs retombées terrestres et temporelles les plus concrètes. Impossible partage, source intarissable d'affrontements, et donc de littérature.

Du côté royal, la littérature est avant tout celle de Gerbert d'Aurillac. D'autres parlent, mais c'est lui qui pense et écrit leurs discours. Étrange parcours que celui de ce fils de famille modeste, entré tout gamin en religion, étudiant la science islamique à Cordoue, avant de devenir à Reims le professeur écouté de toute l'élite européenne, mathématicien, théologien, pédagogue, philosophe, législateur. Instigateur de la révolution dynastique de 987 qui a placé Hugues Capet sur le trône, il est néanmoins l'ami des empereurs Othon II et Othon III, et tout dévoué à la cause impériale. Paradoxe supplémentaire – ou plutôt preuve d'une habileté politique à la hauteur de ses ambitions –, ce Gerbert qui attaque avec violence la papauté en 992 deviendra pape, six ans plus tard, sous le nom de Sylvestre II. Le pape de l'an Mil.

Gerbert n'y va pourtant pas de main morte pour dénoncer le déclin de l'Église et son incapacité à maintenir l'unité spirituelle du monde : *« À la chute de l'Empire, Rome a perdu l'Église d'Alexandrie, laissé échapper Antioche, sans parler de l'Afrique et de l'Asie. Voici que l'Europe elle-même se retire d'elle : l'Église de Constantinople se dérobe en effet ; le cœur de l'Espagne ne reconnaît plus ses lois. C'est la séparation dont parlait l'apôtre, non seulement des nations, mais des Églises… »* Bilan de désastre.

Mais Gerbert rencontre des adversaires à sa hauteur. À commencer par les dirigeants des grands monastères qui entendent bien se soustraire à l'autorité de leurs évêques en revendiquant l'obéissance directe à Rome. Querelles de dîmes autant que débat spirituel. Les monastères puissants, prospères et savants n'entendent pas partager avec ces pouilleux d'évêques. Le plus brillant, le plus dominateur de ces alliés du pape est Abbon, abbé de Fleury, chef redouté de la prestigieuse abbaye de Saint-Benoît-sur-Loire, formé à la tradition lettrée de l'école monastique anglaise. Abbon a contribué – avec Gerbert – à la constitution du *corpus* logique d'Aristote. Il est le théoricien, fort engagé, de la suprématie pontificale et de la supériorité du clergé régulier sur le séculier.

Son principal allié se prénomme Léon, il est le légat du pape auprès du roi. Il est aussi l'abbé du monastère de Saint-Boniface, sur l'Aventin, c'est-à-dire le responsable du culte de saint Alexis, San Alessio.

La légende de saint Alexis est très ancienne. Sans doute est-elle apparue au ve siècle, en Syrie. Un jeune noble romain, le jour de son mariage, s'enfuit vers Édesse – aujourd'hui Urfa, en Turquie, près de la frontière syrienne – et y mène une vie de prière et de privations. On lui donnera, un peu plus tard, le nom grec d'Alexios. La légende court, se fortifie et s'amplifie dans la chrétienté orientale jusqu'en 977 où, chassé de son évêché de Damas par la reconquête byzantine, un certain Serge débarque à Rome et y fonde, au couvent de Saint-Boniface, avec quelques moines de Constantinople, un monastère gréco-latin dédié à saint Alexis – dont il a apporté avec lui les reliques. Léon est le successeur de Serge.

Fermement appuyés par Othon III, le monastère et le culte de saint Alexis connaissent un développement spectaculaire ; la légende orientale se latinise et elle s'écrit. Elle se transforme en instrument de propagande édifiante en direction de l'aristocratie. Alexis devient le fils d'un haut dignitaire impérial. Il reçoit la meilleure formation. Il est promis à une jeune fille de bon lignage. Mais, le soir de ses noces, il fuit le lit conjugal et part en pèlerinage à Édesse, pour dix-sept ans. Les serviteurs de son père vont à sa recherche, mais Alexis, qui a distribué tous ses biens, est devenu mendiant et reste introuvable. Jusqu'à ce qu'une tempête le ramène sur les côtes italiennes. Il retourne donc à Rome et demande à son père, lequel ne le reconnaît pas, l'autorisation de mendier dans l'enceinte de son palais. Cela durera dix-sept ans encore (prestige de la symétrie). Ni ses parents, ni son épouse, fidèle comme il se doit, ne soupçonnent l'identité de ce saint homme, souvent bousculé et moqué par les domestiques. Sentant qu'il va mourir, il écrit sa vie. On découvre à sa mort ses révélations, sa famille pleure, le peuple de Rome admire, le saint défunt multiplie les miracles les plus mirobolants. La noblesse a trouvé un protecteur et un exemple.

Disposant de la richesse et de la force, voyant s'ouvrir devant elle les plus belles carrières, militaires, politiques ou religieuses, la jeunesse aristocratique a tendance à se considérer comme l'élite naturelle de ce monde qui lui est offert. Sa supériorité et son aisance ne peuvent venir que de Dieu ; elle l'en remercie et s'en montre fière, jusqu'à l'arrogance. La vie de saint Alexis vient lui rappeler qu'il y a des choix plus décisifs et plus vitaux que ceux de la carrière. Elle lui propose l'image et l'exemple d'un héroïsme supérieur, de décisions plus exaltantes, d'engagements plus sublimes, de défis plus rigoureux. Elle souligne enfin une hiérarchie des valeurs et des tâches dans laquelle le Ciel l'emporte toujours sur la Terre, l'humilité sur l'orgueil, la prière sur le pouvoir, le service de Dieu sur les joies temporelles. La plus haute noblesse se hausse jusqu'à l'humilité. L'aristocratisme suprême, c'est la sainteté.

La leçon est violente – à la prendre à la lettre, elle est révolutionnaire –, et certains qui la suivront de trop près seront bientôt taxés d'hérésie, question de nuances : où irait-on si l'on dépossédait et humiliait les seigneurs sous le prétexte de les pousser à la sainteté ? Mais, dans son enveloppe littéraire latine, sujet de sermons, de cérémonies autour des reliques, chants accompagnant le culte, elle est efficace et connaît un immense succès à la fin du xe siècle, à Rome, dans l'Empire, en Espagne. En France, quelques manuscrits du texte latin circulent dans les monastères, mais, à défaut de reliques, il manque un propagandiste.

Voilà le meilleur qui soit, le dépositaire du culte, le successeur de Serge de Damas, ce Léon, légat du pape, qui vient de qualifier Gerbert de *« fils de l'apostasie »* et lui rappeler que *« l'Église romaine est toujours honorée et vénérée par toutes les églises. Elle n'est décriée et déshonorée que par vous seul »*. Entre ses mains, la vie de saint Alexis, au prix de franches concessions à la vraisemblance historique, devient un instrument d'exaltation de la toute-puissance du pape et de l'universalité romaine. On ajoute un élément au récit : à la mort d'Alexis, son livre est entre ses mains serrées. Mais personne ne peut délivrer le parchemin d'entre les doigts du saint défunt. Seul le pape appelé en renfort parvient à libérer le témoignage. La leçon est transparente.

Léon parvient à ses fins politiques, le roi cède. Il sacrifie Gerbert, lequel retrouve la protection d'Othon qui le fera pape. Il se sépare de sa reine bourguignonne, mais ne désirant ni ne pouvant reprendre Rosala devenue religieuse, il tente une autre aventure politico-matrimoniale d'envergure. Il se marie avec Constance de Provence, fille du comte de Toulouse. La première tentative d'union entre le Nord et le Sud, bien mal acceptée par les barons français : ces guerriers francs mal dégrossis passaient pour des rustres au milieu des raffinements de la cour d'Aquitaine.

Le succès de la *Vita* de saint Alexis est-il à l'origine de la première hérésie de l'Église capétienne ? Il correspond en tout cas à un mouvement qui affecte, autour de 1022, les milieux aristocratiques et ecclésiastiques, avant d'atteindre le peuple. C'est à Orléans, au cœur même du royaume, que surgit la flamme. Des hauts dignitaires, le confesseur de la reine Constance, l'écolâtre – le maître-professeur – de l'abbaye Saint-Pierre-le-Puellier, des chanoines de la cathédrale d'Orléans, des nobles dévots retiennent et diffusent la leçon d'Alexis : il n'est pas besoin d'être clerc pour prétendre à la sainteté, chacun doit chercher par lui-même les voies de son salut, le mariage – et pas seulement celui des prêtres – est un obstacle à une vie de prière, de repentance et de pauvreté, la sexualité est une prison dont l'homme et la femme doivent se libérer pour retrouver le paradis de l'égalité primitive.

Raoul Glaber, ou le Glabre, nous dit qu'un nommé Leutard, à Châlons-sur-Marne, *« prétend divorcer en vertu des préceptes évangéliques »*. Circonstance aggravante, il décide, au nom des mêmes préceptes, de ne plus payer la dîme à un clergé devenu inutile. D'autres, nombreux, quittent leur famille, leur château ou leur village, à la recherche du désert, de l'ascèse individuelle et de la perfection.

Il faut sévir. Le pieux roi Robert fait réunir un synode pour juger les hérétiques orléanais. Procès retentissant car les accusés sont des intellectuels disposant de solides arguments théologiques. Mais procès joué d'avance : les accusés sont condamnés à mort et brûlés. C'est le premier exemple d'exécutions capitales pour cause d'hérésie. On retiendra qu'il touche des clercs savants et des nobles. La foi chrétienne est un destin collectif, pas un rapport personnel avec Dieu. Saint Alexis sent le fagot, mais il poursuit sa carrière littéraire.

C'est que l'Église a de nouveaux soucis avec les élites de la société. À partir du deuxième quart du XIe siècle, l'organisation sociale traditionnelle, encore marquée par les hiérarchies de l'Empire, se désagrège. Le roi, son armée, ses vassaux et son administration ne sont plus capables de maintenir l'ordre et la légalité. La loi le cède partout à la force. La puissance publique n'a plus les moyens de défendre ses forteresses et ses châteaux, qui tombent aux mains d'un nouveau groupe d'aristocrates particulièrement brutaux et insubordonnés, les chevaliers. Sans beaucoup de résistance, ces seigneurs de la guerre s'emparent des charges, lèvent des impôts pour nourrir leurs troupes et se combattent parce que c'est leur raison d'être. Ils pillent, ils rançonnent, ils accaparent ce qui leur tombe sous la hache et la lance. Y compris les biens de l'Église et des monastères, et là, c'est trop. L'Église s'en mêle puisque le roi est impuissant. Après tout, ces chevaliers, entre deux rapts, deux assassinats et deux incendies de villages, sont aussi des hommes qui craignent Dieu et les flammes éternelles de l'Enfer.

On passe donc ici et là des compromis, des pactes de paix, avec serments prêtés sur des reliques. On n'interdit pas la guerre, cette noble activité, on la civilise : *« Je n'assaillerai pas le clerc et le moine ne portant pas les armes séculières, ni ceux qui marcheront avec eux sans armes, ni ne prendrai leurs biens sauf leur flagrant délit. Je n'arrêterai le paysan ni la paysanne, je ne prendrai à aucun homme un mulet, une mule, un cheval, une jument, ni autre bête qui serait au pâturage. Je ne détruirai pas le moulin, ni ne prendrai le blé qui s'y trouve, sauf en cas de guerre et quand ce sera sur ma terre. »*

Ces *paix de Dieu* esquissent le dessin d'une figure étrange et paradoxale, celle du *chevalier chrétien*, du reître pieux, l'alliance de la violence guerrière la plus sauvage et de la religion évangélique. Donnant donnant : d'un côté, on encadre l'activité guerrière, on lui impose des modalités et des limites ; de l'autre, on lui offre l'onction divine pour peu que les règles soient respectées. Entre 1037 et 1041 se tient le concile d'Arles qui décide la *Trêve de Dieu*. Pas de guerre le dimanche et pendant les grandes fêtes liturgiques. Durant ces temps de repos forcé, le chevalier montrera la chrétienté de sa fonction en mettant son épée et son cheval au service de Dieu, de la veuve et de l'orphelin.

Est-ce un hasard si, dans ces années de négociations entre l'Église et la noblesse de guerre, reparaît, en langue française cette fois, *La Vie de saint Alexis*, un des tout premiers textes conservés de notre littérature ? Les chevaliers sont illettrés et fiers de l'être, de latin ils ne marmonnent que celui de la messe. La vie du noble Alexis et sa leçon d'héroïque humilité leur sont inaudibles. Voilà que se diffuse, que se chante, que se joue, au cours de fêtes et de cérémonies, un texte qui s'adresse à eux, qui parle de l'un des leurs, *« riches hom de grant nobilitet »*, lequel mène le plus grand des combats, celui qui ouvre le chemin de la vie éternelle, *« la plus durable glorie »*.

Les savants datent *La Vie de saint Alexis* française de 1040 environ. C'est un émouvant poème composé de 125 strophes de cinq décasyllabes assonancés. La langue a tant évolué depuis les *Serments de Strasbourg* qu'il est déjà presque possible de se passer de traduction. Cela commence ainsi, par une évocation mélancolique du temps passé où régnaient l'amour et la justice :

Bons fut li siecles al tens ancienor,
Quer feit i ert justisse et amor,
Si ert credance, dont or n'i at nul prot :
Tot est mudez, perdude at sa colore ;
Ja mais n'iert tels com fut as anceisors.

(Bon était le monde au temps des anciens
Car y régnaient la foi, la justice et l'amour;
Il y avait aussi la croyance dont on fait aujourd'hui peu de cas.
Tout a changé, le monde a perdu sa couleur :
Il ne sera jamais plus ce qu'il était du temps de nos ancêtres.)

Selon Gaston Paris, éminent philologue romaniste du XIXe siècle, l'auteur de *La Vie de saint Alexis* serait un chanoine de Rouen nommé Tedbalt (ou Thibaut) de Vernon. On trouve la trace de ce Tedbalt dans des annales de l'ordre bénédictin qui rapportent qu'en 1053 on promena dans les rues de Rouen les reliques de saint Vulframm – un archevêque de Sens du VIIe siècle – pour éloigner la peste. Avec grand succès puisque les miracles furent nombreux et des malades guéris, parmi lesquels un chanoine rouennais presque aveugle qui recouvra la vue.

« C'est ce Tedbalt de Vernon, écrit, en latin, le chroniqueur de l'abbaye de Fontenelle (aujourd'hui Saint-Wandrille), *qui a traduit de leur latinité les vies de plusieurs saints et entre autres celle de saint Wandrille, les a refondues pour l'usage de langue commune avec assez d'éloquence, et en a fait d'agréables chansons d'après une sorte de rythme tintant. »*

De ces traductions entre strophes tintantes, assonantes et éloquentes, rien ne reste, sinon cette chanson de saint Alexis. Elle dut avoir assez de succès et sa leçon conserver suffisamment d'actualité pour qu'on en retrouve copies et adaptations, en France du Nord et en Angleterre, en vers ou en quatrains monorimes, jusqu'au XVe siècle. Force et efficacité de la biographie : écrire une vie dans la langue ordinaire, c'est transformer une existence en exemple et transporter l'exception dans la chair et la langue du quotidien. La biographie fait bien autre chose que raconter une vie, elle l'écrit : elle l'installe dans un espace où se touchent l'éternité et la vie terrestre, le Verbe et la Chair, l'inaccessible et l'exemplaire.

On ne cesse de circuler de l'un à l'autre. Saint Alexis est un modèle de sainteté héroïque, mais c'est un modèle inimitable, l'indication d'un chemin qu'il convient d'admirer en se gardant d'entièrement le suivre. Priez et remerciez saint Alexis et ne quittez pas vos femmes, ni ne faites pleurer vos parents. L'écriture biographique, vie de saint, vie d'écrivain, de souverain ou de savant, est ce qui réalise ce paradoxe, offrir de participer à l'exceptionnel, la sainteté, le génie, le pouvoir, d'en toucher la grandeur, d'en approcher le sacré, d'en ressentir l'abnégation et la souffrance, bref : atteindre l'Autre dans son exception et sa gloire, sans abandonner les limites de son humble humanité.

Participation aux bénéfices sans prise de risque, voilà la biographie ; on comprend le succès du genre. Dans *La Vie de saint Alexis*, il y a une suite de strophes particulièrement émouvantes. Alexis vient de mourir, tenant dans sa main la biographie que sa main a tracée, la marque écrite, la seule *preuve* de sa sainteté – le rapport sacré à la lettre, la fonction d'*auteur* est celle qui confère l'*autorité* : la vertu de reconnaître, parmi tous les bruits du monde, le message qui donne le sens. Au moment où Alexis quitte son corps, son autobiographie donne corps à sa sainteté.

Sa mère – *« ta dolente medre »* –, son père – le cheveu blanc et *« la barbe chanude »* –, sa *« pulcele »* abandonnée depuis trente-quatre ans au pied du lit nuptial, laissent aller leur douleur dans des strophes plaintives et fortes où le poète oublie la théologie et la morale du sacrifice. Ils pleurent et se lamentent sur ces années qu'Alexis leur a prises. Le reproche se mêle à leur admiration et à leur regret. Ils ont payé la sainteté de leur fils et de leur mari :

Plus vos amai que nulle créature.
Si grant dolor oi m'est apareude,
Mielz me venist, amis, que morte fusse.

(Je vous aimai plus que toute personne.
Je suis maintenant accablée d'une douleur si grande !
Mieux aurait valu que je sois morte.)

Mais à peine les proches ont-ils quitté la dépouille d'Alexis qu'entre le peuple, et c'est un autre genre de chant qui s'entonne, plein de joie et d'espérance, celui des consommateurs de la sainteté, des bénéficiaires de la grâce biographique. Les malades qui l'invoquent sont guéris, *« alquant y vont, alquant se font porter »* selon qu'ils ont ou non des jambes pour se rendre jusqu'au corps, mais tous s'en retournent en chantant. Le sacrifice du saint offre grâce et protection, promesse de paix et de joie à ceux qui, sans pouvoir l'imiter, savent lire et entendre sa perfection.

La biographie est ce qui renouvelle et réincarne le sacrifice – du saint, de l'écrivain, de l'homme de guerre ou du savant – pour transformer ce sacrifice en grâce et en joie pour ceux qui lisent ou écoutent lire.

Plus tard, la crise – la critique – va déchirer le pli de ce tissu. Dans une version de *La Vie de saint Alexis* écrite à la moitié du XIVe siècle, ce qui allait de soi en 1040 – Alexis se donne à Dieu – devient le sujet d'un duel dont le récit occupe une grande part du poème. D'un côté Dieu, le saint, les anges et Notre-Dame, de l'autre les parents, l'épouse délaissée, des messagers de toutes sortes qui tentent de ramener Alexis à la bonne raison, aux liens du mariage. On argumente, droits de Dieu contre droits de l'homme en quelque sorte. Certes, Dieu et Alexis l'emportent, mais cette version introduit une autre forme de biographie : le procès. Le lecteur n'est plus le bénéficiaire d'une grâce, mais le juré d'un tribunal. Le récit de vie emprunte sa forme à l'instruction judiciaire, à charge et à décharge. Chez le biographe, les fonctions du prêtre et celles du juge sont dédoublées, comme le sont le saint et le juste. La vie ne coïncide plus avec l'œuvre, il arrive même qu'elles s'opposent. Alexis est finalement acquitté et applaudi, grâce à la lettre autobiographique qu'il remet à *« un saige cardinal »*, mais cette lettre n'est plus tout à fait le signe de sa sainteté : davantage un document qu'il verse au dossier de sa cause.

Déchirure, crise : la vérité est le verdict d'une pesée.

SOURCES

La Vie de saint Alexis. Textes des XIe, XIIe, XIIIe et XIVe siècles, publiés par Gaston Paris et Léopold Pannier. Paris, Librairie Franck, 1872. Rééd. Genève, Slatkine, 1974.

Pierre RICHÉ : *Gerbert d'Aurillac, le pape de l'an Mil.* Paris, Fayard, 1987.

Karl Ferdinand WERNER : « La légende de saint Alexis. Un document sur la religion de la haute noblesse vers l'an Mil ? » Dans : *Haut Moyen Âge. Culture, éducation et société.* Études offertes à Pierre Riché. Nanterre, Publidix-Érasme, 1990.

Erich AUERBACH : *Mimésis. La représentation de la réalité dans la littérature occidentale.* Berne, 1946. Trad. française, Paris, Gallimard, 1969.

J.-J. MAYEUR, L. PIETRI, A. VAUCHEZ et M. VENARD (dir.) : *Histoire du christianisme.* Tome IV : *610-1054.* Paris, Desclée, 1993.

Robert DELORT : *La France de l'an Mil.* Paris, Éd. du Seuil,1990.

Renart ou la séduction du monde à l'envers

1182 ■ Répression contre les confréries égalitaires

L'AGITATION, nous dit Georges Duby, partit du Puy en 1182. Il s'agit à l'origine d'un mouvement de paix. Les habitants de la ville et ceux des campagnes environnantes se réunissent pour essayer de chasser les troupes de routiers et de pillards qui attaquent les fermes, rançonnent voyageurs et transports et attaquent les châteaux. Ces bandes de routiers, formées de chevaliers de fortune et de mercenaires au chômage, sont une plaie endémique de la société. Mobiles, incontrôlables, souvent bien armées, traînant à leur suite une horde de prostituées, elles tiennent tête aux maigres escadrons du pouvoir royal chargés de les disperser. Les forêts sont leurs repaires, le lieu de toutes les peurs et de tous les dangers. Les forêts sont partout, une marge, mais immense.

Le nouveau dans le rassemblement du Puy est qu'il se forme autour d'un homme de rien, d'un *vilissimus*, marié et père de deux enfants de surcroît : un impur. Il se nommerait Durand, il travaille de ses mains, il est charpentier, mais Dieu ne craint pas de parler par la bouche de cet « ignoble » pour commander la chasse aux routiers. Durand l'inspiré forme une confrérie, la secte des « capuchonnés ». Tous ses membres portent un manteau blanc, emblème de pureté, chargé de dissimuler les différences de condition marquées par les vêtements. Tous les capuchonnés sont des égaux, porteurs, sur leur manteau immaculé, d'une médaille en étain représentant une Vierge à l'enfant. Ces bons chrétiens prient et bataillent pour la paix.

Malgré les réticences de l'évêque du Puy, la secte de pacification connaît un succès foudroyant. En quelques semaines, débordant largement les limites de la ville, elle atteint 5 000 membres. Des vilains, des bourgeois, des clercs, des chevaliers. Chacun paie son équipement et verse en outre une cotisation annuelle de 6 deniers, ce qui exclut les misérables. Chaque fois qu'une bande de routiers est signalée, toute la secte, sauf les moines qui restent à prier pour le succès de la cause, marche à l'ennemi. Même les femmes sans mari sont autorisées à se joindre aux pacificateurs.

On sait peu de chose de leurs succès militaires ; ils durent être assez nombreux et spectaculaires pour que le mouvement des capuchonnés gagne d'autres régions du royaume. Sous la plume de Rigord, panégyriste de Philippe Auguste et du pouvoir royal, Durand prend figure de saint : *« Le Seigneur, exauçant les pauvres, leur a envoyé comme sauveur non point l'empereur, le roi, quelque prince de l'Église, mais un pauvre. »* Durand est écouté, ajoute l'auteur de la *Geste de Philippe Auguste*, par *« les princes, les plus grands et les plus petits, ainsi que l'ensemble du peuple »*.

Changement de ton chez les chroniqueurs autour des années 1205-1210. Les capuchonnés – *Capuciati* ou *Caperons* selon les lieux – et les sectes égalitaires créées sur leur modèle semblent avoir essaimé partout, y compris dans les régions les plus riches de la France du Nord où les hordes de routiers ne sévissaient pas. Le combat de paix n'est plus qu'un vague prétexte. Riches d'un imposant trésor, habitués désormais à porter la main sur des hommes de guerre et à les tuer, les vilains deviennent *insolents*. Ils contestent, au nom de la religion et de l'égalité, la fiscalité seigneuriale, l'exploitation forcenée dont ils sont les victimes. Ils ont, dans la fraternité religieuse de leur confrérie, pris conscience de leur force et de leur dignité, quand tout dans l'organisation de la société féodale les désigne comme indignes, marqués du sceau biblique de l'opprobre, condamnés au travail manuel. On les méprise, mais désormais ils font peur.

Le récit des événements du Puy et de l'effervescence des années suivantes est donc récrit dans une autre perspective. Il s'agit cette fois de sauver l'ordre, voulu par Dieu, contre les menaces de la subversion et de la révolution. Durand n'est plus un saint, c'est un imposteur et un sot fanatique, soutenu par des bourgeois cupides et corrompus et par des chanoines extrémistes et jaloux, désireux d'imposer une tyrannie puritaine : des fous de Dieu avant la lettre, exploitant la bêtise dévote des gens du peuple, la jalousie du bas clergé et l'aveuglement de quelques seigneurs. La confrérie est devenue une conjuration, qui plus est hérétique : réclamer l'égalité, c'est vouloir le contraire de ce qu'a voulu Dieu, le Paradis dans ce monde et non dans l'autre, la levée de la punition originelle. Les capuchonnés et ceux qui les soutiennent sont des insensés et des pervers. Ils doivent être détruits.

Les routiers sont une plaie, les confréries égalitaires sont une menace autrement plus grave. Ils travaillent, ils se battent et ils prient : ils opèrent la confusion des trois ordres, le fondement même de l'architecture sociale. S'ils ont pu, un instant, se laisser entraîner par l'enthousiasme de la pacification, gens d'armes et gens d'Église opposent rapidement un front commun à la revendication populaire. Ce qu'expriment désormais les chroniqueurs, clercs ou moines pour la plupart, c'est une véritable haine de classe, cimentée par la peur et légitimée par la religion : les insensés, les insolents ne peuvent être inspirés que par le diable ; c'est le diable et lui seul qui peut instiller dans l'âme des vilains la *« démente présomption »* de se croire les égaux des puissances supérieures et de revendiquer la liberté quand la servitude, la soumission et la crainte sont leur apanage naturel et l'armature de la société chrétienne.

La répression de cette *« peste sociale »* est vigoureusement menée. Par les seigneurs, par les évêques, par le roi Philippe Auguste lui-même – qui vient de décider l'expulsion des juifs. On fait même alliance ici et là avec des armées de routiers pour mieux écraser la menace plébéienne. Par les armes, l'ordre et l'inégalité triomphent. Les capuchonnés qui échappent au glaive et à l'emprisonnement sont contraints de fuir, d'abandonner leur habit et leur capuchon pour se fondre de nouveau dans la masse des têtes nues, humbles et repentantes. Leur trésor de guerre confisqué vient remplir les coffres du roi et des nantis. On en fera des églises, des cadeaux et des fêtes. Sous l'empire de la peur, les trois ordres de la société féodale n'en font plus que deux, face à face : ceux qui possèdent le pouvoir et la richesse et ceux qui en sont exclus. En arbitre – mais ses arbitrages vont toujours dans le même sens –, le seul prince assez puissant pour sauvegarder la frontière entre ceux qui commandent et ceux qui doivent obéir : le roi.

La peur sociale est inséparable d'une peur métaphysique. Le

monde a un sens, un bas et un haut. En bas l'enfer, l'antre du démon, en haut le ciel, la demeure de Dieu. Entre les deux le monde, lui-même hiérarchisé selon la place occupée entre le haut et le bas. En bas ce qui touche à la terre, à la chair, à l'animalité de l'homme, à la pesanteur matérielle et à l'impureté. En haut ce qui s'élève vers le ciel, le corps oublié ou meurtri, l'âme pure, la parole de prière, l'instinct dominé, la vie terrestre au seul service du salut et de la vie éternelle. Qu'une seule de ces hiérarchies soit abolie et c'est l'édifice qui se retourne cul par-dessus tête. Le bas devient le haut et le haut le bas : c'est la victoire de Satan.

Le *Roman de Renart* raconte l'histoire d'un monde où le diable gagne, où le sens de l'univers est inversé, où le bas a pris la place du haut.

Il n'y a pas un *Roman de Renart*, pas même un tronc originaire assez puissant pour donner naissance à des branches et à des rameaux. Il y a quatorze livres, au moins, qui sont autant d'élaborations différentes d'un même fonds de textes qui utilisent le même registre d'expression, les mêmes schémas narratifs et des personnages récurrents. Des textes qui se citent et se reprennent les uns les autres, mais aussi innovent, inventent, amplifient, modifient, sans qu'on puisse savoir avec précision quel auteur – généralement anonyme, toujours inconnu – s'est servi d'un autre et quel autre a imaginé un épisode nouveau. Le *Roman de Renart* est une forêt gouvernée par l'anarchie, la seule loi qui y règne est celle de la prolifération organique.

Les savants, c'est leur fonction, se sont échinés avec méthode et érudition à mettre de l'ordre et de la raison dans ce jaillissement profus de l'ancien et du nouveau, de la redite et de l'invention. Il n'y a pas de génération spontanée, un texte a toujours une origine, religieuse, esthétique, sociologique, historique. À l'autre bout, il faut au moins, pour qu'il ait survécu jusqu'à nous, qu'il ait touché en profondeur un auditoire, assez pour y faire racine. Des centaines d'ouvrages, des milliers de pages ont été écrits par les plus doctes pour élever autour de Renart et de ses protagonistes de belles et fragiles architectures d'hypothèses dont il reste ceci de certain : la geste de Renart est née aux alentours de 1175 et a développé ses branches les plus vivaces jusque dans les quinze premières années du XIIIe siècle. Jusqu'à la bataille de Bouvines, dont Duby nous dit qu'elle établit le triomphe de la monarchie française. Puis elle s'éclaircit, se dessèche et meurt. Comme genre littéraire, le *Roman de Renart* s'épuise de lui-même, il n'a pas de descendance.

Parce qu'il parlait des gens du peuple et les faisait parler, parce qu'il se moquait, souvent crûment et cruellement, de l'ordre et de ses serviteurs, princes, seigneurs et religieux, on a vite fait du *Roman de Renart* un ouvrage populaire. Rien de plus faux ni de plus anachronique. Il n'y a pas de littérature populaire au XIIe siècle – ou, s'il y en a eu une, elle s'est envolée avec les voix qui la portaient. Durand, le charpentier transi du Puy, peut enflammer son auditoire de vilains, de bourgeois et de seigneurs par son éloquence pieuse et ses évocations d'un monde purifié de ses fléaux, il n'écrit pas. Son discours passe par le souffle et s'achève avec lui, il est une bouche par laquelle se fait entendre directement la parole divine. Sa mémoire est à la merci de ceux qui savent écrire. Ils en feront s'ils le veulent un saint, s'ils le veulent un escroc.

Aussi vaine, aussi contraire au temps, est l'interprétation qui daterait du *Roman de Renart* la naissance d'une littérature « bourgeoise », sous le prétexte que les récits renardesques apparaissent comme la parodie satirique des grands genres nobles qui dominent l'époque, la chanson de geste, le roman. Renart est le contemporain des grands romans de Chrétien de Troyes, du *Tristan et Yseut* de Béroul dont il retourne les thèmes comme un gant pour mieux faire rire son public. Noble le lion, comme Arthur, est roi et cocu, mais qui aujourd'hui manifesterait *« pareille douleur ni pareille colère pour un si petit dommage »* ?

Il y a bien détournement et retournement en effet, mais d'une tout autre ampleur qu'une simple moquerie sociale. Quand on s'en prend au pouvoir dans le *Roman de Renart*, celui du roi et de sa cour, celui des hommes d'Église, c'est que celui-ci a été corrompu et désarticulé par l'argent. Le livre n'est jamais plus violent, jamais plus éloigné du rire que lorsqu'il s'en prend à la peste du lucre, laquelle a fait le siècle *« si mauvais, si médisant et si infect qu'il blâme ce qu'il devrait louer »*. C'est le goût de l'argent qui pousse Noble à accorder, contre un trésor, le pardon à Renart qu'il s'apprêtait à pendre pour ses crimes ; c'est lui, écrit l'auteur du *Jugement de Renart*, qui amène le roi à s'entourer de riches marchands et de parvenus, *« mais à partir du moment, sire, où un roi s'attache à croire ses mauvais sujets et ignore ses grands barons, lâchant la tête pour la queue, son royaume périclite, car ceux qui sont de nature servile ne savent garder mesure.* [...] *Car à la cuisine chien affamé ne se soucie pas de son voisin. Ceux-là font périr les pauvres gens et changer le cours de la monnaie, mais ils savent parfaitement en tirer profit et empocher le bien d'autrui* ». L'irruption de la bourgeoisie, le pouvoir de l'argent ont pourri l'édifice hiérarchique. On a lâché la tête pour la queue. Là où le bourgeois et son argent se pavanent, il n'y a plus de loi, plus de justice, plus de séparation entre le bien et le mal, entre la louange et le blâme, entre l'amour et la prostitution, entre le monde des hommes et celui des animaux. Le « *siècle infect* », répètent les auteurs du roman, pessimistes ou optimistes sur l'avenir, c'est selon, soit qu'ils épousent la rancœur des seigneurs ou qu'ils fassent confiance au pouvoir montant du roi. Les romanciers de Renart ne sont pas subversifs, comme on aimerait tant le croire aujourd'hui ; ils décrivent la subversion en marche, ils la dénoncent, ils la rabaissent au niveau le plus vil, celui d'un affrontement animal, et la traitent sur le seul mode qui lui convienne, le moins noble – mais peut-être aussi le plus efficace –, celui du rire.

Dans les Évangiles, il n'est jamais écrit que Jésus ait ri. Avant de devenir avec Rabelais le propre de l'homme, le rire a été, dans toute la littérature théologique médiévale, le propre du démon. Le rire loge en bas, c'est sans doute pourquoi il appartient à tout le monde, nobles et ignobles. Son caractère universel, inter-ordre, est la preuve même de son essence trouble et fangeuse. Faute de pouvoir totalement le proscrire, il convient donc de lui assigner une place, de l'encadrer, de le ritualiser, de marquer sans cesse son caractère de subversion et de bassesse comme dans les cérémonies de carnaval où l'on met en scène, une fois par an, une société aux valeurs inversées, un monde cul par-dessus tête, pour mieux en stigmatiser l'absurdité, la folie et l'horreur. Il s'agit de neutraliser la basse passion de rire et d'en détourner la suspecte énergie vers des fins qui ne sont pas risibles, vers l'inquiétude par exemple, ou vers la haine. Transformer le rire en arme, dessiner un domaine circonscrit du risible contre lequel il convient de porter des coups, c'est essayer de retourner contre le mal sa propre violence. À ce prix, mais à ce prix seulement, le rire est toléré. Sinon il est dit fou.

Aujourd'hui encore, les auteurs comiques ne trouvent grâce qu'en raison du sérieux – psychologique, social ou métaphysique –

que l'on attribue à leur discours. L'important n'est jamais de rire mais de savoir de quoi l'on rit ; contre quoi.

Les auteurs du *Roman de Renart* font rire du mal et de l'erreur. Le mal et l'erreur sont ce qui advient lorsque la société des hommes, oubliant l'ordre divin et ses hiérarchies et solidarités naturelles – de naissance –, se met à croire aux vertus d'une égalité originaire, animale. L'égalité, c'est la loi de la forêt, celle du plus fort, du plus rusé, du plus cruel. C'est la loi qui ignore les lois. Renart est un rebelle, un baron félon. Membre de la cour du roi Noble, disposant d'un château-forteresse aux remparts imprenables, il fait fi de toutes les règles de la chevalerie, ce qui entraîne immanquablement la suite de ses forfaits : tromperies, viols, meurtres, blasphèmes. Il s'associe à des paysans contre d'autres barons – dans *Renart et Liétard*, il aide même un *« cochon de vilain »* à tuer Brun, l'ours –, il massacre par plaisir plus encore que pour nourrir sa famille, il est libre, souvent attrapé, échappant toujours au châtiment. Bref, comme le souligne sa couleur rousse, il est diabolique.

Mais Renart ne parviendrait jamais à accomplir ses crimes dans l'impunité si la société qui l'entoure ne lui prêtait la main, y compris ceux qui se déclarent comme ses pires ennemis, Ysengrin le loup, Tibère le chat, Tiercelin le corbeau, Pelé le rat ou Belin le mouton, ou encore, si proches des animaux, les paysans menés par la stupidité et l'appât du gain, les femmes que gouverne la lubricité, les prêtres ivrognes, les moines ignorants, les seigneurs avides. Tous, par oubli de leur position et de leur fonction au profit de passions vulgaires, sont les victimes de Renart et les acteurs de sa réussite.

Tous, animaux et humains sont confondus dans le même règne face à Renart qui est le *« diable vivant »*, capable, on le sait, de s'incarner indifféremment dans une bête ou dans une défroque humaine. L'originalité et le succès séculaire du *Roman de Renart* tiennent à la manière dont ses auteurs, dans la plupart des branches de la narration, ont su franchir en tous sens la frontière qui sépare l'humanité de l'animalité. Ils sont les seuls, dans l'espace narratif du roman, à ne pas avoir traité le monde animal comme une simple métaphore de la société humaine. Ils ne disent pas que les hommes ressemblent à des animaux, ni que des animaux peuvent avoir des comportements qui font penser aux hommes, mais que l'humanité est soumise au risque permanent d'une *métamorphose* qui la ramène à l'animalité. Dans le monde à l'envers dont le roman décrit le fonctionnement, Ysengrin est un homme et l'homme un loup, ou un mouton, ou une limace. Dans le merveilleux des contes, les crapauds se changent en princes charmants et les méchants seigneurs en brebis bêlantes : ils abandonnent un règne pour un autre sous l'effet d'un élément extérieur, magique ou providentiel. Ici rien de tel, la narration ne cesse de troubler les signes, de passer la frontière des genres comme si elle existait à peine à partir du moment où la frontière des ordres se trouvait transgressée, et par ceux-là mêmes qui sont chargés d'en assurer la protection. Les animaux imitent l'homme qui imite les animaux.

Les animaux parlent, cela n'a rien d'original, il y a des siècles que la littérature leur a donné la parole. Le nouveau est que la parole cesse d'être un don de Dieu pour devenir l'apanage du diable. Renart est le maître de la langue. C'est par elle, par son art consommé du discours, qu'il exerce au premier chef sa méchanceté souveraine. Libre, Renart n'est lié par aucune vérité. Il invente, et chacune de ses paroles ouvre un abîme dans lequel se jettent ceux qui ont le malheur de l'écouter. Plus les mots sont chargés d'un sens solennel, s'adressant au roi dans la plaidoirie, s'adressant à Dieu dans la confession, et plus la prolifération du mensonge assure le triomphe d'un univers monstrueux, absurde, déréglé.

Mais voilà que ce dérèglement atteint le sens du roman lui-même et l'empoisonne. Les narrateurs du *Roman de Renart* ne cessent de fustiger la méchanceté et la diablerie du goupil. Il est le trompeur, le félon, le blasphémateur, celui qui *« se torche le cul »* avec tous les symboles de la chevalerie et de la foi chrétienne. Et pourtant, il est aussi, par la simple logique mécanique de la continuation infinie du récit, celui qui n'est jamais châtié, qui échappe à la justice, qui prospère sur le malheur des autres. Plus encore : les auteurs du *Roman*, toujours proches des réactions du public auquel ils le racontent, sont bien obligés de constater que le succès de leur histoire tient à la sympathie dont bénéficient le cynisme, la férocité et l'ignominie de Renart. Ses mensonges font rire, les cris et les souffrances de ses victimes offrent un spectacle plaisant. Il y a une volupté littéraire de l'horreur et du sang, une délectation de la cruauté, une satisfaction de la scatologie, du vice et du scandale. En représentant le monde à l'envers, le *Roman de Renart* illustre l'abominable : l'infinie séduction du mal. Tous ses propos moralisateurs et outrés sur la conduite de Renart n'y peuvent rien, c'est Satan qu'on applaudit. L'anti-chevalier, le contre-héros est un héros. L'univers vit déjà la tête en bas. Si la littérature a autant de succès, c'est qu'elle accompagne et renforce, même malgré elle, le triomphe du mensonge et de sa luxuriance contre l'unicité de la vérité.

Les auteurs en ressentent un effroi certain. *La Confession de Renart*, que l'on date de 1195, doit sa réussite à la manière dont elle pousse à l'extrême le jeu de la fascination et de la répulsion. Plus l'auteur affirme sa volonté moralisatrice, plus il le fait dans les termes de la transgression linguistique, du blasphème et de l'obscénité.

Une première séquence, anormalement longue, met en garde le public contre Renart – *« un personnage abject, entièrement sous l'empire du démon. Personne ne peut se débarrasser de lui : il vous tient jusqu'à ce qu'il vous ait fait mourir. Il n'est pas bon de servir un tel maître qui finit par vous réduire à néant »* – en même temps qu'elle proclame la vérité de son discours : *« Je vous dirai tout sans mentir jamais, de la vie de Renart le goupil »*. Propos sévères empreints de philosophie convenue sur la folie du monde, comme si l'auteur voulait prendre ses distances avec le ton léger et enjoué du roman pour rire. Ceux qui choisissent Renart le pervers pour maître, ceux qui sympathisent avec lui sont voués à la mort et à la damnation, comme Renart lui-même qui aura un jour le sort qu'il mérite. Le public est sommé de réprouver Renart, pas de l'admirer.

Mais le devoir de vérité, encore, oblige l'auteur à *« donner la vraie version de cette branche, sans plus attendre ; n'y voyez pas une invention »* : Renart, menacé d'être *« martyrisé »* par des moines à qui il a volé leurs poules, parvient encore à leur échapper. Pas pour longtemps ; réfugié dans une meule de foin, il est menacé par la crue montante de l'Oise. Il prie, il se confesse à Hubert, le milan. Drôle de confessé et drôle de confesseur pour une confession sacrilège où l'aveu des péchés et des méfaits devient, de part et d'autre, un assaut de provocations où les deux compères se livrent à une surenchère de grossièretés sous le couvert d'une docte dispute sur la sexualité et sur sa prohibition, notamment dans les couvents cisterciens. C'est un festival extravagant d'obscénités, un catalogue des perversités, rythmé par des lâchers de pets, où l'hérésie donne la main à la sodomie – des crimes qui valent la mort – dans une sorte de sarabande jubilatoire du cul et du con – *« le nom le plus noble qui soit sur terre ».*

C'est comme si la langue, dès lors qu'on l'a délivrée des prohibitions courtoises, se comportait comme le sexe quand il oublie les prohibitions de l'Église. L'un et l'autre deviennent libres, c'est-à-dire fous. L'un et l'autre deviennent délectables et jouissifs. L'un et l'autre tirent leur séduction d'être coupables et répugnants, ce sont des gouffres, des abîmes que rien ne parvient jamais à combler. L'écrivain peut bien déclarer haut et fort qu'il défend la morale, la langue vulgaire se retourne contre ses intentions, l'entraîne vers le bas et le piège. Il s'en angoisse, sans jamais cesser d'y prendre plaisir.

SOURCES

Le Roman de Renart. Édition et traduction de Jean Dufournet et Andrée Méline. Paris, Flammarion, 1985.

John FLINN : *Le « Roman de Renart » dans la littérature française et les littératures étrangères au Moyen Âge.* Paris, PUF, 1963.

Jean SCHEIDEGGER : *Le « Roman de Renart » ou le Texte de la dérision.* Genève, Droz, 1989.

Claude REICHLER : *La Diabolie, la renardie, l'écriture.* Paris, Éd. de Minuit, 1983.

Jean BATANY : *Scènes et coulisses du « Roman de Renart ».* Paris, Sedes, 1989.

Georges DUBY : *Guerriers et paysans.* Paris, Gallimard, 1975.

Le pauvre Rutebeuf et les frères mendiants

1255 ■ L'université de Paris est mise au pas

« EN CE *temps-là*, écrit Burchard d'Ursperg vers 1225, *le monde vieillissait. Deux ordres surgirent dans l'Église dont ils renouvelèrent la jeunesse à la façon de l'aigle.* » Le monde n'est jamais vieux, mais la conscience du monde l'est souvent. Surtout quand les choses changent vite. Le XIIIe siècle découvre le progrès, et donc la mélancolie, le sentiment d'avoir perdu le temps immobile. En ce temps-là, le monde vieillissait, il commençait à se sentir une histoire au lieu d'une chronique.

L'Église vieillissait, le pilier central. Elle se reposait sur sa toute-puissance et s'éloignait des âmes de ses fidèles. À la flambée des hérésies, elle n'opposait que la répression. À un ici-bas en effervescence, elle proposait l'image exemplaire du moine contemplatif enfermé derrière les murs de son couvent. Elle semblait avoir lié de toute éternité son existence au système féodal et à ses trois ordres, alors que ce système s'anémiait. La circulation de l'argent, la formation des villes, l'extension du pouvoir royal minaient sa suprématie. L'Église s'éloignait des corps.

Mais voilà la jeunesse, la chance de reconquête des vies abandonnées ou endormies : les ordres mendiants, les frères mineurs de François d'Assise et les frères prêcheurs de Dominique de Guzman. Les premiers professant l'humilité et la pauvreté évangélique, les seconds privilégiant l'étude et la prédication pour mieux combattre les hérétiques et leurs thèses. Les uns pour l'exemple, les autres pour la parole, les deux d'accord pour s'ouvrir aux réalités du monde et pour se vouer à l'évangélisation et au salut des fidèles et des égarés. Ils voyagent, ils sont sans cesse sur les routes, par deux, allant d'un lieu de parole et d'enseignement à un autre. Ils n'ont pas besoin de monastères pour tisser leurs réseaux. Ils bousculent les usages, secouent les scléroses, raniment ici, ailleurs suppléent aux carences. Ils sont le bain de jouvence de l'Église, elle va en faire sa milice. Non sans tordre le message des fondateurs. François d'Assise ne se reconnaissait déjà plus, à sa mort en 1226, dans l'ordre fraternel qu'il avait créé. Entre 1231 et 1233, dix ans après la mort de Dominique, l'ordre des prêcheurs se voit confier l'office de l'Inquisition. La parole ne suffisait déjà plus à convertir.

À Paris, les dominicains sont appelés jacobins, et les franciscains, cordeliers. Comme partout en Europe, leur succès est foudroyant, au point d'entraîner un recul des autres ordres. Au point surtout d'inquiéter le clergé séculier de la ville. Parmi les missions que se sont données les mendiants figure la reprise en main intellectuelle et spirituelle de l'enseignement. En toute logique pour les dominicains férus de joutes théologiques ; de manière plus inattendue pour les petits frères de François d'Assise censés être plus proches des humbles que des docteurs.

Mais l'université de Paris est un centre de rayonnement trop considérable pour que chacun ne veuille y faire triompher l'excellence de sa vocation. Dès les débuts du XIIe siècle, les écoles parisiennes, sous l'autorité du chancelier de la cathédrale, constituaient le grand centre des études théologiques en Europe. Les retentissantes controverses autour de la philosophie d'Abélard, la découverte d'Aristote, les contacts avec le monde intellectuel arabe et, à travers lui, avec la pensée grecque témoignaient d'une activité intellectuelle intense qu'il s'agissait de capter et de canaliser avant que les hérésies ne s'en emparent.

C'est donc tout naturellement le pape, Innocent III, qui promulgua en 1211 une bulle, *Compilato tertia*, organisant, dans ses moindres détails, la vie universitaire parisienne, de la date des vacances au rituel des funérailles des maîtres défunts. Quatre ans plus tard, son légat, le cardinal de Courçon, publiait les premiers statuts de l'université de Paris. On y interdisait la lecture de la philosophie naturelle d'Aristote, on y plaçait chaque élève sous la tutelle juridique d'un maître et l'on conférait à l'université le droit exclusif d'attribuer les grades de bachelier, de licencié et de docteur. L'université de Paris était composée de quatre facultés, théologie, droit canon, médecine et arts libéraux. Mais, en réalité, seule la théologie, la « science des sciences », l'école de formation des cadres ecclésiastiques, intéressait Rome. Au point qu'une bulle de 1219, *Super Speculam*, interdit à tous les prêtres l'étude du droit romain et la médecine. La séparation des fonctions du prêtre de celles du médecin, des soins de l'âme et des soins du corps, est une révolution anthropologique d'une portée considérable. Même si l'Église parlait moins de séparation que de hiérarchie : *« Aux médecins des corps, quand ils sont appelés auprès des malades, de les avertir et de les exhorter par-dessus tout à appeler les médecins des âmes.* [...] *L'âme étant infiniment plus précieuse que le corps, nous interdisons au médecin, sous peine d'anathème, de conseiller au malade en vue de sa guérison corporelle un remède susceptible de mettre son âme en danger. »*

Grâce aux soins attentifs de l'autorité romaine, l'université jouit donc, dans le cadre strict qui lui est donné, d'une grande autonomie tant vis-à-vis des évêques que du pouvoir royal. Elle a ses règles, ses rites, ses tribunaux, son administration. Elle doit être *« une maîtresse de vérité pour l'Église entière »*. Ses maîtres en théologie ont le privilège de prêcher quand ils le veulent dans toutes les paroisses de Paris ; elle est à elle seule un pouvoir. L'Italie a le pape, l'Allemagne l'empereur, la France l'université. Mais ce pouvoir est sous haute surveillance.

Car à peine ont-ils commencé à goûter aux fruits de leur indépendance, maîtres et étudiants de l'université de Paris en éprouvent les limites. L'offensive vient des ordres mendiants. Franciscains et dominicains de Paris, installés au Quartier latin, y ont fondé dans les années 1220 leurs écoles, gratuites et de bonne qualité. Quand ces écoles obtiennent leur intégration à l'université de Paris – et donc le droit de délivrer des diplômes –, les enseignants séculiers et leurs étudiants sentent aussitôt la menace : étroitement liés à la papauté, les mendiants viennent en surveillants aujourd'hui, en maîtres demain. N'oublions pas qu'au XIIIe siècle, déjà, une « erreur » théologique peut conduire au bûcher.

Le conflit qui oppose, entre 1229 et 1231, l'université au pouvoir royal avive les tensions entre les universitaires et les mendiants. L'enseignement des arts libéraux – dialectique, grammaire, rhétorique, arithmétique, astronomie, géométrie, musique – est à la fois le parent pauvre de la nouvelle institution, le plus bas degré de sa hiérarchie, et sa plus belle réussite. Des centaines de jeunes gens venus de toute l'Europe y discutent librement, dans un bouillonnement d'idées. Leur effervescence ne se limite pas aux échanges intellectuels. On fait beaucoup de bruit au Quartier latin, dans toutes les langues, et on y a le sang chaud. Ce rassemblement de jeunes gens, protégés par les privilèges de la cléricature sans pourtant être tenus aux obligations de la prêtrise, fermente. On boit, on vole, on viole, on nargue les bourgeois et les archers du roi.

Le roi, Louis IX, est un enfant ; mais sa mère, Blanche de Castille, est une régente énergique. À l'occasion d'une bagarre d'étudiants dans un cabaret dépendant de l'église Saint-Marcel, elle fait donner la police pour rétablir l'ordre, sans ménagement. Les bourgeois des environs prêtent main-forte aux sergents royaux. Il y a plusieurs morts et des dizaines de blessés. L'université décrète l'arrêt des cours. C'est la première grève de l'Occident. Maîtres et étudiants décident de quitter Paris tant qu'ils n'auront pas obtenu réparation. Tout le monde est d'accord ou presque : dominicains et franciscains jouent les briseurs de grève et demeurent à Paris. Une sécession qui ne sera pas oubliée.

L'affaire dure deux ans. L'élite intellectuelle parisienne mesure la force que lui donne son prestige. De partout, les propositions affluent pour récupérer les universitaires grévistes. Le roi d'Angleterre leur propose Oxford, qu'il vient de créer ; le comte de Bretagne médite d'ouvrir une université à Nantes ; à Toulouse, Raymond VII fait miroiter le charme des Toulousaines autant que la liberté d'étudier Aristote. Mais ni Paris ni l'administration royale n'ont les moyens de perdre leur université. Le savoir est devenu un enjeu du pouvoir monarchique. Guillaume de Nangis, biographe de Louis IX, l'exprime clairement : « *Le roi* [...] *fut très inquiet et eut grand peur que de si grands et si riches trésors ne s'éloignassent de son royaume, car les richesses du salut sont pleines de sens et de savoir, et parce qu'il ne voulait pas que le seigneur lui reprochât : "Parce que tu as jeté et éloigné la science de ton royaume, sache que tu t'es éloigné de moi."* » Le salut passe par le savoir, c'est une nouveauté considérable et promise à un bel avenir.

Bref, il faut négocier. Malgré son entêtement, Blanche de Castille doit discuter avec les universitaires. Pour avoir trop tardé, elle cède tout. Le roi paie une amende de réparation, les privilèges de l'université sont renouvelés, le prix des chambres d'étudiants est fixé. Les bourgeois y vont également de leur bourse. Mieux encore : le pape valide les diplômes obtenus hors de Paris pendant le conflit et reconnaît aux maîtres et aux étudiants le droit de grève au cas où le meurtre de l'un des leurs n'aurait pas été puni dans les quinze jours. Le roi de France avait sauvé son université et elle était plus rayonnante que jamais.

Une affaire semblable éclate vingt ans plus tard, en mars 1253. Même cause, même effet. Cette fois, l'université en grève exige des maîtres mendiants de prêter le serment de poursuivre la réparation du tort subi. Ceux-ci refusent. Les séculiers décident alors qu'aucun professeur ne sera admis à l'université s'il ne jure pas d'observer ses statuts, parmi lesquels figure la limitation des chaires dévolues aux ordres mendiants, c'est-à-dire à la mainmise directe de Rome.

Tout naturellement, les mendiants font donc appel au pape. Ils se plaignent aussi auprès du comte de Poitiers qui exerce la régence pendant que Louis IX est aux croisades. L'affaire s'envenime ; on en vient aux mains. Les séculiers trouvent un porte-parole particulièrement audacieux, Guillaume de Saint-Amour. Trop audacieux sans doute : Guillaume ne se contente pas de plaider la cause des universitaires parisiens, il critique la légitimité des ordres mendiants, les privilèges apostoliques excessifs qui leur sont accordés, le discrédit dangereux qu'ils jettent sur les évêques et sur leurs prêtres, le goût du pouvoir qu'ils manifestent sous couvert d'humilité.

Pour le malheur des séculiers, Innocent IV meurt. Il se trouve remplacé, sous le nom d'Alexandre IV, par Renaud de Segni, le cardinal protecteur des franciscains. Le nouveau pape édicte la bulle *Quasi lignum vitae* où les positions des mendiants triomphent sur toute la ligne. Guillaume de Saint-Amour fulmine et dénonce publiquement le péril mendiant, l'université annonce son autodissolution, mais cette fois Rome, malgré l'avis contraire de l'assemblée des prélats réunie à Paris, ne cède pas. Des maîtres séculiers sont excommuniés, Guillaume est privé de ses bénéfices et exilé hors de France. Malgré la persistance de l'agitation, l'université est mise au pas. Les mendiants, forts de l'appui romain ainsi que de la faveur de Louis IX, *« Frère Louis »*, et de son gourou franciscain Hugues de Digne, ont remporté la partie. Pour compléter le dispositif, le roi offre à son ami Robert de Sorbon, chanoine à Notre-

Dame de Paris, séculier donc mais favorable aux jacobins et aux cordeliers, quelques maisons qui lui appartiennent rue Coupe-Gueule, au Quartier latin, afin qu'il y fonde un collège de théologie, lequel deviendra la Sorbonne. Les intérêts du pape et du souverain coïncident. Le premier contrôle désormais de près son centre européen d'études et de diffusion théologiques. Le second développe une université où s'enseigne le *vrai* savoir, celui qui est réellement utile : le savoir en quête du salut. Le reste ne l'intéresse pas ; la seule science qui vaille est celle de Dieu et toutes les autres doivent y ramener. À peine née, l'université de Paris est corsetée, amputée, réduite, ou peu s'en faut, à la seule formation professionnelle des cadres ecclésiastiques, dans la plus stricte des orthodoxies. Et dans la seule langue admissible, à l'oral comme à l'écrit : le latin. La langue française, la langue vulgaire, n'est digne d'aucune pensée.

Celui qui l'utilise pour écrire ne peut donc jouir que d'un statut inférieur. Il ne saurait *servir* cette langue ; il s'en sert, mais elle le fait tomber à la hauteur de ceux auxquels il s'adresse, pour les besognes de la propagande, du divertissement ou de l'édification. Nulle gloire à en attendre, tout juste la reconnaissance de l'efficacité. Le français est une arme ; sans doute existe-t-il un art des armes, mais celui-là est entre tous mineur. Aucune école ne l'apprend, aucune corporation ne le revendique. Écrivain français : le dernier des métiers, ou presque.

Voyez Rutebeuf. Il est le premier à rire de lui en jouant sur son nom : Rude et Bœuf, *« Rutebeuf qui rudement œuvre »*. Toute sa poésie reflète la conscience de cet écart : entre sa volonté de découvrir les voies du salut et les moyens rudes, maladroits, ridiculement imparfaits qu'il doit utiliser pour faire son métier, cette poésie en langue vulgaire si éloignée de Dieu et de la langue parfaite.

Être poète dans ces conditions n'est justifiable que sous la forme de l'aveu. Rutebeuf avoue : je fais des vers au lieu de travailler *« car autre ouvrage ne sai faire »*. Au moment où commence à se réhabiliter la valeur morale du travail – dans une perspective polémique contre les ordres mendiants –, Rutebeuf reconnaît qu'il se livre à une activité de bon à rien, alors que *« Notre Seigneur dit que celui qui ne travaille pas n'a pas le droit de manger »*. Il va plus loin dans sa *Repentance* : *« J'ai rimé et j'ai chanté aux dépens des uns pour plaire aux autres : ainsi le diable m'a séduit »* ; *« J'ai topé à un mauvais marché »*.

Poète maudit, Rutebeuf, comme nous le présente la tradition depuis le romantisme ? Poète en français, donc galopant vers la perte de son âme et la damnation, voilà comment il se présente. Un incapable qui gagne sa vie à rimer contre les uns pour plaire aux autres. Plaire, c'est-à-dire être rétribué pour le service que l'on rend. Rutebeuf ne le cache pas : il est un poète à gages : *« J'ai toujours engraissé ma panse du bien, des ressources d'autrui. »* On le paie pour écrire. La seule justification de cette activité poétique si peu reluisante est qu'elle fait vivre sa famille, même mal.

Est-ce à dire qu'il n'est pas sincère lorsqu'il pourfend les jacobins, accusés d'avoir *« renversé l'université »* qui les a généreusement accueillis ? La question n'intéresse pas les destinataires de son message. Ils ne s'intéressent en aucune manière à ce que pourrait penser et sentir, en son for intérieur, un individu nommé Rutebeuf – que par ailleurs nul ne connaît. Peu importe l'émetteur réel, seule compte la voix qu'il emprunte. Le nom même dont il signe n'est là que pour donner un corps, un effet d'authenticité à la voix. Rutebeuf se met en scène, comme un comédien endosse un costume, non pour faire apparaître sa personne, mais pour mieux s'effacer derrière le personnage qui prononce le discours. Il est sincère comme un acteur : il fait croire qu'il l'est.

Il le fait croire avec une telle habileté, un tel luxe de maquillage, un tel exhibitionnisme qu'on a pu s'y tromper : Rutebeuf s'épanchait comme un romantique. Il montrait son cœur, sa misère, ses défauts, ses remords, ses aspirations au salut. Il riait, geignait, s'enflammait, s'indignait, avouait. Une sorte de Musset avant la lettre, génial puisque précurseur. Son génie est d'avoir créé l'illusion.

La plus géniale de ces illusions est celle du relâchement, de la rudesse, de la maladresse. Le jeu de Rutebeuf consiste à donner l'illusion qu'il n'est pas un grand artiste, ni un intellectuel. Dans la querelle qui enflamme l'université, il est du côté du public, pas de celui des spécialistes. À eux les subtilités et les raffinements, les belles périodes latines et les ornements rhétoriques de la discussion. Lui est un artisan ordinaire, taillant comme il peut dans la langue rugueuse du vulgaire, bien incapable de s'élever jusqu'aux beautés éthérées de la poésie courtoise. Un homme du peuple parisien comme les autres, un peu plus misérable que les autres, par parasitisme. Chacun peut le reconnaître comme un des siens : il a endossé la défroque du gueux, il a pris son accent rude. Il arrive que ses vers boitent, que ses mots écorchent la bienséance, que ses rimes grincent. Mais sa foi aussi est celle de tout le monde : forte et parfois oublieuse et défaillante, aimantée par le désir du salut et taraudée par la peur d'en être indigne. Il est peuple, ostensiblement.

Dans la guerre universitaire où il a été engagé, son efficacité polémique réside dans sa capacité à se confondre avec ceux qu'il doit convaincre. Les querelles des protagonistes sur les règlements intérieurs, le nombre des maîtres en théologie ou l'interprétation d'Aristote, ces empoignades en latin ne suscitent qu'un intérêt distant. Il importe en revanche à chacun, pour son salut, qu'il existe une université forte, dirigée par des maîtres n'ayant d'autre ambition que la recherche de la vérité. Rutebeuf ignore, ou feint d'ignorer, la théologie dès qu'elle s'éloigne des simples enseignements de l'Évangile. Il n'ajoute pas une leçon ou un prêche à tant d'autres. Il parle de morale, de comportement :

Foix, paix, concorde,
voilà qui leur emplit la bouche,
mais leurs façons me rappellent
que des paroles aux actes il y a loin.

Nous retrouvons Renart, le champion des belles paroles. Il porte désormais un froc gris ceint d'une corde, mais *« sa vie n'en est pas moins abjecte »*. L'habit ne fait pas le moine, le moine ne fait pas l'homme honnête :

Quoi qu'un jacobin emprunte,
je ne paierais même pas de sa dette
la valeur d'une pelure de pomme.

Dans *La Discorde des Jacobins et de l'Université*, écrit au début de 1255, alors qu'Alexandre IV, l'ami des mendiants, est sur le trône pontifical depuis quelques semaines, Rutebeuf s'en tient à cette accusation d'hypocrisie : sous des faux airs pieux et pacifiques, les jacobins ont entrepris de *« renverser »* l'université qui les a accueillis. Ils sont ingrats et fauteurs de trouble.

Au fur et à mesure que la victoire des mendiants se précise et que la répression s'abat contre leurs adversaires, les vers de Rutebeuf vont se faire plus violents et sa critique plus profonde,

contre Hypocrisie
la cousine germaine d'Hérésie
qui a pris possession du pays.

C'est elle désormais qui gouverne le monde. Elle a pour elle les baillis, les prévôts, les maires, les juges, le droit canon. Un pas de plus, dramatique, emprunté à l'argumentaire de Guillaume de Saint-Amour :

Vous voyez là le signe évident
du prochain avènement
de l'Antéchrist.

Saint-Amour est interdit par Rome et condamné à l'exil. Rutebeuf ne se borne pas à protester :

Prélats, je vous le fais savoir,
vous en êtes tous avilis,

il s'en prend au roi lui-même, coupable de s'être couché devant le pape. Et dans ses derniers vers du *Dit sur l'exil de Guillaume de Saint-Amour*, le poète mercenaire s'offre aux coups des ennemis de la vérité :

Je ne crains pas le martyre
de la mort, d'où qu'elle me vienne
si elle me vient pour cette cause.

La mort ne viendra pas, ni le martyre, seulement la censure. On brûle les libelles hostiles aux Frères. Rutebeuf commence sa chanson sur *Les Règles monastiques* en écrivant qu'il ne peut plus rien écrire :

Puisqu'il faut taire la vérité,
je n'ai que faire de parler.
J'ai dit la vérité en maint lieu.
À présent elle est dangereuse à dire
à ceux qui ne l'aiment pas.

Il la dira aux autres. La guerre est terminée, les séculiers ont perdu, mais la vérité est éternelle. Rutebeuf continue à souffler sur les braises. Il amplifie encore sa plainte, cette fois il s'en prend au principe même des ordres mendiants, à leur relation à l'argent.

Une fois encore, Rutebeuf évite de se lancer dans d'abstruses discussions cléricales, comme il y en a tant depuis deux siècles, sur l'usure, le prêt à intérêt et les chances de salut de ceux qui s'adonnent au négoce. Comme tout un chacun, il constate que l'Église se débat entre l'éloge évangélique de la pauvreté individuelle et l'accroissement de sa puissance économique, garante de son influence sociale. La plupart des hérésies sont nées de cette contradiction. Rutebeuf ne s'en mêle pas.

En revanche, il connaît, comme tout le monde, la première règle édictée par François d'Assise lors de la fondation de son ordre : *« Et si par hasard – qu'il n'en soit rien ! – il arrivait qu'un frère amasse ou détienne de l'argent ou des denrées... tenons-le tous, frères, pour un faux frère et un apostat voleur et un brigand. »* Beau principe, mais qu'advient-il lorsque, au lieu de gagner sa nourriture, on doit la mendier, c'est-à-dire dépendre étroitement de ceux qui ont de l'argent ? Rutebeuf constate que le salut, désormais, est entré de plein droit dans le cycle des échanges économiques, dans le prix de la pénitence :

Ils nous ont tués et blessés,
ceux qui tiennent embrassée la porte du ciel.
Ils l'ouvrent toute grande
à ceux qui les abreuvent, à ceux qui les enivrent,
à ceux qui engraissent leur panse
de l'argent et des biens d'autrui,
et qui peut-être sont de parfaits hérétiques.

C'est le moment, nous dit Jacques Le Goff, où se diffuse la nouvelle géographie du Purgatoire, cette intrusion du temps comptable et rachetable dans l'éternité de l'au-delà. Rutebeuf n'y voit pas une adaptation de l'Église aux nouvelles réalités urbaines et marchandes, mais la marque d'une terrible décadence spirituelle et morale, l'effacement de la frontière entre le bien et le mal, entre la damnation et le salut. Le Paradis est à vendre ; les mendiants l'échangent contre des oboles qu'ils nomment pénitences. Ils devaient se faire pauvres parmi les pauvres, ils sont devenus les convives des riches, les confesseurs des belles pécheresses, les chiens des usuriers et les captateurs de leurs héritages.

Je ne sais vous le dire en moins de mots :
nous sommes en très grand danger.

La défense de l'université se confond avec celle de la tradition médiévale. La mainmise des jacobins et des cordeliers sur l'enseignement est la marque d'une volonté de destruction beaucoup plus grave, celle de l'Église :

Je suis rempli d'une colère noire
quand je vois dans quel état elle est.

Ah ! Jésus-Christ, veille donc
à ce que se rallume la lumière
qu'on a éteinte par mépris pour toi !

Il n'y a pas de rupture – sinon celle due au changement de commanditaire et donc de sujet – entre ces poèmes engagés et les textes dits « personnels » qui ont fait la gloire moderne de Rutebeuf : *La Griesche d'hiver*, *La Griesche d'été*, *Le Dit du mensonge*, *Le Mariage*, *La Complainte*, *La Repentance*. « *Tout tourne à perte* », écrit Rutebeuf. Et ailleurs : « *Le monde était bon, maintenant c'est différent.* » Non sans dérision, Rutebeuf met en scène et en images la mélancolie d'un pécheur ordinaire dans un monde lui-même égaré. Comment retrouver le droit chemin, et comment en avoir encore la force ?

Pauvre tête, pauvre mémoire
m'a données Dieu, le roi de gloire,
et pauvre rente,
et froid au cul quand bise vente.

Voilà un pauvre parmi les pauvres, faible et lamentable entre les mains de Dieu, joueur, pilier de cabaret, écrivaillon de mauvaise fortune – « *fol ouvrier, folle œuvre* » –, marié sans amour à une femme qui ne vaut pas mieux que lui. Il n'a rien, sinon sa plainte, ses amis sont morts ou se sont éloignés de sa table vide et de ses propos amers. Il est nu, et perdu :

De mon œil droit, qui était le meilleur,
je ne vois pas assez pour distinguer ma route.

Un homme qui souffre, de lui-même et du monde, comme toutes les pauvres créatures. Mais personne ne vient lui tendre la main, personne ne se soucie du salut de son âme, ni ne répond à ses prières balbutiantes : le monde est en hiver. Il semble que le bon Dieu lui-même s'en détourne et n'aime plus ses créatures que de loin, qu'il se venge. Plainte magnifique, dans son épuisement. Écrasé « *entre le maillet et le coin* », entre le poids de ses fautes et l'indifférence du monde, le poète abandonne la lutte terrestre. Se battre contre les Frères et leur hypocrisie a été un combat inutile. Ainsi s'achève *La Repentance Rutebeuf*, intitulée aussi *La Mort Rutebeuf* :

Je me suis cru plus fin que Renart :
finesse et ruse ne servent de rien,

il est en sécurité dans son palais.
Ce monde passe,
et il me faut partir de mon côté.
Double la mise qui voudra, je quitte le jeu.

Sans devenir ami des jacobins qu'il déteste, Rutebeuf se rapproche du roi, fait l'apologie des croisades, écrit des miracles et des vies de saintes, à la commande. Il a quitté le jeu. Lorsqu'en 1268 éclate un nouveau conflit à l'université de Paris, Rutebeuf écrit un poème. Il déplore que les étudiants, au lieu de travailler, dépensent à se battre l'argent de leurs parents, pour des querelles d'après-boire. *« Il n'en sortira que des maux et des tourments. »* Le fou est devenu sage.

SOURCES

RUTEBEUF : *Œuvres complètes*. Édition de Michel Zink. Paris, Garnier, 1990.

Michel-Marie DUFEIL : *Guillaume de Saint-Amour et la polémique universitaire parisienne*. Paris, Picard, 1972.

Michel ZINK : *La Subjectivité littéraire. Autour du siècle de Saint Louis*. Paris, PUF, 1985.

Paul ZUMTHOR : *Essai de poétique médiévale*. Paris, Éd. du Seuil, 1972.

Jacques LE GOFF : *Saint Louis*. Paris, Gallimard, 1996.

— *La Naissance du Purgatoire*. Paris, Gallimard, 1981.

— *Les Intellectuels au Moyen Âge*. Paris, Éd. du Seuil, 1957.

André VAUCHEZ (dir.) : « Apogée de la papauté et expansion de la chrétienté (1054-1274) ». Dans *Histoire du christianisme*, tome V. Paris, Desclée, 1993.

FRANÇOIS D'ASSISE : *Écrits*. Édition de Théophile Desbonnets. Paris, Cerf, 1981.

Alain de LIBERA : *Penser au Moyen Âge*. Paris, Éd. du Seuil, 1991.

La vérité dans l'ivresse

1276 ■ *Le Jeu de la feuillée* d'Adam de la Halle

À LA FIN du XIIIe siècle, Arras accueille plus de 20 000 habitants. On compte 2 800 maisons dans la ville nouvelle, 300 dans l'ancienne cité. La population s'entasse, elle se serre entre les murs. Inégalement il est vrai : les jardins de l'archevêque couvrent plusieurs hectares.

Il ne reste rien ou presque de l'ancienne capitale gallo-romaine des Atrebates. Comme toutes les villes occidentales, celle-ci avait pratiquement disparu dans la grande régression poursuivie jusqu'au Xe siècle. Construite autour de sa cathédrale, encore inachevée depuis les débuts de son édification en 1160, la « vieille » cité n'a guère plus d'un siècle. Arras est un bourgeon du printemps économique qui bouleverse, inégalement, le visage de l'Europe.

Un bourgeon ou un surgeon ? La ville pompe les énergies ; elle est gloutonne, jalouse, exclusive, despotique. Elle prend beaucoup et donne peu. Les bourgeois d'Arras, bien enfermés derrière leurs fortifications, ont largement assujetti les paysans qui les entourent. Ils possèdent des terres considérables, des bois, des manoirs, des moulins, souvent fort éloignés de la ville. Arras absorbe infiniment plus de nourriture, de boissons, de bois, de cuirs, de sable que ne l'autorise sa démographie. La ville suce la moelle rurale.

La ville-vampire séduit autant qu'elle fait peur : sa muraille est une frontière qui sépare deux mondes. Lorsqu'il a acquitté son droit d'entrée et qu'il réside à Arras depuis plus d'un an, l'ancien paysan devenu ouvrier ou artisan peut croire à une nouvelle existence. Il est libre. Certes, depuis que Saint Louis a érigé l'Artois en comté en 1237, Arras est placée sous la suzeraineté du comte d'Artois, représenté dans la ville par le bailli d'Arras disposant de quelques pouvoirs de police, de fisc et de pendaison. Un fonctionnaire qui reste rarement en place bien longtemps, un symbole furtif. Depuis le début du XIIe siècle, la réalité du pouvoir est détenue par les douze échevins désignés par la guilde des marchands pour des mandats de quatorze mois, selon un système de cooptation. Leur autorité s'étend à tous les citadins, mais aussi aux étrangers de passage. Ils administrent, dirigent les finances, contrôlent le commerce, rendent la justice. Plus encore que la puissance, ils représentent la solidarité – et l'égoïsme – des citadins d'Arras. Ils donnent le sentiment que chacun des citoyens participe à la puissance de sa cité. La ville offre l'heureuse illusion d'être une. Elle a son sceau, sa cloche, son pilori, son autorité municipale autonome. L'ordre féodal est loin.

Arras a surtout sa richesse, qui est la garante du reste. La richesse fortifie les remparts, paie les soldats et les gendarmes qui assurent la sécurité, édifie les hôpitaux et les églises, aménage les léproseries, attire les artistes, magnifie les cérémonies et les fêtes, multiplie les couvents et les écoles et accumule les réserves de nourriture. Arras est immensément riche.

Le travail de fourmi mené dans les archives, les chartes et les registres par Roger Berger permet de se faire plus qu'une idée de cette richesse : de lui donner des noms, des histoires et presque des visages. À Arras, on commence sa fortune dans l'industrie du textile, dans le tissage des laines et des draperies, mais on la consolide et l'étend par des entreprises à haut risque et à haute rentabilité : le commerce international et le prêt à intérêt. Dès le XIIe siècle, l'audace des Arrageois les a poussés vers les foires de Champagne puis beaucoup plus loin, jusqu'aux rives de la Méditerranée. Autant qu'à Londres où ils négocient la laine, ils sont à Gênes et à Perpignan, où ils mêlent commerce et courtage. Ils attirent sur le marché d'Arras des Lombards et des Espagnols. Ils trafiquent, ils exportent, ils jouent sur les changes. Ils deviennent experts en opérations financières. Et bientôt ils prêtent, en grand.

Il existe, bien sûr, à Arras, comme partout, des usuriers et des changeurs, haïs et indispensables ; mais ici, le vrai commerce de l'argent, celui qui rapporte des fortunes, est aux mains des bourgeois de la ville. Au point qu'en 1208, déjà, le pape Innocent III écrivait que, *« si l'on voulait appliquer à tous les usuriers de ce lieu les sanctions prévues par le concile de Latran, il faudrait fermer toutes les églises »*. Des églises, l'argent et l'or en couvrent Arras : une douzaine au moins, toutes neuves, sans compter la cathédrale Notre-Dame et l'imposante abbaye de Saint-Vaast sous le maître-autel de laquelle sont enfermées les reliques du saint éponyme. L'usure peut-elle encore être un péché quand elle acquiert une dimension si impressionnante et quand les usuriers dispensent si largement la monnaie de leurs bénéfices aux couvents et aux œuvres pieuses ?

À la fin du XIIIe siècle, un journalier gagne 10 livres par an, un artisan maçon, le double. C'est à cette échelle qu'il faut mesurer les 56 000 livres de prêts consentis entre 1265 et 1292 par Jacques Louchart, dit Garet, à des particuliers comme le comte de Flandres, le comte d'Artois ou la princesse Marguerite, à des abbayes comme Anchin ou les Dunes, mais surtout à des villes : Gand, Bruges, Ypres, Dunkerque. Des prêts dont on a même parfois l'habileté politique de ne pas réclamer le remboursement, y trouvant au centuple d'autres avantages. Et Louchart n'est pas seul, loin de là : Berger a relevé plus de 250 personnes faisant fructifier leur capital par des prêts, à des taux variant de 12 à 20 %. Et comme on veille à marier ses enfants *intra muros*, que les lignages forment une large trame, entre les Audefroi, les Le Bouteiller, les Douchet, les Crespin et autre Faverel, les successions sont royales. Arras resplendit de ses rentes.

Pour mieux gérer sa fortune, elle s'instruit. Un Arrageois adulte sur quatre sait lire, écrire et compter, c'est considérable. Les deux écoles, celle de la Cathédrale et celle de l'Abbaye, comptent 400 places. Mais les marchands d'Arras n'éprouvent sans doute qu'un intérêt limité pour les arcanes de la théologie et les subtilités de la rhétorique latine. Ils désirent un apprentissage pratique, dispensé en langue vulgaire. Ils veulent apprendre le monde comme il va, comme il discute, comme il échange. L'enseignement des écoles est souvent complété ou remplacé par un enseignement à domicile prodigué par des clercs. Les futurs bourgeois d'Arras se forment à l'art de parler et d'écrire, mais aussi au droit, si utile en affaires, et aux chiffres.

Les richesses s'exhibent, celles de la fortune et celles du savoir. Dans les ornements de la maison, dans la parure, dans l'édification de beffrois et de fontaines, dans l'organisation de fêtes, dans les dons prodigués aux institutions charitables. Les signes de la réussite demandent à être consommés immédiatement, la vie est courte. L'ostentation est le revers de la brièveté de la vie, elle réclame que les signes se changent en symboles, qu'ils s'inscrivent rapidement. La ville est pressée, elle se souvient de sa naissance récente, elle sait n'être pas éternelle. Elle ne vit pas au rythme du retour des saisons mais à celui du temps qui fuit, celui des échéances de la rente. La fortune a la forme d'une roue qui tourne.

Les campagnes trouvent leur sécurité dans la répétition, dans l'équilibre cyclique de la récolte et de la consommation, dans l'exaltation de la monotonie : cela sera puisque cela fut ; la campagne est vieille comme le monde. La ville est mortelle, sa force est fiévreuse, l'accumulation de sa population facilite une vie sociale intense – on se côtoie, on se coudoie, on éprouve ensemble, en même temps, les mêmes émotions – mais promet les griseries du nombre, les contagions de la violence : le citadin est bétail en troupeau, il prend la mouche. Sa violence potentielle doit être strictement encadrée, canalisée, ritualisée. Elle se fait spectacle et compétition.

Arras, dès sa renaissance urbaine, a marié la police sociale et le spectacle. Chacun de ses habitants, riche ou pauvre, d'ancienne famille ou de franchise récente, est inséré dans un maillage étroit d'institutions et de hiérarchies : la maison, le voisinage, la paroisse, le métier. À chacun de ces cadres ses protections et ses solidarités – on ne meurt jamais de faim à Arras, ni de froid, on y est toujours assuré des reliefs de la prospérité tant qu'on reste dans les murs. À chaque groupe ses obligations, ses cérémonies, ses manifestations et ses saints. À Arras, le culte des saints est inséparable d'une liturgie où la ville manifeste son ordre, sa cohésion et son esprit d'entreprise. En chantant ses saints, la ville se donne le spectacle d'elle-même. Elle jouit de se regarder.

Dans les châteaux, dans les cours, les seigneurs et les princes donnent des spectacles. Ils invitent des professionnels à dire et à chanter, la poésie et la musique sont des distractions qu'on achète. Seul le spectacle des armes mérite qu'on y participe. À Arras, les armes sont les paroles. Dans ses tournois, on croise les mots ; et à ce jeu, les bourgeois d'Arras se sentent de taille à affronter les meilleurs professionnels. Les mots sont à l'or ce que le sang est à la bataille. Convaincre vaut vaincre.

Dès 1230, Arras est ainsi devenue un haut lieu de la littérature, le seul qui rivalise avec Paris. La cité de l'argent est celle de la poésie. On y compte un peu moins d'une centaine d'écrivains. Ils composent, en français, quelques miracles, mais l'essentiel de la production étonne par son inspiration profane : chansons, dits, poèmes lyriques, fabliaux, pièces satiriques. Les bourgeois d'Arras sont aussi pieux que leurs contemporains des châteaux et des champs, mais pas au point de se détourner de ce qui les préoccupe au premier chef : moins l'édification religieuse des foules par la représentation émotionnelle des scènes de la Bible que l'inscription du capital culturel d'Arras sur le marché du verbe. La grande cité marchande appréhende la littérature comme une *valeur* dans le grand marché des affaires humaines. On songe à Paul Valéry dans *La Liberté de l'esprit* : « *Je dis qu'il y a une valeur nommée* esprit, *comme il y a une valeur* pétrole, blé *ou* or. *J'ai dit* valeur, *parce qu'il y a appréciation, jugement d'importance, et qu'il y a aussi discussion sur le prix auquel on est disposé à payer cette valeur : l'*esprit. » Comme toute valeur d'échange, la littérature est fondée sur une croyance, une adhésion magique. On ne s'étonnera pas que des marchands lancés dans l'aventure des échanges internationaux aient adhéré à cette croyance, lui aient fait *crédit* pour qu'elle impose sa valeur dans le commerce général entre les hommes. Il n'y avait là pour eux nulle métaphore.

On le voit bien dans l'organisation qui préside à l'activité littéraire arrageoise. Il y a au moins, en 1276, deux compagnies qui rivalisent dans ce domaine, même s'il arrive souvent que des écrivains travaillent pour l'une et pour l'autre. D'une part, le « Puy d'Arras », la plus nombreuse et la plus prestigieuse. Elle est présidée par un « prince », probablement élu par ses pairs. Au cours de ses grandes assemblées publiques, assez semblables à des tournois verbaux, le Puy présente, souvent devant un jury qui récompense les meilleures œuvres, les écrits des participants : des bourgeois de la ville, mais aussi des étrangers, des clercs, parfois même des nobles de haut rang comme le comte Charles d'Anjou ou le prince Édouard d'Angleterre. Chacun y dit ou chante ses poèmes ou bien s'engage dans une compétition dont on ne s'étonnera pas qu'elle fasse fureur à Arras : le jeu-parti.

Le jeu-parti est une forme poétique lyrique d'origine aquitaine qui prend la forme d'une dispute ou *altercatio* entre deux auteurs sur un sujet amoureux imposé, arbitrée par un juge. Le Puy d'Arras a déployé une grande activité littéraire jusqu'à la mort de son principal animateur, le poète Jean Bretel, en 1272. En 1276, c'est Robert Soumillon qui en est le prince.

L'autre confrérie, ou charité, est la « carité Notre-Dame de jongleurs et bourgeois ». Elle est née à la fin du XIIe siècle. C'est une véritable association professionnelle de jongleurs et de ménestrels, les uns bourgeois de la ville, les autres « du dehors », en même temps qu'une guilde d'assistance qui a reçu de la Vierge une chandelle miraculeuse pour venir en aide aux victimes du *mal des ardents*, cette terrible maladie médiévale : le feu Saint-Antoine, une gangrène brûlante des membres provoquée par l'absorption de céréales ergotées. Un mal de pauvres. Dirigée de fait par des bourgeois aisés qui y sont majoritaires, la charité est riche, ses cotisations sont élevées, son personnel nombreux : une vingtaine d'échevins, deux clercs, deux annonceurs pour les convocations et quelques sergents d'armes pour assurer l'ordre. Elle possède un hôpital, elle a fait édifier une tour, en 1200, sur le Petit Marché. Elle dispose enfin de son propre local permanent, la halle des Ardents, où elle organise ses réunions et, trois fois l'an, ses grandes manifestations.

La plus importante de ces assemblées, le Grand Siège, a lieu dans la semaine qui suit la Trinité. Elle dure trois jours et une longue nuit. Les jongleurs y tiennent leur rassemblement corporatif, y élisent leurs maires et sortent en procession dans les rues leur fameuse Chandelle. Tout aussi rituellement, le jeudi soir, on y boit, toute la nuit, jusqu'au petit jour. Le vin et surtout la bière délient les langues. Dans l'atmosphère des libations, jongleurs, ménestrels et riches bourgeois réunis traversent à rebours les strates de leur conscience chrétienne pour retrouver l'ivresse divine et païenne des chanteurs grecs. La beuverie a une fonction immédiate, sociale. Elle assure et manifeste l'unité du groupe, au-delà des différences de statut et de fortune ; la libation efface les contours, gomme les hiérarchies, elle installe dans les corps la confrérie inscrite dans les institutions. Elle libère aussi la parole en lui assurant une manière d'impunité : ce qui est dit sous l'effet de l'ivresse est bien dit, mais sans qu'on puisse en faire reproche à l'énonciateur lorsque la fête sera finie. C'est parole de fou.

Mais la bière et le vin, comme dans les symposions antiques, sont aussi des excès qui doivent permettre de s'affranchir de l'ordre visible du monde pour entrer collectivement, rituellement, dans le monde des dieux. L'ivresse jette un pont entre la vérité du présent, qui peut être librement énoncée, et « l'autre monde ». L'autre monde peut prendre plusieurs visages. Il peut adopter, comme dans le carnaval, la forme d'un contre-monde régi par un contre-temps : les fous prennent le pouvoir et édictent leurs lois, les mendiants manipulent les signes de la richesse, les ânes s'agenouillent dans les églises, les laids et les tordus sont embrassés et cajolés. La plupart de ces cérémonies de défoulement collectif sont bien contrôlées par l'Église et par les autorités, mais il arrive parfois que la population qui y participe peine à revenir de l'autre côté du miroir. Le carnaval tourne à la révolte et à la répression. Les villes s'embrasent vite.

Plus communément, la libation confraternelle favorise la piété gaie. Elle chante l'espérance du salut et les sages voies qui y mènent. Elle s'échauffe à vanter les mérites et les bienfaits des saints locaux et de leurs reliques. Elle ridiculise ceux qui sacrifient leur vie éternelle à la poursuite des illusions terrestres. Elle met de plain-pied les buveurs avec Dieu, la Vierge et les apôtres. L'un des jongleurs de la confrérie raconte que Dieu, malade et cherchant à se distraire, descend à Arras chez le prince du Puy afin d'y apprendre à composer des motets. Mais, à part Jean Bretel qui le fait rire, il n'entend que d'assommantes discussions scientifiques, et sa fièvre *quartaine* redouble lorsqu'il doit subir les discours mauvais de Garet – Jacques Louchart – et de Baude Bechon, *« en trufe et en vent et en merderie »*. Un bon repas préparé par le maître Wike le sauve d'une dépression certaine. Un autre jongleur d'Arras pousse plus loin encore cette familiarité entre les puissances du Paradis et les habitants de la ville en faisant du vin un saint : saint Tortu, dont les miracles se reproduisent sans cesse et dont la taverne est le sanctuaire. Un troisième – et c'est merveille de l'ivresse, sans doute, en cette période d'antisémitisme généralisé – fait l'apologie des juifs qui, contrairement aux chrétiens, viennent au secours de leurs amis dans le besoin et ne ferment jamais leur porte aux membres de leur famille. *« En çou est mout bone lor fois. Si doivent faire li rice home »* : en cela leur foi est bonne et les riches devraient les imiter.

Il arrive enfin que la beuverie serve de véhicule à un voyage qui mène hors des limites de l'espace chrétien. Après des siècles de lutte, l'Église est parvenue, croit-elle, à chasser les mythologies, les légendes et les dieux anciens pour imposer à tous une vision chrétienne du naturel et du surnaturel. Souvent, avec des hésitations, en adaptant à ses propres rythmes les rites païens de la terre et des saisons. Et voilà qu'à Arras, venus d'une très ancienne mémoire, reparaissent devant la confrérie des jongleurs et bourgeois, mêlés aux reliques de saint Acaire, vénéré pour ses pouvoirs contre la folie, la chasse sauvage du roi Hellequin et son cortège de fées, tout droit sortis de mythes barbares.

On dispute sur ses origines. Hellequin, ou encore Herlequin ou Herlichin, tantôt roi des chasseurs infernaux, tantôt franc buveur et ami courtois, dieu-roi au double profil, l'un beau et riant, l'autre affreux et violent, se retrouve dans la tradition hispanique, dans la geste bretonne aussi bien que dans la mythologie allemande. Un comédien italien le fera dériver en Arlequin, en France, vers la fin du XVIe siècle, preuve, s'il en était besoin, qu'Hellequin et sa chasse fantastique vivaient encore dans un recoin de la mémoire.

À Arras, le 3 juin 1276, lors de la grande assemblée-beuverie de la charité Notre-Dame des jongleurs et des bourgeois, Herlequin n'apparaît pas lui-même. Il envoie dans la salle où Adam de la Halle présente son *Jeu de la feuillée* trois de ses suivantes, trois fées venues distribuer récompenses et malédictions, Morgue, Maglore et Arsile.

Adam de la Halle ou Adam le Bossu – *« on m'apele bochu mais je ne le sui mie »* – est un membre éminent de la confrérie, mais sa renommée de trouvère ne suffit pas à le doter d'une biographie. On sait qu'il est né un peu avant le milieu du siècle, que son père Henri le Bossu était employé à l'échevinage d'Arras. Poète, Adam est aussi l'un des grands musiciens de son époque, auteur de motets, de rondeaux et de compositions plus vastes où il étend le champ de l'écriture polyphonique au domaine profane. Sa participation aux jeux-partis arrageois lui vaut l'estime de ses compatriotes. Jean Bretel vante son intelligence. Un autre trouvère, Baude Fastoul, le cite dans ses *Congés*. Adam, qui s'est marié vers 1272 avec Marie, cherche à quitter Arras pour aller étudier à Paris – c'est l'un des thèmes du *Jeu de la feuillée*. Il n'y parviendra pas, faute de subventions. Il trouve alors la protection du comte Robert II d'Artois, neveu de Saint Louis. Il l'accompagne à Naples en 1283, avec les troupes françaises envoyées par le roi pour tenter de restaurer sur le trône de Sicile Charles d'Anjou, chassé par la révolte des Vêpres siciliennes. C'est à la cour franco-provençale de Charles qu'Adam fait représenter en 1285 *Le Jeu de Robin et Marion*, une dramatisation de la pastourelle et de la bergerie. C'est à Naples, sans doute, qu'il meurt en 1288. Même si la découverte dans les archives de la couronne britannique, à la date de 1306 et sous la rubrique « ménestrel », d'une somme attribuée à un *Adam le Boscu* a pu faire croire qu'il était rentré au pays après son long séjour italien.

On n'en sait guère plus. Et pourtant, dans son *Jeu*, Adam se met en scène lui-même, il s'expose. Il raconte comment, marié, père de famille, Arrageois de souche, il n'en désire pas moins tout quitter pour aller étudier à Paris : *« L'enchantement n'est jamais si puissant qu'on ne puisse en sortir. »* C'est ce qu'il croit. Mais Arras sera la plus forte, la ville tient ses enfants : *« Jamais bon clerc n'est sorti d'Arras. »*

Ce thème pourrait fournir un sujet de chanson ou de jeu-parti : un échange poétique d'arguments. Adam en fait une représentation, du théâtre. Avec lui, ce ne sont plus les textes de la Bible, de l'Évangile ou de la *Vie des saints* qui se trouvent incarnés et dramatisés pour transmettre aux corps des spectateurs l'émotion sacrée. La ville elle-même, Arras, se représente et se regarde. Ceux qui jouent le jeu et ceux pour qui il se donne sont des semblables. La pièce, d'ailleurs, se termine dans la salle où « comédiens » et spectateurs, mêlés, boivent et discutent.

Au point qu'on a longtemps considéré *Le Jeu de la feuillée*, avec un vague mépris, comme une revue de cabaret où l'on se payait gentiment la tête des notables locaux, comme le firent plus tard, à Montmartre, les chansonniers. C'est vrai qu'Adam se moque, nommément, ouvertement, de quelques bourgeois parmi les plus connus, à commencer par son père dont il fustige la ladrerie. Celui-là se fait mener par sa femme, cet autre fraude le fisc, ce troisième, le tavernier, Raoul le Waidier, membre d'une opulente lignée d'échevins, vole ses clients. Il y a les cocus, les trompeurs, les bavardes impénitentes, les moines scélérats. Chacun, avec Adam, pouvait rire de son voisin. Comme à carnaval.

Mais la satire ne s'arrête pas là. Avec Adam, toute la ville s'interroge sur elle-même et sur cette aventure récente qui l'a constituée en ville. À commencer par l'auteur lui-même. Il a envie de partir, il rêve de Paris, il voudrait réussir sa vie : *« Puisque Dieu m'a donné le talent, il est temps que je l'emploie bien. J'ai assez secoué ma bourse ici. »* Alors il évoque et convoque toutes les raisons qui peuvent le pousser à se délasser d'Arras et de ses plaisirs. Il tente un exercice de désenchantement. L'amour ? Quoi qu'en racontent les poètes courtois, c'est une passion de la jeunesse, une illusion du désir qui passe avec la beauté. Mais la ville elle-même est une illusion destinée à passer. Sous sa belle façade de puissance, de richesse et d'assurance, elle est minée par les sentiments mesquins, par la passion de l'argent, par la tyrannie de l'apparence.

Inventant le théâtre comique profane, Adam de la Halle propose à ce public dont il fait partie l'expérience d'un psychodrame. La belle cité prospère et libre rit d'elle-même jusqu'à l'angoisse. Son identité se trouble. Ses saints et ses reliques sont impuissants à la guérir des maladies, mais les fées du vieux paganisme, celles qui se promènent sous les très anciens ombrages de la feuillée, continuent à exercer, pour le meilleur et pour le pire, leur influence. La ville s'est placée sous le signe de la Fortune, mais la Fortune – qu'Adam représente sur sa scène – a la forme d'une roue, *« muette, sourde et aveugle »*. Actuellement, écrit Adam, sire Ermanfroi Crespin et Jacquemon Louchart *« règnent, et leurs enfants prospèrent qui voudront régner à leur suite »*. Mais regardez Thomas de Bouriane qui faisait de belles affaires, Fortune l'a fait redescendre sans qu'il l'eût mérité et il a dû renoncer à son métier de drapier pour se faire brasseur de bière ; et Leurin le Cavaleau, qu'Adam montre *« complètement nu et déchaussé »*, n'a même plus la force de se relever. Arras est à l'apogée de sa richesse et de sa réputation, mais il faudrait peu de chose pour que l'enchantement cesse et que les bonnes fées se muent en méchantes harpies. Quelques bateaux remplis de laine qui sombrent dans la mer du Nord, des débiteurs hors d'état de rembourser leurs dettes, d'autres cités marchandes, là-bas, très loin, du côté de la Toscane, qui détournent à leur profit le cours du commerce et de la monnaie. Sur le théâtre d'Adam, l'assemblée des jongleurs et bourgeois, noyée dans la bière, assiste au spectacle de sa propre décadence. Au fur et à mesure que la nuit s'avance, le *Jeu* s'assoupit. Un à un, les personnages quittent la scène ou s'endorment devant leur chope après avoir trinqué sur le compte de saint Acaire qui, faute de guérir, sert au moins à se saouler et à écarter la réalité. Adam demeure prisonnier de la ville qu'il a voulu quitter. Les bourgeois regagnent leurs habitudes en essayant d'oublier ce que la lucidité de la fête leur a fait un instant entrevoir. Arras a rêvé son déclin.

Ne restent en scène que le moine, trompeur trompé et volé, un père malheureux et son fils fou. Au bout de la nuit, c'est lui, le fou, qui a le dernier mot. Sa figure fait rire et angoisse. Il prononce des mots sans suite, il a un comportement scandaleux – il bat son père, il pisse sur la relique –, il retourne les paroles des autres. À la ville si raisonnable et si insolente, et si fière de sa liberté, il dit que la déraison, la sottise, l'aliénation sont au cœur même de la vérité. Il est à la raison ce que la Fortune est à la justice : sa réalité, sans alibi.

Le *dervé*, celui qui dérive, le fou, est aussi l'autre figure d'Adam. Le Bossu, sans y parvenir, veut choisir l'exil, le passage hors les murs de la ville. Le fou est celui qui jouit de l'exil de lui-même ; c'est aussi celui que l'on chasse sur les routes, que l'on confie aux marchands ambulants ou aux bateliers. Un peu plus tard, l'imagination et la coutume leur construiront une nef pour un voyage sans fin loin des hommes sur les rivières de Rhénanie et les canaux flamands. Pour l'instant, on se contente de les pousser hors des murs de la ville, de leur faire battre la campagne. À l'exil impossible répond l'exil forcé. Deux siècles avant Shakespeare, *Le Jeu de la feuillée* suggère que la folie est la force vive de la raison.

Elle est aussi celle de la littérature. Dans ce texte si dense, si complexe, si riche et si savamment désordonné – polyphonique –, se place aussi une charge contre la prétention des écrivains de cour et d'ornement. Au prestige de la grande littérature courtoise, de ses belles dames idéalisées, de ses vertus sublimes, à son idéologie féodale, Adam l'Arrageois oppose la mise en scène de la réalité la plus crue, de la parole efficace. Il s'en prend de même à ses confrères les ménestrels, à leurs mimiques outrées, à leur gestuelle trop démonstrative qui les fait si souvent ressembler à des fous. D'un même geste, il retourne les histoires de saints et les histoires de fées pour en montrer la trame miteuse et l'imaginaire répétitif. Les réputations littéraires ? Des manifestations de la Fortune, tout aussi arbitraires que les autres et qu'on ferait aussi bien de jouer aux dés.

Le *Jeu* dit que la littérature est un jeu, fondé sur une illusion qu'il se doit à la fois d'entretenir et de détruire. Le théâtre est ce lieu privilégié où la croyance littéraire, cette folie de l'esprit rationnel, cette bienheureuse démence au cours de laquelle le lecteur ou le spectateur rendent réel ce qui n'est qu'une suite de mots, peut à la fois développer tous ses charmes et montrer son caractère parfaitement illusoire. Le geste peut se détacher de la parole, les fées s'attabler avec les bourgeois pour se remplir de bière, le poète s'échapper de la ville tout en y demeurant captif. Le savoir est réel et utile et souhaitable. La littérature est une forme de l'ivresse, et les poètes sont des fous qui tentent, mais en vain, de s'affranchir des temps et des lieux.

Adam de la Halle n'en finit pas de faire ses adieux à Arras. Drapé de son manteau d'étudiant, prêt au départ, avide de savoirs solides, il fait son deuil de sa ville, de ses amis, de ses amours. Mais le chant de son deuil l'emprisonne. Le seul moyen de partir serait de ne pas écrire qu'il part. Les mots l'enferment dans la ville des poètes, doublure de la ville des marchands.

SOURCES

ADAM DE LA HALLE : *Le Jeu de la feuillée*. Édition de Jean Dufournet. Paris, Flammarion, 1989.

Théâtre comique du Moyen Âge. Édition de Claude-Alain Chevalier. Paris, UGE, « 10/18 », 1973.

Joseph BÉDIER : « Les commencements du théâtre comique en France ». Paris, *Revue des Deux Mondes*, juin 1890.

Roger BERGER : *Littérature et société arrageoises au XIIIe siècle. Les chansons et dits artésiens*. Arras, 1981.

Jean DUFOURNET : *Adam de la Halle à la recherche de lui-même*. Paris, Sedes, 1977.

Michel FOUCAULT : *Éloge de la folie à l'âge classique*. Paris, Gallimard, 1972.

Paul ZUMTHOR : *Entre deux esthétiques : Adam de la Halle*. Mélanges offerts à Jean Frappier, tome II. Genève, Droz, 1970.

Le premier homme de lettres est une femme

1407 ■ Assassinat de Louis d'Orléans

LES GRANDS chroniqueurs, Enguerrand de Monstrelet, Juvénal des Ursins, Michel Pintoin plus connu comme le « religieux de Saint-Denis » et qui écrit en latin, racontent la même histoire. Il faisait très froid le 23 novembre 1407. Les rues de Paris étaient encombrées de neige ; des charrettes circulaient sur la Seine gelée. Louis d'Orléans, trente-cinq ans, qui venait de souper chez la reine Isabeau, fraîchement accouchée, dans sa maison de la rue Barbette, regagnait sur sa mule son hôtel du quartier Saint-Paul. Il était tard, mais le frère du roi fou Charles VI n'était accompagné que par deux valets porteurs de torches, par deux écuyers à cheval et par son chien. Louis chantonnait, à son habitude. La vie lui souriait.

Depuis la mort, trois ans auparavant, de son oncle le duc de Bourgogne Philippe le Hardi, Louis d'Orléans règne sur Paris, sur la reine Isabeau et, plus concrètement, sur les caisses du royaume dans lesquelles il puise largement. Louis a toujours besoin de beaucoup d'argent. Pour s'acheter une clientèle, pour mener une vie somptueuse, pour financer ses ambitions et ses expéditions en Italie, pour couvrir ses immenses dettes de jeu, pour entretenir une cour de jolies femmes, d'artistes, de savants et de poètes. Paris gronde sous le poids énorme de la taille, mais Louis n'en a cure. Son impopularité l'inquiète moins que la popularité de son rival, le nouveau duc de Bourgogne, Jean sans Peur.

Lorsqu'il s'engage dans la rue Vieille-du-Temple, des hommes surgissent de la maison « À l'Image Notre-Dame », l'entourent et le frappent de leurs épées. Puis ils mettent le feu à la maison qui les a abrités et s'enfuient dans la nuit. Des témoins allument des torches. Ils découvrent dans la boue de la rue le cadavre de Monseigneur d'Orléans, le poing coupé, la tête ouverte par deux grandes plaies d'où s'échappe la cervelle. Le prévôt de Paris, Guillaume de Tignonville, fait transporter le corps dans la toute proche église des Blancs-Manteaux. C'est là que Jean sans Peur, le visage tourmenté par la douleur, vient rendre un dernier hommage à son cousin assassiné. C'est le Bourguignon encore, le 24 novembre, lors des grandes funérailles de Louis à la chapelle des Célestins, qui tiendra l'un des coins du drap mortuaire.

Mais l'enquête est rapidement menée. Dès le 26 novembre, des témoignages nombreux indiquent que les assassins se sont réfugiés à l'hôtel d'Artois, rue Mauconseil, à quelques pas des Blancs-Manteaux. L'hôtel d'Artois appartient au duc de Bourgogne. Jean sans Peur, en larmes, avoue publiquement avoir ordonné le meurtre : il a agi, explique-t-il, à l'instigation du diable. Puis il enfourche un cheval et, entouré de quelques hommes d'armes, il gagne ses terres de Flandre sans que quiconque ose l'en empêcher.

Lorsqu'elle apprend, dans sa résidence de Château-Thierry, l'assassinat de son mari, la belle Valentine Visconti, duchesse de Milan, se donne à peine le temps des cris et des larmes. Elle fait mettre à l'abri derrière les remparts de Blois ses deux fils aînés, Charles d'Orléans, le futur poète, qui vient d'avoir treize ans, et Philippe de Vertus. Elle ne garde près d'elle que son dernier-né, Jean d'Angoulême, et la jeune épouse de Charles, Isabelle de France, déjà veuve, à dix-huit ans, du roi d'Angleterre Charles II, mort de faim dans sa prison après avoir été renversé par son baron et vassal Henry de Lancastre. L'ordre féodal se délite dans les trahisons et les crimes.

Ses enfants mis en sûreté, Valentine Visconti se précipite à Paris, dans un spectaculaire apparat de deuil, pour obtenir justice. On l'entend, on la console, on lui prodigue de belles paroles. Mais, en sous-main, déjà on négocie le retour du duc de Bourgogne à Paris. Ce petit homme rude et laid au parler rugueux fait peur. Il possède une armée puissante, il est héritier de l'opulent comté de Flandre, il a su se faire beaucoup d'alliés dans Paris en protestant contre l'oppression fiscale et les folles dépenses des Orléans. On craint qu'il ne s'allie avec la couronne d'Angleterre avec laquelle on est en guerre, ouverte ou larvée, depuis soixante-dix ans. Bref, la raison d'État, déjà, l'emporte sur les valeurs de justice de la chevalerie. Jean de Bourgogne ne sera pas jugé. On obtient seulement de lui qu'il vienne solliciter le pardon royal.

Il entre dans Paris le 6 mars 1408 à la tête de 800 chevaliers et écuyers armés jusqu'aux dents. Massés aux fenêtres, bourgeois, artisans et ouvriers saluent la troupe qui chevauche dans les ruelles. *« Vêtu de velours vermeil semé de feuilles d'or et fourré de gris »*, Jean sans Peur, armé et la tête couverte, se présente à l'audience solennelle dans la grande salle de l'hôtel Saint-Paul où loge le roi, à quelques centaines de mètres de la forteresse de la Bastille qu'il vient de faire construire. Mais le roi n'est pas là. Il est *« comme malade »*, écrit dans son *Journal* le greffier Nicolas de Baye. Il est en proie à la folie, enfermé dans son appartement.

Les autres, les *royaux*, frères, gendres et cousins, sont présents, à l'exception des Orléans, sagement réfugiés derrière les fortifications de Blois. La salle est emplie d'hommes d'armes appartenant aux diverses maisons. Le Conseil est composé de prélats, de représentants de l'université et de la municipalité. Maître Jean Petit monte à la tribune. C'est un Normand du pays de Caux, habile théologien, orateur vigoureux et polémiste redouté. Il a fait ses classes à l'Assemblée du clergé de 1406 en menant l'attaque contre le pape d'Avignon, fidèle en cela à la politique des ducs de Bourgogne. Pendant six heures, s'appuyant sur les Écritures et sur l'enseignement des Pères de l'Église, l'avocat de Jean sans Peur va développer une thèse promise à un bel avenir politique : l'apologie du tyrannicide. Jean de Bourgogne, clame Me Petit, a sauvé le roi et la France à la manière dont l'archange Saint-Michel chassa Lucifer du Paradis. Louis d'Orléans – que Petit appelle toujours *« le criminel d'Orléans »* – avait commerce avec le diable, il évoquait les démons Herman et Astramon, il avait recueilli dans la bouche d'un voleur un anneau avec lequel il soumettait toutes les femmes, y compris pendant le Carême ; il possédait l'os de l'épaule d'un pendu ; il avait jeté de la poudre empoisonnée dans un plat destiné au roi ; il jouait aux dés en blasphémant ; il volait le peuple de Paris et, argument ultime de ce procès posthume en sorcellerie, destiné à emporter l'adhésion des évêques, Louis d'Orléans était le principal fauteur du schisme de l'Église puisqu'il soutenait l'anti-pape Benoît XIII, lequel lui avait promis le trône de France. Il a fallu, répète Jean Petit, le courage et la volonté de servir de Jean pour qu'il soit mis fin à la tyrannie diabolique de Louis. Le Bourguignon a justement vengé le roi et le peuple.

Le brutal plaidoyer de Jean Petit a sans doute éberlué davantage les légistes qu'il ne les a convaincus. Sa *Justification de monseigneur le duc de Bourgogne sur le fait de la mort et occision de feu le duc d'Orléans*, largement diffusée par les soins de la maison de Bourgogne, sera dénoncée et condamnée par le concile de Constance de 1414, après l'intervention de Jean de Gerson, le prestigieux chancelier de l'université de Paris. Mais le terrible orateur a su réveiller l'hostilité parisienne contre *« le voleur d'Orléans »*, sa vie de faste, son entourage d'intellectuels et de femmes galantes. Petit a offert son onction et la violence de son éloquence aux plus folles rumeurs.

Dès le lendemain, des lettres de rémission sont accordées à Jean sans Peur. Il est réintégré au Conseil du roi. Le comté de Dreux et les revenus de Château-Thierry et de Montargis sont retirés aux héritiers de Louis d'Orléans. Les clients et alliés du défunt duc sont privés de leurs offices. Jean de Bourgogne triomphe. Il peut tranquillement quitter la capitale avec une partie de son armée pour s'en aller combattre les bourgeois de Maastricht révoltés. Le 4 décembre de cette même année, Valentine, duchesse d'Orléans, trente-huit ans, meurt de chagrin et d'humiliation en son château de Blois. Elle a employé ses dernières forces et les restes de sa fortune à trouver un vengeur, vendant ses joyaux, faisant fondre sa vaisselle. C'est le temps des morts : la jeune épouse de Charles d'Orléans, Madame Isabelle, meurt quelques mois après sa belle-mère en donnant le jour à une fille.

C'est le temps de la guerre. Jean sans Peur, désormais maître de Paris, offre aux bourgeois de la ville, à défaut d'une baisse des impôts, la tête du plus riche d'entre eux, Jean de Montaigu, grand maître de la Maison du roi et allié des Orléans. Le Bourguignon terrorise Isabeau, gouverne le roi, détient le dauphin. Ses troupes tiennent les remparts et sa police la rue. Mais ses cousins, les ducs de Bourbon et de Berry, quittent brusquement la ville. Ils s'en vont rejoindre à Gien la coalition formée autour de Charles d'Orléans par les ducs de Bretagne et d'Alençon, les comtes d'Armagnac et de Clermont. On achète le connétable de France, le sire d'Albret. Et, pour sceller le pacte, on offre en mariage au jeune veuf Charles d'Orléans la fille du terrible Bernard d'Armagnac, prénommée

Bonne. On jure sur les Évangiles, on répare les forteresses. Au nom du roi dément dont ils proclament défendre les intérêts, Armagnacs et Bourguignons vont se livrer une guerre sans pitié qui durera près de trente ans et qui livrera la couronne de France à l'Angleterre.

Lorsque Louis d'Orléans tombe dans le guet-apens de la rue Vieille-du-Temple, Christine de Pizan en est immédiatement avertie. Elle habite près des lieux du crime, dans une maison située dans le quartier Saint-Paul, à quelques pas de la résidence royale, entre la Bastille et le Châtelet. Elle connaît bien les protagonistes, l'assassin et sa victime. Pourtant elle se tait. Elle qui sait aligner des milliers de lignes en vers et en prose pour pleurer sur les malheurs du temps et sur l'infortune de la France n'a pas un mot pour commenter la mort de celui à qui elle écrivait quelques années auparavant : *« Très noble, haut, puissant, plein de sagesse, d'Orléans duc Louis, très redoutable. »* Dans les énoncés de la tradition chevaleresque, « très redoutable » est un compliment apprécié.

Christine, à coup sûr, voudrait faire entendre sa voix. Ce meurtre, elle en est certaine, va précipiter le pays dans la fureur et les calamités. Voilà des années qu'elle prévient :

> *Qui ne voit le monde gouverné de mal en pire.*
> […] *Car vertus sont mises en mécompte*
> *De science on ne tient jamais compte,*

écrit-elle en 1404 à son maître et ami le poète Eustache Morel, dit Deschamps, dans une épître en vers. La justice est méconnue, les chevaliers ne se soucient plus de la veuve ni de l'orphelin ; ils n'écoutent plus que leur orgueil qui les fait se pavaner *« d'habits hautains, de richesses mal acquises »*.

En 1405, deux ans avant le meurtre qui va déclencher la guerre des fleurs de lys, elle a publié un récit allégorique où elle ose se présenter comme le sujet de son œuvre : *L'Avision Christine*. Elle a fait, raconte-t-elle, un rêve, *« un étrange présage »*. Elle y est emmenée par un géant sur le front duquel est inscrit le mot « Chaos ». Elle y entend la *Complainte de la Dame couronnée*, c'est-à-dire la France, *« un arbre solennel, le plus haut et notable du monde »*. La Dame a eu un très bon gouverneur, le roi Charles V. Après lui, deux *« nobles oiseaux de proie »* – Louis d'Orléans et Philippe de Bourgogne – ont écarté d'elle les *« petits papillons dorés et gracieux et de grande beauté »* – les marmousets de Charles VI qui ont gouverné jusqu'à la folie du roi. Mais l'un des nobles oiseaux est mort, l'an dernier, Philippe, *« fier et hardi en son vol, doux en appel, vif et plaisant au regard et qui sans faille eût défendu toutes mes routes et mes rivières de tous les oiseaux rapineux et trompeurs ».*

Depuis *« se plaint la Dame de ses enfants ».* Ils se font la guerre, ils la maltraitent et la frappent. Le visage de la Dame est fort beau, mais elle montre à Christine son corps couvert de plaies. Ses chères compagnes, les Vertus, ont été chassées pour *« mettre en leur lieu paillardes femmes et diffamées ».* Et Christine, la première dans la littérature française, évoque Dante de Florence qu'il aurait mieux valu accompagner dans son voyage en Enfer *« qu'être établi dans cette cour »* où dominent les vices : la convoitise aux doigts crochus et sanglants comme ceux d'un griffon ; l'orgueil que Christine assimile à la peste, laquelle fait enfler les malades d'audace et de dédain *« non seulement contre les créatures mais aussi contre Dieu et son Église »* ; enfin, l'avarice qui a corrompu l'Église et provoqué le grand schisme, comme la luxure a détruit la chevalerie et la convoitise la noblesse de France. Le mal moral est partout et le mal physique en sera la nécessaire conséquence.

La France est dans l'épouvante et dans la douleur mais Christine prophétise : un de ses fils surgira *« clair comme le soleil éclatant, car le soleil de la justice l'habitera. Il fera comme Samson, il prendra les renards* [c'est-à-dire les Anglais qui, comme chacun sait, sont roux] *et queue à queue les accouplera et entre eux mettra des brandons de feu ».* Quant à Christine, malgré les méfaits dont se sont rendus coupables les enfants de France, elle continuera, comme l'affirme la Dame couronnée, à l'assister de *« ta loyale amour et compagnie »* par *« le gracieux labour de tes écrits, duquel maints plaisirs tu feras encore à moi et à mes enfants ».*

La plainte de la France déchirée et humiliée se clôt par l'éloge du travail littéraire entrepris par Christine. C'est aussi la clef de son silence de 1406 : à la croisée d'une nouvelle conception du métier des lettres et de l'apparition d'un sentiment national, l'un et l'autre élevés sur la ruine de la chevalerie.

Christine de Pizan est notre premier homme de lettres. Elle le doit à sa volonté autant qu'à l'infortune. Elle est née à Venise en 1364. Elle a quatre ans lorsque son père Thomas le Pizan – il était né à Pizzano, un village près de Bologne – l'emmène avec sa famille à la cour de France. *« Le sage roi Charles V,* nous explique-t-elle*, fit en tous pays rechercher et appeler à lui des clercs célèbres et des philosophes fondés ès sciences mathématiques et spéculatives. »* Sur le marché européen de l'astrologie, auxiliaire indispensable des hommes d'État, Thomas est une valeur demandée. Il est donc confortablement installé auprès du roi qu'il ne quitte guère. *« Joyeuse, plantureuse et paisible vie »*, écrit Christine qui mène l'existence *« folle, aveuglée et variable »* des enfants privilégiés. Lorsqu'elle a quinze ans, son père lui choisit un mari, Étienne du Castel, notaire et secrétaire du roi. Il lui fait trois enfants, puis il meurt en 1389 à Beauvais, pris dans une de ces vagues de *« pestilence »* qui traversent ce siècle noir. Christine a vingt-cinq ans. Charles V, le protecteur de son père, est mort. Elle se retrouve seule, sans le sou ou presque, avec une famille à élever et un *« grand état »* à maintenir. D'autres chercheraient un nouveau mari, Marie vit dans la douleur de la perte. De l'homme qu'elle a aimé, seule lui reste la fidélité à sa mémoire : *« Seulette suis et seulette veux être. »*

Alors elle se bat quand les femmes de son âge et de sa condition s'amusent et dansent. Pendant dix ans, pour échapper à la ruine complète et assurer l'avenir de ses enfants, elle affronte le monde de la basoche, les clercs, les juges, les avocats. Elle emprunte, elle gage, elle côtoie les usuriers, elle renoue avec ses compatriotes, les banquiers lombards. Elle tient ; mais elle n'a aucune ressource. Elle lit aussi, ce qu'elle a peu fait jusqu'à présent.

Et elle commence à écrire, à *« rimer complaintes en pleurs regrettant mon ami mort et le bon temps passé »*. La poésie de Christine est un combat contre la mort. La mort lui a tout pris – *« Ô dure Mort, tu m'as déshéritée »* –, son amour, sa jeunesse, sa joie. Elle lui a seulement laissé la mémoire du bonheur, c'est-à-dire aussi la douleur de ce qui n'est plus. Christine refuse le travail du deuil et son apaisante amnésie, elle rejette l'oubli, la disparition et la consolation. L'écriture arrache à la mort le bonheur des belles années. Mais elle est aussi silence puisque Christine a perdu le seul être avec qui parler. Sa poésie prend sa source dans l'inutilité de la parole. *« Et toi, Mort, écris-moi en ton livre. »*

C'est sous la forme de ballades, dans ses heures de plus profonde solitude, que Christine de Pizan a commencé à inscrire son malheur. C'était le genre à la mode dans le monde distingué où elle vivait. Après la grande époque des ballades de Guillaume de Machaut où le poème était intimement lié à la musique, est venu, fatalement, le temps des théoriciens et de leurs règles. Eustache Deschamps, qui a composé plus de 1 000 ballades sur les sujets les plus divers, a également rédigé le premier art poétique français : *Art d'écrire et de faire chansons, ballades, virelais et rondeaux*. Son livre a paru en 1392, les premiers essais poétiques de Christine datent de l'année suivante. Il est fort possible que les premiers pas de Christine aient été guidés par les recettes de Deschamps.

La jeune veuve fabrique des ballades en s'inspirant de près des modèles convenus et des formes à succès. On en a tiré argument contre sa sincérité : comment gémir, crier, pleurer du fond du cœur et travailler laborieusement ses rimes sur un canevas de chanson ? C'est oublier que Christine de Pizan n'écrit pas avec son corps. De corps, elle n'en a plus, il est mort avec Étienne du Castel. Son corps sexué et son corps social. À la différence des écrivains qui l'ont précédée et de ses contemporains, elle peut parler d'elle et beaucoup, se nommer, se mettre en scène, écrire à la première personne du singulier, ce n'est pas d'elle présente, dame Christine, qu'il s'agit mais d'un écrivain.

Les mots remplacent le corps disparu. « *Au temps où tu portais les enfants en ton ventre, grande douleur à enfanter tu sentais. Or je veux que de toi naissent de nouveaux livres lesquels, dans les temps à venir et perpétuellement, au monde présenteront ta mémoire devant les princes et par connaissance en tous lieux, lesquels livres en joie et difficulté tu enfanteras de ta mémoire avec fatigue et travail.* » Christine emploie dans sa *Mutacion de Fortune* une expression encore plus forte pour signifier sa métamorphose :

Dont m'esbahis, mais j'éprouvais
Que vrai homme j'étais devenue.

Or je fus vrai homme, ce n'est pas fable,
Fortune ce métier m'apprit.

Apprenant le métier d'homme, Christine invente le métier d'homme de lettres, les deux sont liés : ils font partie de la même métamorphose. C'est parce qu'elle a été une femme que Christine peut faire métier d'écrire. Homme, elle eût été clerc peut-être, ou trouvère appartenant à la cour d'un prince ou d'un seigneur, ou fonctionnaire royal rimant à ses heures pour le plaisir de son noble entourage. Christine, elle, n'écrit ni par plaisir ni par goût : elle a besoin de gagner de l'argent. Elle n'écrit pas pour un prince à la maison duquel elle appartiendrait ; elle doit trouver elle-même le public fortuné qui lui achètera ses livres.

Christine fait des livres et les vend. Elle ne se contente pas de faire copier ses poèmes et d'en compiler des recueils, elle compose soigneusement ses ouvrages, d'abord selon la symbolique des nombres si sensible aux gens de son époque. Ce sont les *Cent bonnes ballades* ou encore des poèmes qu'elle organise en roman, *Le Dit de la Rose*, *Le Dit des deux amants*, *Le Dit de la pastoure de Christine*. Elle se fait éditrice d'elle-même. Elle ne dicte plus, elle écrit, veille aux copies, à la mise en page, à la beauté graphique des dédicaces, au soin des reliures. Pour le livre, c'est le temps de l'œil, après le temps de l'oreille. La lecture laïque commence à se faire silencieuse, la musique cesse d'être l'accompagnatrice obligée du texte. Et celui-ci, ne passant plus par la bouche, n'étant plus destiné à l'oreille des autres, peut se permettre des libertés que sa fonction orale interdisait. On peut écrire ce qui ne se dit pas, dans l'intimité d'une écriture et d'une lecture muettes.

Les princes et les grands qui sont les clients de Christine ne sont pas encore assez cultivés pour se permettre une lecture solitaire et silencieuse. Ils se font donner lecture. Un siècle plus tard, encore, François Ier se fera lire Rabelais. Mais ils commencent à se constituer, pour le plaisir des yeux et pour leur délectation intime, d'importantes bibliothèques. Voir et lire, c'est un même mot. Issue de la tradition de l'enluminure religieuse, une riche école d'illustration profane invente une iconographie nouvelle, plus réaliste, adaptée à chaque texte. Charles V, Isabeau, Louis d'Orléans, Jean sans Peur et surtout son oncle le duc de Berry, véritable bibliomane, collectionnent les livres et les font orner par des ateliers d'artistes. Il est aussi de bon ton que les riches bourgeois possèdent quelques beaux exemplaires. C'est à leur intention que Christine exerce son métier d'écrivain.

Mais le marché est étroit. Et les rivalités sanglantes qui séparent les grandes familles rendent délicat l'exercice de la profession littéraire. Christine, à ses débuts, s'est appuyée sur le clan d'Orléans. Il domine. Il est l'allié de la reine Isabeau. Louis d'Orléans est le grand maître des arts, des plaisirs et des fêtes, lesquelles se multiplient sous le prétexte de guérir Charles VI de sa neurasthénie. Louis, vu par Christine, est un héros de roman courtois, d'une parfaite élégance : *« Beau est de corps et a très bonne et douce physionomie, gracieux en ses gestes, ses riches et beaux habits lui vont bien ; il se tient joliment à cheval, il sait se vêtir pour les fêtes et danse à merveille ; il joue de manière agréable, rit et se divertit de manière avenante avec les dames. C'est aujourd'hui le défenseur et le refuge de la chevalerie de France dont il tient la noble et très belle cour. »* C'est le destinataire rêvé des ballades de Christine, encore tout imprégnées de la tradition et des valeurs courtoises. Les plaintes, les émois et les regrets amoureux, rimés avec une élégance encore sommaire, c'est à la cour raffinée d'Orléans et à celle d'Isabeau de Bavière qu'ils trouveront des amateurs susceptibles de récompenser dignement le travail de l'écrivain. Elle prend soin d'ailleurs de les nommer, en compagnie des plus célèbres preux de l'Antiquité et du cycle arthurien. Multiplier les clients, c'est aussi assurer son indépendance. Christine, à la différence de Machaut ou de Froissart, n'appartient à personne.

Mais Christine sent bien vite les limites de cette jolie poésie d'amour enfermée dans les carcans thématiques et rhétoriques de la tradition courtoise. Elle prend son métier au sérieux, elle travaille beaucoup, elle lit les meilleurs auteurs, anciens et nouveaux, pour parfaire sa culture, affiner sa science du vers, trouver de nouvelles sources. Mais cette poésie lui paraît de plus en plus artificielle, éloignée de ses préoccupations et de ses souffrances, à mille lieues du drame historique qui se prépare sous ses yeux. Ces chevaliers frivoles et imbus d'eux-mêmes, ces héros de l'amour et du courage sont prêts à s'entre-tuer et à déchirer la France par caprice et esprit de lucre.

Elle ose. La fille ruinée de l'astrologue du roi, la rimeuse éplorée des amours des autres, sans titre, sans éducation solide, sans appui intellectuel, politique ou religieux, part en guerre contre la citadelle de l'amour courtois, ce *Roman de la Rose* de Guillaume de Lorris continué par maître Jean de Meung. Depuis la seconde moitié du XIIIe siècle, ce roman de 18 000 vers fait la loi, la loi d'amour et la loi morale et philosophique. De métaphores en allégories, souvent fort belles et audacieuses, le *Roman de la Rose* est une somme qui concentre le savoir clérical de son temps.

Christine s'en prend au fameux *Art d'amour* qui n'est, dit-elle, qu'un *« long procès »*, un amas compliqué et savant d'images et de considérations dont la seule fin, bien peu glorieuse, est de *« décevoir une pucelle par fraude et par cautelle »*. L'amour courtois écrit par Jean de Meung est le roman de la haine et de la diffamation des femmes. Il repose sur la misogynie traditionnelle de la cléricature. Il développe une rhétorique du mensonge et de la corruption.

L'Espitre au Dieu d'Amour a sans doute frappé juste puisqu'un personnage considérable, un clerc de haut niveau, Jean de Montreuil, ancien secrétaire du roi, lié aux Orléans, décide de lui répondre, dans un latin soigné d'humaniste. Sa défense du *Roman de la Rose* n'offre aucune surprise : comment une femme peut-elle juger d'une œuvre intellectuelle et poétique d'une aussi haute tenue ? Mais un autre intellectuel, le plus célèbre de son temps, Jean de Gerson, le chancelier de l'université, vient soutenir les arguments de Christine. La querelle prend de l'ampleur. Gonthier Col, marié, père de famille, prend parti pour les moines célibataires et antiféministes. Christine lui répond encore. Même si elle s'avoue *« faible contre de si subtils maîtres »*, si elle exhibe sa *« féminine ignorance »*, elle ne lâche pas pied. Elle adresse ses textes à la reine Isabeau et au prévôt de Paris Guillaume de Tignonville afin qu'ils l'aident à *« continuer la guerre commencée contre les dits puissants et forts »*.

Elle abandonne, pour longtemps, le vers pour la prose et l'exercice de la poésie pour celui, plus urgent, du savoir et de la raison. Conversion à haut risque, même si Gonthier Col, son adversaire dans la querelle du *Roman de la Rose*, l'a qualifiée de *« prudente, honorée et savante demoiselle »*. Savante, elle ne l'est pas et elle le sait. L'instruction des filles est assez négligée pour justifier l'incompétence des femmes. Christine n'a pas échappé à la règle. Alors elle lit tout ce qu'elle peut, de seconde main le plus souvent, et sans être certaine de tout comprendre, peu importe : sa raison et son imagination comblent les lacunes. Elle s'aventure hardiment sur le terrain des clercs, à découvert. Elle entreprend le *« chemin de longue étude »*.

Plus question de chanter ses malheurs ou les prouesses courtoises de chevaliers de légende. C'est aux chevaliers réels qu'elle s'adresse, à ceux de son temps, à ces frères, oncles, cousins et neveux du roi fou qui tiennent entre leurs mains le sort du royaume.

Elle ne prend pas parti dans leurs querelles. Elle a écrit pour Louis d'Orléans, elle écrit pour Philippe de Bourgogne son *Livre des faits et bonnes mœurs du roi Charles V*, une oraison funèbre à la gloire du roi défunt, un avertissement à ceux qui se disputent son héritage. Dans son livre suivant, offert à Jean sans Peur, *L'Avision Christine*, elle se met en scène conversant avec *« la Dame couronnée »*, la France, qui lui compte ses malheurs. Plus explicitement encore, elle dédiera en 1410 ses *Lamentations sur les maux de la France* au fastueux duc de Berry qui a rejoint le camp des Armagnacs. Bourgogne ou Armagnac, peu lui importe : seules comptent la France et la paix. Cette femme invente l'homme de lettres, cette dame de cour dispute pied à pied avec les clercs, cette solitaire admoneste le gouvernement et les princes, cette étrangère introduit dans notre littérature le sentiment national.

Elle ne dit rien en effet sur le meurtre de Louis d'Orléans par le duc de Bourgogne. Elle ne veut pas arbitrer ces combats de rapaces qui se déchirent le corps de la France. Que ces chevaliers d'un autre âge s'entre-tuent et disparaissent, si le royaume peut en tirer profit. Entre les deux camps, alors que la fureur du pouvoir les jette l'un contre l'autre, Christine de Pizan fait le choix du royaume français, *« à présent ployé et navré piteusement et en péril de pis »*.

En 1429, depuis longtemps réfugiée derrière les murs de l'abbaye de Poissy, Christine rompt le silence meurtri qu'elle s'est imposé. Elle chante Jeanne d'Arc qui vient de faire couronner Charles VII à Reims :

Je, Christine, qui ai pleuré
Onze ans en l'abbaye close
Or à prime me prens à rire.

Elle nomme Jeanne d'Arc *« champion de France »*, plus forte qu'Hector et Achille.

Chose est bien digne de mémoire
Que Dieu par une vierge tendre
Sur France si grande grâce étendre.

Elle meurt quelques jours plus tard.

SOURCES

CHRISTINE DE PIZAN : *Œuvres poétiques*. Édition de Maurice Roy. 3 vol. Paris, Didot, 1886-1896.

— *Le Débat sur le « Roman de la Rose »*. Édition d'Éric Hicks. Paris, Champion, 1977.

— *Le Livre des faits et bonnes meurs du Roy Charles V*. Édition de Suzanne Solente. 2 vol. Paris, Champion 1936 et 1941. Rééd. Genève, Slatkine, 1977.

— *Ditié de Jehanne d'Arc*. Édition d'Angus Kennedy et Kenneth Varty. Oxford, Medium Aevum Monographs, 1977.

Jeanne MOULIN : *Christine de Pizan*. Paris, Seghers, 1962.

Marie-Josèphe PINET : *Christine de Pisan (1364-1430)*. Paris, Champion, 1927. Rééd. Genève, Slatkine, 1974.

Journal d'un bourgeois de Paris sous Charles VI et Charles VII. Édition de A. Mary, Paris, 1929. Édition de Colette Beaune, Paris, Le Livre de Poche, 1990.

Louis BELLAGUET : *Chronique du religieux de Saint-Denis concernant le règne de Charles VI de 1380 à 1422*. (Traduction française.) Paris, « Collection de documents inédits sur l'Histoire de France », 1839-1852.

Historiens et chroniqueurs du Moyen Âge. Paris, Gallimard, « Bibliothèque de la Pléiade », 1952.

Pierre CHAMPION : *Vie de Charles d'Orléans*. Paris, Champion, 1969.

Bernard GUÉNÉE : *Un meurtre, une société : l'assassinat du duc d'Orléans, 23 novembre 1407*. Paris, Gallimard, 1992.

Michel MOLLAT DU JOURDIN : *Genèse médiévale de la France moderne*. Paris, Arthaud, 1970. Rééd. Paris, Éd. du Seuil, 1977.

Écrire, imprimer : des affaires d'État

1470 ■ Le premier livre imprimé sort des presses françaises

LA NAISSANCE d'une invention est marquée au moins par deux dates. Celle, parfois inconnue, de sa première manifestation et celle de son baptême social. Entre les deux, entre l'objet et l'usage, il peut se dérouler des centaines d'années. Marco Polo, le voyageur de l'inconnu, dans son *Livre des merveilles* écrit vers 1305, s'extasie de voir ses hôtes chinois se servir de billets de banque pour leurs transactions. Mais il ne voit même pas qu'ils sont imprimés.

L'imprimerie existe en Chine depuis le IXe siècle. Le Japon imprime des livres depuis les débuts du second millénaire. Il s'agit de planches de cuivre gravées et enduites d'encre grasse. Aux alentours de 1040, Pi Cheng utilise des caractères mobiles de céramique fixés par de la cire sur des formes métalliques. Mais ces caractères s'usent et se déforment vite, tout comme les caractères d'étain. On ne s'en sert guère. En revanche, dès les débuts du XIVe siècle, on fait usage en Asie de caractères en bois. Et cinquante ans avant Gutenberg, en Chine et en Corée, des caractères métalliques en alliage résistant servent à composer des textes. Il est possible que des navigateurs portugais aient rapporté quelques pages ainsi imprimées à Lisbonne ou à Gênes. Ou des voyageurs revenus de Chine en Europe centrale par le Turkestan et la Russie.

L'important n'est pas de savoir si Gutenberg, Fust et Schoeffer à Mayence ou Waldvogel à Avignon – ou ailleurs, un autre – ont ou non « copié » les Chinois, ou s'ils ont retrouvé d'eux-mêmes, en l'améliorant, l'ancienne recette, après des années de recherche en orfèvrerie et en métallurgie, affûtant leurs poinçons, cherchant l'alliage à la fois assez mou pour prendre la forme des lettres et assez résistant pour ne pas s'écraser sous la presse. L'imprimerie européenne a été inventée parce que la mutation sociale rencontrait l'innovation technique. L'Europe de 1450 est affamée d'écriture.

Il en faut désormais pour tout. Pour les universités, pour les prêtres, pour les fidèles, pour les administrateurs, pour les marchands, pour les juristes, pour les officiers, pour le plaisir des nobles et pour l'édification des bourgeois. Pour les textes somptueusement enluminés et copiés sur du parchemin comme pour les opuscules hâtivement transcrits sur du papier des Vosges ou de Champagne. La parole et la mémoire ne suffisent plus.

Peut-être est-ce un effet de ces guerres qui depuis plus d'un siècle ravagent l'Europe, sans qu'on n'en sache plus bien l'origine à travers les trêves, les trahisons, les alliances et les querelles de succession. Paroles données, mensonges, paroles reprises. À l'est, l'Empire chrétien d'Orient s'effondre sous la poussée turque. Les liens de mémoire avec le berceau grec se défont. Où est encore la loi ? Où est le bon côté ? Où sont le juste et le méchant ? De quel côté est Dieu lorsqu'il y a tant de côtés ? On voudrait pouvoir s'appuyer sur la certitude de l'ancien, mais les textes sûrs se font rares. Beaucoup ont brûlé dans l'incendie des monastères et des bibliothèques. Il en reste parfois, çà et là, quelques rares exemplaires, dissimulés dans les trésors des cathédrales, dans des bibliothèques savantes ou tombés par hasard entre les mains d'un marchand de drap ou d'un tavernier. Le livre est devenu l'objet d'une quête. Et il convient de le copier vite, avant qu'il ne disparaisse encore.

Une véritable industrie de la copie s'est mise en place dans les villes universitaires et marchandes et dans les centres religieux. Il faut des manuscrits à bon compte et dans les meilleurs délais. Souvent au détriment de la lisibilité et de la fiabilité. À l'université de Paris, redevenue depuis peu le centre de la scolastique chrétienne, des centaines d'« écrivains », sous la direction de vingt-quatre « stationnaires » recrutés par les facultés, copient en écriture gothique – *la lettre de somme* – les textes sacrés, les Pères de l'Église, les commentaires, les recueils juridiques. Ailleurs, on transcrit, dans un horrible latin de cuisine dont Rabelais fera ses choux gras, des traités de médecine. On copie des romans, des bréviaires, des traductions, des livres de piété. Les marchands de livres s'installent, les fabricants de papier prospèrent. Signe des temps, signe d'une autre faim, on transforme des moulins à blé en papeteries. Le *Voyage de Jean de Mandeville*, le récit en langue française, composé en 1356, d'un chevalier anglais racontant ses expéditions – peut-être imaginaires – jusqu'en Inde et en Chine, connaît, sous forme de copies manuscrites, un succès considérable. Il nous en est parvenu 250 exemplaires, dans toutes les langues de l'Europe. L'imprimerie s'invente parce qu'on n'attend plus qu'elle.

L'industrie typographique européenne – sinon l'imprimerie – est née à Mayence vers 1455. Le premier ouvrage imprimé connu, le *Psautier de Mayence*, date du 14 octobre 1457. Il est l'œuvre de deux anciens associés de Gutenberg, Jean Fust, qui fut son financier, et Pierre Schoeffer, un ancien étudiant de l'université de Paris à qui Gutenberg apprit les secrets de son métier. L'histoire du livre imprimé commence par une bataille juridique et industrielle. Gutenberg meurt dans la pauvreté. Pendant dix ans, les imprimeurs de Mayence gardent jalousement le secret de la fabrication de leurs livres. Ils commencent à produire et à vendre des grammaires latines, des calendriers, et la fameuse *Bible à 42 lignes* dont on fera plus tard symboliquement le premier livre. Dix ans de monopole et d'améliorations techniques qui les font passer du livret, du placard aux grands ouvrages. Mais le nombre des apprentis initiés grandit. Les secrets de la fabrication des poinçons, des matrices et des alliages circulent sur les routes d'Europe dans les maigres bagages des ouvriers typographes allemands en route vers les centres de diffusion du savoir.

Cela se passe très vite, compte tenu des obstacles à la circulation des choses. En 1470, deux membres du collège de la Sorbonne, Guillaume Fichet et Jean Heynlin, installent à Paris les premières presses à imprimer que font fonctionner trois Allemands, universitaires eux aussi, Ulrich Gering, Michel Friburger et Martin Cranz. Ils sortent leur premier livre, un texte latin, les *Lettres* de Gasparin de Bergame, un modèle d'art épistolaire classique.

Fichet et Heynlin sont des intellectuels. Ils donnent des leçons tout en poursuivant leurs études de théologie. Leur intérêt pour l'imprimerie est essentiellement pédagogique et littéraire. Il s'agit d'abord pour eux d'établir, de mettre en forme et de reproduire des textes savants sûrs, dans un latin correct et élégant, dans une présentation aisément lisible. Leur combat est déjà celui de l'humanisme, du retour à la tradition des lettrés grecs et latins ensevelie sous l'amas de la glose scolastique et de sa langue informe. Retenir un passé en danger d'effacement ou de trahison. Fichet et Heynlin rêvent d'une Sorbonne, centre intellectuel de la chrétienté, où la doctrine et l'enseignement de l'Église s'appuieraient sur une esthétique d'expression à la hauteur de son message. L'imprimerie leur apparaît être le vecteur idéal de ce retour aux sources. L'invention gardienne de la tradition.

Avec elle, plus de textes anciens déformés par l'ignorance, la paresse, la hâte ou la fantaisie des copistes. Plus de ces copies de copies qui se déformaient, volontairement ou non, au gré du passage d'une région à une autre, d'un code monacal à un autre, coupées ici, amplifiées ailleurs, augmentées de gloses subreptices, transcrites dans des graphies incertaines ou peu lisibles. Pour les imprimeurs de la Sorbonne qui ont installé leur atelier au cœur même de la vénérable institution, l'imprimerie est un moyen d'assurer la pérennité d'un texte sérieusement établi plus encore que la faculté de le reproduire rapidement. Elle leur donne le moyen d'offrir un produit de qualité au public traditionnel des copies manuscrites : les étudiants et leurs maîtres. Les presses parisiennes sont savantes, cléricales et élitaires.

Jusqu'au départ de Fichet pour l'Italie en 1472, l'imprimerie de la Sorbonne se maintiendra strictement sur cette ligne humaniste, imprimant Cicéron, Juvénal et Salluste, s'inspirant des éditions romaines, utilisant exclusivement les caractères d'imprimerie dessinés selon les fontes de Rome plutôt que les fontes gothiques venues d'Allemagne, plus proches de la graphie habituelle des copistes français. C'est alors seulement que l'atelier, déménagé rue Saint-Jacques à l'enseigne du « Soleil d'Or », s'ouvrira, timidement, au droit, à la théologie, à la scolastique, sans sortir toutefois des domaines de l'enseignement. Ce n'est qu'en 1494, Heynlin ayant à son tour quitté Paris pour aller enseigner à Tübingen avant de se retirer à la chartreuse de Bâle, que le Soleil d'Or, désormais dirigé par Ulrich Gering, consentira à s'ouvrir à un plus large public en publiant des missels et autres livres de religion.

L'imprimerie parisienne des débuts est une annexe de l'espace universitaire, enclose dans ses préoccupations érudites, soucieuse d'excellence littéraire, assurée du marché captif de ses savants et de ses clercs. Mais très vite, dès 1473, apparaît à Lyon une autre forme d'édition sous l'impulsion d'un homme d'affaires, Barthélemy Buyer. Lyon n'a pas d'université, elle est vouée au commerce. C'est un carrefour prospère entre l'Allemagne et l'Italie, entre l'Île-de-France et la Méditerranée. Une ville de prélats, de chanoines cultivés et de négociants audacieux et curieux.

Lors de ses études à Paris, Buyer a rencontré Fichet et Heynlin. Dès son retour à Lyon, il utilise ses capitaux, qui sont considérables, pour installer chez lui un atelier typographique dont il confie la direction à un Liégeois, Guillaume Le Roy. Buyer ne peut pas se contenter de produire des livres imprimés, il lui faut trouver un public. Les élites ecclésiastiques de la cité rhodanienne sans doute, mais aussi les hommes de loi, les médecins, les marchands, les bourgeois. Il imprime des recueils de prières et de préceptes moraux en français commun modernisé, il traduit des ouvrages latins ou allemands venus de Bâle ou d'Augsbourg, il réédite les vieux succès de la littérature d'aventures et d'histoire. Le marché lyonnais ne suffisant pas à épuiser ses éditions et sa soif de profits, il monte un réseau de correspondants en Avignon, en Provence et dans le Languedoc. Il ouvre boutique à Paris et à Toulouse. Il fait travailler pour lui en sous-traitance les autres imprimeurs lyonnais, auxquels il sert de banquier. Il choisit d'imprimer les textes en fonction du marché qu'il en espère. En quelques années, il amasse une fortune et devient l'un des tout premiers notables de la bourgeoisie lyonnaise. Le livre est devenu une affaire.

Entre l'artisanat intellectuel et l'industrie. Entre l'élite des savants et la masse (encore restreinte) des liseurs plus ou moins habiles. Entre le militantisme spirituel et le profit. Dès son apparition, le livre imprimé a produit les deux pôles qui vont désormais structurer la diffusion de l'écrit, et que la diffusion de l'instruction ne parviendra pas à abolir. Le livre n'a certes pas inventé cette polarité, mais il lui a donné des formes, des marques distinctives et les a imprimées dans la conscience des lecteurs. La multiplication des livres n'abolit pas la discrimination.

Elle ne suffit pas davantage à changer le métier d'écrivain et l'exercice de la littérature. Entre 1460 et la fin du XVe siècle, le nombre des livres disponibles explose. Les comptages font état de 35 000 éditions, représentant de 15 à 20 millions d'exemplaires. Mais hormis les manuels scolaires et les instructions ecclésiastiques, on est frappé par le faible nombre de livres nouveaux. Soit par goût, soit par vocation, soit par lucre, imprimeurs, éditeurs et libraires privilégient les ouvrages anciens, les textes canoniques et les valeurs sûres. François Villon qui s'évanouit de Paris en 1463, son œuvre faite et sa légende déjà établie, ne sera imprimé par Pierre Levet qu'un quart de siècle plus tard. *La Farce de maître Pathelin*, en revanche, est imprimée à Lyon dès 1485 par Guillaume Le Roy, avant d'être vingt-cinq fois rééditée, adaptée et imitée jusqu'à la fin du siècle. Mais ce grand succès populaire demeure une exception. La meilleure vente, toutes catégories, de l'édition du XVe siècle, c'est un ensemble de textes, un recueil de vies de saints du XIIIe siècle qui était déjà le best-seller des copistes, *La Légende dorée* de Jacques de Voragine. L'imprimerie est *l'art divin* : la parole écrite prenant le relais de la parole parlée. Les auteurs n'y ont guère de place. Aucun lecteur ne les attend.

Les hommes de lettres sont en coulisses. Faute d'imprimer leurs écrits, les éditeurs emploient leur compétence. Ils sont correcteurs dans les ateliers, ils veillent à la régularité et à la pureté de la langue, à la fidélité et à la lisibilité des traductions. Techniciens de la rhétorique et de la composition, ils apprennent la rigueur et le travail des idées. Au contact direct des trois antiquités, la grecque, la latine et la chrétienne, ils goûtent à la saveur toute neuve de l'ancien. C'est dans les ateliers d'Alde Manuce à Venise, de Jean Amerbach à Bâle ou de Josse Bade à Lyon puis à Paris que se préparent ces noces de l'origine et de l'avenir qu'on nomme depuis Michelet *Renaissance*.

Le manuscrit résiste un moment. Il est plus beau, plus authentique, la main de l'artiste y demeure présente. La reproduction mécanique, l'exemplaire multiple ne flattent pas la distinction qui se nourrit de la rareté. Les ateliers de copistes continuent à reproduire de beaux ouvrages sur parchemin, soigneusement enluminés pour les rois et les grands. Et les auteurs, qui vivent des dédicaces et des protections bien davantage que des libraires qui ne leur versent rien, ne trouvent guère d'intérêt à la vulgarisation de leurs œuvres.

Sans doute est-ce l'Église, imprudemment, qui va faire basculer l'invention dans la révolution. L'Église enfourche le cheval de l'imprimerie, c'est-à-dire de la multiplication des textes. Détentrice de la plus grosse part du savoir, maîtresse de l'enseignement, elle voit dans l'art typographique un moyen presque miraculeux pour étendre les pouvoirs de sa parole et la séduction de ses images. Grâce au livre imprimé, à la reproduction fidèle et démultipliée des messages, elle va pouvoir pénétrer dans chaque diocèse, dans chaque paroisse : un même texte, une même doctrine, un même commentaire. Le texte imprimé, toujours identique à lui-même, éloigne la menace, sans cesse renaissante, des hérésies locales et de leur contagion. En France, en Allemagne, en Italie, en Angleterre et en Espagne, l'imprimerie se développe et s'industrialise par l'afflux des commandes ecclésiastiques en bréviaires, en missels – qu'on offre aux jeunes mariés le jour des noces –, en vies de saints, en bibles et en livres de prières. Privés de commandes, trop lents et trop chers, les ateliers de copistes se rabattent sur la production de grand luxe.

Mais la multiplication des livres ne se fait pas selon le dessein rêvé : un nombre restreint de textes, dûment contrôlés et partagés par tous. Le marché et les difficultés de circulation des marchandises dans l'Europe du XVe siècle imposent un autre schéma : beaucoup de titres, tirés à un nombre limité d'exemplaires. Malgré les échanges, les correspondants, les succursales, malgré l'esprit d'entreprise qui anime les éditeurs et les libraires, le marché de leurs livres, lorsqu'il ne s'agit pas de commandes particulières, demeure étroit. 1 000 exemplaires d'un titre, c'est un grand succès, 2 000 un triomphe que des concurrents ne manqueront pas de pirater, plus ou moins proprement. Pour faire tourner leurs ateliers, rentabiliser leurs investissements, maintenir en vie leurs réseaux de transporteurs, les industriels de l'édition, selon une formule toujours en usage, sont amenés à multiplier le nombre de titres. Les manuscrits aisément disponibles et de vente certaine commencent à manquer. Il faut de la copie fraîche, des ouvrages nouveaux, en langue du pays. Dans ces colloques d'intellectuels humanistes qui se forment autour des presses à imprimer, dans les bibliothèques où confluent désormais les plus rares productions de la philosophie et de la littérature antiques, fermentent des idées neuves. Plus encore, peut-être, que la découverte éblouie de l'Italie par les troupes de Charles VIII, la comparaison littéraire de la Rome des papes avec celle des Césars inspire des interrogations et des doutes quant au modèle catholique de civilisation.

L'imprimerie, conçue comme le plus puissant vecteur de l'orthodoxie romaine, va devenir en quelques années le plus précieux auxiliaire de l'humanisme évangéliste et de l'hérésie luthérienne. À l'origine de chaque épisode important de la Réforme, il y a du papier imprimé. Depuis le placard affiché le 31 octobre 1517 par Martin Luther sur la porte de la chapelle des Augustins de Wittenberg. Luther s'appuie sur la puissance et la dispersion de l'imprimerie allemande, sur la radicalisation religieuse des ateliers de typographes et de correcteurs. La Réforme luthérienne progresse livre par livre le long des routes empruntées par les marchands d'ouvrages. L'imprimerie invente Luther, invente la littérature de masse. Ses traductions allemandes de l'Ancien et du Nouveau Testament se diffuseront à plus d'un million d'exemplaires au cours de la première moitié du XVIe siècle ; plus encore dans la seconde moitié.

Le livre a perdu son illusion d'innocence. Il vivait dans la tranquillité minérale des choses gravées, il entre comme acteur dans l'histoire. La multiplication ne fait pas le sens, mais elle le socialise. Que la première victime de ce nouvel état de la littérature soit un éditeur-imprimeur – plutôt qu'un écrivain – marque bien le jeu des frontières désormais établies entre les livres et les pouvoirs.

Étienne Dolet est un érudit emporté. Il est né en 1509 à Orléans. À douze ans, il est étudiant à Paris, à dix-sept il part pour Padoue et les effervescences du débat philosophique, philologique et médical, autrement plus vivifiant qu'à la Sorbonne. On le retrouve à Toulouse, en prison. Dans la capitale de la sainte Inquisition, il a prononcé deux discours – contre la bigoterie, mais également contre Érasme – jugés intempestifs. Mais il a des amis influents dans la bonne société humaniste. Ils le sortent de là.

Nouvelle prison, pour trois mois, à Lyon en 1536. Dolet a tué un peintre, Compaing, au cours d'une rixe. Il se rend à Paris pour se défendre. Marguerite de Navarre obtient sa grâce. Pour fêter sa délivrance, ses amis organisent un grand banquet. On y retrouve Rabelais, Marot, Budé, Boysonné, la fine fleur de la nouvelle élite savante.

En 1538, Étienne Dolet, qui a appris le métier en travaillant dans les célèbres ateliers de Sébastien Gryphe, obtient du roi un privilège d'imprimeur. Il exerce à Lyon. Son caractère irascible et passionné, son militantisme humaniste rigide lui mettent à dos la plupart de ses confrères. L'édition, en 1542, d'un *Cato christianus* jugé peu orthodoxe l'envoie dans les geôles, pour quinze mois. Beaucoup plus longtemps que pour un meurtre. Il est désormais surveillé de près par l'Inquisition et par ses docteurs lyonnais en théologie. Il les défie ouvertement : *« Je demeurerai en cette opinion que tous les livres ne contrevenant pas à l'honneur et à la gloire de Dieu doivent plutôt être reçus que rejetés. »*

En janvier 1554, il est jugé à Lyon puis à Paris et condamné à mort *« à cause de blasphèmes et sédition et exposition de livres prohibés et damnés »*. Cette fois il s'évade. Il fuit au Piémont. On brûle ses éditions sur le parvis de Notre-Dame. Il rentre en France avec l'armée d'Italie ; on l'arrête à Troyes. Il connaît son dernier procès, sa dernière prison. On l'en sort pour le brûler avec ses dernières publications, place Maubert, en août 1546.

Au cours du procès de Dolet, on lui a peu reproché ses propres livres, sa défense vibrante du latin classique de Cicéron, ses énormes *Commentarii* sur la langue, la musique et la philosophie. Écrits dans une langue parfaite mais latine, ces ouvrages très polémiques et très savants ne peuvent guère enthousiasmer ou offusquer qu'une poignée de lettrés. Les juges eux-mêmes n'y comprennent pas grand-chose. En revanche, ils imputent à crime à l'ombrageux imprimeur nombre de textes français qu'il a publiés avec une provocante imprudence. Ses traductions de Platon, les *Opuscules* et les *Psaumes* évangélistes de son ami Clément Marot, la *Bible française* d'Olivétan, la traduction du *Chevalier chrétien* d'Érasme. Dolet est passé de la défense et illustration de la belle langue latine à la propagation française de l'Évangile. Je ne veux pas seulement servir la littérature et la langue, écrira-t-il, je veux *« profiter au bien public, à la vie commune,* [diffuser] *tous petits traités délectables et nécessaires à l'âme chrétienne, tout ce que je verrai commode pour l'instruction chrétienne et édification de notre foi »*. Pour ces mêmes raisons, en 1542, il a réédité, dans sa forme non expurgée, le *Gargantua* de Rabelais, soumettant l'auteur – qui ne le lui pardonnera pas – aux tracasseries de la censure.

L'imprimerie a inventé la censure, deux fois. La première par le seul jeu technique de sa puissance. En chassant la copie manuscrite, elle a jeté massivement dans l'oubli tous les textes qu'elle ne jugeait pas dignes de reproduction typographique. Les éditeurs des années 1460-1520 ont éliminé du passé de la littérature et de la pensée occidentale tout ce qui ne correspondait pas à leurs goûts et à celui de leur petit public. Rejetés du choix typographique, des milliers de manuscrits se sont endormis pour des siècles ou ont

Et le web a fait l'inverse

totalement disparu. L'extension de la diffusion du livre a entraîné l'élimination d'une foule de livres. Un phénomène semblable, de bien moindre ampleur, vient de se dérouler sous nos yeux, avec le passage du disque vinyle au disque numérique. Une génération de producteurs a décidé de ce qui devait demeurer du passé musical enregistré et ce qui devait être oublié.

La répression à l'encontre des écrits jugés contraires au bon gouvernement de l'État ou aux vérités de l'Église n'a évidemment pas attendu la fin du XVe siècle pour s'affirmer, avec l'appui de quelques bons auteurs. Platon, dont le maître avait été condamné à boire la ciguë, n'en demande pas moins dans la *République* qu'on interdise dans la Cité les poètes et les faiseurs de fables, ces fauteurs de désordre. Mais, jusqu'à l'imprimerie, la mauvaise humeur des autorités à l'encontre des écrits demeure sporadique, circonstancielle et somme toute bénigne. On brûle ici ou là un manuscrit que d'autres, ailleurs, recopient impunément, on exile, on condamne des propositions, on fulmine, on excommunie. Mais les affaires se passent entre hommes du sérail.

L'imprimerie change les données ; la censure se fait institution. La revendication humaniste puis évangéliste du libre examen, c'est-à-dire de la lecture critique, place le livre au cœur même de la contestation religieuse. Le contrôle de l'impression et de la diffusion des ouvrages devient une affaire d'État. Une police du livre se met en place afin de faire disparaître les « mauvais ouvrages » et de poursuivre ceux qui les répandent. En 1563, le roi de France édicte qu'aucun livre ne pourra désormais être imprimé sans avoir obtenu un privilège royal enregistré par la chancellerie. Le privilège n'est obtenu qu'après l'avis d'une commission de censeurs désignée parmi les docteurs de la Sorbonne. Ce qui n'empêche nullement les censures locales, celles de parlements, des évêques, des universités, de Rome.

À peine installée, déjà rayonnante, l'imprimerie place le livre dans un face-à-face avec les pouvoirs où il doit souvent prendre le parti de la clandestinité. L'apparition du livre, c'est aussi sa disparition partielle de la scène culturelle. Susceptibles d'être désormais recopiés et répandus à des milliers d'exemplaires en quelques jours, certains ouvrages n'existent plus que par le jeu des impressions clandestines, des circuits de contrebandiers, des ventes sous le manteau, de complicités administratives.

Il en allait du livre comme aujourd'hui des drogues ; certaines sont autorisées, d'autres interdites. On imagine sans peine un roman noir du livre. On y verrait de riches imprimeurs parisiens donner la main, le jour, à des descentes de police contre les officines de leurs confrères et rivaux, et s'adonner, la nuit, à la confection de ballots illicites. On y verrait des ministres de l'Intérieur et même des chefs d'État faire leurs délices privées des ouvrages qu'ils ont publiquement condamnés. Des intellectuels de la bonne société frayer avec le monde interlope des revendeurs à la sauvette, des brigands de la contrebande et de leurs financiers. Des policiers corrompus, des règlements de comptes sanglants, des centaines d'exemplaires de *Gargantua* jetés dans le Rhône lors d'une course-poursuite entre la maréchaussée et une charrette de convoyeurs. Des alliances internationales, de minuscules principautés qui prospèrent grâce à l'impression des ouvrages interdits ailleurs. Des condamnés en grand nombre, à la prison à vie, aux galères ; des exilés, de belles imprimeries ruinées, d'autres qui persévèrent çà et là dans des conditions sordides.

Les écrivains n'y joueraient qu'un rôle de second plan. Ils sont certes les producteurs du supposé poison, les cultivateurs de la drogue. On les frappe, de temps à autre, lorsqu'ils ont l'imprudence d'apparaître sur la scène avec ostentation. Mais c'est qu'ils tentent de sortir de leur rôle social et de leur statut ontologique : les écrivains ne sont pas les propriétaires des livres. Comment pourraient-ils l'être ? Ils ne vendent rien. Ils confient à des imprimeurs des manuscrits que ces derniers se chargent, souvent contre rétribution, de faire exister grâce à leurs fabuleuses machines. Ce sont les plus beaux, les plus soigneusement imprimés de ces ouvrages que l'écrivain, lorsqu'il espère pouvoir en tirer quelque argent, se fait donner par l'imprimeur – à moins qu'il ne les achète. Il les donne à relier à ses frais, peut demander à un artiste d'en rehausser quelques pages gravées, et les dédicace à quelques hauts personnages dont il attend protection et rétribution. À moins que l'écrivain n'appartienne déjà à la clientèle ou à la maison d'un prince ou d'un puissant. Exclu du circuit économique du livre, l'écrivain n'est partie prenante que dans le circuit de la faveur.

Il n'a aucun droit sur le livre. Jusqu'à son nom qui, bien souvent, lui échappe, masqué par un pseudonyme ou encore purement et simplement omis. Trouver l'auteur, c'est plus difficile et moins important pour la police que de détruire le livre et de punir ceux qui le font exister. Et puis les imprimeurs et les libraires appartiennent, au mieux, à la bourgeoisie urbaine ; plus communément, à un prolétariat aux limites de la pègre. Derrière les écrivains, il y a souvent l'aristocratie civile et religieuse de leurs puissants patrons. Ces affaires-là se règlent au sommet et discrètement. La position dominée ou servile des écrivains leur assure une relative impunité. Les plus audacieux d'entre eux se risqueront à en éprouver les limites. La guerre religieuse qui va se déclarer avec la civilisation de l'imprimé leur en offrira l'occasion.

SOURCES

Lucien FEBVRE et Henri-Jean MARTIN : *L'Apparition du livre*. Paris, Albin Michel, 1958.

Roger CHARTIER et Henri-Jean MARTIN (dir.) : *Histoire de l'édition française*. Tome I : *Le Livre conquérant. Du Moyen Âge au milieu du XVIIe siècle*. Paris, Promodis, 1982. Rééd. Paris, Promodis-Fayard, 1990.

Henri-Jean MARTIN : *Histoire et pouvoirs de l'écrit*. Paris, Librairie académique Perrin, 1988.

Roger CHARTIER : *Les Usages de l'imprimé*. Paris, Fayard, 1987.

Lucien FEBVRE : *Un destin, Martin Luther*. Paris, PUF, 1957.

Nathanaël WEISS : *La Chambre ardente. Étude sur la liberté de conscience en France sous François Ier et Henri II*. Paris, 1889. Rééd. Genève, Slatkine, 1970.

Marie PELLECHET : *Catalogue général des incunables des bibliothèques publiques de France*. Paris, 1897-1909. Rééd. Nendeln (Liechtenstein), Kraus, 1969-1970.

Guy BECHTEL : *Gutenberg et l'invention de l'imprimerie*. Paris, Fayard, 1992.

Maurice AUDIN : *Histoire de l'imprimerie. Radioscopie d'une ère : de Gutenberg à l'informatique*. Paris, Picard, 1972.

Paul CHAUVET : *Les Ouvriers du livre en France, des origines à la Révolution de 1789*. Paris, PUF, 1959.

Gabriel-André PÉROUSE (dir.) : *Études sur Étienne Dolet*. Genève, Droz, 1993.

Guillaume COLLETET : *Vie d'Étienne Dolet*. Genève, Droz, 1992.

Le rire de Rabelais contre la glose et les glossateurs

1534 ■ Les placards. *Gargantua*

IL CONVIENT d'abord de parler de Marguerite de Navarre, *« la marguerite des princesses »*. Les lieux ont leur importance : comme son frère cadet le roi François Ier, Marguerite a été élevée en province, entre Cognac et Blois, entre Charente et Loire. Le paysage littéraire de la France en sera durablement modifié. Marguerite, nous dit Brantôme, *« s'adonna fort aux lettres dès son jeune âge »*. Elle adore son frère, qui le lui rend bien. Dans plusieurs nouvelles de son *Heptaméron*, Marguerite raconte comment ils partageaient leurs courses et leurs jeux, même les plus violents.

À dix-sept ans, en 1509, Marguerite gagne la cour pour épouser le duc d'Alençon, par devoir. Elle s'ennuie. L'accession de son frère au trône en 1515 change sa vie. Elle devient la vraie reine de France ; l'autre, l'épouse du roi, est, paraît-il, trop laide. Marguerite d'Alençon a sa cour d'ambassadeurs, de clercs et de poètes. Elle rayonne de jeunesse, d'intelligence et d'enthousiasme, et le royaume avec elle. Tout paraît possible, y compris de réformer l'Église. Profondément religieuse et tout autant novatrice, Marguerite échange une correspondance spirituelle intense avec Guillaume Briçonnet. Évêque de Meaux, Briçonnet anime avec l'humaniste Lefèvre d'Étaples un groupe de réflexion et d'enseignement de tendance évangéliste. Ce « groupe de Meaux » réformateur, inspiré par Érasme, sans vouloir rompre, comme Luther, avec l'Église romaine, rejette, au profit d'une foi intérieure, dépouillée et personnelle inspirée par l'Évangile, le culte des saints et des reliques, les indulgences et le pouvoir clérical.

Premier conflit en 1531. Marguerite, qui, devenue veuve entre-temps, a été remariée au roi de Navarre Henri d'Albret, publie son *Miroir de l'âme pécheresse*, tout imprégné de piété évangélique. Les docteurs de la Sorbonne, dirigés par leur syndic, Noël Béda, n'hésitent pas à interdire l'ouvrage de la sœur du roi. François Ier tempête contre les censeurs, la Sorbonne se couche.

Partie remise. Au cours du carême 1533, Marguerite fait venir à la cour, pour y prêcher, son chapelain Girard Roussel, un brillant orateur du groupe de Meaux. En même temps, elle introduit, dans une nouvelle édition de son *Miroir*, le sixième Psaume de David traduit en vers français par Clément Marot, le valet de chambre et secrétaire de la reine de Navarre, fort proche des calvinistes. C'en est trop pour le boiteux syndic de la Sorbonne. Il fait placarder des affiches contre Roussel ; d'autres mettent vivement en cause Marguerite. Profitant que le roi est en voyage à Marseille, les maîtres de la théologie scolastique poussent à l'émeute contre les « hérétiques » infiltrés à la tête de l'État. Béda et les prêcheurs de l'université cherchent à soulever la population contre l'épouse du roi de Navarre, sa clique d'évangélistes et tous ceux qui les protègent, à commencer par Jean du Bellay, évêque de Paris. Fidèle au roi, chef d'une puissante famille d'intellectuels ecclésiastiques, Jean du Bellay cherche à négocier un compromis français entre catholiques et militants protestants. Des contacts discrets ont déjà eu lieu entre des émissaires officieux du roi de France et Melanchthon, le chef de file des luthériens modérés. La cause de l'évangélisme semble sur le point d'être gagnée, au sommet de l'État, sinon en France.

Conseillé par les Du Bellay, encouragé par sa sœur, François Ier réagit fermement contre le tumulte parisien. Il déteste cette ville qui ne l'aime pas. Il déteste la Sorbonne, son enseignement sclérosé, sa tendance à former un État dans l'État. Il la soupçonne de lui préférer, par orthodoxie religieuse, son principal ennemi, Charles Quint. Béda et deux de ses adjoints sont bannis de Paris. Quant à Girard, d'abord assigné à résidence chez la reine de Navarre, il est rapidement mis hors de cause. Il reprêchera à Paris, le carême suivant. Sans toutefois parvenir à monter en chaire à Notre-Dame : la foule hostile le bouscule et le fait taire. Béda finira en prison, au Mont-Saint-Michel, mais Paris demeure fidèle à sa foi traditionnelle.

Il lui suffit de quelques mois pour prendre sa revanche. Le 17 octobre 1534 éclate une deuxième affaire des placards, la plus connue. Entre 2 et 3 heures du matin, à Paris et dans quelques villes de province, des inconnus placardent de grandes feuilles imprimées intitulées *Articles véritables sur les horribles, grans et insupportables abuz de la messe papale*. Certaines de ces affiches sont pliées de manière à former des petits volumes. On dit que François Ier en trouva une « *jusqu'en la tasche* [la poche] *où il mettait son mouchoir* », dans la chambre du château d'Amboise où il résidait. Les quatre articles du texte dénoncent avec une particulière violence « *l'idolâtrie de la messe* », « *le pape et toute sa vermine de cardinaux, d'évêques et de prêtres, de moines et autres caphards* ». Les placards dénoncent comme idolâtre et insultant Dieu le sacrement de l'eucharistie, la croyance en une présence réelle du Christ dans l'hostie, « *car le corps de Jesus Christ qui est la viande des anges et de tous les enfans de Dieu, ne nous est pas donné pour en faire viande aux bestes* ».

Très brefs, les quatre articles contre la messe sont écrits dans une langue accessible à tous. Ils ont été placardés aux principaux carrefours, sur les places, devant les églises. Au matin, chacun les commente et s'en indigne. L'émotion est réelle, profonde. Les évangélistes crient à la provocation, et sans doute y croient. Le parlement de Paris et la Sorbonne profitent de l'occasion pour demander au roi d'extirper l'hérésie qui a gagné, disent-ils, les hautes sphères de l'Église et de l'État. François Ier hésite encore. Il fait, si l'on ose dire, la part du feu. Seize hérétiques sont brûlés à Paris entre le 10 novembre et Noël. Mais ni les Du Bellay, ni Marot, ni les disciples d'Érasme, ni le cercle de la reine de Navarre ne sont inquiétés. En punissant de manière exemplaire une poignée de fauteurs de troubles extrémistes, le roi croit avoir donné assez de gages aux catholiques orthodoxes pour poursuivre sa politique de conciliation.

Des années plus tard, en 1541, écrivant à son frère, Marguerite accusera encore la Sorbonne d'avoir, sous le masque, ourdi un complot en vue de perdre les catholiques réformateurs : « *Les vilains placards étaient faits par ceux qui les cherchent aux autres.* » Mais le crime n'a pas été commis par ceux auxquels il profite, la logique du fanatisme bouscule les calculs. L'auteur des placards est un réformé de second plan, un ancien moine picard, comme Calvin, devenu pasteur de Neuchâtel après un passage dans l'imprimerie lyonnaise de Sébastien Gryphe. Il se nomme Antoine Marcourt.

De Neuchâtel, seule ville de langue française a être passée, en 1530, à la Réforme, Marcourt entreprend, avec un zèle obstiné, de gagner les pays voisins de Romandie à la cause antipapale. Propagande, déjà classique, par les livres. Un autre Picard, Pierre de Vingle, passé par l'atelier lyonnais de Claude Nourry, l'ami de Rabelais, chassé de Lyon pour avoir imprimé des *« Testaments nouveaux en françoys »*, s'est installé à Neuchâtel. Il met ses presses à la disposition des luthériens. Vingle publie *Le Livre des marchands* de Marcourt, un pamphlet contre la vénalité des choses saintes.

Mais Antoine Marcourt n'est pas homme à se contenter de l'écriture et de l'administration religieuse de sa communauté. C'est un passionné de la foi nouvelle, un gagneur d'âmes. Il se bat contre « les ennemis de l'Évangile », à commencer par ceux de l'intérieur. Si Neuchâtel est passée du « bon côté », non sans résistance, d'autres, dans le voisinage, s'accrochent encore aux croyances romaines. Une contre-offensive catholique s'organise, dirigée par le gouverneur de la place et par la comtesse de Valangin, Guillemette de Vergy. Batailles juridiques, batailles tout court. Le pasteur est de toutes. Il démolit des autels, chasse des prêtres, expulse des sépultures seigneuriales des églises, déchire des bréviaires et des livres de cantiques.

Parfois, comme à Valangin, il se heurte à une résistance inattendue. Pendant que Marcourt prêche sur la place du village, le palefrenier de Guillemette de Vergy, au milieu de l'assemblée, y fait couvrir une jument par un étalon. Exaltation évangélique et geste paillarde, Rabelais n'est pas loin. Très proche aussi de la vengeance de Marcourt et de ses amis : *« Ils rompirent autels, images, calices et bannières, livres et reliquaires, détruisirent verrières, portes, lampes, armoires, ornements et tombeaux seigneuriaux. Là-dessus grande beuverie. On visa les caves des prêtres réfugiés dans les forêts et on mangea tout ce qu'on trouva dans leurs maisons. »*

Marcourt n'est pas un politique, ni un provocateur. Il va droit au but, sans se préoccuper du reste. C'est un furieux. Les chefs de la Réforme genevoise, Calvin, Farel, Viret, finiront par l'écarter pour le cantonner dans des besognes obscures. Dans l'affaire des placards, il a agi sans leur consentement, persuadé, peut-être, qu'il suffirait aux Parisiens de lire ses attaques contre la messe et l'eucharistie pour qu'un grand nombre se convertisse. Les martyrs lui importent peu, il est prêt, s'il le faut, à en faire partie. Sans doute même le souhaite-t-il. L'échec de sa tentative parisienne d'octobre ne lui apprend rien, les bûchers ne l'émeuvent pas, il recommence.

Dans la nuit du 13 au 14 janvier 1535, de nouveaux placards et de nouveaux opuscules sont répandus à Paris contre le saint sacrement. Présentés sous la même forme que ceux de l'automne, les placards s'intitulent cette fois *Petit traicté très utile et salutaire de la sainte Eucharistie*. Ils s'achèvent ainsi : *« Pour ma part, je cryerait, je escryray et feray tout ce que je pourray jusqu'à la mort, et jamais je ne cesseray tant que on y aura pourvu. »* Marcourt clame, mais ce sont d'autres qui vont mourir.

Convaincu du risque de guerre civile, persuadé que les placards ont été imprimés dans le royaume par une organisation séditieuse disposant de moyens et de réseaux importants, François Ier réprime cette fois lourdement. Dès le 15 janvier, une ordonnance royale interdit l'imprimerie. Elle sera certes rapportée quelques semaines plus tard au profit du système du privilège royal, c'est-à-dire de la censure préalable. Mais que le « prince des poètes », comme il aimait se faire appeler, le protecteur des artistes et du progrès ait décidé un moment d'interdire les livres en dit long sur la violence de son émotion.

Le roi *« vomit sa colère par les yeux et la bouche »*. Perquisitions, interrogatoires, arrestations, tortures sont organisés à grande échelle par le lieutenant criminel et ses subordonnés. François Ier organise dans Paris une procession expiatoire destinée à frapper les esprits. C'est une extraordinaire manifestation de force, de faste et d'exaltation pieuse. Le 21 janvier 1535, toute l'Église parisienne, toute la noblesse française, le roi en tête, toutes les corporations défilent dans les rues de la ville, de Saint-Germain-l'Auxerrois à Notre-Dame, à la lumière des cierges et dans l'odeur de l'encens. En divers endroits, on a dressé des tréteaux sur lesquels sont représentés des histoires, des tableaux et des mystères. Des reposoirs ont été dressés sur le parcours et sur les ponts. Les maisons sont tapissées et ornées de dictons et d'écriteaux à la gloire du saint sacrement et du roi très chrétien. Un flot de croix et de bannières progresse lentement dans la ville au milieu des larmes, des cris et des prières, des chœurs et des fifres de la garde suisse.

On a sorti toutes les reliques. Le corps de saint Germain, la tête de saint Martin et celle du *« glorieux Saint Louis, richement enchâssée et décorée de pierreries d'une inestimable valeur »*. Le corps de sainte Geneviève, la patronne de Paris, est de la procession, et avec lui la couronne d'épines sortie pour la première fois de la Sainte-Chapelle, deux morceaux de la croix, le fer de la lance et les clous, les tables du décalogue, des fragments du suaire et du tombeau du Christ, les draps de la nativité, et même du lait de la Vierge Marie. Jean du Bellay porte le saint sacrement ; derrière lui, entouré d'une garde de vingt-quatre archers, le roi, tête nue, portant robe de velours noir fourrée de genettes noires, un bâton de cire vierge à la main, marche avec solennité et s'arrête, de temps à autre, pour s'abîmer en prières. La foule pleure. Sur le pont Notre-Dame a lieu un lâcher de pigeons aux pattes desquels sont attachées des professions de foi. Tout se mêle, l'or et les chants, le faste et les lamentations, l'émerveillement et la haine, la ferveur et l'ostentation. Paris s'offre son spectacle préféré, celui de son émotion.

Rejoint par la reine et sa suite à Notre-Dame, François Ier, après un repas pris chez Jean du Bellay, prononce un discours. C'est un appel à la punition des hérétiques, à la dénonciation des *« adhérents et complices de ses blasphèmes, sans nul égard d'alliance, lignage ou amitié »*. Marguerite de Navarre est tacitement menacée : *« Quant à lui, déclare le roi, si son bras était infecté de telle pourriture, il le voudrait séparer de son corps, si ses propres enfants étaient si malheureux de tomber en telles exécrables et maudites opinions, il les voudrait bailler pour faire sacrifice à Dieu. »*

Le soir même ont lieu les premières exécutions. Six luthériens sont brûlés, parmi lesquels Simon Fouhet, jeune orfèvre et chantre du roi, *« lequel l'appréciait et l'aimait pour son art du chant et la douceur de sa voix »*. On leur arrache la langue, ou on la leur fait passer à travers la joue afin qu'ils ne puissent prononcer des paroles impies. On leur coupe la main qui est censée avoir affiché les placards maudits. On les brûle à petit feu à l'aide d'une potence suspendue au-dessus du bûcher, afin qu'ils ne soient pas étouffés trop promptement par la fumée.

Jusqu'au mois de mai, la répression fait rage. Emprisonnements, question, exécutions, exils. Antoine Augereau, l'éditeur du *Miroir de l'âme pécheresse*, est supplicié. Une maîtresse d'école de filles est jetée au feu toute vive pour avoir mangé de la viande le vendredi. On imagine des hérétiques partout, on en fabrique ; tout ce qui n'est pas dans la stricte orthodoxie de la Sorbonne est suspect, tout suspect complote au massacre des catholiques. Marot doit s'enfuir à Ferrare. Rabelais *« s'absente »* de Lyon : il va chercher refuge en Poitou auprès de son protecteur Geoffroy d'Estissac. Marguerite elle-même, la sœur bien-aimée, juge plus prudent de regagner son royaume et sa cour de Navarre, à Nérac. Où Lefèvre d'Étaples mourra l'année suivante. À quelques mois d'Érasme. Après le temps des réformateurs, celui des fanatiques.

Les experts discutent de savoir si la première édition de *Gargantua*, chez Claude Nourry à Lyon, a été publiée au printemps 1534 ou en janvier 1535. Avant la deuxième affaire des placards, ou après ? Rabelais a-t-il été un fidèle interprète de la politique royale antisorbonnarde ou un évangéliste audacieux bravant la répression ? Il y a peu de chances qu'on le sache un jour. Il est en revanche certain que l'essentiel de *Gargantua* a été écrit au cours de l'année 1533. À l'époque des espoirs.

Rabelais commence son roman sur le modèle employé en 1532 pour *Pantagruel*. Il exploite la veine de son succès. Des histoires comiques de géants, inspirées d'un personnage de livret populaire médiéval, *Les Grandes et Inestimables Chroniques du grand et énorme géant Gargantua*. Il suit, à sa manière, le modèle canonique : généalogie du personnage, naissance extraordinaire, récit des frasques d'adolescence, premiers rudiments d'éducation. Le tout se déroulant au pays de Grandgousier, c'est-à-dire dans cette région du Chinonnais qui est aussi celle de l'enfance de Rabelais.

Puis, tout à coup, après quatorze chapitres de cette énorme farce, farcie en effet des ingrédients les plus divers du comique scatologique au comique savant, le roman bifurque. Il change de lieu, sans raison apparente : *« Et fut advisé entre eux* [...] *que tous ensemble iraient à Paris, pour connaître quel était l'étude des jouvenceaux de France pour icelui temps. »*

Si parfois Maître Alcofribas, le narrateur de *Gargantua*, n'est pas Rabelais lui-même – l'auteur joue sans cesse de sa distance et de sa proximité avec *« l'abstracteur de quintessence »* –, le doute, au chapitre XVII, n'est pas permis. Pas de masque ni de précaution : *« Car le peuple de Paris est tant sot, tant badaud, et tant inepte de nature qu'un bateleur, un porteur de rogatons, un mulet avec ses cymbales, un vielleux au milieu d'un carrefour assemblera plus de gens que ne ferait un bon prêcheur évangélique.* » Nous ne sommes plus dans la fiction, sinon la plus transparente. Ce Paris tant sot qui tourne le dos aux prêcheurs évangéliques, c'est celui qui vient de se faire moucher par le roi lors de l'affaire des placards du carême 1533. Mis au courant des événements, sans doute par Jean du Bellay de passage à Lyon, Rabelais ouvre une parenthèse dans sa chronique pour porter un coup de boutoir enthousiaste à ses ennemis les sorbonagres et à leurs alliés parisiens. Il ente son roman sur l'actualité.

Il se sert encore du gigantisme de Gargantua, mais c'est pour exprimer le gigantesque de son mépris pour la foule des sorbonicoles : « *Lors en souriant* [Gargantua] *détacha sa belle braguette, et tirant sa mentule en l'air, les compissa si aigrement qu'il en noya deux cent soixante mille quatre cent dix et huit, sans compter les femmes et petits enfants.* » Par géant interposé, Rabelais compisse allègrement Paris, « *laquelle auparavant on appelait Lucèce* [...], *c'est-à-dire en Grec Blanchette, pour les blanches cuisses des dames du dit lieu* ».

Gargantua vole les deux cloches de Notre-Dame pour en faire des *campanes* au cou de sa jument. Les deux cloches ? Noël Béda sans doute, qui *cloche* (il est boiteux), et son second, qu'un édit royal vient d'exiler à vingt lieues de Paris. Béda, le syndic de l'université de Paris, l'ennemi juré des évangélistes, « *le plus vieux et suffisant de la faculté théologale* », que Rabelais affuble du nom de Janotus de Bragmardo.

Le jeu sur les cloches est encore une plaisanterie. Le reste ne l'est pas. À l'annonce du vol desdites cloches, « *toute la ville fut émue en sédition, comme vous savez que à ce ils sont tant faciles que les nations étrangères s'ébahissent de la patience, ou (pour mieux dire) de la stupidité des roys de France, lesquels autrement par bonne justice ne les réfrènent* ». Si l'on pouvait avoir encore un doute sur ce dont il parle, Rabelais ajoute : « *Plût à Dieu que je susse l'officine en laquelle sont forgés ces schismes et monopoles, pour voir si je n'y ferais pas de beaux placquars de merde.* »

Dans les éditions ultérieures, après les persécutions de 1535, Rabelais gommera *la stupidité des rois* et *les placards de merde*. Sa prudence forcée souligne l'audace de son engagement primitif.

Rabelais noie la Sorbonne dans l'urine. Au même moment, à Lyon également, un autre protégé du cardinal du Bellay, Clément Marot, parle d'une noyade moins symbolique :

En l'eau, en l'eau, ces fous séditieux,
Lesquels en lieu des divines paroles,
Prêchent au peuple un tas de monopoles
Pour émouvoir débats contentieux.
Le Roi leur est un peu trop gracieux :
Que n'a-t-il mis à bas ces têtes folles
En l'eau.

Il poursuit :

Au feu, en l'eau, en l'air ou en la terre,
Soient pris et mis ces fols prédicateurs,
Qui vont prêchant sédition et guerre,
Entre le peuple et les bons précepteurs.
Ils ont été trop longtemps séducteurs,
Et mis le monde en trouble, et désarroi
Mais Dieu de grâce a voulu que le roi
Ait entendu leur sophistic parler,
Qui les fera punir selon la loy,
Au feu, en l'eau, en la terre ou en l'air.

Rabelais et Marot en appellent l'un et l'autre à la répression contre la Sorbonne. L'un et l'autre regrettent en termes vifs la trop grande mansuétude du roi vis-à-vis de leurs ennemis. Pour avoir la paix, ils réclament la guerre. C'est le moment de leur victoire, où tout leur semble permis. Rabelais n'a rien à dissimuler et surtout pas son espérance et son engagement. Pas besoin de symboles et de figures derrière lesquels les lecteurs affûtés seraient invités à déceler des messages. Il dit tout, à tous.

Le plus glosé sans doute de tous nos écrivains, le plus interprété dans tous les sens, Rabelais déteste la glose, cette façon d'assassiner un texte pour mieux en pratiquer l'autopsie. De fabriquer des paroles gelées, d'éteindre l'étonnement primitif du mot, la coulée inattendue de la phrase, le charivari du texte. Pas étonnant si tous ceux qui, au lieu de le lire, se sont acharnés à le décrypter, à le décoder ou à le traduire en messages s'y sont cassé les dents. Ils avaient autant de chances d'y trouver le sens que les lecteurs de la *Pantagruéline prognostication* de prévoir leur avenir dans le jeu des planètes : *« Cette année les aveugles ne verront que bien peu, les sourds ouiront assez mal, les muets ne parleront guère, les riches se porteront un peu mieux que les pauvres, et les sains mieux que les malades.* [...] *Vieillesse sera incurable cette année, à cause des années passées. »*

« Je ne dis rien sinon ce que j'en pense, et n'en pense sinon que en est, et n'en est autre chose, pour toute vérité, que ce qu'en lirez à cette heure. » L'avertissement n'a pas été entendu, on a pris l'habitude de lire Rabelais ailleurs que dans Rabelais. En le réduisant. Dans la plupart des cas, cette opération se traduit par un retour à la vieille dichotomie du fond et de la forme, sous son visage le plus poussiéreux. Il était une fois un moine, plus ou moins défroqué et très savant, médecin, physicien, lettré et partisan des idées nouvelles en matière de religion et d'éducation et de progrès. Lesquelles idées il décida de populariser en les enveloppant dans une forme comique dont on discutera à perte de vue pour savoir si elle est d'origine érudite ou d'extraction plébéienne.

Pour justifier cette dualité entre la forme, éclatante de visibilité, et le fond, soigneusement caché par la verve, on procédera à une lecture partielle et donc tordue du fameux prologue de *Gargantua.* L'image de la boîte grotesque qui contient des bijoux magnifiques ; le visage laid et ridicule de Socrate masquant son *savoir divin* (mais aussi savoir du vin) ; enfin, la fameuse métaphore de l'os et de la moelle : *« C'est pourquoi il faut ouvrir le livre : et soigneusement peser ce qui y est déduit.* [...] *Puis par curieuse leçon et méditation fréquente, rompre l'os et sucer la substantifique moelle. »*

On arrête là, tout heureux que le rire ne soit qu'une boîte ou qu'un os ou qu'un masque grotesque. Grâce à la moelle, Rabelais est entré dans le grave cénacle des doctes. Le moine paillard est un philosophe, on respire. Et on ne lit pas la suite qui est comme le reste du prologue : comique, ironique, dédiée aux *« Buveurs très illustres et vérolés très précieux ».* Sur le ton d'un charlatan vantant sa panacée, Maître Alcofribas, extracteur de quintessence, promet monts et merveilles de sa lecture : *« Car en icelle bien autre goût trouverez, et doctrine plus absconce qui vous révélera de tresaults sacrements et mystères horrifiques, tant en ce qui concerne notre religion, que aussi l'état politique et vie économique. »* Et pour enfoncer le clou, l'auteur se moque de tous ces pesants et savants exégètes allégoriques – y compris ses amis érasmiens – qui font dire à Homère des choses qu'il n'a jamais pensées et qui christianisent la poésie païenne d'Ovide. Comme s'il prévoyait son sort futur.

Il y a, bien sûr, pour le *« lecteur suffisant »* une pensée à découvrir dans *Gargantua* : c'est le texte lui-même, tel qu'il est, en bloc. L'os et la moelle ne font qu'un dans un corps vivant. Comme le sens ne fait qu'un avec le discours, corps et âme inséparables jusqu'à la mort. Le message nouveau de Rabelais, son *« plus haut sens »*, c'est son langage. Il l'invente, avec audace, frénétiquement. Ce n'est pas seulement la vieille scolastique qu'il lacère, c'est aussi, dans le même coup de torchon, le bel humanisme de ses savants confrères tout pétri de respect pour les textes grecs et latins. Il utilise les sages adages de son ami Érasme, il en truffe son roman, mais c'est pour leur faire quitter le silence respectueux de la bibliothèque et les précipiter dans la rue. Où ils retrouveront pêle-mêle les proverbes populaires, les citations des Pères de l'Église, les chansons à boire et les traités d'héraldique. Paroles gelées, spectres verbaux d'un autre temps que la prose rabelaisienne va cuisiner au vin de l'ivresse littéraire pour en faire de l'écriture vivante.

Les humanistes méprisent la langue vulgaire. Ils sont fascinés par l'origine : la Bible primitive, les Évangiles originaires, la littérature grecque et latine, l'étymologie des mots, la phrase classique, la graphie romaine. Retourner à l'origine, c'est retrouver l'unité du berceau commun, effacer mille ans de barbarie, de déformations, d'erreurs et de folies meurtrières. Renaître en revenant à la matrice méditerranéenne et à l'Église-mère fondée par Jésus-Christ. Un nouveau départ qui trouve sa légitimité dans l'antiquité de la tradition.

Rabelais écrit en français, publie *Gargantua*, comme ses autres livres, dans les caractères gothiques de la littérature vulgaire. Première rupture. Il affirme que l'origine importe peu, qu'elle n'est pas sacrée. Seul compte ce qu'on en fait au présent. Tout peut servir d'origine pour peu qu'on invente : la philosophie de Platon mais aussi *La Farce de maître Pathelin*, la période cicéronienne mais également le parler des Tourangeaux ou des Flamands, les poèmes homériques, mais tout autant les légendes horrifiques des géants.

Traditionalistes et évangélistes vivent dans la terreur du signe.

Dans la guerre de l'esprit et de la lettre. Une différence de traduction dans un texte grec ou latin peut vous conduire à l'échafaud, la logique et la grammaire des scolastiques peuvent étouffer la pensée. Ce qui devrait aider à vivre fait mourir. On ne se bat pas pour ou contre le Christ mais pour ou contre des signes, des symboles, des icônes.

Or, le signe est arbitraire, il ne veut rien dire. Pas plus que le bleu ne veut dire pureté et le blanc noblesse. Pas plus que l'étymologie, malgré son étymologie, ne peut prétendre à une quelconque vérité des choses et de leur histoire. *Gargantua* fait exploser le signe et sa terreur. Ce ne sont pas les mots qui signifient – et certains, d'ailleurs, ne signifient rien, ils sont là pour ne rien signifier en eux-mêmes. Ils ne prennent sens que de leur rôle dans le rythme de la phrase. Ils sont sa chair et sa danse, pas sa communication.

On croit parfois aujourd'hui, en « traduisant » Rabelais en français moderne, en rendre la lecture plus facile ou plus transparente. Mais Rabelais n'a jamais été transparent, même pour ses plus savants contemporains. On ne le « comprend » pas mieux en idiome du XXIe siècle que dans son langage d'origine : on ne le comprend plus du tout puisqu'on lui retire précisément ce qu'il dit, ce qu'il réalise effectivement.

Contrairement à celle des placards de tous ordres, l'écriture de Rabelais ne représente pas – ou peu –, elle agit. Dans un célèbre conte, « Le miroir et le masque », recueilli dans *Le Livre de sable*, Jorge Luis Borges raconte l'histoire d'un roi d'Irlande qui, après une éclatante victoire, demande à son poète, Ollan, de célébrer ses exploits par un poème. Ollan, après un an de travail, déclame son poème avec une sûre lenteur. Le roi le félicite : *« Tu as donné à chaque mot son véritable sens et à chaque substantif l'épithète que lui donnèrent les premiers poèmes. Il n'est pas dans ce poème une seule image que les classiques n'aient employée.* [...] *Si toute la littérature de l'Irlande venait à se perdre* – omen absit – *on pourrait la reconstituer sans rien perdre avec ton ode classique. »* Néanmoins, le roi demande au poète de lui écrire une autre ode : *« Tout cela est bien et pourtant rien ne s'est produit. Dans nos artères le sang ne bat pas plus vite. Nos mains n'ont pas cherché à saisir les arcs. Personne n'a pâli. »* Le poète revient un an plus tard avec un autre texte. *« Il ne le récita pas de mémoire ; il le lut avec un manque visible d'assurance, omettant certains passages comme s'il ne les comprenait pas entièrement ou ne voulait pas les profaner. Le texte était étrange. Ce n'était pas une description de bataille, c'était la bataille.* [...] *La forme n'en était pas moins curieuse. Un substantif au singulier était sujet d'un verbe pluriel. Les prépositions échappaient aux normes habituelles. L'âpreté alternait avec la douceur. Les métaphores étaient arbitraires ou semblaient telles.* » Nouvelles félicitations : « *Ceci dépasse tout ce qui l'a précédé et en même temps l'annule.* » Il y a pourtant un troisième stade et un troisième poème. Il ne consiste qu'en une seule ligne que le poète murmure à l'oreille du roi « *comme s'il se fût agi d'une prière secrète ou d'un blasphème* ». Le souverain et son poète emporteront dans la mort le secret de cette inspiration divine. La pure formule magique du texte fulgurant.

Peut-être ce texte de la pure et fulgurante beauté et de la contemplation absolue est-il contenu dans la Dive Bouteille que Panurge et ses compagnons découvriront dans le *Cinquième Livre*, celui de l'inspiration divine, de l'ivresse sacrée et de « *la fureur poétique* ». Dans *Gargantua*, le roman ne cherche pas à se faire oracle, il explore le second état du poème d'Ollan tel que le décrit Borges. Ce moment où le texte cesse de représenter pour être ce qu'il dit : action, événement, capture de l'auditeur et du lecteur non par l'*histoire* qui est illusion et fiction, ni par les artifices réglés de la rhétorique, mais par une transe verbale qui se mêle à la transe comique et que chaque lecteur, chaque lecture réactualise. Entre le livre et son lecteur, pas d'exégète, pas de grand prêtre qui ordonne le rite, pas de légiste qui décide du beau et du laid, pas de *placards de merde* qui condamnent à l'hérésie les lectures réputées fautives. Une rencontre sauvage et libre.

Rabelais agit. En réaction contre l'apparition *gelante* du livre qui risque de fixer la parole, d'établir une orthodoxie, il invente des romans qui défient l'exégèse tout en la rendant ridicule. On comprend la haine des sorbonnards : ils perdent leur gagne-pain et sont roulés dans la farine. Et les humanistes y perdent leur latin : pour dé-fixer la langue et lui ôter son arrogance, Rabelais ne recule devant rien. Il invente un « vieux français » qui n'appartient qu'à lui, il retourne les étymologies comme des gants, il opère le mélange des littératures, bourre du vulgaire dans le savant, du jargon de métier dans le parler noble, de l'oral dans l'écrit, du scatologique dans le spirituel, de la bonne parole dans les jeux de mots. Joyce, quelques siècles plus tard, se lancera dans une semblable aventure. Dans une semblable et poétique utopie.

Peu importe à Rabelais si, quelques mois après la parution de *Gargantua*, les circonstances politiques ayant changé à la suite de la seconde affaire des placards, il doit apporter quelques modifications à la lettre de son roman. Effectuer des coupes, affadir quelques expressions. Quelques mots de plus ou de moins ne changent pas la nature de son entreprise. Quelques microns ôtés à la stature du géant.

En revanche, la défaite des intellectuels, consommée en 1535, et le renforcement des Églises ennemies qui en résulte, vont modifier en profondeur sa stratégie d'auteur. Même si le combat des évangélistes contre les fanatiques de l'orthodoxie n'était pas tout à fait le sien, ils étaient menacés par les mêmes ennemis. Et la guerre pichrocoline pouvait prendre les dimensions d'une vaste farce jouée sur la petite scène de quelques paroisses chinonaises. Triomphe de l'arbitraire des mots : un massacre épouvantable peut se transformer en spectacle jouissif. À présent, les bûchers sont réels et les morts ne vont pas se relever pour saluer à la fin de la représentation.

Rabelais se tait pendant douze ans. Lorsqu'il publie, en janvier 1546, son *Tiers Livre* qu'il signe de son nom et dédie à Marguerite de Navarre, il n'a certes rien perdu de son énergie comique, mais sans doute n'a-t-il plus la même foi dans la valeur libératoire du rire. Ni dans la possibilité d'ébranler les grands monuments sacrés de l'autorité littéraire. La guerre crée des camps et fige les paroles. Il y a de grandes et belles choses dans le *Tiers Livre*, le *Quart Livre* et ce *Cinquième Livre* que Rabelais sans doute n'acheva pas. Du rire, de la nostalgie, de l'élévation, du sentiment. *« Tirons vie de long. Haut. Plus outre. »* Et encore cette exhortation, brisée : *« À haute voix infatigablement crier, prier, implorer, invoquer. »* Dieu n'est plus si proche.

SOURCES

François Rabelais : *Œuvres complètes*. Édition de Marcel Guilbaud. Paris, Imprimerie Nationale, 1957.

— *Gargantua*. Édition de Gérard Defaux. Paris, Le Livre de Poche, 1994.

— *Pantagrueline prognostication pour l'an 1533*. Édition de Michael Screech. Genève, Droz, 1974.

MARGUERITE DE NAVARRE : *L'Heptaméron*. Édition de Michel François. Paris, Garnier, 1960.

Clément MAROT : *Œuvres poétiques*. Édition de Gérard Defaux. 2 vol. Paris, Classiques Garnier, 1993.

ÉRASME : *Œuvres choisies*. Édition de Jacques Chomarat. Paris, Le Livre de Poche, 1991.

Jorge Luis BORGES : *Œuvres complètes*, tome II. Édition de Jean-Pierre Bernès. Paris, Gallimard, « Bibliothèque de la Pléiade », 1999.

Journal d'un bourgeois de Paris sous le règne de François Ier (1515-1536). Édition de V.-L. Bourilly. Paris, 1910. Rééd. New York, Johnson Reprints.

Pierre JOURDA : *Marguerite d'Angoulême, duchesse d'Alençon, reine de Navarre*. Paris, Bibliothèque littéraire de la Renaissance, 1930.

Lucien FEBVRE : *Le Problème de l'incroyance au XVIe siècle. La religion de Rabelais*. Paris, Albin Michel, 1942.

Gabrielle BERTHOUD : *Antoine Marcourt, réformateur et pamphlétaire*. Genève, Droz, 1973.

Olivier CHRISTIN : *La Paix de religion*. Paris, Éd. du Seuil, 1997.

Mikhaïl BAKHTINE : *L'Œuvre de François Rabelais et la culture populaire au Moyen Âge*. Trad. Paris, Gallimard, 1970.

Michael SCREECH : *Rabelais*. Trad. Paris, Gallimard, 1992.

— « Rabelais et le mariage ». *Études rabelaisiennes*, XXVIII. Genève, Droz, 1992.

François RIGOLOT : « Les langages de Rabelais ». *Études rabelaisiennes*, X. Genève, Droz, 1972.

Gérard DEFAUX : « Rabelais et les cloches de Notre-Dame ». *Études rabelaisiennes*, IX. Genève, Droz, 1971.

Natalie Zemon DAVIS : *Les Cultures du peuple. Rituels, savoirs et résistances au XVIe siècle*. Trad. Paris, Aubier, 1979.

François BON : *La Folie Rabelais*. Paris, Éd. de Minuit, 1990.

Du Bellay, soldat mélancolique de la langue française

1539 ■ Ordonnance de Villers-Cotterêts

Le 31 août 1539, François Ier signe, en son château fraîchement construit de Villers-Cotterêts, un long édit de 192 articles portant sur l'organisation de la justice en France. C'est un tout dont la mémoire n'a indûment conservé que deux articles, les numéros 110 et 111, qui substituent le français au latin dans la rédaction des actes notariaux et judiciaires. Plus exactement, il y est écrit que ces actes doivent être *« prononcez, enregistrez et délivrez aux parties en langaige maternel françois et non autrement »*. Ce qui laisse subsister une large marge d'ambiguïté quant à l'utilisation des dialectes et patois. On discute encore de savoir si le roi a voulu imposer la langue royale à l'ensemble de ses sujets ou si le recours aux parlers « maternels » multiples était toléré.

Les rédacteurs du texte n'ont même pas dû se poser la question. Pour les brillants hauts fonctionnaires de la Chancellerie de France, même s'ils viennent de Picardie ou du Périgord, le langage maternel français, c'est la langue que l'on parle, que l'on écrit, que l'on imprime et à laquelle on donne forme dans les domaines de l'État royal. La seule langue assez codifiée et assez illustrée pour pouvoir tenir la dragée haute au latin. Tout simplement parce que cette langue est celle du roi. Le rapport est métaphysique avant d'être politique. À Dieu le latin, au roi François le français. Le français n'a pas à être imposé aux langues vernaculaires, il s'impose, naturellement, par essence.

À chacun son domaine, à chacun son pouvoir, à chacun sa lumière. C'est le sens général de l'édit de 1539. Faire la part, dans la justice et dans l'administration des hommes, entre ce qui revient à l'Église et ce qui appartient à l'État monarchique. La langue n'est qu'un partage parmi d'autres. Le texte restreint aux strictes affaires religieuses le domaine de la justice ecclésiastique. Il codifie avec précision la procédure pénale afin qu'elle s'exerce partout de la même façon. Et il ajoute aux devoirs spirituels des curés des tâches administratives en les chargeant de la tenue des registres de baptême et de sépulture dans leur paroisse. Dans le même acte, le royaume se dote d'un état civil et d'une langue. Le même souci, le même rêve d'emprise : diffuser dans tout ce pays un même ordre, une même lumière, une même bienveillante, élégante et prestigieuse autorité.

À l'inverse d'Henri VIII d'Angleterre, François Ier ne rompt pas avec Rome pour créer sa propre Église et demeurer seul maître chez lui. Il préfère la concurrence à l'enfermement, la France n'est pas une île. Pas question de laisser à l'empereur Charles Quint le monopole de l'Europe catholique. La concurrence partout et que le meilleur gagne : gloire contre gloire, richesse contre richesse, langue contre langue. L'instauration de la langue française ne prend pas la forme d'une sécession ou d'un schisme, mais, plus orgueilleusement, la forme d'un avènement, celui d'un *« nouveau latin »*, royal, capable de supplanter, dans tous les domaines de la pensée terrestre, l'antique et prestigieuse langue romaine. Parce qu'elle est devenue langue royale, la vieille parole vulgaire des Français affirme ses prétentions à devenir langue de civilisation.

Cette métamorphose s'opère dans l'allégresse et dans la fièvre, en l'espace de quelques années. Une débauche de recherches, d'entreprises, de débats, d'inventions savantes et d'initiatives naïves, de laborieuses élaborations théoriques et de géniales audaces pratiques. On essaie, on se risque, on s'épuise sur des chemins de traverse et on recommence ailleurs. On est vite vieux, dépassé, démodé, tant le train est rapide et les engouements passagers. Seul objet ou presque de cette éblouissante effervescence, ni Dieu, ni le salut, ni la paix, ni la gloire : la langue. Ce qu'elle est, ce qu'elle fait, ce qu'on peut lui faire. Comment parler, comment écrire, comment traduire.

Quelques noms, parmi des dizaines d'autres tout aussi attachants, quelques dates serrées entre les dernières années du règne de Louis XII et la mort de François Ier. À commencer par Jean Lemaire de Belges que tous, de Marot à Du Bellay et de Ronsard à

Pasquier, reconnaissent comme *« avoir premier illustré et les Gaules et la langue Françoyse »*. Dans sa *Concorde des deux langages*, mélange de vers et de prose publié en 1510, ce protégé de Marguerite de Savoie à la cour de Bourgogne s'interroge sur la prééminence des langues. Quelle est la meilleure ? Le français, l'italien, le toscan ? Lemaire hésite. L'Italie a pour elle Dante et Pétrarque, une plus grande proximité avec le tronc et les racines de la langue latine, *« mère de toute éloquence »*. Mais le français l'emporte et de loin dans l'expression intellectuelle et dans la vigueur poétique. Si Vénus est italienne et *« le bon Pétrarque en amours le vray maistre »*, Minerve est française, la déesse de la pensée, des arts, des sciences et de l'industrie. Et si Lemaire décrit le temple de Vénus en *« vers tiercés, à la façon italienne »*, le temple de Minerve est tout entier décrit en vers alexandrins. Lemaire désigne la forme du vers qui sera bientôt la marque propre de la poésie française.

En 1510, plus proche de Lyon que de Paris, installé sur la route qui mène de la Bourgogne à la Toscane, Lemaire de Belges prône l'alliance et la concorde des deux langues, la coexistence pacifique et le commerce – inégal – des richesses respectives. L'année suivante, il rédige un *Traité de la différence des schismes et des conciles* dans lequel il prend parti en faveur du roi de France, lequel a convoqué à Pise un concile pour obtenir la suspension du pape Jules II. La France est en guerre contre la Sainte Ligue : le pape, l'Espagne, Venise, la Suisse, bientôt l'Angleterre. Lemaire donne de la voix gallicane.

Un pas de plus l'année suivante. Une commande royale. Lemaire rédige *Les Illustrations de la Gaule et les singularités de Troie la Grande*. Sous le prétexte d'une recherche philologique sur l'origine des langues, une réponse politique à la filiation latin-italien. Les Français sont les descendants de Francus, le fils d'Hector de Troie. Plus ancienne – et donc plus vénérable que le latin –, la langue française vient directement du grec, enrichie et transformée par des apports celtiques. Sans aller jusqu'à ces extrémités auxquelles Rabelais donne, peut-être ironiquement, droit de cité dans le prologue du *Quart Livre* – *« Esope le Français, j'entends Phrygien et Troien comme affirme Max Planudes : duquel peuple selon les plus véridiques chroniqueurs, sont les nobles Français descendus »* –, de nombreux auteurs mettront en valeur, sans trop de difficultés, les racines grecques du français, dans le souci nationaliste de faire l'économie du latin.

Dans son *Champ Fleury ou l'Art et science de la proportion des lettres* (1529), Geoffroy Tory, l'imprimeur du roi, tire argument de cette filiation du grec et du français contre ceux qui opposent la belle unicité et universalité du latin à la multiplication des dialectes du français : *« Notre langue est aussi facile à régler et à mettre en bon ordre que fut jadis, la langue Grecque, en laquelle il y a cinq diversités de langage, qui sont la langue Attique, la Dorique, la Aeolique, la Ionique et la Commune. Tout ainsi pourrions nous bien faire de la langue de Cour et Parisienne, de la langue Picarde, de la Lyonnaise, de la Limousine et de la Provencale. »*

Ne perdons jamais le lien entre l'enthousiasme des poètes, des philologues, des grammairiens, des imprimeurs et des hauts fonctionnaires royaux à construire la langue française et la naissance d'un sentiment nationaliste. Le français, le roi, la France ; ou encore la littérature, l'État, le pays : les trois termes ne cessent de se lier, de s'appuyer l'un sur l'autre, d'échanger les signes et les caractères de leur excellence, de leur prestige et de la douceur naturelle de leur lumière. Une communauté de substance, une même mythologie politique, métaphysique et littéraire lie l'ordonnance de Villers-Cotterêts et *France, mère des arts, des armes et des lois* ; la critique radicale du discours érotique traditionnel – latin – auquel se livre Marot dans son *Adolescence clémentine* au nom du *« ferme amour » « faisant régner Paix divine soubz France »* et les *Regrets* de Du Bellay exilé en Italie et trouvant les harmoniques les plus déchirants pour chanter la nostalgie de la *maison* et la promesse du retour, vers le point fixe, la source, l'enfance, la terre natale, la patrie, la langue des vivants et la mémoire des morts.

La clarté, la douceur, le naturel, l'élégance, la fermeté : passé l'âge des barbaries, ce sont les qualités conjointes du gouvernement monarchique, de la nouvelle langue française et de cette nation même que Marot et Du Bellay évoquent comme la nouvelle Rome naissante, avant que Ronsard n'entonne les trompettes de son triomphe, et celles du poète qui sait se porter à sa hauteur.

La langue se construit comme un royaume, avec ses capitaines et ses législateurs, rarement d'accord au même moment : les uns veulent conquérir et les autres ordonner. Jehan Marot, le père de Clément, et ses amis rhétoriqueurs, Guillaume Crétin, Octavien de

Saint-Gelais, puis Clément Marot lui-même à ses débuts éprouvent jusqu'à l'ivresse et l'épuisement les possibilités métriques, rythmiques et même cabalistiques de la langue. Ils jouent d'elle et la manipulent comme d'un corps infiniment plastique, multipliant les anagrammes, les cryptogrammes, les rébus, les acrostiches, les analogies. Travail du verbe et de l'écorce formelle qui lasse de tant vouloir attacher la poésie au nom plutôt qu'au nommé. Mais la langue y gagne une souplesse inconnue, et un arsenal de formes nouvelles s'y forge dans lequel leurs successeurs, jusqu'à nos jours, puisent encore.

D'autres conquérants se lancent à l'assaut du verbe. La perfection d'une langue, disent-ils, se mesure d'abord à l'étendue de son vocabulaire. *« Plus nous aurons de mots en notre langue, plus elle sera parfaite »*, affirme Ronsard dans son *Abrégé de l'art poétique français*. Chaque poète, chaque écrivain se fait un point d'honneur d'apporter ses pierres de néologismes à l'édifice. Chaque mot latin doit trouver son équivalent français. On francise tout, avec audace, même les Écritures. Sous la plume de Castellion, la Cène devient le Souper. On n'emprunte pas seulement aux langues anciennes à profusion, mais, comme Rabelais, aux dialectes, au vocabulaire archaïque, aux langues de métier, aux argots, à l'italien, à l'espagnol, à l'anglais, à l'allemand. On crée, on dérive plus ou moins proprement, on préfixe, on suffixe, on compose un mot de deux voire de trois autres. Entre la première édition du *Dictionnaire français-latin* de Robert Estienne paru en 1539 et les révisions qui se succèdent tout au long du siècle des *Trésors de la langue française*, la masse lexicale connaît un gonflement et un renouvellement dont les œuvres littéraires sont le principal vecteur. Jusqu'à risquer l'apoplexie comme chez Guillaume du Bartas, l'auteur des *Semaines*, dont on ne se souvient même plus qu'il fut, en gloire, le seul vrai rival de Ronsard.

L'accumulation des richesses et des conquêtes ne fait pas l'affaire des hommes d'ordre et des législateurs. Ceux-là ont la passion de la règle et de la norme, sans lesquelles, disent-ils, rien de durable et de solide ne se crée. Pas de vrai trésor sans inventaire et sans élimination de la fausse monnaie et de la pacotille. À l'intérieur même de l'« avant-garde » intellectuelle et littéraire de la France de François Ier apparaît un puissant mouvement de capitalisation et de régulation de l'invention linguistique et littéraire, des grammaires, des arts poétiques, des traités d'orthographe, de ponctuation, d'accentuation, d'élocution, de stylistique, hantés par la problématique de l'unité. Une langue unique pour un peuple unique. Le français est royal et donc exemplaire.

Volonté de normalisation, souci de la hiérarchie qui ne briment pas forcément les recherches et les audaces. Louis Meigret, auteur du premier *Tretté de la grammere francoeze*, indique dès le titre de son ouvrage son désir de donner une graphie phonétique aux mots de la langue. Rêve d'une coïncidence idéale entre le son et la lettre, entre le bruit de la parole et le silence du texte qui ne cessera jamais de hanter les nuits des écrivains et qui trouve déjà écho chez l'une des plus belles figures de l'humanisme français, Jacques Peletier du Mans. Peletier, pédagogue et mathématicien de renom, éveilleur et initiateur du groupe de la Pléiade, artisan d'une francisation du discours scientifique, ne se contente pas de publier un *Dialogue de l'ortografe e prononciacion francoese*, il donne l'exemple dans son *Amour des amours*, le premier grand poème scientifique et phonétique de notre littérature.

D'autres encore, comme le groupe des Lyonnais, Maurice Scève, Louise Labé, Pontus de Tyard, Guillaume des Autels, font des pouvoirs et des impuissances de la langue le centre même de leur aventure poétique. Scève, le plus fascinant d'entre tous dès lors qu'on accepte de le lire plutôt que de vouloir en dissiper à tout prix l'obscurité et l'étrangeté, consacre 4 490 vers associés dix à dix à nommer *Délie*. Un être, une femme, peut-être, ou, comme on l'a suggéré, l'anagramme de *L'Idée*. En ne cessant de jouer, pour les défaire et les briser, de toutes les potentialités du langage et des formes rhétoriques, Scève met au jour l'incapacité désespérante du discours amoureux à dire la violence et le vertige de l'expérience d'aimer l'autre comme *toi*.

Vouldrois je bien par mon dire attrapper
Ou à mes vœutz efforcer ma Maistresse ?
Je ne le fais sinon pour eschapper
De cette mienne angoisseuse destresse.

Pontus de Tyard caresse avec d'autres moyens poétiques une thématique assez proche dans ses *Erreurs amoureuses*, se résignant toutefois plus vite que son ami Maurice Scève : faute de pouvoir dire la perfection et l'éblouissement de l'amour – peut-on peindre le soleil ? –, le poète platonicien devra se contenter d'en saisir l'ombre ou la forme. Non sans s'être bien battu, il doit admettre sa défaite, *« car je ne veux que ce qu'il faut vouloir »*. Ronsard et ses triomphantes amours en sonnets ourlés sont bien loin.

Bien loin encore de Louise Labé, cherchant, elle aussi, à faire entendre au plus profond le souffle de l'amour, la violence du désir, la mise hors de soi, proche de la folie et de la mort, de la passion et de son aveu.

De la langue partout magnifiée et célébrée, les Lyonnais explorent les limites et dessinent les gouffres. Le bel et naïf et fécond enthousiasme des années 1530-1540 se ternit. Le triomphalisme du « nouveau latin », de la jeune langue printanière baignant l'humanité des bienfaits de sa clarté, de sa douceur et de son naturel, se teinte de l'ombre d'un doute, peut-être déjà d'un soupçon de deuil.

François Ier meurt à Rambouillet le 31 mars 1547. Son fils Henri II lui succède et consacre ses premiers actes royaux à la répression contre les protestants. Les dernières années du règne de François ont été marquées par des échecs et des drames. Malgré l'alliance avec les Turcs dont la flotte a passé l'hiver à Toulon, les Français ont dû reculer face au pape, face à Charles Quint, face à Henri VIII d'Angleterre. La tentative d'unification des poids et mesures a échoué ; les grèves et les soulèvements fiscaux se multiplient. À Paris, quelques mois avant la mort du roi, Étienne Dolet est brûlé pour hérésie, et les droits de l'Inquisition sont étendus. La vitesse acquise au cours de la décennie merveilleuse des années 1530-1540 permet encore de faire illusion, mais un ressort est brisé. Déjà l'exaltation nationale et linguistique se conjugue sur le mode de la nostalgie.

Un signe : pour chanter la louange de la langue française, on attendait Ronsard, et c'est Du Bellay qui s'y colle. Certes, en 1549, Ronsard et Du Bellay sont encore des débutants. Le premier ne publiera ses premiers livres d'odes que l'année suivante, le second accompagne sa *Défense et illustration de la langue française* d'un *chansonnier* d'inspiration pétrarquiste, *L'Olive*, et de *Vers lyriques* sous forme de sonnets qui marquent son entrée sur la scène du livre. Ils ont respectivement vingt-cinq et vingt-sept ans. Mais déjà, parmi les membres de la *Brigade*, ce groupe de jeunes gens, sous la houlette du principal du collège de Coqueret, Jean Dorat, qui rêvent de rivaliser avec les Anciens, c'est Ronsard qui fait figure de chef. Il a l'enthousiasme, l'ambition, l'énergie. Écarté des champs de bataille par sa *« sourdesse »*, il se veut le chevalier littéraire de la France, de son roi, de leur gloire et de la sienne, inséparablement. Il fait œuvre, il ne s'appartient pas ; il est le poète de la France, comme Henri II en est le roi.

Du Bellay n'est pas fait du même bois. Rejeton modeste d'une illustre famille, âme fragile et mélancolique, tout en recul et en manque devant la vie, il se présente maintes fois dans ses poèmes comme *« chétif »*. Le narcissisme de Ronsard s'évapore dans son acharnement à réussir. Celui de Joachim du Bellay s'alimente à sa timidité, à ses doutes, à son éloignement spontané du monde et de ses éclats. Il ne cesse de parler de lui, mais comme d'un être lointain, absent, séparé. Il se regrette, bien plus « moderne » en cela que Ronsard.

Pas étonnant donc si chez lui la défense de la langue française précède son illustration. D'autres auraient chanté la victoire remportée, la jeune vague littéraire française, nourrie de poésie et de savoirs antiques, jetant les bases d'un nouveau classicisme. Du Bellay ne chante pas : il s'inquiète, il exhorte, il pressent les dérives, il raconte une tempête. Au cours d'une longue période de barbarie, notre pays a rompu ses amarres avec les civilisations grecque et latine. La littérature s'est perdue, une langue rude, vulgaire, mal bâtie s'est constituée hors des lieux de civilité et de savoir. Ceux qui avaient en garde cette langue, les clercs, les écrivains, *« ne l'ont cultivée en suffisance, ainsi comme une plante sauvage, en celui-même désert où elle avait commencé à naître, sans jamais la tailler, ni défendre des ronces et des épines qui lui faisaient ombre, l'ont laissée envieillir et quasi mourir »*.

Malgré ces déplorables jardiniers, la sauvageonne a tant bien que mal survécu. Aujourd'hui, dans la douce et haute lumière du pouvoir royal, *« notre langue commence encore à fleurir sans fructifier, ou plutôt comme une plante et vergette n'a point encore fleuri, tant se faut qu'elle ait apporté tout le fruit qu'elle pourrait bien produire »*. Le français est un nouveau-né à la santé fragile que guettent la famine et les prédateurs. Du Bellay brandit d'une main le bulletin de victoire – notre langue vaut bien, potentiellement, le latin et le grec – et de l'autre l'avis d'alerte : le français est une langue menacée qu'il faut défendre : contre l'italien, contre les barbares et les ignorants qui veulent la réduire à l'état de langage, contre les doctes conservateurs qui la méprisent et entendent l'écarter de la philosophie, de la science et de la véritable éloquence.

Certes, la défense organisée par Du Bellay n'est ni négative ni craintive. Il convie au pillage, à l'expansion, à l'enrichissement sans complexe : *« Là donc, Français, marchez courageusement vers la superbe cité romaine : et des serves dépouilles d'elle (comme vous avez fait plus d'une fois) ornez vos temples et vos autels.* [...] *Pillez-moi sans conscience les trésors sacrés de ce temple delphique, ainsi que vous avez fait autrefois : et ne craignez plus ce muet Apollon, ses faux oracles, ni ses flèches rebouchées. »* La langue est un objet de guerre, la grammaire une arme, le lexique un butin. Mais vainqueur aujourd'hui, le français est toujours menacé d'une possible défaite, d'un sort défavorable, d'un défaut de vigilance. La ruine de Rome est une figure dont le mélancolique Du Bellay n'épuise jamais les leçons : dans la *nouvelleté* de la langue royale, il voit déjà se dessiner les prémices de la catastrophe et de l'anéantissement. La langue conquérante est déjà une citadelle assiégée. *« Mais, ô bon Dieu, combien de mer nous reste encore, avant que soyons parvenus au port ! combien le terme de notre course est encore loin ! »*

La *Défense et illustration* est un manifeste littéraire, le premier de notre littérature qui les aime tant. À la fois théorie de la langue et théorie de la pratique poétique. Critique radicale de ce qui s'écrivait hier et établissement de règles et de directives pour ce qui devra s'écrire demain. Du Bellay inaugure une tradition de la rupture. Il jette aux oubliettes des siècles de poésie, de théâtre, d'éloquence en néo-latin ou en « vieux » français. Il faudra attendre le romantisme, deux cent cinquante ans, pour que la punition soit levée, au nom d'une autre conception du nationalisme.

Mais à peine la *Défense* est-elle écrite que Du Bellay doute. Son texte manifeste une arrogance et un aplomb qui ne lui ressemblent pas. Il ne reconnaît pas sa voix dans ces trompettes guerrières, lui le doux, le mélancolique, le corps souffrant. Il parle de gloire et de rupture, il sait que son chant n'est jamais plus émouvant que dans la discrétion et le retrait et que toute son âme respire la nostalgie, la grandeur passée et le dépaysement du monde. La *Défense* trace le programme d'un avenir conjoint du français, de la France et de sa littérature, mais Du Bellay le poète sait que ce *port* dont il parle tant, le bout du voyage, c'est la mort, le retour à la terre, *« au lieu de ma première essence »*. L'avenir, c'est déjà le regret de ce qui ne sera plus.

Alors Du Bellay s'efface, laissant à d'autres, à Ronsard, à Du Baïf, à Jodelle, à Magny, le soin de la défense et de l'illustration. Il chantera la France, de la plus poignante manière qui soit, mais par défaut : une France jamais plus belle et désirable que dans l'éloignement de l'exil et le rêve du retour. Non pas dans l'éclat de la puissance royale, mais dans la lumière tendre, voilée et douloureuse du regret et de l'absence.

Il soutient Ronsard et ses conquêtes – peut-être avec un soupçon d'ironie :

Tu jouis, mon Ronsard, même durant ta vie
De l'immortel honneur que tu as mérité
Et devant que mourir (rare félicité)
Ton heureuse vertu triomphe de l'envie.
Courage donc, Ronsard, la victoire est à toi
Puisque de ton côté est la faveur du roi :
Ja du laurier vainqueur tes tempes se couronnent.

Mais il ne participe plus à la guerre linguistique, poétique et politique dont il a lui-même établi les plans :

Cette divine ardeur, je ne l'ai plus aussi,
Et les Muses de moi, comme étranges, s'enfuient.

Impuissance ? Fatigue ? Tarissement de l'énergie ? Il voudrait le faire croire, mais la beauté si superbement maladroite de ses vers prouve le contraire. Simplement, il ne croit plus à la victoire, à cette victoire-là, celle des poètes-soldats faisant cohorte autour du roi. Ni à leur France d'or, de marbre et d'autorité ; il en a une autre : *« La France et mon Anjou dont le désir me poingt. »*

Ultime retrait, ultime accès de nostalgie, quelques mois avant sa mort, à trente-sept ans, le 1er janvier 1560, l'auteur de la *Défense et illustration de la langue française* publie les quatre livres de ses *Poemata* qui font de lui le meilleur poète latin de la Renaissance française.

SOURCES

Joachim du BELLAY : *Œuvres poétiques*. Édition de Daniel Aris et Françoise Joukovsky. Paris, Classiques Garnier, 1993.

— *La Défense et Illustration de la langue française dans « Les Regrets ».* Paris, Gallimard, « Poésie », 1967.

Pierre de Ronsard : *Œuvres complètes.* Édition de Jean Céard, Daniel Ménager et Michel Simonin. Paris, Gallimard, « Bibliothèque de la Pléiade », 1993.

Clément Marot : *Œuvres poétiques.* Édition de Gérard Defaux. 2 vol. Paris, Classiques Garnier, 1993.

Maurice Scève : *Œuvres complètes.* Édition de Pascal Quignard. Paris, Mercure de France, 1974.

Louise Labé : *Sonnets, Élégies, Débat de folie et d'amour.* Édition de François Rigolot. Paris, Flammarion, 1986.

Guillaume du Bartas : *La Sepmaine.* Arles, Actes Sud, 1988.

Henri Estienne : *Deux dialogues du nouveau langage français italianisé et autrement déguisé.* Paris, Champion, 1980.

Jacques Peletier du Mans : *Dialogue de l'ortografe e prononciacion francoese.* Édition de L. C. Porter. Genève, Droz, 1966.

Danielle Trudeau : *L'Ordonnance de Villers-Cotterêts. Histoire ou interprétation.* Genève, Bibliothèque d'humanisme et Renaissance, 1983.

— *Les Inventeurs du bon usage (1529-1647).* Paris, Éd. de Minuit, 1992.

François Rigolot : *Le Texte de la Renaissance : des rhétoriqueurs à Montaigne.* Genève, Droz, 1982.

— *Histoire de la langue française des origines à nos jours.* Tome II : *Le* xvie *siècle.* Paris, Armand Colin, 1967.

Claude Longeon : *Premiers combats pour la langue française.* Paris, Le Livre de Poche, 1989.

Bernard Quemada : *Les Dictionnaires du français moderne.* Paris, Didier, 1968.

François Rigolot : *Du Bellay et la poésie du refus.* Genève, Bibliothèque d'humanisme et Renaissance, 1974.

Jacques Roubaud : *Impressions de France. Incursions dans la littérature du premier* xvie *siècle.* Paris, Hatier, 1991.

— *Soleil du Soleil. Anthologie du sonnet français de Marot à Malherbe.* Paris, POL, 1990.

Françoise Joukovsky : *La Gloire dans la poésie française et néo-latine du* xvie *siècle : des rhétoriqueurs à Agrippa d'Aubigné.* Genève, Droz, 1969.

Daniel Ménager : *Ronsard. Le roi, le poète et les hommes.* Genève, Droz, 1979.

Pascal Quignard : *La Parole de la Délie.* Paris, Mercure de France, 1974.

Marc FUMAROLI : *L'Âge de l'éloquence*. Genève, Droz, 1980.
Marcel COHEN : *Histoire d'une langue, le français*. Paris, Messidor, 1987.
Lucien FEBVRE : « Politique royale ou civilisation française ». *Revue de synthèse historique*. Paris, 1924.

Les *Essais* : conversation dans l'utopie parfaite de l'outre-tombe

1563 ■ Mort d'Étienne de La Boétie

C'EST Michel de Montaigne qui raconte, dans une lettre à son père, écrite quelques jours après la mort d'Étienne de La Boétie, mais qu'il ne publia que huit ans plus tard : *« Comme je revenais du palais, le lundi neuvième d'août, je l'envoyai convier* [La Boétie] *à dîner chez moi. Il me manda qu'il me merciait, qu'il se trouvait un peu mal, et que je lui ferais plaisir si je voulais être une heure avec lui, avant qu'il ne partît pour aller en Médoc. Je l'allais trouver bien tôt après dîner. Il était couché vêtu, et montrait déjà je ne sais quel changement en son visage. »*

Montaigne a trente ans, son ami deux de plus. Ils se sont rencontrés en 1557, à l'époque où Montaigne, succédant à son père comme membre de la cour des aides de Périgueux, a été rattaché au parlement de Bordeaux. *« Nous nous cherchions,* écrit Montaigne, *avant que de nous être vus et par des rapports que nous oyions l'un de l'autre. »* La belle symétrie de l'amitié dût-elle en souffrir, il est certain que c'est Montaigne qui a cherché à lier connaissance. La Boétie est déjà une figure dont on parle beaucoup.

Né à Sarlat, dans une famille de bourgeois de robe, orphelin de père à dix ans, confié aux soins de son oncle, le curé de Bouilhonnas – *« vraiment son autre père »* –, qui lui a enseigné les humanités et la philosophie, La Boétie a parfait ses études littéraires à Paris auprès de Dorat et de son groupe. Puis sa formation juridique à l'université d'Orléans, dont le maître le plus réputé, Anne

Du Bourg, sera brûlé pour calvinisme en 1559 sur l'ordre d'Henri II. La Boétie est un étudiant surdoué, un météore dans le ciel de l'humanisme. Il traduit Plutarque comme personne, il écrit de belles poésies latines et françaises, il est, aux yeux de ses savants condisciples, l'un des meilleurs connaisseurs de la langue et de la littérature grecques. En 1548, semble-t-il, à dix-huit ans, La Boétie rédige le *Discours de la servitude volontaire*.

Il faut s'arrêter, un trop bref instant, sur le texte de ce jeune homme, brutal éclair déchirant la nuit de la pensée. Rejetant comme secondaires et, à tout prendre, comme vétilleuses et trompeuses les questions classiques de la réflexion politique sur le bon et le mauvais gouvernement, sur la légitimité ou l'illégitimité de telle forme de pouvoir ou de telle autre, cessant aussi de rattacher la question politique à la volonté ou au dessein divins, La Boétie ouvre le procès scandaleux de la *domination* : pourquoi les hommes dont la nature est d'être libres abandonnent-ils *volontairement* leur liberté pour choisir la servitude ? Pourquoi choisissent-ils d'être dénaturés en abandonnant leur essence ? *« Pourquoi combattons-nous pour notre servitude comme s'il s'agissait de notre salut ? »* Question terrible qu'on a eu vite fait, du vivant même de Montaigne, de recouvrir pour la transformer en discours contre la tyrannie. Alors que La Boétie ne s'en prend pas aux tyrans, mais à l'incroyable *désir* d'être tyrannisé. Lequel se manifeste aussi, nous le savons maintenant, au cœur même de la révolte et au plus profond de l'espérance révolutionnaire. Notre siècle est celui de ce constat douloureux : nous ne nous battons pas pour nous libérer mais pour forger d'autres chaînes. La question de La Boétie est plus obsédante que jamais.

La Boétie n'écrit pas pour un parti, ni pour le peuple, ni pour un prince. Il ne propose ni un programme, ni une utopie. Il raconte la longue histoire des sociétés à État où l'homme, renonçant à son être, n'en finit jamais de perdre la liberté. Il porte le fer au cœur même de la question politique : l'incompatibilité de la domination et de la liberté. Il remonte vers une origine effacée où l'homme était un homme : ni dominant, ni dominé.

Dénaturant l'homme, la domination et l'obéissance dénaturent aussi les relations entre les hommes. À l'amitié qui est le mode du lien social des hommes libres, elles substituent l'inégalité, la déloyauté, la cruauté et l'injustice. *« L'amitié,* écrit La Boétie, *c'est un nom sacré, c'est une chose sainte : elle ne peut exister qu'entre gens de bien, dans la plus parfaite équité.* » Sous l'empire de la domination, les hommes, « *quand ils s'assemblent, c'est un complot et non une société. Ils ne s'entretiennent pas, mais s'entre-craignent. Ils ne sont pas amis, mais complices* ».

L'amitié entre hommes libres, dans un espace social et intellectuel où les effets, tous les effets, de la domination sont conjurés et exclus, l'échange transparent, la mutuelle estime dans la passion de la liberté, voilà le message qu'attendait Michel de Montaigne. Un havre qui exorcise et congédie les affreuses violences de l'époque où chacune des parties est déterminée à soumettre l'autre par la terreur et les massacres. Catholiques contre protestants, familles contre familles, frères contre frères. Michel Eyquem est catholique, son frère cadet Thomas, réformé. Tout se déchire, le grand rêve humaniste tourne au cauchemar.

Montaigne a lu le *Discours* de La Boétie, sans doute la version révisée vers 1554, qui circulait sous forme manuscrite parmi les lettrés et les juristes de la région. Il reconnaît cette voix, il veut connaître l'auteur, il l'attend déjà : « *À notre première rencontre,* écrit-il, *nous nous trouvâmes si pris, si connus, si obligés entre nous que rien dès lors ne nous fut si proche que l'un à l'autre.* » Et La Boétie, dans un poème latin que traduit Sainte-Beuve : « *La plus grande partie des prudents et des sages est méfiante et n'a foi à une amitié qu'après que l'âge l'a confirmée et que le temps l'a soumise à mille épreuves. Mais nous l'amitié qui nous lie n'est que d'un peu plus d'une année, et elle est arrivée à son comble : elle n'a rien laissé à ajouter.* » Un coup de foudre amical, une union des âmes, que ces deux amoureux des lettres antiques jugent digne de passer à la postérité : « *Je ne crains point que nos neveux refusent un jour d'inscrire nos noms (si toutefois le destin nous prête vie) sur la liste des amis célèbres.* »

Mais voilà que le destin s'en mêle, La Boétie est malade. La peste probablement, ramenée de l'une de ses expéditions de conciliation dans l'Agenais où le chancelier Michel de L'Hospital l'a envoyé éteindre l'incendie entre catholiques et huguenots. « *Il me dit que c'était un flux de ventre avec des tranchées.* » Le mal empire. Le samedi, Montaigne accourt au chevet de son ami. « *Il me dit alors que sa maladie était un peu contagieuse, et outre cela qu'elle était mal plaisante et mélancolique : qu'il connaissait bien mon naturel, et me priait ne n'être avec lui que par boutées, mais le plus souvent que je pourrais. Je ne l'abandonnais plus.* »

Le face-à-face avec la mort commence, la main de l'agonisant dans celle de son ami. L'un et l'autre se préparent. Après avoir réglé ses affaires, fait appeler auprès de lui son épouse et son oncle, l'abbé de Bouilhonnas, et les avoir remerciés pour le bonheur qu'ils n'ont cessé de lui apporter, La Boétie se tourne vers Montaigne : *« Mon frère que j'aime si chèrement et que j'avais choisi parmi tant d'hommes pour renouveler avec vous cette vertueuse et sincère amitié, de laquelle l'usage est par les vices dès si longtemps éloigné d'entre nous, qu'il n'en reste que quelques vieilles traces en la mémoire de l'antiquité, je vous supplie pour le signal de mon affection envers vous, vouloir être le successeur de ma bibliothèque et de mes livres que je vous donne : présent bien petit, mais qui part de bon cœur, et qui vous est convenable pour l'affection que vous avez aux Lettres. »* Les deux hommes parlent encore. La Boétie se réjouit d'éviter *« l'incommodité de la vieillesse, de laquelle je suis quitte par ce moyen ».*

Le mourant se confesse, entend la messe, fait ses Pâques. C'est en catholique qu'il veut quitter la vie. Dans le calme, lucide, serein malgré les souffrances, *« me nommant une fois ou deux, et puis tirant à soi un grand soupir, il rendit l'âme, sur les trois heures du mercredi matin le dix-huitième d'août, l'an mil cinq cent soixante trois, après avoir vécu 32 ans, 9 mois et 17 jours ».*

La longue lettre sur l'agonie et la mort de La Boétie est le premier écrit de Montaigne, le premier de ses textes dont il entreprendra la publication. L'écriture trouve sa source dans la mort. Il ne s'agit pas de pleurer sur le papier l'ami disparu : le chagrin est du domaine du for intérieur et ne saurait se livrer à la publicité. Dans le récit qu'il fait des derniers jours de son ami, Montaigne et ses sentiments disparaissent tout à fait ; il n'est pas même un témoin : un simple miroir entièrement occupé par le reflet de La Boétie. Dans ce texte écrit à la première personne, le survivant n'existe que par le regard de celui qui n'est plus.

« Quant à ses dernières paroles, sans doute si un homme doit en rendre bon compte, c'est moi. » Ainsi commence la lettre du conseiller Montaigne à son père *« concernant quelques particularités qu'il remarqua en la maladie et la mort de feu Monsieur de la Boétie ».* Le « moi » de Montaigne ne se revendique que dans la

parfaite et pure symétrie avec le « lui » de La Boétie. Il est son répondant. La compétence de Montaigne à dire la vérité de cette mort sublime – ultime et indiscutable manifestation d'une vie sublime – vient de *« la singulière et fraternelle amitié que nous nous étions entreportée »*, laquelle donne à Montaigne *« très certaine connaissance des intentions, jugements et volontés qu'il avait eus durant sa vie, autant sans doute qu'un homme peut avoir d'un autre »*. Moi seul, Michel de Montaigne, peux affirmer entre toute connaissance que La Boétie est mort aussi admirablement qu'il a vécu. Non comme un homme de nos temps vicieux, mais comme un de ces héros de l'Antiquité dont la trace ne se trouve plus que dans les vieux livres. Un homme libre, un membre de cette société disparue dont le *Discours sur la servitude volontaire* évoquait l'existence avec une si douloureuse et coléreuse nostalgie. Le récit de l'agonie de La Boétie renvoie le présent à des temps anciens, dans un en deçà de l'histoire, de ses turpitudes, de ses aliénations et de ses fureurs, au même titre que leur amitié. La mort exemplaire de La Boétie expulse Montaigne hors du temps de l'histoire et des chronologies. Au même titre que la lecture. Le testament de La Boétie donne à Montaigne sa bibliothèque.

Il faut pourtant quelques années avant que Montaigne ne se décide à la *« retraite »* et ne s'enferme dans sa tour avec ses livres. Huit ans, ce qui n'est pas rien, entre la mort de l'ami et la rédaction des premiers chapitres des *Essais*. Moins le temps de la réflexion que celui du désarroi et des plus noirs accès de la mélancolie. En perdant La Boétie, Michel de Montaigne s'est perdu à lui-même. Et par un cercle véritablement vicieux, se perdant il perd aussi le vrai visage de son ami, il en efface la vérité exemplaire. Plus tard il écrira : *« Des vivants même, je sens qu'on parle toujours autrement qu'ils ne sont. Et si à toute force je n'eusse maintenu un ami que j'ai perdu, on me l'eût déchiré en mille contraires visages. »*

Maintenir son ami, lui rendre son visage vrai, voilà ce que le deuil et la douleur ne permettent pas. Ils ne disent que la perte et l'absence, la stupeur muette, la paralysie du corps et le vertige de l'esprit. Ils sont pur anéantissement. Nous ne saurons rien d'eux parce qu'il n'y a précisément rien à en écrire, pendant huit ans. Un tunnel. Et peu importe que dans ce tunnel Montaigne continue à vivre, qu'il se marie, qu'il gère ses affaires et celles de Bordeaux, qu'il monte à cheval, il n'est plus à lui-même : *« Si je compare le reste de ma vie toute aux quatre années qu'il m'a été donné de jouir de la douce compagnie et société de ce personnage, ce n'est que fumée, ce n'est qu'une nuit obscure et ennuyeuse* [...] *Je ne fais que traîner languissant. »*

La sortie de la nuit, c'est le moment où la réalité du deuil peut se changer en sa représentation. Où La Boétie cesse d'être pure absence pour devenir, redevenir par-delà la mort, l'interlocuteur et le miroir de Montaigne. Opération de magie, manifestation inouïe de la croyance. Dans un constant face-à-face avec la mort, interrogeant sans cesse et de toutes les manières le *passage*, Montaigne, pendant les vingt et un ans qui lui restent à vivre, dialogue avec son ami disparu. Pas avec sa mémoire, pas avec ses livres : l'écriture des *Essais* est ce qui rend La Boétie *présent*.

Dans une étude justement célèbre, Michel Butor a montré comment le premier livre des *Essais* était un *tombeau* baroque érigé à la gloire de l'ami disparu. Un monument en 57 chapitres précisément disposés dont le *Discours sur la servitude volontaire* devait occuper le centre, le chapitre 29. Disposés symétriquement autour du cœur, le chapitre « De l'amitié » – la célébration de la liberté et de l'union volontaires – et celui « De la modération » qui est une charge contre l'amour dans le mariage : *« C'est une religieuse liaison et dévote que le mariage ; voilà pourquoi le plaisir qu'on en tire, ce doit être un plaisir retenu, sérieux et mêlé à quelque sévérité. »* Au chapitre 27, un éloge bien ambigu du conformisme et de l'obéissance : *« Ou il faut se soumettre du tout à l'autorité de notre police ecclésiastique, ou du tout s'en dispenser. »* En symétrie, le fameux chapitre 31 sur les cannibales, écho puissant de la *Servitude volontaire* : *« Il n'y a rien de barbare et de sauvage en cette nation* [des cannibales] *sinon que chacun appelle barbare ce qui n'est pas de son usage.* [...] *C'est une nation où il n'y a nul nom de magistrat ni de supériorité politique, nul usage de service* [servitude], *de richesse ou de pauvreté. »* Ethnologue sauvage, grand lecteur de récits de voyages, Montaigne fait l'apologie des sociétés d'avant l'État.

On pourrait ainsi, à partir du centre, de la châsse destinée à recevoir le texte de La Boétie, montrer comment s'articule, dans un apparent désordre, ce que Montaigne nomme ses *« grotesques, peintures fantasques n'ayant grâce qu'en la variété et étrangeté ».* Michel Butor le fait d'une main experte. Il n'y a guère que le terme de « tombeau » qui prête à confusion. On y voit par trop un monument élevé à la gloire d'un disparu. Une énorme construction d'écriture consacrée à rappeler par sa taille la grandeur du défunt. Alors qu'il ne s'agit nullement de commémoration, ni même de sépulture, mais de la représentation d'un *« grand miracle »*, celui de l'indivisibilité des amis.

L'histoire pourrait se raconter ainsi. Il y avait deux amis, une seule âme dans deux corps : *« Nous étions à moitié de tout. »* L'un des deux meurt, à la fleur de l'âge. L'autre écrit : *« Il me semble n'être plus qu'à demi. »* En réalité, il perd davantage que la meilleure part de lui-même : il se perd en entier. Privé du regard de La Boétie sur lui, Montaigne se désagrège, son identité s'éparpille, il est une multitude d'apparences d'où il lui est impossible de démêler le vrai du faux, le conscient de l'inconscient, le solide du fugace. La Boétie était celui qui unifiait dans sa conscience les mille visages de Montaigne. L'autre à travers lequel Montaigne pouvait appréhender son moi ; sa garantie d'identité ; le miroir qui ne mentait pas. *« Je n'ai vu monstre et miracle au monde plus expres que moi-même. On s'apprivoise à toute étrangeté par l'usage et le temps ; mais plus je me hante et me connais, plus ma difformité m'étonne, moins je m'entends en moi. »* La Boétie donnait l'unité d'une forme au difforme et au monstrueux d'un « je » dissous dans la multiplicité de ses instants.

« Parce que c'était lui ; parce que c'était moi » : la phrase est si célèbre, elle remporte depuis si longtemps les applaudissements qu'elle en devient suspecte. On cherche autre part l'originalité. Gide, qui a par ailleurs écrit sur Montaigne des pages admirables où il s'observe dans le miroir des *Essais*, se montre aveugle dès qu'il s'agit de ces mots fameux ajoutés par Montaigne dans les marges de la troisième édition de son ouvrage. Gide, qui cultive les amitiés, feint de ne pas comprendre ce que celle-ci a d'exceptionnel : *« Dans un amour, j'y consens volontiers, l'on peut rester surpris que tel homme s'éprenne de telle femme, et réciproquement, alors que rien ne semble motiver cet amour, sinon précisément ceci : que c'est* lui *et que c'est* elle, *et qu'elle ne peut être aimée que par lui, lui par elle. Rien de plus sortable et de plus naturel au contraire que l'amitié de ces deux hommes. »* Comme si elle lui brûlait les doigts, Gide rabat immédiatement cette *belle amitié* au rang d'une forme affective de la sociabilité. C'est faire

bon marché de la sorte d'effroi qui saisit Montaigne dès qu'il en parle. Lui qui n'a pas pour habitude de laisser les mots outrer sa pensée et ses sentiments, lui qui tend toujours à corriger par l'ironie ou par le doute les vérités tranchées et les discours assurés, voilà que les mots lui manquent : *« Si l'on me presse de dire pourquoi je l'aimais, je sens que cela ne se peut exprimer. Il y a au-delà de tout mon discours, et de ce que j'en puis dire particulièrement, je ne sais quelle force inexplicable et fatale, médiatrice de cette union. » Force fatale*, aussi puissante, aussi inexplicable que le destin et qui, comme lui, mène inéluctablement à la perte de soi. Montaigne utilise trois fois en quelques lignes le mot *perdre* : *« Ce n'est pas une spéciale considération* [qui explique cette amitié] *ni deux, ni trois, ni quatre, ni mille : c'est je ne sais quelle quintessence de tout ce mélange qui, ayant saisi toute ma volonté, l'amena se plonger et se perdre dans la sienne ; qui, ayant saisi toute sa volonté, l'amena se plonger et se perdre en la mienne, d'une faim, d'une concurrence pareille. Je dis perdre, à la vérité, ne nous réservant rien qui nous fût propre, ni qui fût ou sien ou mien. »*

Quand La Boétie meurt, Montaigne se perd deux fois, en lui et en soi. Le *« miracle »* de cette possession réciproque des âmes et des volontés, où l'autre est moi, s'est matériellement brisé ce jour d'août 1563, laissant Montaigne entièrement défait. L'écriture des *Essais* prend naissance sur la croyance en un autre miracle, tout aussi mystique et fatal : la possibilité de retrouver la *présence* de l'ami au-delà de la mort. Acte déraisonnable, extravagant, *« sottise »* aux dires même de son auteur, acte de foi et de désir qui bouscule la raison. Lorsque Montaigne dit qu'il *« s'écrit »* et qu'il est son livre, il ne s'agit pas d'une métaphore mais d'une opération magique : les *Essais*, c'est Montaigne lui-même, pas une image, pas une représentation, pas un portrait : son être tout entier logeant en son cœur, en son milieu, l'être de La Boétie, sa vivante présence, le miroir amical sans lequel Montaigne demeurerait obstinément et pour tout le reste de sa vie aveugle à lui-même, spirituellement mort. Parlant encore de son ami dans une lettre à M. de Mesmes, il écrit : *« De vrai, il se loge chez moi si entier et si vif, que je ne le puis croire si lourdement enterré, ni si entièrement éloigné de notre commerce. »*

Ce commerce ne peut avoir lieu que sur le mode de la vérité, sinon toute l'opération échoue et perd son sens. La parole menteuse ou insincère mettrait fin au dialogue des âmes. On peut se tromper soi-même et mentir aux autres, c'est le lot commun ; on ne trompe pas l'autre soi-même. La présence occulte de La Boétie exige de Montaigne la vérité et lui sert de garantie. Montaigne seul ne peut avoir de lui-même qu'une connaissance subjective, incapable en tout cas de se juger elle-même. Les autres n'ont de Montaigne qu'une connaissance extérieure, éloignée, prise dans le jeu des apparences. Par l'acte de croyance qui le dédouble intérieurement, Montaigne s'assure du seul regard de vérité concevable : celui de l'ami, du soi autre. La présence intime de l'ami est ce qui permet de faire se rejoindre l'intérieur et l'extérieur, le visible et l'invisible sous les yeux des lecteurs.

Encore faut-il que certaines conditions soient remplies pour qu'advienne cette parole vraie par laquelle Montaigne et La Boétie témoignent l'un de l'autre et se construisent mutuellement.

La première condition est le retrait. La présence de l'ami mort ne peut pas se manifester dans le vacarme du monde. Montaigne ne s'enterre pas, mais il s'enferme dans le silence de sa bibliothèque ; il n'entend plus guère que la parole des livres, ne sortant encore de son château, jusqu'à la publication des deux premiers livre des *Essais* en 1580, que pour s'occuper de l'édition des œuvres de La Boétie et pour s'épuiser en chevauchées solitaires. Les citations et les noms qu'il fait peindre sur les poutres de sa librairie disent aussi le refus mélancolique de l'histoire : les mots peints sont davantage que des images : des présences silencieuses situées hors du temps, des inscriptions. Montaigne, dans sa tour, essaie de se placer au plus près de la frontière entre les vivants et les morts.

« Je remets à la mort l'essai du fruit de mes études. Nous verrons là si mes discours me partent de la bouche, ou du cœur. » Montaigne écrit dans la proximité de la mort. C'est le moyen de remplir la seconde condition du commerce avec La Boétie, la vérité de sa parole. Au moment de la mort, on ne peut plus feindre, faire de beaux discours. Les masques tombent au dernier acte et *« il faut montrer ce qu'il y a de bon et de net dans le fond du pot »*. Parce qu'ils s'écrivent en présence de La Boétie, dans l'échange transparent entre le mort et le vif, les *Essais* disent la vérité. C'est leur raison d'être, de bout en bout : écrire le vrai Montaigne pour rendre présent le vrai La Boétie.

Le travail interminable de la vérité, voilà les *Essais*. Nécessairement poursuivi jusqu'à la fin de la vie, jusqu'à la dernière rature, jusqu'à l'ultime *allongeail*. Jusqu'à ce que la plume tombe des mains et que Montaigne, paralysé de la langue, meure sans pouvoir prononcer la dernière parole. Non pas tout dire, ce qui est vanité, mais dire tout et vrai : aller jusqu'au fond du pot, au plus intime, au plus invisible : faire parler non la bouche, mais l'âme.

Mais la bouche parle pourtant. Elle n'en finit pas de parler depuis qu'il y a de la langue. Au point qu'on a fini par confondre raison et oraison. Montaigne n'arrête pas de mettre en évidence les obstacles que le verbe, le *logos*, dresse sur la route de la vérité. D'où la réputation de *sceptique* qu'on lui a faite. Montaigne cherche une langue qui dise le vrai, le fond des choses et de lui-même, en traquant toutes les sources possibles de mensonge et d'erreur. Parfois il se décourage, la tâche lui paraît insurmontable. Il se plaint de sa faiblesse et de son ignorance ; les mots qu'il utilise, les formules rhétoriques qu'il emploie en bon lecteur des Grecs et des Latins, l'éloquence qu'il étale sur le papier, comme malgré lui, tout cela l'éloigne de la langue du cœur et de l'esprit, de la source pure. Il faut aller plus loin, toujours, creuser, décroûter les mots de leurs artifices, mettre en péril les certitudes d'apparence. En sachant que l'on échouera – il n'y a pas de langue pure, elle est toujours déjà là, déjà corrompue – mais que, dans le mouvement pour échapper à la servitude du mensonge, se dessine le vrai visage de Montaigne, son être, sa liberté intime. *« Ceci m'advient aussi : que je ne me trouve pas où je me cherche ; et me trouve plus par rencontre que par l'inquisition de mon jugement. »*

Alors que ses prédécesseurs humanistes rêvaient de reconstruire le monde, l'homme et le savoir en s'appuyant sur les fondations antiques, Montaigne, pétri comme eux d'humanités classiques, se défie de la leçon des Anciens. Combien de phrases ont-ils écrites qui se sont révélées erronées ? Ces citations dont la culture humaniste truffe ses réflexions, comme il est facile de leur opposer d'autres citations, tout aussi prestigieuses. Montaigne ne s'en prive pas. Comme il ne manque pas de mettre en procès le grand art triomphant de la civilisation de la Renaissance, l'éloquence, la rhétorique, la prose cicéronienne moulée dans les habits neufs de la langue française. Art de la tromperie : *« C'est un cordonnier qui sait faire de grands souliers à un petit pied. »*

À la belle langue royale, celle du pouvoir, celle qui emprisonne dans ses ornements, celle de la servitude volontaire, Montaigne oppose la sienne : *« Le parler que j'aime, c'est un parler simple et naïf, tel sur le papier qu'à la bouche, un parler succulent et nerveux, court et serré, non tant délicat et peigné comme véhément et brusque* [...] *plutôt difficile qu'ennuyeux, éloigné d'affectation, déréglé, décousu et hardi ; chaque lopin y fasse son corps ; non pédantesque, non fratesque, non plaideresque, mais plutôt soldatesque.* [...] *Je n'aime point de tissure où les liaisons et les coutures paraissent, tout ainsi qu'en un beau corps il ne faut pas qu'on puisse compter les os et les veines. L'éloquence fait injure aux choses, qui nous détourne à soi. »* Cet art poétique est inclus dans l'essai intitulé *De l'institution des enfants.* Ailleurs, dans l'essai *De l'affection des pères aux enfants*, il écrit que son livre est *« le seul livre au monde de son espèce, d'un dessein farouche et extravagant. Il n'y a rien aussi dans cette besogne digne d'être remarqué que cette bizarrerie ».* Dans l'essai *De la ressemblance des enfants aux pères*, il ajoute : *« Je ne corrige point mes premières imaginations par les secondes ; oui à l'aventure quelques mots, mais pour diversifier, non pour ôter. Je veux représenter le progrès de mes humeurs, et qu'on voie chaque pièce en sa naissance. »* Par trois fois, le rapport de Montaigne à son livre est explicitement placé sous le signe de la paternité, de la formation et de la ressemblance. Le livre est la chair de Montaigne, dans la vérité de sa naissance ; mais il est aussi ce qui assure sa perpétuation après la mort : *« À considérer cette simple occasion d'aimer nos enfants pour les avoir engendrés, pour lesquels nous les appelons autres nous-mêmes, il semble qu'il y ait bien une autre production venant de nous, qui ne soit pas de moindre recommandation : car ce que nous engendrons par l'âme, les enfantements de notre esprit* [...] *sont produits par une plus noble partie que la corporelle, et sont plus nôtres ; nous sommes père et mère ensemble en cette génération.* [...] *Les enfants immortels immortalisent leurs pères. »*

Extravagance, mais vérité : Montaigne engendre La Boétie en s'écrivant. Autour du vide : au cœur de son livre, il creuse un trou ; au nom de la vérité encore : il ôte le *Discours sur la servitude volontaire* parce que le texte de La Boétie a été publié, entre-temps, à des fins partisanes, par des militants protestants. Plutôt rien qu'une vérité défigurée par les sanglantes passions du temps.

Autour de l'absence du texte, s'affirme et circule la présence de l'ami, de l'autre soi-même, garant de la vérité de chaque ligne.

L'écriture naît de l'absence et la conjure. Mais encore faut-il toujours s'écrire pour que la magie agisse. En 1580, après la publication à Bordeaux des deux premiers livres de ses *Essais*, Montaigne se rend à Paris, puis en Italie. Long et pénible voyage de seize mois. Le jeudi 11 mai 1581, alors qu'il prend des bains à Lucques, il note dans son journal de voyage : *« Ce même matin, écrivant à M. Ossat, je tombai en un pensement si pénible de M. de La Boétie, et y fus si longtemps sans me raviser, que cela me fit grand mal. »*

SOURCES

Michel de MONTAIGNE : *Essais*. Édition de Villey-Saulnier. Paris, PUF, 1965.

— *Journal de voyage*. Édition de François Rigolot. Paris, PUF, 1992.

Étienne de LA BOÉTIE : *Œuvres complètes*. Édition de Louis Desgraves. Bordeaux, William Blake & Co., 1991.

— *Discours de la servitude volontaire*. Paris, Payot, 1976.

Donald FRAME : *Montaigne, une vie, une œuvre*. Paris, Champion, 1994.

Michael SCREECH : *Montaigne et la mélancolie*. Paris, PUF, 1992.

Jean STAROBINSKI : *Montaigne en mouvement*. Paris, Gallimard, 1982.

Gérard DEFAUX : *Marot, Rabelais, Montaigne : l'écriture comme présence*. Paris, Champion, 1987.

Françoise JOUKOVSKY : *Montaigne et le problème du temps*. Paris, Nizet, 1972.

Hugo FRIEDRICH : *Montaigne*. Paris, Gallimard, 1968.

Michel BUTOR : *Essai sur les « Essais »*. Paris, Gallimard, 1968.

Jean-Yves POUILLOUX : *Lire les « Essais » de Montaigne*. Paris, Maspero, 1969.

Antoine COMPAGNON : *Nous, Michel de Montaigne*. Paris, Éd. du Seuil, 1980.

Arthur ARMAINGAUD : *Montaigne pamphlétaire. L'énigme du Contr'un*. Paris, Hachette, 1910.

Joseph BARRÈRE : *Estienne de La Boétie contre Nicolas Machiavel*. Bordeaux, Mollat, 1998.

Simone WEIL : *Oppression et liberté*. Paris, Gallimard, 1955.

Claude LEFORT : *Machiavel, le travail de l'œuvre*. Paris, Gallimard, 1972.

L'écriture soumise à la violence de la raison

1605 ■ Malherbe édicte ses lois

TALLEMANT des Réaux, dans ses *Historiettes*, fait un portrait de Charles de Gontault, duc de Biron : *« Ce maréchal était si né à la guerre qu'au siège de Rouen où il était encore tout jeune, il dit à son père en je ne sais quelle occasion, que si on voulait lui donner un assez petit nombre de gens qu'il demandait, il promettait de défaire la plus grande part des ennemis. "Tu as raison, lui dit le maréchal son père, je le vois aussi bien que toi ; mais il faut se faire valoir ; à quoi serons-nous bons quand il n'y aura plus de guerre ?" »*

La guerre, c'est la chance des Biron, père et fils, leur raison sociale. Elle les a propulsés de leur humble manoir de Dordogne jusqu'au faîte des honneurs et de la fortune. Contre les huguenots, puis à leurs côtés, toujours vaillants. Armand le père a servi Henri III, qui en a fait le grand maître de son artillerie et un maréchal de France. Après avoir combattu Henri IV, il l'a rallié parmi les premiers, a pris part à la bataille d'Arques et à l'offensive sur Paris, avant d'être tué au siège d'Épernay tenu par la Ligue en 1592. Son fils, Charles, né l'année du massacre de Vassy, en 1562, n'a jamais connu que la guerre civile, la France livrée aux factions, les assassinats, les pillages, les fausses alliances, l'ivresse des batailles. Son compagnonnage aventureux avec Henri IV l'a fait, à trente ans, amiral de France, puis maréchal, gouverneur de Bourgogne, enfin duc et pair. Ascension vertigineuse. Est-il catholique ? Réformé ? Sans doute n'en sait-il plus rien. Il est à l'image de cette nouvelle noblesse qui vient de croître sur les ruines de la féodalité et sur les décombres du royaume. Puissante, audacieuse, prédatrice, habituée à ne connaître d'autre loi que celle de la force. Et bien résolue à partager le pouvoir avec ce roi de fortune qu'elle vient de pousser jusqu'au trône. Biron n'a pas même la prudence de s'en cacher : *« Il disait que tous ces Jean... de princes n'étaient bons qu'à noyer, et que le roi sans lui n'aurait qu'une couronne d'épines. »* Henri IV a trop besoin de ses fidèles compagnons pour lui tenir rigueur de ces gasconnades.

Pour parvenir au trône de France, le roi de Navarre a tout promis à tout le monde : de l'argent, des titres, des terres, des honneurs. À ses amis et à ses ennemis. Il doit la vie et la couronne à des engagements si nombreux et si contradictoires qu'il ne peut que les trahir. Autour de lui, dans un pays exsangue, monte l'orage des ambitions frustrées, des rancœurs, des nostalgies, des impatiences et des avidités. Il vient d'acheter la paix, mais à crédit ; et il n'a pas un sou vaillant pour les premières échéances. Entouré de guerriers, il doit veiller sur cette paix comme sur sa seule chance.

La France – et pas seulement le royaume – a bien failli disparaître dans ces quarante années de fureur. En désaccord sur tout, catholiques et huguenots se rejoignent pour pleurer la misère du temps et la France à l'agonie. Le vieux Ronsard, admirateur des Guises, pourfendeur des « sectes », ennemi de *« ces noms qui sont finis en* ots. *Gots, Cagots, Austregots, Visgots et Huguenots : ils me sont odieux comme peste »*. Et Agrippa d'Aubigné, le poète-soldat des calvinistes rêvant de faire de la dague et de la plume un semblable usage. Le premier, en 1562 déjà, a parlé du meurtre de la France par les Français :

Las, pauvre France hélas...
N'avions-nous pas assez engraissé la campagne
En notre propre sang ? Sans tourner les couteaux
Contre toi, notre mère, et tes propres boyaux ?

Le second, dans ses *Tragiques*, raconte, avec autant de colère que de douleur, dans un paysage d'apocalypse, l'histoire d'une France qui semble s'être entièrement vouée à la mort, à l'infection et à la pourriture. La paix elle-même ne peut être que celle des cimetières :

Venez donc pauvreté, faim, fuites et blessures
Bannissements, prison, proscriptions, injures ;
Vienne l'heureuse mort, gage pour tout jamais

De la fin de la guerre et de la douce paix !
Fuyez, triomphes vains, la richesse, la gloire,
Plaisirs, prospérité, insolente victoire,
Ô pièges dangereux et signes évidents
Des ténèbres, du ver, et grincement de dents.

Étienne Pasquier, le grand juriste et historien modéré de l'époque, parle plus prosaïquement du *« cadavre de la France »*. Et il rappelle que *« les peuples ne sont pas faits pour les rois, mais les rois pour les peuples »*.

L'*effroi* est le mot qui revient le plus souvent dans les Mémoires, les correspondances et les récits des voyageurs. Deux millions de victimes, un dixième de la population. Des villes ravagées envahies par des hordes de mendiants qui deviennent les maîtres du pavé dès que la nuit tombe. Une population habituée au crime, à la peur, à la trahison, à la sauvagerie ; nobles et croquants, bourgeois et capitaines confondus dans la même violence et la même perte du sens moral. Enlèvements, agressions, sédition, confusion. À Madrid, à Londres, à Rome, dans le secret des chancelleries ou ouvertement, on convoite les restes de ce grand corps déchiré. Et l'on compte les jours du royal converti : il a déjà essuyé une dizaine d'attentats ; d'autres couteaux s'aiguisent.

Biron s'ennuie dans son beau duché de Bourgogne. L'aventure lui manque. À quoi bon être le maître des armées royales si le roi n'a que le mot de « paix » à la bouche ? Henri IV lui a beaucoup donné, mais pas encore assez, pense Biron, en regard de ce qu'il lui doit. Biron veut un royaume. Pourquoi le Navarrais en aurait-il un et lui pas ? Il est aussi courageux, plus élégant, plus cultivé, moins frénétiquement attiré par les femmes. La camarilla d'astrologues et de devins qui l'entoure et le conseille le pousse dans ses rêves et lui prédit une fortune politique à la hauteur de ses appétits. Un royaume de Bourgogne, par exemple, détaché de la France. Alors Biron complote, à sa manière qui n'est pas discrète.

Il trouve facilement des partenaires pour ourdir sa trame. Des anciens combattants de la cause protestante. Le duc de Bouillon, prince de Sedan, le père du grand Turenne, un converti, *« un des hommes de son temps,* affirme Saint-Simon, *les plus distingués par les grandes qualités de l'esprit »*. Henri IV a marié ce compagnon d'armes, possesseur de fiefs auvergnats, avec Charlotte de La Marck, héritière du duché de Bouillon et de la principauté de

Sedan, aux frontières de la France. Un cadeau princier. Mais Bouillon désire plus encore : plus pour les huguenots dont il se veut le chef, plus pour lui. C'est aussi le cas de La Trémoille, descendant d'une antique famille poitevine, liée à l'Aragon, et qui rêve de récupérer le trône de Naples sur lequel son arrière-grand-père s'est brièvement assis. Ils prennent contact avec le duc de Fuentès, général espagnol en quête d'une revanche contre le roi de France, et avec le duc de Savoie, Charles-Emmanuel, le Bossu, qui voudrait créer un État-tampon, la Bourgogne par exemple, entre la France et son duché.

La conjuration de Biron possède enfin un allié dans la chambre même d'Henri IV, un beau ver dans le fruit, l'intelligente et spirituelle Henriette d'Entragues, maîtresse du roi depuis la mort de Gabrielle d'Estrées en 1599. La mère d'Henriette, Marie Touchet, elle-même ancienne maîtresse de Charles IX, est une intrigante de haut vol. Elle est parvenue à vendre la virginité de sa fille à Henri IV pour 50 000 écus ; puis elle a arraché au galant une promesse écrite de mariage au cas où Henriette donnerait un fils au roi. Ce qui est fait promptement mais n'empêche pas – raison d'État et de finances – le souverain de convoler avec Marie de Médicis. Les Entragues sont furieux. En premier lieu le comte d'Auvergne, demi-frère d'Henriette et bâtard de Charles IX, à qui son sang royal tourne la tête. Avec l'aide de Biron et, s'il le faut, des Espagnols, ils rêvent de faire annuler le mariage d'Henri IV et reconnaître le fils d'Henriette comme dauphin. Tout paraît possible.

Des troubles soigneusement préparés commencent à éclater en Limousin, on fait circuler des fausses nouvelles pour exciter des révoltes antifiscales. En payant le prix fort, Henri IV est renseigné sur les négociations menées par Biron avec l'Espagne. Il convoque son ami, obtient de vagues aveux, pardonne. Mais, en juin 1602, ses espions l'informent que le complot se poursuit. Biron pourrait sans doute encore bénéficier de la clémence de son ancien compagnon d'armes, mais il nie l'évidence, ment, proteste au lieu de se soumettre. Il est arrêté et conduit à la Bastille.

Son procès s'ouvre immédiatement devant le parlement. Henri IV dicte le verdict : *« J'espère, la justice faisant son devoir comme je me promets qu'elle fera, que l'exemple qui s'ensuivra servira grandement à faire reverdir au cœur de mes sujets l'ancienne révérence et loyauté que les Français ont toujours portée et gardée à leurs rois, que la longueur et l'impunité des guerres civiles avaient grandement flétrie.* » Le message politique est bien reçu par les juges, Biron est condamné à mort. Malgré les interventions des Grands, il est décapité le 31 juillet 1602 dans la cour de la Bastille. On a évité l'exécution en place de Grève par crainte d'une émeute.

L'autorité royale reverdit-elle pour autant ? Il lui faudrait encore quelques têtes. Henri IV a sacrifié Biron, mais, deux poids deux mesures, il a laissé partir le comte d'Auvergne. À cause d'Henriette et de ses charmes ? À cause du sang royal du demi-frère ? On ne sait jamais trop avec Henri IV, tant il abandonne volontiers le sens de l'État pour l'empire des sens. Auvergne, en tout cas, poursuit ses complots. Puis, en 1604, de nouveau pris la main dans le sac, il livre tout le monde et révèle *« toutes les menées du dedans et du dehors de son royaume »*. Il est condamné à mort, la belle Henriette reçoit l'ordre de s'enfermer dans un couvent. Mais c'est pour rire : le demi-frère s'en tire avec douze ans de prison, la favorite avec la peur. Elle pourra, dans son château de Verneuil, continuer à lancer ses traits contre la femme de son amant, la reine Marie de Médicis, qu'elle a surnommée, pour Henri IV, *« votre grosse banquière »*.

Reste la troisième âme de ce nouveau complot, le duc de Bouillon. Il s'est réfugié chez l'Électeur palatin ; les protestants demandent la grâce de ce vieux compagnon des heures difficiles. Bouillon s'enferme dans sa ville fortifiée de Sedan que l'on dit imprenable. Le roi lève une armée considérable, Bouillon se rend. Henri IV le ramène derrière lui à Paris. L'ordre est restauré, pour un temps. Henri de La Tour d'Auvergne, duc de Bouillon, prince de Sedan, vicomte de Turenne, généralissime des protestants, attendra l'assassinat d'Henri IV pour reprendre le cours de ses intrigues.

Pour Biron la hache ; pour Auvergne la Bastille ; pour Bouillon une simple menace. Ce n'est pas l'arbitraire, c'est la justice baroque, laquelle obéit à deux principes contradictoires. D'un côté un immense besoin d'ordre, de paix, d'unité, garantis par l'autorité et établis sous le commun dénominateur de la raison ; de l'autre, la fidélité à sa conscience, à sa foi, à sa liberté et au pluralisme, sous le signe des passions, de l'émotivité et de l'excès. Les deux principes opposent moins les hommes entre eux qu'ils ne divisent chacun à l'intérieur de lui-même, à commencer par le roi.

Chacun s'affronte aux limites et aux ambiguïtés de la tolérance. Tolérer, d'accord, mais jusqu'où, et à quel prix, jusqu'à quels troubles ? Agrippa d'Aubigné lui-même, l'opposant perpétuel, le huguenot pur et dur, n'est pas épargné par la question : *« Sachez que presque tous les hommes en sont réduits à ce point, ou d'être en mauvais ménage avec la conscience, ou avec les affaires du siècle.* [...] *La raison en est facile : ceux qui sont morts ont voulu laisser vivre leur conscience, et elle les a tués. »* Certes, d'Aubigné met ces paroles dans la bouche du sieur de Sancy, un compagnon infidèle, rallié au compromis du nouveau pouvoir ; mais c'est bien parce que le doute l'a effleuré avant qu'il ne choisisse le camp de sa conscience et de sa foi, et l'exil à Genève.

Malherbe aussi a hésité. Ce gentilhomme normand, né à Caen vers 1555, a d'abord été immergé dans un milieu favorable au protestantisme. Il a suivi des cours dans les universités luthériennes de Bâle et d'Heidelberg. Mais, peut-être par conviction, peut-être par ambition sociale, il rompt avec son père et les huguenots en 1576 et va se mettre au service du gouverneur de Provence Henri d'Angoulême, bâtard d'Henri II, bel esprit, favorable aux ligueurs catholiques. Le gouverneur est assassiné en 1586, les espérances de carrière de Malherbe s'envolent et il rentre à Caen, où il se morfond et écrit des vers. À la manière du temps et des influences italiennes : profus, ornés, compliqués, violents et clinquants. *Les Larmes de saint Pierre*, imités de l'Italien Tansillo et commencés lors de son séjour provençal, sont plus exubérants et plus recherchés encore – dans la veine catholique – que les pages les plus flamboyantes des *Tragiques* d'Aubigné. Métaphores tarabiscotées, couleurs éclatantes, hyperboles surabondantes, expressions rares, contrastes violents, torrents de larmes et larmes de sang. Derrière ces vers agités, tortueux et torturés, l'omniprésence de la mort.

François de Malherbe est plongé dans la mort. Celle des affrontements de factions, du meurtre de son protecteur ; celle de la disparition prématurée de ses quatre enfants ; celle de son premier amour normand – *Larmes sur la mort de Geneviève Rouxel* –, celle de ses amis et de leurs familles. Le drame personnel se conjugue avec le drame politique. Ils trouvent chez Malherbe une issue commune : la consolation. *Consolation à Cléophon*, c'est le titre d'une pièce écrite par Malherbe dès 1592 et qui servira de base, six ans plus tard, aux célèbres strophes de la *Consolation à M. du Périer*. Malherbe y évoque la mort de ses deux premiers enfants :

> *De moi déjà deux fois d'une pareille foudre*
> *Je me suis vu perclus,*
> *Et deux fois la raison m'a si bien fait résoudre*
> *Qu'il ne m'en souvient plus.*

Expression brutale de stoïcisme chrétien qui annonce le futur traducteur de Sénèque ? Il s'agit de bien autre chose : d'un manifeste moral, politique et esthétique contre l'expression de soi. Malherbe se met en scène une dernière fois avant de s'exclure comme sujet sensible. Le prix de la consolation et de la survie, c'est la disparition de soi sous l'empire de la raison. Oubli radical, féroce, presque inhumain, volonté farouche de tourner la page. Pour trouver enfin la paix, Malherbe sacrifie tout ce qui pourrait rappeler ces années désastreuses : la liberté, l'invention, le pluralisme, l'expression spontanée des émotions et les pulsions enivrantes de la passion et du génie. Pour extirper les raisons de la violence, il choisit la froide violence de la raison.

Son meilleur ami est Guillaume du Vair, juriste, ecclésiastique, ancien ligueur rallié par patriotisme à la légitimité d'Henri IV. Président du parlement d'Aix, avant de devenir évêque de Marseille, puis garde des Sceaux, Du Vair a publié en 1593 un ouvrage politique au titre déjà très malherbien, *Traité de la constance et consolation ès calamités publiques* où il met en scène, pendant l'épouvantable siège de Paris par Henri IV, quatre amis qui discourent sur les méthodes les plus efficaces pour surmonter les épreuves et retrouver l'espérance. L'homme d'Église y prônait la soumission de la conscience privée au bien commun. L'oubli de soi, comme Malherbe.

Sur les conseils de Du Vair, Malherbe écrit, en 1600, une copieuse *Ode à la reine sur sa venue en France*, lors du débarquement à Marseille de Marie de Médicis. Le poème plaît à Du Perron, ancien militant huguenot devenu évêque catholique et conseiller religieux du roi. C'est la première marche de Malherbe vers la fonction de poète officiel dont il rêve. Par carriérisme autant que par renoncement. On connaît ses boutades définitives que rapportent Tallemant des Réaux et Honorat de Racan, le plus fidèle disciple de Malherbe : *« Si nos vers vivent après nous, toute la gloire que nous pouvons en espérer, c'est qu'on dira que nous avons été deux excellents arrangeurs de syllabes, que nous avons été tous deux bien fous de passer toute notre vie à un exercice si peu utile au public et à nous, au lieu de l'employer à nous donner du bon temps, et à penser à l'établissement de notre fortune.* [...] *C'est une sottise de faire le métier de rimeur, pour en espérer autre récompense que son divertissement ; et* [qu']*un bon poète n'est pas plus utile à l'État qu'un bon joueur de quilles. »* On est aux antipodes de Ronsard et de la fonction sacrée de la poésie, du poète du Prince revendiquant la couronne de prince des poètes. Si Malherbe veut la place, c'est pour mieux en marquer le vide spirituel. Détruire l'illusion lyrique, en arracher jusqu'aux racines.

Il n'en est pas encore là. À Paris règne toujours Philippe Desportes dont la gloire littéraire, sous Henri III, a supplanté celle de Ronsard. Protégé par l'ancienne épouse d'Henri IV, Marguerite de Valois, entouré d'une cour de poètes mondains, attentif aux goûts de son public élégant, Desportes a entrepris de débarrasser discrètement la poésie de la Pléiade de ce qu'elle pouvait avoir de trop savant et de trop philosophique. Du Ronsard allégé et italianisé. Un compromis. Desportes sera l'homme à abattre de Malherbe.

Il attend jusqu'en 1605. Il a cinquante ans. Sous le patronage de Du Vair, il débarque enfin à Paris. Le roi est parti en Limousin pour y éteindre les révoltes fomentées par le comte d'Auvergne et le duc de Bouillon. C'est l'occasion rêvée de chanter l'ordre, la raison et la bienfaisante autorité du monarque. La *Prière pour le roi allant en Limousin*, dont le succès est considérable, marque les débuts de l'emprise de Malherbe sur la création poétique française. Il entre pourtant par la petite porte. Henri IV se défausse du soin de sa pension sur le duc de Bellegarde, M. Le Grand, premier gentilhomme de la Chambre du roi. Malgré son zèle à remplir les fonctions de poète officiel, ne manquant pas une bataille, un attentat, une passade amoureuse, une naissance ou un deuil pour rimer la gloire du roi de France et l'excellence de son entourage, Malherbe, du vivant d'Henri IV, sera toujours tenu à l'écart des prébendes les plus grasses. Comme si le roi voulait marquer ses distances avec l'absolutisme littéraire du plus intransigeant de ses soutiens.

La poésie de Malherbe est tout entière politique. Elle ne vise à rien d'autre qu'à placer les lettres sous le strict contrôle du « bien public ». Malherbe invente la révolution conformiste. Il en sera le guide implacable et sourcilleux. La paix, l'ordre et l'unité par la soumission de tous à l'autorité commune. Il fallait que les horreurs de la guerre civile et la peur de nouveaux troubles soient inscrites au plus profond des esprits pour qu'un tel terrorisme de la langue puisse finalement triompher.

L'arme principale de Malherbe, c'est la censure. Il tue la lettre pour paralyser les folies de l'esprit. Il s'agit moins pour lui d'épurement que d'épuration. Il ne rature pas, il gomme littéralement : il efface ce qui lui déplaît des livres des autres. Racan écrit : *« Il avait aussi effacé plus de la moitié de son Ronsard et en cotait à la marge les raisons. Un jour, Yvrande, Racan, Colomby et d'autres de ses amis le feuilletaient sur sa table, et Racan lui demanda s'il approuvait ce qu'il n'avait pas effacé : "Pas plus que le reste", dit-il. Cela donna sujet à la compagnie, et entre autres à Colomby de lui dire que si l'on trouvait ce livre après sa mort, on croirait qu'il avait trouvé bon ce qu'il n'aurait point effacé. Sur quoi il lui dit qu'il disait vrai et tout à l'heure acheva d'effacer tout le reste. »*

Effacer Ronsard, plonger dans l'oubli toutes ces années d'effervescence intellectuelle, affective et linguistique dont la guerre civile a été la punition, courber chacun sous la norme du commun, c'est la mission de Malherbe. Nulle part il ne construit une doctrine : dans les marges des livres qu'il annote, il établit la liste de ses proscriptions. Il impose le silence ; il refoule les mots à l'intérieur de la gorge. Il éteint tous les feux pour prévenir les risques d'incendie. Boileau écrira de lui, pour l'en féliciter, qu'*« il réduisit la muse aux règles du devoir »*. Nul n'a mieux senti que lui les pouvoirs de l'écriture, et jamais personne n'a entrepris aussi systématiquement, aussi radicalement, de les canaliser vers un seul lieu : le grand marais de la concorde sociale.

Malherbe annote et commente un exemplaire des *Œuvres* de Philippe Desportes. Ces quelques remarques acerbes et laconiques posées dans les marges d'un livre constituent son manifeste de chef d'école. En écrire davantage reviendrait à entrer dans un dialogue, à jouer le jeu de la pluralité des voix. Malherbe ne discute pas, il tranche. Il énonce ce qui ne doit pas s'écrire : *« c'est mal raisonné »*, *« il devait dire simplement »*, *« les remarques qu'il met ici ne sont guère moins impertinentes »*, *« cette imagination ne vaut rien »*, *« mot d'école qui ne se doit dire en chose d'amour »*, *« quel langage est-ce là ? »*, *« Je ne vous entends point »*, « Or *pour* maintenant *ne se dit point. Ce mot est la cheville ordinaire des vieux poètes français ; surtout Du Bellay s'en est fort escrimé »*, *« phrase espagnole »*, etc. Rien n'échappe à l'œil du censeur : ni la métaphore risquée, ni la rime qui sonne bizarrement, ni les phrases qui n'obéissent pas à la stricte logique du discours, ni les trop fréquents recours à la mythologie grecque et au *« galimatias de Pindare »* qui sentent leur humaniste. Ni, bien sûr, la langue.

La « bonne » langue poétique est la préoccupation centrale de l'esthétique sociale de Malherbe. Les remarques à son propos pullulent dans les commentaires sur Desportes : *« vieil mot »*, *« peu courtisan »*, *« hors d'usage »*, *« mot qui ne s'use qu'entre les paysans »*, *« langage de palais »*, *« bas et populaire »*, « fier *en cette signification de* joyeux *est peu reçu hors de Normandie »*. La visée de Malherbe est double. Il s'agit, d'une part, de conserver l'autonomie de la poésie par rapport au discours ordinaire auquel le traitement de cheval rationnel que lui impose Malherbe risque de la faire ressembler. Cette différenciation est d'ordre technique et artisanal – faire des vers, *« arranger des syllabes »*, est un métier, de l'orfèvrerie de précision. *« On dit,* raconte Tallemant, *qu'il fut trois ans à l'*Ode pour le premier président de Verdun, *sur la mort de sa femme, et que le Président était remarié avant que Malherbe lui eût donné ces vers. »* Elle est aussi d'ordre linguistique. Le poème doit être écrit dans un langage « élevé » qui lui interdit l'utilisation de vocables prosaïques. Tout autant, cette langue doit être comprise par tous. Elle doit être le plus petit commun diviseur. D'où le coup d'arrêt brutal donné à l'expansionnisme lexical de la Renaissance. Après le printemps de la Pléiade, Malherbe impose au français son régime d'hiver. Toujours dans l'angoisse du trouble.

Mais la volonté de séparer formellement la nouvelle poésie, claire et rationnelle, de la prose amène aussi Malherbe à légiférer sur celle-ci. Il s'agit d'empêcher l'envahissement de la prose et de la conversation par le langage et les tournures de la poésie. De dresser une nouvelle frontière, de procéder à une autre épuration, sous l'égide de l'*usage*, c'est-à-dire encore de la conformité. Malherbe s'impose comme le maître de ce qui se dit et ne se dit pas.

Le roi lui-même le consulte. Les disciples, Racan, Colomby, Maynard, Touvant, diffusent ses verdicts, sans échapper pour autant aux excommunications et aux fulminations de leur mentor. S'élevant contre la pédanterie des professeurs et la mignardise des courtisans, Malherbe leur préfère la brutalité laconique des militaires. Il fait la guerre à la différence.

La langue selon l'usage, soit ; mais quel usage ? On connaît la réponse de Malherbe, rapportée par Racan : « *Quand on lui demandait son avis sur quelque mot de français, il renvoyait ordinairement aux crocheteurs du Port au Foin, et disait que c'était ses maîtres pour le langage.* » Mais il a écrit ailleurs : « *Je sais bien le goût du collège, mais je m'arrête à celui du Louvre.* » La ville ou la cour ? Malherbe hésite encore, comme la société elle-même ; qui va l'emporter sur l'autre et imposer ses normes ? Doit-on dire une *cuiller*, comme les crocheteurs et les bourgeois parisiens, ou une *cuillère*, comme Henri IV et son armée de Gascons ? La seule chose dont Malherbe soit sûr, c'est qu'il ne faut pas laisser l'affaire aux mains des savants et des écrivains, ces fomentateurs de dissensions et de désordres.

Les écrivains, c'est-à-dire les autres. La résistance à Malherbe est forte, même si notre mémoire littéraire n'a guère retenu que la gloire du vainqueur. Le souffle glacial de la modernité n'a balayé le paysage que par rétroaction : c'est l'absolutisme de Louis XIV qui a assuré, après coup, le triomphe de l'ordre malherbien et l'erreur de perspective. En 1605, rien n'est encore joué. La liberté et l'invention conservent des adeptes, dispersés comme il se doit. Mlle de Gournay, la « fille d'alliance » de Montaigne, éditrice de la dernière version des *Essais* en 1595, continue à défendre avec acharnement le scepticisme, l'humanisme, l'imagination et la vigoureuse liberté de langage de son maître. Autour d'elle, une bande de jeunes disciples, Marolles, Colletet, Ogier, Habert, Malleville, ne manquent pas une occasion de se moquer du laborieux génie du poète de Caen et de protester contre le carcan qu'il veut imposer à l'expression de la pensée.

Bien que plus jeune que Malherbe, Marie de Gournay représente l'ancienne génération nostalgique et inconsolable. Comme d'Aubigné, l'infatigable lutteur. Mathurin Régnier a trente-deux ans ; il est le neveu de Desportes et abbé. En 1605, il a composé ses premières *Satyres* dont le succès est considérable. Fidèle admirateur de Du Bellay, excellent latiniste, Régnier est tout ce que Malherbe déteste en poésie. Il parle de ce qui fâche, la religion, les idées, la morale. Il parle de lui, de sa vie privée, de ses ennuis, de ses enthousiasmes. Et il en parle sur un ton familier, préférant l'expression du vers à sa rigueur formelle, l'élan verbal aux exigences de la logique et de la clarté, la bouffonnerie et le grotesque à l'austérité, le sentiment à la raison, la couleur au trait.

Dans sa *Satyre IX*, dédiée à son ami l'écrivain Nicolas Rapin – il est l'un des corédacteurs de la trop oubliée *Satyre Ménippée*, délicieux pamphlet des catholiques parisiens hostiles à la Ligue –, Régnier s'en prend ouvertement à Malherbe et à sa politique de la terre brûlée :

Pensent-ils des plus vieux offensant la mémoire,
Par le mépris d'autrui s'acquérir de la gloire,
Et pour quelques vieux mots étranges ou de travers,
Prouver qu'ils ont raison de censurer leurs vers ?
(Alors qu'une œuvre brille et d'art et de science,
La verve quelquefois s'égaye en la licence.)
[Ils disent] *Qu'eux tous seuls du bien dire ont trouvé la méthode*
Et que rien n'est parfait s'il n'est fait à leur mode.
Cependant leur savoir ne s'entend seulement
Qu'à regratter un mot douteux au jugement,
Prendre garde qu'un qui ne heurte une diphtongue,
Épier si des vers la rime est brève ou longue
[…] *Nul aiguillon divin n'élève leur courage,*
Ils rampent bassement, faibles d'inventions,
Et n'osent, peu hardis, tenter les fictions,
Froids à l'imaginer, car s'ils font quelque chose,
C'est proser de la rime et rimer de la prose.

Pendant qu'éclate cette querelle, un autre ancien combattant des guerres de religion écrit un long roman qui paraîtra en 1607 : 5 000 pages, plus de 200 personnages pour une histoire qui se déroule entre les premiers jours du mois de mars et la fin du mois de juillet. Honoré d'Urfé est un noble stéphanois de trente-huit ans. Il s'est tant engagé aux côtés de la Ligue qu'il a dû s'exiler quelque temps en Savoie. Il est désormais gentilhomme ordinaire d'Henri IV. Lui aussi rêve éperdument de paix et d'unité. Il donne forme à son rêve : ce sera *L'Astrée*. Un livre qui ne sera pas seulement un énorme succès d'édition, mais un modèle pendant près d'un demi-siècle. On parle Astrée, on s'habille Astrée, on aime Astrée, on respire Astrée. Honoré d'Urfé vient d'inventer le roman d'évasion. Non pas une mécanique de la consolation par l'oubli, mais une fuite hors du temps, un retour mythique vers l'âge d'or, vers l'abolition amoureuse des différences.

Il n'y a pas de conflit dans les mille péripéties sentimentales de *L'Astrée* ; seulement des obstacles et des périls que chacun doit surmonter pour accéder à la plus haute forme de l'union, « l'honnête amitié » – non pas l'amour, trop lié à la violence du désir, à la passion de la possession et, en fin de compte, à la guerre. Malherbe oblitère la parole vive, d'Urfé ne fait proliférer les mots que pour mieux ensevelir les corps. Le pouvoir d'amour certes est aux femmes, et il est toujours transmis de mère en fille, mais le roman est à ce point truffé de jeux d'identité et de travestissements qu'il est souvent impossible de décider si tel personnage est homme ou femme. D'Urfé pousse la haine de la différence jusqu'à l'androgynie, forme parfaite de l'unité où chaque sexe conquiert les vertus supposées du sexe opposé.

Pas davantage de conflit religieux ou politique. Le catholicisme lui-même est absent de ce vieux royaume celtique qui vit spontanément et sans discussion théologique sous la protection de la grâce divine. Personne ne songe à envahir ce royaume de doux bergers, aucune querelle n'éclate entre leurs familles, et ils éliminent de leur patrie ceux qui ne se soumettent pas à la censure du désir excessif.

Il ne s'agit pas seulement d'un retour aux idéaux de l'amour courtois. *L'Astrée* n'est pas nostalgique. Il cherche comment sortir de la violence ; il désarme les corps ; il parle d'un royaume de bergers, de bergères et de moutons ; il élimine la cour et la ville au profit de la campagne et de la nature. Il invente la parole qui lie et qui apaise, contre celle qui sépare et qui oppose : la conversation, pendant des milliers de pages, inachevée, inachevable. Dès que les mots s'arrêtent, la guerre risque de reprendre.

SOURCES

François de MALHERBE : *Œuvres*. Édition d'Antoine Adam. Paris, Gallimard, 1971.

TALLEMANT DES RÉAUX : *Historiettes*. Édition d'Antoine Adam. Paris, Gallimard, 1967.

Honorat de RACAN : *Vie de Monsieur Malherbe*. Paris, Gallimard-Le Promeneur, 1991.

Agrippa d'AUBIGNÉ : *Les Tragiques*. Paris, Garnier-Flammarion, 1968.

Mathurin RÉGNIER : *Œuvres complètes*. Paris, STFM, 1995.

Honoré d'URFÉ : *L'Astrée*. Édition et choix de Jean Lafond. Paris, Gallimard, « Folio », 1984.

Collectif : *Satyre Ménippée ou la Vertu du catholicon d'Espagne*. Édition de E. Tricotel. Genève, Slatkine, 1971.

Pierre de L'ESTOILE : *Journal pour le règne de Henri III et Journal pour le règne de Henri IV*. Paris, Gallimard, 1943, 1949 et 1958.

Philippe DESPORTES : *Œuvres poétiques*. Genève, Droz, 1958.

Ferdinand BRUNOT : *La Doctrine de Malherbe*. Paris, Armand Colin, 1969.

Pierre CHAUNU : *Civilisation de l'Europe classique*. Paris, Arthaud, 1966.

Yves-Marie BERCÉ : *La Naissance dramatique de l'absolutisme (1598-1601)*. Paris, Éd. du Seuil, 1992.

Raymond LEBÈGUE : *La Poésie française de 1560 à 1630*. Paris, Sedes, 1951.

Marc FUMAROLI : *L'Âge de l'éloquence*. Paris, Albin Michel, 1994.

Roger ZUBER : *Les Belles Infidèles*. Paris, Albin Michel, 1995.

Danielle TRUDEAU : *Les Inventeurs du bon usage (1529-1647)*. Paris, Éd. de Minuit, 1992.

Henri BOCHET : *« L'Astrée ». Ses origines, son importance dans la formation de la littérature classique*. Genève, Slatkine, 1967.

Gustave ALLAI : *Malherbe et la poésie française à la fin du XVIe siècle*. Genève, Slatkine, 1969.

Jean-Pierre BABELON : *Henri IV*. Paris, Fayard, 1982.

Reinhart KOSSELECK : *Le Règne de la critique*. Paris, Éd. de Minuit, 1979.

Antoine COMPAGNON : *La Seconde Main*. Paris, Éd. du Seuil, 1979.

À la place des écrivains, une littérature

1623 ■ Théophile condamné à être brûlé vif

Le 18 août 1623, le parlement de Paris, en l'absence de la plus grande partie de ses membres qui ont fui la capitale atteinte par une épidémie de choléra, publie l'arrêt suivant : *« Ce jour d'huy, Messieurs de la Grande Chambre et Tournelle se sont assemblés en ladite Grand Chambre pour juger les défauts de contumace obtenus par le procureur général contre les nommés Théophile, Berthelot, Colletet et Fernide, et ont les dits Théophile et Berthelot été condamnés faire amende honorable devant Notre-Dame et ledit Théophile à être de fait brûlé vif comme aussi ses livres brûlés et ledit Berthelot pendu et étranglé si pris et appréhendés peuvent être, sinon ledit Théophile par figure et ledit Berthelot en un tableau attaché à ladite potence, leurs biens confisqués... »*

L'arrêt ne fait état d'aucune charge ni information. Le jugement et la délibération n'ont pas duré le temps d'une matinée.

Comme pour faire oublier ce que sa hâte et son laconisme pouvaient avoir de suspect, le parlement publie le lendemain un second arrêt. On y apprend que Théophile, Berthelot et, dans une mesure bien moindre, Colletet et Fernide, ont été poursuivis par le procureur général Mathieu Molé comme *« auteurs de sonnets et vers contenant les impiétés, blasphèmes et abominations mentionnés au livre très pernicieux intitulé* Le Parnasse satirique ». Théophile et Berthelot sont donc convaincus du crime de *lèse-majesté divine*, et, après avoir déclaré qu'ils ont *« très méchamment et très abominablement composé, fait imprimer et exposer en vente le livre intitulé* Le Parnasse satirique *dont ils se repentent et en demandent pardon à Dieu, au roi et à la justice »*, seront *« ledit*

Théophile brûlé vif, son corps réduit en cendres, icelles jetées au vent », et Berthelot pendu et étranglé à une potence. Les détenteurs éventuels d'un exemplaire du *Parnasse satirique* ont vingt-quatre heures pour le déposer au greffe criminel. Passé ce temps, ceux chez qui le livre aura été saisi seront déclarés *« fauteurs et adhérents dudit crime et punis comme les accusés »*.

Oublions tout de suite Berthelot, comme les juges d'ailleurs l'oublièrent. On ne sait rien de lui, ni de ses vers, sinon qu'à l'été 1623 il est sans doute déjà mort, dans son lit, depuis quelques mois. Il est là, comme Guillaume Colletet, comme Fernide, pour faire nombre et illusion et masquer à la hâte l'évidence : la seule proie qui importe, l'homme à abattre, c'est Théophile. Colletet, client de Richelieu, occupera dès 1634 le vingt-troisième fauteuil de l'Académie française.

Théophile, ainsi qu'on le nomme partout, même dans les sentences de justice, c'est Théophile de Viau. Il est né à Clairac, près d'Agen, en 1590, dans une bonne famille de toute petite noblesse de robe, et huguenote. Jeunesse comme il y en eut tant d'autres, à la fois studieuse, errante et éprise de jouissance et de liberté. Il avouera : *« La débauche des femmes et du vin faillit à m'empiéter à la sortie des écoles, car mon esprit un peu précipité avait franchi la sujétion des précepteurs, lorsque mes mœurs avaient encore besoin de discipline. »* C'est la fièvre de l'après-guerre civile, le besoin de s'étourdir et de humer toutes les senteurs de l'air nouveau.

Théophile croit au bonheur et aime la liberté, la bonne chère et l'amour. Avec le talent, ce sera son plus grand crime. Il s'engage comme poète dans une troupe de comédiens de l'hôtel de Bourgogne. Sans doute écrit-il des pièces que les saltimbanques jettent après les avoir apprises, comme il est d'usage. On n'en a plus trace. Il adore les mots, qui le lui rendent bien. Tous les mots, sans exclusive, les doux, les tendres, les grands, les gros, les huppés et les populaires, ceux des salons et ceux des cabarets. Affaire d'humeur et de circonstances. Théophile n'entend suivre, en poésie comme ailleurs, que lui-même ; il veut être « naturel ». Ligne de conduite et art poétique tout à la fois.

Il admire Malherbe, il respecte Ronsard, néanmoins. Il est moderne, résolument, mais d'abord dans sa volonté de rompre avec les modèles, ceux des anciens comme les plus récents. Il veut aux temps nouveaux une langue nouvelle, mais il n'est pas homme à quitter une brigade pour s'engager dans une autre :

Imite qui voudra les merveilles d'autrui ;
Malherbe a très bien fait, mais il a fait pour lui.
Mille petits voleurs l'écorchent tout en vie ;
Quant à moi, ces larcins ne me font point d'envie.
J'approuve que chacun écrive à sa façon,
J'aime sa renommée et non pas sa leçon.

Théophile est un rebelle ; il va le payer.

Car sa renommée grandit. Ayant quitté la sujétion des comédiens, le petit gentilhomme gascon devient, à vingt-cinq ans, le maître des mots et des plaisirs de la jeune aristocratie de cour. Il trouve un premier mécène, *« jeune et jovial »*, le comte de Candaule, lequel a adhéré au protestantisme pour l'amour de la duchesse de Rohan. Les conversions d'alors sont souvent ainsi faites. On change de religion comme de dame, avec le même sérieux et la même dévotion. Après les guerres de religion, les amours de religion, la vie n'y perd pas au change. C'est en tout cas ce que chante Théophile dans ses poèmes : les yeux d'une maîtresse sont les plus courts chemins vers le Paradis ou l'Enfer. De telles pensées suffisent à vous faire une réputation d'« athéiste ».

Athée, Théophile ne songe pas même à l'être. De la longue et cruelle guerre religieuse qui vient de s'éteindre et qu'un coup de vent suffirait à ranimer, il a retenu une leçon simple en forme de refus : rien ne vaut que nous sacrifiions notre vie terrestre, et surtout pas les spéculations sur l'au-delà. Trop de jeunes vies, et parmi les plus ardentes et les plus prometteuses, ont été fauchées pour des querelles métaphysiques qui sont hors de portée de la raison et de l'entendement humains. Vivons ici et maintenant, avec tout notre corps et toute notre âme, jusqu'à ce que la mort, peut-être, les sépare.

Ce *libertinage*, Théophile ne songe pas à en faire une doctrine, ni à en fonder une école. Il n'enseigne pas : il exprime ce qu'il sent, lui, Théophile, avec sa sensibilité propre, son histoire, ses goûts, ses passions, ses répulsions. Quand Malherbe cherche à élaborer la poésie la plus impersonnelle qui soit, pour fondre toutes les différences dans le moule d'une forme parfaite, Théophile s'efforce de faire entendre le chant de sa voix propre, unique, changeante comme le temps, les saisons et les amours, parlant au plus près du corps et des impressions de l'âme, sensible au réel et à la nature plus qu'aux ornements de la métaphore.

Voilà ce qui plaît en lui : cette liberté, ce goût des plaisirs, cette exaltation de la diversité et de l'individualité. On comprend l'engouement de la jeunesse dorée pour son personnage et pour ses vers, pour sa langue neuve et vibrante, débarrassée de la tutelle gréco-latine, des élaborations savantes du ronsardisme et pliant la leçon de Malherbe à son propre usage indiscipliné. La nouvelle aristocratie ne croit qu'à elle-même. La guerre des pères n'est plus la sienne, ni les valeurs qui l'animaient. Elle découvre Montaigne et son modèle du gentilhomme sceptique et libéral. Elle s'intéresse à l'avenir plus qu'au respect des traditions, et à l'expression de sa liberté – personnelle, sociale, politique – plus qu'aux prestiges de l'autorité – religieuse, juridique, familiale ou royale.

Les événements de l'État ne peuvent que renforcer son anarchisme élitaire. L'assassinat d'Henri IV, la régence de Marie de Médicis, la tumultueuse prise du pouvoir par son fils Louis XIII ont souligné l'extrême faiblesse politique de cette monarchie française hâtivement replâtrée. L'exemple de la rébellion est venu de haut. Ce sont d'abord les « Grands », Condé, Bouillon, Mayenne, Nevers et Longueville, qui se sont soulevés contre Marie de Médicis et contre son favori Concini. Ensuite le roi lui-même, qui fait assassiner Concini et brûler sa sœur comme sorcière. Puis la reine mère, qui prend les armes, à deux reprises, contre son fils. Puis les protestants du Midi, du Sud-Ouest et de Saintonge, qui se rebellent sous la direction du duc de Rohan et de son frère Soubise. Guerres internes, massacres, famines, retour de la peste qui s'installe jusqu'en 1640. Menée par des favoris, Concini, Luynes, contestée par les parlements, minée par les intrigues avec l'étranger, la politique royale laisse échapper de nouveau les signes de sa légitimité.

Théophile de Viau n'a rien d'un opposant. Le jeune roi l'aime bien et le pensionne. Même lorsque le poète sera condamné à mort et emprisonné, Louis XIII veillera à ce que sa pension lui soit versée. Théophile laisse ses riches amis et ses puissants protecteurs s'épuiser dans les intrigues et les guerres intestines, se contentant ici et là, avec prudence, de les satisfaire de quelques vers de satire. Son influence est ailleurs, plus profonde : dans la raillerie contre les dogmes, dans le refus des contraintes, dans l'éloge du multiple, dans la licence de l'esprit. S'il était opposant, comme tant d'autres,

Théophile ne risquerait rien qu'une disgrâce et la chance de se trouver un mécène dans la fastueuse liste des opposants. Poète libertin, il va risquer la mort.

Du complot qui se trame contre lui, nous connaissons bien la surface, les péripéties. Le premier assaut fait simplement figure d'avertissement. Le 14 juin 1619, le roi signe un commandement enjoignant au poète de quitter le royaume. Nous n'avons pas le texte de l'arrêt, seulement le commentaire qu'en fait le très officiel *Mercure de France* qui qualifie Théophile de *« poète athée »* : *« Sur ce qu'on fit entendre au Roi que le poète Théophile avait fait des vers indignes d'un chrétien, tant en croyance qu'en saletés, il envoya à Paris commander au seigneur qui le tenait à sa suite* [Candaule] *qu'il eut à lui donner congé, ce qu'il fit. Le chevalier du guet lui enjoignit de la part de sa Majesté de vider dans les vingt-quatre heures la France, sur peine de la vie ; ce qu'il fit en diligence car le commandement était très-exprès. C'est chose déplorable de voir ces beaux esprits pervertir les sciences qu'ils ont apprises avec tant de labeur, en des actions détestables, au lieu de les employer en l'honneur de Dieu qui les a créés, et au bien et utilité du public et de leur patrie. »*

Les vers athées et sales ? Un sonnet paru quelques semaines auparavant dans le *Cabinet des muses, ou Nouveau Recueil des plus beaux vers de ce temps*, imprimé à Rouen. Le poète raconte, sur le ton d'une légère ironie, qu'*« inspiré d'une divine flamme »* il est entré dans un temple pour s'y repentir de ses fautes. Hélas, il y a rencontré Phillis.

Quand j'aperçus ses yeux
Je m'écriai tout haut : ce sont ici mes Dieux ;
Ce temple, cet autel appartient à ma Dame.

Et il conclut :

Ô mort ! quand tu voudras, je suis prêt à partir,
Car je suis assuré que je mourrai martyr
Pour avoir adoré le plus bel œil du monde.

L'amour humain en lieu et place de l'amour de Dieu, dans l'ouverture d'un sourire.

C'est le sourire qui met en rage les dévots. Les anathèmes et les plaintes baroques d'Agrippa d'Aubigné s'épuisent dans leur propre violence. Ils se situent à l'intérieur d'un combat religieux dont les règles et les enjeux sont connus. Théophile déserte le champ de l'affrontement : il en fait un désert. Il est impie par indifférence, pire qu'ennemi, étranger. Mais c'est un étranger dont on admire la langue et l'esprit. Un empoisonneur.

En éloignant Théophile de Paris et de la cour, Louis XIII a voulu calmer le jeu et donner au poète le temps de se faire oublier. C'est moins un bannissement qu'une protection. Retrouvant ses terres de Clairac et son petit château de Boussères, recevant joyeusement ses amis, n'entretenant *« que Bacchus et la Muse »*, sans oublier quelques dames du voisinage, Théophile écrit quelques-uns de ses plus beaux vers et traduit – très librement – le *Phédon* de Platon. Mais Paris lui manque ; pas tant la cour que les tablées, les rires, les fumets de la gloire, l'excitation intellectuelle, les jeux de l'esprit, le miel des conversations, *« le doux charme des voix humaines »* qui mêlent leurs différences en une seule mélodie.

Il rentre enfin, en avril 1620, sur commandement du roi et de M. de Luynes, affirmera-t-il. Le fait est qu'il joue, quelque temps, au poète officiel. Il accompagne le roi dans sa campagne contre la reine mère, participe à la bataille du Pont-de-Cé qui voit la déroute des troupes de Marie de Médicis, et y fait même – il en rira beaucoup – un prisonnier. On l'envoie en Angleterre où il séduit le duc de Buckingham, on le lit et on le joue devant Louis XIII, douze de ses poèmes – autant que Malherbe – sont choisis dans le *Second Livre des délices de la poésie française ou Nouveau Recueil des plus beaux vers de ce temps*. Le 6 mars 1621, on imprime ses *Œuvres*, avec privilège royal. Pour faire bonne mesure et désarmer ses adversaires, il se convertit au catholicisme. Son parrain n'est autre que le confesseur du roi.

Il paraît hors d'atteinte, il est plus en danger que jamais. On le supportait mal libertin et poète de la jeune noblesse ; on le hait et on redoute son influence sous ses habits nouveaux de poète royal. Il était le vice exposé, il devient le vice caché : une figure du diable…

La chasse aux sorcières et aux sorciers connaît un brutal réveil dans ces premières années du XVIIe siècle. Rien ne vaut quelques bûchers pour éclairer les temps d'incertitudes et de fois chancelantes. Sans compter les surenchères auxquelles se livrent les ordres religieux concurrents pour apparaître comme les plus ardents défenseurs de l'Église menacée. Le Saint-Office a brûlé Giordano

Bruno à Rome en 1600. L'Inquisition sévit toujours en Espagne. Mais la France – malgré la fin officielle des guerres religieuses ou à cause d'elle – n'est pas épargnée. Une vague de répression sans précédent s'abat sur les possédés présumés de Satan. Les ouvrages de démonologie se multiplient et connaissent un succès croissant auprès des juges laïcs convaincus de posséder *« la procédure infaillible »* leur permettant de mener un combat victorieux contre les menées du Malin. Certains juges et procureurs, Nicolas Rémy en Lorraine, Henri Boguet dans le Jura, gagnent leur ciel en traquant sans répit la sorcière. Pierre de Lancre, conseiller au parlement de Bordeaux, terrorise toute la région, jette au feu plusieurs centaines d'accusés et fait, en 1613, un succès de librairie de ses exploits : *Tableau de l'inconstance des mauvais anges*. C'est à qui dénoncera, pour l'avoir livré au démon, son confesseur, son médecin, sa trop belle voisine. Et il se trouve souvent un petit juge pour relayer le commérage et le transformer en supplice.

En 1619, le jeune philosophe italien Jules César Vanini, ancien carme, adepte d'un pur naturalisme inspiré par la seule raison, meurt sur le bûcher par ordre du parlement de Toulouse.

Nul ne sait qui a donné l'ordre d'abattre Théophile. Les exécutants, en revanche, sont connus. François Garassus ou Garasse en tête de liste. C'est un jésuite natif d'Angoulême. Emporté, vindicatif, tenace, brutal. Orateur si bouillant et si brouillon qu'il a fallu l'interdire de chaire. Il écrit, donc, comme il parlait, maniant l'injure et la grossièreté, dénonçant, hurlant au loup, promettant aux flammes.

Garasse, dès 1621, entreprend de réunir contre Théophile un dossier d'accusation. Aidé par un autre jésuite, le père Voisin, ennemi personnel de Théophile qui avait, semble-t-il, autrefois moqué ses mœurs douteuses, Garasse instruit pour son propre compte. Il lit à la loupe chaque vers du poète pour y glaner des impiétés, il enquête auprès de ses connaissances, délègue des espions, recherche les témoignages d'aventures scabreuses ou de déclarations intempestives, fait collection d'ennemis ou d'adversaires capables de dire pis que pendre du poète converti. Il dresse aussi la longue liste des valeureux fils de famille dont la fréquentation de Théophile est en train de ruiner l'âme et la carrière future. Son dossier sous le bras, Garasse commence à s'introduire dans l'entourage des hauts dignitaires de l'Église et de la justice. Il dresse la carte du désastre moral et religieux annoncé. Certains l'écoutent et s'inquiètent.

Ce n'est encore qu'une campagne. Théophile, tout à ses plaisirs et à ses poèmes, protégé désormais par le plus brillant prince-mécène de son temps, Henri de Montmorency, prend les choses à la légère : une piqûre de jésuite. Pourtant, Garasse et ses commanditaires n'attendent qu'une occasion pour allumer la mèche. Ils la trouvent début avril 1623. Paraît alors sur les presses associées de deux libraires, Antoine Sommaville et Antoine Estoc, sans privilège du roi, un petit recueil de poèmes lestes ou paillards intitulé *Le Parnasse des poètes satyriques, recherchés dans les œuvres secrètes des auteurs les plus signalés de notre siècle*. Une compilation hâtive de 385 pièces, certaines déjà publiées dans des recueils du même tonneau, sans que quiconque s'en émeuve, avec privilège royal, et avec succès. La plupart des poèmes sont anonymes ou attribués à des poètes morts – Ronsard, Régnier, Motin, Passerat –, mais le poème d'ouverture du *Parnasse satyrique*, « Philis, tout est f… je meurs de la v… », est nommément attribué : « Sonnet par le sieur Théophile ».

Viau tombe sur l'un des volumes du *Parnasse*, voit son nom, déchire immédiatement le livre et fait assigner les libraires devant le lieutenant civil. Ils sont condamnés à une amende et Théophile autorisé à détruire les exemplaires de l'ouvrage. Mais il est déjà trop tard. Garasse, malgré l'intervention du duc de Montmorency, a réussi à mettre de son côté le redoutable procureur du parlement de Paris, Mathieu Molé, homme de secret et d'intrigues – et garde des Sceaux de Louis XIV, trente ans plus tard. Molé décortique le *Parnasse satyrique* et, sans jamais entendre Théophile, sans tenir le moindre compte de sa plainte pour faux contre les libraires, jugeant que le livre *« contient tant d'impiétés et de blasphèmes qu'il supplie la cour de le dispenser de les dire »*, ordonne l'arrestation de Théophile, ainsi que de trois autres auteurs présumés, lesquels ne seront ni inquiétés ni entendus, pas davantage que les libraires.

Théophile se cache à Chantilly, chez Montmorency. Sur les instances de son ami et disciple en libertinage, Vallée des Barreaux, il écrit à Molé. On lui fait, dit-il, un procès par ouï-dire : *« Il est vrai que les plus piqués à ma perte pourraient effacer leur mauvaise impression par une meilleure connaissance de ma vie ; mais ils fuient à m'examiner, de peur de se repentir du tort qu'ils me font, et la honte de se dédire les obstine à continuer leur indignation.* » Montmorency intervient à son tour. Peine perdue. Le 18 août, le verdict de mort par contumace est prononcé. Le 19, Théophile est exécuté en effigie.

Le 20 est achevé d'imprimer le véritable réquisitoire contre Théophile. Il n'est pas de Molé mais de François Garassus de la Compagnie de Jésus. Il prend la forme d'un livre de plus de 1 000 pages, *La Doctrine curieuse des beaux esprits de ce temps, ou prétendus tels*. Garasse, dans sa fougue vengeresse, livre l'objectif véritable de l'entreprise : à travers la personne et l'œuvre de Théophile, c'est l'esprit même du libertinage qu'il faut condamner à mort et extirper de la société. Les beaux esprits prétendus, la jeunesse insouciante, débauchée et ripailleuse, forment la caste des *jeunes veaux*. Malléable, faible, abrutie par les plaisirs et la licence, elle peut néanmoins encore être sauvée – et l'Église et l'État avec elle – si l'on met un terme rapide à l'apprentissage de l'athéisme qu'elle est en train de connaître.

Il faut restaurer l'ordre moral, l'austérité des mœurs, la police des vers et bien sûr celle des livres. Garasse, dans un étrange retour aux fantasmes médiévaux, dresse la liste des écrivains et des penseurs dont la lecture transforme ceux qui les absorbent en monstres, griffons, demi-âne et demi-dragon, crocodile. Le premier rang contient, outre Épicure, Pomponazzi, Paracelse, Machiavel, Vanini – le supplicié de Toulouse. Ensuite Cardan, Charron, Martial, Théodore de Bèze, les « auteurs impudiques » et Théophile bien sûr. Et rampant au-dessous de tout, *« la peste et la gangrène de la dévotion »* dont il n'est pas possible de lire une page sans offenser Dieu mortellement : Rabelais, le *« très maudit et très pernicieux écrivain, qui suce peu à peu l'esprit de piété, qui dérobe insensiblement l'homme de soi-même, qui anéantit le sentiment de religion, qui a fait plus de dégâts en France par ses bouffonneries que Calvin par ses nouveautés »*. C'est au foisonnement intellectuel, spirituel et poétique du XVIe siècle dans son expression publique qu'il faut mettre fin.

Pour parvenir à ce résultat, Garasse utilise une stratégie de la terreur. Il choisit de frapper Théophile non parce qu'il est le plus dévergondé ou le plus audacieux des libertins, mais parce qu'il est le plus connu et le plus proche de l'élite du pouvoir. Abattre Théophile, c'est frapper d'effroi les *jeunes veaux* de l'aristocratie qui lui font fête et fortune. Et les décourager de prendre sous leur protection les écrivains qui ne se soumettent pas aux normes de la pensée et de l'expression communes.

Cette stratégie brutale et toute militaire ne fait pas l'unanimité dans le camp des ennemis du libertinage. Quelques semaines après l'énorme et furibond pavé de Garasse, un jeune prêtre parisien, François Ogier, membre du cercle catholique humaniste de Nicolas Bourbon, publie un ouvrage intitulé *Jugement et censure de la doctrine curieuse de François Garasse*. Ogier est d'accord avec le jésuite sur la croisade qu'il convient de mener contre *« l'Athéisme qui corrompt, à ce que l'on dit, jusque les plus illustres membres de l'État »*. Sa critique, radicale, novatrice, porte sur la manière dont il faut mener cette guerre nécessaire contre les esprits forts. Avec une remarquable intuition des enjeux politiques de la langue, Ogier reproche à Garasse et à son style odieux de faire le jeu de Théophile. En employant l'injure, la grossièreté, la bouffonnerie, les ornements multiples et variés d'une rhétorique débridée, Garasse n'attente pas seulement à la dignité de sa fonction ecclésiastique, il use d'une langue sale, « rabelaisienne », inventive qui est une manière d'hommage à la littérature qu'il entend pourfendre. Jamais, écrit encore Ogier, les phrases de cabaret de Garasse ne pourront convaincre les gens honnêtes et délicats des sentiments élevés et de la juste cause de celui qui les profère. Ogier jette les bases théoriques de ce qui deviendra le classicisme. Contre l'excès, contre l'anarchie de la diversité, une langue réglée, épurée, modérée, digne et chaste. Une langue morale, reflet de l'idéal chrétien et de l'ordre social auquel il convient de parvenir.

En dépit de ces divergences où se lit l'hésitation de l'époque entre l'ancien et le nouveau, entre la spontanéité passionnée et la loi raisonnée, entre l'invention et la bienséance, Garasse et Ogier vont se réconcilier. Sur le dos de Théophile. Contraint de quitter le refuge de Chantilly, traqué par les espions de Garasse et de Voisin qui le suivent à la trace alors qu'il se prépare à quitter la France, Théophile est arrêté dans la forteresse du Catelet, couvert de chaînes, jeté dans un cachot de Saint-Quentin et, escorté de sept archers commandés par l'huissier Sainte-Beuve, ramené à Paris où il est écroué à la Conciergerie, le 28 septembre 1623, dans la geôle de la tour Montgommery où fut emprisonné Ravaillac avant son supplice.

Commence alors la véritable instruction du procès. Elle sera d'autant plus longue qu'il n'y a rien de solide dans le dossier du procureur et que celui-ci compte sur le zèle de Garasse et sur les interrogatoires du prisonnier pour donner un peu de consistance à ses accusations. Incertain d'obtenir dans un procès régulier la condamnation de Théophile, Molé travaille à le conserver le plus longtemps possible en prison. Arrêté en septembre, l'accusé ne sera interrogé une première fois que le 22 mars de l'année suivante. L'instruction durera deux ans et ne se clôturera que sur l'intervention de parlementaires indignés. Deux ans pendant lesquels l'infortuné poète, privé de tout, reclus dans un cachot humide et sombre, se laissant mourir de faim, fera passer une à une les pages, en vers et en prose, qu'il rédige pour sa défense, à destination du roi et du public, à défaut de ses juges. *« On m'a traité deux ans durant avec des rigueurs capables de consumer des pierres. »* S'il pouvait mourir en prison…

Les minutes de ses interrogatoires ont ceci d'extraordinaire qu'on y voit des procureurs se transformer en critiques littéraires dans le but de pendre un poète. Quand ils n'attribuent pas à Théophile des vers qu'il n'a pas écrits – ils sont de Saint-Amant, de Régnard, de Sorel, voire, pour le plus obscène d'entre eux, de Malherbe –, les instructeurs s'adonnent au jeu des citations tronquées, des métaphores prises à la lettre, des plaisanteries tournées en péchés capitaux. À ce jeu, Théophile ne peut répondre que par la mauvaise foi et les dénégations. Au lieu d'admettre les hésitations de sa conscience – oui, il est déiste, probablement ; pas tout à fait convaincu de l'immortalité de l'âme, persuadé en revanche que l'homme doit suivre sa nature et que les humeurs du corps influent sur les dispositions de l'esprit, et inversement –, il est obligé, sous peine de mort, de prendre le masque du converti exemplaire, du chrétien vertueux et du poète gentiment innocent. Un faux pas vers la vérité serait fatal.

Théophile est beaucoup plus à l'aise lorsqu'il s'agit de réfuter la petite troupe de témoins d'immoralité recrutée par Garasse et Voisin. Il s'agit soit d'ennemis patentés, soit de personnages louches, soit encore d'obligés de ses accusateurs qu'il n'a jamais rencontrés. On cherche même à faire accuser de sodomie – crime capital – cet invétéré coureur de jupons. Autant lui reprocher de boire de l'eau. Manifestement, la vindicte furieuse de Garasse a effrayé les témoins honnêtes qui auraient pu renseigner Molé sur les frasques de Théophile et sur la licence de certains de ses propos d'après-boire.

Pourtant, personne parmi les écrivains ne s'est vraiment levé pour le défendre. Guez de Balzac, le vieil ami, le compagnon de libertinage, prend peur et tourne casaque publiquement. Dans deux lettres adressées à Boisrobert et à Bouthillier, l'évêque d'Aire, publiées fin juin 1624, le délicieux Balzac fait de l'esprit sur le sort qui attend Théophile : *« J'ai peur que sa fin ne soit pas naturelle, s'il ne meurt bientôt de sa quatrième vérole.* [...] *Il a mieux aimé finir par une tragédie que d'attendre une mort qui fût inconnue au monde. »* Bref, Théophile a choisi le bûcher par goût de la publicité.

Dans la course à l'infamie, Vallée des Barreaux n'est pas le dernier. Ce parangon des vertus libertines crève de peur. Dans les papiers saisis lors de l'arrestation de Théophile, on a trouvé une très émouvante pièce de vers que lui adressait le poète : *La Plainte de Théophile à un sien ami durant son absence*. Déjà le poète y reprochait à son plus proche ami de ne rien faire pour le défendre :

Pour le moins fais semblant d'avoir un peu de peine.
Voyant le précipice où le destin me traîne,
Afin qu'un bruit fâcheux ne vienne à me blâmer
D'avoir si mal connu qui je devais aimer.

C'était encore proclamer une amitié que Vallée trouve désormais trop dangereuse. Il publie en octobre 1623, alors que son ancien compagnon vient d'être jeté au cachot, une *Réponse de Tircis à la plainte de Théophile prisonnier, à Paris* qui est une merveille de lâcheté. Il reproche d'abord à Théophile de s'amuser encore aux futilités de la poésie : *« Théophile, je m'étonne qu'au lieu de répondre, et repousser tant d'accusations qui fondent sur toi de tous côtés, tu t'amuses à m'interroger et à m'écrire d'un style poétique. »* Que la langue poétique, pour Théophile, exprime la plus grande profondeur, il n'y pense même pas : *« Ce n'est pas avec un roseau ou une paille qu'on peut étayer une maison prête à choir, ni avec des rythmes frivoles qu'on peut arrêter la perte de ta réputation et de ta vie. »*

Il procède ensuite à la pesée des ingratitudes : *« Tu m'accuses d'un peu d'ingratitude et de paresse envers toi, et on t'accuse d'une ingratitude infinie envers Dieu.* » Le libertin se fait dévot et dénonce d'un bloc la vie et l'art poétique de son ancien maître : *« Tu as donné quelque occasion de croire que tu avais pratiqué cette maxime : "Qu'il faut pour être bien estimé et heureux, mêmement en matière de poésie, suivre une toute autre voie que la piété tellement abandonnée en ce temps qu'on pense que c'est bailler à la torture la poésie française que de l'appliquer à des sujets chastes et vertueux, et que toute sa grâce se perd et se dissipe, si elle n'est mêlée de gaillardises et de folâtreries..." »*

Pour clore son abjuration et s'attirer les bonnes grâces de Molé, Vallée invite Théophile à se laisser brûler : *« Ô qu'il serait beau que tu te servisses d'une si belle occasion pour montrer publiquement ou ton innocence ou ton repentir en acceptant d'un cœur ardent de la divine charité, l'exécution de l'Arrêt de ce saint et vénérable Parlement, afin que cela fût une fidèle épreuve de piété, en épousant et embrassant ces flammes qui ont été si chèrement recherchées par tant de belles et pieuses âmes pour illustrer l'Église et accroître le nombre des glorieux martyrs. »*

Par comparaison, Malherbe fait presque figure de bon apôtre. Il est indifférent. Le 13 décembre 1624, il écrit à Racan : *« Pour Théophile, il ne se dit rien de lui : le pauvre homme est en très mauvais état. On m'avait dit qu'on l'allait juger, mais à cette heure il ne s'en parle plus. Je ne crois pas que la mort ne lui fût plus douce que de vivre comme il fait. »* Malherbe, nous dit Racan, disait que le plus grand crime de Théophile, pour lequel il devait être brûlé, était d'avoir fait tant de mauvais vers.

Personne, parmi les écrivains du temps, ne prend la défense du poète qui se meurt dans sa prison. Sauf un tout jeune homme qui ne l'a jamais rencontré. Il se nomme Georges de Scudéry, il va devenir, avec sa sœur Madeleine, une des gloires du roman précieux. En défendant Théophile et en s'en prenant aux jésuites – *« cette cabale noire »* qui veut imposer en France une tyrannie morale à l'espagnole –, Scudéry proteste, déjà, contre l'ordre unique du classicisme. Tous les autres se taisent, consentants ou effrayés. Les écrivains sont à l'avant-garde du conformisme social, politique et religieux. Ils le pressentent, ils anticipent sa victoire et s'y soumettent avec un sens aigu de l'opportunité. Pour un vrai rebelle, une rare victime, une multitude de glorieux soumis. Les gesticulations romantiques n'y changeront rien, ni les avatars modernes de l'hyper-individualisme et de la tolérance démocratique. Depuis le procès à mort de Théophile, l'activité littéraire, en France, a partie liée, dans la bonne ou la mauvaise conscience, avec l'ordre social. La littérature, comme objet artistique autonome se développant d'après ses propres règles, naît de la soumission préalable de l'écriture aux normes du socialement acceptable. Là où il y avait *des* écrivains, il y a désormais *une* littérature. Comme il y a une langue et un État. Un signe, parmi d'autres : jamais la Révolution ni la République laïque depuis deux siècles n'ont remis en cause la hiérarchie des génies et des talents établie par la politique littéraire de la monarchie.

L'emprisonnement de Théophile coïncide exactement avec la montée en puissance de Richelieu dans l'appareil d'État. En 1622, Armand du Plessis accède au cardinalat ; en 1624, il entre au Conseil du roi et en devient le « principal ministre » ; en 1626, il prend le titre de grand maître, chef et surintendant de la Navigation et du Commerce. Il n'intervient pas dans l'affaire Théophile, trop heureux de laisser le parlement et les jésuites faire la basse besogne et persécuter un pensionné du roi. Coïncidence encore ? Henri de Montmorency, le brillant et fidèle protecteur de Théophile, sera condamné à mort et décapité à Toulouse en 1632 pour avoir défendu les libertés coutumières du Languedoc dont il était le gouverneur, contre le centralisme de Richelieu.

Pressé par le roi, discrédité par la débandade des témoins à charge et par les interventions scandaleuses du père Voisin auprès des juges, Molé doit se résoudre à boucler le dossier. Le 27 août 1625, Théophile comparaît devant le parlement de Paris. Molé tente une dernière manœuvre en produisant, pendant l'interrogatoire du poète, un témoin inédit, un graveur de taille-douce auquel Théophile aurait lu un sonnet impie. Effet manqué : *« Ledit témoin a dit ne connaître l'accusé et ne croit pas que ce soit lui. »* Le 1er septembre, le parlement rend son arrêt : la condamnation à mort est annulée ; Théophile est banni à perpétuité du royaume. Et par ordre du roi, le père Voisin est sommé *« sans délai et sans réplique »* de quitter lui aussi la France.

Les jésuites et leurs partisans à la cour et au parlement sont furieux, *« malades à la mort »*, affirme Garasse. Théophile est soulagé, épuisé, malade. Ses quelques amis se réjouissent, sans pavoiser. Le poète a échappé au bûcher, mais l'offensive contre la liberté de l'esprit a remporté une victoire dont chacun mesure la portée. Toute dissidence est désormais condamnée au silence public. Un poème, anonyme déjà, dresse le bilan de l'affaire :

Enfin puisque la France a perdu son Ovide
Par Arrêt de la Cour,
Amour peut bien le suivre et lui servir de guide
En un autre séjour.
Les Muses peuvent bien lui tenir compagnie
Parmi les Étrangers,
Puisqu'on voit son esprit et sa vertu bannis
Pour avoir fait des vers.
La liberté peut bien se retirer de France
Puisque le Parlement,
Par l'exemple d'un seul, nous fait à tous défense
De parler librement.
Français que serez-vous sans Amour et doctrine,
Et sans la liberté ?
Vous ne serez plus tels de nom ni d'origine
Que vous avez été.

Chez Théophile aussi le ressort est cassé. Il a trente-six ans, il est devenu vieux. S'il règle encore çà et là quelques comptes – une volée de bois vert sur le dos de Guez de Balzac –, il attend tout désormais de la clémence du roi, à commencer qu'on l'autorise, tacitement, à n'être exilé que de Paris. Ce qui est fait : il se retire à Chantilly. C'est un homme malade et brisé ; la gaieté a laissé la place à une sorte de gravité mélancolique, un peu plaintive. En septembre 1626, il se retire à Paris, rue de Braque, dans le petit hôtel du duc de Montmorency. La tuberculose contractée à la Conciergerie s'aggrave. Le 25 septembre, Théophile de Viau meurt. Malgré l'opposition du curé de Saint-Nicolas-des-Champs, il est enterré chrétiennement, *« avec l'assistance de dix-huit prêtres, y compris quatre porteurs ordinaires des corps morts »*.

Dans les semaines qui suivent sa mort, quinze plaquettes et opuscules sont édités. À l'exception d'un seul, ils célèbrent les mérites du banni et attestent de son prestige d'écrivain. Ils expriment aussi une vision brutale des enjeux de la rivalité opposant Théophile à Malherbe. On oppose l'empire de Théophile, *« doux et légitime, puisqu'il était volontaire et que les sujets s'y soumettaient sans aucune contrainte et de bonne volonté »*, à l'autre qui n'est pas même nommé *« dont se donne le titre un certain escroqueur de suffrages, qui se dit seul Empereur des esprits, quoiqu'il n'en ait guère à commandement, si ce n'est quelques vaines ombres, et abjectes esclaves de sa vanité ».*

On transforme un enterrement en manifestation de force. La formule resservira souvent dans notre histoire. Mais ce petit feu d'artifice autour du tombeau de Théophile ne masque pas l'évidence de la défaite. Tout un pan de la création écrite disparaît, pour longtemps, de la scène publique. Théophile lui-même devra attendre le romantisme et un autre Théophile – Gautier – pour retrouver une place parmi les premiers poètes français. Le procès du libertinage n'impose pas seulement une stricte censure religieuse qui permet aux théologiens de surveiller les mots des poètes. Il établit le règne du « bon discours » et de « l'honnête poésie » dont les pouvoirs s'étendent à la morale, à la langue et à la représentation sociale. Le plaisir désormais doit être sérieux.

Le débat quitte la place publique pour se réfugier dans l'intimité des salons. La réalité est expurgée de toute sa grossièreté. On lave les mots ou on les noie afin que rien ne se dise que ne puissent entendre les dames les plus ignorantes. Tout ce qui dépasse, déborde, remue, conteste, rappelle les réalités du corps, les turbulences et les horreurs de la société et la grouillante diversité des désirs glisse dans la clandestinité ou dans les catégories infamantes de la sous-littérature. La naissance de l'écrivain, membre reconnu, honoré et rétribué de l'institution officielle dont il respecte les règles et les interdits, a pour corollaire la multiplication, dans la pénombre, d'une classe misérable – ou protégée par l'anonymat – de poètes fantômes, de romanciers aventureux, de libellistes à gages qui ont pour caractéristique d'être publiquement ignorés et fort lus.

En 1623, quelques semaines avant la condamnation à mort de Théophile, paraissent, sans nom d'auteur, les premiers chapitres d'un roman éclatant de vigueur et de liberté, de réalisme et de fantaisie, l'*Histoire comique de Francion*, dû à l'imagination d'un homme modeste et solitaire, Charles Sorel. On sait peu de chose de lui, si ce n'est qu'il fut secrétaire du comte de Cramail et qu'il eut assez d'argent pour s'acheter une charge d'historiographe du roi. Sorel, qui fait parler dans son roman les Français comme ils parlent et n'hésite pas à juger avec audace, a compris, dès 1626, le changement des temps. Dès la seconde édition de son *Francion*, il se censure, supprime les paillardises, lime les mots, élimine les hardiesses de la pensée, tempère le mélange des genres.

Sorel sera, avec Théophile de Viau, l'écrivain le plus lu du XVIIe siècle.

SOURCES

Théophile de VIAU : *Œuvres complètes*. Édition de Guido Saba. 3 vol. Paris, Champion, 1999.

Charles SOREL : *Histoire comique de Francion*. Dans *Romanciers du XVIIe siècle*. Paris, Gallimard, « Bibliothèque de la Pléiade », 1958.

Jean-Louis GUEZ DE BALZAC : *Lettres (1618-1627)*. Genève, Droz, 1934.

Frédéric LACHÈVRE : *Le Procès de Théophile de Viau*. 2 vol. Paris, 1909-1928. Rééd. Genève, Slatkine, 1968.

Guido SABA : *Théophile de Viau, un poète rebelle*. Paris, PUF, 1999.

Antoine ADAM : *Théophile de Viau et la libre-pensée française vers 1620*. Paris, Droz, 1935. Rééd. Genève, Slatkine, 1965.

Théophile GAUTIER : *Théophile de Viau dans les Grotesques*. Paris, Plein Chant, 1993.

Marc FUMAROLI : *L'Âge de l'éloquence*. Genève, Droz, 1980.

Collectif : *Libertinage et littérature*. Paris, Nizet, 1996.

Le Cardinal, son Académie, son Rebelle puni

1635 ■ Création de l'Académie française

AVANT de raconter l'histoire, racontons un peu l'historien. Paul Pellisson-Fontanier est né à Béziers en 1624 dans une famille protestante. Il étudie le droit à Toulouse, il y fait figure de juriste surdoué : brillant, travailleur, ambitieux. Les promesses d'une grande carrière sombrent en quelques semaines ; le jeune magistrat est atteint par la petite vérole et se trouve affreusement défiguré. Adieu la bonne société, les femmes et le prétoire, sa hideur est malséante. Monté à Paris, il y est accueilli par un de ses coreligionnaires, Vincent Conrart, secrétaire perpétuel de l'Académie française. De ses conversations avec Conrart et avec d'autres membres de la compagnie, Pellisson tire un ouvrage qu'il publie en 1652. L'*Histoire de l'Académie française* est le seul récit que nous ayons des débuts de l'institution puisque les archives académiques portant sur ces années ont été détruites.

Ne quittons pas encore Pellisson, son exemple vaut un petit détour. Les académiciens sont si satisfaits de leur historien de vingt-huit ans qu'ils décident immédiatement d'en faire un des leurs. Et comme l'assemblée est au complet, il est nommé académicien surnuméraire en attendant qu'une place soit vacante. On ne reverra jamais ça. Tout pousse Pellisson à profiter de sa jeune gloire, mais il est affligé d'une tare politique plus dommageable encore que son physique de gargouille, il est fidèle. À sa religion et plus encore à son protecteur, Nicolas Foucquet le magnifique, surintendant des Finances royales et mécène mirobolant. Lorsque le ministre est arrêté en 1661, Pellisson adresse au roi un *Discours* plein d'éloquence pour défendre le prisonnier. Il est jeté à la Bastille. Il y écrit une *Seconde défense* et des *Considérations sommaires sur le procès de M. Foucquet*. Louis XIV lui fait interdire le papier et l'encre. Pellisson utilise les marges des livres et le plomb des fenêtres de sa prison pour écrire. Notamment d'innombrables et tendres lettres à sa muse, Madeleine de Scudéry, aussi laide que lui, dit-on.

Il demeure emprisonné plus de quatre ans. Quand il est bien brisé, le roi le fait sortir de geôle et le comble de faveurs. Il le nomme son historiographe. Pellisson se convertit. Il devient abbé économe de Saint-Germain-des-Prés et de Cluny. Il accumule les bénéfices ; il est nommé administrateur d'une caisse consacrée à la conversion des hérétiques. Il meurt en 1693, assez brusquement pour n'avoir pas à se confesser. Un parcours exemplaire.

L'*Histoire de l'Académie française* a donc été écrite dix-sept ans après la création de l'institution. Elle prend parfois la forme d'un roman rose où les écrivains auraient toujours le beau rôle. D'où, sans doute, son succès à l'Académie. Il était une fois, donc, à partir de 1629, un petit groupe d'hommes de lettres qui avaient pris l'habitude de se rencontrer chaque semaine chez l'un d'eux, Vincent Conrart. C'est un aréopage modeste tout entier voué à l'amour des livres, à la beauté de la langue et à la douceur de la conversation. Pellisson en donne une image idyllique : *« Si quelqu'un avait fait un ouvrage, comme il arrivait souvent, il le communiquait volontiers à tous les autres, qui lui en disaient librement leur avis. »* Un aimable et familier alliage de sagesse intellectuelle et de vertus mondaines : *« un âge d'or »*, écrit Pellisson, pour l'opposer à l'âge de fer qui va suivre.

Outre Conrart, huit amis participent régulièrement à ces conférences. Antoine Godeau, qui deviendra évêque de Grasse et de Vence mais qu'on connaît alors comme *« le nain de Julie »*, en référence à sa taille et à ses liens avec Julie d'Argennes, la fille de la marquise de Rambouillet. Jean Chapelain, le doctrinaire du groupe, le champion vétilleux de la théorie. Il veut des règles partout, tant il se méfie de l'imagination. Il va devenir le régent des lettres classiques jusqu'à ce que la publication de l'œuvre de sa vie en 1656, les douze premiers chants de *La Pucelle*, ne le fasse sombrer dans le ridicule. Jusque-là, fin politique, il est partout ; on le retrouvera. Jean Ogier de Gombauld est « le beau ténébreux » de l'hôtel de Rambouillet, c'est un disciple de Malherbe, bon grammairien et poète froid. Louis Giry, traducteur de Cicéron et de saint

Augustin, transpose avec plus de goût que d'exactitude les classiques latins. Henri-Louis Habert de Montmort s'intéresse moins aux lettres qu'aux sciences et à la philosophie de Gassendi, mais son frère Philippe, abbé de Cerisy, est un habitué de l'hôtel de Rambouillet et un poète qui alterne avec un certain bonheur les paraphrases des Psaumes et les vers galants. Claude Malleville est surtout connu pour avoir écrit les *Mémoires* de son patron, le maréchal de Bassompierre, mais il est introduit dans tous les salons. Jacques de Serisay, enfin, est l'intendant de la maison de La Rochefoucauld, un clan puissant, fort hostile à Richelieu.

Les neuf se réunissent pendant quatre ans dans la plus grande discrétion. Leur influence s'exerce sans apparaître, à travers les différents réseaux de sociabilité auxquels ils appartiennent et dont ils fixent les valeurs, aussi éloignées des sombres rigueurs de la tradition savante que des fastes rituels de la poésie de cour. Richelieu va changer leur destin et bouleverser la lente progression de leur carrière.

C'est Malleville, semble-t-il, qui a vendu la mèche et révélé l'existence du groupe à Nicolas Faret, un fils de cordonnier qui a fait sa fortune en servant les calculs politiques de Richelieu auprès de la maison de Lorraine. Faret a mis dans la confidence Jean Desmarets de Saint-Sorlin qui est le « nègre » de Richelieu pour ses ouvrages de doctrine chrétienne. Et Desmarets n'a pas pu taire la chose à François de Boisrobert, le joyeux conseiller littéraire du Cardinal, ordonnateur de ses plaisirs. Averti par Boisrobert de l'existence du groupe Conrart et de ses multiples entrées dans les lieux où s'élabore le *goût*, Richelieu fait porter au petit cercle une proposition qui ne se refuse pas : sa protection et la création, à partir du groupe, d'une institution placée sous l'égide et le sceau de l'autorité royale, l'Académie française.

Le sens politique de l'annexion de Richelieu n'échappe à personne. Dans une logique autoritaire de centralisation étatique – *« réduire tous les sujets en leur devoir »* –, il s'agit de contrôler l'écriture, de donner à la langue et à la production littéraire des directions et des lois à la fois internes et externes. Cette idée d'un gouvernement, d'une justice et d'une police littéraires s'exprime clairement dans les statuts dictés par Richelieu, lesquels chargent l'Académie de fixer des *règles certaines* tant pour la langue que pour la rhétorique et la poésie. Règles qui sont par ailleurs explicitement soumises aux critères moraux et politiques définis par l'État. L'article 1 des statuts ne laisse aucune ambiguïté sur la liberté qui est donnée aux nouveaux « privilégiés » : *« Personne ne sera reçu dans l'Académie qui ne soit agréable à Mgr le Protecteur, et qui ne soit de bonnes mœurs, de bonne réputation, de bon esprit et propre aux fonctions académiques. »*

Mais pour lier durablement les gens de lettres à l'État, Richelieu n'a pas d'autre moyen juridique que de les regrouper en un *corps* et de leur donner un statut autonome. Le Cardinal assure la naissance sociale de l'écrivain. Dans une société où chacun est défini par la place qu'il occupe dans une hiérarchie sociale extrêmement précise et codée, les écrivains n'existaient pas en tant que tels, mais seulement par le statut que leur donnaient des caractères extérieurs à l'acte d'écrire : leur naissance, leur fortune et les moyens qu'elle leur donnait de paraître, leurs charges administratives, leur appartenance à la clientèle ou à la domesticité d'une grande famille. Richelieu donne à ses académiciens un statut, irrévocable, indépendant même – dès lors qu'on est désigné – de la propre volonté du ministre. Les académiciens sont « immortels ». La création de l'Académie comme institution d'État ne marque pas seulement la naissance sociale de l'écrivain, elle définit aussi une sphère spécifique d'activité sur laquelle l'Académie exerce sa législation : la littérature – même si ce mot n'apparaîtra qu'au XVIIIe siècle dans le sens où nous l'employons aujourd'hui. La naissance de l'Académie française entérine l'existence autonome, à côté de la recherche et de la production érudites et scientifiques, d'un territoire de l'écriture marqué par des préoccupations esthétiques *« reconnues pour telles dans le milieu social où elles circulent »* (Littré).

Voilà donc posé le fameux paradoxe : la littérature naît comme entité propre au moment même où l'écriture se trouve plus dépendante que jamais du pouvoir d'État. Le même geste politique rend l'écrivain autonome et le prive de liberté. La décision de Richelieu dessine, pour longtemps, la figure spécifique, proprement française, autour de laquelle s'articule notre littérature, à l'intersection de la création esthétique, de la régulation de la langue et du protectorat de l'État.

Dans son *Histoire de l'Académie*, Pellisson insiste sur les réticences du groupe Conrart aux « propositions » du Cardinal. C'est une manière de mettre en valeur le goût de la liberté qui anime les gens de lettres. La réalité est plus prosaïque. Aucun des futurs académiciens n'était vraiment « libre ». Ceux qui protestèrent, un peu, le firent en fonction de leurs liens. Serisay parce qu'il est employé du duc de La Rochefoucauld, retiré dans ses terres du Poitou pour marquer son opposition à Richelieu ; Malleville parce qu'il appartient au maréchal de Bassompierre, pour l'heure détenu à la Bastille pour cause de complot en compagnie de Gaston d'Orléans – le frère de Louis XIII – et de la princesse de Conti. Il y avait conflit d'intérêt. Ils se résignèrent néanmoins, comme les autres, à *« subir cet honneur »*.

En janvier 1635, Louis XIII signe les lettres patentes créant l'Académie française, nouveau corps de l'État. Pendant deux ans, le parlement de Paris va faire traîner l'enregistrement de la décision royale, tant il craint de voir ses pouvoirs, déjà amoindris par l'autoritarisme du Cardinal-ministre, rognés par la nouvelle institution ; notamment en matière de police de l'édition. Mais la nouvelle Académie ne l'attend pas pour se réunir. La liste des trente-cinq premiers membres, soigneusement contrôlée par Richelieu, est dressée dès 1634. Hors huit des neuf membres permanents du club Conrart – Henri-Louis Habert, trop souvent absent de Paris, dut attendre l'année suivante pour être élu –, elle est composée d'un discret mélange d'écrivains véritables et d'amateurs éclairés. Dans la première catégorie, François Maynard, François Voiture, Jean-Louis Guez de Balzac, Guillaume Colletet l'ancien « complice » de Théophile devenu un homme du Cardinal, Saint-Amant, Racan, le sieur de Gomberville. Dans la seconde, le chancelier Séguier, des magistrats, deux diplomates, un médecin, deux mathématiciens, un grammairien, Vaugelas, deux pamphlétaires politiques chargés de régler le compte des ennemis du Premier ministre et, bien sûr, les hommes de lettres qui ont facilité l'opération : Faret, Desmarets, Boisrobert – l'œil du Palais-Cardinal.

Hésitant entre l'ancien et le nouveau, la nouvelle compagnie est timide. L'article 45 de ses statuts stipule que *« la compagnie ne doit juger que des ouvrages de ses membres. Si elle se trouve, à titre exceptionnel, obligée d'en faire examiner d'autres, elle donnera seulement ses avis sans faire aucune censure et sans donner aussi d'approbation »*. C'est une manière de jeter un voile sur le pouvoir qu'on lui offre. Richelieu va l'obliger à sortir de cette réserve, si peu accordée à sa volonté politique.

L'occasion lui en est fournie dès janvier 1637 avec le triomphe du *Cid*. La pièce a été créée par la troupe du Marais. Une lettre du comédien Mondory (qui jouait le rôle de Rodrigue) à Guez de Balzac, datée du 18 janvier, donne une idée de l'engouement du public : *« Il est si beau qu'il a donné de l'amour aux dames les plus continentes, dont la passion a même éclaté plusieurs fois au théâtre public.* [...] *La foule a été si grande à nos portes, et notre lieu s'est trouvé si petit, que tous les recoins du théâtre qui servaient les autres fois comme de niches aux pages, ont été des places de faveur pour les cordons bleus. »* Pellisson ajoute : *« Il est malaisé de s'imaginer avec quelle approbation cette pièce fut reçue de la Cour et du public. On ne pouvait se lasser de la voir, on n'entendait autre chose dans les compagnies, chacun en savait quelque partie par cœur, on la faisait apprendre aux enfants et en plusieurs endroits de France il est passé en proverbe de dire : Cela est beau comme* Le Cid. » Dès janvier, le père de Corneille est anobli.

L'acclamation immédiate d'une œuvre de génie est plus énigmatique que son échec. Elle repose sur un dosage alchimique miraculeux. *Le Cid* plaît à la cour et au public. Une société hiérarchisée, séparée, organisée selon des valeurs concurrentes, sinon antagonistes, vit le spectacle – réalité ou illusion – de son unité à travers la représentation qu'en donne une fiction. Et du même coup, comme en reconnaissance, elle érige le théâtre en expression privilégiée de sa culture. Corneille n'a pas inventé la tragédie française, ni la tragi-comédie – il se donnait déjà des dizaines de pièces avant l'événement du *Cid*. Il a fait du théâtre – de la scène et de la salle, du spectacle et des spectateurs – le lieu-miroir où la société « classique » joue passionnément ses contradictions pour mieux les tenir à distance.

Tout le monde trouve son compte dans *Le Cid* en 1637. Les Anciens et les Modernes, la noblesse féodale et les tenants de l'État moderne, les amoureux des belles passions et ceux de la pure raison, les nostalgiques de l'audace et les sectateurs de la vertu, les amateurs d'éloquence et les analystes de la psychologie amoureuse, les vieux soldats et les jeunes femmes. Tous réunis sous des bannières évidemment ambiguës, héroïquement incertaines : la volonté, la grandeur, l'énergie, délicatement ombrées par un voile de soumission à bienséance sociale. Corneille joue sur tous les tableaux, avec une liberté, une grâce, une vigueur et des frémissements qu'il ne retrouvera plus.

Quelques semaines après la première du *Cid*, porté par son triomphe, Pierre Corneille publie un poème, *L'Excuse à Ariste*. C'est une proclamation révolutionnaire, une bourde politique :

Mon travail sans appui monte sur le théâtre :
Chacun en liberté l'y blâme ou l'idolâtre ;
Là, sans que mes amis prêchent leurs sentiments,
J'arrache quelquefois d'autres applaudissements ;
[...] *Je satisfais ensemble et peuple et courtisans,*
Et mes vers en tous lieux sont mes seuls partisans ;
Par la seule beauté ma plume est estimée :
Je ne dois qu'à moi seul toute ma renommée,
Et pense toutefois n'avoir point de rival
À qui je fasse tort en le traitant d'égal.

Les amis de Corneille pensent que le succès lui est monté à la tête ; les jaloux, qu'il faut rabattre son caquet à cet arrogant gonflé de vanité qui s'autoproclame le meilleur écrivain de son temps. Les plus politiques perçoivent la portée de la déclaration rebelle de Corneille et vont s'efforcer d'éteindre le feu.

L'auteur du *Cid* balaie d'un geste tout le système de corps intermédiaires, de protections, de clientèles et de soumission qui organise l'activité littéraire et règle la réputation des écrivains. À la place de ce réseau complexe de servitudes et de privilèges, il installe un face-à-face : l'auteur, créateur à part entière de son œuvre et de sa gloire, et le public, libre de son jugement. L'indépendance de l'écrivain ne se négocie pas ; pas davantage la liberté d'appréciation du public : les deux se garantissent mutuellement. Le « *je ne dois qu'à moi seul toute ma renommée* » libère l'écrivain de toutes les tutelles. C'est la réponse orgueilleuse d'un individu à l'autonomie collective de l'Académie concoctée par Richelieu.

Le Cardinal réagit vite, à sa manière, violente et oblique. Son désir de punir Corneille s'accroît d'une considération personnelle : le jeune avocat de Rouen fait partie de ses fournisseurs en écriture ; le fier auteur du *Cid* qui proclame ne rien devoir qu'à son génie émarge au budget des libéralités du ministre. Selon le vocabulaire de l'époque, il lui appartient.

En janvier 1635, quelques jours après la fondation officielle de l'Académie française, on joue à Paris *La Comédie des Tuileries*.

On la rejouera en mars à l'Arsenal devant Anne d'Autriche, en avril à l'hôtel de Richelieu devant le roi, la reine et Gaston d'Orléans. *La Gazette* de Théophraste Renaudot, créée en 1631 pour diffuser l'information gouvernementale, parle de *« la fameuse comédie des cinq auteurs »*. On ne tarde pas à en savoir plus.

L'obsession de Richelieu d'être sur tous les fronts où se jouent la grandeur de l'État et la gloire du souverain n'a guère de limite. Il doit mettre la main à tout, y compris au divertissement du roi, si nécessaire à la santé de son esprit. Qui mieux que lui pourrait écrire les comédies capables de combattre l'humeur mélancolique du monarque ? Mais il n'a pas assez de temps. Il construit donc l'essentiel – pour l'époque –, le sujet, l'intrigue et le découpage des pièces et confie le reste, les dialogues, la versification, à de bons artisans. Cinq, un par acte, afin de diluer les collaborations, produire vite et demeurer le vrai maître du jeu. Puis il ramasse les copies, corrige, coupe, ajoute et confie le tout à des comédiens et à des décorateurs. En échange de quoi les cinq auteurs, Boisrobert, Colletet, de L'Estoile, Rotrou et Corneille, ont droit à un banc à part lors des représentations et à l'or de l'éminente cassette lorsque Richelieu est satisfait. Pour *La Comédie des Tuileries*, Pellisson affirme que *« l'invention du sujet fut attribuée à M. Chapelain, qui pourtant n'avait fait que le réformer en quelques endroits ; mais le Cardinal le fit prier de lui prêter son nom en cette occasion, ajoutant qu'en récompense il lui prêterait sa bourse en quelque autre »*. La revendication d'indépendance de l'auteur Corneille est aussi pour Richelieu un affront personnel et une incongruité sociale.

Ce sont deux rivaux de l'heureux dramaturge qui sont chargés de porter les premiers assauts ; deux anciens amis du rebelle Théophile de Viau, Jean Mairet et Georges de Scudéry. Les tragi-comédies de Mairet, aujourd'hui injouables autant qu'illisibles, connaissent un certain succès. L'accueil fait au *Cid* et à *L'Excuse à Ariste* met Mairet hors de lui. Dans *L'Auteur du vrai « Cid » espagnol*, il accuse son vaniteux confrère de se prétendre le créateur d'un texte en réalité traduit d'un autre, un écrivain espagnol – qu'il ne connaît d'ailleurs pas :

> *Ne prétends pas voler plus haut que le Parnasse.*
> *Ingrat, rends-moi mon* Cid *jusques au dernier mot,*
> *Après tu connaîtras, Corneille déplumée,*

Que l'esprit le plus vain est souvent le plus sot
Et qu'enfin tu me dois toute ta renommée.

L'accusation de plagiat est reprise par Georges de Scudéry. Lui non plus n'est pas un dramaturge malheureux. Sa tragédie *La Mort de César* vient d'être jouée devant Richelieu, lequel s'est montré si ému par le jeu de la comédienne principale, Jacqueline Pascal, quinze ans, la petite sœur de Blaise, qu'il a pardonné les incartades de son père. En outre, Scudéry, Normand comme Corneille, est l'un de ses amis. Il a d'abord salué l'auteur du *Cid* : *« Le soleil s'est levé, disparaissez, étoiles. »* Puis il semble, comme le dira Corneille, que l'astre lui ait fait mal aux yeux. À la jalousie d'auteur, probable, se mêle un sentiment d'inquiétude. Scudéry est pauvre ; il n'a pas encore trouvé, en 1635, la recette de ces romans précieux qu'il fera écrire à sa sœur et qui leur assureront au milieu du siècle la royauté du Marais. L'indépendance que brandit Corneille lui semble une revendication de riches, capables de vivre de leurs propres ressources.

Les *Observations sur « Le Cid »* paraissent en avril 1637. Elles débutent en fanfare : *« Il est de certaines pièces comme de certains animaux qui sont en la Nature, qui de loin semblent des étoiles, et qui de près ne sont que des vermisseaux. »* Puis elles tournent à la dissertation dont l'auteur annonce le plan : *« Que le sujet ne vaut rien du tout, Qu'il choque les principales règles du Poème Dramatique, Qu'il manque de jugement en sa conduite, Qu'il a beaucoup de méchants vers, Que presque tout ce qu'il a de beautés sont dérobées, Et qu'ainsi l'estime qu'on en fait est injuste. »*

Passons vite sur l'accusation de plagiat. À la différence de Mairet, Scudéry connaît l'espagnol et il a appris, par Corneille, le nom de l'auteur des *Mocedades del Cid*, Guilhem de Castro. Il aligne 72 vers, sur 2000, qu'il accuse Corneille d'avoir traduits – et non inventés. Bon connaisseur de la langue et de la littérature espagnoles, Corneille n'aura aucun mal à montrer comment une traduction peut aussi être une création. Cette partie-là de la querelle fera long feu.

Pour le reste, Richelieu est à la manœuvre. Après tout, il s'agit d'une polémique entre deux de ses gens ; il appartient au maître d'y mettre bon ordre. Dans un premier temps, le Cardinal laisse le ton monter. Corneille répond vertement à son ancien ami, avec toute la morgue et la hauteur dont il est capable : le maître faisant la leçon à l'apprenti. Dans un second temps, le Premier ministre feint d'être agacé par le ton agressif et personnel que prend cette querelle. Il faut mettre fin à ce désordre en imposant un arbitrage. On suggère à Scudéry de demander le jugement de la toute jeune Académie française. Corneille, qui s'en tient au jugement du public, sait qu'il a tout à perdre à une telle procédure. Mais Richelieu insiste, par l'intermédiaire de Boisrobert. L'auteur du *Cid* est contraint de céder, sans illusion. En juin 1637, il écrit : *« Messieurs de l'Académie peuvent faire ce qu'il leur plaira ; puisque vous m'expliquez que Monseigneur serait bien aise d'avoir leur jugement, et que cela doit divertir son Éminence, je n'ai rien à dire. »* Le Cardinal a réussi la première phase de son opération de nationalisation de la littérature : transformer l'Académie en juridiction, intervenant dans un conflit strictement littéraire entre deux auteurs extérieurs à la compagnie.

La seconde phase peut commencer : faire rentrer Corneille dans le rang et châtier ses rêves d'indépendance. C'est l'objet des longues tractations entre l'Académie et Richelieu qui aboutissent à la publication, en décembre 1637, des *Sentiments de l'Académie française sur la tragi-comédie du « Cid »*. Un ouvrage de 192 pages où s'exprime une véritable police de l'écriture.

Le XVIIe siècle classique n'a pas inventé les fameuses règles de la poésie dramatique. Il les emprunte pour l'essentiel à la *Poétique* d'Aristote, et c'est leur ancienneté philosophique qui leur confère une aura de légitimité théorique. Ce qui s'invente, c'est la transformation d'une théorie esthétique en contrainte sociale et morale et en obligation politique. On voit s'opérer ce coup de force dans un passage des *Sentiments* : *« la bonne et solide doctrine fondée sur l'autorité d'Aristote ou pour mieux dire sur celle de la raison »*. Ne pas suivre Aristote n'est pas une erreur artistique, c'est un péché contre la raison, c'est-à-dire contre sa représentation la plus étroitement sociale : le bon sens. Chapelain, le principal rédacteur des *Sentiments*, opère explicitement cette réduction dans une lettre à Balzac : *« Le bon sens n'est pas meilleur juge de la comédie que les règles puisque le bon sens est "le père des règles". »*

Le Cid est donc condamné pour outrage au bon sens. Son histoire est invraisemblable ; et Corneille a beau protester qu'elle est vraie, cela ne change rien à la faute de l'auteur ; au contraire :

« Le Poète doit préférer la vraisemblance à la vérité, il doit plutôt travailler sur une chose toute feinte pourvu qu'elle soit conforme à la raison, ou s'il est obligé de prendre une matière historique de cette nature pour la porter sur le théâtre, il doit la réduire aux termes de la bienséance même aux dépens de la vérité. » Tout dévoué à la dictature de la théorie, Chapelain montre le fond du sac.

Le personnage de Chimène est particulièrement condamné. Scudéry l'avait déjà traitée de catin. Pour employer un langage plus académique, Chapelain et ses confrères n'en déplorent pas moins l'invention de ce personnage évidemment invraisemblable : une fille qui continue à aimer le meurtrier de son père ! *Les Sentiments* refont le scénario de la pièce ; ils indiquent comment devait agir Chimène, comment devait finir la pièce, par la victoire, bien sûr, de l'honneur sur l'amour et de la figure du Père sur celle de l'Amant. *« La beauté qu'eût produit dans l'ouvrage une si belle victoire eût été d'autant plus grande qu'elle eût été plus raisonnable. »* Si encore l'infidèle à la famille avait été le héros masculin… *« Rodrigue était un homme et son sexe qui est comme en possession de fermer les yeux à toutes considérations pour se satisfaire en matière d'amour eût rendu son action moins étrange et moins insupportable. »*

Les conclusions de l'examen académique ne rompent pas avec cette logique politique. Sous couvert de discussion esthétique, elles sont un rappel à l'ordre moral. Contrainte d'expliquer à la fois que *Le Cid* est une mauvaise pièce et que tous les publics lui ont fait un triomphe, l'Académie s'en sort par un argument qui fera plus long feu encore que les fameuses règles : Corneille a manipulé les sentiments les plus troubles des spectateurs. Il faut citer un peu longuement ce modèle de dépréciation morale du public : *« Les passions violentes bien exprimées, font souvent à ceux qui les voient une partie de l'affect qu'elles font en ceux qui les ressentent véritablement. Elles ôtent à tous la liberté de l'esprit, et font que les uns se plaisent à voir représenter les fautes que d'autres se plaisent à commettre. Ce sont ces puissants mouvements qui ont tiré des spectateurs du* Cid *cette grande approbation, et qui doivent aussi la faire excuser. L'auteur s'est facilement rendu maître de leur âme, après y avoir excité le trouble et l'émotion ; leur esprit flatté par quelques endroits agréables est devenu aisément flatteur de tout le reste. S'ils eussent été moins ingénieux, ils eussent été moins sensibles ; ils eussent vu les défauts que nous voyons en cette Pièce.* [...] *Toutefois ce qui l'excuse ne le justifie pas.* »

Voilà donc le public excusé et récusé. Il croyait avoir aimé *Le Cid*, l'Académie lui démontre qu'il a été trompé par un habile séducteur. Magnanimement, on ne l'oblige pas à se dédire publiquement de son approbation ; l'Académie *« ne demande pas qu'ils prononcent en public contre eux-mêmes. Il lui suffit qu'ils se condamnent en particulier, et qu'ils se rendent en secret à leur propre raison. Cette même raison leur dira ce que nous disons, si tôt qu'elle pourra reprendre sa première liberté : et secouant le joug qu'elle s'était laissé mettre par surprise, elle éprouvera qu'il n'y a que les fausses et imparfaites beautés qui soient proprement de courtes tyrannies »*. L'Académie délivre la raison du public de la tyrannie de Corneille.

Encore ce texte est-il le résultat d'un laborieux compromis entre les académiciens et leur protecteur. À plusieurs reprises, il a fallu changer la composition du groupe de travail chargé de rédiger les observations : Richelieu le trouvait toujours trop indulgent envers Corneille, trop timoré dans sa législation. Finalement, on a confié la rédaction de toutes les parties jugées importantes – celles traitant du « fond », de la matière – au seul Chapelain, connu pour sa rigidité théorique, sa souplesse politique et son hostilité à Corneille. Nous avons la copie de son rapport. Nous avons aussi, écrites dans la marge, les corrections du Cardinal, rédigées de sa main ou dictées à son médecin-secrétaire, Citois. Elles vont toutes dans le même sens : alourdir la barque de Corneille et légitimer l'autorité législatrice de l'Académie. Chapelain s'incline.

Il se déroule encore d'ultimes tractations entre le dernier état du manuscrit et la remise à l'imprimeur. Disparaît en particulier un paragraphe où les rédacteurs laissaient par trop apparaître l'un des buts politiques de l'opération. Scudéry, disait le texte initial, est *« d'autant moins blâmable qu'il n'était pas hors de propos que la vanité à laquelle le poète s'est laissé emporter fût un peu mortifiée et qu'ayant usé si peu modestement de sa bonne fortune il se rencontrât quelqu'un assez intéressé à son humiliation pour ne lui pardonner pas de s'être élevé si fort au-dessus des autres »*.

Il n'y a pas besoin de cette précision ; tout le monde a compris. D'autant que Corneille se voit privé du droit de répondre aux *Sen-*

timents des académiciens : Son Éminence a décidé qu'on devait se taire après que son Académie eut parlé. L'humiliation en effet est complète, et l'on imagine l'amertume du poète. Au cours des premiers mois de son « procès », il s'est montré confiant, croyant encore à la neutralité de ses juges et aux bénéfices de sa renommée. Mais, au fur et à mesure qu'il comprend la volonté cachée de le briser, son inquiétude grandit. En décembre, il écrit à Boisrobert – en le suppliant de ne pas montrer sa lettre au Cardinal : *« Je me résous, puisque vous le voulez, à me laisser condamner par votre illustre Académie.* [...] *Mais je vous supplie de considérer qu'elle procède contre moi avec tant de violence, et qu'elle emploie une autorité si souveraine pour me fermer la bouche, que ceux qui sauront son procédé auront sujet d'estimer que je ne serais point coupable si l'on m'avait permis de me montrer innocent. »*

Il y a encore de l'orgueil affiché dans son attitude. Après la publication des *Sentiments*, il n'y a plus que de la douleur – cachée – et de la résignation – proclamée : *« Il ne me faut point d'interprète pour entendre cela,* écrit-il encore à Boisrobert ; *je suis un peu plus de ce monde qu'Héliodore, qui aima mieux perdre son évêché que son livre, et j'aime mieux les bonnes grâces de mon maître que toutes les réputations de la terre. Je me tairai donc, non point par mépris, mais par respect. »* L'incident est clos, Richelieu va faire verser une coquette pension au serviteur rentré dans l'obéissance. Récompensé de ses mérites diplomatiques, Jean Chapelain s'installe, pour trente ans, dans le fauteuil de régent des lettres françaises, édifiant une fortune considérable. Il est vrai qu'il est bientôt chargé de dresser la liste et le montant des pensions littéraires et qu'il ne s'oublie pas dans la distribution, notant en face de son nom : *« Le plus grand poète français qui ait jamais existé, et du plus solide jugement. »*

Corneille, écœuré, se tait, pendant près de trois ans. En 1639, il donne à lire *Horace*... à Chapelain. Celui-ci rend compte de cette lecture-censure dans une lettre à Balzac : *« Les Poètes sont bizarres et ne prennent point les choses comme il faut jamais.* [...] *Je lui dis qu'il fallait changer son cinquième acte des Horaces, et lui dis par le menu comment ; à quoi il avait résisté depuis toujours, quoique tout le monde lui criât que sa fin était brutale et froide et qu'il devait en passer par mon avis. Enfin de lui-même il vint me dire qu'il se rendait et qu'il le changerait, et que ce qu'il ne l'avait pas fait était pour ce qu'en matière d'avis, il craignait toujours qu'on les lui donnât par envie et pour détruire ce qu'il avait bien fait. Vous rirez sans doute de ce mauvais compliment, pour le moins si vous êtes comme moi, qui me contente de connaître les sottises sans m'en émouvoir ni fâcher.* »

Corneille a appris les signes extérieurs de la soumission. *Horace* est dédié à *Monseigneur le Cardinal Duc de Richelieu*. La dédicace est dépourvue d'ironie. Elle fait implicitement référence, pour l'effacer, à l'orgueilleuse revendication d'indépendance de « L'excuse à Ariste » : « *Quelque juste défiance que j'aie de mon travail, je dois avoir encore plus de confiance en votre bonté. C'est d'elle que je tiens tout ce que je suis.* [...] *Ce changement visible que l'on remarque en mes Ouvrages depuis que j'ai l'honneur d'être à Votre Éminence qu'est-ce autre chose qu'un effet des grandes Idées qu'elle m'inspire quand elle daigne souffrir que je lui rende mes devoirs.* [...] *C'est là que lisant sur* [votre] *visage ce qui lui plaît et ce qui ne lui plaît pas, nous nous instruisons avec certitude de ce qui est bon et de ce qui est mauvais.* » Les doctes pourront bien désormais s'escrimer à provoquer une querelle d'*Horace* sur le modèle de celle du *Cid*, Corneille est hors d'atteinte, désormais protégé par sa soumission.

En quatre vers, à la mort de Richelieu, il résumera parfaitement le sens personnel et historique de son aventure :

Qu'on parle bien ou mal du fameux Cardinal,
Ma prose ni mes vers n'en diront jamais rien :
Il m'a fait trop de bien pour en dire du mal,
Il m'a fait trop de mal pour en dire du bien.

SOURCES

Paul PELLISSON-FONTANIER et d'OLIVET : *Histoire de l'Académie française*. Paris, Didier, 1858. Rééd. Genève, Slatkine, 1989.

Pierre CORNEILLE : *Œuvres complètes*. Édition de Georges Couton. Paris, Gallimard, « Bibliothèque de la Pléiade », 1980-1988.

Vincent CONRART : *Mémoires*. Paris, 1826. Rééd. Genève, Slatkine, 1971.

Jean-Louis GUEZ DE BALZAC : *Œuvres diverses*. Édition de Roger Zuber. Paris, Champion, 1995.

Jean CHAPELAIN : *Opuscules critiques*. Édition d'Alfred Hunter. Paris, Droz, 1936.

Marc FUMAROLI : « La Coupole ». Dans *Les Lieux de mémoire*. Paris, Gallimard, 1986.

Christian JOUHAUD : *Les Pouvoirs de la littérature*. Paris, Gallimard, 2000.

— *La Main de Richelieu ou le Pouvoir cardinal*. Paris, Gallimard, 1991.

Alain VIALA : *Naissance de l'écrivain. Sociologie de la littérature à l'âge classique*. Paris, Éd. de Minuit, 1985.

Louis BATIFFOL : *Richelieu et Corneille. La légende de la persécution de l'auteur du « Cid »*. Paris, Calmann-Lévy, 1936.

Georges COLLAS : *Un poète protecteur des lettres au XVIIe siècle : Jean Chapelain (1595-1674)*. Paris, 1911. Rééd. Genève, Slatkine, 1970.

Les Sentiments de l'Académie française sur la tragi-comédie du « Cid ». Édition de Georges Collas. Paris, 1912. Rééd. Genève, Slatkine, 1968.

Hélène MERLIN : *Public et littérature en France au XVIIe siècle*. Paris, Les Belles Lettres, 1994.

Georges COUTON : *Richelieu et le théâtre*. Lyon, PUL, 1986.

Pascal, Cyrano et les mensonges de la langue

1656 ■ *Les Provinciales* et *L'Autre Monde*

LE DUC de Larocheguyon-Liancourt appartient à une antique et grande famille. Il est pair de France. Par le jeu complexe des fidélités claniques, il appartient également à l'aristocratie hostile à Mazarin et à la reine mère. La Fronde est achevée, après cinq années de guerre civile et d'émeutes qui ont, une fois encore, fait vaciller le royaume. L'archevêque de Paris, Paul de Gondi, cardinal de Retz, prince de l'intrigue, s'est évadé vers l'Espagne et négocie son retour : sa mitre parisienne contre une riche abbaye ; le jeune Louis XIV a été couronné ; les troupes de Turenne l'emportent sur les armées espagnoles du Grand Condé. Mazarin triomphe, mais le parti de ses ennemis n'a pas renoncé. Le pouvoir contraint les corps, les esprits résistent.

La Fronde, après les guerres de religion, a déplacé les lignes. Des alliances inédites se sont nouées, autour de l'État absolu et centralisé ou contre lui. On voit des gens de haute noblesse frayer avec des robins et même avec des marchands. Larocheguyon-Liancourt est fort lié à la famille Arnauld.

De toute récente noblesse, les Arnauld forment une tribu serrée de gentilshommes militaires, de juristes, de hauts fonctionnaires et, plus récemment, d'ecclésiastiques. Des Auvergnats entreprenants, courageux et rugueux, mais instruits et dévots. Antoine Arnauld, le chef de la dynastie, était l'avocat-conseil des grandes familles de Paris. De son mariage avec Catherine Marion, fille d'un avocat général, il avait eu vingt-deux enfants, dont dix vivent encore en 1656. Parmi eux, Catherine Arnauld, l'aînée, née en 1590, malheureuse épouse du maître des requêtes Isaac Lemaistre qui lui donna néanmoins deux fils, Antoine Lemaistre et Isaac-Louis, dit de Sacy, qui furent parmi les premiers « Messieurs » de Port-Royal et les grands traducteurs du jansénisme. Son mari écarté, Catherine fit vœu de chasteté entre les mains de François de Sales et s'enferma à Port-Royal. Frère de Catherine, Robert Arnauld d'Andilly, conseiller du roi en matière de finances publiques, est un habitué de l'hôtel de Rambouillet, bien en cour, fort pieux et fort galant. Mme de Sévigné écrit qu'*« il avait plus envie de sauver une âme qui était dans un beau corps qu'une autre »*. De deux ans plus jeune, Angélique Arnauld, née en 1591, est devenue abbesse de l'abbaye de Port-Royal à douze ans, un cadeau d'Henri IV à la famille. Elle y a rétabli la clôture des nonnes, imposé des règles austères et pris comme directeur de conscience le confesseur de sa mère, l'abbé de Saint-Cyran, un théologien, ancien élève des jésuites de Louvain passé à l'augustinisme pur et dur – ce qui lui a valu cinq ans de prison à Vincennes. Henri Arnauld est évêque d'Angers depuis 1649 ; il fait partie de ces prélats originaux qui s'obstinent à résider dans leur diocèse plutôt qu'à la cour ou dans leur hôtel parisien. Antoine enfin, le dernier de la famille, de treize ans plus jeune que mère Angélique, est celui qu'on nommera « le Grand Arnauld ». Docteur de théologie en Sorbonne, « converti » – au sens janséniste – par Saint-Cyran, il a pris, à la mort de ce dernier, en 1643, la direction intellectuelle et spirituelle du mouvement augustinien. Ajoutons encore une autre sœur, Agnès, devenue mère Agnès à Port-Royal, et une cousine, Angélique Arnauld d'Andilly, dont son père disait à Mme de Sévigné : *« Comptez que tous mes frères et tous mes enfants et moi, nous sommes des sots en comparaison d'Angélique. »* Entrée à Port-Royal à six ans, elle prit la direction de l'abbaye à la mort de sa tante et y résista jusqu'à la destruction.

Depuis des années, depuis les démêlés de l'abbé de Saint-Cyran avec Richelieu, ceux que leurs adversaires nomment les « jansénistes » sont en conflit, ouvert ou feutré, selon les circonstances, avec, tout ensemble : l'orthodoxie romaine, les jésuites, la Sorbonne et les cardinaux-ministres. Tout en protestant de leur humble obéissance. Les motifs théologiques de la querelle sont infiniment plus obscurs que les enjeux moraux et politiques. L'un et l'autre camp se réclamant des Pères de l'Église, de Thomas d'Aquin et d'Augustin, il faut être au moins docteur ès choses divines pour se retrouver dans les labyrinthes de l'exégèse sur la prédestination gratuite, la grâce efficace et la grâce suffisante. À lire les thèses et les contre-thèses qui s'affrontent, en latin le plus souvent et pas du meilleur, on a l'impression d'un immense flot de messages cryptés dont le code n'est jamais donné. Il est impossible que des écrits aussi ennuyeux et obscurs aient pu soulever autant de passions.

La lecture morale et politique est en revanche assez simple. D'un côté l'État, tout entier acharné à faire ployer la société sous l'autorité unique de sa Raison. Rien ne doit échapper à sa souveraineté, ni personne. Pas même la religion et la morale dès lors qu'elles franchissent les limites de la conscience privée et du for intérieur. Le *Bien public* commande tout. La stratégie des jésuites est de lier leur influence à la puissance de l'État : à celui-ci les corps, à la Compagnie les âmes, même si le strict partage oblige parfois à des découpages osés. Les jésuites sont passés maîtres dans cet art acrobatique de l'accommodement. Mais la vision politico-religieuse qui les inspire est largement partagée. Hobbes n'écrit pas autre chose, ni même Spinoza : *« Aucune conduite ne peut se prétendre inspirée par la piété, si elle comporte des suites préjudiciables à la collectivité politique. Aucune action, si contraire soit-elle en elle-même à la charité envers le prochain, qui ne devienne un geste d'inspiration sacrée, si elle est favorable à la conservation de l'État. »*

Une telle soumission à la raison d'État révolte le sentiment des catholiques les plus intransigeants. C'est la fin de la *Cité de Dieu*, telle que l'avait rêvée Augustin. Ce n'est plus la vérité divine ou la conscience morale ou la charité qui sont aux sources de la loi, mais la seule puissance publique. Le combat janséniste naît de la douleur de cette dépossession. Cartésiens pourtant, Arnauld et ses amis n'acceptent pas de se faire une raison.

Passons sur les longs et fastidieux préliminaires de l'affrontement. Il suffit de savoir que, les polémiques théologiques n'échappant pas à la règle des rapports de force, Antoine Arnauld et ses amis perdent régulièrement leurs engagements en Sorbonne. Leur protecteur, le cardinal de Retz, en fuite, le moment semble venu pour leurs adversaires de les soumettre. Larocheguyon-Liancourt possède une fort belle demeure sur le territoire de la paroisse Saint-Sulpice. Son confesseur habituel, l'abbé Picoté, ne s'est jamais préoccupé des opinions jansénistes de son pénitent. Brusquement, le 1er février 1655, il lui enjoint de rompre avec les gens de Port-Royal. Le duc se cabre, le sulpicien lui refuse l'absolution, soutenu par le curé de la paroisse, Jean-Jacques Ollier, l'un des plus ardents soldats du renouveau catholique.

L'affaire fait du bruit. Arnauld décide d'en profiter pour gagner devant l'opinion publique les procès qu'il perd devant ses confrères de la Sorbonne. Le combat pour la Vérité change de nature. C'était une affaire de spécialistes, utilisant des codes professionnels parfaitement maîtrisés par des siècles de scolastique. Avec un lexique, des modes rhétoriques, des systèmes de référence, des articulations logiques qui faisaient une langue à part entière, le sabir confortable du savoir de Dieu. Et voilà que cette langue vous manque, que ses concepts deviennent obscurs ou ambigus, que les mêmes phrases désignent des réalités contraires, que la force de la vérité cède devant la raison du plus fort. Tout se brouille, la vérité s'échappe du lieu même de sa souveraineté. En appeler à l'opinion est déjà l'aveu d'un désarroi et d'une défaite.

Arnauld publie sa *Lettre d'un docteur en Sorbonne à une personne de condition*. Le père Annat, jésuite et – la position politique est de poids – confesseur du roi, lui répond en taxant d'hérésie les propositions jansénistes. Seconde lettre d'Arnauld, 250 pages in-quarto d'indignation, d'exégèse subtile et de raisonnements précis et savants qui ne font pas le poids face à la vigoureuse, violente et efficace rhétorique mondaine de ses adversaires. La Sorbonne se saisit de la *Lettre* sous le prétexte de rendre son arbitrage, alors que sa condamnation d'Arnauld ne fait aucun doute. Le théologien, craignant une lettre de cachet, se réfugie aux Granges de Port-Royal. Il ne se résigne pas au silence, mais il prévoit le bâillon.

C'est en désespoir de cause qu'il fait appel à Blaise Pascal. Le jeune savant réside alors aux Granges de Port-Royal où se trouvent quelques « solitaires », des hommes de la mouvance janséniste qui ont trouvé à proximité du couvent un lieu de prière et de méditation. Il y a là, outre le Grand Arnauld, Antoine Lemaistre, Arnauld d'Andilly, Baudry de Saint-Gilles, Claude Lancelot le précepteur d'un groupe d'enfants – parmi lesquels le petit Jean Racine. On cherche une plume pour défendre Arnauld. Pascal se propose de rendre service à ses amis. On hésite. En sa faveur plaide sa relative célébrité. Ancien enfant surdoué des mathématiques et de la physique, inventeur de la machine arithmétique, théoricien du vide, contre Descartes, il connaît le monde, ses usages, sa langue. Autre atout, il n'est pas écrivain et ne souhaite pas le devenir ; c'est le gage de sa parfaite transparence, il ne déformera pas le message par des considérations étrangères à la mission qui lui est confiée. La même chose pour sa méconnaissance des problèmes théologiques : elle garantit que Pascal sera à la juste hauteur du public auquel il s'adresse. Il lui suffira de *traduire* dans la langue de l'opinion les arguments et les documents qui lui seront fournis par les théologiens jansénistes, Antoine Arnauld et Pierre Nicole en particulier. Pour plus de sécurité théologique, les docteurs reliront et corrigeront les écrits de leur porte-plume, lequel, après tout, n'est qu'un sympathisant du « parti », un compagnon de route.

Le plus urgent, le plus facile aussi, est de défendre Arnauld contre ses ennemis et contre la condamnation de la Sorbonne. Pascal rédige les cinq premières *Lettres écrites à un provincial par un de ses amis* en quelques jours. Elles sont anonymes ; plus tard, elles paraîtront sous le nom de « Louis de Montalte ». Blaise Pascal est un homme à pseudonymes. Ce n'est pas tant par prudence : si la troisième *Provinciale* est signée *E. A. A. B. P. A. F. D. E. P.* (Et Ancien Ami Blaise Pascal, Auvergnat, Fils D'Étienne Pascal), il s'agit moins d'égarer la police de Mazarin que de faire un clin d'œil aux amis dans la confidence. Pas tant non plus pour se complaire dans les miroirs narcissiques de l'écrivain et de son double. Au contraire : qu'il signe ici Louis de Montalte, ailleurs par d'autres anagrammes : Amos Dettonville pour le *Traité de la roulette*, Salomon de Tultie pour l'*Apologie de la religion chrétienne*, Pascal ne cherche à se dédoubler que pour mieux disparaître. Ce n'est pas lui, Pascal, qui écrit ; pas lui qui dit « Je » dans *Les Provinciales*. Montalte est l'auteur ; Pascal, l'homme Pascal, est ailleurs. Il n'est pas écrivain, pas plus qu'il n'est mathématicien : *« La géométrie est le plus beau métier du monde, mais enfin ce n'est qu'un métier. »* Il a plus urgent et plus important à faire : son salut.

Montalte, lui, peut se lancer avec toute sa passion militante dans les plaisirs acides et mondains de la polémique. Il y réussit merveilleusement. La première *Lettre à un provincial* paraît le 27 janvier 1656. Elle connaît un succès immédiat qui va s'enfler encore dans les semaines qui suivent. On réimprime à la hâte ; on fixe les nouveaux tirages à 6 000 exemplaires. *Les Provinciales* obligent l'organisation clandestine du jansénisme à donner toute sa mesure.

Ce petit groupe de catholiques exaltés révèle l'efficacité de son organisation et l'étendue de son réseau de sympathies. Dès le lendemain de la parution de la première lettre, le chancelier Séguier, furieux, a lancé ses argousins à la chasse aux imprimeurs et aux vendeurs. Perquisitions, emprisonnements, rafles, rien n'y fait. Les brochures triomphent dans les salons puis gagnent la province où certaines sont réimprimées dans des ateliers discrets et distribuées sous le manteau. Les mots rendent malade : Séguier est si bouleversé par la charge de ses ennemis jansénistes qu'il *« en a été,* nous dit le chroniqueur, *saigné sept fois depuis cinq ou six jours ».*

L'accueil est si favorable que les pieux commanditaires de Pascal décident de passer de la défensive à l'offensive. Les premières lettres défendent un persécuté, les suivantes, à partir de la cinquième, le 24 mars, attaquent de front les jésuites. On abandonne le terrain de la pure théologie pour aborder un domaine plus familier à l'opinion, la morale. La violente ironie pascalienne va pouvoir y décocher ses flèches les plus meurtrières. Au nom de la charité chrétienne.

Le 24 mars, c'est aussi le jour où se produit un événement qui bouleverse Pascal. Écoutons la déposition qu'en fait, le jeudi huitième jour de juin 1656, *« Blaise Pascal, écuyer, demeurant en cette ville de Paris au cloître Saint-Médéric, âgé de trente-deux ans ou environ ».* Il déclare qu'en 1653, alors qu'il rendait visite aux Perrier – sa sœur Gilberte et son beau-frère – à Clermont en Auvergne, il arriva à sa nièce Marguerite, alors âgée de sept ans, un mal qui *« consistait pour lors en quelques gouttes d'eau qui lui tombaient par le coin dudit œil gauche proche du nez, qui en peu de temps devinrent plus fréquentes et plus épaisses, et qui enfin se convertirent en boue* [en pus] ». La fistule lacrymale s'aggrave encore : *« La boue sortait non seulement par l'œil, mais encore par le nez et dans la gorge. »* Les médecins décident de tenter d'opérer la malheureuse par le feu, c'est-à-dire de brûler les parties infectées. Sans garantir la guérison. Gilberte Perrier, en attendant la date où l'intervention pourra être pratiquée, *« mit ladite malade en pension dans le monastère de Port-Royal, sis au faubourg Saint-Jacques à Paris, où ladite damoiselle Perrier a sa sœur religieuse appelée sœur Jacqueline Pascal, dite de Sainte-Euphémie ».* Florin Perrier, le beau-frère de Blaise, hésite à livrer sa gamine aux chirurgiens : *« Il lui fit répondre que ce remède du feu était si violent et si peu certain qu'il ne pouvait se résoudre à l'éprouver quand sadite fille devrait être incommodée et porter ladite fistule toute sa vie.* » Mais le mal empire : *« Outre la puanteur et les autres accidents ordinaires, elle avait encore perdu l'odorat ; il s'était formé une enflure au coin de l'œil de la grosseur d'une noisette avec dureté, qui quand on la pressait, sortait par l'œil et par le nez* [...] *et aussi par la bouche.* » Pascal ayant demandé à sa nièce *« si elle ne sentait pas cette humeur qui lui tombait dans la gorge, elle dit qu'elle sentait bien qu'elle avalait quelque chose, mais qu'elle croyait que ce fut du sang »*.

En février, la malade ne dort presque plus. Il a fallu l'isoler tant la puanteur qu'elle dégage incommode ses voisines ; sa fièvre et sa langueur l'obligent à rompre le carême.

À partir de là, Blaise Pascal ne témoigne plus. Il n'est pas présent lorsque se produit le miracle. C'est sa sœur si tendrement aimée, Jacqueline, entrée à Port-Royal de Paris quatre ans auparavant, qui prend le relais. Le 28 mars, elle écrit à sa sœur Gilberte. Elle lui annonce d'abord une grande joie : la fille aînée de Gilberte, Jacqueline Perrier, onze ans, *« doit être confirmée et faire sa première communion à ce jour. Elle me l'a dit ce matin en se recommandant à mes prières avec tant de sentiment qu'elle en pleurait. Voilà une bonne nouvelle »*. Elle n'en vient qu'ensuite à la sœur cadette de la première communiante : *« Mais j'en ai encore une autre qui n'est pas en effet meilleure, mais elle est plus étonnante : Marguerite est miraculeusement guérie.* » Admirable sœur, deux fois sœur, annonçant à une mère, comme en post-scriptum, que les souffrances de sa fillette se sont envolées ! On est comme ça chez les Pascal : l'âme devant et le corps loin derrière. Et même un miracle ne vient pas perturber la hiérarchie des urgences et des valeurs. Tout juste consent-on à *s'étonner*.

« Vendredi 24 mars 1656, M. de la Poterie, l'ecclésiastique, envoya céans un fort beau reliquaire où est enchâssé dans un petit soleil de vermeil doré un éclat d'une épine de la Sainte Couronne. [...] *On la mit sur un petit autel dans le chœur avec beaucoup de respect, et toutes les sœurs l'allèrent baiser à genoux.* [...] *Après quoi les enfants y allèrent l'une après l'autre. Ma sœur Flavie leur maîtresse voyant approcher Margot, lui fit signe d'y faire toucher son œil, et elle-même prit la sainte relique et l'y appliqua, sans réflexion néanmoins. Sur le soir, ma sœur Flavie, qui ne pensait plus à ce qu'elle avait fait, entendit Margot dire à une de ses*

petites sœurs : "Mon œil est guéri, il ne me fait plus mal." » Frère Blaise prend le relais : « *Ayant vu ladite malade le mercredi depuis sa guérison, il la trouva parfaitement guérie, tant de la puanteur, de la tumeur, de la boue de l'œil, du nez et de la bouche, de la perte de l'odorat, de la peine à dormir, de la maigreur, du mauvais teint, de la faiblesse, et enfin entièrement saine et plus qu'il ne l'avait vue de sa vie.* »

L'enquête du vicaire général au nom de l'éminentissime cardinal de Retz, archevêque de Paris, en fuite, est menée rapidement et complètement. Elle aboutit, le 22 octobre 1656, à une sentence de « *guérison surnaturelle et miraculeuse* » survenue à Port-Royal et portée à la connaissance de tous les chrétiens.

Pour les jansénistes, ce miracle est plus qu'une bénédiction : un signe irréfutable de la grâce divine ; et la preuve qu'ils mènent le bon combat. Au moment où le pouvoir politique augmente sa pression, disperse les élèves des Petites Écoles de Port-Royal-des-Champs et fait dénoncer l'imposture des ultra-augustiniens, le miracle de la Sainte-Épine arrive à point pour frapper l'opinion. Dieu vient au secours des combattants de la vérité. Ils vont se servir de cette épine comme d'une épée.

Pas Blaise Pascal. Si le miracle intervenant au sein de sa propre famille le bouleverse, il ne participe pas à la liesse générale. Jacqueline Pascal met cela sur le compte de sa « *paresse* ». En réalité, il se retire du monde un peu plus encore, selon les principes de cette effrayante économie qui veut que l'amour de Dieu croisse en proportion avec la haine des hommes – et donc avec la haine de soi. Avant *Les Provinciales*, en décembre 1655, sa chère sœur Jacqueline lui reprochait déjà, avec humour, sa propension à se négliger et à vivre dans la saleté : « *On m'a congratulée pour la grande ferveur qui vous élève si fort au-dessus de toutes les manières communes que vous mettez les balais au rang des meubles superflus... Il est nécessaire que vous soyez, au moins durant quelques mois, aussi propre que vous êtes sale, afin qu'on voie que vous réussissez aussi bien dans l'humble diligence et vigilance sur la personne qui vous sert que dans l'humble négligence de ce qui vous touche ; et après cela, il vous sera glorieux et édifiant aux autres de vous voir dans l'ordure.* » La pauvreté soit, affirment les rigoureux moralistes de Port-Royal, mais l'abandon de soi est encore un spectacle que donnent l'ostentation et la vanité.

Ces arguments ne touchent plus Pascal ; aucun argument ne le touche plus : il sert la cause de Dieu ; tout le reste est concupiscence et divertissement. Jamais la distance entre Pascal et Montalte n'a paru aussi grande. Pascal cherche éperdument l'immuable, le permanent, l'absolu comme le reflet de la parfaite création divine. Il trouve, en lui-même y compris, l'éphémère, le mélangé, l'historique, l'opinion, l'imagination : les figures du mal, du mensonge et du désir. Il en tire une conclusion radicale : *« Il ne faut aimer que Dieu et ne haïr que soi. La haine de soi est la vraie et la seule vertu. »* Montalte se bat comme un beau diable, ridiculise ses adversaires, se pare des ornements de la vérité, utilise les armes de la raison et du sentiment. Il cherche le succès, taille ses phrases dans le diamant, séduit l'opinion, exerce la puissance de son esprit et la force de son raisonnement.

L'hagiographie de Pascal par Port-Royal a voulu accréditer l'image d'une vie coupée en deux par la « conversion ». Avant, le libertin épris de gloire, rivalisant de savoir et d'imagination scientifiques avec les plus grands esprits de l'époque, Fermat, Roberval, Descartes, fréquentant les palais, jaloux de l'amour des siens jusqu'à la tyrannie. Après, le saint, détaché des plaisirs du corps et de l'esprit, éloigné des vanités mondaines, tout entier voué à Dieu et à la vérité et refusant même la tendresse de ses proches comme une douceur imméritée et dangereuse.

La coupure n'est pas si nette. Les deux Pascal coexistent, même si le second essaie de détruire jusqu'aux traces du premier. Le combat est terrible, douloureux jusqu'à l'épuisement, au bord de la folie. Les *Pensées* sont les éclats éblouissants de cette guerre. Que Pascal ait ou non voulu faire un livre de cette pluie volcanique de fragments, on en discutera encore vainement pendant des siècles. Livre ou non, il n'est pas fait parce qu'il ne pouvait pas se faire. L'apologie de la religion est portée par une exigence d'absolue perfection que l'imperfection de l'homme Pascal condamne à chaque ligne. L'écriture même travestit la vérité, sauf si elle se fait charité, blancheur absolue, transparence, lumière, vertige, silence.

Les *Pensées* militent contre la littérature, comme les jansénistes militent contre le théâtre. Les seconds s'en prennent au mensonge et à la nocivité de l'illusion dramatique, Pascal s'en prend au langage lui-même, dès *Les Provinciales*. Paradoxe : séduire l'opinion, la mettre de son côté en dénonçant la perverse séduction de la langue. *« Conduire agréablement à la connaissance de la vérité »* en montrant que la langue est le vecteur privilégié de l'erreur et du mensonge, même lorsque ceux qui l'utilisent cherchent honnêtement la vérité.

Pascal entreprend sa démolition dès la première lettre. Faux naïf pénétrant dans le domaine réservé des théologiens avec des mines effarouchées, il se rend vite compte que leurs grandes querelles ne sont que de la poudre aux yeux, *« seulement une question de mots », « un agréable badinage »*. Des riens coupés en quatre : *« La différence qui est entre nous est si subtile,* concède un théologien, *qu'à peine pouvons-nous la marquer nous-mêmes. »* Montalte gagne à lui le public en dégonflant le langage inutilement compliqué des savants. Position mondaine s'il en est : Molière ne fera pas autre chose. Pascal le savant n'hésite pas à s'en prendre, au nom du bon sens, au jargon spécialisé. Mais il ne s'arrête pas là où l'« honnêteté » voudrait qu'il s'arrêtât, à la critique plaisante du charabia des doctes. L'obscurité et l'ambiguïté des concepts, dit-il, les jeux subtils de la rhétorique scolastique ne sont pas de simples maladies professionnelles : il s'agit d'une entreprise délibérée de manipulation du langage dont le but est littéralement diabolique : faire passer le vrai pour le faux et le faux pour le vrai.

Les premières *Provinciales* entretiennent encore la fiction fort mondaine d'un dialogue, d'une conversation entre personnes de bonne foi. Mais il apparaît vite que toute conversation est un leurre, un spectacle social destiné à entretenir l'illusion d'un échange entre des parties égales. Sous l'imposture de la discussion raisonnante se dissimule le vrai visage de la réalité : la violence. La langue, dit Pascal, n'offre jamais qu'un simulacre de réalité : *« Il y a le son qui n'est que du vent, et la chose qu'il signifie, qui est réelle et effective. »* Entre les deux, aucun lien légitime et stable. Le divorce du signifiant et du signifié offre à l'arbitraire un gouffre vertigineux.

Il s'agit évidemment pour les gens de Port-Royal de déconsidérer la casuistique des jésuites, lesquels, disent-ils, transforment les lois des Évangiles et de l'Église au gré des caprices et des intérêts de leur clientèle. Mais Pascal, ici comme ailleurs, déborde ses amis jansénistes et pousse les choses à l'extrême. Certes, dans la polémique qu'il mène contre les ennemis de l'augustinisme, il utilise pour la bonne cause toutes les ressources de la rigueur intellectuelle, de la sincérité, du respect de la vérité – mais aussi du talent littéraire, de l'art de plaire, de blesser, de vaincre. Lui aussi manipule la langue, utilise sa violence symbolique pour ridiculiser et terrasser ses adversaires. Et il ne s'en prive pas. Mais la pureté et la justesse de ses intentions ne peuvent pas, en toute rigueur augustinienne, justifier l'impureté et la perversité de son acte d'écriture : *« On croit combattre pour la gloire de Dieu, alors qu'on n'aspire en réalité qu'à sa propre gloire. »* Pascal n'épargne pas Montalte. On croit se battre pour la vérité, alors que celle-ci, comme Dieu, demeure cachée à l'indigne humanité.

Il y a, dans *Les Provinciales*, ce petit joyau de l'efficacité littéraire, un paradoxe que Pascal ne dénoue pas et qui trouve son expression ailleurs : dans le discours fragmenté, elliptique et incandescent des *Pensées*. Un écrivain combat, il se fait le champion de Dieu, mais il s'affirme aussi corrompu que ses adversaires ; davantage même, puisqu'il a davantage de talent. Il ne sait donc jamais de façon certaine si son combat est le bon, surtout s'il gagne. En revanche, l'humanité est si mauvaise qu'y connaître la défaite, la souffrance et l'injustice est un signe de la grâce. À l'inverse, le succès polémique des *Provinciales* écarte Pascal de la seule jouissance qui ne soit pas concupiscence : l'amour de Dieu. On comprend pourquoi Chateaubriand parlait de *« l'effrayant génie »* de Pascal.

Extrémiste de l'ordre, Pascal l'est, de la même façon, avec la même noire violence, de la langue qui l'exprime. Œuvre de propagande, conçue en fonction d'un public précis qu'il s'agit de séduire, *Les Provinciales* offrent une image presque parfaite de l'ordre « classique » du discours. L'opinion, celle de la cour et des salons, y est comme chez elle. Elle y retrouve, portés jusqu'à l'excellence, les marques et les codes qui régentent sa propre conception des usages de la langue : une esthétique inséparable d'une morale sociale. La pureté, l'élégance, la structure rationnelle, l'usage modéré des comparaisons et des images, la finesse, la clarté, l'énergie. Les gens de Port-Royal passaient volontiers pour des sauvages. La langue des *Provinciales* renverse l'opinion commune ; grâce à elle et à son admirable illustration des normes mondaines, ce sont les jésuites et les autres casuistes qui apparaissent comme les falsificateurs de la langue vraie : empoisonneurs de concepts, brouilleurs de sens, tordeurs de logique, mystificateurs de la grammaire.

Mais Pascal ne se tient que le temps des *Provinciales*, le temps de la séduction de l'opinion, à cet optimisme raisonnable. Déjà, le plaisir de la langue lui est suspect, comme toute forme de plaisir. Il y voit une incitation à sortir du chemin, nécessairement abrupt, de la vérité, une tentation dictée par le désir tout-puissant : *« Ceux qui font des antithèses en forçant les mots sont comme ceux qui font de fausses fenêtres pour la symétrie. Leur règle n'est pas de parler juste, mais de faire des figures justes. »* Pascal ne va pas tourner le dos à l'ordre linguistique nouveau, il ne va pas revenir en arrière pour retrouver le désordre de Montaigne – admiré et haï tout à la fois. Il va au contraire pousser plus loin encore les exigences d'ordre, de rigueur, de concision, de pureté et de justesse de la langue des littérateurs jusqu'à en extirper tout ce qui pourrait la faire aimer. Sans doute caresse-t-il le rêve d'une mathématisation de la langue qui la débarrasserait de sa puissance affective : *« Les langues sont des chiffres, où non les lettres sont changées en lettres, mais les mots en mots. De sorte qu'une langue inconnue est déchiffrable. »* Mais ce serait encore fabriquer une illusion : faire croire que la raison abstraite peut rendre le monde intelligible : *« Écrire contre tous ceux qui approfondissent trop les sciences. Descartes. »*

Poussée jusqu'à sa radicale extrémité, coupée de l'ordre social qui l'engendre et la reflète, la langue vacille. La clarté devient éblouissement, la pureté énigme ; la raison se retourne contre elle-même, la logique se change en poésie. À la séduction du cercle et du lieu succède celle, non moins puissante, de l'ellipse et de l'errance.

Le paradoxe politique redouble et reproduit le paradoxe linguistique et littéraire. Avec ses amis de Port-Royal, Pascal considère que le pouvoir absolu est absolument mauvais. Arbitraire, injuste, il ne repose que sur la violence et le droit du plus fort. Mais loin de le révolter, cette injustice secrètement l'enchante. Les jansénistes se battent contre Mazarin, contre les jésuites, contre les décisions de Rome tout en prônant la soumission absolue au pouvoir de l'État et à celui de l'Église. Pascal ne se contente pas de cette obéissance passive aux décrets divins, dans la droite ligne de la pensée augustinienne. Il va jusqu'au bout, jusqu'à l'absurde, jusqu'au renversement logique : cet État absolu, parce qu'il est mauvais, détestable, sans justification, sans profit pour l'homme, il est bon de lui obéir avec la plus parfaite docilité.

En juillet 1665, les religieuses de Port-Royal-des-Champs sont privées de sacrement. Port-Royal de Paris tombe sous l'influence des jésuites. En 1708, une bulle de Clément XI décrète la suppression de Port-Royal. Les religieuses sont dispersées, le couvent rasé, les sépultures ouvertes et les corps répartis dans différents cimetières de la région.

Voilà la réponse noire, brûlante, tragique à l'emprise de l'État sur les vies et sur les mots. Une douloureuse fuite hors du monde et de la littérature, ponctuée d'éclairs admirables et de vertiges. Une écriture qui se retourne contre elle-même, la tentation de l'aphasie, dans la seule attente de la grâce divine. La scène de la perdition et le coup de théâtre du miracle.

L'autre réponse, moins audible encore, est aussi moins éloignée de la première qu'il pourrait apparaître. Alors que Pascal écrit en 1657 ses dernières *Provinciales*, est publiée *L'Histoire comique contenant les États et Empires de la Lune*. Il s'agit d'une version remaniée et expurgée de *L'Autre Monde*. L'éditeur de ce petit livre se nomme Henri Lebret. En préface à l'ouvrage, il fournit quelques indications biographiques sur l'auteur, Cyrano de Bergerac. Les fidèles d'Edmond Rostand n'y trouveront pas leur compte. Né en 1619, Savinien de Cyrano est le fils d'un riche avocat parisien. Bergerac est le nom d'un petit fief près de Chevreuse acquis par héritage et revendu dès 1636 par Cyrano père. À défaut de terres, Savinien adoptera le nom pour augmenter, tout au long de sa vie, la combinatoire de ses signatures imaginaires, Hercule de Bergerac, Alexandre de Cyrano, de Bergerac Cyrano ou, dans *Les États et Empires du Soleil*, Dyrcona. Un livre, une signature, comme Pascal.

Les études au Quartier latin, les tavernes, le jeu, les bagarres, l'armée, les duels. En 1640 – il a vingt et un ans –, il reçoit un coup d'épée dans la gorge au siège d'Arras et abandonne la carrière militaire. Il rentre à Paris, suit les cours de Gassendi, le grand rival épicurien de Descartes, et se lie avec un groupe d'écrivains qui passent, encore, pour « libertins » : Tristan l'Hermite, d'Assoucy, Scarron, Chapelle, Bernier. Des hommes au langage libre et à l'esprit curieux, prompts à se moquer d'eux-mêmes et des autres, férus de science et amateurs de farces, cultivant à la fois la bonne humeur, le scepticisme et l'irrespect des valeurs dominantes, y compris des valeurs littéraires, ce dernier point leur valant quelques succès de curiosité dans le beau monde où le conformisme se pare volontiers d'une pointe d'incongruité.

Tout naturellement, quand vient la Fronde, Cyrano et ses amis suivent Retz contre Mazarin. Cyrano publie, en 1649, un *Ministre d'État flambé*. Deux ans plus tard, néanmoins, il rompt avec ses camarades, prend la défense du Cardinal dans sa *Lettre contre les Frondeurs*, fait l'éloge de la monarchie absolue et se trouve un protecteur, le duc d'Arpajon. Cherche-t-il à rentrer dans le rang et à suivre les chemins balisés de la réussite littéraire ? Il est plus probable qu'il cherche à donner le change et à se protéger d'un masque. Des fragments de *L'Autre Monde* circulent dans les salons, on en murmure certaines audaces. Le grand mot est lâché : athéisme, le pire des crimes, celui qui commande tous les autres. Pour protéger son livre, Cyrano sacrifie aux apparences.

Pourtant, lorsqu'il meurt, « en bon chrétien », en 1655 – une poutre lui est tombée sur la tête –, on peut croire que ses grimaces n'ont servi à rien. Son ami Henri Lebret, qui publie son *Autre Monde*, se croit obligé de le faire en censurant sauvagement l'ouvrage. Il en reste un roman farfelu où les héros se baladent sur la Lune, du burlesque, du comique, de l'excentrique : voilà Cyrano de Bergerac étiqueté, rangé sur le rayon des curiosités littéraires. Edmond Rostand fera le reste. Le triomphe de *Cyrano de Bergerac*, en 1897, efface l'écrivain Savinien de Cyrano. La publication, treize ans plus tard, à Dresde, du manuscrit intégral de *L'Autre Monde* n'y pourra rien. À Pascal les vertiges de l'absolu, à Cyrano les plaisantes imaginations de l'après-boire.

On n'osera pas écrire que leurs pensées sont proches, moins encore leur écriture ; mais ils partagent – le libertin et l'ennemi du libertinage – les mêmes sentiments d'égarement. Et d'abord, une même et radicale méfiance de la langue et de ses codes. Cela se traduit chez Cyrano par le désordre, le burlesque, l'emphase, l'outrance, la bouffonnerie, la violence, comme pour faire exploser la trop belle, la trop parfaite machine à produire des discours conformes. *L'Autre Monde* parle de tout, de l'organisation politique, de la guerre, de la famille, du sexe, de la mort, de l'argent, de la langue bien sûr, mais en déboîtant systématiquement l'union sacrée du signifiant et du signifié, proposant un autre usage, une autre économie de la langue : sur la Lune de Cyrano, vers et rimes servent de monnaie, une ripaille de huit jours se paie d'un sonnet et le sort des États ne se règle pas par des batailles entre des armées mais par des combats scientifiques qui opposent des armées de savants et d'hommes d'esprit. La fiction et l'utopie sont les réponses les mieux appropriées à la faillite générale des codes. Elles font voir l'envers du décor et le vide de la scène.

À chacun la forme de son mensonge, à chacun sa pantomime. Le langage perd ses dernières prétentions à la vérité en s'avouant comme expression de classe. Chez les grands, il est un bruit que produit la bouche, *« une différence de tons non articulés, à peu près semblable à notre musique, quand on n'a pas ajouté les paroles.* [...] *De sorte que quelquefois ils se rencontreront jusqu'à quinze ou vingt de compagnie, qui agiteront un point de théologie, ou les difficultés d'un procès, par un concert le plus harmonieux dont on puisse chatouiller l'oreille ».* Chez le peuple, le langage en usage *« s'exécute par les trémoussements des membres.* [...] *L'agitation par exemple d'un doigt, d'une main, d'une oreille, d'une lèvre, d'un bras, d'une joue, feront chacun en particulier une oraison ou une période avec tous ces membres. D'autres ne servent qu'à désigner des mots, comme un pli sur le front, les divers frissonnements des muscles, les renversements des mains, les battements de pied, les contorsions de bras ; de façon* [...] *qu'ils ne semblent pas d'un homme qui parle mais d'un corps qui tremble ».*

Le ciel lui-même n'est qu'une illusion, une utopie : un jeu de langage. La Lune sur laquelle voyage le héros de Cyrano *n'est qu'*un autre monde, *« un monde comme celui-ci à qui le nôtre sert de lune ».* Tout aussi arbitraire, tout aussi accidentel, tout aussi désarticulé par les contradictions, les impostures des sens, la tyrannie des conventions.

Condamner l'homme, comme le fait Pascal ? C'est encore trop pour Cyrano : *« Je vous prie de suspendre sa condamnation, puisqu'il est malaisé de juger d'une ombre. » « C'est un rien visible, un caméléon spirituel, une nuit que la nuit fait mourir, un procès des yeux et de la raison, une privation de clarté que la clarté met au jour. »*

Que reste-t-il au *« caméléon spirituel »* ? À se gorger de métaphores, puisque la réalité échappe à ses discours. *« Si les coups de bâton s'envoyaient par écrit, vous liriez ma lettre des épaules »,* écrit Cyrano à Montreur.

Et encore : *« Je veux vivre longtemps afin d'avoir longtemps à pouvoir mourir. »*

SOURCES

Blaise PASCAL : *Œuvres complètes*. Édition de Michel Le Guern. 2 vol. Paris, Gallimard, « Bibliothèque de la Pléiade », 1998-2000.

— *Les Provinciales*. Édition de Cognet et Ferreyrolles. Paris, Garnier-Bordas, 1992.

Antoine ARNAUD et Pierre NICOLE : *La Logique ou l'Art de penser*. Paris, Gallimard, 1992.

Savinien de CYRANO DE BERGERAC : *L'Autre Monde et œuvres diverses*. Édition de Frédéric Lachèvre. 2 vol. Paris, Garnier, 1933.

Albert BÉGUIN : *Pascal par lui-même*. Paris, Éd. du Seuil, 1953.

Gérard FERREYROLLES : *Blaise Pascal, « Les Provinciales »*. Paris, PUF, 1984.

Lucien GOLDMANN : *Le Dieu caché*. Paris, Gallimard, 1955.

Louis MARIN : *La Critique du discours*. Paris, Éd. de Minuit, 1975.

SAINTE-BEUVE : *Port-Royal*. Édition de Maxime Leroy. 3 vol. Paris, Gallimard, « Bibliothèque de la Pléiade », 1952-1955.

Louis COGNET : *Le Jansénisme*. Paris, PUF, 1961.

Maurice BLANCHOT : « Cyrano ». Dans *Tableau de la littérature française, de Rutebeuf à Descartes*. Paris, Gallimard, 1962.

Madeleine ALCOVER : *La Pensée philosophique de Cyrano de Bergerac*. Paris, Minard, 1970.

Jacques PRÉVÔT : *Cyrano de Bergerac romancier*. Paris, Belin, 1977.

La Fontaine : n'être rien pour être libre

1661 ■ Arrestation de Nicolas Foucquet

DIX-SEPT août, 6 heures du soir ; après une journée de canicule, on craint l'orage. Il ne viendra pas d'où il est attendu. Dans les jardins du château de Vaux, toute la cour est là, et les parlementaires, la haute magistrature, la Banque, l'Église. En tout plus de 1 000 personnes conviées à la fête offerte au roi par le plus resplendissant de ses sujets, le surintendant Nicolas Foucquet.

Depuis deux ans, 18 000 ouvriers travaillent à la réalisation de la merveille. Louis Le Vau, le virtuose de la mise en scène architecturale, a dessiné les plans du palais et dirigé les constructions. André Le Nôtre a tracé les jardins, planté les arbres, imaginé les perspectives, inventé les jeux d'eau : des centaines de jets, de fontaines, de bassins, de cascades tirés de la rivière d'Anqueil, arrosant des grottes, baignant le marbre des statues. Les intérieurs ont été confiés au peintre Charles Le Brun que les émissaires de Foucquet ont ramené de Rome où il travaillait avec Poussin. Le Brun a orné les plafonds des salles et des salons de peintures allégoriques. Il a aussi dirigé l'aménagement intérieur. Par caravanes presque ininterrompues ont convergé vers Vaux des meubles somptueux, des tapisseries, des tableaux, des laques, des cristaux, des étains, des porcelaines, de la vaisselle d'or, des soieries, des brocarts achetés aux meilleurs ateliers européens ou importés de plus loin encore. Entre deux tableaux, Le Brun a encore eu le temps de brosser les décors de la comédie-ballet que fait répéter à la hâte depuis deux semaines le nouvel auteur à la mode, Molière.

À 6 heures arrivent le jeune roi Louis XIV, la reine mère Anne d'Autriche et la famille royale. Seule la reine, enceinte, a renoncé à quitter Fontainebleau. Du haut des marches de Vaux, M. Foucquet accueille son souverain puis lui fait les honneurs de sa demeure et de ses jardins. On chemine de merveille en merveille. Le roi parvient mal à cacher sa stupéfaction, ni Foucquet son plaisir. Dans le grand salon, le surintendant sert à manger au souverain. Cuisine de rêve préparée sur les ordres de Vatel, le maître d'hôtel de Foucquet, servie dans l'or et dans l'argent au son des violons. Le roi est souriant ; il le sera plus encore lorsque Molière, sa troupe, ses musiciens, un essaim de danseuses et les magiques machineries de Torelli donneront *Les Fâcheux*. Louis XIV adore la danse. Après le théâtre, les concerts dans la douce nuit du parc illuminé, puis, la dernière note jouée sous les arbres, les derniers coups de rames donnés par des gondoliers vêtus de soie blanche sur les eaux du Grand Canal, éclatent les premières fusées du feu d'artifice. Vaux s'embrase, des milliers de gerbes remplissent le ciel avant de retomber dans les eaux. La féerie continue jusqu'à 2 heures du matin, loteries, cadeaux, sucreries et violons. Le roi se lève enfin, remercie Foucquet. Le surintendant lui a réservé une dernière surprise : il lui offre le château de Vaux. Louis XIV n'accepte ni ne refuse. Au milieu d'un concert de trompettes et des grondements d'un nouveau feu d'artifice, il monte dans son carrosse où l'attend sa mère. Le cortège des mousquetaires s'ébranle. Louis XIV peut enfin laisser éclater sa rage. Il hurle : *« J'aurais dû faire arrêter Foucquet sur l'heure. »* Puis : *« Il faudra faire rendre gorge à tous ces gens-là. »*

Cinq jours après la fête, le 22 août, Jean de La Fontaine écrit à son vieil ami Maucroix. Il ne pressent pas le drame. Sa lettre, mélange de vers et de prose, commence par l'éloge de son patron, M. le Surintendant : *« On dirait que la Renommée n'est faite que pour lui seul, tant il donne d'affaires tout à la fois. Bien en prend à cette déesse de ce qu'elle est née avec cent bouches ; encore n'en a-t-elle pas la moitié de ce qu'il faudrait pour célébrer dignement un si grand héros, et je crois que quand elle en aurait mille, il trouverait de quoi les occuper toutes. »*

Petit coup de trompette obligé d'un homme de lettres à son mécène ? Sans doute ; mais La Fontaine n'a pas besoin de forcer sa reconnaissance : il admire Foucquet, il l'aime. Depuis trois ans qu'il fait partie des artistes subventionnés par le surintendant, il a pu apprécier la générosité de Foucquet, son art princier du mécénat, son goût, sa tolérance, sa culture. Foucquet recrute et encourage les meilleurs – poètes, architectes, peintres, sculpteurs, musiciens, relieurs, calligraphes, imprimeurs – comme un amateur s'entoure d'artistes et non comme un maître s'entoure de domestiques et de courtisans. Ce qui permet à La Fontaine de mettre au point une charmante fiction. Ce n'est pas lui, le poète, qui reçoit une pension de M. le Surintendant, c'est Foucquet à qui La Fontaine verse chaque trimestre une « pension poétique » pour le soin qu'il prend à faire valoir ses vers :

> *Pour acquitter celle-ci chaque année,*
> *Il me faudra quatre termes égaux.*
> *À la Saint-Jean je promets madrigaux,*
> *Courts et troussés et de taille mignonne :*
> *Longue lecture en été n'est pas bonne.*
> [...] *Pâques, jour saint veut autre poésie :*
> *J'enverrai lors, si Dieu me prête vie,*
> *Pour achever toute la pension,*
> *Quelque sonnet plein de dévotion.*
> *Ce terme-là pourrait être le pire :*
> *On me voit peu sur tels sujets écrire ;*
> *Mais tout au moins je serai diligent,*
> *Et si j'y manque, envoyez un sergent,*
> *Faites saisir sans aucune remise,*
> *Stances, rondeaux, et vers de toute guise :*
> *Ce sont nos biens...*

La Fontaine n'est pas le seul à chanter les louanges du surintendant. Tout le Paris des arts et des lettres voit en lui l'ami des Muses, libéral, généreux, amoureux de la beauté, autour duquel se prépare une nouvelle Renaissance française. Pellisson, le bras droit de Foucquet, académicien, juriste, entrepreneur, sert de trait d'union entre le ministre d'État et les milieux littéraires. Madeleine de Scudéry, l'amie de Pellisson, peint les charmes de Vaux dans les quelques pages encore lisibles de son énorme roman à succès, *Clélie* ; Mme de Sévigné, Bussy-Rabutin son cousin, Saint-Évremond le libertin, La Rochefoucauld le moraliste quasi janséniste sont de nobles amis de Foucquet, comme le sont également les hôtesses des grands salons littéraires, la marquise de Sablé, la comtesse du Plessis-Bellière. Mais Corneille que Foucquet a sorti d'un demi-oubli, Scarron, Molière à qui il vient d'offrir le plus beau des théâtres cèdent aussi à la séduction du flamboyant ministre. Après les dures années passées sous la férule de Richelieu, après les troubles de la Fronde et la dévorante avarice de Mazarin et de sa famille de vautours, Vaux est comme le symbole d'un nouveau temps : celui où un jeune roi de vingt-trois ans – *« ce jeune astre aussi beau que le jour »*, écrit La Fontaine – prend ses leçons d'art de vivre auprès du plus magnifique des mentors.

Le récit de la fête de Vaux que La Fontaine fait à Maucroix – *« Jamais Vaux ne sera plus beau qu'il ne fut cette soirée-là »* – est comme un récit de noces : celles du pouvoir et de la beauté, celles, dit Fumaroli, de l'Olympe et du Parnasse.

Tout combattit à Vaux pour le plaisir du roi :
La musique, les eaux, les lustres, les étoiles.

La féerie de Vaux, cet enchantement offert au roi par un ministre-magicien, est la préfiguration d'un autre miracle ou d'une autre illusion : la libre concorde du pouvoir et de la littérature.

L'illusion n'aura duré que quelques jours. Le 6 septembre, La Fontaine expédie une autre lettre à Maucroix : *« Je ne puis rien dire de ce que tu m'as écrit sur mes affaires, mon cher ami ; elles ne me touchent pas tant que le malheur qui vient d'arriver au surintendant. Il est arrêté, et le roi est violent contre lui, au point qu'il dit avoir entre les mains des pièces qui le feront pendre. Ah ! s'il le fait, il sera autrement cruel que ses ennemis, d'autant qu'il n'a pas, comme eux, intérêt d'être injuste. »*

Avec un extraordinaire luxe de précautions dans lequel on reconnaît la griffe méticuleuse de Colbert, l'adjoint de Foucquet, le surintendant a été fait prisonnier à Nantes alors qu'il venait de se rendre à une convocation du roi. Quelques minutes avant que d'Artagnan, le lieutenant de la première compagnie des mousquetaires du roi, ne l'arrête, Foucquet peut encore croire qu'il va être nommé Premier ministre. La fourberie de Louis XIV est ce qui frappe le plus. Depuis qu'il est arrivé à Nantes, il a fait prendre régulièrement des nouvelles de son surintendant malade. Il l'a reçu longuement ; ils ont discuté ; Foucquet a présenté un projet de réforme des finances publiques. Il s'agit de mettre fin au système qui a permis à Mazarin – conseillé par Foucquet – de vider les caisses de l'État pour emplir ses propres coffres. Louis XIV a approuvé. À la porte du cabinet royal, d'Artagnan et sa troupe attendaient le surintendant. Pour se débarrasser de son ministre, le roi tout-puissant a dû monter une véritable conspiration. Dans une lettre à sa mère, il indique que sa décision était prise depuis quatre mois. Depuis le jour où Mazarin avait rendu son âme corrompue. La prise du pouvoir par Louis XIV est celle de la dissimulation, des manœuvres tortueuses, de la haine froide, inexpiable. Une faim de vengeance sauvage, un feu sous la glace de la courtoisie aristocratique. La grandeur sera une invention plus tardive, incapable, en ce qui concerne Foucquet, d'aller jusqu'au pardon.

Le roi complote contre l'un de ses sujets. Il veut sa mort. Il ne faut pas laisser à Foucquet le moindre espace qui lui permette de se défendre. On le soumet à un isolement complet. Pas de famille, pas d'amis, pas d'avocat, des prisons qui changent sans cesse comme si l'on craignait un coup de force pour le délivrer. Belle-Isle, possession du surintendant, est investie, comme Vaux, comme la grande propriété de Saint-Mandé. Une armée d'huissiers et de policiers sur les ordres de Colbert s'empare des papiers et des archives de Foucquet. On retourne un à un les 10000 volumes de la magnifique bibliothèque de Saint-Mandé dans l'espoir d'y trouver un document compromettant ; on fait disparaître des pièces qui pourraient disculper le prisonnier ; on en introduit d'autres, des faux le plus souvent. Les proches sont arrêtés, Pellisson jeté à la Bastille. Tous ceux, nombreux, qui ont été en correspondance avec le ministre déchu, tremblent d'être les victimes de cette chasse impitoyable.

Marie de Rabutin-Chantal, veuve depuis dix ans déjà du marquis de Sévigné, est intervenue l'année précédente auprès de Foucquet en faveur d'un de ses cousins, M. de La Trousse. Rien de bien compromettant. Foucquet aimait qu'on l'aime et peut-être la jolie marquise a-t-elle consenti, par lettres, au plaisir d'un badinage de plume. Cela suffit pour qu'on cherche à l'inquiéter. Chapelain, la créature de Colbert, le futur régisseur de la littérature d'État, écrit à Mme de Sévigné. Il joue les chevaliers servants de la marquise : *« J'ai couru tous les réduits où l'on a créance en mes paroles, pour y soutenir votre justice et pour éclaircir tout le monde peu charitable de l'occasion si louable qui vous a quelquefois obligée à lui écrire des billets. »* On sent la menace et le chantage sous les protestations de fidélité : que Mme de Sévigné n'ait surtout pas l'imprudence de soutenir les amis du ministre déchu. On dirait du

Tartuffe : *« Fallait-il encore, par surcroît de dérèglement et de crime, s'ériger en trophée des faveurs, ou véritables ou apparentes, de la pudeur de tant de femmes de qualité et tenir un registre honteux de la communication qu'il* [Foucquet] *avait avec elles, afin que le naufrage de sa fortune emportât avec lui leur réputation ? »*

La manœuvre est claire, il s'agit de faire le vide autour de l'ancien surintendant en obligeant au silence ceux qui pourraient encore lui exprimer, à défaut de soutien, leur sympathie. Homme sans culture, mené par la seule passion du pouvoir, Colbert vise particulièrement l'élite cultivée, séduite par le brillant mécénat de Foucquet. De Mme de La Fayette à la duchesse de Longueville, du duc de La Rochefoucauld au marquis de Créquy. Il faut ajouter à ce cercle littéraire des amis de Foucquet, un autre cercle, plus inattendu, celui des jansénistes. L'alliance de Vaux et de Port-Royal, des plaisirs terrestres et du sublime chrétien, du faste et du dépouillement, peut sembler un attelage baroque ou une inconséquence intellectuelle. Elle manifeste pourtant une même résistance : au règne absolu de la Raison d'État, à la nationalisation des consciences et de l'espace privé. Sans jamais mettre en cause la personne et la puissance royales, garantes de la paix intérieure, jansénistes et amis de Foucquet se retrouvent dans le refus de l'État absolu. L'arrestation de Foucquet a été précédée de quelques semaines par la décision du Conseil d'imposer au clergé la signature d'un formulaire anti-janséniste.

Les premiers mois après l'arrestation, quand la première vague d'emprisonnements et de proscriptions a écarté ou fait changer de camp les proches et les obligés de Foucquet, ses amis espèrent que le roi va faire briller le plus bel apanage de sa souveraineté, la clémence. Certes, Foucquet a pioché à pleines mains dans les caisses de l'État, mais pas plus que d'autres. Pas plus que Richelieu, beaucoup moins que Mazarin dont l'âpreté était colossale. Et pas plus que ne le fera demain Colbert, avec patience. Ce qu'on reproche à Foucquet, ce n'est pas tant d'avoir volé, c'est d'avoir dépensé follement. En février 1662, La Fontaine publie, sans nom d'auteur, une *Élégie pour M. Foucquet.* Il la reprendra et la signera en 1671 : *« Pleurez, nymphes de Vaux... Oronte est malheureux. »* Foucquet-Oronte, écrit en substance La Fontaine, est sans doute coupable d'avoir cru à la constance de la Fortune et d'avoir cédé aux *« attraits enchanteurs de la prospérité »*. Faute de n'avoir su borner ses désirs, le surintendant a cédé au *« vain amour des grandeurs et du bruit »*. Mais le roi aime ses sujets, il est juste et sage :

Du titre de clément rendez-le ambitieux :
C'est par là que les rois sont semblables aux dieux.

À la fin de 1672, alors que l'instruction poursuit son cours, à sens unique, La Fontaine s'adresse directement au roi. Le ton est plus ferme, l'invite au pardon plus pressante : il s'agit désormais de sauver la vie de Foucquet que Louis XIV et Colbert veulent faire pendre. La Fontaine rappelle que le surintendant a été un ministre fidèle et efficace :

Je ne veux pas te mettre en compte
Le zèle ardent ni les travaux
En quoi tu te souviens qu'Oronte
Ne cédait point à ses rivaux.
Sa passion pour ta personne,
Pour ta grandeur, pour ta couronne,
Quand le besoin s'est vu pressant,
A toujours été remarquable ;
Mais si tu crois qu'il est coupable,
Il ne veut point être innocent.

Foucquet a lu la supplique de La Fontaine. Il la trouve trop « poétique » pour plaire au roi et le lui fait savoir. La Fontaine répond : c'est au seul nom de la poésie qu'il défend Foucquet : *« Que pourraient ajouter les muses aux sollicitations qu'on fera pour vous ? Car je ne doute nullement que les premières personnes du monde ne s'y emploient. J'ai donc composé cette ode à la considération du Parnasse. Vous savez quel intérêt le Parnasse prend à ce qui vous touche. »* Foucquet symbolise un mode de relation, matériel et intellectuel, entre la littérature et le pouvoir dont La Fontaine essaie de défendre la survie. La réaction ne se fait pas attendre : en compagnie de son oncle Jannart, ex-substitut de Foucquet au parlement, La Fontaine est exilé à Limoges. Contraint au voyage, il va transformer la contrainte en plaisir, l'exil en découverte et le silence forcé en écriture. *« Nous sommes gens à profiter de tous nos malheurs. »* Sa stratégie se dessine.

Après trois ans de procédure secrète, la cour de justice soigneusement composée par Colbert entame le procès de l'ancien surintendant. L'opinion, bien travaillée, écœurée par l'insolence des nouveaux riches et par la traditionnelle prévarication des ministres, est massivement hostile à Foucquet. La rage de Louis XIV et de son ministre d'État à fabriquer un procès à sens unique va retourner le sentiment des Parisiens. Les audiences ne sont pas publiques, mais l'activité des écrivains et de leurs réseaux va briser le secret.

Mme de Sévigné, bien qu'elle loge à quelques pas, ne peut pas pénétrer dans la grande salle de l'Arsenal où l'on juge Foucquet. Mais elle a son espion à l'intérieur, et parmi les mieux placés. Olivier Lefèvre d'Ormesson, fils d'une bonne famille de parlementaires, avait été nommé rapporteur du procès de Foucquet. Il passait pour être hostile à l'accusé, au point que Foucquet avait tenté de le récuser. D'Ormesson tient son *Journal* des audiences et accepte, semble-t-il, de le communiquer et d'en discuter avec son amie la marquise. Il va faire mieux : magistrat intègre, il résistera aux pressions de Versailles et se prononcera pour un bannissement de Foucquet, brisant net sa carrière. Son *Journal* le montre de plus en plus scandalisé par les irrégularités de la procédure, les aberrations de l'instruction et les interventions directes du roi et de Colbert sur la conduite des débats.

Lorsqu'elle a recueilli ses informations, Mme de Sévigné écrit des lettres, privées comme il se doit. Elle les adresse à Simon Arnauld de Pomponne. Un personnage emblématique du front commun entre Port-Royal et Vaux. Pomponne – quarante-trois ans au moment du procès Foucquet – est un brillant diplomate, conseiller d'État, chargé des missions les plus délicates. Il deviendra ministre des Affaires étrangères à la fin du siècle. Ami intime de Foucquet, il est aussi à l'aise dans les salons cultivés de l'hôtel de Nevers que dans les bals de Vaux. Mais il appartient également à la grande tribu janséniste des Arnauld. Il est le fils de Robert Arnauld d'Andilly, le savant jardinier de Port-Royal. Il assure le lien entre les deux groupes. La marquise de Sévigné lui écrit à Verdun où Pomponne a été exilé après l'arrestation de Foucquet. Quatorze lettres qui constituent le premier reportage de la belle épistolière.

Lamoignon, premier président du parlement de Paris, préside la chambre. C'est un magistrat docile, mais trop encombré de scrupules juridiques pour mener l'affaire au train qui convient. Il a même soutenu que l'accusé devait avoir communication des pièces du procès et être pourvu d'un avocat. Le roi en personne lui fait comprendre qu'il n'est pas l'homme de la situation et Lamoignon démissionne pour laisser la place au chancelier Séguier, exécuteur des ordres du pouvoir depuis quarante ans. Malgré tout, la marquise, peut-être naïve, est assez optimiste : *« M. Foucquet a parfaitement bien répondu. S'il continue, ses interrogations lui seront bien avantageuses. On parle fort à Paris de son admirable esprit et de sa fermeté. Il a demandé une chose qui me fait frissonner. Il conjure une de ses amies* [la marquise elle-même ?] *de lui faire connaître son arrêt par une certaine voie enchantée, bon ou mauvais* [...], *ajoutant que pourvu qu'il ait une demi-heure à se préparer, il est capable de recevoir sans émotion tout le pis qu'on lui puisse apprendre. Cet endroit-là me fait pleurer, et je suis assurée qu'il vous serre le cœur. »*

Foucquet, il est vrai, se défend pied à pied. Faute d'être honnêtes, ses acrobaties fiscales sont parfaitement légales au regard des normes financières et administratives du temps. Pour éviter que l'accusé ne réponde trop bien, on décide de limiter au maximum ses apparitions, l'essentiel des débats se passant hors de sa présence. *« Ce matin, Monsieur le Chancelier a pris son papier, et a lu, comme une liste, dix chefs d'accusation, sur quoi il ne donnait pas loisir de répondre. »* Mais Foucquet parle encore et encore ; la marquise le trouve admirable. Elle ne se satisfait plus des comptes rendus d'Olivier d'Ormesson ; elle veut voir son *« pauvre ami »* qu'on a soustrait aux regards. *« Imaginez-vous que des dames m'ont proposé d'aller dans une maison qui regarde droit dans l'Arsenal pour voir revenir notre pauvre ami ; j'étais masquée. Je l'ai vu venir d'assez loin. M. d'Artagnan était auprès de lui ; cinquante mousquetaires derrière, à trente ou quarante pas. Il paraissait assez rêveur. Pour moi, quand je l'ai aperçu, les jambes m'ont tremblé et le cœur m'a battu si fort que je n'en pouvais plus. En s'approchant de nous pour rentrer dans son trou* [une petite porte de la Bastille], *M. d'Artagnan lui a fait remarquer que nous étions là. Il nous a donc saluées et a pris cette mine souriante que vous lui connaissez.* [...] *Si vous saviez comme on est malheureuse quand on a le cœur fait comme je l'ai. »*

Le cœur de la marquise va connaître d'autres affolements. Un à un, pendant plusieurs heures, chacun des juges fait son rapport sur l'ensemble des débats et prononce son avis. Mme de Sévigné en perd le sommeil. D'Ormesson est le premier. Il *« opine au bannissement perpétuel et à la confiscation des biens au Roi »*. Elle commence par le trouver trop sévère, puis comprend que cette peine est la seule susceptible de sauver la vie de l'accusé. D'Ormesson, écrit-elle, *« a voulu être modeste ; il s'est caché avec soin »*. Les porte-parole de la haine royale n'ont pas besoin de masque, ils réclament la mort. L'oncle de Colbert, Pussort, est le plus enragé *« et l'on croit que cette furie peut faire plus de bien que de mal à notre pauvre ami »*. Au fur et à mesure que tombent les « avis », Mme de Sévigné, fébrilement, fait les comptes : *« Nous en avons sept ; ils en ont six. »* Il en reste huit. Enfin, le samedi 20 décembre 1664 au soir, un bref billet : *« Louez Dieu, Monsieur, et le remerciez : notre pauvre ami est sauvé. »* Par treize avis contre neuf, Foucquet échappe à la hache du bourreau. Et Paris qui avait exécré Foucquet salue dans la liesse la déconfiture de Colbert.

Privé de sa vengeance par la désobéissance de ses juges, Louis XIV raffine dans la cruauté : il commue la sentence prononcée par sa cour de justice. *« Le roi jugea qu'il pouvait y avoir grand péril à laisser sortir le sieur Foucquet hors du royaume, vu la connaissance particulière qu'il avait des affaires les plus importantes de l'État. »* La prison perpétuelle remplace le bannissement à vie. La mort lente en place de la mort rapide. Seize années d'oubliettes, sans compagnon, sans promenade, sans courrier, sans livre, dans le donjon, glacial l'hiver, étouffant l'été, de la citadelle lombarde de Pignerol. Toutes les demandes de grâce demeureront sans réponse. Mme Foucquet ne sera autorisée à rendre visite à son mari qu'en 1679, quelques semaines avant sa mort.

Après quelques mois d'exil limousin, Jean de La Fontaine rentre à Château-Thierry à la fin de 1663. Son protecteur embastillé est menacé de mort ; le roi et Colbert poursuivent de leur vindicte tous les fidèles de l'ancien surintendant. À moins qu'ils ne se parent de ses plus belles plumes : Le Vau, Le Nôtre, Le Brun sont appelés à édifier Versailles, le contre-Vaux, l'emblème du règne, l'apothéose de l'art d'État ; Molière devient le maître des divertissements des résidences royales, avant que la querelle de *Tartuffe* ne divise la cour. La Fontaine ne vaut ni qu'on le persécute, ni qu'on le récupère. Il a quarante-deux ans, son œuvre est insignifiante, son caractère discret, sa réputation légère, ses relations sans grande influence. On décide en haut lieu de l'oublier pour peu qu'il consente à se tenir effacé. La cour ne lui est pas interdite, elle est hors de sa portée.

C'est la chance de La Fontaine – et la nôtre. En ignorant le poète de Foucquet, Louis XIV anéantit sa carrière. La Fontaine est dispensé de poésie officielle ; il n'entre pas sur la liste des pensionnés de Chapelain ; il n'est pas obligé de vanter en odes et en pastorales les exploits cynégétiques du souverain, ni ses conquêtes, ni les sourcilleuses largesses de Colbert. Il est dispensé du service de la gloire, exempté des mascarades de la grandeur.

Il semble qu'il ait compris, dès son retour à Paris, tous les bénéfices qu'il pouvait retirer de sa disgrâce. Dans la grande parade de la dissimulation qui est celle du « Grand Siècle », il commence à construire le plus ineffaçable des masques, celui de l'effacement. Il trouve un emploi, modeste, pour se nourrir et devient gentilhomme servant – figurant – auprès de la duchesse douairière Marguerite de Lorraine, veuve de Gaston d'Orléans, l'éternel comploteur. Pas d'obligation, pas de censure : c'est au service de la fort bigote duchesse douairière que La Fontaine écrit et publie, en 1664, ses *Contes* licencieux.

La publication des *Contes*, comme en 1668 celle des *Fables*, entre dans la stratégie d'effacement. La Fontaine *« traduit »*, La Fontaine *« imite »*. Il se cache derrière ses modèles, l'Arioste, Boccace, Martial d'Auvergne, Bonaventure des Périers, Marguerite de Navarre. Plus tard, Ésope, Horace, Phèdre. Il met en vers, dans la plus parfaite innocence, des histoires inventées par d'autres. Il est l'humble artisan d'une mise en rimes françaises de genres anciens et mineurs, le conte, la fable. Son but lui-même est fort modeste : plaire à l'ensemble du public.

Modestie affichée, modestie proclamée, c'est la manière choisie par La Fontaine pour tourner le dos au pouvoir. Pascal s'en écartait, comme de toute entreprise humaine, en portant son génie vers la célébration exclusive de la gloire divine : le roi n'est rien comparé à Dieu, l'infiniment grand. La Fontaine joue de l'infiniment petit : il parle d'un lieu si infime, si ordinaire, si simplement naturel, si éloigné de la grandeur et de la gloire qui sont les dimensions du règne, qu'il échappe à ses ordres et à ses sujétions. Sa petite taille lui permet de passer entre les mailles du filet dans lequel sont emprisonnés les poètes courtisans.

Le bœuf cherche à se faire aussi petit que la grenouille. Son entreprise d'autodévaluation est poursuivie avec obstination, avec méthode. La Fontaine, si avare de confidences dans ses contes et dans ses fables, consent néanmoins, comme par inadvertance, quelques aveux : il est paresseux, distrait, naïf, maladroit, provincial, embarrassé, de conversation terne. Exactement le contraire de ce que doit être un écrivain du nouvel État absolu. La supercherie marche à merveille ; les plus fins observateurs s'y laissent prendre. La Bruyère lui-même, souvent plus perspicace. Voilà qu'apparaît la figure du « bonhomme » La Fontaine, du brave Champenois nonchalant et gourd, poète domestique d'une grande maison princière, rimeur charmant de la plus antique sagesse populaire. Il est amusant de constater comment la postérité elle-même s'est laissé volontiers prendre à ce jeu d'apparences, assurant à l'auteur des *Fables* la plus durable et la plus paradoxale des gloires : celle de l'éternel poète des écoliers.

Comment préserver la littérature quand l'État exige la propagande ? C'est la grande affaire du siècle, peut-être la clef secrète de sa richesse en grandes œuvres. Chacun y applique son génie de la dissimulation. L'exemple vient de haut, du roi-comédien, metteur en scène permanent de lui-même qui cache les ressorts de son pouvoir dans les excès de sa représentation. Le théâtre, qui est, par essence, l'endroit où l'on montre, devient aussi le lieu où l'on occulte. Molière épuise ses forces et aiguise son talent à naviguer entre les obstacles, à ruser avec la faveur royale, à jouer des vents dominants et avec les contradictions de ses ennemis. Racine ne parvient à demeurer lui-même qu'en trahissant tout le monde, ses amis, ses maîtres de Port-Royal, ses maîtresses, ses convictions – et pour finir le théâtre lorsque le roi tournera bigot. Une vie de courtisan, âpre, querelleuse, calculatrice, sans scrupules afin d'offrir à la passion la plus pure de ses musiques.

Le double jeu de La Fontaine est aussi périlleux. Certes, il ne dépend pas, comme ses amis écrivains d'État, des retournements de la politique ou des caprices royaux : l'indifférence où l'on tient le vieux Corneille, la réputation suspendue à un sourire ou à un froncement de sourcils du monarque, à la réussite d'une cabale, au déplaisir d'une favorite. Mais éloigné de la seule source reconnue de consécration, contraint de créer dans un espace littéraire dévalué, l'employé de la duchesse d'Orléans risque simplement de disparaître en tant qu'écrivain. Il disparaît d'ailleurs, chez Boileau, un ami de La Fontaine pourtant. Lorsqu'en 1674 le législateur officiel de la culture royale publie son *Art poétique* – la Loi et l'Ordre de la création littéraire en même temps que le palmarès de l'excellence classique –, La Fontaine et ses *Fables* n'ont pas droit à la plus petite mention. Boileau n'a pas voulu ou n'a pas osé inclure dans les gloires du règne un écrivain ignoré des faveurs du roi.

Pourtant, dès la parution du premier volume des *Fables*, La Fontaine est reconnu comme le grand poète de son siècle. Dans la hiérarchie de la culture d'État, il n'est rien ; dans celle de l'élite lettrée, de la communauté des lecteurs, de l'opinion intime de ses confrères, il devient une référence majeure. Si Louis XIV et ses thuriféraires demeurent obstinément sourds à cette écriture sans fanfare, des milliers d'oreilles plus fines en ont saisi l'incomparable mélodie. Écarté des pompes et des éclats de la reconnaissance sociale, La Fontaine règne sur la plus secrète et la plus silencieuse des communautés, celle des lecteurs. Un autre pouvoir, hors de la sphère du pouvoir qui ne saisit jamais que les corps et les apparences. Un pouvoir *« divin »*, comme l'écrit Mme de Sévigné à son cousin Bussy-Rabutin : *« Faites-vous envoyer promptement les* Fables *de La Fontaine ; elles sont divines. On croit d'abord en distinguer quelques-unes, et à force de les relire, on les trouve toutes bonnes. C'est une manière de narrer et un style à quoi l'on ne s'accoutume point. »* La marquise ne se contente pas de citer La Fontaine, elle assimile ses vers, elle en truffe ses lettres. À la stricte hiérarchie de la cour, elle en superpose une autre, aussi dirimante ; il y a ceux qui aiment La Fontaine, et les autres, ceux que la grâce n'a pas touchés : *« Cette porte leur est fermée, et la mienne aussi ; ils sont indignes de jamais comprendre ce genre de beautés, et sont condamnés au malheur de les improuver, et d'être improuvés aussi des gens à qui Dieu a donné un assez bon esprit pour les goûter. Nous avons trouvé beaucoup de ces gens-là. Mon premier mouvement est toujours de me mettre en colère, et puis de tâcher de les instruire, mais j'ai trouvé que c'est une chose absolument impossible. C'est un bâtiment qu'il faudrait reprendre par le pied ; il y aurait trop d'affaires. C'est le sentiment que j'aurai toujours pour un homme* [...] *qui ne connaît pas les charmes des* Fables *de La Fontaine. Je ne m'en dédis point : il n'y a qu'à prier Dieu pour un tel homme, et qu'à souhaiter de n'avoir point de commerce avec lui. »*

Il y a donc toujours chez La Fontaine deux langages qui construisent deux communautés. Un langage social qui proclame qu'il n'est rien, destiné à la communauté politique, et un langage poétique, destiné à la communauté secrète des lecteurs, qui exprime le pouvoir de vérité de la création littéraire. Des mots pour la surface et des mots pour la profondeur, les uns servant aux autres de garantie d'authenticité.

Double langage simple, transparent, traditionnel : celui qui met en scène des animaux pour mieux parler des hommes. La Fontaine en pousse la rhétorique à l'extrême, jusqu'à passer pour un poète animalier, pour un paysan aux pieds boueux, pour un peintre de « genre », pour un observateur badin des réalités anodines. Ce maquillage rural si soigneusement étalé lui permet de masquer un autre réalisme, une zoologie de la cour organisée autour d'un roi-lion plus cruel que prestigieux – ou prestigieux parce que cruel. Ici règnent la violence, la raison du plus fort, la rhétorique de l'injustice. Le procès de Foucquet n'est pas loin. À cette brutalité féroce, présentée comme l'ordre des choses, La Fontaine oppose en sourdine l'obstination discrète de la parole contemplative. Non pas ce qui grandit, s'élève, fait saillie et vacarme, ce qui s'enfonce, s'approfondit, se répand dans les plis intimes de l'être et fait silence.

Double langage plus subtil, celui de la simplicité. Les fables appartiennent à une tradition populaire et pédagogique de la littérature, un conte suivi d'une morale ; une narration gaie, plaisante, débouchant sur une leçon de sagesse. Il convient que le récit soit bref, rapide, clair, alerte, naturel : simple, comme est simple dans son bon sens la moralité qui en découle. La Fontaine se conforme aux apparences modestes et mineures de l'entreprise fabuliste. Si parfaitement qu'il va devenir pour des siècles le poète attitré des enfants. Sublime malentendu, ou plutôt sublime artifice – que Rousseau a subodoré, pour le dénoncer : rien n'est simple chez La Fontaine ; c'est le poète le plus savant et le plus érudit de son temps. Il a pris ses leçons partout, sans exclusive ; chez les Anciens, bien sûr, qu'il connaît comme sa poche, mais aussi chez les romanciers médiévaux, chez Marot, chez Ronsard, chez Montaigne. Il profite de Malherbe autant que de Théophile ou des cercles précieux. Il sait tout faire, dialogues, élégies, satires, odes, sonnets, contes, nouvelles, épîtres, récits de voyages, poèmes sacrés. Il plie ses vers à tous les mètres, à tous les rythmes, brise le ronronnement oratoire de l'alexandrin, donne du lustre aux archaïsmes, bouscule les règles, s'en invente d'autres. Il est naturel, en effet, comme un virtuose qui le serait trop pour avoir à forcer son talent.

Il est, évidemment, parfaitement conscient de sa situation, de l'ostracisme dont il est la victime et de la politique littéraire qu'il emploie pour surmonter l'obstacle et s'en servir de tremplin. S'il se complaît à raffermir son image de naïf, de rêveur, de promeneur souriant et mélancolique arpentant les marges de la société de son temps, c'est encore une protection et une ruse. Il sait ce qu'il vaut et où il va.

Dans la préface à son premier recueil de *Fables* de 1668, La Fontaine, entre deux manifestations de modestie et de dépréciation de soi, mange, si l'on peut dire, le morceau, sous le voile transparent d'une fiction. Il raconte la mort de Socrate. *« Les dieux l'avaient averti plusieurs fois pendant son sommeil, qu'il devait s'appliquer à la Musique avant qu'il mourût. Il n'avait pas entendu d'abord ce que ce songe signifiait ; car comme la Musique ne rend pas l'homme meilleur, à quoi bon s'y attacher ? Il fallait qu'il y eût du mystère là-dessous : d'autant plus que les dieux ne se lassaient point de lui envoyer la même inspiration. Si bien que songeant aux choses que le ciel pouvait exiger de lui, il s'est avisé que la musique et la poésie ont tant de rapport, que possible était-ce de la dernière qu'il s'agissait. Il n'y a point de bonne poésie sans harmonie ; mais il n'y en a point non plus sans fiction ; et Socrate ne savait que dire la vérité. Enfin il avait trouvé son tempérament : c'était de choisir des fables qui continssent quelque chose de véritable, telles que sont celles d'Ésope. Il employa donc à les mettre en vers les derniers moments de sa vie. »*

La Fontaine fait précéder ses premières fables d'une *Vie d'Ésope le Phrygien*. C'est un autoportrait : *« Son âme se maintint toujours libre et indépendante de la Fortune. »* C'est aussi un portrait, presque pascalien, de la Grandeur et de Versailles, son écrin : *« On s'imagine de loin que c'est quelque chose de considérable ; de près, on trouve que ce n'est rien. »* Le contraire des *Fables*.

SOURCES

Jean de LA FONTAINE : *Œuvres complètes*. Tome I : *Fables, contes et nouvelles*. Édition de Jean-Pierre Collinet. Paris, Gallimard, « Bibliothèque de la Pléiade », 1991.

— *Œuvres*. Édition d'André Versaille. Bruxelles, Complexe, 1995.

Madame de SÉVIGNÉ : *Correspondance*. Édition de Roger Duchêne. 3 vol. Paris, Gallimard, « Bibliothèque de la Pléiade », 1972-1978.

Madame de LA FAYETTE : *Correspondance*. Paris, Gallimard, 1942.

Marc FUMAROLI : *Le Poète et le roi*. Paris, Bernard de Fallois, 1997.

Léon-Paul FARGUE : « La Fontaine ». Dans *Tableau de la littérature française (XVIIe-XVIIIe siècle)*. Paris, Gallimard, 1940.

SAINTE-BEUVE : *Port-Royal*. Édition de Maxime Leroy. 3 vol. Paris, Gallimard, « Bibliothèque de la Pléiade », 1953-1956.

Jean GIRAUDOUX : *Les Cinq Tentations de La Fontaine*. Paris, Grasset, 1938.

Hippolyte TAINE : *La Fontaine et ses « Fables »*. Paris, Hachette, 1861.

Louis MARIN : *La Parole mangée*. Paris, Méridiens-Klincksieck, 1986.

Patrick DANDREY : *La Fabrique des « Fables »*. Paris, Klincksieck, 1991.

Roger DUCHÊNE : *La Fontaine*. Paris, Fayard, 1990.

Menjot d'ELBENNE : *Madame de La Sablière*. Paris, Plon, 1923.

Paul MORAND : *Fouquet ou le Soleil offusqué*. Paris, Gallimard, 1961. Rééd. « Folio », 1986.

Daniel DESSERT : *Fouquet*. Paris, Fayard, 1987.

L'abandon du théâtre : une nouvelle étape dans la carrière de Jean Racine

1677 ■ *Phèdre*

LES biographes et les exégètes de Racine peuvent s'en donner à cœur joie : à part un billet dont nous reparlerons, il ne subsiste plus aucune lettre qu'il ait écrite entre 1665 et 1678, dans la période majeure de sa création théâtrale. Et comme de son théâtre ensuite il ne parlera plus, plus jamais, les critiques ont le champ libre pour combler à leur guise le silence entretenu par Racine sur son travail. Travail : le mot même paraît incongru tant ont été effacés les traces et les circonstances, les volontés, les hésitations, les doutes de l'humanité ordinaire. Divin Racine, ainsi qu'on le vénère depuis trois siècles, sans éclipse ou presque. Même Roland Barthes entretient la mythologie : Racine pur génie, brillant dans le ciel éternel des structures, à des années-lumière de sa biographie, de son siècle et de la machine sociale. Pas de corps, à peine des mots : du texte, une musique.

On ne sait donc rien de la fabrication de *Phèdre et Hippolyte* – qui ne deviendra *Phèdre* tout court qu'en 1687 lors de la seconde édition de ses œuvres. La pièce est jouée à l'hôtel de Bourgogne le 1er janvier 1677, près de trois ans après le triomphe d'*Iphigénie*. Racine n'est plus un auteur pressé. Il n'a plus à faire ses preuves ni à craindre qu'on l'oublie. Depuis le demi-échec de *Suréna* en 1674, le vieux Corneille n'écrit plus pour le théâtre. Molière, l'ancien allié sur lequel Racine s'est joyeusement essuyé les pieds pour mieux parvenir, est mort sur scène en 1673, épuisé par le travail et par les cabales. Seul Quinault se pose en rival. Depuis cinq ans, associé à Lully dont il est le librettiste, ce fils de boulanger vole de succès en triomphe, jetant les bases de l'opéra français. Bien en cour, protégé par le duc de Guise, marié à une riche veuve, Philippe Quinault développe une esthétique spectaculaire – fastes scéniques, machineries, chœurs et récitatifs chantés – aux antipodes du purisme officiel. Mais il invente et il plaît, en dépit des remontrances des doctes. Pire : il a le soutien enthousiaste de Charles Perrault.

Le futur auteur de *Blanche-Neige* et de *Cendrillon* est un fonctionnaire redoutable de la machinerie absolutiste dans le domaine des arts et de la littérature. Très proche de Colbert, Perrault élabore une politique culturelle qui conjugue avec astuce l'innovation esthétique et la célébration courtisane. Ses principes sont simples : Louis XIV est le plus grand roi que la terre ait jamais porté ; le christianisme l'emporte en tout sur les autres religions. La civilisation du siècle de Louis XIV est donc supérieure à celle des siècles passés – et notamment à celle de ces païens de Grecs et de Romains que des artistes timorés s'acharnent à vouloir imiter. Foin d'Aristote et de ses règles d'un autre âge, l'avenir n'est plus dans le passé, ni l'art dans la reproduction parfaite d'un modèle idéal. La querelle des Anciens et des Modernes est lancée. Boileau contre Desmarets de Saint-Sorlin, Racine contre Quinault, pessimisme conservateur contre idéologie du progrès, érudits contre salons. La bataille esthétique et politique – même si les deux camps se livrent à des surenchères dans la flatterie hyperbolique à l'égard du monarque – va durer, avec des trêves, autant que le roi lui-même, près de quarante ans encore.

Elle est riche en débats théoriques, mais plus opulente encore en coups bas, en cabales, en haines sournoises. Les places sont chères à l'ombre du Roi-Soleil, de plus en plus chères et rares au fur et à mesure que les dépenses guerrières extravagantes assèchent le mécénat royal. On échange des sonnets, des discours académiques et des dissertations pleins d'éloquence et de pompeuse rhétorique, mais aussi des épigrammes dont le ton rappelle que les écrivains ne sont jamais très loin du ruisseau. Ainsi ce quatrain qui accuse Lully et Quinault de sodomie :

Quand Baptiste est las de musique
Pour en reposer son chagrin
Il fout Quinault son poète unique
Qui ne sait ni grec ni latin.

Ces vers sont dus à la plume du plus délicat de nos poètes : oui, du divin, du tendre Racine qui ne supporte pas la concurrence.

Sa carrière, c'est sa passion ; la seule sans doute qu'il ait jamais éprouvée. Elle a conduit le gamin pauvre pris en protection charitable par les gens de Port-Royal jusqu'à une enviable situation de gentilhomme des lettres. Avec ce que cela suppose de travail, de flair, de souplesse, d'acharnement, de séduction et d'absence de scrupules. « *La stratégie du caméléon* », c'est l'enseigne sous laquelle l'a placé l'un de ses meilleurs biographes. Un autre, savant racinien lui aussi, a intitulé sa somme biographique *La Carrière de Jean Racine*. La carrière, pas la vie. Dans cette carrière, 1677 est une étape décisive.

Pour ses contemporains, il est au sommet. Il est parvenu à se concilier tous les publics, même si ça n'est pas toujours avec les mêmes pièces. Celui de la ville et des salons qui raffole de ses tragédies galantes, de leurs interminables débats amoureux, de leurs chants où s'exprime toute la délicatesse du goût précieux ; celui des savants et des doctes qui saluent le bon élève des Petites Écoles jansénistes, le lecteur attentif des Grecs et des Latins, l'observateur des règles, le successeur respectueux d'Euripide ; celui de la cour, c'est-à-dire, en dernière instance, le roi lui-même, qui est sensible au style noble et soutenu, à la belle ordonnance des vers, à l'exaltation monarchique et à la majesté des héros tragiques. Chacun y trouve son compte. Il n'y a guère que l'incursion de Racine dans la comédie qui fasse tache dans ce concert de louanges. Il va mettre un certain temps à faire oublier *Les Plaideurs*, mais il parviendra presque à gommer le faux pas.

Il a été élu à l'Académie française en 1672 ; il a acheté une charge de trésorier de France et général des finances de Moulins qui vaut noblesse. Grâce à son succès et aux gratifications de l'État, il a éloigné de lui la pauvreté. Enfin et surtout, il vient de publier ses *Œuvres* en deux volumes, textes et préfaces corrigés et remaniés. Oubliés ses poèmes, marginalisée sa comédie, passés sous silence ses textes en prose et ses polémiques avec ses anciens amis de Port-Royal. Se faisant son propre anthologiste, à trente-sept ans, Racine se présente comme il veut qu'on le lise : la pure incarnation de l'essence tragique, l'égal d'Euripide. Opération réussie, au-delà des siècles.

Mais comme c'est dur de faire carrière ! Écrire des pièces,

surprendre et captiver des publics inconstants, batailler avec les critiques, caresser la vanité des comédiens, flatter les pouvoirs, passe encore, c'est le métier. Un métier que Racine pratique en professionnel consciencieux, travailleur, soucieux de plaire, prenant les avis des pontifes de l'orthodoxie : Boileau bien sûr, le vieil ami, le garde champêtre du Parnasse, le champion du sens commun, le fanatique du conformisme ; mais aussi d'autres. Le père Bouhours par exemple, ou le père Rapin. Nous avons un mot de Racine adressé au père Bouhours ; il date de 1676, il concerne *Phèdre* précisément. *« Je vous envoie les quatre premiers actes de ma tragédie, et je vous enverrai le cinquième dès que je l'aurai transcrit. Je vous supplie, mon Révérend Père, de prendre la peine de les lire, et de marquer les fautes que je puis avoir faites contre la langue, dont vous êtes un de nos plus excellents maîtres. Si vous y trouvez quelques fautes d'une autre nature, je vous prie d'avoir la bonté de me les marquer avec indulgence. Je vous prie encore de faire part de cette lecture au Révérend Père Rapin, s'il veut bien y donner quelques moments. »*

Qui sont ces deux sommités auxquelles le maître Racine soumet sa pièce comme un écolier ? D'abord deux jésuites, tous les deux connus pour être des pourfendeurs de jansénistes. Bouhours, il est vrai, passe pour l'héritier de Vaugelas, la référence en matière de correction grammaticale et de rigorisme du lexique. Même les vers de Malherbe n'échappent pas à sa censure. Mais l'auteur de *La Vie de saint Ignace, fondateur de la Compagnie de Jésus* ne veille pas qu'à la conformité de la langue. Racine s'inquiète aussi des *« fautes d'une autre nature »* que pourrait relever dans *Phèdre* cet apôtre du bon sens chrétien. Quant à René Rapin, il vient de publier ses *Réflexions sur la « Poétique » d'Aristote*, sorte de bréviaire esthétique de l'art officiel. Si Racine se doit de surprendre son public – nécessité de l'innovation –, il ne conçoit de le faire que dans des limites acceptées par les gardiens de l'ordre littéraire. Être devant sans être en avant, voilà le principe premier du métier d'écrire.

Avec *Phèdre*, il pousse à l'extrême ces deux logiques contradictoires de l'audace et de la conformité et parvient à les fondre, en génie de l'ambiguïté. Il met en spectacle l'horreur, la folie, l'immoralité, l'aveuglement du pouvoir, la formidable énergie des passions sous leurs couleurs les plus violentes, les plus inquiétantes, les plus sauvages. Un roi-héros qui sombre dans la tyrannie injuste, une reine monstrueuse paralysée par l'horreur de son propre désir et ne retrouvant sa voix que dans le remords et l'effondrement, l'innocence persécutée, le pur amour calomnié. Un climat de trouble moral et de religiosité anxieuse. Le bel ordre classique semble se fissurer, les certitudes solaires se voiler de nuées sombres. Les vers eux-mêmes, le si raisonnable, le si discoureur alexandrin, paraissent emportés par le flux des passions contradictoires, ici murmure, là vocifération, là encore chant funèbre. Des notes qui donnent à entendre ce que l'œil ne peut voir : l'effroi des âmes sous le spectacle du sublime. La Champmeslé, guidée au mot à mot, au ton à ton par Racine, arrache des frissons aux plus rassis.

Mais Racine sait si bien y faire que rien dans la lettre de sa tragédie ne froisse les bonnes règles de l'esthétique et de la morale établies. Ni Bouhours, ni Rapin, le nez collé sur le code, n'ont frémi. Le pouvoir royal y est dévotement glorifié, les passions dûment flétries, la morale sauvegardée par le repentir, les préceptes d'Aristote respectés. Les apparences sont sauves. Il n'y aura pas de querelle de *Phèdre*.

Tout juste une petite affaire, de quoi tromper l'ennui où patauge la société de cour. Le 1er janvier donc, la troupe royale donne *Phèdre et Hippolyte* de Racine à l'hôtel de Bourgogne. Le 3 janvier, les anciennes troupes de Molière et du Marais réunies jouent *Phèdre et Hippolyte* de Pradon sur la scène du théâtre Guénégaud. On adore ce genre de duel. Racine passe pour y être expert. En 1670, c'est lui qui a décidé d'écrire *Bérénice* pour entrer en compétition avec Corneille. En 1675, un obscur académicien, Michel Le Clerc, et un intrépide faiseur d'alexandrins, Jacques de Coras, s'étaient associés pour composer une *Iphigénie* qui profitât du succès de celle de Racine. Racine l'a emporté lors des deux confrontations, c'est aussi le métier. Obtenir des soutiens prestigieux, savoir *« faire la salle »* et défaire celle de son concurrent, convaincre les comédiens d'entrer dans ses intérêts, orienter la rumeur, sentir les attentes du public, séduire la critique. Racine ne craint personne dans ces exercices.

Jacques Pradon, pourtant, résiste bien. Il est vrai qu'il a de riches protecteurs, la duchesse de Bouillon et son frère le duc de Nevers, nièce et neveu de feu Mazarin, assez mal en cour mais disposant de moyens financiers illimités et d'un solide réseau d'influence :

libertins, anciens précieux, futurs modernes. Rouennais, Pradon est aussi fort lié au clan Corneille, toujours prêt à se mobiliser dès qu'il s'agit de contrer Racine, lequel est par ailleurs, comme son ami Boileau, assez unanimement détesté par ses confrères.

Les premiers jours, Pradon l'emporte. Le public semble prendre plaisir à soutenir l'*outsider* courageux contre le favori de Mme de Montespan, de Colbert et de Condé. La pièce de Racine est sur le point de tomber ; le théâtre Guénégaud ne désemplit pas. Pour Racine, la situation est d'autant plus périlleuse qu'il a une mauvaise affaire sur les bras. Dans la petite guerre de pamphlets qui accompagne traditionnellement les duels théâtraux, il circule un sonnet particulièrement injurieux contre le duc de Nevers, accusé de pratiques incestueuses avec l'autre sœur du clan Mancini, la duchesse de Mazarin.

> *Une sœur vagabonde aux crins plus noirs que blonds*
> *Va par tout l'Univers étaler deux tétons*
> *Dont malgré son pays Damon est idolâtre.*

« Malgré son pays » est une allusion au « vice italien » dont, par ailleurs, Nevers-Mancini serait l'adepte. On attribue le boueux sonnet au méchant duo Racine-Boileau. À tort, cette fois, mais peu importe : que des va-nu-pieds de poètes se déchirent entre eux, c'est un spectacle amusant ; qu'ils s'attaquent aux rejetons, même corrompus, de l'aristocratie, c'est un crime. Bussy-Rabutin, le libertin cousin de la marquise de Sévigné, n'est pas d'un autre avis, c'est une question de classe : *« Bien que ces injures fussent des vérités, elles devraient attirer mille coups d'étrivières à des gens comme ceux-là. »*

Les amis de Nevers parlent de *« couper le nez à Despréaux et à Racine »*. L'auteur d'*Iphigénie* se cache quelques jours. Finalement, grâce à la protection de la Montespan, l'affaire se tasse, à la fin janvier. Racine peut mener sa contre-offensive. Boileau publie son *Épître VII* à la gloire de son ami. La presse, le *Mercure galant*, veille à adopter un ton neutre pour ne pas départager une pièce qui a les faveurs du public mondain et l'autre qui est soutenue par « le camp du roi ». Fin mai, après vingt-cinq représentations, *Phèdre et Hippolyte* de Pradon est retirée de l'affiche. Elle le restera, sauf pour une unique représentation à l'Odéon, en 1910. La tragédie de Racine, elle, continue. Le sommet de l'art racinien.

L'offensive des Modernes contre Racine a échoué. Parce que Pradon n'était pas de taille ? C'est évidemment ce que raconte l'histoire, celle qu'écrivent les vainqueurs. Pradon, à ses yeux, demeurera le poète ridicule qui a osé se mesurer au génie tragique du Grand Siècle. Racine, dont l'oubli des offenses n'est pas la vertu première, ira de son clou pour fermer le cercueil de Pradon. Vingt ans encore après l'affaire *Phèdre*, alors que Pradon fait jouer une tragédie, *Germanicus*, dont on ne sait plus rien, sinon ces vers de Racine justement :

Que je plains le destin du grand Germanicus !
Quel fut le prix de ses rares vertus ?
Persécuté par le cruel Tibère,
Empoisonné par la traître Pison,
Il ne lui restait plus, pour dernière misère,
Que d'être chanté par Pradon.

Boileau, de son côté, ne manque jamais une occasion de traîner plus bas que terre le rival présomptueux, corrigeant même des *Satires* écrites antérieurement à l'affrontement, pour y introduire le nom de Pradon.

Un tel acharnement s'explique mal si Pradon était la nullité que l'on dit. Il faut qu'il ait été craint et qu'il représente encore un danger. Ce que les parangons du classicisme combattent, par Pradon interposé, c'est la prétention des Modernes à se hisser à la grandeur du tragique antique dont Racine a retrouvé le secret. En modernisant les trois grandes sources de l'histoire de Phèdre, l'*Hippolyte* d'Euripide, la *Phèdre* de Sénèque et *La Vie de Thésée* de Plutarque, en les adaptant à la sensibilité et aux comportements sociaux de leur époque, Pradon et ses partisans les ont irrémédiablement affadis.

Il est vrai que Pradon, pour obéir à la bienséance, a passé à la trappe l'amour incestueux de Phèdre pour son beau-fils. Dans sa pièce, Phèdre n'est que la fiancée de Thésée, infidèle donc au monarque, mais pas davantage. Et si Pradon et Racine, contre la tradition, ont fait d'Hippolyte un amoureux et non l'ennemi de Vénus comme le voulait la légende, Racine s'est arrangé pour que l'idylle de l'éphèbe et d'Aricie soit interdite et coupable, alors que son rival, pour satisfaire au doux romanesque des salons et au goût des bergeries, en a fait de charmants innocents. Il a écrit une pièce moderne, polie, civilisée, galante, romanesque, noble : une tragédie à la cour de Louis XIV. Pas une erreur esthétique, pas une incohérence historique.

En mars 1677, la cause semble être entendue : Racine c'est le théâtre, et le théâtre c'est Racine. Il est facile d'imaginer la satisfaction d'un artiste heureux de voir triompher ses convictions les plus ardentes ; heureux aussi de voir le public communier avec ses sentiments et ses pressentiments, ses fantasmes, ses angoisses, sa sensibilité, son art enfin. Imaginons, mais n'y croyons pas trop. Pas plus en tout cas que Mme de Sévigné qui écrivait cinq ans plus tôt à propos de *Bajazet* : *« Racine fait des comédies pour la Champmeslé ; ce n'est pas pour les siècles à venir. Si jamais il n'est plus jeune et qu'il cesse d'être amoureux, ce ne sera plus la même chose. »*

On discutera de savoir si Racine écrivait pour sa maîtresse ou s'il avait pris pour maîtresse, après Marquise du Parc, la comédienne la plus apte à faire valoir ses pièces. Il rompt en tout cas avec elle au printemps 1677 et épouse, le 1er juin, Catherine de Romanet, vingt-cinq ans, fortune honnête et bonne noblesse, à qui il fera sept enfants. Racine se range, il s'habille d'un nouveau costume à la place de celui de poète à succès et à femmes qu'il avait endossé lors de sa période conquérante. Sage, grave, respectable, pourvu d'un honnête embonpoint.

La raison de la transformation ? Elle se murmure depuis mai, elle devient officielle en septembre : Louis XIV nomme Racine, ainsi que son compère Boileau, historiographes de sa royale personne. Les deux poètes supplantent Pellisson dont la plume est moins audacieuse dans la flagornerie. Comme le service du roi ne saurait entrer en concurrence avec des tâches subalternes, il est entendu que Racine renoncera à l'écriture de théâtre. Ce qu'il accepte avec enthousiasme et gratitude. Il vient de franchir une nouvelle étape dans sa carrière. Il ne renouera avec la poésie dramatique qu'à la demande expresse du roi et de Mme de Maintenon, en 1689 et 1691, pour *Esther*, *Athalie* et l'édification chrétienne des demoiselles de Saint-Cyr. Une parenthèse vite refermée.

Le « silence » de Racine a donné lieu a autant de commentaires que celui de Rimbaud refermant ses cahiers. On a imaginé des drames, des conversions, des renoncements. Les romanesques ont agité l'affaire des poisons, dans laquelle Racine a été, un instant, impliqué. D'autres ont peint le tableau édifiant du poète abandonnant les plaisirs frelatés de la gloire pour mieux se consacrer au salut de son âme. Ou encore cédant aux pressions de ses anciens maîtres jansénistes, lesquels n'étaient pas éloignés de voir dans le théâtre une invention du diable.

Il est vrai que, dans ce dernier quart du siècle, on assiste à un retour en force de la religiosité, laquelle va bientôt – au fur et à mesure que s'accumulent les échecs militaires et les catastrophes économiques – tourner à la fureur dévote. Une crise culturelle s'ébauche qui commence par attaquer le maillon faible de la production artistique, le théâtre. Les Églises entretiennent depuis des siècles des relations difficiles avec la scène. Selon les temps, les circonstances et les écoles, cela va de la condamnation pure et simple à la tentation de s'approprier les puissances de la représentation à des fins édifiantes.

Racine a essuyé les foudres des gens de Port-Royal, les plus acharnés dans la dénonciation : « *Un faiseur de romans et de pièces de théâtre est un empoisonneur public, non des corps, mais des âmes des fidèles, qui doit se regarder comme coupable d'une infinité d'homicides spirituels.* [...] *Plus il a eu soin de couvrir d'un voile d'honnêteté les passions criminelles qu'il y décrit, plus il les a rendues dangereuses et capables de surprendre et corrompre les âmes simples et innocentes* », écrivait Nicole en 1665, alors que Racine venait de faire jouer *Alexandre*, sa seconde pièce. Mais loin de se laisser intimider par l'anathème de son bienfaiteur, Racine n'a pas hésité à lui répondre publiquement de se mêler de ses affaires : « *Qu'est-ce que les romans et les comédies peuvent avoir de commun avec le jansénisme ?* [...] *Vous avez assez d'ennemis : pourquoi en chercher de nouveaux ?* » Ni Nicole ni ses amis ne l'empêcheront de montrer son talent, ni de récolter les récompenses que ce talent mérite. Racine a même songé à pousser plus loin et plus fort la polémique contre le sectarisme de Port-Royal, mais ses amis l'ont persuadé de renoncer à publier sa diatribe : en matière religieuse, le roi a horreur du bruit. Profil bas, c'est le mot d'ordre. Pour ne pas l'avoir accepté, Molière s'est éreinté à affronter les attaques, de *L'École des femmes* au *Misanthrope*, avant de se replier sur des sujets moins épineux.

Pas plus en 1677 qu'en 1665 Racine n'est prêt à écouter les prêches des ennemis du théâtre. Il sera temps de le faire quand il n'en écrira plus. En matière religieuse, il est bon catholique comme tout un chacun : de la religion du roi, c'est la seule utile. En 1698 encore, un an avant sa mort, il se défend, devant Mme de Maintenon, de la *« calomnie »* qui le fait passer pour janséniste. Il observe, écrit-il, *« une soumission d'enfant pour tout ce que l'Église croit et ordonne, même dans les plus petites choses »*. Et il entonne sa profession de foi sociale : *« Je ne connais ni ne fréquente aucun homme qui soit suspect de la moindre nouveauté. »*

Pas de « conversion », pas de lassitude, pas de renoncement à la littérature : Racine cesse d'écrire des tragédies parce qu'il a mieux à faire. Il n'abandonne pas son métier d'écrivain : il lui fait franchir une nouvelle étape sur la voie de la consécration et de la réussite. Après un début de carrière hésitant, le théâtre lui a apporté tout ce qu'en attendait son besoin de parvenir : un statut social, une fortune estimable, la célébrité, une place subalterne mais honorable dans le réseau des relations aristocratiques. Il lui a permis d'accéder à la véritable consécration : ce poste d'historiographe du roi, qu'il doit au succès de ses tragédies plus encore qu'à sa souplesse de courtisan.

Racine partage les préjugés de cette noblesse à laquelle il vient d'atteindre : un poète, un littérateur sont de plaisants ornements ; plaire, émouvoir, séduire avec des mots est un métier difficile. Mais un faiseur de comédies n'est jamais qu'un employé chargé du divertissement de la bonne société. S'il arrive à cet expert en discours de se hausser du col avec ses grands mots, il doit se garder de prendre ses chansons pour la réalité. Un historiographe du roi, c'est une autre affaire : il n'écrit pas pour le plaisir, mais pour la gloire du plus puissant des monarques. Il a une mission.

Racine suit désormais le roi partout. Il pratique son nouveau métier des lettres avec autant de sérieux qu'il pratiquait l'ancien, bûcheur, consciencieux, précis, habile. Du moins pour ce que nous en savons, puisque les manuscrits de l'histoire de Louis XIV par Racine et Boileau brûleront en 1726 dans l'incendie de la maison de campagne de leur successeur, le sieur de Valincour. Finis la quiétude du cabinet et le froufroutement des coulisses. Racine va à la guerre, aussi longtemps que Louis XIV s'y rend. Il mène la vie des camps, patauge dans la boue, dort sous les canons. Boileau, davantage soucieux de son confort, suit les choses de plus loin ; mais Racine est payé double. Il a toujours besoin de plus d'argent pour vivre en gentilhomme, de plus d'honneurs et de titres pour élever sa lignée, de plus de faveurs pour illustrer sa réussite d'écrivain royal et de courtisan exemplaire.

Il arrive parfois qu'il en fasse trop, comme en 1684 où il intrigue pour faire élire à l'Académie française le duc du Maine, quatorze ans, fils de Louis XIV et de Mme de Montespan. Le roi lui-même trouve la flatterie de mauvais goût. Mais l'incident est vite oublié. Racine reçoit la plus recherchée des récompenses : Louis XIV lui attribue un logement à Versailles, une sombre soupente certes, mais dans la proximité du soleil. Plus tard, quand le roi se lassera un peu de la perpétuelle représentation versaillaise et prendra des congés à Marly, Racine fera encore partie du petit nombre d'élus autorisés à l'accompagner.

Le théâtre ? Il lui a servi de passeport. Il est longtemps le garant de sa légitimité à occuper le premier rang parmi les thuriféraires du roi. Racine ne manque jamais une occasion de rappeler qu'il est le meilleur, et gare à ceux qui le contestent. Boileau est là pour faire respecter la hiérarchie et punir les contrevenants à l'ordre classique.

Lorsque le climat du règne tourne décidément au funèbre, Racine suit le mouvement. Il passe de la Montespan à la Maintenon, du musc à l'encens, avec une égale ferveur. C'est Bossuet, désormais, qui reprend les anathèmes de Nicole contre le théâtre. Ses *Maximes et réflexions sur la comédie* ne le cèdent pas en fureur aux accusations des jansénistes. Racine se garde bien, cette fois, de répliquer. Il en devient exemplaire ; Bossuet couvre de fleurs le grand poète qui, pour sauver son âme et celle du public, *« a renoncé publiquement aux tendresses de sa Bérénice »*. Racine adopte sans difficulté ce nouveau costume ; il sied parfaitement à sa dignité de conseiller secrétaire du roi, chef d'une noble famille, défenseur volontiers pontifiant de la morale, de la religion et des bonnes mœurs. Lorsque le roi fait jouer un opéra ou une comédie à Versailles ou à Marly, il s'y rend bien sûr, mais en traînant les pieds et en veillant à ce que ça se sache.

Le 15 mai 1698, Racine apprend par l'un de ses amis, M. de Rost, que la Champmeslé est à l'agonie. Au détour d'une lettre à son fils Louis, où il lui parle de beurre, de frais de port, de querelles de mousquetaires et de correction de langage, Racine écrit l'oraison funèbre de celle qui fut sa flamboyante maîtresse et l'inspiratrice de ses tragédies : *« M. de Rost m'apprit avant-hier que la*

Champmeslé était à l'extrémité. De quoi il me parut très affligé ; mais ce qui est le plus affligeant, c'est de quoi il ne se soucie guère apparemment, je veux dire l'obstination avec laquelle cette pauvre malheureuse refuse de renoncer à la comédie, ayant déclaré, à ce qu'on m'a dit, qu'elle trouvait très glorieux pour elle de mourir comédienne. Il faut espérer que quand elle verra la mort de plus près, elle changera de langage, comme le font d'ordinaire la plupart de ces gens qui font tant les fiers quand ils se portent bien. »

SOURCES

Jean RACINE : *Œuvres complètes*. Tome I : *Théâtre, poésie*. Édition de Georges Leforestier, 1999. Tome II : *Prose*. Édition de Raymond Picard, 1966. Paris, Gallimard, « Bibliothèque de la Pléiade ».

Jacques PRADON : *Phèdre et Hippolyte*. Dans *Théâtre du* XVIIe *siècle*, tome III. Édition de J. Truchet et A. Blanc. Paris, 1992, Gallimard, « Bibliothèque de la Pléiade ».

Nicolas BOILEAU : *Satires, Épîtres, Art poétique*. Édition de J.-P. Collinet. Paris, Gallimard, 1985.

Jacques Bénigne BOSSUET : *Œuvres*. Édition de Bernard Velat et Yvonne Champailler. Paris, 1936, Gallimard, « Bibliothèque de la Pléiade ».

Pierre NICOLE : *Traité de la comédie*. Édition de L. Thirouin. Paris, Champion, 1998.

Raymond PICARD : *La Carrière de Jean Racine*. Paris, Gallimard, 1956, 1961.

Alain VIALA : *Racine. La stratégie du caméléon*. Paris, Seghers, 1990.

— *Naissance de l'écrivain. Sociologie de la littérature à l'âge classique*. Paris, Éd. de Minuit, 1985.

Roland BARTHES : *Sur Racine*. Paris, Éd. du Seuil, 1963.

Lucien GOLDMANN : *Le Dieu caché*. Paris, Gallimard, 1956.

Jean STAROBINSKI : *L'Œil vivant*. Paris, Gallimard, 1961.

Jacques TRUCHET : *La Tragédie classique*. Paris, PUF, 1975.

Maurice DELACROIX : *Le Sacré dans les tragédies profanes de Racine*. Paris, Nizet, 1970.

Maurice BÉNICHOU : *L'Écrivain et ses travaux*. Paris, José Corti, 1967.

La guerre civile des Français sur la langue

1685 ■ Furetière chassé de l'Académie française

Le 29 janvier, l'Académie française, réunie au Louvre sur la convocation de son chancelier, l'évêque de Dax Paul-Philippe de Chaumont, prononce, par dix-neuf voix contre une, l'exclusion d'un de ses membres, Antoine Furetière, abbé de Chalivoy et prieur de Pruines. La décision est exceptionnelle. On ne connaît qu'un précédent. En 1636, Richelieu a fait chasser de la jeune compagnie un auteur qu'il y avait nommé sept mois plus tôt. Auger Mauléon, sieur de Granier, était un aimable érudit, éditeur des Mémoires de Marguerite de Valois, mais c'était aussi un escroc. Il se faisait confier par des religieuses de l'argent qu'elles ne revoyaient jamais.

Granier a été déposé *« d'une commune voix et sans espérance d'être restitué »*. On lui a d'ailleurs donné immédiatement un successeur, Balthazar Baro, le secrétaire d'Honoré d'Urfé. Avec l'abbé Furetière, les choses sont moins simples. Remarquons d'abord que la réunion qui a décidé de son exclusion n'a atteint le quorum que d'extrême justesse. Vingt votants sur quarante. Encore a-t-il fallu tirer le pauvre Barbier d'Aucour de chez lui pour faire le compte. Vingt académiciens n'ont pas jugé bon de se déranger pour une affaire aussi importante, ou plus probablement ont choisi de ne pas s'en mêler. Parmi eux, des personnages de poids : Bussy-Rabutin, Jacques-Nicolas Colbert, archevêque de Rouen – à vingt-six ans – et fils du défunt ministre, Nicolas Boileau-Despréaux, Paul Pellisson, l'archevêque de Paris, François de Harlay de Champvallon, prélat fort galant toujours aux ordres de la cour,

La Fontaine qui a enfin pu entrer à l'Académie l'année précédente, après la mort de Colbert père. Racine a participé au vote, mais il a voté, seul, contre l'exclusion de Furetière. Et il n'est pas dans les habitudes de Racine de se montrer désobéissant.

La vérité est qu'on hésite à Versailles sur les suites à donner à « l'affaire Furetière ». Au point que l'Académie décide de garder secrète sa décision d'exclusion et de dépêcher auprès du roi le vieux Toussaint Rose pour convaincre le monarque des bonnes raisons qu'on a eues d'expulser l'abbé. M. Rose est, à sa manière, un proche de Louis XIV. Ancien secrétaire particulier de Mazarin, grand faiseur de discours, il possède une aptitude qui supplée à sa totale absence de talent littéraire : il sait imiter à la perfection l'écriture du roi, ce qui lui vaut l'emploi de « secrétaire à la main » du monarque.

M. Rose se rend donc à Versailles. Le roi écoute, affirme-t-il, *« favorablement »* ses arguments. En fait, Louis XIV est assez fâché contre son Académie et le bruit qu'elle fait. Il demande des vérifications, il craint des vices de forme. Il temporise, il consulte. Les adversaires académiques de Furetière doivent revenir à la charge. Ils agitent le clan Le Tellier afin d'obtenir le soutien de Louvois, le nouvel homme fort. Ils pressent Bossuet, absent lui aussi lors de la délibération d'exclusion. Ils expédient, le 10 février, un nouvel émissaire à Versailles, l'abbé Régnier-Desmarais, secrétaire perpétuel de la compagnie. Régnier porte un long mémoire, accompagné d'un dossier de pièces justificatives. Il se rend au lever du roi. *« Sa Majesté lui fait dire en entrant qu'elle ne voulait point de harangue. »* Et comme, malgré l'avertissement, Régnier commence à débiter les platitudes courtisanes d'usage, Louis XIV lui prend des mains mémoire et pièces, promet de les lire et le congédie *« en lui faisant un léger signe de tête »*. Rien n'est joué.

Rien ne se jouerait peut-être si l'abbé Furetière faisait le dos rond ou essayait de trouver un compromis avec ses confrères. Il suffirait d'un peu de bonne volonté et d'oubli des offenses. Au lieu de quoi l'irascible bonhomme se lance dans des manœuvres juridiques contre l'Académie et surtout dans une campagne de libelles visant à ridiculiser ses adversaires. Le premier de ses *factums « contre quelques-uns des Messieurs de l'Académie française »* circule dans Paris à la mi-février. Furetière gagne l'opinion à sa cause, mais perd le soutien ou la neutralité des hommes d'ordre qui ont le scandale en horreur : on ne se moque pas publiquement de l'Académie de Sa Majesté. Le sort de Furetière est scellé. Le 9 mars, le Conseil privé du roi réuni à Versailles *« ordonne que le Privilège obtenu par l'abbé Furetière le 16 août 1684 sera rapporté, et icelui rayé tant sur le Registre des grands académiciens de France que sur celui de la Communauté des Libraires de Paris ; avec défense au dit Furetière de s'en servir, et que les Essais, Épîtres dédicatoires et Avertissement seront supprimés. Défenses à tous libraires de les imprimer, céder et débiter, à peine de trois mille livres d'amendes, dépens, dommages et intérêts »*. Arrêt sévère : Furetière n'est pas seulement *rayé* de l'Académie française. Son grand œuvre, son *Dictionnaire universel*, est interdit avant même d'avoir été imprimé. L'Académie française remporte une bataille dans ce qu'un contemporain va appeler *« la guerre civile des Français sur la langue »*.

La guerre n'est pas nouvelle ; et sans doute durera-t-elle aussi longtemps que la langue française elle-même et que la France. Le « bon langage » est une passion française qui traverse les siècles et dont les effets débordent largement les cercles des linguistes, des grammairiens et des écrivains. Il y a une religion de la langue, avec son clergé, ses pères, ses théologiens, ses casuistes, son inquisition, ses hérétiques. Nulle part ailleurs la langue n'est à ce point perçue comme une affaire d'État. Une affaire à laquelle l'État, d'ailleurs, se mêle volontiers, n'hésitant pas à prescrire et à proscrire, à dresser des lexiques de mots légitimes, à autoriser ou à tolérer des changements orthographiques, à imposer de nouveaux usages dans la syntaxe ou dans la morphologie. Quitte à susciter les doléances de l'Académie française, laquelle, au nom des prérogatives que lui aurait accordées Richelieu, revendique le monopole de la loi du bien-dire.

Il est vrai que les articles 24, 25 et 26 des statuts de 1635 stipulent que *« la principale fonction de l'Académie sera de travailler avec tout le soin et toute la diligence possibles à donner des règles certaines à notre langue et à la rendre pure, éloquente et capable de traiter les arts et les sciences. Les meilleurs auteurs de la langue française sont distribués aux académiciens pour observer tant les dictions que les phrases qui peuvent servir de règles générales. Il sera composé un Dictionnaire, une Grammaire, une*

Rhétorique et une Poétique sur les observations de l'Académie ». Mais il est vrai aussi que les académiciens n'ont guère montré de zèle dans l'exercice de cette fonction. Les uns parce qu'ils ne s'en sentent pas capables, n'étant ni linguistes ni grammairiens ; les autres parce que ce genre d'exercice savant et méthodique les ennuie et leur paraît indigne du statut d'élu des Belles-Lettres auquel ils sont parvenus. Ils veulent bien, après Malherbe, s'intéresser aux règles – esthétiques et littéraires – du bien-écrire ; mais le bien-dire quotidien n'est guère leur affaire.

On a tôt fait de se moquer des lenteurs du *Dictionnaire de l'Académie*. Ces messieurs, lorsqu'ils daignent assister aux séances, préfèrent parler de leurs œuvres et de celles de leurs confrères plutôt que du lexique. Boisrobert, l'œil du Cardinal sur les Quarante, commente la chose, mi-amusé, mi-navré :

L'Académie est comme un vrai chapitre,
Chacun à part promet d'y faire bien.
Tous ensemble ils ne font rien qui vaille ;
Depuis dix ans dessus l'F on travaille,
Et le destin m'aurait fort obligé
S'il m'avait dit : Tu vivras jusqu'à G.

On avance si peu et si mal qu'en 1639 Richelieu a décidé de confier à un seul homme, d'origine étrangère qui plus est – il est savoyard –, la préparation du *Dictionnaire*.

Plus qu'un linguiste, Claude Favre de Vaugelas est un amateur passionné de l'art de dire. Il a fréquenté les salons des Précieuses où sa connaissance des langues et des littératures italiennes et espagnoles a été appréciée. Il aime le beau monde et la conversation. Mais il manque cruellement d'argent pour se soutenir dans la société qu'il fréquente. Il est couvert de dettes. Pour apaiser ses créanciers, il exerce pour la police des fonctions d'enquêteur à gages, pistant et dénonçant les repris de justice qui n'ont pas purgé leur peine. La pension que lui accorde Richelieu pour le *Dictionnaire*, 2 000 livres, le tire un instant d'embarras. Abandonné à lui-même par ses confrères académiciens, Vaugelas impose sa loi. En 1647 paraissent ses *Remarques sur la langue française, utiles à ceux qui veulent bien parler et bien écrire*. C'est beaucoup plus qu'un travail théorique destiné à servir de base à l'élaboration du dictionnaire : la proclamation d'une véritable doctrine de la « bonne langue ».

L'originalité du nouveau dogme est d'afficher son non-dogmatisme. *« Je ne prétends passer,* écrit Vaugelas dans sa préface, *que pour un simple témoin qui dépose ce qu'il a vu et ouï. »* La règle qui doit décider de la langue n'est pas celle de la raison, ni celle de l'histoire ou des racines, mais celle de l'usage, *« souverain seigneur de la langue »*. Les grammairiens, les érudits de l'étymologie et les écrivains sont priés de retourner à leurs études et à leurs « caprices » : l'usage est un tyran auquel tous doivent se soumettre. La *« bonne »* langue est donc celle qui est parlée par le plus grand nombre, comme l'affirmait déjà Malherbe ? Pas du tout : il est, *en raison*, impossible d'affirmer que le groupe le plus nombreux, le peuple, va gouverner la langue. Dans ce domaine, *« comme en toute chose »*, le plus grand nombre détermine un *« mauvais usage »*. L'usage dont Vaugelas proclame le règne absolu n'a rien à voir avec la quantité : *« Il sera toujours vrai qu'il y aura un bon et un mauvais Usage, que le mauvais sera composé de la pluralité des voix, et le bon de la plus saine partie de la Cour et des Écrivains du temps ; qu'il faudra toujours parler selon l'Usage qui se forme de la Cour et des Auteurs, et que lorsqu'il sera douteux ou inconnu, il en faudra croire les maîtres de la langue et les meilleurs Écrivains. Ce sont des maximes à ne changer jamais. »*

Le peuple étant définitivement voué à l'enfer du mauvais usage et à l'inexistence sociale, Vaugelas établit une stricte hiérarchie des donneurs d'usage : la cour, puis les écrivains, puis, éventuellement, les grammairiens et les savants, ces deux dernières catégories enregistrant les normes édictées par la première. L'ordre est-il enfin assuré ? Pas tout à fait ; il subsiste quelques ferments d'anarchie. Il n'échappe pas à Vaugelas que certains auteurs et même certains courtisans sont encore infectés par les manières de parler *« basses »* ou *« pédantes »* et que le souci de se distinguer des autres conduit parfois certains fats de bonne extraction à employer des termes et des tournures que la *« pureté »* réprouve. Il est donc décidé que le bon usage est celui non de la cour tout entière, mais *« de la plus saine partie de la Cour »*.

« La plus saine » n'appartient pas au discours linguistique, pas davantage au discours social. Il s'agit d'une différenciation morale. Elle ne désigne pas un groupe de personnes par la situation qu'il occupe mais les dispositions intérieures qui l'amènent à vouloir se rapprocher d'un idéal de perfection langagière. La définition du

bon usage par Vaugelas place la langue sous le signe de la compétition et de l'ascèse. On se rapproche de la langue parfaite comme on se rapproche de Dieu. Vaugelas, enfant, a été élevé en Savoie sous la direction de François de Sales, l'auteur de l'*Introduction à la vie dévote*, véritable guide de la purgation de l'âme et des chemins de la vie parfaite. Les *Remarques* de Vaugelas proposent les méthodes et les exercices destinés à faire progresser vers une sorte de sainteté linguistique. La plus saine partie de la cour est celle qui s'engage dans cette purification semée d'embûches et de tentations, de fléchissements et d'ardeur retrouvée. Vaugelas est le directeur de conscience des dévots du bien-dire et du bien-écrire.

« Il en est de l'Usage comme de la Foi, qui nous oblige à croire simplement et aveuglément, sans que notre raison y apporte sa lumière naturelle. [...] *Néanmoins, nous ne laissons pas de raisonner sur cette même foi et de trouver de la raison aux choses qui sont par dessus la raison. »* L'évidence de la foi ne doit pas empêcher les théologiens et les grammairiens de discuter à l'infini sur la raison des mystères.

On comprend le succès immense des *Remarques*. Sous les apparences fort à la mode de la dévotion s'y exprime spontanément l'idéologie sociale et politique de l'État moderne. Sous la tyrannie de l'usage, Vaugelas ne se contente pas d'écarter ceux qui, pour se distinguer du commun et se hisser hors de leur condition, s'efforcent d'écrire et de parler autrement, il instaure l'accès à l'usage établi comme le signe supérieur de la distinction. L'appartenance au groupe, la soumission aveugle de sa langue et de ses comportements aux normes, la dissolution de la parole personnelle dans *« l'air de Cour »* sont les marques individuelles de l'excellence. La gloire consiste à surpasser les autres dans la ressemblance. Et le comble de l'art s'appelle le « naturel ».

Dans une société privée de tout débat politique public, les discussions sur la « bonne langue », après celles sur le théâtre, passionnent l'élite mondaine érigée en législatrice. Ces débats qui la divisent en surface la rassurent sur son unité profonde, offrant une image harmonieuse et homogène d'un groupe dominant soudé autour des mêmes valeurs, des mêmes représentations et des mêmes refus sociaux et intellectuels. On évoque les « cas de langue » avec les mêmes délices que les « cas de conscience ». On cherche des appuis et des exemples dans les meilleurs auteurs modernes. Mais il manque un dictionnaire. Vaugelas est mort en 1650, sans avoir eu les moyens d'achever le travail. Pire : les créanciers du grammairien ont saisi ses papiers, parmi lesquels plusieurs cahiers du *Dictionnaire*. Avec le reste, les académiciens se remettent au travail, sans entrain.

Vingt ans passent. La paresse académique n'amuse plus personne. Les ténors de la discussion sur la langue n'appartiennent pas, sauf exception, à l'Académie royale. Ils se nomment Gilles Ménage, le père Bouhours, le père Rapin, l'abbé d'Aubignac, La Mothe Le Vayer et, sous divers pseudonymes, les grammairiens de Port-Royal. Les uns, savants, farcis de grec et de latin, ne voient le salut que dans l'étymologie. (Ménage sera le Vadius des *Précieuses ridicules*.) D'autres, proches des Précieuses justement, se montrent intransigeants sur la « décence » de la langue ; les « Modernes » prônent l'exclusion des mots et des formes qui *« sentent l'antiquaire et le pédant »*. La Mothe Le Vayer, dans ses *Lettres sur les « Remarques »*, refuse de placer la langue écrite sous les normes de la langue parlée : la littérature se rebiffe. Chacun se réclame du bon usage pour fustiger l'usage préconisé par son voisin. Faute d'une autorité légitime et reconnue, le rêve d'une langue incontestable se dissout dans les querelles de clans.

Il y a plus grave. Chacun admet avec Vaugelas que l'usage, ce maître des langues, change tous les jours. Lorsqu'on affirme que *« Ronsard et Marot sont de mauvais garants de notre usage moderne, puisqu'il suffit presque de dire qu'ils se sont servis d'un mot pour présumer qu'il n'est guère bon présentement, ou peut-être qu'il ne vaut rien de tout »*, on présume qu'il en sera de même pour le français qu'utilisent et illustrent Racine, Boileau ou Perrault. Mais ce relativisme historique entre en contradiction violente avec la célébration absolue du règne de Louis XIV. Dans son *Traité de l'excellence de la langue française*, l'académicien Charpentier proclame haut et fort que, sous le meilleur et le plus glorieux des rois, la langue française ne peut être que *« la plus belle et la plus parfaite des langues »*. Il est difficile aux autres d'en dire moins. Mais, du coup, toute évolution de cette langue s'assimile à une perte et à une décadence. La barbarie menace. L'apothéose de la France louis-quatorzième se confond avec le vertige de la chute.

Le *Dictionnaire* a aussi cette fonction fantasmatique : arrêter l'histoire en fixant la langue ; pérenniser la gloire française du siècle de Louis XIV en cristallisant la langue *« à un point fixe de perfection »*. Encore faut-il qu'on mette fin *« à plus de deux mille mots et façons de parler contestées »*. La perfection ne saurait souffrir qu'on se chamaille à son propos. Opération politique, donc. En 1667, Jean-Baptiste Colbert, le premier des ministres du roi, entre lui-même à l'Académie pour stimuler l'ardeur de ses nouveaux confrères. En 1672, on loge l'Académie au Louvre, pour l'avoir sous la main. En 1674, le roi pousse encore les feux. Il octroie à son Académie un privilège qui n'a pas d'autre exemple dans l'histoire du livre. La compagnie obtient un monopole absolu pour tout dictionnaire de la langue française jusqu'à la parution de son ouvrage et pour les vingt ans qui suivent. C'est une arme à double tranchant. Elle institue le futur *Dictionnaire* comme l'expression officielle de la norme lexicale, mais elle peut aussi encourager les académiciens, débarrassés de toute concurrence, à laisser traîner indéfiniment les choses.

Notons aussi qu'en 1672 Louis XIV commence à se faire appeler « Louis le Grand ». Sur la pierre des monuments officiels, on grave *Ludovicus Magnus*. Perrault entame la préparation de son *Siècle de Louis le Grand*, qui paraîtra en 1687. Le pouvoir ne connaît plus guère de limites dans l'autocélébration. À l'apogée de sa puissance, en guerre contre toute l'Europe, en conflit avec Rome, l'État royal veut s'assurer qu'aucune voix discordante ne viendra troubler la représentation de sa gloire. Un roi, une religion – l'édit de Fontainebleau révoque celui de Nantes en 1685, l'année de l'exclusion de Furetière –, une langue. Encore faut-il savoir laquelle.

Comme on le craignait, l'instauration du monopole de l'Académie sur la publication du *Dictionnaire* n'a pas accéléré les travaux. Écrasés par l'ampleur politique de leur mission, les Quarante – ou plus exactement les quelques assidus aux séances, Conrart, mort en 1675, Toussaint Rose, son successeur, Mézerey, Charpentier, Furetière, Patru, Doujat, l'abbé Testu lorsqu'il ne flottait pas dans les vapeurs de l'opium – butent sur chaque mot. Et la langue avançant plus vite que leurs travaux, ils sont obligés de rectifier des cahiers déjà rédigés.

Pour les aiguillonner, on organise une concurrence contrôlée. C'est Olivier Patru qui est chargé de l'opération. Patru est surtout connu pour avoir inventé le discours de réception à l'Académie française. Pellisson raconte que ce jeune avocat de trente-sept ans, élu en 1640, *« prononça un fort beau remerciement dont on demeura si satisfait qu'on a obligé tous ceux qui ont été reçus depuis à en faire autant »*. Patru est un réformateur du langage et de la rhétorique juridiques ; un champion de l'épuration lexicale. Il compose ses plaidoiries dans une langue si « naturelle » et si dépourvue d'emphase, de jargon et d'érudition inutile qu'il perd tous ses procès. La basoche résiste à la normalisation.

Patru agite l'un de ses collègues, César Pierre Richelet, qui fait, comme lui, partie du cercle littéraire de l'abbé d'Aubignac. Richelet est un passionné de lexicographie. Il a déjà publié un dictionnaire de rimes. Patru l'assure du concours officieux de Bouhours, de Rapin, de Maucroix, l'ami de La Fontaine, de quelques auteurs qui seront ravis de fournir à l'ouvrage un florilège de leurs propres citations. En moins de trois ans, Richelet boucle son affaire. Le *Dictionnaire français contenant généralement tous les mots, et plusieurs remarques sur la langue française, ses expressions propres, figurées et burlesques, la prononciation des mots les plus difficiles, le genre des noms, la conjugaison des verbes, leur régime, celui des adjectifs et des prépositions. Avec les termes les plus connus des Arts et des Sciences. Le tout tiré de l'usage et des bons auteurs*, paraît chez Vincent Miège à Genève en 1680. Dans son avertissement, Richelet remercie Patru. Il présente aussi son ouvrage comme un outil provisoire : *« Des personnes illustres dans les lettres travaillent depuis près de 43 ans à un Ouvrage de cette nature, et toutefois ils n'en sont pas encore venus à bout. En attendant que leur travail paraisse et vienne heureusement remplir les vœux du public, on met en lumière ce* Dictionnaire *qui est une espèce d'aventurier qu'on rendra plus digne de voir le jour, si les honnêtes gens, qui sont éclairés, nous font la grâce de marquer les choses en quoi on aura pu déplaire. »* Richelet est un aventurier respectueux.

Édité à l'étranger, modeste dans ses proportions – un millier de pages –, souvent plein de fantaisie et d'esprit polémique dans ses définitions, le Richelet n'est pas accueilli comme un concurrent par l'Académie, malgré son succès. On préfère feindre le mépris ; Furetière en parle comme d'une entreprise *« misérable »*. N'empêche qu'il s'agit bien du premier dictionnaire français sans ancrage latin. Également d'un manifeste du purisme et de la doctrine du bon usage. *« J'ai lu nos plus excellents auteurs, et tous ceux qui ont écrit des Arts avec réputation. J'ai composé mon livre de leurs mots les plus reçus aussi bien que de leurs expressions les plus belles. » « Je ne prétends prescrire de lois à personne »*, affirme encore Richelet. De fait, son *Dictionnaire* est un témoignage assez fidèle de la langue parlée en 1680. Mais le lexicographe se montre respectueux des « niveaux » de langue, et surtout place typographiquement une croix mortuaire devant les mots et les expressions qu'il estime vieillis, *« plébés »* ou *« pédants »*. Une croix tombale pour *dérider*, une autre pour *afectueux*, trop italien (notons aussi que Richelet modernise l'*« ortographe »* et retranche les lettres inutiles, plus qu'on ne le permettra), pour *clabauder* et *clabaud*, *« mot de la lie du peuple »*. Et aussi pour l'expression *Écarter la dragée*. C'est, explique Richelet, *« faire sauter sa salive sur le visage ou les habits de ceux qui sont près de nous »*. Cela se fait toujours mais ne se dit plus.

Le succès de Richelet fait ressentir l'urgence d'un dictionnaire de référence. Vers 1676, il commence à se murmurer qu'Antoine Furetière, académicien, prépare un ouvrage contenant tous les mots français.

Ce Furetière est un drôle de corps. Né en 1619 dans une famille de la vieille bourgeoisie de robe parisienne, il ne cesse d'hésiter, comme tant d'hommes de sa génération et de son groupe social, entre les séductions de l'irrespect et les bénéfices de l'obéissance. Par tempérament, il est batailleur, gai, inventif, ennemi de la fadeur, insolent. Par ambition, il fait sa cour à Colbert et à Henri de Bourbon – un bâtard d'Henri IV, évêque de Metz à sept ans –, fustige dans son *Roman bourgeois* la médiocrité intellectuelle et morale des petits bourgeois de Paris et prend à partie les libertins et les « athéistes » qui complotent la ruine du royaume. Dans les querelles nombreuses et souvent futiles que suscitent les théories – parfois – et les vanités – toujours – des écrivains, il sait habilement soutenir les uns sans être obligé de rompre avec les autres. Cette stratégie tarabiscotée permet au poète satiriste d'être élu à l'Académie en 1662, dans la foulée de son grand ami Gilles Boileau, le frère aîné de Nicolas, autre grand querelleur transformé en gardien de l'ordre.

Antoine Furetière travaille sérieusement. Débarrassé de tout souci matériel par les revenus de deux abbayes qui ne lui ont coûté qu'une tonsure, le nouvel académicien participe avec zèle à l'élaboration du *Dictionnaire*. Un zèle si grand qu'il en paraît suspect. Il participe à toutes les discussions, prend des notes, recopie, fait des dossiers. Ses interventions sur la langue le situent au centre. Entre le parti des savants et des précieux représenté par Ménage et celui des Modernes de Charles Perrault et de Desmarets de Saint-Sorlin. Entre l'excessive subtilité et l'excessive soumission aux règles mondaines de l'art de vivre.

Furetière n'ignore évidemment pas le monopole de l'Académie en matière de dictionnaire de langue. Aussi prétend-il, vers 1676, préparer un autre ouvrage, d'une autre utilité : un dictionnaire des « arts » – c'est-à-dire des techniques – et des sciences. Un dictionnaire des choses plutôt que des mots : une encyclopédie. Colbert, jusqu'à sa mort en 1683, fait semblant d'y croire et encourage l'abbé. Peut-être Furetière, ainsi protégé, se croit-il tout permis. Il obtient en tout cas un privilège pour un « Dictionnaire universel » qu'il se hâte de faire ratifier par le directeur en exercice de l'Académie, François Charpentier, lequel oublie même d'en avertir ses collègues. Il ne faut pas six mois avant que Furetière ne mette en vente à Paris, le plus légalement du monde, sous le titre d'*Essais d'un dictionnaire universel contenant généralement tous les mots français tant vieux que modernes et les termes de toutes les Sciences et les Arts*, un échantillon de son grand ouvrage. Lequel apparaît clairement pour ce qu'il est : le concurrent direct du dictionnaire potentiel de l'Académie, coiffée sur le poteau par l'un de ses membres.

Dans l'article « Feu » des *Essais* – dix grandes pages dont l'ampleur contraste avec la simple colonne du Richelet –, Furetière se permet même d'ajouter une note ironique : *« S'il se trouve quelque conformité en cet endroit avec le* Dictionnaire de l'Académie, *le Lecteur n'en doit pas être surpris puisque c'est le même Auteur qui en a fait le canevas, dont la minute qui est écrite de sa main peut faire foi. Ce mot qui apparemment se fera distinguer des autres, doit suffire pour faire cesser le reproche qui lui est fait de n'avoir pas voulu communiquer ses lumières à la compagnie, puisqu'il n'en a pas été chiche toutes les fois qu'on les a voulu recevoir. »* Furetière avoue en toute franchise qu'il travaillait pour les deux dictionnaires à la fois.

Pourtant, la réaction de la majorité de l'Académie est molle.

Racine, qui en est alors le directeur, ne bouge pas. Il cherche un compromis ou un règlement à l'amiable. Furetière, par exemple, pourrait publier son dictionnaire en l'expurgeant de tous les mots communs de la langue, pour ne conserver que les termes techniques et scientifiques. Ou renoncer au privilège obtenu par surprise et publier à l'étranger. Mais deux partis souhaitent l'affrontement. D'un côté les Modernes : Charpentier évidemment, furieux d'avoir été roulé par Furetière, Perrault, Quinault, Le Clerc et l'abbé Tallemant l'aîné, le frère de Tallemant des Réaux. De l'autre Antoine Furetière, seul, fier de son travail, sûr de son bon droit, agité par une fièvre procédurière où se réveillent ses émotions d'avocat.

Il devrait se taire, il passe à l'offensive. Dans une épître au roi qui accompagne ses *Essais*, il s'en prend *« non à cet illustre Corps que je respecte* [...] *mais seulement quelques uns »* qui veulent priver la France de dictionnaire puisque l'Académie *« en a à peine fait la moitié depuis cinquante ans, c'est-à-dire que cette défense* [d'en faire un autre] *s'étendra à une grande partie du siècle futur »*. Cette fois la guerre est déclarée. Requêtes, représentations auprès du roi, et, au bout du compte, l'arrêt du 9 mars qui chasse Furetière de l'Académie et interdit la publication de ses ouvrages.

L'étonnant est que Furetière ne se tient pas pour battu. Condamné par le Conseil du roi, il prend l'opinion à témoin. Il lance un second *factum*, plus violent, plus incisif que le premier. Il sait qu'il risque sa liberté à contester une décision royale et qu'une lettre de cachet peut l'expédier à la Bastille. Aussi entretient-il la fiction selon laquelle le roi et les ministres ont été trompés par quelques hommes de lettres envieux et paresseux. Il se moque d'eux, ils les nomme, il en fait des portraits au vitriol. Il ajoute même deux noms à la liste de ses ennemis, deux écrivains de renom qui n'avaient pas manifesté jusqu'à présent d'hostilité à son égard, Benserade et La Fontaine. Furetière, il est vrai, avait publié des *Fables* qui n'avaient pas, loin de là, recueilli le succès de celles de son rival. Et Benserade – le Théobalde des *Caractères* de La Bruyère – était, depuis un demi-siècle, la coqueluche des dames de la cour. Furetière, désormais, n'a rien à perdre.

Il est épuisé par le travail qu'il vient de fournir, usé par la querelle, écœuré par les attaques infamantes qu'il subit désormais de la part de Charpentier et de ses amis, malade enfin du mal qui va l'emporter quelques mois plus tard. Il se bat encore, avec plus ou moins d'adresse. Il envoie à Louis XIV un placet en vers où il *« souhaite à sa Majesté une vie d'aussi longue durée que le dictionnaire de Messieurs de l'Académie restera de temps à paraître au jour ».*

C'est encore de l'ironie de bon goût ; mais on descend vite dans le ragot – Furetière est accusé de vol, de plagiat, de détournement de fonds – et finalement dans l'ordure. Charpentier s'adonne à de délicats jeux de mots sur l'*expulsé* dont l'Académie se serait *purgée*. Furetière renchérit :

Infâme Autheur, quand votre bile boût
Vous faites voir des traits de votre âme grossière,
En vous jouant d'une sale matière
Qu'on dit être de votre goût.
On ne peut changer la nature,
Votre brutalité jointe à votre embonpoint,
Fait que vous pouvez bien vous vautrer dans l'ordure,
Car on tient qu'aux cochons la merde ne pue point.

Le public de la ville applaudit Furetière, sa vigueur, sa manière de tenir tête. À la cour, on sourit, en se bouchant le nez : voilà bien comment se conduisent les bourgeois, fussent-ils gens de lettres, dès qu'on leur accorde des honneurs et du pouvoir. Car il va de soi que la noblesse ne se mêle pas à ces querelles de ruisseau entre parvenus de la basoche et de l'épicerie qui se déchirent pour obtenir quelques miettes de réputation et trois livres d'aumône. L'affaire Furetière rappelle à ceux qui auraient pu l'oublier où est la vraie place des écrivains. Et qui sont les véritables législateurs du goût.

L'échange de lettres qui a lieu en mai 1786 entre Bussy-Rabutin et sa cousine de Sévigné se passe, à cet égard, de commentaires. Dans un premier temps, Bussy-Rabutin, exilé dans ses terres de Bourgogne depuis vingt ans – depuis l'*Histoire amoureuse des Gaules* – mais néanmoins académicien, se prend d'une vague sympathie pour la cause de Furetière, regrettant seulement que *« l'emportement »* du bonhomme le conduise à attaquer aussi La Fontaine et Benserade. Mais la marquise de Sévigné a tôt fait de corriger cette bienveillance incongrue : *« Je trouve que l'auteur fait voir nettement qu'il n'est ni du monde, ni de la cour, et que son goût est d'une pédanterie qu'on ne peut même pas espérer corriger. Il y a certaines choses que l'on n'entend pas quand on ne les entend pas d'abord : on ne fait point entrer certains esprits durs et farouches dans le charme et dans la facilité des ballets de Benserade et des fables de la Fontaine. Cette porte leur est fermée, et la mienne aussi.* [...] *Il n'y a qu'à prier Dieu pour un tel homme, et qu'à souhaiter n'avoir point de commerce avec lui.* » Lorsqu'on n'est ni du monde ni de la cour, le goût, comme la grâce, ne se gagne pas.

Bussy-Rabutin se rend aux théories de sa cousine : « *Je suis ravi que vous approuviez le sentiment que j'ai eu de défendre mon ami Benserade et La Fontaine. Si je n'oblige le ridicule satiriste à se dédire et de prendre pour eux le goût que nous avons, j'espère au moins qu'il ne les confondra plus avec les autres. Vous avez raison à dire que les gens faits comme Furetière ne se peuvent plus redresser. Ce sont des malades désespérés, qui ne sauraient guérir que par miracle.* »

Furetière ne guérit pas ; il se bat jusqu'au bout, certain que l'utilité de son dictionnaire l'emportera sur les privilèges de ses anciens confrères. Il a raison mais il ne le saura pas. Lorsqu'il meurt, le 14 mai 1688, son grand œuvre n'est toujours pas édité. L'Académie le poursuit même de sa rancune au-delà de la mort. Elle lui refuse, malgré l'intervention de Boileau, « *les services qu'on a accoutumé de faire aux académiciens défunts* », exhortant à prier et à faire prier pour le repos de son âme.

Pendant que Furetière agonise, le manuscrit de son dictionnaire voyage vers la Hollande. Le chancelier Boucherat, « *ne voulant pas priver le public de l'utilité qu'il pourrait recevoir du* Dictionnaire », a laissé filer le colis vers Amsterdam, malgré d'ultimes pressions. Un exilé calviniste établi à Rotterdam, Pierre Bayle, a organisé l'édition. Dès juin 1686, Bayle a fait proposer à Furetière une impression hollandaise du dictionnaire. À plusieurs reprises, dans son journal *Les Nouvelles de la République des lettres*, il a souligné l'importance intellectuelle et sociale d'une telle publication. Plus tard, en 1697, Bayle publiera à son tour un *Dictionnaire historique et critique* qui marque l'entrée de la culture européenne dans l'ère des Lumières. Pour l'heure, il pousse à la tâche le libraire Henri Desbordes. Le 28 novembre 1689, l'édition est achevée. Quelques mois plus tard, malgré les mesures de police et l'intervention de l'ambassadeur de France à Amsterdam, elle franchit les frontières. On la trouve à la cour et même dans la bibliothèque du roi.

Dans sa préface anonyme, Bayle souligne la nouveauté de l'entreprise de Furetière par rapport au programme de dictionnaire académique : *« Ce ne sont pas de simples mots qu'on nous enseigne, mais une infinité de choses, mais les principes, les règles et les fondements des Arts et des Sciences. »* Le *Dictionnaire de l'Académie*, explique Bayle, n'a *« jamais eu d'autre but que de travailler à polir la langue française, et principalement par rapport à des ouvrages d'esprit, tant en vers qu'en prose.* [...] *M. Furetière ne s'est pas proposé les termes du beau langage, ou du style à la mode, plus que les autres. Il ne les a fait entrer dans sa compilation que comme des parties du tout qu'il avait enfermé dans son dessein ».*

Plus qu'une nouveauté, c'est un changement radical d'orientation. La langue du « monde » cesse de se prétendre la seule « bonne » et la seule « pure » pour n'être plus que ce qu'elle est, la langue de la conversation mondaine, celle des « beaux esprits » et des « beaux livres », c'est-à-dire des sermons, du théâtre, de la poésie, de la traduction, de l'histoire, de la morale : de la littérature. La langue du « bon usage » n'est qu'une petite île dans l'immense archipel du langage.

Bayle va plus loin encore dans son désir d'une approche scientifique – et non plus religieuse – de la langue. Pour que le Furetière, écrit-il, soit un dictionnaire universel, *« il faudrait y enfermer tous les mots qui étaient en usage du temps de Villehardouin, de Froissard, de Montrelet, du Sire de Joinville et de nos vieux romanciers ».* Il dessine un programme de travail : *« On pourrait y insérer l'histoire des mots, c'est-à-dire le temps de leur règne et de leur décadence, avec les changements de leur signification.* [...] *On ferait pas mal non plus de se répandre sur les ouvrages des anciens poètes provençaux ; et rien ne servirait plus à perfectionner la science étymologique, qu'une recherche exacte des mots particuliers aux diverses provinces du royaume. »* Furetière vient d'ouvrir une porte à travers laquelle, après Bayle, vont s'engouffrer les linguistes et les philosophes du XVIIIe siècle. La désacralisation de la langue française et son passage sous le régime de la critique et de l'analyse scientifique.

Furetière cesse de couper le langage en deux. Il y a certes toujours une hiérarchie de la langue, un haut, un bas, comme dans la société. Il y a des mots du peuple, des mots des bourgeois, des mots du « monde » et des bons auteurs, mais ils cessent d'être placés sous le signe de la faute et du péché. Ce ne sont pas les mots, chez Furetière, qui sont fautifs ou grossiers, ce sont les choses qu'ils évoquent. Ce qui a trait au corps, aux choses de l'amour, à la religion lorsqu'elle n'est pas catholique. Furetière est prude et moralisateur. Il décrit les mots, il juge les réalités. C'est ainsi qu'il passait pour *« le moins poli des hommes »*.

Le succès posthume de Furetière est rendu plus éclatant par l'échec du *Dictionnaire de l'Académie*. Terminé à marches forcées, il est publié en 1694. Le public l'attendait depuis cinquante-six ans, il est déçu. L'ouvrage est mince, il procède par regroupements de mots plutôt que par ordre alphabétique ; enfin, il s'en tient à la langue dite commune, celle de la conversation des honnêtes gens, celle du « naturel » de la littérature. L'Académie, amalgame d'hommes du « monde » et d'hommes de lettres, donne une image purifiée de la langue d'élite, en ignorant superbement le monde qui lui est extérieur. Son échec est aussi celui d'une ambition politique qui pointe au travers de l'emphase rituelle de l'épître dédicatoire adressée au roi : *« Nous ne doutons pas que le respect pour la langue que vous avez parlée, que vous aurez employée à dicter vos résolutions dans vos Conseils, et à donner vos ordres à la tête de vos Armées, ne la fasse triompher de tous les siècles. La Supériorité de votre Puissance l'a déjà rendue la Langue dominante de la plus belle partie du monde. Tandis que nous nous appliquons à l'embellir, vos armes victorieuses la font passer chez les Étrangers, nous leur en facilitons l'intelligence par notre travail, et vous la rendez nécessaire par vos conquêtes. »*

Le triomphe du *Dictionnaire* de Furetière, sans cesse réédité puis piraté à partir de 1704 par les jésuites du *Dictionnaire de Trévoux*, est une fêlure dans la triple alliance « classique » du pouvoir, de la langue et de la littérature.

SOURCES

Antoine FURETIÈRE : *Dictionnaire universel*. Préface de Pierre Bayle. Présentation, biographie de l'auteur et analyse par Alain Rey. 3 vol. Paris, Le Robert, 1978.

César-Pierre RICHELET : *Dictionnaire français.* 2 vol. Nîmes, Christian Lacour, 1995.

Louis-Augustin ALEMAND : *Nouvelles observations ou Guerre civile des Français sur la langue*. Paris, 1688. Rééd. Genève, Slatkine, 1968.

Claude FAVRE DE VAUGELAS : *Remarques sur la langue française*. Fac-similé de l'édition de 1647 présentée par Jeanne Streicher. Paris, 1934. Rééd. Genève, Slatkine, 1970.

Dominique BOUHOURS : *Remarques nouvelles sur la langue française.* Genève, Slatkine, 1973.

Gilles MÉNAGE : *Observations sur la langue française.* Genève, Slatkine, 1972.

François CHARPENTIER : *De l'excellence de la langue française.* Genève, Slatkine, 1972.

Alain REY : *Encyclopédies et dictionnaires.* Paris, PUF, 1982.

Henri MESCHONNIC : *Des mots et des mondes. Dictionnaires, encyclopédies, grammaires, nomenclatures.* Paris, Hatier, 1991.

Danielle TRUDEAU : *Les Inventeurs du bon usage (1529-1647).* Paris, Éd. de Minuit, 1992.

Ferdinand BRUNOT : *Histoire de la langue française des origines à 1900.* Tome IV : *La Langue classique (1660-1715).* Paris, Armand Colin, 1907. Rééd. 1966.

Richelet, Furetière, Littré. Petite archéologie des dictionnaires, présentée par Jacques Damade. Paris, La Bibliothèque, 1997.

Sylvain AUROUX : *Histoire des idées linguistiques.* Liège-Bruxelles, Pierre Mardaga, 1989.

Mme Guyon ou les malheurs de l'écriture déraisonnable

1697 ■ Disgrâce et exil de Fénelon

« J'ENTENDIS *dire à des personnes distinguées par leur piété et leur prudence, que l'abbé de Fénelon était favorable à la nouvelle oraison, et on m'en donnait des indices qui n'étaient pas méprisables. Inquiet pour lui, pour l'Église, et pour les princes de France dont il était le précepteur, je le mettais souvent sur cette matière, et je tâchais de découvrir ses sentiments, dans l'espérance de le ramener à la vérité pour peu qu'il s'en écartât.* » Ainsi commence le réquisitoire prononcé le 29 juin 1698 contre François de Salignac de La Mothe-Fénelon, archevêque de Cambrai. L'accusateur est le plus illustre des prélats français, Jacques Bénigne Bossuet, la tête politique et combattante de l'État catholique. Ce réquisitoire, intitulé *Relation sur le quiétisme*, vient après la sentence et l'exécution. Depuis onze mois déjà, la carrière de Fénelon a été brisée, sans espoir de retour. La *Relation sur le quiétisme* ressemble à un coup de grâce, en toute charité chrétienne.

Le 24 août 1697, Louis XIV a donné ordre à Fénelon de quitter Versailles sur-le-champ, de ne plus paraître à la cour et de se retirer dans son diocèse de Cambrai. Il n'en sortira plus jusqu'à sa mort, dix-huit ans plus tard. Le roi est en colère, le roi est inquiet : *« Que deviendront donc mes petits-enfants ? En quelles mains les ai-je mis ? »* Fénelon est le précepteur des trois fils du Grand Dauphin, les ducs de Bourgogne, d'Anjou – le futur roi d'Espagne Philippe V – et de Berry. La formation morale, religieuse et éventuellement intellectuelle des jeunes princes est une affaire d'État ; elle confère une influence considérable. Bossuet a été le précepteur de Monseigneur, le Grand Dauphin, avec une science et une énergie dépensées en pure perte, si l'on en croit Saint-Simon. Fénelon n'a guère eu plus de chance avec les petits-fils de Louis XIV. À propos de Bourgogne, il écrit (en 1711, son ancien élève a trente ans) que *« ses occupations les plus solides se bornent à des spéculations vagues et à des résolutions stériles »*. N'importe, c'est un brave garçon, pieux, fidèle, sage, vertueux, docile à la leçon de ses maîtres. Voilà bien le danger : si les maîtres ne pensent pas droit, s'ils déforment l'âme candide et princière qui leur a été confiée, qu'adviendra-t-il du royaume ? Le roi n'a pas encore soixante ans, mais l'ombre de la mort commence à s'étendre sur la cour. Les intrigues elles-mêmes sentent le deuil ; c'est à qui va s'assurer les positions les plus solides, pour après. Pour après, on a fait tomber Fénelon, tout de suite.

Jusqu'en 1694 pourtant, la carrière de ce brillant aristocrate périgourdin s'annonçait splendide. Il avait tout pour plaire, la naissance, l'élégance, l'éloquence. Il avait montré beaucoup de zèle, depuis la révocation de l'édit de Nantes, dans la « conversion » des « nouvelles catholiques » ; son oncle, évêque de Sarlat, le protégeait ; le bel abbé prêchait à merveille, aisance de grand seigneur et sensibilité de harpe. Il confessait aussi, surtout les femmes, avec succès. Rien à voir avec la massive majesté du roturier Bossuet, carrée, sûre d'elle-même, autoritaire, appuyée sur le savoir et sur les dogmes. Fénelon charme, sa prédication parle au cœur. Mme de Maintenon n'y est pas insensible. L'épouse secrète du roi est liée à la partie la plus dévote de la cour, notamment aux trois filles de Colbert et à leurs maris, le duc de Chevreuse, le duc de Beauvillier et le duc de Mortemart. Elle fait nommer Beauvillier gouverneur du duc de Bourgogne ; Beauvillier choisit Fénelon comme précepteur de l'aîné des petits-fils du roi. La Maintenon ne prend pas Fénelon pour confesseur, mais elle entame avec lui une correspondance fervente. Elle lui demande conseil en matière de morale et de piété ; elle l'invite à prêcher devant ses chères filles de Saint-Cyr qu'elle vient de priver du théâtre, même chrétien, de Racine. L'abbé de Fénelon joue sa partie, celle du violoncelle, dans la symphonie baroque du repentir qui a succédé aux accents des plaisirs royaux. Juste récompense, Fénelon est élu à l'Académie française en remplacement de Pellisson. La Bruyère prononce son éloge lors de son fameux discours de réception : *« Toujours maître de l'oreille et du cœur de ceux qui l'écoutent, il ne leur permet pas d'envier ni tant d'élévation, ni tant de facilité, de délicatesse, de politesse.* »

L'étoile de Fénelon monte encore ; ses lettres à Mme de Maintenon, toujours déférentes, s'autorisent à plus de sévérité. Il exhorte sa correspondante à combattre ses défauts, il l'encourage à influencer le roi dans le sens d'une politique plus chrétienne. C'est là, sans doute, qu'il franchit la ligne. À la fin de 1694, il remet à Mme de Maintenon une sorte d'aide-mémoire qu'on connaîtra au XVIIIe siècle sous le nom de *Lettre à Louis XIV*. Les considérations spirituelles – il s'agit de faire connaître au roi « *les vérités nécessaires à son salut* » – tournent aux considérations politiques. L'aristocrate du Périgord fait le procès en règle de l'absolutisme. « *On n'a plus parlé ni de l'État ni de ses règles. On n'a parlé que du roi et de son bon plaisir. On a poussé vos dépenses à l'infini. On vous a élevé jusqu'au ciel pour avoir effacé, disait-on, la grandeur de tous vos prédécesseurs ensemble, c'est-à-dire pour avoir appauvri la France entière afin d'introduire à la cour un luxe monstrueux et incurable.* [...] *on a rendu votre nom odieux, et toute la nation française insupportable à tous nos voisins. On n'a conservé aucun allié parce qu'on n'a voulu que des esclaves.* »

Avec une violence extrême, l'abbé s'en prend à l'archevêque de Paris, François de Harlay de Champvallon : « *Vous avez un archevêque corrompu, scandaleux, incorrigible, faux, malin, artificieux, ennemi de toute vertu, et qui fait gémir tous les gens de bien.* » Il est un peu plus indulgent avec le confesseur du roi, le père La Chaise, le véritable ministre des Affaires ecclésiastiques : « *Vous êtes le seul en France, Sire, à ignorer qu'il ne sait rien, que son esprit est court et grossier. Les jésuites même le méprisent et sont indignés de le voir si facile à l'ambition ridicule de sa famille.* » La conclusion s'impose : « *En voilà assez, Sire, pour reconnaître que vous avez passé votre vie entière hors du chemin de la vérité et de la justice et par conséquent hors de celui de l'Évangile.* » Il est juste temps de changer. Et pour commencer, arrêter de faire la guerre et d'affamer le peuple.

La marquise de Maintenon n'a sans doute pas ou le courage ou l'inconscience de montrer au roi l'aide-mémoire de Fénelon ; mais la véhémence de l'abbé, son audace lui font craindre pour elle-même. Elle a peur d'avoir été trop loin dans son intimité spirituelle avec Fénelon et avec le parti dévot des filles et des gendres de

Colbert. Elle redoute d'être compromise par ses amitiés dans une cabale imprudente. Pour se dédouaner, elle va sacrifier ses amis, à commencer par Fénelon. Le complot se met en place. Il va utiliser un étrange personnage, Mme Guyon.

Jeanne-Marie Bouvier de La Motte est née à Montargis en 1648. Bonne et riche noblesse provinciale, enfance étouffée. Elle connaît son premier couvent à deux ans et demi ; son éducation oscille ensuite entre le laisser-aller et la réclusion chez les religieuses. Elle y gagne un tempérament exalté, la peur de l'Enfer, le goût du martyre, une culture chaotique et une imagination que dirigent deux livres contemporains, l'*Introduction à la vie dévote* de François de Sales et une *Vie de Jeanne de Chantal*, la grand-mère de Mme de Sévigné qui sera canonisée en 1767. On la marie à seize ans avec Jacques Guyon qui en a trente-huit. Elle est belle, elle aime plaire, elle est dévote, son mari est ailleurs, et déplaisant. Elle balance jusqu'à ce que la tête lui tourne entre la vanité et le remords : « *Je haïssais la passion ; mais je ne pouvais haïr ce qu'il y avait en moi qui la faisait naître.* » La petite vérole la délivre bientôt du fardeau de la beauté et du seul lien qui l'attachait au monde. Elle a vingt ans, elle brûle d'une passion sans emploi. Elle fait la connaissance d'un jeune barnabite du diocèse de Genève, le père La Combe. Coup de foudre spirituel et réciproque : « *Nous nous entretînmes un peu, et vous permîtes, ô mon Dieu, que je lui dise des choses qui lui ouvrirent la voie de l'intérieur. Dieu lui fit tant de grâces par ce misérable canal, qu'il m'a avoué depuis qu'il s'en alla changé en un autre homme.* » C'est elle qui le convertit à la « voie intérieure ».

En 1672 – son mari a encore quatre ans à vivre –, Jeanne-Marie Guyon se marie mystiquement avec l'Enfant Jésus. Elle communie bague au doigt et signe au pied d'une statuette un petit contrat : « *Je promets de prendre pour mon époux Notre Seigneur Enfant, et de me donner à lui pour épouse, quoiqu'indigne. Je lui demande pour dot de mon mariage spirituel les croix, les mépris, les opprobres.* » Elle en aura plus que son content. Elle s'adonne à une vie de prière et de pénitence. Elle connaît l'exaltation de la mort des sens, du renoncement à son propre esprit, de l'abandon de sa volonté propre entre les mains de la volonté divine. Une expérience intérieure heureuse, conforme à la doctrine mystique de François de Sales.

À la mort de son mari, elle a vingt-huit ans, elle est libre, elle est riche. Une nouvelle vie s'ouvre devant elle ; pendant quelques mois, elle est tentée d'y mordre et de laisser choir son époux mystique. Elle se bat, à sa manière qui est dramatique, contre le goût du péché dont elle pressent la séduction. Elle se croit damnée, ses pénitences, ses aumônes lui semblent être autant de leurres où se complaisent sa vanité et sa concupiscence : *« Le bien me paraissait mal ; et ce qui est plus effroyable, c'est que cet état me paraissait devoir durer éternellement. De là, j'entrai dans l'insensibilité, qui me parut être la consommation de mes maux. »* Jeanne Guyon connaît la mort mystique.

Le père La Combe la tire de là. La mort mystique, lui explique-t-il, est un état de grâce, une étape nécessaire sur le chemin de la résurrection. Perdue pour elle-même, sans volonté propre, sans désir, sans vertu, Mme Guyon, anéantie, peut enfin s'abandonner au pur amour de Dieu, *« comme si mon âme lui eût cédé la place, ou bien plutôt fût passée en lui, pour ne plus faire qu'une même chose avec lui.* [...] *En vous perdant, mon Dieu, en moi, je vous trouvai en vous-même pour ne plus vous perdre ».* Mme Guyon a trouvé la paix intérieure ; elle n'est plus que la présence de Dieu en elle. Il lui dicte sa conduite : en juillet 1681, elle quitte sa famille, ses deux garçons, ses domaines, et, accompagnée de sa fille Marie-Jeanne âgée de cinq ans, elle part vers Genève et Gex pour y diriger une maison de « nouvelles catholiques ». Un petit troupeau de converties, à la porte de la capitale calviniste.

On aimerait raconter en détail la suite de ce roman picaresque. Les démêlés avec la hiérarchie ecclésiastique locale plus attirée par la fortune de Mme Guyon que par sa théologie expérimentale, la fuite vers Turin à dos de cheval en compagnie du père La Combe, les persécutions – *« les croix »*, comme elle dit –, les scandales, l'autorité évidente de cette jeune femme, peu instruite mais si éloquente lorsqu'elle parle de l'amour pur, du rayonnement des âmes, de la communication par le silence et l'abandon, du bonheur de l'anéantissement. Et puis, pendant qu'elle pérégrine et qu'elle convertit à la « voie intérieure », qu'elle subjugue des femmes du monde et des bourgeoises, des libertins et des chanoines, de Lombardie à Grenoble et de Lyon et Marseille à Paris, voilà que l'on s'agite pour la faire tenir tranquille. À Montargis, la famille voudrait mettre un terme à la distribution de sa fortune ; dans le clergé, on regarde d'un mauvais œil cette sainte femme ; on aimerait l'écarter pour exercice illégal de la direction spirituelle. Elle-même s'exalte de son propre pouvoir et se rêve en *« mère d'un grand peuple »*.

Le pire est qu'elle l'écrit. Elle raconte un rêve, trop transparent : *« Le maître me vint ouvrir la porte, qui fut refermée à l'instant. Le maître n'était autre que l'époux, qui m'ayant prise par la main me mena dans le bois.* [...] *Il y avait dans ce bois une chambre, où l'époux me mena, et dans cette chambre deux lits. Je lui demandai pour qui étaient ces deux lits. Il me répondit : "Il y en a un pour mère, et l'autre pour vous, mon épouse." Je me réveillai là-dessus. »* Mme Guyon partageant la chambre du Christ avec la Vierge Marie : Bossuet, lorsqu'il lira cela, pourra se frotter les mains : voilà les horreurs où mène la mystique.

Jeanne-Marie est prise d'une véritable frénésie d'écriture. La parole ou le silence les yeux dans les yeux ne lui suffisent plus. Sa maternité a besoin du livre. Elle parle de Dieu le jour, de 6 heures du matin à 8 heures du soir ; elle écrit la nuit. En quelques mois, à Grenoble, elle rédige ses commentaires de la Bible qui paraîtront en 20 volumes. Elle pratique l'écriture automatique ; elle est la main de Dieu : *« Avant que d'écrire, je ne savais pas ce que j'allais écrire ; en écrivant, je croyais que j'écrivais des choses que je n'avais jamais sues ; avais-je écrit, je ne me souvenais de quoi que ce soit de ce que j'avais écrit. »* Elle ne rature pas, elle ne s'arrête pas, jusqu'à ce que son bras enfle et devienne tout raide.

Elle écrit deux petits livres dont le succès et l'influence seront considérables, le *Moyen court* qui est une méthode d'oraison permettant à chacun, même *« artisans, enfants et femmes »*, de parvenir à l'anéantissement dans l'amour de Dieu, et *Les Torrents spirituels*, un traité d'enseignement mystique apprenant le pur amour de Dieu, sans motif, sans raison, sans interruption et sans récompense. Certes, il y a plusieurs voies pour que l'âme parvienne à se perdre dans l'océan divin, celle lente et paisible de la méditation – les ruisseaux –, celle abondante et lumineuse des visions, des révélations et des extases – les fleuves. Mais la voie royale est celle des torrents, des âmes bondissantes qui affrontent les fracas du péché, les obstacles de la vertu, se brisent et renaissent pour se précipiter dans l'abîme de l'amour. Jeanne-Marie Guyon parle en images. Elle ne s'adresse pas à la raison, elle ne démontre pas, elle représente une expérience. La mystique est une pratique qui imagine sa théorie.

« Lorsqu'il faut qu'une telle âme écrive ou parle, elle est étonnée que tout coule de ce fond divin, sans qu'elle eût jamais pensé à posséder ces choses. Elle se trouve comme une science profonde, sans mémoire et sans ressouvenir, comme un trésor inestimable que l'on ne remarque que lorsqu'on est obligé de le manifester ; et c'est la manifestation pour soi. » Un siècle plus tard, *Les Torrents spirituels* baigneront le romantisme allemand. Pour l'heure, Jeanne-Marie est à Paris où l'on commente, sans passion excessive, l'arrestation à Rome d'un prêtre espagnol, Manuel de Molinos, auteur de *La Guide spirituelle pour dégager l'âme des objets sensibles et la conduire à la contemplation parfaite et à la paix intérieure.* Molinos a eu quelque temps le soutien du pape Innocent XI, mais les jésuites ont finalement obtenu sa tête. On a toujours besoin d'une « hérésie abominable » pour noircir ses adversaires : après le jansénisme, le quiétisme. À Rome, l'Inquisition jette au cachot plus de deux cents personnes.

À Paris, La Combe prêche et Mme Guyon embrase les âmes, discrètement. Elle a renoué avec une vieille amie du temps de Montargis, la duchesse de Béthune-Charost, la fille de Nicolas Foucquet assignée à résidence sur les bords du Loing lors de l'arrestation de son père. Heureuse amnésie de la dévotion, la fille de Foucquet entretient de pieuses et chaleureuses relations avec les filles de Colbert. Mme Guyon devient assez intime avec ces grandes dames pour qu'en 1689 sa fille Marie-Jeanne épouse le comte de Vaux, le petit-fils du défunt reclus de Pignerol. C'est encore par l'intermédiaire des duchesses que Mme Guyon rencontre, en octobre 1688, à Beynes, près de Versailles, l'abbé de Fénelon.

Fénelon est prévenu contre la veuve Guyon. Elle traîne derrière elle une réputation d'extravagance et de scandale soigneusement entretenue par sa famille, notamment par son frère l'abbé de La Motte. Lequel a même obtenu de la faire enfermer pendant quelques mois chez les visitandines de la rue Saint-Antoine, cependant que le père La Combe était arrêté et condamné à la prison à vie. On le ressortira de geôle, dix ans plus tard, complètement fou, pour accuser Mme Guyon avant de l'envoyer finir ses jours à l'asile de Charenton. Fénelon s'avance donc avec prudence ; il est subjugué. En quelques semaines, elle devient son directeur spirituel.

Fénelon lui ouvre son cœur. L'orphelin du Périgord a trouvé une mère. Il lui écrit : « *Enfantez, allaitez, nourrissez, Dieu fait tout en tous, en vous la mère, en moi l'enfant, en vous la sagesse de l'évangile, en moi la folie aux yeux du monde.* » L'aristocrate hautain et sec fond devant elle. Elle le dirige – « *Croyez que Dieu ne vous demandera jamais compte de ce que je vous ferai faire* » –, elle lui explique les mystiques ; à travers elle, il peut enfin se donner à Dieu ; il lui appartient, elle le lui répète : « *Les âmes qui me sont données comme la vôtre, Dieu, en me les appliquant très intimement, me fait connaître aussi ce qui leur est propre, et le dessein qu'il a sur elles.* »

Jeanne-Marie Guyon ne se contente pas d'émouvoir son « enfant » par sa vivacité et par son tempérament, elle lui offre aussi ses livres à méditer. Or si le précepteur du duc de Bourgogne est fasciné par l'expérience mystique de son amie, doutant toujours de pouvoir lui-même parvenir à un tel état de paix et d'abandon, il n'éprouve pas, loin s'en faut, la même communion d'âme lorsqu'il s'agit de littérature. À la différence de l'oraison mystique, c'est là un domaine qu'il connaît. Fénelon, le lecteur cultivé, l'académicien féru de vers antique et de prose limpide, éprouve un certain recul devant les emportements illuminés et la théologie imaginative de son amie. Il lui écrit, quelques mois après leur première rencontre : « *Je n'ai jamais douté un seul instant de la pureté et de la parfaite droiture de vos intentions. Je suis persuadé que vous avez une grâce imminente avec une lumière d'expérience pour les voies intérieures, qui sont extraordinaires, et je suis très convaincu de la vérité de la voie de pure foi et d'abandon où vous marchez et faites marcher ceux que Dieu vous donne.* » Mais il se refuse à abandonner le recours aux lumières de la raison et à l'enseignement de l'Église : « *L'état de pure foi demande bien qu'on ne cherche à rien voir, pour le chemin par où Dieu me conduit, mais il ne demande pas qu'on marche sans savoir si c'est Dieu qui nous fait marcher.* » Il s'abandonne, mais avec prudence. Il n'ira pas plus loin. Il rêve d'un grand lac maternel, d'une vie intérieure inondée par l'amour ; elle écrit le tumulte des torrents. Elle chante l'amour fusionnel, le désir de ne plus s'appartenir, il voudrait une amitié parfaite. Il lâche : « *Je ne sens rien pour vous et je ne tiens à personne autant qu'à vous.* » Elle proclame : « *Il m'a semblé que Dieu m'avait choisie pour détruire la raison humaine.* »

Par Fénelon, Mme de Maintenon rencontre Mme Guyon. Elle succombe au charme ; elle devient une lectrice assidue du *Moyen court* ; elle introduit la prêtresse dans son laboratoire de Saint-Cyr, l'œuvre de sa vie, l'école des filles où doivent se régénérer la morale et la foi de la noblesse française. Dans ce milieu confiné d'ennui et d'ignorance, le mysticisme de Mme Guyon fait des ravages : « *Presque toute la maison devint quiétiste ; on ne parla plus que de pur amour, d'abandon, de sainte indifférence. Jusqu'aux sœurs converses et aux servantes, il n'était plus question que de pur amour.* » Mme de Maintenon commence à être agacée par l'emprise de Mme Guyon sur « ses » filles. L'ancienne gouvernante de Mme de Montespan sait d'expérience comment la suivante peut supplanter la maîtresse. Sans rompre, elle écarte l'auteur du *Moyen court* de ses petits anges. Elle se dégage de sa trop grande proximité avec l'effervescence mystique, comme elle va se dégager de sa trop grande confiance en Fénelon : en leur faisant payer le prix de ses imprudences et de son amitié.

Le 4 février 1695, Fénelon est nommé par Louis XIV à l'archevêché de Cambrai. Malgré les apparences, c'est une première marque de méfiance. Pour le petit troupeau des dévots, explique Saint-Simon, « *Cambrai fut un coup de foudre. Il voyait l'archevêché de Paris menacer ruine : c'était Paris qu'ils voulaient tous, et non Cambrai, qu'ils considérèrent avec mépris comme un diocèse de campagne dont la résidence, qui ne se pourrait éviter de temps en temps, les priverait de leur pasteur. La comtesse de Guiche en fut outrée jusqu'à n'en pouvoir cacher ses larmes* ». Bossuet insiste, contre toutes les règles, pour sacrer de ses mains le nouvel archevêque, manière de faire comprendre à Fénelon qu'il est désormais sous sa protection, c'est-à-dire sous sa garde.

Bossuet a été chargé de faire plier Fénelon, sinon de le briser. Celui que Saint-Simon appelle « *le dictateur de l'épiscopat et de la doctrine* » n'a aucun pouvoir d'intervention sur les idées politiques du précepteur des enfants royaux. En revanche, il dispose d'une autorité incontestée en matière d'orthodoxie religieuse à la française. Il se fait remettre, par Mme Guyon elle-même, ses écrits mystiques – y compris son autobiographie que Fénelon ne connaissait pas – et convoque une conférence pour les examiner. Et comme l'évêque de Meaux avoue ne pas être très versé dans la tradition littéraire mystique, il demande... à Fénelon de lui rassembler un gros dossier sur la question. On se réunit à Issy, au domicile du supérieur de Saint-Sulpice, l'abbé Tronson. Outre celui-ci, le comité d'examen est composé de Louis-Antoine de Noailles, archevêque de Châlons puis de Paris, et de Bossuet. Tous trois sont réputés pour préférer l'ordre et les institutions aux voies mal balisées de l'expérience intérieure.

Les conférences d'Issy durent longtemps, de l'été 1694 à février 1695. Bossuet en tire un texte où il réduit la mystique licite à quelques états de passivité extraordinaire et miraculeuse ; en aucun cas une manifestation permanente de la spiritualité. Il demande alors à Fénelon de cosigner ce texte qui a été rédigé sans lui. Un piège dans lequel Fénelon ne tombe pas. Il propose un contre-texte, on discute d'arrache-pied, Fénelon s'abrite derrière la sainteté reconnue de François de Sales et de Jeanne de Chantal ; on se met enfin d'accord sur une petite merveille de compromis diplomatique, *Les Trente-Quatre Propositions* que chaque parti désormais va brandir pour montrer que ses thèses sont les bonnes. En réalité, Bossuet a perdu la première manche, il n'est pas parvenu à imposer ses vues. *« On n'a rien à gagner contre moi »*, c'est la devise de Bossuet, il est le roc inébranlable sur lequel se brisent les ennemis de la vraie religion, les libertins, les adversaires cachés ou déclarés du trône, de l'autel et des libertés de l'Église de France. Quand tout plie, il résiste et ceux qui lui résistent sont du parti de l'erreur et de la trahison. Désormais, Fénelon est son ennemi ; et ses ennemis, tous ceux qui le soutiendront. Il écrit à Fénelon : *« Je crois pourtant ressentir je ne sais quoi qui nous sépare encore un peu. »*

Il a un but : la rétractation publique de Fénelon, et un moyen : obtenir de Mme Guyon qu'elle confesse ses « abominations ». Avec une témérité – et sans doute un goût de la persécution et du martyre qui n'appartient qu'à elle –, la quiétiste se jette dans la gueule du loup et fait retraite chez les visitandines de Meaux. Un duel s'engage entre le tout-puissant et tout-savant prélat et son intrépide prisonnière. Dix fois Bossuet essaie de lui faire signer des aveux qui la condamnent, dix fois elle réaffirme son obéissance à l'Église et sa fidélité aux voies intérieures et au pur amour. Elle veut bien qu'on censure ses livres, et même qu'on les brûle si Bossuet y trouve à redire, mais pas qu'on condamne ses intentions ni la profondeur de sa foi. Un instant, Bossuet cède, Mme Guyon est libérée du couvent. Pire, Bossuet lui donne, de sa main, la communion et il lui dicte une déclaration dans laquelle elle affirme : *« Je n'ai eu aucune des erreurs expliquées dans la lettre pastorale* [contre le quiétisme] *; ayant toujours eu l'intention d'écrire dans un sens très catholique, ne comprenant pas alors qu'on pût en donner un autre. »* Une sorte d'acquittement.

Moment de faiblesse ou répit tactique ? Le 27 décembre 1695, Mme Guyon est arrêtée dans sa petite maison du faubourg Saint-Antoine ; sous le nom de Mme Besnard, elle est emprisonnée à Vincennes. On l'en tirera à l'automne de l'année suivante pour l'enfermer à Vaugirard, puis, en mai 1698, à la Bastille, d'où elle ne sortira qu'en 1703. Sans le moindre procès, sans le moindre aveu d'une faute. Elle excusera ses persécuteurs *« qui ont cru bien faire »*. Toute visite lui étant interdite, elle finira sa vie en écrivant inlassablement des cantiques : 40 volumes imprimés en Hollande après sa mort en 1717.

Jeanne-Marie Guyon n'est qu'un prétexte, une pauvre femme dont le malheur est d'avoir ignoré les règles de bienséance, d'abstraction et de spéculation de la littérature religieuse. Elle ne connaissait pas les codes, seulement l'expérience. Elle traitait spirituellement de la même façon une pauvre couventine de Grenoble, l'aristocratie de l'Église et la maîtresse du monarque. Elle voulait tout dire, d'elle et de Dieu en elle, mais elle n'avait pas la maîtrise de ses métaphores. Son art d'écrire est brut, gouverné du dedans sans passer par la réflexion. Écriture de la passivité, du retour vers l'enfance ; écriture d'amour : *« Je fais mon plaisir de ma douleur. »* Fénelon a essayé en vain de séparer l'auteur et ses écrits, de sauver l'un en censurant les autres, d'opposer la sainteté des intentions et la maladresse des expressions. Peine perdue : un auteur est tout entier dans ce qu'il écrit. Si la plume de Jeanne-Marie Guyon est théologiquement fautive, il faut que celle qui la tient soit une aventurière de la vie religieuse, un danger pour l'Église, une sorcière qui a bien failli envoûter l'épouse secrète du roi et transformer les demoiselles de Saint-Cyr en vierges folles. Les livres de Mme Guyon démontrent que sa vie de sainteté n'est qu'une tromperie diabolique. C'était, on se souvient, la vie débauchée de Théophile qui authentifiait la dangerosité de ses vers. Mme Guyon n'a pas de procès, le bourreau ne brûle pas ses livres, c'est elle, l'auteur, que l'on jette à la Bastille, après avoir changé son nom.

Reste à abattre Fénelon. C'est encore à l'écriture qu'on va le demander, de plusieurs manières. Que faire pour condamner un homme qui n'écrit pas lorsque, par ailleurs, sa vie est irréprochable et ses amis puissants ? Pour contraindre Fénelon à sortir de son silence, Bossuet écrit un texte, *Instruction sur les états d'oraison*, vivement hostile à Mme Guyon et au courant mystique, puis il l'envoie à Fénelon en lui demandant un mémoire d'approbation. Le piège paraît parfait. Ou Fénelon s'exécute – et il abandonne publiquement son amie et renie sa pensée : il est perdu de réputation – ou il ne signe pas et il étale au grand jour sa dissidence : on peut le condamner pour n'avoir pas écrit, ou pour avoir refusé de se soumettre. Fénelon se débat un moment. Depuis que Mme Guyon est en prison, il sait que le roi et la Maintenon ne lui pardonneront que sa reddition. Mais la fidélité et le sens de l'honneur l'emportent : il choisit le duel. Non seulement il refuse d'approuver l'*Instruction*, mais il lance contre elle un livre fabriqué à la hâte – *« du barbare, de l'obscur, de l'ombragé »*, écrit Saint-Simon –, l'*Explication des maximes des saints*, qui est publié le 29 janvier 1697, un mois avant le premier tirage de l'*Instruction*. Cette fois, la guerre est déclarée.

Elle est en réalité déjà finie, tant les forces sont disproportionnées. Les jésuites et le père La Chaise le sentent si bien qu'après avoir, un instant, soutenu Fénelon, ils l'abandonnent à la défaite. La cour, toujours en peine d'animation, se passionne pour ce spectacle où la mise à mort est annoncée. L'*Instruction* et les *Maximes* s'arrachent comme des romans. On discute de théologie et de mystique plus passionnément encore que du succès de *L'Europe galante*, l'opéra-ballet de Campra et Houdar de La Motte. Les beaux esprits dissertent de saint Clément et de Catherine de Gênes, de *« la charité séparée du motif essentiel de la béatitude »* et de *« l'amour de pure bienveillance »*, comme ils le font du mariage du duc de Bourgogne avec Marie-Adélaïde de Savoie ou de la mort de l'archevêque de Paris, Harlay de Champvallon, dans les bras de sa maîtresse, la duchesse de Lesdiguières.

Il manque le théâtre ; Bossuet le fournit. En avril 1697, l'évêque de Meaux organise en grande pompe la remise au roi d'un exemplaire de son *Introduction*. C'est l'occasion, devant toute la cour, d'un éloquent exercice d'autocritique. Le prélat s'accuse d'avoir terriblement manqué de vigilance en prenant sous son aile charitable l'abbé de Fénelon. Il pensait pouvoir, tout en ménageant la réputation de son protégé, dissiper les opinions impies que Mme Guyon lui avait mises dans l'esprit ; mais il était coupable d'avoir sous-estimé l'infatuation de M. de Cambrai, son fanatisme à défendre l'impiété. À cause de lui, Bossuet, à cause de sa bonté, de son amitié, de son désir de paix et d'unité, le loup était entré dans la bergerie royale. La représentation est un succès, le roi est ému, alarmé ; Fénelon est perdu. Le duc de Bourgogne, en pleurs, doit accepter le départ de son précepteur.

La bataille des livres continue. Battu à Versailles, Fénelon fait appel à Rome. C'est une erreur politique et il le sait. Le roi supporte mal que les affaires religieuses françaises échappent à son autorité. Fénelon trahit le gallicanisme. S'exerce alors une énorme pression diplomatique sur la cour papale pour obtenir dans de brefs délais la condamnation de l'archevêque de Cambrai. Fénelon multiplie les textes d'explication, les objections, les instructions, les lettres, les mémoires. C'est sa manière : élégante, ironique, blessée, subtile, féminine, émotionnelle. Savante aussi, mais d'un savoir intérieur qui sait jouer des ombres et des mystères. En face, pendant que son neveu s'active à Rome et que ses confrères de Paris et de Chartres se chargent de contrer la guérilla des textes quiétistes, Bossuet se charge de l'artillerie lourde, un texte massif, brutal, tout en efficacité narrative : *Relation sur le quiétisme*, qui paraît fin juin 1698. Une forteresse. À la fois réquisitoire contre Fénelon, attaqué jusque dans sa vie privée, anéantissement des tentations mystiques ramenées à d'*« amoureuses extravagances »*, réaffirmation d'une croyance faite d'actes visibles, d'institutions, de rites. Un ordre rationnel des choses, des esprits et des gestes auquel il convient de se soumettre. Bossuet est sans état d'âme ; il n'écrit pas pour émouvoir mais pour vaincre.

Fénelon répond encore, il pare quelques coups, il jette le trouble dans les esprits à Rome, c'est-à-dire qu'il retarde la décision. Mais à Paris et à Versailles, son refus de se soumettre prouve à l'évidence que sa cause est mauvaise. Ses parents et ses amis sont renvoyés de la cour ; il est privé du titre et de la pension de précepteur des enfants de France ; il doit correspondre clandestinement avec Beauvillier et Chevreuse sous peine de les perdre à leur tour, Mme de Maintenon n'attend qu'une imprudence pour convaincre le roi de sévir. Le 12 mars 1699, est enfin proclamé le bref *Cum*

Alias. Le pape Innocent XII y condamne vingt-trois propositions contenues dans l'*Explication des maximes des saints* comme « *téméraires, scandaleuses, offensives aux oreilles pieuses, et même erronées respectivement* ». Malgré les pressions françaises, aucune proposition n'est qualifiée d'hérétique. Et Rome n'a rien trouvé à redire à la doctrine du pur amour.

Saint-Simon raconte la suite : « *Monsieur de Cambrai apprit son sort dans un moment qui eût accablé un homme qui aurait eu en soi moins de ressources. Il allait monter en chaire, il ne se troubla point : il laissa le sermon qu'il avait préparé, et, sans différer un moment de prêcher, il prit son thème sur la soumission due à l'Église ; il traita cette matière d'une manière forte et touchante, annonça la condamnation de son livre, rétracta son opinion.* [...] *Deux jours plus tard, il publia un mandement fort court dans lequel il se rétracta, condamna son livre, en interdit la lecture.* [...] *Une soumission si prompte, si claire, si publique, fut généralement admirée.* [...] *Monsieur de Meaux, qui était à la cour, reçut les compliments de tout le monde, qui courut chez lui en foule.* »

Fénelon s'est soumis à l'Église, pas au roi. Quelques semaines après sa spectaculaire manifestation de docilité, fin avril 1699, il publie *Les Aventures de Télémaque*. Un roman pédagogique destiné à l'éducation du duc de Bourgogne ; une longue et belle fable à travers laquelle le précepteur inculque à son élève ce qu'il doit savoir d'histoire, de littérature, de civilisation. Mais aussi une vive critique de la société française et de la morale politique de Louis XIV. Mais encore un récit qui cherche à convaincre la raison en remuant la sensibilité. Nostalgie politique – de l'aristocratie écartée des affaires –, nostalgie littéraire – d'un discours guidé par l'imagination et par l'émotion. Critique conjuguée de la raison d'État et de l'état de raison, dans une langue qui sait cacher autant qu'elle montre.

Voilà la vraie réponse au triomphe de Bossuet, à la facile arrogance du pouvoir. L'évêque de Meaux a voulu éliminer la dernière poche de résistance à la dictature absolutiste : le domaine du for intérieur, du non-dit, de la conviction intime, de la pensée privée. Tout ce qui est doit être dit, écrit, pour être analysé, pesé, soumis, même l'amour de Dieu. Les voies intérieures sont toujours suspectes, leur lumière illégitime. Ce qui se conçoit bien s'énonce clairement ; ce qui s'énonce obscurément ou qui ne s'énonce pas appartient à la sphère du péché, de la rébellion, de la nouveauté, du mal potentiel. Le pouvoir temporel vise à la transparence des corps, le spirituel doit obtenir celle des âmes. L'un ne sert à rien sans l'autre dans la défense de l'État chrétien. Le mysticisme qui repose sur une relation privée, individuelle, immédiate, sans trace, entre chacun et Dieu, doit être tenu en suspicion comme tout ce qui échappe à la règle commune, à la saine grammaire des discours, à la socialité de l'organisation religieuse.

Télémaque et son énorme succès inaugurent une réponse à cette exigence tyrannique de publicité. Dire pour cacher, imaginer pour révéler : créer un discours qui échappe aux mécanismes de l'aveu. Le double langage de la fable, les ambiguïtés de la fiction, les métaphores indécidables, les impondérables du sentiment, la rhétorique des glissements, la naïveté du « naturel », les nuances de l'émotion, l'ombre des mystères de la mort et de l'au-delà.

Jusqu'à la mort brutale du duc de Bourgogne en 1712, Fénelon a espéré devenir un jour le conseiller du nouveau roi de France, le Mentor d'une nouvelle monarchie dont il avait tracé les plans secrets en 1711 à Chaulnes, avec le duc de Chevreuse. Après le décès de son élève et celui de son fils aîné quelques jours plus tard, il ne reste plus de l'abondante lignée de Louis XIV qu'un arrière-petit-fils, le duc d'Anjou, deux ans. On parle un peu partout de tentatives d'empoisonnement ourdies par le duc d'Orléans pour s'emparer de la couronne. Le règne s'achève dans la pourriture. Dans ses *Mémoires* [secrets] *sur les mesures à prendre après la mort du duc de Bourgogne*, Fénelon, désemparé, essaie de dresser un plan susceptible de sauver le royaume. Rien n'est assuré, tout est à craindre. L'archevêque s'en remet à la Providence et – ce qui est encore plus aléatoire – à sa vieille ennemie Mme de Maintenon : *« Je ne crois point que Mme de M. agisse par grâce, ni même avec une certaine force de prudence élevée. Mais que sait-on sur ce que Dieu veut faire ? Il se sert parfois des plus faibles instruments, au moins pour empêcher certains malheurs. Il faut tâcher d'apaiser Mme M. et lui dire la vérité. Dieu fera sa volonté de tout. »*

SOURCES

FÉNELON : *Œuvres*. Édition de Jacques Lebrun. 2 vol. Paris, Gallimard, « Bibliothèque de la Pléiade », 1983, 1997.

— *Correspondance*. Édition de Jean Orcibal. Tomes 1 à 5 : Paris, Klincksieck, 1972-1976. Tomes 6 à 15 : Genève, Droz, 1987-1992.

Jeanne-Marie GUYON : *Le Moyen court et autres écrits spirituels*. Édition de Marie-Louise Gondal. Grenoble, Jérôme Millon, 1995.

— *Les Torrents et Commentaire au « Cantique des cantiques » de Salomon*. Édition de Claude Morali. Grenoble, Jérôme Millon, 1995.

— *La Vie de Mme Guyon racontée par elle-même*. Édition de Benjamin Sahler. Paris, L'Arbre de vie, 1983.

Jacques Bénigne BOSSUET : *Œuvres*. Paris, Gallimard, « Bibliothèque de la Pléiade », 1971.

Jean de LA BRUYÈRE : *Œuvres complètes*. Paris, Gallimard, « Bibliothèque de la Pléiade », 1934.

SAINT-SIMON : *Mémoires (1691-1701)*. Édition d'Yves Coirault. Paris, Gallimard, « Bibliothèque de la Pléiade », 1983.

Jean-Noël VUARNET : *Extases féminines*. Paris, Arthaud, 1980 ; et *Le Dieu des femmes*, Paris, Éd. de l'Herne, 1989.

Michel de CERTEAU : *La Fable mystique*. Paris, Gallimard, 1982.

Benjamin SAHLER : *Madame Guyon et Fénelon. La correspondance secrète*. Paris, Dervy-Livres, 1982.

Louis GUERRIER : *Madame Guyon*. Orléans, 1881. Rééd. Genève, Slatkine, 1971.

Jacques LE BRUN : article « Quiétisme ». Dans *Dictionnaire de spiritualité*, tome 12. Paris, Beauchêne, 1986.

Henk HILLENAAR : *Le Secret de « Télémaque »*. Paris, PUF, 1994.

Saint-Simon invente une langue pour écrire hors du temps

1712 ■ Le décor monarchique s'effondre

QUINZE ans après, les acteurs sont presque les mêmes qu'au chapitre précédent. Image pétrifiée. Au centre, Louis XIV règne depuis près de soixante-dix ans. Faute de pouvoir poser encore en chef de guerre triomphant, il se fait peindre désormais en patriarche de l'Europe, entouré d'une nombreuse et vigoureuse famille qui a poussé ses branches dans toutes les grandes cours européennes. Le message est clair : le vieux roi gouverne encore l'avenir. La France croule sous les défaites militaires, les dettes, les famines, les scléroses, les complots dérisoires. Mais le monarque lui lègue le plus riche des héritages, la plus glorieuse des certitudes : les vertus de son propre sang.

En quelques semaines de 1712, cette promesse se transforme en cauchemar.

Tout a commencé un an auparavant, en avril 1711. Louis de France, dit encore le Grand Dauphin, appelé encore Monseigneur, meurt à cinquante ans de la variole. *« Son corps,* écrit sa tante, la princesse Palatine, *répandit tout de suite une telle infection qu'on fut obligé de le conduire immédiatement à Saint-Denis sans aucune cérémonie.* [Le roi] *est en proie à une telle affliction qu'elle attendrirait un rocher ; cependant il ne se dépite pas, il parle à tout le monde avec une tristesse résignée et donne ses ordres avec une grande fermeté, mais à tout moment les larmes lui viennent aux yeux, et il étouffe ses sanglots. J'ai une frayeur mortelle qu'il ne tombe lui-même malade. »*

La mort du seul survivant des cinq enfants de Louis XIV et de Marie-Thérèse d'Autriche attriste Paris plus que Versailles.

Timide, austère, marié secrètement, depuis son veuvage, avec Mlle de Choin, *« une grosse fille écrasée, brune, laide, camarde, avec de l'esprit et un esprit d'intrigue et de manège »* (selon Saint-Simon), Monseigneur est parvenu à se fâcher avec la plupart des membres de la famille royale. À commencer par son fils aîné, le duc de Bourgogne. L'ancien élève de Bossuet et celui de Fénelon entretiennent de solides relations d'hostilité et de défiance. Saint-Simon, qui est du côté du fils, rédige une sévère nécrologie du père : *« Son peu de lumières, s'il en eût jamais, s'éteignit sous la rigueur d'une éducation dure et austère qui donna le dernier poids à sa timidité naturelle et le dernier degré d'aversion pour toute espèce, non pas de travail et d'étude, mais d'amusement d'esprit, en sorte que, de son aveu, il n'avait lu que l'article de Paris de* La Gazette de France *pour y voir les morts et les mariages. »* Les historiens disputeront à l'infini de savoir s'il eût fait un bon roi de France. Vaine querelle ; inanité de l'histoire avec des « si ».

Monseigneur est vite oublié. Le nouveau dauphin occupe toutes les conversations. Il a vingt-neuf ans, il est rêveur, sage, vertueux. Il n'aime pas la guerre et voue à sa femme un amour passionné. Le contraire de son grand-père en somme. Il est aussi fidèle à Fénelon et à l'enseignement de son *Télémaque*. Il cristallise tous les espoirs de ceux qui entretiennent, en secret, le rêve d'une réforme monarchique. On commence à préférer la douceur à la gloire.

Pour entrer malgré tout dans les faveurs du roi et de Mme de Maintenon, l'ancien duc de Bourgogne dispose d'un atout, sa jeune femme, Marie-Adélaïde de Savoie. Ils sont mariés depuis quatorze ans ; elle en a vingt-six. Elle est vive, espiègle, rieuse. Elle met une note de gaieté, de légèreté et de jeunesse dans cette cour empesée et sinistre. La Palatine écrit qu'elle était pour le roi *« toute sa consolation, son unique plaisir ; elle était d'humeur si gaie qu'elle trouvait toujours quelque chose pour l'égayer, quelque triste qu'il pût être. Cent fois par jour elle entrait et sortait, et rapportait chaque fois quelque chose de drôle »*. Même la Maintenon (*« la vielle ordure »*, *« la ripopée »*, *« la vieille ratatinée »*, comme la nomme la Palatine, belle-sœur du roi) se laisse attendrir par les gamineries de la dauphine. L'épouse secrète du vieux roi cajole la future reine de France dont le mari est si furieusement amoureux qu'il en oublie tout le reste.

L'euphorie dure quelques mois. Dès le 18 janvier 1712, le ciel s'obscurcit. C'est d'abord Boudin, le premier médecin de la dauphine, qui l'avertit qu'on veut l'empoisonner, ainsi que son mari. Comme Boudin se dit incapable de donner l'origine de son information, on en reste là. Mais la rumeur est relayée par Philippe V, le roi d'Espagne, frère du dauphin. *« On eut l'air de mépriser des choses en l'air, dont on ne connaissait point l'origine ; mais l'intérieur ne laissa pas d'en être frappé, et il se répandit un sérieux de silence et de consternation dans la cour à travers des occupations et des amusements ordinaires. »* Le 30, accident de chasse. Au cours d'une battue autour d'une mare gelée, le duc de Berry, deuxième frère du dauphin, crève l'œil de Monsieur le Duc, Louis-Henri de Bourbon, fils du prince de Condé et d'une bâtarde de Louis XIV. Le 5 février, le duc de Noailles, époux d'une nièce de Mme de Maintenon, offre à la dauphine *« une fort belle boîte pleine d'excellent tabac d'Espagne »*. Elle en prend et le trouve fort bon. Mais le soir, elle est prise de fièvre. Le 7, elle éprouve une vive douleur à la tempe, *« si violente qu'elle fit prier le Roi qui la venait voir, de ne point entrer »*. La fièvre monte, on parle de la boîte de tabac, on la cherche partout, on ne la retrouvera jamais. On saigne la jeune femme, on essaie de la soulager par l'opium et du tabac à mâcher. Le 9, quelques marques qui apparaissent sur la peau font espérer une rougeole. Le 10, les médecins infligent à la dauphine un vomitif, sans résultat. Le 11, elle est si mal que Mme de Maintenon lui propose de recevoir les sacrements. Curieusement, la dauphine, dont le mari ne quitte guère le chevet, récuse son confesseur habituel, un jésuite, le père La Rue. On lui en trouve un autre. La dauphine demande qu'on commence la prière des agonisants. Nouvelle saignée au pied. À 8 h 30, la dauphine rend le dernier soupir. Le roi et Mme de Maintenon rentrent à Marly.

Le dauphin demeure à Versailles. *« Malade, et navré de la plus intime et de la plus amère douleur »*, il s'alite et ne reçoit que son frère, Berry, son mentor, le duc de Beauvillier et son confesseur, le père Martineau. Le 13 au matin, il quitte Versailles et rejoint Marly. Saint-Simon qui lui rend visite est *« épouvanté de son regard, également contraint, fixe, avec quelque chose de farouche, du changement de son visage et des marques plus livides que rougeâtres que j'y remarquai en assez grand nombre, et assez larges »*. Louis XIV étant éveillé, le dauphin se rend dans la chambre de son grand-père. Larmes, sanglots, consolations. Saint-Simon continue : *« Le Roi, regardant le Dauphin, fut effrayé des mêmes choses dont nous l'avions été dans sa chambre. Tout ce qui était dans celle du Roi le fut, les médecins plus que les autres. Le Roi leur ordonna de lui tâter le pouls, qu'ils trouvèrent mauvais.* [...] *Le Roi l'embrassa encore, lui recommanda fort tendrement de se conserver, et lui ordonna d'aller se coucher ; il obéit, et ne se releva plus. »* Le 18 février, six jours après son épouse, le dauphin, après avoir entendu la messe et reçu l'extrême-onction, rend l'âme à 8 heures du matin.

Saint-Simon, pour une fois, ouvre son cœur : *« Ces* Mémoires *ne sont pas faits pour rendre compte de mes sentiments : en les lisant, on ne les sentira que trop, si jamais, longtemps après moi, ils paraissent.* [...] *je me contenterai de dire* [...] *que je voulus tout quitter, et me retirer de la cour et du monde, et que ce fut tout l'ouvrage de la sagesse, de la conduite, du pouvoir de Mme de Saint-Simon sur moi, que de m'en empêcher avec bien de la peine. »*

Ce même jour, la Palatine écrit à sa tante, la duchesse de Hanovre : *« Vous pouvez aisément vous figurer dans quelle affreuse désolation nous sommes tous ici.* [...] *Comme le roi a un gros rhume, on ne l'a pas éveillé, mais on lui a appris à son réveil cette terrible nouvelle. Dès que nous sûmes qu'il en était instruit, nous nous rendîmes tous auprès de lui ; c'était un spectacle vraiment lamentable.* [...] *Je ne crois pas qu'on ait jamais vu ce qu'on va voir cette fois, c'est-à-dire le mari et sa femme conduits à Saint-Denis dans la même voiture. Je suis encore tellement ébranlée que je ne peux pas me remettre, je ne sais presque pas ce que je dis. Si vous avez bon cœur, vous aurez certainement pitié de nous, car la tristesse qui règne ici ne se peut décrire. Je vois que tous, tant que nous sommes ici, nous allons mourir les uns après les autres... »*

Nouvelle lettre, deux jours plus tard ; le ton a changé, la tristesse et l'angoisse le cèdent à l'horreur. La Palatine, veuve depuis 1701 du frère de Louis XIV Philippe d'Orléans, mère de Philippe II d'Orléans, le futur Régent, est folle d'indignation : *« Des méchants ont répandu le bruit dans tout Paris que mon fils avait empoisonné le dauphin et la dauphine. »* Le roi est averti de la rumeur, il convoque son neveu, lui assure qu'il le croit innocent mais ne lui conseille pas moins d'envoyer à la Bastille son chimiste, un nommé Homberg, pour y être interrogé. L'autopsie des deux corps conclut à la rougeole et à l'absence de poison ; mais la rumeur ne faiblit pas. Le 5 mars, la Palatine écrit encore : *« On craint que mon fils n'ait part au gouvernement que nous aurions ; c'est pourquoi l'on cherche à le rendre odieux à Paris et à la cour.* [...] *Il ne meurt personne à la cour qu'on ne l'en accuse. »*

Le 19 février, les cœurs du dauphin et de son épouse sont portés au Val-de-Grâce par Chamillart, évêque de Senlis, premier aumônier de la dauphine. Le 23 février, les corps des défunts sont transportés de Versailles à Saint-Denis dans un char, sous un même poêle. Vers 6 heures du soir, la voiture, traînée par huit chevaux, quitte le palais, précédée de centaines de porteurs de cierges. Dix-huit carrosses suivent, entourés d'une infinité de valets de pied portant des flambeaux. Derrière eux les gendarmes et les gardes du corps. Le cortège entre dans Paris à 2 heures du matin par la porte Saint-Honoré et en sort à 4 par la porte Saint-Denis. Quand le jour se lève, dans le froid de février, la procession funèbre parvient enfin à la basilique.

Une semaine se passe en cérémonies de condoléances. On proclame le nouveau dauphin. Le fils aîné du duc de Bourgogne, le duc de Bretagne, a cinq ans. Comme son petit frère, le duc d'Anjou qui tète encore, il a la rougeole. Les médecins de la cour font appel à cinq de leurs confrères de Paris. Remèdes, saignées : il meurt le 8 mars. La duchesse de Ventadour, gouvernante des deux enfants, s'empare alors du dernier survivant et l'arrache aux médecins. Le nouveau dauphin a deux ans. C'est le quatrième dauphin en onze mois, le troisième en vingt-quatre jours. Il est fragile, malade. Serait-il en bonne santé qu'on craindrait néanmoins pour sa vie : à Paris comme à la cour, on ne parle plus désormais que de poison. Le crépuscule du grand règne tourne à la farce macabre ; c'est comme un corps qui se décompose et qui pue.

Les ambitions, les rancœurs, les haines contenues pendant tant d'années par le corset d'or et d'acier de la cour où elles ont fermenté explosent d'un coup, accablant un peu plus le vieux roi triste, metteur en scène désormais impuissant d'un théâtre de fantômes et de comploteurs qui spéculent sur la date prochaine de sa mort.

Les clans s'accusent des pires ignominies et nouent les alliances les plus improbables. Autour de Chevreuse et de Fénelon, les conseillers du feu duc de Bourgogne cherchent en secret à agir auprès de leur vieille ennemie, Mme de Maintenon, et auprès du confesseur du roi, le père Le Tellier, pour dresser les plans d'un Conseil de régence et, surtout, protéger le nouveau dauphin contre les desseins supposés criminels de son oncle le duc d'Orléans. Comment convaincre le vieux roi, tout imbu de son absolu pouvoir, de mettre en place le gouvernement de sa succession ? Fénelon propose, le 15 mars : *« On peut lui laisser voir le cas où la France aurait le malheur de le perdre. Alors on aurait tout à craindre du parti huguenot, du parti janséniste, des mécontents de divers états, des princes exclus de la régence, des dettes payées ou non payées, des troupes très nombreuses sans discipline. Le remède est d'établir sans aucun retardement un Conseil de régence, que tout le monde s'accoutume à respecter. »* Un bilan de faillite.

D'autres s'agitent encore. Le duc de Berry, vingt-six ans, troisième fils de feu Monseigneur. Il est, de l'avis de tous, incapable – *« Il ne sut jamais guère que lire et écrire,* note Saint-Simon, *et n'apprit jamais rien depuis qu'il fut délivré de la nécessité d'apprendre »* ; la Palatine n'est pas plus tendre pour le mari de sa petite-fille : *« Il ne sait rien de rien, à peine sait-il ce qu'il est »* – et il est affligé d'une jeune femme, Marie-Louise-Élisabeth d'Orléans, dix-sept ans, qui le méprise et le mène par le bout du nez. Marie-Louise est la fille aînée du duc d'Orléans – encore lui – et de Françoise-Marie de Blois, une bâtarde – encore une – de Louis XIV et de Mme de Montespan. La rumeur publique prête au père et à la fille des relations incestueuses. Ils s'entendent en tout cas comme larrons en foire. Si le duc de Berry, petit-fils de Louis XIV, se trouvait à portée de gouverner, c'est sa femme et son beau-père qui mèneraient le bal. La question ne se posera pas longtemps : Berry meurt en 1714 des suites, semble-t-il, d'une chute de cheval.

Troisième centre de complots et non le moindre, celui qui s'agite et manœuvre autour du duc du Maine. Louis-Auguste de Bourbon a quarante-deux ans ; il est le second enfant de Louis XIV et de Mme de Montespan. Pieux, de visage agréable mais handicapé par un pied bot, il a été élevé comme son fils par Mme de Maintenon lorsqu'elle n'était encore que la veuve Scarron. Elle a pour lui les plus hautes ambitions. Elle lui a fait épouser Anne-Louise de Condé, la petite-fille du Grand Condé, qui se rêve reine de France. Au grand scandale de la cour et sur l'insistance de Mme de Maintenon, les bâtards de Louis XIV, Berry et son frère le comte de Toulouse, sont élevés au rang de princes du sang. Un pas encore : par testament, Louis XIV confie au duc de Berry le soin de veiller à l'éducation du dauphin : c'est la voie ouverte vers le pouvoir et la guerre déclarée avec le clan des Orléans.

La cour explose. La Palatine constate : *« On ne tient plus de cour du tout. De sept heures à dix, on joue chez Mme la duchesse de Berry. Ceux qui ne jouent pas n'y vont pas. Nous avons plus besoin que le roi reste en vie que vous ne pouvez l'imaginer. S'il mourait, tout serait sens dessus dessous, car nulle part il n'y a ni amitié, ni confiance, quelque proche parent qu'on soit. De toute la famille royale, le roi est encore celui qui a le meilleur cœur. »* Les couteaux sont tirés. La Palatine, encore : *« Depuis toutes ces menaces de la duchesse du Maine d'assassiner mon fils, je ne dors plus aussi bien.* [...] *le duc du Maine est né dans la méchanceté. Il y a été élevé. Sa mère était la plus méchante femme du monde. Je sais trois personnes qu'elle a empoisonnées.* [...] *Il a été élevé par la sorcière, la Maintenon, qui est le vrai diable. De sa vie elle n'a eu d'autres pensées que de mettre ce bâtard sur le trône et de gouverner par lui. »*

De la cour, la désagrégation gagne la ville. Le 22 février, allant bénir le corps du dauphin, le duc d'Orléans essuie sur son passage *« les insultes les plus atroces d'un peuple qui ne se contenait pas, qui lançait tout haut les discours les plus énormes, qui le montrait au doigt avec les épithètes les plus grossières, que personne n'arrêtait, et qui croyait lui faire une grâce de ne pas se jeter sur lui et mettre en pièces. Ce fut la même chose au convoi. Les chemins retentissaient de cris, plus d'indignation et d'injures que de douleur. On ne laissa pas de prendre sans bruit quelques précautions dans Paris pour empêcher la fureur publique, dont les bouillons se firent craindre à divers moments. Elle s'en dédommagea par les gestes, les cris, et par tout ce qui se peut d'atroce, vomi contre M. le duc d'Orléans. Vers le Palais-Royal, devant lequel le convoi passa, le redoublement de huées, de cris, d'injures fut si violent, qu'il y eut lieu de tout craindre pendant quelques minutes. On peut imaginer le grand usage que M. du Maine sut tirer de la folie publique, du retentissement des cafés de Paris, de l'entraînement du salon de Marly, de celui du Parlement, de tout ce qui ne tarda pas à revenir des provinces, ensuite des pays étrangers. On ne sème que pour recueillir, et la récolte passa toutes les espérances* ».

Saint-Simon est le grand peintre de cette année de deuils, de ruines, d'appétits et de haines au cours de laquelle s'effondre le décor construit pendant près d'un siècle. 1712, dans les *Mémoires* de Saint-Simon, ce n'est pas seulement une année noire dans une chronique qui s'étend sur plus de quarante ans, mais le cataclysme qui sert à la fois de déclencheur et de symbole central à la *vision* saint-simonienne. La mort qui frappe à coups redoublés sur la famille royale comme sur une race maudite est la figure autour de laquelle l'écrivain organise l'immense parade funèbre de l'absolutisme. C'est le vitrail qui éclaire la cathédrale des *Mémoires* de sa lumière d'orage, de colère et de ténèbres.

Louis de Rouvroy, duc de Saint-Simon, n'a commencé qu'en 1739 la rédaction définitive de ses *Mémoires*, dont il poursuivra secrètement l'écriture jusqu'en 1752, trois ans avant de mourir. Il s'agit d'un exercice de remémoration dont la continuité chronologique eût été impossible sans un merveilleux hasard, une rencontre miraculeuse. La mémoire de Saint-Simon rencontre le *Journal* de Philippe de Courcillon, marquis de Dangeau. Dangeau, qui doit sa situation à sa fortune et sa fortune au jeu, a dicté chaque jour à son secrétaire, de 1684 à 1720, 37 volumes d'une insipide chronique de la cour, d'une minutieuse exactitude et d'un parfait ennui. Saint-Simon, en 1729, obtient une copie de l'énorme journal et commence à l'annoter, à rédiger des additions. Le pâle Dangeau va servir de trame à la tumultueuse et balzacienne tapisserie des *Mémoires*.

Mais Saint-Simon va disposer de matériaux bien plus riches encore : ses propres textes, notes, remarques, mémoires, abrégés, tableaux, portraits, projets, brouillons accumulés depuis sa jeunesse. Comme si l'artiste avait passé toute sa vie à faire des croquis dans le dessein de la fresque à venir. Toute sa vie : en 1699 – il a vingt-quatre ans, – il soumet à son ami et maître spirituel l'abbé de Rancé, le réformateur de la Trappe, des « *espèces de mémoires* » où il parle déjà de ce dont il ne cessera plus de parler, du roi, de la cour, de la guerre, de la justice, des ministres, des manœuvres, des intrigues. Le regard y est déjà, tendu, pénétrant, acéré. Le jeune homme observe avec curiosité et un rien d'effroi ce monde déjà pétrifié dans lequel il est invité à plonger.

Car, Louis de Rouvroy en est persuadé, il fait partie, de par sa naissance, de la fine fleur de l'élite désignée pour assister le roi dans la conduite du pays. Il est duc et pair, il a été bercé par son vieux père dans l'adoration de Louis XIII, de la religion et des libertés et prérogatives de l'aristocratie. À peine mousquetaire, à seize ans, il se voit maréchal ; il rêve de gloire et d'honneur ; il fait un beau mariage avec la fille de son supérieur, le maréchal de Lorges, neveu de Turenne ; il habite l'immense et coûteux château de La Ferté-Vidame. Un rang, des alliés puissants, une éducation soignée, un orgueil à la mesure de ses ambitions : l'avenir lui appartient. Et puis, en quelques semaines, en 1702, tout s'écroule. L'arbitraire des cabinets, affirme-t-il, lui ôte la promotion de brigadier (général) auquel il prétendait. Le petit duc s'échauffe et voit rouge. Pour une sombre affaire de préséances – la première avant cent autres –, il attaque en justice le maréchal-duc de Luxembourg, un vieux militaire brutal et chargé de gloire, et son chef qui plus est. On ne peut pas mieux saboter sa carrière, d'autant que Saint-Simon compose une relation de son affaire qui met en évidence ses dons de guerrier de plume. Il claque la porte de l'armée avant qu'on ne la lui ferme au nez. Il n'a pas trente ans et plus rien à faire ; rien, sinon hanter les couloirs, les allées, les cuisines et les antichambres de Versailles.

Il est partout, il voit tout, il fait parler de tout. Sa curiosité ne connaît pas de bornes ni de classe. Il interroge les maîtres et les valets, les duchesses et les chambrières, les médecins, les cuisiniers, les prélats, les courtisanes. Il sait les cabales, les adultères. Il fait collection de tics, de ridicules, d'obsessions. Maître-espion au service de sa mémoire, il entretient aussi quelques agents qui lui rapportent des nouvelles fraîches. Il a ses entrées secrètes aux conseils, dans les ambassades, dans les états-majors, dans les recoins du parlement. Il entretient aussi de bonnes relations avec les deux ailes de l'anti-absolutisme clandestin. Avec le duc d'Orléans et sa cohorte de libertins ; avec Beauvillier, Chevreuse et Fénelon, les pieux mentors du duc de Bourgogne.

En 1711, lorsque ledit duc de Bourgogne devient l'héritier de la couronne, Saint-Simon sent revenir sa chance. Il dresse des plans de gouvernement. Il se rêve en conseiller favori aux côtés de

Fénelon devenu Premier ministre. Ils vont rendre au royaume ses antiques et saintes lois, chasser les usurpateurs, apaiser l'Europe, redonner à l'aristocratie le goût de la liberté et au peuple le pain et la sécurité. Il s'agit de détruire un à un tous les instruments de l'absolutisme, à commencer par la dévorante et roturière bureaucratie politique, financière et administrative. À la mort du dauphin, la construction s'effondre. Pour Saint-Simon, la catastrophe personnelle se confond avec la catastrophe historique.

Il ne fait pas encore complètement son deuil. Il lui reste le duc d'Orléans. Lorsque celui-ci devient Régent, à la mort de Louis XIV, Saint-Simon l'aide à se débarrasser du clan des bâtards. Le duc essaie de hisser sa petite taille jusqu'à un fauteuil ministériel. Mais il est vite bousculé et submergé par la ruée des fripons et des roués qui sarabandent autour du nouveau maître, et par le plus *« scélérat »* d'entre eux, le cardinal Dubois. Lequel l'expédie en Espagne pour y fiancer Louis XV – onze ans – et l'infante Marie-Anne-Victoire – trois ans. Ambassade réussie, fiançailles ridicules. En 1724, on renverra l'infante et ses langes à son père. De la tragédie, la monarchie tourne à la farce ; Saint-Simon va arrêter là ses *Mémoires*. Avant que la haine et le dégoût ne l'étouffent, avec le pressentiment d'une catastrophe inéluctable.

Saint-Simon est animé par un ressentiment que les années et l'écriture enveniment. Ce régime qui s'est montré incapable d'utiliser les mérites des meilleurs des siens, préférant en faire des esclaves dorés et futiles ; cet absolutisme monarchique qui a préféré à ses soutiens naturels une horde de roturiers et de nobliaux rapaces, d'intrigants corrompus et de courtisanes, sont marqués par l'imposture. Ils ne constituent pas une déviation du cours des choses mais une véritable trahison de l'essence même de la France et de son ordre politique. Une rupture avec le temps éternel des fondations, des origines, des principes, des idéaux et des mythes. Ce qui a brisé avec l'origine périra avec le temps. Les *Mémoires* sont le récit d'une décomposition qui s'accomplit avant même la mort physique du sujet. Lorsqu'il les rédige, il y a longtemps que Saint-Simon a perdu toute espérance d'influer sur la marche de l'histoire ; il a fait le deuil de ses intérêts et de sa gloire. Il prend même soin d'interdire par testament la publication avant cinquante ans de son immense travail. Il ne témoigne pas, sauf pour la postérité : il sera celui qui, dans un temps de révolutions désastreuses, de perversion radicale des principes sacrés de l'Origine, aura maintenu, pied à pied, mot à mot, l'écart entre l'ordre et l'harmonieuse beauté des fondations et le désastre de l'accomplissement. Le temps retrouvé de Saint-Simon est celui, évidemment imaginaire et fantasmatique, de l'« établissement » carolingien et de sa tradition. Une histoire rêvée, à laquelle répond le cauchemar de l'histoire observée.

Les ennemis du petit duc prennent prétexte de cette vision « réactionnaire » de l'histoire pour discréditer l'indignation saint-simonienne. Une nostalgie aussi effrénée du passé, une passion aussi irréductible pour le révolu interdisent en effet, la belle affaire, de faire entrer Saint-Simon au Panthéon moderne des hommes de progrès. Sa foi, si violente, ne va pas à l'avenir mais à la résurrection. Seule nous importe aujourd'hui son insoumission, qui fut grande, pathétique et batailleuse. Et, par bonheur, mesquine, ce qui lui permet de voir au microscope ce que personne d'autre n'a vu, d'écrire ce que personne n'a osé écrire. Il est à la fois de ce monde de la cour auquel il appartient et qui lui appartient, et d'ailleurs, dans un repli immobile du temps. Il est acteur omniprésent de la comédie funèbre, comme le fut aussi Proust, mangé par son rôle, sali par les hypocrisies de la mondanité. Mais son fondamentalisme aristocratique en fait un spectateur intransigeant, cherchant dans l'écriture de la mémoire une purification.

Saint-Simon n'écrit pas une autobiographie. Il ne se raconte pas, pas plus qu'il ne se justifie ou cherche à dresser un bilan de son action. Il ne se veut pas davantage, à la manière de Dangeau, le dérouleur de l'insipide succession des jours à la cour de Louis XIV et du Régent d'Orléans. Il est aussi à mille lieues de se prendre pour un écrivain : il est duc et pair de France, voilà son identité, sa raison d'être, d'agir et d'écrire, le « je » des *Mémoires*, comme celui des milliers d'autres pages, traités politiques, études historiques, descriptions des « élites sociales du royaume » et projets de gouvernement qu'il n'a cessé d'accumuler tout au long de sa vie.

Le « je » omniprésent des *Mémoires* n'est pas celui du sujet pensant et autonome de Descartes. Pas davantage la conscience incarnée des *Confessions* de Jean-Jacques, mais la fusion – à la fois fantasmée et vécue – d'une personne et d'un personnage, de Louis de Rouvroy avec le corps mystique, physique et historique de l'aristocratie pairiale. Le récit des *Mémoires* est donc toujours régi par une double temporalité. D'une part, il raconte le temps, dans un incroyable luxe de détails, de couleurs, de mouvements, d'intrigues ; d'autre part, il fixe ce même temps dans un fantastique rituel d'agonie ; il en fait un immense tableau, à la surface duquel s'agitent, magnifiques ou ridicules, odieux ou sublimes, des milliers de papillons promis à la mort. Parmi eux, le duc de Saint-Simon, le fantôme de l'auteur.

L'histoire est faite d'événements, le tableau s'organise autour de figures. Les portraits tracés par Saint-Simon visent moins à la ressemblance qu'à l'expression. Ils font signe. La précision, l'exactitude, le réalisme de la peinture ne visent pas à faire vrai, ni vraisemblable – conformément aux canons esthétiques de la civilisation de cour – mais à faire voir le ver qui ronge le fruit, fût-il magnifique et empli de promesses. Nul n'échappe à la lucidité de son pessimisme, même ceux qu'il aime.

Voici le duc de Bourgogne, la grande espérance de Saint-Simon, le dauphin de ses rêves, celui qui, s'il règne, pourra retourner l'histoire dans le bon sens, en arrière. Saint-Simon commence par en faire l'éloge le plus pieux, dans la plus parfaite rhétorique de l'éblouissement : *« Je suis fermement persuadé que peu de siècles ont produit de prince en qui Dieu ait si libéralement répandu tant de vertus solides et de grands talents. Un esprit vif, vaste, juste, appliqué, pénétrant, laborieux, naturellement porté aux sciences difficiles, curieux de tout rechercher et plein de bonne foi dans ses recherches. »* Il est *« tout ce qu'on en pouvait attendre pour réparer les profonds malheurs du plus beau royaume de l'Europe, destiné à lui obéir un jour »*. La litanie se poursuit. Le jeune dauphin, explique Saint-Simon, était dans sa jeunesse trop fougueux et trop épris de plaisirs, mais *« le prodige est qu'en peu de temps la dévotion et la grâce en firent un autre homme, et changèrent tant et de si redoutables défauts en vertus parfaitement contraires »*. Tout serait parfait s'il ne fallait pas aussi se méfier des excès de la vertu et de l'ardeur des convertis : *« La violence qu'il s'était faite sur tant de défauts, et tous véhéments, ce désir de perfection, la crainte, le peu de discernement qui accompagne toujours une dévotion presque naissante, le faisait excéder dans le contre-pied de ses défauts, et lui inspirait une austérité qu'il outrait en tout, et qui lui donnait un air contraint, et souvent de censeur. »* Résultat : Bourgogne se conduit comme un séminariste. Pire : un séminariste amoureux – de sa femme qui plus est – qui se met tout le monde à dos par sa *« timidité si déplacée »* et sa *« dévotion si mal entendue »*. Sans doute le temps et les bons conseils de Saint-Simon auraient-ils conduit ce prince à la perfection, *« mais, hélas ! la perfection n'est pas de ce monde, qui n'en est pas digne : Dieu la montra pour montrer sa bonté et sa puissance, et se hâta de la retirer pour récompenser ses dons et pour châtier nos crimes. »* La mort du dauphin est une rédemption à l'envers : une damnation.

Le portrait de Bourgogne est moral, celui de sa chère épouse Marie-Adélaïde est surtout physique. Les signes des femmes sont corporels. *« Régulièrement laide, les joues pendantes, le front trop avancé, un nez qui ne disait rien, de grosses lèvres mordantes, des cheveux et des sourcils châtains bruns fort bien plantés, des yeux les plus parlants et les plus beaux du monde, peu de dents et toutes pourries, dont elle parlait et se moquait la première, le plus beau teint et la plus belle peau, peu de gorge mais admirable, le cou long, avec un soupçon de goitre qui ne lui seyait point mal, un port de tête galant, gracieux, majestueux, et le regard de même, le sourire le plus expressif, une taille longue, ronde, menue, aisée, parfaitement coupée, une marche de déesse sur les nuées : elle plaisait au haut point. »* La déesse aux dents pourries était le dernier souffle de vie de la cour : *« Avec elle s'éclipsèrent joie, plaisirs, amusements même, et toutes espèces de grâces. Les ténèbres couvrirent toute la surface de la cour. Elle l'animait toute entière ; elle en remplissait tous les lieux à la fois ; elle y occupait tout ; elle en pénétrait tout l'intérieur. Si la cour subsista après elle, ce ne fut plus que pour languir. Aussi les regrets n'en ont-ils pu passer, et l'amertume involontaire et secrète en est constamment demeurée, avec un vide affreux qui n'a pu être diminué. »* Trente ans après, l'écrivain Saint-Simon tourne autour de ce vide où la grâce – qu'il faut entendre ici avec sa coloration janséniste – a définitivement disparu.

Reste le duc d'Orléans, le futur Régent, l'allié de la famille Saint-Simon, le dernier espoir de réforme. Le petit duc le défend lorsque la rumeur et le « parti des bâtards », Maintenon en tête, l'accusent d'empoisonnement. Mais, hormis sa débauche et son impiété proclamées, *« son désir d'irréligion et l'extravagante vanité d'en faire une profession ouverte »*, il flotte autour de lui un air de soufre. Il fait des recherches d'alchimie, il embauche un « artiste » – un chimiste –, Homberg, avec qui il *« consulte sur le* *présent et sur l'avenir ». « Il s'était piqué autrefois d'avoir cherché à voir le diable, quoiqu'il avouât qu'il n'y avait pu réussir ; mais, épris de Mme d'Argenton et vivant avec elle, il y trouva d'autres curiosités trop approchantes, et sujettes à être plus sinistrement interprétées. »*

Sorcellerie, mômeries, complots et cabales en tous genres, ostentation de la débauche : l'angoisse de l'avenir lorsqu'elle est privée de la parole s'exprime par un retour violent du passé refoulé. Madame, la lourdaude et lucide Teutonne, la princesse Palatine, a tout de suite saisi le lien : *« Dans le sanctuaire* [elle nomme ainsi le cabinet du roi sur lequel règne Mme de Maintenon] *on parle beaucoup des affaires passées, mais on ne dit pas un mot du présent, ni de la guerre ni de la paix. On ne parle pas non plus des trois dauphins et de la dauphine de peur d'y faire songer le roi. »* Dans une autre lettre, la même semaine : *« Quand les cabales entreprennent quelque chose, elles peuvent aisément réussir ; les croyances ne sont pas libres comme en Allemagne ; la prison et l'exil sont la punition de la liberté. »*

Se retourner vers le passé, fût-il mythique, c'est retrouver le souffle de la liberté. Saint-Simon dresse le catafalque du présent – quarante années de présent piégées dans le réseau de sa minuscule écriture sur des milliers de pages – pour retrouver la liberté vive, heureuse et ordonnée de la vie passée, celle des récits de son père. La nostalgie est vivante, elle a une langue. Chez Saint-Simon, elle rompt violemment, radicalement, avec les lois de l'honnêteté de cour, la syntaxe des académiciens et la rhétorique raisonnable de Boileau.

La langue de Saint-Simon crève la surface durcie et polie du bien-écrire et du beau parler. Il fait ressurgir ce qui a été condamné, pourchassé, méprisé pendant trois quarts de siècle. Il n'ignore pas, bien sûr, la beauté de la langue pure et régulière, mais il s'en méfie comme d'un masque qui cacherait, avec les imperfections du visage, la vérité des sentiments. Il la distend, l'envenime, la gratte, la retourne. Comme il montre l'envers de la majesté, il découvre l'envers de la langue royale. N'étant pas homme de lettres, il peut écrire hors de son temps.

Sans discrimination, il utilise tous les langages qui lui tombent sous la plume. Celui de la cour, évidemment, dans lequel il baigne depuis sa naissance, celui de l'armée et de la guerre, celui de la religion, mais aussi celui des cuisines, de la mécanique, des métiers, de l'école. Il cherche la couleur, l'expression forte, le trait qui fait image. Il ne se préoccupe guère alors de savoir si le mot, l'expression ou le proverbe qu'il utilise sont anciens, ou démodés, ou bas, ou grossiers. Ce qu'il écrit ne doit pas avoir d'âge : il n'écrit pas comme on parle aujourd'hui mais pour faire sonner une sorte de français intemporel, libéré, véhément, sensible : franc. Il ne cherche pas à imiter mais à écarter : surprendre pour mieux faire sentir l'écart. Même s'il faut pour cela sortir de l'oubli des mots que tout le monde a abandonnés. Ou, à l'inverse, créer des mots, soit en composant de manière inédite des termes séparés, soit en substantivant des adjectifs – *« Le rogue, le dur, le désagréable de M. de La Rochefoucauld n'était pas pour le roi »* –, soit en inventant simplement : *cardinalesque*, *idolâtrique*, *blondasse*, *frétiller*, *rabâcher*, et des centaines d'autres, et des mots étrangers, et des mots ordinaires employés avec un sens nouveau. La seule règle étant d'éveiller l'imagination, même au prix parfois de l'obscurité – que Saint-Simon craint moins que l'évidence.

Saint-Simon ne cherche pas ses mots. Il est pressé, il écrit vite. Il semble avoir toujours peur que l'éclair de l'image ne s'éteigne avant que la phrase soit terminée. L'image est ce qui donne à voir. Les *Mémoires* court-circuitent la pensée comme le temps. En un instant, la plume saisit la mémoire du regard qui embrasse toute la surface. La profondeur se lit dans l'apparence : la mort, le néant, la catastrophe finale. Le voyeur est aussi voyant.

SOURCES

SAINT-SIMON : *Mémoires*. Édition d'Yves Coirault. 8 vol. Paris, Gallimard, « Bibliothèque de la Pléiade », 1982-1988.

— *Traités politiques et autres écrits*. Paris, Gallimard, « Bibliothèque de la Pléiade », 1998.

ÉLISABETH-CHARLOTTE D'ORLÉANS, princesse Palatine : *Lettres*. Édition d'Olivier Amiel. Paris, Mercure de France, 1981.

Malina STEFANOVSKA : *Saint-Simon, un historien dans les marges*. Paris, Champion, 1978.

José CABANIS : *Saint-Simon l'admirable*. Paris, Gallimard, 1974.

Pierre ADAM : *Le Langage du duc de Saint-Simon*. Paris, 1920. Rééd. Genève, Slatkine, 1970.

Emmanuel Le Roy Ladurie : *Saint-Simon*. Paris, Fayard, 1997.

François-Régis Bastide : *Saint-Simon par lui-même*. Paris, Éd. du Seuil, 1953.

Dirk Van der Cruysse : *La Mort dans les « Mémoires » de Saint-Simon*. Paris, Nizet, 1981.

Pierre Goubert : *L'Ancien Régime*. 2 vol. Paris, Armand Colin, 1969-1973.

Montesquieu contre le commerce frauduleux des signes

1720 ▪ Écroulement de la fiction monétaire de Law

Ce 17 juillet, 15 000 personnes, selon le témoignage de l'avocat Barbier, sont assemblées depuis 3 heures du matin devant la Banque. *La* Banque, l'unique, celle de John Law, celle du roi et du Régent, est installée rue Vivienne dans l'ancien palais de Mazarin. La foule attend l'ouverture des grilles qui n'aura lieu qu'à 9 heures. Il fait beau ; certains ont pris l'habitude de passer une partie de la nuit, assis par terre, à la porte du jardin de l'hôtel Mazarin. C'est qu'il faut être parmi les premiers pour se précipiter vers les bureaux de la Banque dès que les directeurs et leurs commis consentent à commencer les paiements. On sait qu'il n'y en aura pas pour tout le monde ; seuls les plus rapides, les plus aptes à jouer du poing et des coudes, seront servis. Quelques gardes, baïonnette au canon de leur mousquet, tentent d'assurer un semblant d'ordre à la cohue.

Depuis la fin du mois de mai, la scène se répète chaque matin. Le 21 mai, John Law, contrôleur général des Finances, grand argentier de son altesse le duc d'Orléans, Régent du royaume, a publié un arrêt qui réduit de moitié la valeur des billets de banque et des actions de la Compagnie des Indes qui leur servent de garantie. Seuls les impôts pourront encore, jusqu'en 1721, être payés en monnaie de papier à sa valeur initiale. C'est le commencement de la fin du Système. Le 27 mai, face à l'émotion de la ville et du parlement, Law revient sur son arrêté et autorise de nouveau la circulation de l'or et de l'argent ; puis il démissionne de son ministère et de la direction de la Banque. On ferme les bureaux de la rue

Vivienne. Quatre jours plus tard, on les rouvre et la foule s'y précipite pour échanger son papier contre du numéraire. Le Régent s'affole ; au point de rappeler Law au Conseil le 1er juin après avoir songé à l'envoyer à la Bastille. L'Écossais a une réputation de sorcier des finances et on ne voit que lui et ses manipulations pour écarter la catastrophe.

Law règne de nouveau. Joueur invétéré, il ne cesse de gonfler la mise, avec de l'argent qu'il n'a plus. Il fait encore illusion, manœuvre, esbroufe. Il tente encore de s'accrocher à ses théories monétaires. Il lui faut à tout prix masquer que l'État et sa Banque sont désormais insolvables et qu'on a imprimé un tiers de plus de billets de banque qu'il n'y avait de valeurs dans les coffres. Il lui faut cacher que l'État vient de voler la France.

Rue Vivienne, les billets de banque se négocient, dans la cohue, bien au-dessous de leur valeur nominale. La Banque ne dispose plus d'assez d'argent et d'or pour faire face à la demande de remboursement. Faute de numéraire, personne n'acceptant plus le papier et le métal étant rare, le commerce déprime, la rue s'agite. On cherche de l'argent désespérément, même cher, pour essayer de se sauver de la ruine. On spécule encore, à la baisse. Des intermédiaires et des agioteurs achètent à pleines brassées et à vil prix des billets qu'ils parviennent à revendre plus cher à d'autres intermédiaires, mieux placés pour obtenir un remboursement. Autour de la banque de la rue Vivienne s'agitent de jeunes nobles décavés, des financiers véreux, des escrocs, des bandits, des filles, des marchands de vin et même quelques braves rentiers au bord de la ruine.

Le 1er juillet, c'est la ruée. Plus effrénée, plus violente que d'habitude ? Dans la bousculade, sans doute quelqu'un tombe-t-il ; d'autres butent sur lui et s'étalent. La foule s'affole et s'écrase contre les chicanes. *« Douze ou quinze personnes,* écrit le bibliothécaire Jean Buvat dans son *Journal de la Régence, furent étouffées dans la presse et foulées aux pieds de ceux qui faisaient leur possible d'avancer, sans pouvoir reculer ni se dégager de la presse. »* D'autres, semble-t-il, plus jeunes et plus agiles, ont pris l'habitude de se percher sur une barricade et de plonger à corps perdu dans la foule pour se faire une place.

La panique ayant pris fin, on ramasse les corps inanimés. On les croit tous morts ou on fait semblant de le croire. 4000 ou 5000 manifestants transportent quatre corps, dont celui d'une femme, le long de la rue Vivienne. On se dirige vers le Palais-Royal où loge le Régent. En cours de route, on rencontre le carrosse du gouverneur de Paris, le duc de Tresmes. On entoure la voiture, on s'agite, on gronde. Tresmes *« jeta de l'argent, et même de l'or, et il eut ses manchettes toutes déchirées »*. Le Blanc, secrétaire d'État, a aussi l'infortune de croiser le cortège, il est pris à partie, mais la troupe le protège. Il négocie : *« On fit emporter les corps morts,* écrit Saint-Simon, *et par douceur et cajoleries on vint enfin à bout de renvoyer ce peuple. »*

En réalité, la foule se calme un peu, mais demeure amassée devant le Palais-Royal. John Law parvient néanmoins à s'y réfugier, sous la protection du Régent et de ses troupes. Mais son cocher, alors qu'il ramenait l'équipage au domicile de son maître, est reconnu, malmené et blessé, et le carrosse est mis en pièces. L'hôtel de Law est attaqué à coups de pierres par les manifestants. Le Régent craint l'émeute. Dès le lendemain, 18 juillet, il décide d'exiler le parlement à Pontoise. Le spectre de la Fronde, de l'union des parlementaires et du peuple de Paris, ressurgit. L'expérience « libérale » de la Régence tourne court. Le 4 août paraît une déclaration royale ordonnant l'observance dans tout le royaume de la bulle *Unigenitus*. Philippe d'Orléans, qui croit au diable plus qu'à Dieu, prend la tête d'une croisade intérieure contre les jansénistes. Le despotisme royal reprend tous ses droits. Le rêve de Fénelon et de Saint-Simon s'envole avec la féerie financière de John Law.

La fête a pourtant été belle. John Law est un prodigieux montreur d'ombres. Il est impossible d'entrer ici dans le détail de sa faramineuse mise en scène. Les plus savants économistes s'y sont essayés sans jamais parvenir à des explications claires. Lorsque cet aventurier écossais, fuyant une condamnation pour meurtre à la suite d'un duel en Angleterre, débarque en France en 1707, il n'a que des idées, la passion des cartes, le goût de la dépense et un formidable pouvoir de séduction. Les freudiens noteront que ce fils d'un riche orfèvre d'Édimbourg détestait l'or. Le métal jaune lui apparaissait comme un signe monétaire arbitraire, pesant, malcommode pour les échanges et privilégiant par trop l'Espagne, ses mines d'Amérique du Sud, ses galions de métal précieux. Law avait parfois le génie simple : la richesse d'un pays, disait-il, doit reposer non pas sur la quantité d'or qui y circule mais sur l'importance de sa production et sur l'intensité de son commerce. Il faut donc retirer l'or de la circulation – et l'argent aussi pour faire bonne mesure – et les remplacer par des billets qui seront gagés soit sur des terres, soit sur une encaisse monétaire, soit encore sur des actions. C'était révolutionnaire et simple – dans son principe.

Louis XIV n'avait pas donné suite aux mémoires que lui adressait le bel Écossais, mais le Régent se laissa vite séduire. Il est vrai que les caisses de l'État étaient vides après les désastreuses guerres de la fin du règne précédent, que l'endettement du Trésor royal atteignait la totalité des ressources de plusieurs années de recettes fiscales et que le paiement des intérêts représentait les deux tiers du budget.

Pour obtenir des recettes supplémentaires, le fisc a toujours fait preuve d'une imagination à rendre les romanciers jaloux. Les trésoriers de Louis XIV ont été inventifs ; pas assez pour faire face aux dépenses. L'argent rentre de plus en plus mal ; confiée à des intermédiaires, des grandes compagnies financières, sa perception est de plus en plus coûteuse, et de plus en plus injuste. La révocation de l'édit de Nantes a engendré un départ massif de contribuables et de capitaux. Philippe d'Orléans est aux abois ; John Law lui offre la recette miracle, la pierre philosophale. À l'envers, il est vrai, puisqu'il s'agit de transmuer l'or en papier.

En imprimant du papier, l'État dispose d'une monnaie dont il est le maître. Il peut rembourser ses dettes, payer les intérêts de ses créanciers, assurer l'expansion économique, orienter l'épargne vers des emplois productifs. Plus beau encore : en 1717, Law se fait attribuer d'immenses territoires de la vallée du Mississippi connus sous le nom de « Louisiane » et grands comme huit fois la France. Il crée la Compagnie des Indes occidentales dont les actions, portant intérêt à 4 %, sont payables en billets d'État. Le papier-monnaie, gagé désormais sur l'Eldorado américain, emporte les dernières réticences des épargnants. Law élimine ou écarte ses concurrents et ses adversaires ; il détient la Banque royale, la Compagnie des Indes, le commerce maritime, le contrôle des actes notariés, la ferme des postes et celle du tabac, bientôt la ferme générale des impôts, il émet les billets, il paie les échéances du Régent. Rien ne lui résiste, il fusionne la Banque et la Compagnie, il peut enfin, sans entrave, appliquer son Système.

Aucune des conceptions de Law n'est réellement originale.

Ni le papier-monnaie, ni les faibles taux d'intérêt, ni la perception directe des impôts par l'État, ni l'expansion monétaire, ni la politique maritime et coloniale. Son génie, c'est le Système, la coordination et la systématisation de toutes ces mesures dans un édifice théorique et doctrinal, une pure architecture économique, une formule magique.

La magie de Law opère, follement comme il convient. En mai 1719, les actions de la Compagnie des Indes occidentales achetées 500 livres sont cotées 10 000. C'est la vraie fête de la Régence, l'orgie spéculative de la rue Quincampoix. La rue étroite où sont installés traditionnellement les changeurs devient un étonnant théâtre en plein air où règnent les scapins. On s'y bouscule pour acquérir le plus possible de ces fameux billets du Mississippi, engranger sa part du fabuleux trésor des Indes. Law passe sans transition de la rationalité de la théorie à la frénésie de l'agiotage. Rue Quincampoix, on gagne des fortunes avec rien. Tout le monde s'y presse dans la plus démocratique des cupidités, des nobles, des ecclésiastiques, des officiers, des notaires et aussi beaucoup de domestiques qui souvent sont envoyés par leurs maîtres et qui gagnent des fortunes en se risquant pour leur propre compte. Mme Chaumont, une brave Flamande, ayant reçu quelques milliers de livres en papier pour le paiement d'une dette en octobre, *« avait réussi à amasser six millions, dont elle fit par la suite, soixante »*. Elle achète l'hôtel de Pomponne à Paris et la seigneurie et la terre d'Ivry-sur-Seine. Là elle passe des jours fastueux entourée d'une cour d'amis qui consomment *« chaque jour un bœuf, deux veaux, six moutons, outre la volaille et le gibier, avec force vins de Champagne et de Bourgogne. Bienfaitrice des arts, elle faisait travailler aux Gobelins des tentures, des tapisseries superbes et d'un nouveau dessin »*. Les aubergistes savent se conduire comme des châtelains et les domestiques comme des maîtres. Au point qu'il faut une ordonnance royale pour pouvoir les distinguer : les domestiques ne doivent pas porter un habit sans un galon à la marque de leur patron. Celui-ci doit être *« large d'un pouce, en forme de boutonnière sur le devant, autant sur le derrière du justaucorps et des surtouts, un autre sur la manche »*. Entre le noble et son serviteur, il n'y a que l'apparence d'un galon. Marivaux n'est pas loin.

Le Mississippi hante les jours et les nuits. La propagande de Law fait merveille. Le roi – en réalité le Régent – agiote. L'Écossais a l'art des cadeaux. Le souverain est actionnaire des Indes occidentales pour 100 000 actions : 50 millions qui valent désormais 1 milliard. Autour de lui, les membres de la haute noblesse, les ducs et pairs chers à Saint-Simon profitent largement de la manne, sans avoir besoin de fréquenter la rue Quincampoix. Mis dans le secret des manœuvres à la hausse et à la baisse commandées par John Law, ils vivent sur un nuage doré. Le Régent a compris la leçon de son maître financier : il faut dépenser plus et encore pour favoriser l'activité économique. Il s'en donne à cœur joie. Il achète des fidélités – il *« accable d'argent »*, dit Saint-Simon –, multiplie les pensions, les constructions, les fêtes ; les pierres précieuses ruissellent sur les habits. *« Le Mississippi tourne les têtes »*, note Saint-Simon ; la sienne n'y échappe pas. S'il peste contre les *« fripons »* de ce Conseil de régence dont il est membre, il ne refuse pas le quintuplement de ses appointements. Mieux : le petit duc, si attaché aux signes extérieurs du prestige, persuade Philippe d'Orléans d'acheter, pour 2 millions, un énorme diamant *« de la grosseur d'une prune de la reine Claude, d'une forme presque ronde, d'une épaisseur qui répond à son volume, parfaitement blanc, exempt de toute tache, nuage et paillette, d'une eau admirable, et pèse plus de cinq cents grains. Je m'applaudis beaucoup d'avoir résolu le Régent à une emplette si illustre »*.

Mais, pendant que Philippe d'Orléans fait ses emplettes, les prix grimpent, follement eux aussi – et donc les rentes s'effondrent. Law imprime de plus en plus de billets pour répondre à la demande, rembourser les créances de l'État, faire face aux échéances. La bulle enfle encore. Pour acquérir la fortune en papier, on se défait de ses terres, de ses forêts, de ses maisons. Les imprimeurs de Law travaillent jour et nuit, officiellement et clandestinement. La grande illusion persiste encore quelques semaines. Law est au zénith. Le 9 janvier 1720, on convertit à la va-vite le financier protestant pour en faire un ministre de Sa Majesté très catholique. C'est l'abbé de Tencin, futur cardinal, qui a été chargé de convertir Law. Ce même abbé de Tencin qui est en train de négocier avec Rome le « chapeau » de l'abbé Dubois, le principal conseiller du Régent et amant en titre de la chanoinesse de Tencin, la sœur de l'autre. Dubois qu'on a dû hâtivement ordonner prêtre – il n'était que tonsuré – à la veille de lui offrir l'archevêché de Cambrai. Spéculateurs et libertins sont des hommes pressés.

Mais à peine Law s'est-il assis dans son fauteuil ministériel que le Système commence à tanguer. Quelques-uns des grands bénéficiaires de la féerie mississippienne pensent alors que le temps est venu de « réaliser » : de prendre dès aujourd'hui ce qu'on leur fait miroiter pour demain. Ce n'est pas un complot, simplement la réaction d'un heureux joueur de casino qui quitte le jeu et va échanger ses jetons contre une monnaie plus tangible. Mais l'inflation a alors atteint 2 milliards 700 millions de livres, dont 1 milliard et demi clandestin. Les prix ont doublé, parfois triplé en six mois. Pour empêcher que la bulle ne crève, Law, l'homme du marché libre, doit prendre des mesures de coercition, interdire la détention d'or, renforcer la police et la douane aux frontières pour empêcher l'évasion des métaux précieux. Le cours obligatoire des billets ruine la confiance dans le Système. Rien ne peut y faire. Ni le génie de Law pour les acrobaties monétaires, ni les décrets royaux qui se contredisent d'un jour sur l'autre pour tenter de colmater les brèches, ni les poursuites contre les plus gros profiteurs, ni l'exil – doré – du parlement, ni les recrutements forcés pour l'implantation de colonies en Louisiane. En quelques semaines, tout est joué. La dévaluation de 50 % ne parvient même pas à freiner la dégringolade puisque les billets, dès juillet, se négocient au-dessous du tiers de leur valeur. *« On ne donne plus d'argent nulle part,* écrit Barbier, *on ne veut plus de billets dans le commerce, en sorte que le bourgeois est obligé de perdre la moitié de ses biens et avec l'autre moitié d'acheter tout deux tiers au-dessus de sa valeur. »* Le 15 septembre, les comptes en banque sont amputés des deux tiers. Law, qui brassait les milliards, ne peut plus trouver 25 millions pour les échéances d'octobre. Le 1er novembre, les billets cessent d'avoir cours. Le 9 décembre, Law démissionne de toutes ses fonctions et quitte la France. Le 5 janvier 1721, la Compagnie des Indes est privée de ses ressources fiscales et doit assumer le passif de la Banque royale. Le rêve américain s'envole. Seule consolation, le bel hôtel Mazarin que s'était acheté Law est attribué à la Bibliothèque royale.

Buvat raconte que le curé de Saint-Eustache, se rendant chez l'un de ses paroissiens qui avait besoin de secours, n'obtient pas de réponse lorsqu'il frappe à sa porte et fait appel à un commissaire : *« Lorsqu'il fut entré dans la chambre, on fut bien étonné d'y trouver le mari pendu et sa femme et ses trois enfants égorgés.*

Dans la pièce on trouva six sols de monnaie et pour deux cent mille livres de billets de banque que l'on disait provenir du remboursement des rentes sur l'Hôtel de Ville. » Le mirifique enrichissement de quelques-uns a ruiné des milliers de petits rentiers.

Saint-Simon a une lecture politique de cette fantasmagorie financière : *« Ce qui hâta la culbute de la Banque et du Système fut l'inconcevable prodigalité de M. le Duc d'Orléans, qui, sans bornes, et, plus s'il se peut, sans choix, ne pouvant résister à l'importunité, jusque de ceux qu'il savait à n'en pouvoir douter lui avoir toujours été et lui être encore des plus contraires, donnait à toutes mains, plus souvent se laissait arracher par des gens qui s'en moquaient, et n'en savaient gré qu'à leur effronterie. »* Sa conclusion est belle : *« On a peine à croire ce qu'on a vu, et la postérité considérera comme une fable ce que nous-mêmes nous ne nous remettons que comme un songe. »*

Une fable et un songe. Le conte de fées du Système immerge la société française dans l'univers de la fiction – la présence des choses absentes. Il la plonge dans un océan de signes où le réel, l'or, la terre, le travail, la condition, se trouve démonétisé face à la puissance symbolique, au papier imprimé, à la richesse imaginée de contrées lointaines. La convention devient la mesure des choses. Le Régent ne gouverne pas les hommes, il joue avec des images qu'il lui suffit d'orner ou de raturer pour décider de la fortune des uns et de la misère des autres.

Lorsque le théâtre d'ombres ferme ses portes, que le public est chassé de la salle, les poches vidées, on peut avoir l'impression que tout repart à zéro. Mais on se souvient d'avoir rêvé la réalité et d'avoir été le jouet de la fiction. Le discrédit du papier-monnaie frappe d'irréalité les autres fictions sociales, l'ensemble du système des signes, à commencer par ceux du pouvoir, de la religion, de la justice et de la morale. Il les rend impuissants à agir. On leur demande de faire la preuve de leur réalité, de montrer qu'ils ne sortent pas du chapeau d'un bateleur ou des récits trafiqués d'un propagandiste du Mississippi. Le siècle qui commence sera celui de la *mise en crise* des signes par les faits ; celui de la *critique*. Jusqu'à la Révolution va se dérouler une chasse acharnée de tous les billets de papier qu'on voudrait faire passer pour de l'or. Le siècle des Lumières est celui de la vérification des monnaies fiduciaires.

Montesquieu est l'inaugurateur. Ses *Lettres persanes* sont publiées en 1721 à Amsterdam chez Jacques Desbordes. Sans nom d'auteur évidemment. Elles ont donc été écrites pendant les quelques mois qui marquent l'apothéose et la banqueroute du Système. Elles y font de nombreuses allusions directes ; c'est d'ailleurs l'un des ressorts les plus puissants de la séduction de Montesquieu que de court-circuiter la fiction orientale et l'histoire française immédiate. Deux lettres, notamment, évoquent la banqueroute. La 138ᵉ, de Rica à Ibben, et la 146ᵉ, d'Usbek à Rhédi, la première datée du 1 de la lune de Zilcadé 1720, la seconde du 11 de la lune de Rhamazan de la même année : fantaisie et précision. Rica ironise sur le brassage des « conditions » opéré rue Quincampoix : *« Tous ceux qui étaient riches il y a six mois sont à présent dans la pauvreté, et ceux qui n'avaient pas de pain regorgent de richesses. Jamais ces deux extrémités ne se sont touchées de si près. L'étranger* [Law] *a tourné l'État comme un fripier tourne un habit : il fait paraître dessus ce qui était dessous.* [...] *Dieu ne tire pas plus rapidement les hommes du néant. Que de valets servis par leurs camarades, et peut-être demain par leurs maîtres ! »* Mais Rica ne plaint pas pour autant la noblesse, elle-même souvent dévaluée : *« Les laquais qui avaient fait fortune sous le règne passé, vantent aujourd'hui leur naissance ; ils rendent, à ceux qui viennent de quitter leur livrée dans une certaine rue, tout le mépris qu'on avait pour eux il y a six mois. »*

Plus grave, à son habitude, plus éloquent, Usbek se montre sensible au discrédit des symboles et des valeurs qu'ils représentent. Il parle de contagion de la corruption, de néant moral : *« Quel plus grand crime que celui que commet un ministre, lorsqu'il corrompt les mœurs de toute une nation, dégrade les âmes les plus généreuses, ternit l'éclat des dignités, obscurcit la vertu même, et confond la plus haute naissance dans le mépris universel ? »* Montesquieu ne sourit plus, il prophétise : *« Que dira la postérité, lorsqu'il lui faudra rougir de la honte de ses pères ? Que dira le peuple naissant, lorsqu'il comparera le fer de ses aïeux avec l'or de ceux à qui il doit immédiatement le jour ? Je ne doute pas que les nobles ne retranchent de leurs quartiers un indigne degré de noblesse qui les déshonore, et ne laissent la génération présente dans l'affreux néant où elle s'est mise. »*

À quarante ans, Charles-Louis de Secondat, baron de La Brède et de Montesquieu, président à mortier au parlement de Bordeaux, n'a rien d'un révolutionnaire. Il possède une remarquable aptitude au bonheur. Il est raisonnablement riche, il a les deux pieds solidement plantés sur une bonne terre à vignes, il aime les femmes, les livres, les voyages, sensiblement moins les procès, mais il remplit sa charge comme il convient. Entre les vignobles bordelais et les hôtels parisiens, il mène une vie douce que protège la tiédeur de ses passions. Il est content de son sort, aime sa liberté, mais ne se paie pas de mots : *« La liberté pure est plutôt un état philosophique qu'un état civil. Ce qui n'empêche pas qu'il n'y ait de très bons et de très mauvais gouvernements.* [...] *Pour moi, je comparerais les bonnes lois à ces grands filets dans lesquels les poissons sont pris, mais se croient libres, et les mauvaises à ces filets dans lesquels ils sont si serrés que d'abord ils se sentent pris. »* Le meilleur gouvernement est celui où l'on se croit libre. C'est une fiction raisonnable, une illusion modérée, une croyance nécessaire au bonheur. Montesquieu ne souhaite pas et n'espère pas davantage.

Voilà donc une fiction, les *Lettres persanes*, et des plus romanesques qui soient : des histoires de princes orientaux et de voyages, de harems, d'eunuques et d'esclaves. À la jointure thématique du conte exotique et du récit libertin. Avant de mourir en 1715, l'orientaliste Antoine Galland a traduit, adapté et publié la plupart des *Contes des mille et une nuits*. La mode s'en est emparée, avant même que la visite à Paris de Mehmet Effendi, trésorier du sultan Ahmed III, en 1721, l'année des *Lettres*, ne transforme la vogue en engouement. L'Orient est le lieu de l'imagination, de l'excès ; la figure de l'Autre. Montesquieu dira que l'Orient est une figure qui nous guette : le despotisme sera par lui qualifié d'« oriental ».

Les *Lettres persanes* ont donc toutes les apparences formelles d'un roman exotique. Elles ont aussi les apparences d'une fantaisie, amusante, élégante, spirituelle. Mais Montesquieu double cette série de signes conventionnels d'une autre série de valeur inverse. C'est un voyage de l'Orient vers l'Occident qu'accomplissent les deux Persans Usbek et Rica et du même coup l'exotisme change de sens : non seulement les lecteurs de Montesquieu sont appelés à se regarder à travers les yeux des deux visiteurs comme des représentations de l'Autre, de l'étrange, mais, par cette opération, le jeu du romanesque, de l'illusion, de la fabulation, de l'invention de papier, se change en action d'observation, de dévoilement, de description de la réalité telle qu'elle se présente lorsqu'on la regarde avec des yeux non prévenus.

Opération de change, action de déstabilisation. Tous les signes en sont affectés, à commencer par les mots. La dénomination désacralise en désocialisant. Appeler un chapelet *« de petits grains de bois »*, les prêtres des *dervis*, les églises des *mosquées*, c'est la même chose que de dire de l'Espagne et du Portugal que *« la gravité est le caractère brillant de ces deux nations ; elle se manifeste principalement de deux manières : par les lunettes et par la moustache »* : défaire le code, faire apparaître la crédulité, la créance qui le soutiennent, ramener les grands mots aux petites choses qu'ils désignent en réalité. Montrer que la langue, comme les promesses de John Law, est souvent un exercice magique. Law, écrit Montesquieu, est *« un fils d'Éole »*, un marchand de vent, mais il est loin d'être le seul : *« Le pape est le chef des Chrétiens. C'est une vieille idole qu'on encense par habitude.* [...] *Il se dit successeur d'un des premiers chrétiens que l'on appelle saint Pierre ; et c'est certainement une riche succession, car il a des trésors immenses* [...]. *Les évêques sont des gens de loi qui lui sont subordonnés, et ont, sous son autorité, deux fonctions bien différentes. Quand ils sont assemblés, ils font, comme lui, des articles de foi. Quand ils sont en particulier, ils n'ont guère d'autre fonction que de dispenser d'accomplir la loi. »*

Faire le partage de la bonne monnaie et de la fausse, de la vérité et des masques, des principes affichés et des comportements effectifs, voilà encore l'effet du change. Par leur seul déplacement, Usbek et Rica démolissent avec une rare hardiesse la confiance que la société française peut avoir pour ses propres modèles.

Mais le mouvement ne s'arrête pas là. Les *Lettres persanes* ne s'en tiennent pas à cette déconcertation des idées. Le livre se dédouble encore. À la scène parisienne répond, par un jeu de miroirs asymétriques, le harem persan. Rica et Usbek, si perspicaces, si lucides, si magnifiques de raison lorsqu'il s'agit de décrire les magies françaises, sont désespérément aveugles et sourds lorsqu'ils doivent s'occuper de leur propre conduite. Eux qui s'amusent (Rica) ou se scandalisent (Usbek) de la manière dont sont menées les affaires de l'État, se montrent incapables de gérer ce tout petit État qu'est leur harem. Tout se termine dans le sang, dans le poison, la banqueroute. Il ne suffit pas de voiler les femmes pour s'assurer de leur crédulité ; le voile dissimule des deux côtés, et la véritable dupe de l'échange sexuel inégal, c'est Usbek. Avant de mourir, Roxane, la femme fidèle, l'esclave aimée, lance au visage de son maître le défi de sa liberté et de sa duplicité : *« Comment as-tu pensé que je fusse assez crédule pour m'imaginer que je ne fusse dans le monde que pour adorer tes caprices ? Que pendant que tu te permets tout, tu eusses le droit d'affliger tous mes désirs ? Non : j'ai pu vivre dans la servitude ; mais j'ai toujours été libre : j'ai réformé tes lois sur celles de la nature ; et mon esprit s'est toujours tenu dans l'indépendance.* [...] *Tu étais étonné de ne point trouver en moi les transports de l'amour. Si tu m'avais bien connue, tu y aurais trouvé toute la violence de la haine. Mais tu as eu longtemps l'avantage de croire qu'un cœur comme le mien t'était soumis : nous étions tous deux heureux : tu me croyais trompée, et je te trompais. »*

Il s'agit ici d'un autre domaine de démystification ; il touche à la vérité du désir (dont parlera aussi le théâtre de Marivaux), domaine par excellence des commerces frauduleux. Là encore, sous couvert de la tradition – celle de l'emprisonnement des femmes et leur soumission au bon plaisir des hommes –, s'impose une tyrannie des signes trompeurs. Il faut faire semblant d'appeler amour ce qui n'est que possession ou esclavage, violence exercée ou violence subie. Et la leçon ne vaut pas, bien sûr, que pour l'Orient : Montesquieu lie implicitement l'exercice du libertinage – cette fausse monnaie des relations amoureuses – à la psychologie sociale du despotisme où la violence domine l'ensemble des relations entre les sujets. Alors que les hommes de la Régence tentent de faire passer leur frénésie de possession érotique pour le signe d'une libération – après l'austérité pudibonde des dernières années du siècle de Louis XIV –, les *Lettres persanes* soulignent qu'elle est une autre forme politique d'emprisonnement.

Car personne n'est moins relativiste que Montesquieu. Si la fiction des *Lettres persanes* – ce dispositif si astucieux de feintes, d'images, de métaphores, de miroirs, de jeux – tend à dissiper la fiction des apparences, ce n'est pas pour affirmer qu'il n'y a pas de vérité, que tout se vaut, que les lois comme les mœurs dépendent des hasards du climat et du génie des lieux. Les *Lettres* sont un exercice de désenvoûtement dont l'objectif est de prévenir une dégénérescence. Cela se manifeste dès la première lettre de Rica : *« Ce roi est un grand magicien : il exerce son empire sur l'esprit même de ses sujets ; il les fait penser comme il veut. S'il n'a qu'un million d'écus dans son trésor, et qu'il en ait besoin de deux, il n'a qu'à leur persuader qu'un écu en vaut deux ; et ils le croient. S'il a une guerre difficile à soutenir, et qu'il n'ait point d'argent, il n'a qu'à leur mettre dans la tête qu'un morceau de papier est de l'argent ; et ils en sont aussitôt convaincus. Il va même jusqu'à leur faire croire qu'il les guérit de toutes sortes de maux en les touchant, tant est grande la force et la puissance qu'il a sur les esprits. »*

Le Système est, avec le *« miracle »* des écrouelles, la plus étonnante manifestation de la magie royale et de la crédulité des sujets. Mais cette croyance dans l'absolu pouvoir d'un seul homme est également le signe tangible d'un danger qui menace la société française : la chute dans la fiction des fictions, dans la violence sans limite, dans le despotisme. Le règne de la crainte se confond avec celui de la croyance. La croyance, c'est la crainte intériorisée au point de ne plus être présente à elle-même. La France n'en est pas encore à ce point de tyrannie : *« Chez nous,* écrit Rica, *les caractères sont tous uniformes parce qu'ils sont forcés : on ne voit pas les gens tels qu'ils sont, mais tels qu'on les oblige à être : dans cette servitude du cœur et de l'esprit, on n'entend parler que la crainte, qui n'a qu'un langage ; et non pas la nature, qui s'exprime si différemment, et qui paraît sous tant de formes. La dissimulation, cet art parmi nous si pratiqué et si nécessaire, est ici inconnue : tout parle, tout se voit, tout s'entend : le cœur se montre comme le visage. »*

La transparence, la curiosité, l'invention, l'esprit, les *livres* originaux – un programme pour les Lumières – sont les obstacles qui s'opposent encore à la dégénérescence de la monarchie en tyrannie. Près de trente ans plus tard, dans *L'Esprit des lois*, Montesquieu donnera à sa théorie des formes de gouvernement et de leur dégénérescence une ampleur monumentale. En 1721, il confie à la fiction romanesque le soin d'éveiller et d'alerter sur la menace et sur les moyens d'y faire face. Mais ce roman, dit-il, n'est qu'une apparence de roman : de l'esprit et de la raison qui imitent l'imagination ou la parodient. Montesquieu emprunte la forme littéraire la plus populaire – et donc la plus dépréciée par la convention esthétique – pour faire passer le discours intellectuel par l'émotion du corps.

Les lecteurs de Montesquieu sont charmés par son élégance et par son esprit mais il ne peuvent pas ne pas être troublés par l'omniprésence des eunuques. Ils hantent le livre ; ils en sont l'obsession. Ils figurent à la fois de manière dramatique l'homme dépossédé de lui-même, le pouvoir froid, jaloux et impuissant, le sujet de l'État despotique *« fait uniquement pour garder, et jamais pour posséder »*, l'esclave au désespoir inutile *« qui se rappellera toujours la mémoire de ce qu'il a été pour se souvenir de ce qu'il n'est plus »*. Mais aussi, plus profondément, l'être écarté de la réalité et du plaisir des choses et qui ne peut plus trouver un simulacre de bonheur que dans les fantômes de la fiction : *« Et quoi ! être toujours dans les images et dans les fantômes ? Ne vivre que pour imaginer ? Se trouver toujours auprès des plaisirs et jamais dans les plaisirs ?* [...] *Je t'ai ouï dire mille fois que des eunuques goûtent avec les femmes une sorte de volupté, qui nous est inconnue ; que la nature se dédommage de ses pertes ; qu'elle a des ressources qui réparent le désavantage de leur condition ; qu'on peut bien cesser d'être homme, mais non pas d'être sensible ; et que, dans cet état, on est comme dans un troisième sens, où l'on ne fait, pour ainsi dire, que changer de plaisirs. »*

C'est peut-être ce qui se dit de plus terrible dans le sourire de ce roman : dans les situations les plus inacceptables, l'homme parvient toujours à s'inventer des compensations et à jouir de son impuissance même. Montesquieu relie explicitement ce fantasme du dédommagement à l'exercice du commandement. Il lie la rage de domination à la mutilation ; et l'abus du pouvoir tyrannique à la perte du pouvoir d'aimer. Le vieil eunuque parle ainsi des femmes du sérail : *« Je me souviens toujours que j'étais né pour les commander ; et il me semble que je redeviens homme, dans les occasions où je les commande encore. Je les hais depuis que je les envisage de sens froid.* [...] *Quand je les prive de tout, il me semble que c'est pour moi, et il m'en revient toujours une satisfaction indirecte.* [...] *Je me présente toujours à elles comme une barrière inébranlable ; elles forment des projets et je les arrête soudain ; je m'arme de refus ; je me hérisse de scrupules ; je n'ai dans la bouche que les mots de devoir, de vertu, de pudeur, de modestie : je les désespère* [...] *et je semble vouloir leur faire entendre que je n'ai d'autre motif que leur propre intérêt, et un grand attachement pour elles.* »

Les *Lettres persanes* remportent un succès extraordinaire. Paul Valéry y voit un enivrement de la liberté de l'esprit. Pour que Montesquieu soit applaudi de sa hardiesse plutôt que conspué pour sa destruction de l'ordre, il faut que la Régence ait été ce « *moment délicieux* » d'irresponsabilité où le corps social oublie les bienfaits de la croyance et de l'irrationnel – l'acquiescement à la magie des conventions sans lequel aucun ordre n'est possible – pour s'adonner au libertinage et à l'incrédulité de l'esprit. Les commencements de la fin, dit Valéry, sont merveilleux. « *La liberté de l'esprit était si grande en ce temps-là, que ces lettres ne génèrent pas le moins du monde la carrière du président et du philosophe.* » C'est imaginer que la société de la Régence – celle du Système de Law – avait une parfaite conscience d'elle-même et qu'elle pouvait se regarder dans les *Lettres persanes* comme dans un miroir. Montesquieu avait une appréciation plus juste. Une de ses dernières *Pensées* (nº 2249) est consacrée aux *Lettres persanes* :

« *Lorsque cet ouvrage parut, on ne le regarda pas comme un ouvrage sérieux. Il ne l'était pas. On pardonna deux ou trois témérités en faveur d'une conscience qui était tout à découvert, qui portait la critique sur tout et le venin sur rien. Tout lecteur se rendit témoignage à lui-même. Il ne se souvint que de sa gaieté. L'on se fâchait autrefois comme on se fâche aujourd'hui. Mais on savait mieux, autrefois, quand il fallait se fâcher.* » Le grave auteur de *L'Esprit des lois* tient à maintenir sur les *Lettres persanes* le masque protecteur de la fantaisie. Le temps de la publicité des idées est aussi – est encore – celui de leur dissimulation.

SOURCES

MONTESQUIEU : *Œuvres complètes*. Édition de Roger Caillois. 2 vol. Paris, Gallimard, « Bibliothèque de la Pléiade », 1949.

— *Œuvres complètes*. Tome XVIII : *Correspondance (1700-1731)*. Édition de Louis Desgraves et Edgar Mass. Oxford, Voltaire Foundation, 1998.

SAINT-SIMON : *Mémoires*. Tome VII : *1718-1721*. Édition d'Yves Coirault. Paris, Gallimard, « Bibliothèque de la Pléiade », 1987.

Jean BUVAT : *Journal de la Régence*, tome I. Paris, Compardon, 1875.

Mathieu MARAIS : *Journal et Mémoire sur la régence et le règne de Louis XV*. 4 vol. Paris, 1863-1868. Rééd. Genève, Slatkine, 1967.

Edmond Jean François BARBIER : *Journal historique et anecdotique du règne de Louis XV*. Tome 1 : *1718-1720*. Paris, Charpentier, 1886. Rééd. New York, Johnson Reprints, 1972.

Edgar FAURE : *La Banqueroute de Law*. Paris, Gallimard, 1977.

Paul VALÉRY : *Variété II*. Paris, Gallimard, 1930.

Jean-Christophe PETITFILS : *Le Régent*. Paris, Fayard, 1986.

Jean STAROBINSKI : *Montesquieu par lui-même*. Paris, Éd. du Seuil, 1994.

Louis ALTHUSSER : *Montesquieu, la politique et l'histoire*. Paris, PUF, 1959.

Georges BENREKASSA : *Montesquieu, la liberté et l'histoire*. Paris, Le Livre de Poche, 1987.

Jean EHRARD : *Politique de Montesquieu*. Paris, Armand Colin, 1965.

Jean GOULEMOT : « Questions sur la signification politique des *Lettres persanes* ». Dans *Approches des Lumières*, mélanges offerts à Jean Fabre. Paris, Klincksieck, 1973.

Robert SHACKLETON : *Montesquieu, une biographie critique*. Presses universitaires de Grenoble, 1977.

La révolution culturelle par l'alphabet

1750 ■ Parution du premier volume de l'*Encyclopédie*

ANCIEN intendant de Poitiers nommé en 1747 lieutenant général de la police de Paris, Nicolas-René Berryer est un homme moderne : il a la passion des nomenclatures et de la mécanique. Il compte, il classe, il trie, il pèse, il mesure, il inventorie, il invente des systèmes. Comme la plupart des élites de son temps, il imagine Dieu en géomètre horloger, et le monde – l'homme lui-même ? – comme une machine dont on obtiendra le rendement optimal lorsqu'on en aura décrit, compris et rationalisé tous les rouages.

La mise en ordre n'épargne rien ni personne ; l'irrégularité c'est le mal, la laideur, la folie, l'anarchie. Jean-Philippe Rameau algébrise la musique ; les intendants, les agents du fisc et les ingénieurs de la nouvelle École des ponts et chaussées quadrillent la France, dressent des cartes et s'efforcent de mettre chaque contribuable en fiches, de mesurer les richesses et les rendements. On commande des enquêtes sur les tanneries, sur le papier, sur le mouvement des astres, sur l'emplacement des cimetières, sur la médecine des chevaux, sur la crue des fleuves. Jean-Jacques Bruhier d'Ablincourt publie une *Dissertation sur l'incertitude des signes de la mort et l'abus des enterrements et des embaumements précipités*. Le président de Montesquieu, l'esprit le plus fin et le moins géométrique de son temps, livre en 1749 son chef-d'œuvre, *L'Esprit des lois*, où il présente les différentes formes de gouvernement comme autant de systèmes définis par leur nature, leur principe et la dynamique de leur corruption. Jacques de Vaucanson, mécanicien de génie, après avoir enchanté la cour par ses fabuleux automates musiciens, crée le premier métier à tisser entièrement automatique. La Mettrie écrit *L'Homme machine*, en même temps que Boyer d'Argens, dans *Thérèse philosophe*, grand succès de la littérature libertine, plaide pour un usage du corps réduit à la seule mécanique des fluides sensuels. La poésie elle-même, hélas, cède à la contagion, pour devenir une machine à rimer sur tout et sur rien dont l'habileté est le premier critère d'appréciation : la métromanie s'empare des meilleurs esprits.

Comme Newton avait trouvé la loi générale des phénomènes physiques, l'abbé Batteux, dans *Les Beaux-Arts réduits à un même principe*, se fait fort d'énoncer la loi des phénomènes esthétiques : les arts se réduisent à l'imitation de la nature. « *La nature a dans ses trésors tous les traits dont les plus belles imitations peuvent être composées ; ce sont comme les études dans les tablettes d'un peintre. L'artiste, qui est essentiellement observateur, les reconnaît, les tire de la foule, les assemble.* » La beauté, comme la vérité, est affaire de classement et d'agencement.

M. Berryer est un homme d'ordre, donc un homme de goût. C'est un artiste dont le matériau est Paris, ses rues, ses habitants, ses mouvements. De la nature bien proche de la jungle. Jean-Jacques Rousseau racontera son arrivée dans la ville, sa déception : « *Je m'étais figuré une ville aussi belle que grande, de l'aspect le plus imposant où l'on ne voyait que de superbes rues, des palais de marbre et d'or. En entrant par le faubourg Saint-Marceau, je ne vis que de petites rues sales et puantes, de vilaines maisons noires, l'air de la malpropreté, de la pauvreté, des mendiants, des charretiers, des ravaudeuses, des crieuses de tisane et de vieux chapeaux.* [...] *Il m'en est toujours resté un secret dégoût pour la vie dans cette capitale.* » Jean-Jacques et le lieutenant général de police cultivent le même dégoût de l'informe, du grouillement et du malpropre. Or, Paris grouille : près de 800 000 personnes estime-t-on – mais on n'en sait trop rien faute de pouvoir encore fixer ce qu'il faudrait compter – qui, malgré les édits royaux, débordent des enceintes, se répandent dans les faubourgs, couvrent les places et les jardins dans une fièvre de construction permanente et anarchique. Des dizaines de milliers de ruraux qui parviennent parfois à trouver un logement – une pièce par famille – au rez-de-chaussée des immeubles ou sous les combles, ou – le plus souvent – vont occuper, entre champs et vignes, les vastes terrains vagues disponibles au-delà des barrières d'octroi : ville hors la ville, mouvante, insaisissable, fluctuante selon les années et les saisons.

Car Paris n'appartient guère aux Parisiens. La population de souche, celle qui habite la capitale depuis trois ou quatre générations, est beaucoup moins nombreuse que celle des migrants récents. Paris manque d'enfants ; la plupart de ceux qui naissent dans la ville sont expédiés en nourrice à la campagne, d'où ils ne reviendront plus : 30 à 40 % d'entre eux meurent dans leur première année. À leur place, si l'on peut dire, un mouvement continu de provinciaux qui passent, s'installent, repartent, reviennent, disparaissent dans la foule, étrangers dans la ville où ils s'abritent, échappant aux réseaux ordinaires de la sociabilité et de l'encadrement, paroisses, métiers, quartiers. Des marées de migrants, attirés par un rêve de fortune ou chassés par la misère, des déclassés, des exclus, des déshérités, des orphelines qui ont quitté très jeunes leur village, ont erré sur les routes, trouvant ici et là une embauche et un moyen de subsistance, avant de reprendre le chemin vers la capitale. Ils forment une part importante des 40 000 domestiques, des chômeurs et des travailleurs occasionnels, journaliers, débardeurs, porteurs d'eau, décrotteurs, ramoneurs, flotteurs de bois, bateliers, marchandes à la sauvette, prostituées régulières ou d'opportunité.

Les romans de l'époque, ceux de Marivaux ou de l'abbé Prévost, plus tard ceux de Restif ou de Mercier, opposent – sans doute abusivement – le citadin parisien, artisan ou bourgeois, à cette masse de nouveaux venus qui sentent encore la terre et la grossièreté de la vie rurale. Les derniers arrivés sont sales, maigres, brûlés par la vie au grand air, dépenaillés, trompant leur faim par le recours au mauvais alcool. Toujours un peu vagabonds, mendiants ou voleurs, quand ils ne le sont pas tout à fait. Ils parlent d'étranges patois. Ils font tache ; ils font peur. Dans une ville qui affiche par ailleurs son opulence avec ostentation, où l'on édifie à tour de bras palais et hôtels particuliers à l'usage de la vieille aristocratie et de la nouvelle noblesse financière et administrative, ils représentent à la fois l'indispensable réserve de main-d'œuvre à bon marché et une permanente source de frayeur et d'insécurité.

Il faut ajouter à la masse de ces travailleurs manuels sans qualification, en quête de pain et de salaire, une faune d'un genre nouveau, une sorte de sous-prolétariat intellectuel. On ne sait pas combien ils sont, mais on les rencontre partout : venus eux aussi de la province, ils ont souvent fréquenté les séminaires, pris leurs inscriptions dans une université, tâté de la basoche. Ils savent un peu de latin, quelques rudiments de mathématiques et de musique, certains baragouinent le dialecte juridique ; ils font des vers. Les plus chanceux d'entre eux, ou ceux qui sont arrivés dans la capitale munis d'une recommandation, trouvent à se placer, un temps au moins, comme domestiques, vaguement attachés à l'éducation des enfants des riches ou à des tâches de secrétariat ; d'autres vivent par les femmes, ou en vendant leur plume au plus offrant qui leur paie des poèmes pour ses maîtresses ou des libelles contre ses ennemis. Dans les cabarets où ils se confondent avec la clientèle des filles, des souteneurs et des filous, ils échangent des idées, des bonnes adresses où trouver un repas ou une leçon, ou des informations sur le commerce de la librairie : celui-là est preneur de récits pornographiques, cet autre d'une compilation d'anecdotes sur Mme de Pompadour, un troisième d'un recueil de maximes de droit public.

La frontière n'est pas étanche entre les bas-fonds de la société parisienne et la chienlit des écrivains marginaux et des rimeurs à gages. Les uns et les autres témoignent du désordre et du dynamisme de la capitale. La ville est le seul lieu où, dans l'effervescence et le tourbillon de l'activité, les barrières sociales peuvent un instant s'abaisser. Les riches et les puissants ont besoin de plumes ; la demande d'écriture crée une offre, surabondante : une concurrence sauvage entre les littérateurs sans grade. Pour avoir une chance d'accéder au petit nombre des élus, d'être enfin un écrivain installé, il faut se faire connaître en frappant fort. Au risque de frapper trop fort et de se retrouver à la Bastille, ou contraint à l'exil.

La mission de M. Berryer est de faire de Paris une ville policée. La grande capitale prestigieuse et harmonieuse du plus grand royaume d'Europe. Il se rêve en Le Nôtre, en jardinier social de l'ordre royal. Il doit rendre la ville visible et lisible.

Il s'agit aussi de dissiper un cauchemar récurrent, vieux d'un siècle : l'alliance de la fermentation urbaine et de l'opposition parlementaire. Le spectre de la Fronde réapparaît chaque fois que le parlement s'agite. Et tout lui est bon pour s'agiter : la querelle janséniste qui n'en finit pas et dans laquelle la majorité des parlementaires guerroie contre la politique religieuse du roi et contre l'archevêque de Paris, Christophe de Beaumont ; les multiples tentatives de réforme et d'organisation fiscales mises au point par les successifs contrôleurs généraux des finances ; la répression des « mauvais livres », l'administration de la justice. Chaque initiative royale visant à imposer ou à rétablir l'absolutisme de son pouvoir est immédiatement l'objet de refus d'enregistrement, de protestations, de remontrances, de cassations, et même de grèves. Agité en sous-main par quelques jansénistes intransigeants, le parlement de Paris, bientôt suivi par nombre de ses homologues de province, se mue en opposant, conservateur, à la toute-puissance de l'État. Ses propagandistes et ses historiens – des jansénistes farouches comme Adrien Le Paige – vont bientôt affirmer que les parlements sont plus anciens – et donc plus légitimes – que la monarchie elle-même.

Il importe alors de couper les parlementaires de leur base populaire. Constatons que les premières ordonnances prises par Berryer, en mai 1749, visent à contrôler les lieux publics et la circulation des informations. Le chef de la police édicte des règlements sur les spectacles, sur la police des églises – où les prêches sont de fréquents déclencheurs de tumultes –, l'interdiction des jeux de hasard (et la fermeture des lieux qui leur sont propices), le strict encadrement des activités des colporteurs et des afficheurs, enfin l'interdiction de vendre sur les quais et les ponts de Paris des livres sans privilège royal.

Le 12 novembre de cette même année 1749, Berryer passe à la phase quadrillage et nettoyage. Il s'agit d'abord de pouvoir identifier les personnes – leur nom, leur origine, leur métier, leur famille, leur lieu d'habitation –, ensuite de pouvoir suivre leurs mouvements : les loueurs de garnis doivent avoir un registre où ils notent les entrées et les sorties, les employeurs sont tenus de pouvoir fournir un état de leur personnel. Il faut ensuite isoler et immobiliser ceux qui ne restent pas à leur place, les domestiques sans livrée, les militaires en rupture de régiment, les enfants sans famille, les vagabonds et les mendiants. Il faut purger Paris de ce qui erre si l'on veut enfin disposer d'un espace urbain stable, mathématisable, planifiable. Berryer veut obtenir la transparence de la rue. Savoir pour maîtriser ; c'est le mot d'ordre de l'époque.

Les mesures qu'il prend sont rarement nouvelles, si les intentions le sont. L'enfermement des mendiants et des vagabonds dans des maisons d'indigence est une vieille recette. Pas nouvelles non plus la haine et la crainte qu'inspirent les sans-travail : si le peuple ne produit pas, à quoi peut-il servir ? Mais Berryer se donne les moyens de sa volonté. Il met de la police partout. De la police en uniforme, de la police en civil ; de la police visible et de la police invisible. Le travail de quelques-uns de ses commissaires les plus actifs va consister à recruter et à contrôler un grand nombre d'espions et de mouches, eux-mêmes souvent choisis dans les bas-fonds et y poursuivant, sous surveillance, leurs activités illicites. Chaque milieu est infiltré, la délation vivement encouragée. Les curés dénoncent les mauvais paroissiens ou les couples qui vivent hors du mariage ; les écrivains à gages se protègent en livrant les noms des auteurs de livres interdits ; des mouchards sont introduits dans les imprimeries, d'autres apprennent dans les cabarets les chansons séditieuses et le nom de ceux qui les chantent. Le désir d'ordre génère la confusion.

Mais Paris garde son mystère, la ville échappe à la rationalité policière. À sa manière : compulsive, incompréhensible, irrationnelle, archaïque. Pendant l'hiver 1749-1750, la tension monte entre la rue et la police omniprésente ; chaque embarquement de vagabond est l'occasion d'un accrochage. En mai, l'orage éclate.

Le 1er mai, l'exempt du guet Sébastien Le Blanc arrête six gamins qui « jouent » le long des égouts, faubourg Saint-Laurent. La rue entre en effervescence ; il faut faire appel aux soldats de la garde. On se bat, il y a des blessés. Force demeure à la troupe, et les « vagabonds » – ils ont entre treize et seize ans – sont emmenés au Châtelet. Mais la rumeur commence à se répandre : Berryer et ses hommes enlèvent des enfants. Barbier, dans son *Journal*, note dès le 16 mai : *« Depuis huit jours, on dit que des exempts de police déguisés rôdent dans différents quartiers de Paris et enlèvent les enfants, filles et garçons, depuis cinq ou six ans jusqu'à dix ans et plus, et les mettent dans des carrosses de fiacres qu'ils ont tout prêts. Ce sont des petits enfants d'artisans et autres qu'on laisse aller dans le voisinage, qu'on envoie à l'église ou chercher quelque chose. Comme ces exempts sont en habits bourgeois et qu'ils tournent dans différents quartiers, cela n'a fait d'abord grand bruit. »*

Par une manière d'inversion des rôles, la rue organise sa police contre la police voleuse d'enfants. Le 15 mai encore, on pourchasse des archers, qui sont obligés de se réfugier dans la maison d'un commissaire. La foule fait le siège, le guet intervient pour dégager le refuge. Il y a un mort, de nombreux blessés. L'émotion embrase le quartier du Marais et du Temple. On s'en prend à des promeneurs suspectés d'être des policiers déguisés en bourgeois. La peur se mêle à la colère. Dans la nuit apparaissent des affiches manuscrites enjoignant aux parents *« de ne point laisser venir aux écoles leurs enfants, de les amener et les revenir chercher car nous n'en répondons point »*. Des groupes d'autodéfense se mettent en place ; la rumeur enfle. On parle de bateaux clandestins convoyant la chair fraîche vers les établissements coloniaux.

Le 22 mai, des incidents éclatent dans tout Paris. Pour des motifs parfois insignifiants, la foule s'assemble, se lance dans la chasse de suspects, assiège des bâtiments publics, brise des vitres, arrache des portes. Des milliers de personnes affrontent la police. Pont Saint-Michel, un groupe de jeunes gens tente de forcer l'huis d'une armurerie pour se procurer des fusils. Le calme revient tard dans la nuit, mais l'émeute reprend au matin entre le marché Saint-Honoré et le Palais-Royal. Un exempt nommé Labbé est accusé d'avoir voulu enlever un enfant sur le pont Marie. On le pourchasse ; on le rattrape après une longue traque. Le guet le dégage, et l'arrête pour le soustraire au lynchage. Il est emmené par les soldats jusqu'à la demeure voisine du commissaire du quartier. La foule le suit. Le commissaire promet d'envoyer l'exempt en prison. Mais l'émeute brise les portes ; le guet tire, la foule réplique. Labbé est arraché des mains des gendarmes, s'enfuit encore, est rattrapé et tué à coups de bâtons et de pierres.

Son cadavre est alors traîné jusque devant l'hôtel où réside Berryer. Le message est clair. On met le siège devant l'immeuble. Le lieutenant général de police parvient à s'enfuir par les jardins. La troupe disperse la révolte. Le soir du 24 mai, un groupe se rassemblera encore sous les fenêtres de la maîtresse de Labbé pour y accomplir un étrange rite funéraire. On égorge un chat, on le bénit avec l'eau du ruisseau, on chante sur sa dépouille le *De profundis*, avant de la jeter sur un bûcher et de promettre le même sort aux espions de Berryer.

Ce même soir, Berryer, René-Charles de Maupeou, premier président du parlement de Paris, et Antoine-Louis Bellanger, premier avocat du roi, se réunissent pour essayer de mettre fin aux troubles.

Ils élaborent un texte de compromis qui est publié le lendemain par le parlement. Il y est dit tout à la fois qu'on va enquêter sur *« ceux qui auraient répandu des faux bruits »* et sur la réalité des enlèvements d'enfants. L'enquête est confiée au conseiller Severt qui va travailler fort sérieusement jusqu'au 30 juillet. Trente personnes sont arrêtées, parmi lesquelles cinq membres des forces de l'ordre. Si les procédures expéditives de Berryer contre les mendiants et les vagabonds sont explicitement interdites, si quelques exempts trop zélés – dont Le Blanc – sont *« admonestés à genoux dans la grand chambre du Parlement »* et condamnés à une amende symbolique, trois des émeutiers, pris un peu au hasard, parmi lesquels un gamin de seize ans, Charles-François Urbain, sont condamnés à mort et pendus le 3 août en place de Grève.

Un déploiement de troupes considérable entoure le lieu du supplice. Barbier raconte que, *« lorsque le charbonnier est monté à l'échelle, tout le peuple dans la place a crié grâce, ce qui a fait arrêter le bourreau qui a fait descendre quelques échelons au patient. Cela a causé un mouvement d'espérance aux deux autres ; mais il n'y avait point de grâce. Le guet, en ce moment, tant à cheval qu'à pied, la baïonnette au bout du fusil, a fait un grand rond dans la place et fait reculer le peuple, dont il y a eu même plusieurs blessés et renversés les uns sur les autres, et l'exécution a été faite »*.

Mais Paris – la rue, mais aussi « les honnêtes gens » – n'a pas accepté la sentence. La corporation des charbonniers fait dire des messes pour l'âme de son compagnon supplicié. Le marquis d'Argenson, lui-même fils d'un ancien lieutenant général de police, ex-secrétaire d'État aux Affaires étrangères et ennemi de Louis XV, note dans son *Journal* que, lors des grandes fêtes organisées par le pouvoir pour la naissance, le 26 août, d'une fille de la dauphine Marie-Josèphe, *« on a été très fâché* [à Versailles] *de l'extrême tristesse du peuple lors du feu de joie et de l'illumination ; à peine se serait-on aperçu qu'il y avait des spectateurs tant il y avait de silence »*. D'Argenson commente, ravi : *« Le peuple est désaffectionné de son maître ; rien de plus fâcheux. »* Un charme ancien vient de se rompre entre Paris et son roi, une vieille magie. À la logique policière, à l'impavide hygiène sociale de Berryer, la ville répond par une autre logique, d'autres solidarités. Crainte, détestée, suspectée, elle ne s'oppose pas au roi : elle s'éloigne et l'oublie.

À la fin du mois d'octobre, les libraires parisiens reçoivent le texte d'un prospectus tiré – fait unique dans l'édition d'Ancien Régime – à 8 000 exemplaires. Il annonce, en une trentaine de pages, la naissance et l'édition d'un ouvrage qui *« n'aura pas moins de huit volumes et de six cents planches »* : une *Encyclopédie ou Dictionnaire raisonné des sciences, des arts et des techniques.* Le prospectus annonce triomphalement que *« jusqu'ici personne n'avait conçu un ouvrage aussi grand ; ou du moins personne ne l'avait exécuté »*. L'annonce est l'œuvre de l'un des deux directeurs de l'entreprise, Denis Diderot.

Diderot n'est connu que depuis peu. Il doit le plus fort de sa toute neuve célébrité à M. Berryer. Le 22 juillet 1749, le chef de la police donnait l'ordre d'arrêter et *« faire mettre à Vincennes le sieur Didrot* [sic] *auteur du livre de l'*Aveugle *»*. Diderot s'était retrouvé en prison alors même qu'il commençait à sortir du ruisseau. Berryer avait menacé de l'y replonger.

Venant de Langres, il est arrivé à seize ans à Paris, pour y faire, comme tant d'autres, une petite carrière, ecclésiastique peut-être : il avait reçu la tonsure à treize ans. Il est vif, apprend vite, goûte amoureusement à la vie. Sans doute fait-il quelques études à la Sorbonne, de plus en plus distraites ; puis il disparaît aux yeux des biographes. De seize à vingt-neuf ans, il s'évanouit dans le mystère parisien. Dans certains de ses livres, dans le *Neveu de Rameau* surtout, on a cru déceler certaines confidences sur ces treize années d'anonymat. *« Là, monsieur le philosophe, la main sur la conscience, parlez net. Il y eut un temps où vous n'étiez pas cossu comme aujourd'hui… Que faisiez-vous alors dans l'allée des Soupirs ? – Une assez triste figure. – Au sortir de là, vous trottiez sur le pavé… Vous donniez des leçons de mathématiques. – Sans en savoir un mot : n'est-ce pas là que vous vouliez en venir ? – Justement. »*

Diderot a vécu ce qu'on nommera plus tard la *bohème* ; la vie en marge, l'existence précaire des jeunes gens trop instruits pour travailler de leurs mains et trop éloignés de l'institution littéraire pour vivre de leurs écrits. Un entre-deux-mondes où la morale est placée sous le règne de la nécessité ; où la page d'écriture se monnaie en repas, où la concurrence est féroce entre les poètes indigents mais où s'expérimente aussi une certaine solidarité de la pauvreté et de l'ambition.

Treize années dans le Paris des mansardes et des échoppes à affronter les réalités concrètes de l'existence telles qu'on ne les décrit jamais dans les livres. Treize années à constater quotidiennement que le monde a deux faces selon qu'on l'observe côté cour ou côté rue, et que les livres, les belles-lettres, en donnent une représentation artificielle, abstraite et fausse. Un théâtre du mensonge dont les personnages, comme de mauvais acteurs, s'identifient à leur rôle jusqu'à se perdre eux-mêmes.

En 1742, à vingt-neuf ans donc, au hasard des rencontres, Diderot fait la connaissance d'un autre marginal, un Genevois de son âge nommé Jean-Jacques Rousseau, fraîchement débarqué à Paris. Si Diderot n'a pas fait grand-chose d'avouable, Rousseau n'a rien fait ; sinon de profiter de son charme pour jouer le fils-amant auprès de Mme de Warens, de lire ce qui lui tombe sous la main et d'entrer, entre deux fâcheries avec sa « maman », comme précepteur chez M. de Mably à Lyon, d'où ses conceptions pédagogiques très personnelles l'ont fait vite renvoyer. Chassé de Lyon, Jean-Jacques monte à la conquête de Paris avec ce mélange de timidité, de gaucherie et de hardiesse qui étonne trop pour ne pas séduire. Quelques semaines après son arrivée dans la capitale, le rustre parvient à avoir son couvert chez Mme Dupin, la fille du richissime banquier Samuel Bernard. Il est si beau, et si étrange.

Diderot n'a rien de cette séduction rugueuse, mais il adore Jean-Jacques. Les deux hommes partagent le même enthousiasme, la même volonté conquérante, la même rage contre le monde des nantis de la culture qui préservent jalousement leurs privilèges. Ils ne veulent pas être les petits soldats d'un chef de guerre littéraire – fût-il Voltaire ; ils désirent faire entendre l'originalité de leur voix. L'abbé de Condillac n'appartient pas au même milieu social que nos deux compères. Il fait partie de la riche et noble famille Mably où Rousseau a été domestique – précepteur. Mais il professe des idées nouvelles qui scandalisent son entourage, une théorie de la connaissance qui radicalise la philosophie de l'Anglais John Locke et qui affirme audacieusement que tout ce que nous connaissons, tout ce que nous pensons ne nous vient que par l'expérience que nous tirons de nos sens. Une pensée si sulfureuse, si contraire au cartésianisme dominant, qu'aucun libraire ne veut imprimer le manuscrit de Condillac, son *Essai sur l'origine des connaissances*. Rousseau raconte : *« Je parlai à Diderot de Condillac et de son ouvrage ; je leur fis faire connaissance. Ils étaient faits pour se convenir ; ils se convinrent. Diderot engagea le libraire Durand à prendre le manuscrit de l'Abbé, et ce grand métaphysicien eut son premier livre, et presque par grâce cent écus qu'il n'aurait peut-être pas trouvés sans moi. »* Voilà le groupe doté d'une philosophie ; même si Condillac, par prudence et par piété, se gardera d'apparaître dans l'entreprise encyclopédique.

Un quatrième homme se joint bientôt à cette petite cellule agitée, un déclassé d'un autre genre, Jean Le Rond d'Alembert. Enfant abandonné, fils naturel de la fameuse chanoinesse de Tencin – la sœur du cardinal-archevêque de Lyon, ministre d'État – et du chevalier Destouches, d'Alembert vit modestement dans le logis de la nourrice qui l'a recueilli, la femme d'un vitrier. Mais ce jeune homme pauvre que sa mère ne voudra jamais voir est aussi un intellectuel surdoué et précoce, mathématicien renommé entré à l'Académie des sciences à vingt-trois ans, causeur brillant. Il appartient aux deux mondes de l'ombre et de la lumière.

Les quatre se réunissent deux ou trois fois par semaine à l'hôtel du Panier Fleuri, près du Palais-Royal. On dîne, on parle – de musique beaucoup, de philosophie, peu de littérature. Le monde des lettres apparaît comme le plus fermé qui soit, le plus soumis aux modèles sociaux et esthétiques dominants qu'il rêve de perfectionner plutôt que de renverser. Il vit d'images et ignore la réalité. Si une brèche est possible, elle se situe du côté des idées, du savoir et du faire-savoir : le quatuor, sur une proposition de Jean-Jacques, décide de faire un journal. Il s'intitulera *Le Persifleur*, il pratiquera l'irrespect, il n'épargnera pas les gloires acquises. *« Des événements imprévus,* écrit Rousseau, *nous barrèrent et le projet en demeura là. »*

Ces *« événements imprévus »*, c'est, divine surprise, la proposition qui est faite à Diderot puis à d'Alembert de diriger une encyclopédie, un dictionnaire des choses. Il y a longtemps que l'idée est dans l'air. Le public des lecteurs désire avoir un ouvrage qui mette en ordre de manière précise le savoir accumulé dans les domaines de la médecine, des mathématiques, de la physique, de la navigation, de la topographie, de la pharmacie ou de l'héraldique, qui en définisse les concepts et clarifie les enjeux. La société veut établir un inventaire du monde où elle vit afin de pouvoir plus raisonnablement l'habiter.

Les Anglais disposent d'un tel instrument depuis 1728 : les deux volumes de la *Cyclopedia, or an Universal Dictionnary of Arts and Sciences*, publié par Ephraïm Chambers. Le libraire Le Breton obtient sans peine, en 1745, l'autorisation de traduire le Chambers. On cherche des financements, on monte en association une entreprise franco-anglo-allemande, on engage des directeurs littéraires. Comme les investissements et les bénéfices escomptés sont considérables, on se dispute sordidement entre associés, s'accusant d'escroquerie et de prévarication. On en arrive aux tribunaux, qui vont constater, entre autres, la faillite du projet. C'est alors qu'intervient Henri François d'Aguesseau, soixante-dix-sept ans, chancelier de France et ministre de la Justice depuis 1717. Le vieux chancelier n'est pas précisément un novateur ; c'est un magistrat austère, sévère, proche des jansénistes, hostile à la « nouveauté » et par ailleurs fort savant. Il veut ce dictionnaire ; il l'estime indispensable à la France, tant sur le plan de l'ordre intellectuel que sur celui – capital – du prestige et sur celui – omniprésent – de l'économie : il faut rendre à l'imprimerie française une prospérité que le système de censure affaiblit au profit des imprimeurs de Hollande, d'Angleterre, d'Allemagne ou de Suisse. D'Aguesseau prend donc le projet sous son aile. Il encourage Le Breton à se trouver de nouveaux associés, Briasson, David l'aîné, Laurent Durand. Un nouveau directeur est engagé, Gua de Malves, vrai savant mais piètre éditeur, lequel a néanmoins le mérite d'engager comme collaborateurs Denis Diderot et Jean d'Alembert. Le premier parce qu'il a déjà fait des travaux de traduction de l'anglais, appris on ne sait où – un dictionnaire médical et une traduction-adaptation (plutôt libre) des *Principes de philosophie morale* de Shaftesbury –, le second à cause de son génie scientifique.

Et puis Malves plante là les libraires et retourne à ses études. Pas question d'arrêter, et il faut faire vite : dans la hâte, le 16 août 1747, un contrat est signé qui fait de Diderot et de d'Alembert les codirecteurs de l'ouvrage. Il assure aussi à chacun d'entre eux un salaire de 144 livres par mois – comptez 15 000 francs de l'an 2000 – pendant 40 mois. La fin de la bohème, l'entrée dans la petite bourgeoisie des lettres. Encore faut-il que le pouvoir bénisse le nouvel attelage. Pour d'Alembert, pas de problème, ses titres scientifiques offrent toute garantie. Mais Diderot ?

En janvier 1748, Diderot obtient une audience du chancelier d'Aguesseau. On ne sait pas ce qui s'est dit entre le vieux ministre conservateur et l'impétueux publiciste. D'Aguesseau avait-il pris connaissance des rapports de police et des notes de dénonciation accumulées par Berryer et qui décrivaient Diderot comme *« un homme très dangereux et qui parle des saints mystères de notre religion avec mépris »* ? Crut-il pouvoir faire de Diderot « son » homme parce qu'il lui devrait tout, même sa liberté ? Le choix de Diderot par le chancelier est un de ces moments où la logique politique semble perdre la tête. Au point qu'on lui substitue un roman : celui du flamboyant parleur enveloppant dans la séduction et dans l'enthousiasme de son discours le vieux ministre, le frappant de son génie, l'éblouissant de son éloquence et de son intelligence pour le convaincre de la grandeur de l'entreprise et de l'exclusive capacité de son directeur à la mener à bien.

Le fait est que Diderot, à peine nommé, donne à l'*Encyclopédie* un développement inattendu. Il ne s'agit plus de traduire Chambers, mais de construire un monument de la connaissance. Pas seulement un dictionnaire, mais une grammaire du monde, un ordre du savoir. Le lecteur, écrit Diderot, doit voir l'ordre *« de la chaîne par laquelle on peut descendre sans interruption des premiers principes d'une science ou d'un art jusqu'aux conséquences les plus éloignées, et remonter de ses conséquences les plus éloignées jusqu'à ses premiers principes ; passer imperceptiblement de cette science ou de cet art à un autre, et s'il est permis de s'exprimer ainsi, faire sans s'égarer le tour du monde littéraire »*.

Établir une langue commune où toutes les choses seraient, pour tout le monde, nommées de la même façon, abolir les distances que les usages sociaux de la langue ont introduites dans la société, refonder cette langue en effectuant une critique radicale du « vieux langage », du jargon pour initiés de la scolastique, c'est faire œuvre à la fois scientifique, polémique et politique. La neutralité de l'ordre alphabétique est chargée de masquer l'audace intellectuelle du projet.

Diderot commence à dresser les plans de l'entreprise, à choisir des collaborateurs, à établir des listes d'entrées, quand il est arrêté et jeté à Vincennes le 22 juillet 1749, après la publication de sa *Lettre sur les aveugles*. Il est pris dans un de ces coups de filet répressifs qu'affectionne Berryer pour frapper l'opinion et rassurer les tenants de l'ordre traditionnel. En même temps que lui sont embastillés ou contraints à l'exil quelques auteurs de brochures satiriques, quelques jansénistes qui ont parlé trop fort contre la corruption des mœurs et les folles dépenses du roi et de sa cour, des marchands qui ont protesté contre les impôts trop lourds et même quelques nobles en désaccord avec le triste traité d'Aix-la-Chapelle.

Pour l'exemple, Diderot va demeurer 103 jours en prison. Il va y gagner la célébrité. On peut mettre impunément sous les verrous l'auteur licencieux des *Bijoux indiscrets* ou même celui de la *Lettre sur les aveugles*, opuscule philosophique matérialiste accessible aux seuls spécialistes, mais il en va autrement du directeur de l'*Encyclopédie*. Si Voltaire proteste et affuble Diderot du joli sobriquet de « Socrate » – qui lui restera ; si Mme du Châtelet intervient auprès de son beau-frère, gouverneur de Vincennes, pour améliorer le sort du prisonnier ; si Diderot devient, pour un petit groupe d'écrivains et de savants, le symbole de la pensée réprimée et de la modernité étouffée, la pression la plus efficace sur le pouvoir vient d'ailleurs.

Les promoteurs de l'*Encyclopédie*, Le Breton, Briasson et consorts, sont au bord de la faillite. Ils ont investi une fortune dans le projet, engagé du personnel, passé des contrats avec les imprimeurs de Lyon. La défection forcée de Diderot les ruine. Ils vont tout faire pour récupérer leur directeur. Leurs arguments sont purement économiques, tranquillement subversifs : que valent quelques accrocs à la morale et à la religion face à la prospérité du royaume, à la défense de la librairie française contre la concurrence étrangère ? Le fait est que cette logique marchande est partagée par une partie, minoritaire encore, des hommes au pouvoir. Voltaire l'avait pressenti dès 1733, dès ses *Lettres philosophiques* : le commerce fait mauvais ménage avec l'intolérance. Entre l'autoritarisme idéologique et le développement économique, le régime ne va plus cesser d'hésiter, de tergiverser, d'alterner laxisme et répression tout en essayant de les masquer. Les écrivains vont s'engouffrer dans cette faille.

C'est à elle que l'*Encyclopédie* doit son existence. Dès la parution des deux premiers volumes, personne en effet ne peut plus nourrir de doute sur le caractère révolutionnaire de l'entreprise. Signé de d'Alembert, le « Discours préliminaire » sonne comme le manifeste d'une révolution culturelle. D'un côté il place l'homme – et non plus Dieu – à l'origine et à la fin de toute connaissance ; de l'autre, il revendique pour les gens de lettres, spécialistes du langage, le droit et le devoir de définir les mots, de fixer les règles du discours public, de *« tout examiner, tout remuer, sans exception ni ménagement »* (Diderot), pour *« donner la loi au reste de la nation sur les matières de goût et de philosophie »* (d'Alembert). C'est-à-dire pour définir le langage et les règles du débat public.

La langue, proclame Diderot, est le ciment même de la civilisation ; avec elle, *« la distance des temps disparaît, les lieux se touchent, il se forme des liaisons entre tous les points habités de l'espace et de la durée et tous les êtres vivants et pensants s'entretiennent »*. Du Marsais, le grammairien du groupe, précise encore : *« La connaissance de la langue est le fondement de toutes les grandes espérances. Sans la double convention qui attacha les idées aux voix et les voix aux caractères, tout restait au-dedans de l'homme et s'y éteignait ; sans les grammairiens et les dictionnaires qui sont les interprètes universels des hommes entre eux, tout demeurait concentré dans une nation et disparaissait avec elle.* [Sans eux] *une invention, quelque admirable qu'elle eût été, n'aurait représenté que la force d'un génie solitaire ou d'une société particulière, et jamais l'énergie de l'espèce. »*

Ce sont donc ces techniciens, ces experts de la langue que sont les « hommes de lettres » – écrivains, savants, philosophes, économistes, médecins – qui ont légitimité pour établir, en toute sérénité et indépendance, une langue commune, une mise au clair du monde, sans lesquelles aucune cohésion, aucune unité du royaume n'est possible. L'*Encyclopédie*, entreprise de description de la totalité du monde humain, est à la fois un monument scientifique, un hymne à la gloire de l'activité humaine dont la capacité créatrice rivalise avec la nature et un défi politique qui vise à la prise du pouvoir sur les mots de la société.

Il s'agit donc bien d'une déclaration de guerre enthousiaste aux détenteurs traditionnels de ce pouvoir : le monarque, son gouvernement, les législateurs et les professionnels de la parole divine. Entreprise de rébellion, tentative de coup d'État culturel qui appellent naturellement les sanctions conjuguées de l'État, des parlements et de l'Église. D'autant que le succès public des premiers volumes dépasse les espérances des libraires. Dès 1752, l'ouvrage est condamné, les premiers volumes interdits. Diderot poursuit la publication. En 1759, les 7 volumes parus sont condamnés par le parlement de Paris et brûlés publiquement. Le privilège royal est révoqué. Les souscripteurs doivent être remboursés. La plupart des collaborateurs, d'Alembert en tête, quittent le navire. On tourne la décision : on remboursera les acheteurs par la livraison de volumes de planches pour lesquels Diderot obtient un nouveau privilège. Un bref du pape Clément XIII confirme l'interdiction. Diderot, dans une semi-clandestinité, poursuit l'entreprise, pendant sept ans encore, en compagnie de quelques fidèles parmi lesquels le chevalier de Jaucourt, incomparable compilateur. En 1766, Diderot crie *« Terre ! »* : *« Le grand et maudit ouvrage est fini. »* Les 10 volumes de textes restant à paraître depuis la suppression de 1759 sont livrés d'un coup au public, malgré l'interdiction de distribution à Paris et à Versailles. Au total, 17 volumes in-folio de textes et 11 volumes de planches, 71 818 articles, 20 millions de mots, dont on aura vendu, dans les années 1770-1780, 24 000 collections, dont plus de la moitié hors de France.

L'entêtement héroïque de Diderot compte pour beaucoup dans l'issue favorable de la bataille. Pendant vingt ans, à ciel ouvert ou au fond de son atelier, il a affronté les tempêtes, encaissé les coups, risqué sa liberté, sacrifié une part de son travail d'écrivain. Il a rusé, griffé, manœuvré, menti, aux marges de la légalité et du méfait. Il a été trahi, lâché, condamné par ses amis, à commencer par Voltaire et par Rousseau. Il a été trompé, censuré, caviardé par ses éditeurs.

Mais il n'aurait pas pu vaincre seul contre tous. Il a navigué entre les contradictions de ses ennemis. Contradictions entre les pouvoirs, entre le roi et les parlements, entre les parlements et l'Église, entre l'Église et le roi, lesquels se sont parfois livrés à une surenchère anti-encyclopédiste, plus souvent se sont neutralisés, gênés, combattus. Mais contradictions aussi à l'intérieur des pouvoirs : entre conservateurs et réformistes, entre jésuites et jansénistes, entre partisans de la manière forte et adeptes d'une paix civile de compromis.

Sans Guillaume Lamoignon de Malesherbes, l'*Encyclopédie* n'aurait pas vu le jour. L'œuvre capitale de la politique des Lumières, la machine de guerre lancée à l'assaut de la tradition doit la vie à un ministre de Louis XV, d'une grande famille parlementaire qui plus est. Malesherbes, directeur de la Librairie, c'est-à-dire ministre de la censure, a sauvé à maintes reprises le dictionnaire et son directeur. Il a couvert, protégé, encouragé en sous-main. Son amour des lettres égalait sa fidélité à la monarchie, sans la contredire, malgré les apparences : Malesherbes estimait que l'ouvrage de Diderot et de sa société de gens de lettres témoignait de la grandeur de la civilisation française et contribuait à l'indispensable modernisation de la monarchie. On se souvient que Malesherbes, à soixante-treize ans, en 1794, mourut sur l'échafaud pour avoir voulu défendre Louis XVI lors de son procès.

L'opinion publique est l'autre sauveur de l'*Encyclopédie*. L'*Encyclopédie* a contribué à forger une opinion publique qui, par retour, lui a permis de vivre. L'entreprise de Diderot a donné la parole et l'utopie d'une langue commune à des milliers de personnes qui en étaient privées, hors du cercle étroit de leur spécialité. Elle a fait passer le débat critique de la sphère du théâtre et de la littérature où il était confiné à l'ensemble des savoirs et des pouvoirs. L'opinion du public est devenue l'opinion publique. Laquelle a reconnu aux gens de lettres – appelons-les *les intellectuels* – le droit d'exercer de manière autonome, en toute indépendance, leur fonction critique, pour le bien de la communauté. Loin de diminuer après l'interdiction de 1759, les souscriptions à l'*Encyclopédie* n'ont cessé de croître. Il fallait que cet ouvrage paraisse, parce qu'il était devenu indispensable.

Ornements des cours, dispensateurs de plaisirs et d'émotions, les écrivains sont aussi désormais utiles à la nation.

SOURCES

DIDEROT et d'ALEMBERT : *Encyclopédie ou Dictionnaire raisonné des sciences, des arts et des métiers*. 28 vol. Paris, Le Breton, David, Briasson et Durand, 1751-1772.

Denis DIDEROT : *Œuvres complètes*. Édition de Roger Lewinter. 15 vol. Paris, Club français du livre, 1973.

— *Correspondance*. Édition de Georges Roth et Jean Varloot. 16 vol. Paris, Éd. de Minuit, 1970.

Guillaume Lamoignon de MALESHERBES : *Mémoires sur la librairie et sur la liberté de la presse*. Paris, 1809. Rééd. Genève, Slatkine, 1969.

Robert DARNTON : *L'Aventure de l'« Encyclopédie »*. Paris, Librairie académique Perrin, 1982. Rééd. Paris, Éd. du Seuil, « Points-Histoire », 1992.

Arlette Farge : *Vivre dans la rue à Paris au XVIIIe siècle*. Paris, Gallimard-Julliard, 1972.

Arlette Farge et Jacques Revel : *Logiques de la foule. L'affaire des enlèvements d'enfants. Paris, 1750*. Paris, Hachette, 1988.

Jacques Proust : *Diderot et l'« Encyclopédie »*. Paris, 1962. Rééd. Genève, Slatkine, 1982.

Daniel Roche : *Le Peuple de Paris*. Paris, Fayard, 1981.

Roger Chartier et Henri-Jean Martin (dir.) : *Histoire de l'édition française*. Tome II : *Le Livre triomphant (1660-1830)*. Paris, Fayard / Cercle de la librairie, 1990.

Les singes, les tigres et la chenille Voltaire

1766 ■ Exécution du chevalier de La Barre

L'HISTOIRE est archiconnue, à peine un peu moins que celle de Calas, mais elle est inévitable, exemplaire. Voltaire s'est ainsi fait que, de son œuvre, immense, il subsiste moins de pages que d'images. Il n'a cessé de s'illustrer.

Le matin du 9 août 1765, la population de la petite cité d'Abbeville est en émoi. En pleine ville, sur le Pont-Neuf qui enjambe la Somme, le grand crucifix de bois a été mutilé. On s'est acharné sur la représentation du Christ à coups d'épée ou de couteau. Les habitants d'Abbeville sont de fervents catholiques ; la profanation les indigne et les meurtrit. D'autant que, quelques semaines auparavant, on a déposé des immondices devant le crucifix du cimetière. L'agression est manifeste.

Immédiatement prévenu, l'évêque d'Amiens, Mgr de La Motte Dorléans, se rend dans la capitale du Ponthieu pour y organiser une réparation solennelle. Une procession se rend devant la croix tailladée. Le prélat, la corde au cou, fait amende honorable et clame haut et fort que les coupables se sont rendus dignes *« des derniers supplices en ce monde et des peines éternelles dans l'autre »*. Ce genre de cérémonie, sombre et spectaculaire, marque les esprits, échauffe le ressentiment. Dans les paroisses, les prêtres enflent encore le propos, entretiennent la colère et l'exigence d'un châtiment exemplaire contre les sacrilèges.

Une enquête est ouverte, elle s'oriente rapidement vers un groupe de jeunes gens un peu trop exubérants. La plupart d'entre eux n'ont pas vingt ans ; ils appartiennent aux bonnes familles de la ville ; ils sont chahuteurs, braillards, surtout lorsqu'ils ont trop bu ; ils scandalisent les dévots et les bigotes et y prennent plaisir. L'habituelle parade des jeunes générations argentées. On se souvient que, le jour de la Fête-Dieu, trois de ces têtes folles, peut-être un peu éméchées, ont dépassé la procession du Saint-Sacrement en négligeant d'ôter leur chapeau.

La rumeur enfle, l'animosité se fait plus précise : on les a entendus entonner des chansons obscènes et pousser des jurons impies. Ils ont affiché avec ostentation leurs lectures illicites, les grands succès de la littérature libertine et pornographique, *Thérèse philosophe*, de Boyer d'Argens – qui affirme que *« la volupté et la philosophie font le bonheur de l'homme sensé. Il embrasse la volupté par goût, il aime la philosophie par raison »* – ; *Le Portier des Chartreux*, de Gervaise de La Touche, dont l'auteur, jouissant sans doute de hautes protections, a échappé à toutes les poursuites de la police ; *La Tourière des Carmélites*, le pendant féminin du *Portier* ; *Margot la ravaudeuse*, de Fougeret de Monbron, satiriste plein de verve, misanthrope bilieux et voyageur perpétuel. Ils ont même affecté de lire le *Dictionnaire philosophique* paru l'année précédente, ce fameux *Portatif* concocté par Voltaire afin de propager la bonne parole antireligieuse, plus loin, plus vite, plus efficacement que ne pourraient le faire les gros in-folio coûteux et savants de l'*Encyclopédie*.

Pornographie et philosophie, pour les pieux Abbevillois, c'est le même poison ; le libertinage des mœurs et celui de la pensée concourent au même but qui est de saper les fondements spirituels et moraux de la société. Philosophes et pornographes sont les écrivains du diable, et l'on attend du gouvernement qu'il les poursuive et les châtie avec un peu plus de vigueur. Les curés jansénistes, nombreux et écoutés à Abbeville, soufflent sur les braises : si la religion est si mal défendue, c'est qu'elle est rongée, à l'intérieur même de l'Église, par les mous, les corrompus, les opportunistes, les mondains. La suppression de la Compagnie de Jésus, prononcée par le roi en novembre 1764, loin d'apaiser ces catholiques intransigeants, a répandu l'idée d'un complot ourdi contre la vraie religion.

Il faut ajouter, dans le cas d'Abbeville, la virulence de ce qu'on pourrait appeler une religion de classe. Un siècle auparavant exactement, Josse Van Robais, à la demande de Colbert, a débarqué dans la ville avec sa famille et une cinquantaine d'ouvriers huguenots arrivés avec lui de Hollande. Les Van Robais règnent maintenant sur 3 000 ouvriers et autant de métiers à tisser, fouleries, filages, teintureries. Autour de la manufacture des Rames, à quelques kilomètres du château que vient de se faire construire Abraham Van Robais, s'est constituée une cité modèle, avec des petites maisons toutes semblables pour les ouvriers, des pavillons pour les ingénieurs, une réplique du Trianon pour le directeur. Une image du nouvel ordre industriel, une préfiguration des salines d'Arc-et-Senans que réalisera, en 1776, Claude-Nicolas Ledoux, mais aussi une enclave protestante, opulente, enviée, jalousée, d'autant plus mal supportée que le reste de la petite ville végète sur son port.

C'est dans ce climat de passion et d'inquiétude que trois des godelureaux d'Abbeville sont accusés de sacrilège. Il s'agit de Jean-François Lefebvre, chevalier de La Barre, vingt ans, de Jacques-Marie d'Étallonde, seize ans, et de Charles-François Moisnel, qui n'a que quinze ans. Des intrigues locales, des vengeances de province s'en mêlent. La Barre, qui est orphelin, a été recueilli par une tante, Mme Feydeau, abbesse de Villancourt ; elle le loge dans une dépendance du couvent et, aristocrate indulgente à la jeunesse, admet qu'il y reçoive ses amis pour des soirées parfois bruyantes. Pas de quoi fouetter un chat, mais assez pour nourrir la rumeur et fournir des armes à un notable abbevillois, le sieur de Belleval, lieutenant du tribunal fiscal dont l'abbesse avait repoussé les avances. Belleval trouve un allié de poids, Duval de Soicourt, qui en veut également à Mme Feydeau. Duval voulait épouser sa nièce qui était fort riche et l'abbesse de Villancourt avait, semble-t-il, fait échouer l'opération. Or, c'est Duval, maire d'Abbeville, qui est chargé de mener l'enquête sur La Barre et sa petite bande de chenapans.

Il la mène à sa manière, acharnée et unilatérale. Il entend des dizaines de personnes, suscite sans trop de difficulté la sainte délation. Les résultats sont maigres. Personne n'a été témoin de la mutilation. On a entrevu dans la nuit, sur le Pont-Neuf, ici *« deux jeunes gens en redingote »*, ailleurs *« quatre jeunes gens qui juraient tant »* qu'ils ont effrayé une passante. D'autres ont entendu des coups, peut-être contre le crucifix, sans voir qui les portait. Même en août, les nuits sont noires dans les rues d'Abbeville.

Parmi les personnes interrogées, plusieurs rapportent que d'Étallonde avait coutume, lorsqu'il passait sur le pont, de donner des coups de canne sur la croix. Voilà qui en fait un suspect crédible. Mais d'Étallonde est le fils du président de Boëncourt, le supérieur judiciaire de Duval. Avant même d'être interrogé, le jeune homme disparaît de la région. Il essaie vainement de s'embarquer pour l'Angleterre, il passe finalement en Hollande où l'on perd sa trace.

Restent La Barre et le tout jeune Moisnel. Il apparaît que, la nuit du crime, le chevalier dormait en paix dans sa chambre de l'abbaye. Personne ne l'a vu dans Abbeville et son alibi ne sera pas détruit. On se prépare à clore l'instruction, mais Belleval prend alors le relais de Duval. Incapable d'impliquer directement La Barre dans l'affaire du crucifix, Belleval va constituer un dossier démontrant que le chevalier est un si mauvais sujet, une âme si noire, d'une impiété si diabolique qu'il est, évidemment, l'auteur du crime, s'il n'en est pas l'exécuteur. Le neveu paiera pour les froideurs de la tante. La Barre est arrêté le 27 septembre. On arrête aussi le petit Moisnel. Lequel ne tarde pas à céder aux menaces et aux pressions de Belleval. Promis à l'Enfer s'il ne confesse pas les crimes de son camarade, pressé, terrorisé, le gamin avoue tout ce qu'on veut, des images pieuses piétinées, des blasphèmes, des paillardises, des séances de culte à Priape, des profanations d'hosties.

Tout, sauf le sacrilège du Pont-Neuf. Lequel sera néanmoins joint au dossier du chevalier de La Barre lors des poursuites ultérieures. On perquisitionne au couvent ; on trouve en effet une petite collection de livres érotiques que La Barre vénérait. On trouve aussi le *Dictionnaire philosophique*. L'abbesse alerte alors un de ses parents, Louis François Lefebvre d'Ormesson, avocat général du parlement de Paris, lequel prend contact avec le procureur général Joly de Fleury et rassure sa nièce : le dossier du crucifix est vide et son garnement de neveu ne risque qu'un peu de cachot et un engagement forcé dans l'armée ; juste de quoi lui refroidir la tête.

Se produit alors un de ces retournements de situation qui assurent aux tribunaux la première place parmi les théâtres. Moisnel, dans sa hâte à tout dévoiler des turpitudes de la belle jeunesse abbevilloise, livre d'autres noms, parmi lesquels un dénommé Saveuse, lequel n'est autre que le plus jeune fils de Belleval. Et Belleval, découvrant d'un coup qu'il en a trop fait, se retourne contre Duval, auquel il reproche d'être *« plutôt inquisiteur que juge »*. C'était assez bien vu mais un peu tard ; car Duval, lâché par son compère, veut désormais prouver à tout prix qu'il a raison.

Le 27 février 1766, il préside un tribunal dont il a choisi lui-même les deux assesseurs, un vieillard un tantinet demeuré et un marchand de porcs complètement ignorant. Le procureur du roi requiert la peine de mort contre d'Étallonde, en fuite, et les galères à perpétuité contre La Barre. Le lendemain, Duval rend son verdict : la mort par contumace pour d'Étallonde, mais aussi la mort pour le chevalier, agrémentée de quelques rites barbares. Le jeune homme est condamné à avoir la langue coupée (le blasphème), puis à être décapité et brûlé, non sans qu'auparavant on lui ait appliqué la question ordinaire et extraordinaire. Pour faire bon poids, Duval ajoute que *« le* Dictionnaire philosophique portatif *sera jeté par l'exécuteur de haute justice dans le même bûcher où sera jeté le corps dudit Lefebvre de La Barre et en même temps ».*

De Paris, l'oncle d'Ormesson temporise encore. Le jugement, croit-il, sera cassé par le parlement ; il est parfaitement illégal. Les attendus du jugement ne portent que sur les blasphèmes du chevalier, lesquels, selon la loi édictée par Louis XIV en 1666, ne sont passibles, à la septième récidive, que d'une peine infamante, la coupure de la lèvre par un fer rougi au feu. Seul le sacrilège aurait pu être puni de mort, or rien dans le dossier ne rattache formellement le chevalier et la mutilation de la croix.

On emmène donc le jeune homme à Paris où il est enfermé à la Conciergerie. Il n'a pas d'avocat. Ou plutôt il n'en a plus. Un membre du barreau s'est pourtant offert à le défendre. Il se nomme Simon Nicolas Linguet, il a trente ans, il est plein de feu et d'ambition. Il a débarqué à Abbeville deux années auparavant, avec trois sous en poche, le rêve d'une carrière littéraire et du dégoût – à la manière de Jean-Jacques Rousseau – pour la philosophie nouvelle qu'il estime aussi fanatique que la religion. Il a donné pour survivre des leçons de mathématiques ; il a tâté du journalisme, polémique évidemment, accusant les Van Robais de faire *« mourir la ville de faim et de misère »*. Il a écrit sur tout, comme doit le faire un écrivain utile : sur la réforme de l'administration, la dîme royale, l'histoire du siècle d'Alexandre ; et, bien sûr, une tragédie, sur Socrate. Le tout sifflé par Grimm autant que par Fréron. Il se démène pour se faire connaître, cherche un tremplin, un patronage. Il trouve un mécène, un homme « éclairé », Douville de Maillefeu, souscripteur de l'*Encyclopédie*, conseiller au présidial d'Abbeville, ennemi déclaré du maire Duval et du parti dévot. Linguet sert de porte-plume à Douville et à ses ambitions politiques et économiques, Douville finance les publications de son protégé.

Comme cela n'accélère guère le cours de la renommée, Linguet cherche l'appui d'un ami de son demi-frère, Charles Pinot Duclos. Ce fils d'un fabricant de chapeaux a mené une carrière littéraire exemplaire. Débutant dans le libertinage, à la manière du fils Crébillon, il y a obtenu un grand succès avec les *Confessions du comte de **** et avec *La Baronne de Luz*. Puis il s'est fait pardonner sa légèreté en passant à l'histoire, sans cesser d'être à la mode. Ce qui lui a valu l'Académie française dès 1746 et de succéder à Voltaire comme historiographe du roi lorsque l'auteur du *Siècle de Louis XIV* a abandonné la France pour Berlin. Duclos navigue habilement entre le clan philosophique dont il redoute les excès – *« son fanatisme finirait par m'envoyer à confesse »* – et les adversaires des hommes de lettres dont il écrit qu'*« ils nous craignent comme les voleurs craignent les réverbères »*. Cette position médiane, et un heureux caractère, le font élire comme secrétaire perpétuel de l'Académie en 1755. En 1760, lorsque les « philosophes », grâce au noyautage patient de d'Alembert, tiennent la majorité de l'Académie, Duclos s'accommode fort bien de cette prédominance et cohabite harmonieusement avec d'Alembert ; ils font les carrières. Linguet accable Duclos sous les missives, les brochures, les études, les projets. Mais, en même temps, il fait sa cour à Fréron, le polémiste catholique, l'ennemi juré de Voltaire. Il est prêt à embrasser, avec enthousiasme et talent, n'importe quel parti pourvu qu'il lui fasse une place et qu'enfin on l'écoute. Il écrit même à Voltaire, on ne sait jamais.

Il en fait trop, même pour un journaliste ; les portes ne s'ouvrent pas, on se méfie de ses sincérités multiples et de ses enthousiasmes brouillons. Il abandonne – un instant – le métier des lettres pour le droit. Le voilà, en 1766, avocat débutant à Paris. C'est alors qu'il apprend l'affaire d'Abbeville où le fils de son ami Douville est, un moment, compromis. Il rend visite à La Barre et à Moisnel à la Conciergerie. Il propose au président d'Ormesson d'assurer la défense de son parent, mais celui-ci refuse. Peut-être Linguet lui a-t-il donné connaissance des grandes lignes du *Mémoire* sur l'affaire qu'il est en train de rédiger. Une charge de cavalerie contre Duval de Soicourt, ses méthodes, son instruction à sens unique, son goût forcené de la vengeance. Mais aussi une charge contre *« les vrais coupables* » de l'affaire, les empoisonneurs de la jeunesse, Voltaire et Rousseau : « *Tous deux ont acquis, tous deux méritent un grand nom. Tous deux ont rendu de grands services aux arts, à l'éloquence, à la langue française, et même à l'esprit humain ; mais tous deux en ont prouvé la faiblesse, et le danger de l'abus de ces talents qui ont fait leur renommée. Ennemis d'ailleurs, et même avec scandale, opposés dans le caractère, dans le style, dans les opinions, dans le genre de vie, dans la fortune, ils ne se sont rassemblés qu'en un point : c'est qu'ils ont chacun contribué aux progrès d'une secte ennemie de l'autorité dans tous les genres : sous prétexte de briser les liens de l'esprit humain, ils ont donné l'exemple de confondre la liberté avec les écarts de la licence ; leur philosophie a surtout pour but de rendre méprisables des objets consacrés d'abord par la religion, et ensuite incorporés à la politique ; et en cela certainement, ils ont fait plus de mal que les lumières dont ils ont été les canaux ne feront jamais de bien.* »

La Barre, affirme Linguet, a été la victime d'un double complot, judiciaire et intellectuel. Cette défense agressive ne fait pas l'affaire de Lefebvre d'Ormesson. Le magistrat juge de l'intérêt de La Barre de ne pas attiser les passions par trop de publicité. Faute de pouvoir complètement étouffer le procès, il espère une lettre de cachet du roi qui expédierait le polisson dans une quelconque bastille. Ou encore que les juges parisiens, sans bruit, modèrent la férocité du tribunal d'Abbeville. Il renvoie donc Linguet, lequel obtiendra l'acquittement de Moisnel, de Saveuse et de Douville et la déconfiture de Duval.

À la surprise générale, les vingt-cinq juges du parlement de Paris, le 4 juin, à huis clos, sans véritable débat, par quinze voix contre dix, confirment la sentence d'Abbeville, après une intervention d'une rare violence du conseiller Pasquier affirmant qu'il fallait faire un exemple qui intimide enfin les philosophes et les faibles esprits qui les écoutent. Mais on laisse La Barre pendant trois semaines en prison dans l'attente d'une grâce royale. Le nonce du pape intervient auprès du roi, et même l'évêque d'Amiens. Mais Louis XV refuse : il craint un piège des jansénistes du parlement, qui lui reprocheraient ensuite sa trop grande indulgence envers les ennemis de la religion. Dans cette affaire, personne ne veut prendre la responsabilité d'apparaître moins déterminé que ses adversaires à briser le crime philosophique. C'est une surenchère d'arrière-pensées et de considérations tactiques. Un garçon de vingt ans va payer de sa vie cette rivalité d'image.

Le 27 juin, La Barre est ramené à Abbeville. Le 1er juillet au matin, il est soumis par Duval à la question ordinaire. Pendant une heure, il subit la torture, les deux jambes écrasées entre deux planches de chêne, sans rien avouer qu'on ne savait déjà. Puis on l'installe sur une charrette, la corde au cou ; au dos une pancarte : *« Impie, blasphémateur et sacrilège exécrable. »* Sous la pluie battante, le cortège avance lentement ; il y a la foule des grands jours, comme pour la foire. On est venu de loin pour assister au supplice d'un jeune noble plein de morgue. La mise en scène de l'exécution sur le parvis de Saint-Wulfran a également été soignée : pas moins de sept bourreaux alignés sur l'échafaud. Les pieuses âmes d'Abbeville attendent un spectacle exemplaire, celui de la peur, de la contrition, des gémissements, de la demande de grâce, du remords ; elles en sont pour leurs frais, La Barre ne leur fait pas le plaisir d'un seul moment de faiblesse. Il rit, il écarte son confesseur – *« Eh, Monsieur le curé, dans un instant j'en saurai sur cette matière autant que vous »* –, agenouillé devant le billot, il plaisante encore avec le bourreau, lui demandant de ne pas le manquer. Le sabre vole, la tête tombe, l'exécuteur la prend par les cheveux et la présente au public – qui applaudit.

Puis le corps et la tête sont placés sur le bûcher. On y jette aussi, après l'avoir lacéré, le *Dictionnaire philosophique* de Voltaire, ce qui vaudra au bourreau une prime de 20 livres pour travail supplémentaire. De temps en temps, les assistants viennent avec de longues perches écraser les os pour faciliter l'incinération. Une bonne partie du public demeure jusqu'à ce que les dernières flammes du brasier s'éteignent, vers 3 heures du matin. La pluie continue de tomber.

La nouvelle de l'exécution du chevalier de La Barre ne parvient à Ferney que le 7 juillet. Voltaire n'est pas au courant de l'affaire, et d'abord il n'y croit pas. Il demande des informations. On lui a parlé de cinq condamnations à mort ; il est alors saisi, écrit-il, *« d'horreur et de colère »* : *« Arlequins anthropophages, je ne veux plus entendre parler de vous. Courez du bûcher au bal, et de la grève à l'opéra-comique, rouez Calas, pendez Sirven, brûlez cinq pauvres jeunes gens qu'il fallait mettre six mois à Saint-Lazare. Je ne veux pas respirer le même air que vous. »*

La vérité est que Voltaire, malade de rage et de honte, envisage de quitter la France. Il l'écrit à d'Alembert : *« Je ne conçois pas comment des êtres pensants peuvent demeurer dans un pays de singes qui deviennent si souvent tigres. Pour moi, j'ai honte d'être même sur la frontière. En vérité voici le temps de rompre ses liens, et de porter ailleurs l'horreur dont on est pénétré.* [...] *Est-ce là le pays de la philosophie et des agréments ? C'est celui de la Saint-Barthélemy. L'inquisition n'aurait pas osé faire ce que des juges jansénistes viennent d'exécuter. »*

Ni sa douleur ni sa colère ne sont feintes : Voltaire n'en dort plus. Depuis Ferney, il met en branle son immense réseau de correspondants ; il demande des détails sur l'affaire, des mémoires d'avocats, des témoignages. Il alerte ses amis ; il propose à Diderot qu'il n'aime guère, à d'Alembert, à d'Holbach, à quelques autres de quitter la France et de venir s'installer avec lui dans la principauté de Clèves, sous la protection de Frédéric II. Sous le coup de l'indignation, le vieil écrivain, d'ordinaire si réaliste, si politique, se laisse aller aux rêves de l'utopie. Créer une sorte de libre territoire de la philosophie, où les écrivains, enfin débarrassés des entraves et des menaces, écriraient les livres qu'ils veulent faire et qui éclaireraient le monde. Voltaire croit à la toute-puissance de la littérature : *« Soyez sûr,* écrit-il le 25 juillet à Damilaville, *qu'il se ferait alors une grande révolution dans les esprits et qu'il suffirait de deux ou trois ans pour faire une époque éternelle. Les grandes choses sont souvent plus faciles qu'on ne pense. »*

Le pouvoir des livres, Voltaire en est la preuve vivante et agissante. Les livres ont fait d'un fils de petit bourgeois parisien une véritable puissance. Exilé loin de Paris, dans son luxueux château de Ferney, il règne sur les esprits, correspond avec les rois. Il est entouré d'une cour, reçoit les hommages de toute l'Europe, mène ses batailles intellectuelles comme un général. Il n'est pas seulement reconnu par tous, amis et ennemis, comme le plus grand écrivain de son siècle ; il est aussi le chef omniprésent d'un puissant parti qui a, peu à peu, obligé ses adversaires à la défensive.

Il a le sentiment d'avoir modifié, avec ses livres, avec ses mots, les manières de voir, de sentir et de penser de son époque. On peut discuter à l'infini de cette prétention et affirmer que Voltaire, formidable journaliste, n'a jamais fait que refléter et exprimer à la perfection l'esprit de son siècle, lequel aurait, sans lui, changé de la même façon. Voltaire est au contraire fasciné par le pouvoir qu'ont eu certains livres, à commencer par la Bible et par les Évangiles, de révolutionner l'histoire de l'humanité. Nous sommes les fils du Livre. Ce que des livres ont formé et déformé, d'autres livres peuvent le défaire et le réformer. Premier écrivain de son temps, Voltaire est le chef naturel de la guerre qui est engagée contre *« l'Infâme »* : le totalitarisme religieux qui soumet les hommes à la dictature de l'invisible. Voltaire n'en finit pas de dresser la liste des malheurs et des crimes engendrés par le fanatisme, la soumission aveugle et donc féroce à l'inhumanité.

Il n'a pas toujours eu cette passion militante. Longtemps, enfant choyé et fêté de la gloire littéraire, il a fait confiance aux douces vertus de la civilisation et de la prospérité pour purger les pensées et les mœurs de leur antique sauvagerie. Il a chanté les bienfaits du luxe et de la vie mondaine :

Moi, je rends grâce à la Nature sage
Qui, pour mon bien, m'a fait naître en cet âge
Tant décrié par nos pauvres docteurs :
Ce temps profane est tout fait pour mes mœurs.
J'aime le luxe et même la mollesse,
Tous les plaisirs, les arts de toute espèce
La propreté, le goût, les ornements :
Tout honnête homme a de tels sentiments.
[...] *Ah ! le beau temps que ce siècle de fer.*

Il a fait l'apologie du siècle de Louis XIV pour mieux inciter son successeur à poursuivre l'œuvre de mécénat artistique et scientifique. Il a comparé la France au vin de Champagne ; il a compté sur le commerce, sur la multiplication des voyages, sur l'étude comparée des civilisations, sur la bienfaisante diffusion de « l'honnêteté » pour marginaliser le discours et l'influence des furieux, des contempteurs du bonheur terrestre, des prédicateurs de la damnation et de l'Enfer. Rejetant toute métaphysique – *« Des tyrans de l'esprit disputes immortelles »* –, il compte sur le développement des arts et des sciences pour écarter dans son mouvement ce qui est contraire à la raison et à la morale naturelle. Son rôle d'écrivain consiste à enrichir ce processus de civilisation, à l'orner, à le rendre plus visible, plus lisible et plus séduisant. Voltaire s'engage, mais c'est pour la défense du « grand théâtre » tragique dont il se veut le continuateur, pour la diffusion des théories de Newton, pour la liberté du commerce, pour l'embellissement de Paris, pour la liberté de penser, d'écrire et de publier sans laquelle les écrivains sont esclaves, et donc inutiles au bien public.

Pendant des années, Voltaire agit pour essayer d'éviter que la littérature critique – la « philosophie » – ne se radicalise. Il veut empêcher le combat frontal contre les forces de la tradition. Il feinte, il biaise ; par tout un jeu de manœuvres, d'écrits anonymes, de dénégations, de demi-aveux, de ruses, de double langage, d'audaces calculées, il parvient à être tout à la fois le patron de la philosophie et celui qui la maintient dans les limites de la mondanité aimable. Ce que Diderot supporte mal, en silence, et que Rousseau, bientôt, rejettera violemment. À la bataille rangée, à la division de l'opinion, Voltaire préfère l'invasion feutrée, la conquête des institutions, la conversion progressive des détenteurs des pouvoirs.

Cette politique intellectuelle a remporté des succès spectaculaires, même si Voltaire n'a pas réussi dans son opération la plus ambitieuse – la plus déraisonnable : transformer la Prusse de Frédéric II en État philosophique. Ailleurs, sa conquête des esprits par l'esprit a marqué des progrès qu'il croit irréversibles. La libre-pensée, faute d'avoir conquis les rois, a gagné le salon des favorites, le bureau de ministres importants, des secteurs entiers de la haute fonction publique. Les « philosophes » ont conquis de haute lutte la majorité à l'Académie française ; ils animent les académies de province, font les beaux jours des salons, suscitent la recherche dans les sciences, la médecine, l'architecture. Ils ont même pénétré dans certaines écoles et certains presbytères, à la faveur des profondes divisions qui affectent l'Église.

Ces conquêtes ont accompagné un véritable engouement pour la lecture qui se répand dans des couches sociales jusqu'alors peu touchées par le livre, commerçants, artisans, salariés, cependant que s'atténue l'écart entre les villes et les campagnes. La Réforme catholique elle-même favorise le triomphe du livre : les curés sont poussés à s'instruire – et pas seulement avec de gros ouvrages en latin – pour mieux répondre aux interrogations et aux inquiétudes de leurs fidèles, eux-mêmes invités à retremper leur foi par la lecture – privée ou familiale – de l'écriture sainte et des ouvrages de piété. Des bibliothèques publiques s'ouvrent, les loueurs de livres se multiplient. Devenu moins rare, moins cher, plus facile d'accès, le livre perd un peu de sa sacralité pour devenir un objet de la vie courante, un instrument familier.

Sociologue par intuition, Voltaire, dans sa retraite de Ferney, a saisi cette mutation. À la surprise de ses admirateurs, le maître-écrivain des grands genres nobles de la hiérarchie littéraire, tragédies, épopées, odes, traités, poèmes philosophiques ou essais historiques, s'est lancé, à partir des années 1750, dans une littérature réputée mineure, des contes, comme *Zadig*, des romans comme *Candide*, des fantaisies. Des textes brefs, légers, rapides, d'accès facile, distillant la philosophie sous la forme – évangélique – de la parabole, l'enrobant d'ironie, de facéties, d'élégance et de naïveté feinte. Des bijoux populaires, de magnifiques instruments de propagande intellectuelle adaptés aux nouvelles façons de lire.

Voltaire ne croit pas pour autant avoir gagné la partie. Au fur et à mesure que progresse l'esprit philosophique, il voit aussi se dresser contre lui et les siens des adversaires plus déterminés, un refus plus brutal. Attaquée de toute part, la Tradition peut encore s'appuyer sur une base populaire largement majoritaire, inquiète de la nouveauté, hostile par principe aux beaux parleurs de Paris, persuadée qu'on veut s'attaquer à sa foi, à ses certitudes vitales, à sa famille, à la morale et (donc) à ses biens.

L'affaire Calas a illustré, en mars 1762, la connivence qui pouvait exister entre l'intolérance populaire et l'institution judiciaire. Les parlementaires de Toulouse ont livré à la mort, sous la pression de l'opinion catholique, un homme dont le seul crime avéré était d'être huguenot. Mais Voltaire a néanmoins pu gagner la bataille de la réhabilitation, qu'il a obtenue – est-ce vraiment une coïncidence ? – quelques semaines avant que n'éclate le scandale d'Abbeville. Pendant trois ans, l'écrivain a investi son autorité, son temps, son argent, son talent à se faire l'avocat d'une cause qu'il est parvenu à identifier à celle de la justice et de la tolérance. À la fois juriste, pamphlétaire, prédicateur, moraliste, historien, utilisant la lettre, le mémoire, l'essai, le sermon, l'appel, mobilisant toutes les ressources de la publicité, il a obtenu la victoire. Les livres ont fait reculer le roi, l'Église, les parlements.

Paru en juin 1764, son *Dictionnaire philosophique portatif* brûle de toutes les ardeurs de son combat. C'est un catéchisme intolérant de la tolérance, un bréviaire de l'humanisme antireligieux, une déclaration de guerre à *« l'Infâme »*, une encyclopédie de poche de la philosophie militante. Voltaire croit venu le moment de porter les coups décisifs.

C'est aussi pourquoi l'affaire d'Abbeville l'atterre. Il se rend compte qu'il n'a rien gagné. Pire, sans doute : en brûlant son livre avec le corps et la tête de La Barre, le roi, le parlement de Paris, l'opinion catholique lui ont adressé un message dont il ne peut ignorer la signification. Il est allé beaucoup trop loin, on est résolu désormais à lui rendre coup pour coup, la défense de la religion catholique se confond avec celle de l'État royal et de ses institutions.

Il est si clair, ce message, que Voltaire s'attend à une vague de répression. Les paroles de Pasquier résonnent à ses oreilles : *« Il ne fallait pas s'amuser à brûler les livres, c'était les auteurs que Dieu demandait en sacrifice. »* S'il rêve d'un Éden philosophique hors des frontières, il préfère, immédiatement, quitter la France. Il va prendre les eaux à Rolle dans le canton de Berne, pendant quatre semaines. *« Après tant d'horreurs, je ne m'intéresse à rien »*, écrit-il aux Argental.

Avec d'Alembert, il se montre plus sombre encore : *« Vous avez des liens, des pensions, vous êtes enchaîné. Pour moi, je mourrai bientôt, et ce sera en détestant le pays des singes et des tigres où la folie de ma mère me fit naître il y a bientôt soixante-treize ans. Je vous demande en grâce d'écrire de votre encre au R*[oi] *d*[e] *P*[russe] *et de lui peindre tout avec votre pinceau. J'ai de fortes raisons pour qu'il sache à quel point il doit nous mépriser. Un des grands malheurs des honnêtes gens, c'est qu'ils sont des lâches. On gémit, on se tait, on soupe, on oublie. Je vous remercie par avance des coups de foudre dont vous écraserez les jansénistes. Il est bon de marcher sur le basilic après avoir foulé le serpent. »*

L'image de la France, pays de singes et de serpents, de singes se transformant en tigres, revient obsessionnellement, à cette époque, dans les lettres de Voltaire. Elle marque la défaite d'une illusion philosophique, celle de la civilisation. Voltaire a cru à la France des singes. Il a pensé que, si l'on apprenait aux hommes à se comporter civilement, à imiter les bonnes manières, le bel esprit, les sentiments élégants, à singer le bon goût, l'honnêteté, la culture, l'imitation deviendrait nature et le singe civilisé. Les Français lui ont semblé les plus aptes à ce genre de dressage, les plus déliés, les plus sociables, les plus plastiques. L'opinion n'est pas la somme des réactions individuelles, elle est la résultante des regards croisés de chaque membre de la société sur l'ensemble des autres, un processus de singerie généralisée. Et il suffisait, a longtemps cru Voltaire, d'introduire la mode et de développer la publicité de nouvelles manières de penser, de nouveaux comportements, pour modifier le centre de gravité de l'ensemble. La langue était le miroir collectif à travers lequel pouvait s'effectuer cette conversion des manières. La victoire était une question de littérature. L'affaire Calas, l'affaire Sirven aussi dont il s'occupe lorsque La Barre est exécuté l'ont confirmé dans cet optimisme relatif : dans une société de singes, il suffit de la lumière et des talents de dix esprits libres pour que la vérité et la raison l'emportent sur l'erreur et sur la sottise. Le 1er novembre 1765, il charge Damilaville d'un éclatant ordre du jour : *« La victoire se déclare pour nous de tous côtés. Je vous assure que dans peu il n'y aura que la canaille sous les étendards de nos ennemis, et nous ne voulons de cette canaille ni pour partisans, ni pour adversaires. Nous sommes un corps de braves chevaliers, défenseurs de la vérité, qui n'admettons parmi nous que des gens bien élevés. Allons brave Diderot, intrépide d'Alembert, joignez-vous à mon cher Damilaville, courez sus aux fanatiques et aux fripons ; plaignez Blaise Pascal, méprisez Houtteville et Abadie autant que s'ils étaient pères de l'Église. Détruisez les plates déclamations, les misérables sophismes, les faussetés historiques, les contradictions, les absurdités sans nombre ; empêchez que les gens de bon sens ne soient les esclaves de ceux qui n'en ont point. La génération naissante vous devra sa raison et sa liberté. »*

Le supplice du chevalier de La Barre ruine l'espérance d'une victoire prochaine. Les singes sont aussi des tigres. La civilisation n'est qu'un vernis. Les gens bien élevés, les mêmes personnes qui ont été émues et ravies par le spectacle d'un opéra ont couru applaudir à la mise à mort d'un jeune homme innocent. L'édifice des plaisirs et des livres n'a pas résisté à la cruelle sauvagerie des passions. Des parlementaires, des hommes chargés de la justice ont suivi en aveugles les rugissements de la foule ; le roi de France, le souverain du royaume le plus policé du monde, a donné son accord au supplice. Le fanatisme qu'on croyait écrasé a ressurgi des profondeurs et a tout balayé sur son passage sans rencontrer d'obstacle. Tout est à refaire, ou tout est vain. Le vieil écrivain, pour la première fois de sa vie peut-être, doute du sens de sa vocation : *« Il faut que chacun s'en tienne à son métier. Le mien est de cultiver en paix les belles-lettres et l'amitié. Ce sont les seules consolations de ma vieillesse et de mes maladies. »*

Il renonce à son phalanstère philosophique de Clèves : *« Il est difficile de me transplanter à mon âge et dans l'état de langueur où je suis. J'attendrai sous les arbres que j'ai plantés le moment où je n'entendrai plus parler des horreurs qui font préférer les ours de nos montagnes à des singes et à des tigres déguisés en hommes.* [...] *Je vois bien qu'il faut mourir sans la moindre espérance. »*

Écrire encore contre le fanatisme ? *« Ce serait parler contre Cerbère au tribunal des furies. »* Voltaire est paralysé ; le voilà sur la défensive. Il lui faut creuser un fossé de protection pour mettre à l'abri son *Dictionnaire philosophique.* La Barre, affirme-t-il, n'a jamais lu son livre, *« il n'y avait personne dans la bande qui fût capable de lire un livre de philosophie ».* D'ailleurs, lui-même n'a jamais écrit ce livre ; d'ailleurs, il n'écrit plus depuis longtemps ; d'ailleurs, il est bon catholique : *« J'ai, Dieu merci, les attestations de mes curés. »* Quand Voltaire bat en retraite et prend le chemin de la dénégation, il est difficile de l'arrêter. Il va si loin, cette fois, qu'il va jusqu'à livrer – c'est rare – un peu de lui : *« J'ai encore une chose à vous dire* [...] *dans ma confession générale ; c'est que je n'ai jamais été gai que par emprunt. Quiconque fait des tragédies et écrit des histoires est naturellement sérieux, quelque français qu'il puisse être.* [...] *J'étais chenille, j'ai pris quelquefois des ailes de papillon, mais je suis redevenu chenille. »*

Un livre le sort de sa dépression pendant qu'il rédige, péniblement, douloureusement, sa *Relation de la mort du chevalier de La Barre*, en juillet 1766. C'est l'œuvre d'un Italien de vingt-six ans, le marquis César Beccaria. *Des délits et des peines* a paru en 1764 à Livourne, et Voltaire en possède la version originale dans sa bibliothèque. Il le relit dans la version française – très libre – que vient d'en donner l'abbé Morellet, voltairien militant et habitué de Ferney. Beccaria jette les bases d'une nouvelle justice criminelle en critiquant radicalement l'archaïsme, l'arbitraire et les inégalités des systèmes judiciaires européens : la nature et la mesure de la peine doivent être définies en fonction de son utilité sociale. La torture et la peine de mort sont inutiles et doivent donc être abolies. Pour accompagner son propre texte, Voltaire se livre à un commentaire enthousiaste de Beccaria, il l'augmente, il le truffe d'exemples nouveaux, il empile avec une verve rageuse les verdicts scandaleux de certains procès où la disproportion du délit et de la peine est trop flagrante pour ne pas frapper la raison et la sensibilité.

Il reprend confiance dans l'opinion, il écrit pour elle, il plie son génie pour mieux la convaincre. Finis la paix, l'art et la paisible culture des muses : Voltaire veut gagner, le plus vite possible, tout de suite. Il veut faire reculer les tigres. Le jeune Beccaria lui redonne du courage : si ce n'est pas en France, ce sera peut-être ailleurs en Europe. Et qu'importe s'il y a du Rousseau dans le contrat judiciaire de Beccaria, l'essentiel est que de nouvelles lumières s'allument et qu'un nouveau coup soit porté contre la barbarie judiciaire. En septembre, le *Commentaire sur l'ouvrage « Des délits et des peines »* paraît à Genève. Voltaire y propose un vaste plan de réforme : supprimer la vénalité des charges, unifier la législation pénale dans l'ensemble de la France, laïciser l'administration de la justice, assortir la peine de mort d'un droit de grâce du souverain, abolir la question. Le vieux Voltaire repart à la conquête de l'opinion.

« Il faut bien que tôt ou tard les hommes ouvrent les yeux. » L'ouvrage provoque un tollé dans les parlements. La plupart des propositions de Voltaire seront adoptées par la Constituante de 1789. La Convention, le 15 novembre 1793, réhabilite le chevalier de La Barre. Six mois plus tard, elle envoie à l'échafaud Simon Nicolas Linguet devenu le pamphlétaire préféré de la contre-révolution.

SOURCES

VOLTAIRE : *Romans et contes*. Édition de Deloffre et Van den Heuvel. Paris, Gallimard, « Bibliothèque de la Pléiade », 1979.

— *Dictionnaire philosophique*. Édition de Christiane Mervaud. 2 vol. Oxford, Voltaire Foundation, 1994.

— *Correspondance*. Tome VIII : *Avril 1765-juin 1767*. Édition de Theodore Besterman. Paris, Gallimard, « Bibliothèque de la Pléiade », 1983.

— *Mélanges*. Édition de Van den Heuvel. Paris, Gallimard, « Bibliothèque de la Pléiade », 1961.

Nicolas LINGUET : *Théorie des lois civiles ou Principes fondamentaux de la société*. Paris, Fayard, « Corpus des œuvres de philosophie en langue française », 1984.

— *Annales politiques, civiles et littéraires du* XVIII*e siècle*. 10 vol. Paris, 1777-1792. Rééd. Genève, Slatkine, 1971.

André MORELLET : *Mémoires sur le* XVIII*e siècle et sur la Révolution*. Paris, Mercure de France, 1988.

Max GALLO : *Que passe la justice du roi. Vie, procès et supplice du chevalier de La Barre*. Paris, Laffont, 1987.

René POMEAU : *Voltaire en son temps*. 5 vol. Oxford, Voltaire Foundation, 1985-1994. Rééd. en 2 vol., Paris, Fayard, 1995.

Pierre LEPAPE : *Voltaire le conquérant*. Paris, Éd. du Seuil, 1994.

Dominique HOLLEAUX : « Le procès du chevalier de La Barre ». Dans *Quelques procès criminels du* XVII*e et* XVIII*e siècle*, sous la direction de Jean Imbert. Paris, PUF, 1964.

Daniel BARUCH : *Linguet*. Paris, François Bourin, 1991.

Christiane MERVAUD : *Le « Dictionnaire philosophique » de Voltaire*. Paris, Universitas, 1994.

Jean-Jacques à la recherche du paradis primordial

1771 ■ La lecture publique des *Confessions* est interdite

Le 11 janvier 1771, Marie-Françoise Grimod de La Reynière, épouse de Chrétien-Guillaume de Lamoignon de Malesherbes, part chasser sur ses terres. Elle aime la chasse, avec une sorte de rage. Sur les plaines et dans les bois de Malesherbes, solitaire, elle traque le gibier avant de se résigner à rentrer au château pour s'y morfondre dans une insondable mélancolie. Ce jour-là, elle ne rentre pas ; les gardes et les domestiques partent à sa recherche ; ils la retrouvent au soir, tuée d'un coup de fusil. Son arme est attachée à un arbre, le canon dirigé contre sa poitrine ; elle a noué l'extrémité d'un ruban à la détente.

Nulle trace du suicide ni de l'enterrement de la châtelaine chasseresse dans les registres paroissiaux de la commune, aucune allusion à la mort de son épouse dans l'abondante correspondance de Malesherbes, sauf une lettre de condoléances adressée le 17 janvier à l'ancien directeur de la Librairie par Jean-Jacques Rousseau. Étrange lettre en la circonstance où l'affliction cède vite le pas à l'expression d'un obscur soupçon :

« J'ai appris, Monsieur, avec une véritable douleur la perte que vous venez de faire. Aux sentiments qu'inspirait Madame de Malesherbes à quiconque avait l'honneur de la connaître, se joignait de ma part une sensibilité particulière pour l'accueil obligeant que j'avais reçu d'elle. Mais ce qui me rend sa mémoire encore plus respectable, est d'avoir vu qu'on pouvait la tromper sans doute avec beaucoup d'autres mais que presque seule elle ne pouvait feindre ni tromper. Comme c'est une douceur dans l'afflic-

tion d'y trouver des cœurs sensibles, j'ai cru Monsieur pouvoir vous offrir pour ma part cette espèce de consolation, la seule qui soit à ma portée. »

Plutôt éberlué, Malesherbes répond à Jean-Jacques : « *Il y a une phrase dans votre lettre qui est pour moi une énigme indéchiffrable. Je désire ardemment m'en expliquer avec vous si vous voulez vous prêter à cette explication ; mais je peux vous assurer d'avance que Madame de Malesherbes n'a été trompée par personne sur ce qui vous regarde, qu'elle a toujours eu pour vous les mêmes sentiments.* » Pour que Rousseau s'explique, Malesherbes accepte même de rompre le secret de sa vie privée : « *Il est vrai qu'une profonde mélancolie était le principal symptôme de la maladie qu'elle avait depuis six mois, et si vous l'avez vue dans ce temps-là, vous avez pu vous en apercevoir, et attribuer peut-être à quelque autre cause la réception froide qu'elle vous aura faite. Elle était de même avec ses plus intimes amis, et cette maladie malheureusement trop réelle l'a conduite au tombeau. Dispensez-moi, Monsieur, de vous en dire davantage quant à présent.* »

Vaine confidence, ouverture inutile : si Malesherbes, plutôt que d'aigres soupçons, désire de Jean-Jacques une explication franche, il en sera pour ses frais. Pendant près de trois ans encore, jusqu'en octobre 1773, les deux hommes vont poursuivre un échange épistolaire inégal. Du côté de Malesherbes, de l'admiration et de l'amitié pour son correspondant, l'envie de se rapprocher de lui, de lui venir en aide de toutes les façons, de dissiper un peu les ténèbres dont le philosophe est environné. Du côté de Jean-Jacques, la volonté informulée mais obstinée de ne pas s'engager dans une amitié qui ne peut être que déçue : quoi qu'il dise et fasse, M. de Malesherbes est un haut personnage politique du régime, incapable par situation de servir durablement la vérité. Il est socialement voué à la trahison.

Rousseau sait pourtant tout ce qu'il doit à la protection du fils du chancelier Lamoignon. Pendant toutes les années, de 1750 à 1763, où il a exercé les fonctions de directeur de la Librairie, Malesherbes n'a jamais cessé, au prix d'un acrobatique double jeu, de soutenir et d'encourager la production des Lumières, et celle de Rousseau en particulier. Le grand maître de la censure royale a été le garant le plus efficace de la liberté d'écrire et de la possibilité de publier. Stratège habile, il a su jouer des contradictions et des impasses de la législation répressive, des rivalités de la cour, des chicaneries des parlements et des manœuvres tortueuses ou naïves des écrivains eux-mêmes pour autoriser dans les faits ce qui était condamné dans le droit.

Rousseau n'a longtemps eu qu'à se féliciter des subtilités tactiques et de l'admiration sincère du directeur de la Librairie. Il a applaudi lorsque Malesherbes, en 1758, a choisi comme censeur de la violente *Lettre à d'Alembert sur les spectacles*... d'Alembert lui-même. Il a grogné, pour la forme, lorsque le magistrat lui a proposé de faire avec lui une version un tantinet expurgée de *La Nouvelle Héloïse* susceptible d'être publiée au grand jour à Paris. Et lors de la rupture de Rousseau avec ses anciens amis de l'*Encyclopédie* et avec Voltaire, c'est Malesherbes encore qui a joué de son autorité pour que la querelle ne tourne pas au règlement de comptes d'Apaches.

Il est aussi arrivé que Malesherbes, trop sûr de son art ou trop enthousiaste, mesure mal son affaire. S'il a jugé *Le Contrat social* trop révolutionnaire pour être admis en France et s'il en a sévèrement interdit l'entrée dans le royaume, il a plus qu'encouragé Rousseau à publier sans autorisation – illégalement donc – *Émile* à Paris. Dans les *Confessions*, Rousseau relate que *« M. de Malesherbes* [...] *m'écrivit à ce sujet une longue lettre, toute de sa main, pour me prouver que la* Profession de foi du Vicaire savoyard *était précisément une pièce faite pour avoir partout l'approbation du genre humain, et celle de la Cour dans la circonstance. Je fus surpris de voir ce magistrat, toujours si craintif, devenir si coulant dans cette affaire. Comme l'impression d'un livre qu'il approuvait était par cela seul légitime, je n'avais plus d'objection à faire contre celle de cet ouvrage »*. Jean-Jacques ajoute qu'il a exigé que l'ouvrage s'imprime en Hollande et qu'il a ignoré jusqu'au bout l'impression parisienne. Ce qui n'est pas tout à fait exact. Le 12 décembre 1761, Rousseau écrit à son ami Moultou : *« Je me suis laissé guider dans la disposition de cet ouvrage et, contre mon avis, mais non pas sans l'aveu du magistrat* [Malesherbes]*, le manuscrit a été remis à un libraire de Paris pour l'imprimer. »* Malesherbes a forcé la main de son protégé pour réussir un coup politique : publier librement à Paris un ouvrage qui exalte à la fois la religion et la tolérance, l'une et l'autre indispensables, selon Malesherbes, à la survie de la monarchie française. Si le *Discours du vicaire savoyard* passe sans scandale, si son éloquence entraîne les hésitants et neutralise les dévots, la voie est ouverte à la réforme des lois antiprotestantes. Pour une fois, la stratégie éditoriale de Malesherbes ne sert pas Rousseau ; elle se sert de lui, pour la bonne cause.

On sait la suite, l'échec de la manœuvre, la condamnation, en juin 1762, d'*Émile* par le parlement de Paris qui décrète Rousseau de prise de corps. Jean-Jacques s'enfuit à Yverdon puis à Môtiers, Malesherbes brûle ses papiers les plus compromettants et va bientôt devoir renoncer à la direction de la Librairie ; les calvinistes de Genève, aussi ouverts à la tolérance que les jansénistes de Paris, brûlent publiquement *Émile* et *Le Contrat social* ; les luthériens de Hollande en font autant ; Mgr de Beaumont, archevêque de Paris, publie un mandement furieux qui qualifie *Émile* d'*« ouvrage de Satan »*. Et Voltaire qui se bat alors pour la mémoire de Calas, Voltaire qui prépare son *Traité sur la tolérance* ne peut pas résister au plaisir d'accabler un peu plus le fugitif, faute de pouvoir attirer dans son camp l'auteur d'*« une dizaine de pages sublimes »* contre la religion chrétienne : *« Ce fou traite les philosophes aussi mal que les prêtres afin qu'il ne lui reste aucun ami sur terre. »* Et s'il lui en restait, Voltaire est prêt à tout pour les dissuader.

Jean-Jacques, si prompt à s'imaginer trahi par ses proches, semble ne pas vouloir rendre Malesherbes responsable de ses malheurs. Tout juste écrira-t-il dans ses *Confessions* que son protecteur, *« aussi faible qu'honnête, nuit quelquefois aux gens pour lesquels il s'intéresse à force de les vouloir préserver »*. Un maladroit bien intentionné : dans l'esprit de Rousseau, c'est presque un compliment. Lorsque l'orage s'abat sur lui, il demande simplement à Malesherbes de lui envoyer copie des quatre grandes lettres qu'il lui a adressées l'hiver précédent et dans lesquelles il lui écrivait *« l'histoire de* [son] *âme »*. *« Je serai, Monsieur, d'autant plus sensible à cette grâce qu'elle m'apprendra que mes malheurs n'ont point altéré votre estime et vos bontés pour moi, et que vous ne jugez point les hommes sur leur destinée. »*

Ces quatre grandes lettres de janvier 1762 sont célèbres. Elles l'étaient déjà avant la publication des *Confessions* dont elles sont l'ébauche, spontanée, immédiate, inspirée par une manière d'urgence intérieure : *« Ces quatre lettres, faites sans brouillon, rapidement, à trait de plume, et sans même avoir été relues, sont peut-être la seule chose que j'aie écrite avec facilité dans toute ma vie, et, ce qui est bien étonnant, au milieu de mes souffrances et de l'extrême abattement où j'étais. Je gémissais, en me sentant défaillir, de penser que je laissais dans l'opinion des honnêtes gens une opinion de moi si peu juste, et par l'esquisse tracée à la hâte dans ces quatre lettres, je tâchais de suppléer en quelque sorte aux Mémoires que j'avais projetés. Ces lettres qui plurent à M. de Malesherbes, et qu'il montra dans Paris, sont en quelque façon le sommaire de ce que j'expose ici plus en détail, et méritent, à ce titre, d'être conservées. »*

Jean-Jacques a choisi Malesherbes comme dépositaire de son vrai visage. Le caractère privé de ses lettres, l'absence de brouillon, et de relecture, les ratures nombreuses attestent en quelque sorte de son absolue sincérité : il n'a pas ici écrit une œuvre, il n'a pas été écrivain. Il n'a été que vrai. Les quatre lettres à Malesherbes échappent au juste soupçon qui s'attache à la production des gens de lettres, à la triste engeance qui fait métier d'écrire. Rousseau sait de quoi il parle, il a eu la folie et le malheur d'en être : *« Lorsque j'y pensais le moins, je devins auteur presque malgré moi. Il est aisé de concevoir comment l'attrait d'un premier succès et les critiques des barbouilleurs me jetèrent tout de bon dans la carrière. Avais-je quelque vrai talent pour écrire ? Je ne sais. Une vive persuasion m'a toujours tenu lieu d'éloquence, et j'ai toujours écrit lâchement et mal quand je n'ai pas été fortement persuadé.* [...] *Si je n'avais écrit que pour écrire, je suis convaincu qu'on ne m'aurait jamais lu. »*

L'écriture n'échappe aux pièges de la vanité, du lucre, du mensonge social et de la corruption culturelle qu'en cessant d'être littérature pour se consacrer entièrement à la mise au jour de la vérité. Travail évidemment incompatible avec le métier d'auteur : *« J'aurais pu me jeter tout à fait du côté le plus lucratif, et, au lieu d'asservir ma plume à la copie, la dévouer entière à des Écrits, qui, du vol que j'avais pris et que je me sentais en état de soutenir, pouvaient me faire vivre dans l'abondance et même dans l'opulence, pour peu que j'eusse voulu joindre des manœuvres d'auteur au soin de publier de bons livres. Mais je sentais qu'écrire pour avoir du pain eût bientôt étouffé mon génie et tué mon talent qui était moins dans ma plume que dans mon cœur.* [...] *Non, non, j'ai toujours senti que l'état d'Auteur n'était, ne pouvait être illustre et respectable qu'autant qu'il n'était pas un métier. Il est trop difficile de penser noblement quand on ne pense que pour vivre. Pour pouvoir, pour oser dire de grandes vérités, il ne faut pas dépendre de son succès. Je jetais mes livres dans le public avec la certitude d'avoir parlé pour le bien commun. Si l'ouvrage était rebuté, tant pis pour ceux qui n'en voulaient pas profiter.* » Conception tout aristocratique de l'exercice des lettres, si Rousseau n'ajoutait pas en bout de paragraphe : « *Mon métier pouvait me nourrir si mes livres ne se vendaient pas, et voilà précisément ce qui les faisait vendre.* » Aller à contresens de l'opinion est aussi une valeur sur le marché du livre et Rousseau, depuis ses débuts, depuis son *Discours sur les sciences et les arts*, n'ignore pas ce que son succès, comme ses malheurs, doivent à son goût du paradoxe et à sa culture de l'originalité.

Il voudrait sortir de ce cercle de l'homme de lettres où il se trouve enfermé, de cette comédie littéraire donnée à l'opinion où, quoi qu'il fasse et dise, il porte un masque et joue un rôle. Mais comment effectuer cette sortie, faire cesser la représentation et montrer son vrai visage sans écrire encore, c'est-à-dire entrer de nouveau dans le cycle de l'aliénation et du mensonge ? Les lettres à Malesherbes sont une première tentative pour inventer une situation d'écriture qui déjoue l'artifice littéraire. Privées, elles échappent au public, spontanées, écrites au fil de la plume, sans ordre, raturées, mal présentées, elles ne se plient pas à l'ordre du livre : elles expriment directement la vérité, le fond de l'âme. Elles rendent enfin l'écriture innocente.

Dans l'une de ses dernières lettres à Malesherbes, en août 1773, Jean-Jacques soupçonne son correspondant de l'aimer moins, de ne plus lui parler à cœur ouvert, de dissimuler ses véritables sentiments. La preuve ? « *Vos lettres, Monsieur, étaient raturées autrefois, elles ne le sont plus. Pour moi qui suis toujours resté le même, je barbouille également.* » Comme un enfant.

Lorsque Jean-Jacques renoue des relations épistolaires régulières avec l'ancien directeur de la Librairie, en janvier 1771, il croit avoir enfin atteint son but, écrire un livre qui se situe au-delà de la littérature – ou peut-être en deçà – et où il a enfin pu peindre son cœur en état d'absolue transparence. Le préambule et les premières pages des *Confessions* sonnent comme un retentissant chant de victoire – ses ennemis diront : comme l'expression d'une extravagante vanité : « *Voici le seul portrait d'homme, peint exactement d'après nature et dans toute sa vérité, qui existe et qui probablement existera jamais. Qui que vous soyez* [...] *je vous conjure par mes malheurs, par vos entrailles, et au nom de toute l'espèce humaine, de ne pas anéantir un ouvrage unique et utile, lequel peut servir de première pièce de comparaison pour l'étude des hommes, qui certainement est encore à commencer* [...]. *Je forme une entreprise qui n'eut jamais d'exemple et dont l'exécution n'aura point d'imitateur. Je veux montrer à mes semblables un homme dans toute la vérité de la nature ; et cet homme ce sera moi. Moi seul.* »

D'abord résolu à ne pas laisser publier son livre de son vivant et de laisser à la postérité le soin de le découvrir tel qu'il fut et non tel que l'ont défiguré ses ennemis, Jean-Jacques n'a pas résisté à la tentation de se battre, une dernière fois ; à faire enfin sortir de l'ombre les adversaires qui complotent contre lui et le perdent aux yeux du public et d'imposer sa vérité contre leurs mensonges. Il va enfin savoir qui ils sont, ces innombrables ennemis de l'ombre, qui les dirige et les entraîne, qui dresse contre lui l'opinion et jusqu'à ses plus proches amis. La foudre de la vérité va les obliger à sortir de leur trou.

Jean-Jacques entreprend donc, à partir de décembre 1770, d'organiser des lectures de son livre. Chez le marquis du Pezay, chez Dorat, pour le prince royal de Suède ou chez la comtesse d'Egmont. Pendant six ou sept heures, l'homme vêtu de gris débite d'une voix ferme l'histoire de son âme devant un petit cercle d'auditeurs silencieux. Jean-Jacques souhaitait des protestations, des polémiques, une réaction violente de ses ennemis masqués, il n'obtient que quelques larmes, et le silence. Une intervention de son ancienne amie Mme d'Épinay – fort malmenée dans les *Confessions* – auprès de Sartine, le lieutenant général de la police et directeur de la Librairie, met d'ailleurs fin aux lectures. Sartine rappelle à Rousseau qu'il est toujours sous le coup d'un mandat d'arrêt et que sa présence à Paris exige pour le moins de la discrétion. L'ennemi s'est dérobé ; l'affrontement en pleine lumière, à visage découvert, dont rêvait Jean-Jacques n'a pas eu lieu. La nuit se referme sur lui, sur ses obsessions, sur ses fantasmes. Il n'écrira pas le troisième volume annoncé des *Confessions*. Il entre dans son dernier exil, celui de la solitude, de l'anéantissement et de la rêverie. Sous le signe des plantes.

Le 19 janvier 1771, le chancelier Maupeou, militant de l'absolutisme royal et ennemi intime de Malesherbes, opère un coup de force contre le parlement dont il entend briser l'opposition. Il fait arrêter dans la nuit et exiler par lettres de cachet 130 magistrats insoumis. Le parlement est supprimé, aux applaudissements de Voltaire, et les offices des parlementaires confisqués. Le 18 février, Malesherbes, qui préside la Cour des aides – instance judiciaire souveraine en matière fiscale –, adresse au roi d'éloquentes remontrances : *« Sire, la terreur qu'on veut inspirer à tous les ordres de l'État n'a point ébranlé votre Cour des Aides.* [...] *Nous devons vous exposer le malheur de l'État, le système destructeur qui menace la Nation entière.* [...] *On veut enlever à la nation les droits les plus essentiels d'un peuple libre. »* Malesherbes termine par un appel aux États généraux et par une négation du droit divin des rois : *« Interrogez donc, Sire, la nation elle-même, puisqu'il n'y a plus qu'elle qui puisse être écoutée de Votre Majesté !* [...] *La cause que nous défendons est celle de tout le peuple par qui vous régnez et pour qui vous régnez. »*

Le 22 mars, Malesherbes met un comble à la colère de Louis XV en faisant rendre à la Cour des aides un arrêt dans lequel elle déclare ne pas reconnaître les actes du « prétendu parlement » désigné par Maupeou pour remplacer l'ancien. Le 6 avril, Malesherbes, qui se trouve dans son château, reçoit une lettre de cachet signée du roi : *« Monsieur de Lamoignon de Malesherbes, je vous fais cette lettre pour vous ordonner de rester à Malesherbes jusqu'à nouvel ordre de ma part. Sur ce, je prie Dieu qu'il vous ait, Monsieur de Malesherbes, en sa sainte garde. Louis. »*

Exilé, assigné à résidence, écarté de la vie politique où il agit depuis trente ans, Guillaume Lamoignon de Malesherbes revient à ses premières amours, la botanique. À la fin des années 1740, le jeune magistrat a suivi pendant quatre ans les cours de Jussieu sur l'histoire naturelle et la botanique. À moins de trente ans, il est élu à l'Académie des sciences. À la même époque, il entreprend un gros livre, *Observations sur l'histoire naturelle* – qui ne sera publié qu'après sa mort –, où il critique vertement les conceptions de son confrère Buffon à qui il oppose Linné. Buffon, pense Malesherbes, est un bel écrivain, un métaphysicien imaginatif et un piètre observateur de la nature. Sa passion des systèmes et des spéculations est telle qu'il a cru pouvoir *« se dispenser de s'instruire des faits qui sont à la base de la plupart des sciences ».* Malesherbes croit aux faits, aux expériences, à l'observation pratique. Il rédigera scrupuleusement, de son écriture presque illisible, un *Mémoire sur les effets de l'hiver 1788-1789*, il fait venir d'Amérique des plantes et des arbres qu'il essaie d'acclimater sur ses terres ; il s'intéresse à l'économie rurale et à la mise en valeur des terres incultes ; il monte un réseau international de correspondants avec lesquels il échange des arbres et des graines. Il se méfie de l'imagination et des spéculations ; il accumule, il trie, il classe, pour mieux voir et pouvoir agir. Son herborisation est politique. En 1790, au moment de la vente des biens nationaux, le vieil homme publiera encore, anonymement, ses *Idées d'un agriculteur patriote sur le défrichement des terres incultes.*

Printemps 1771, dans les bois de Meudon, Jean-Jacques et Malesherbes herborisent sous la pluie. Engoncés dans leurs habits, le déplantoir à la main, ils ne se parlent guère, sinon pour discuter du nom d'une plante, faire une remarque sur la disposition de ses feuilles, se plaindre du chaos des nomenclatures et comparer les critères de Linné à ceux de Bauhin ou de Tournefort. Leur activité est assez absorbante pour les dispenser d'autres considérations.

Cela convient bien à Rousseau. L'herborisation est un moyen de fuir les hommes et de ne plus penser, enfin. Il s'est consacré à l'humanité et à la réflexion sur son bonheur ; il n'en a récolté que des moqueries, des persécutions et de la haine. *« Pour ne pas haïr les hommes, il a bien fallu les fuir. »* L'herborisation est une marche, un vagabondage qui éloigne des hommes. Elle éloigne aussi du penchant funeste à vouloir leur être utile : elle ne sert à rien. Elle est liberté pure. Il faut voir avec quelle vigueur Rousseau s'en prend à la botanique des herboristes et des apothicaires qui ne voient dans les plantes qu'une vaste pharmacie : ils font mentir la nature, ils la font parler alors qu'*« elle ne nous dit rien du tout ». « Ces idées médicinales flétrissent l'émail des prés, l'éclat des fleurs, dessèchent la fraîcheur des bocages, rendent la verdure et les ombrages insipides et dégoûtants ; toutes ces structures charmantes et gracieuses intéressent fort peu quiconque ne veut que piler tout cela dans un mortier, et l'on n'ira pas chercher des guirlandes pour les bergères parmi les herbes pour les lavements. »*

« Toute cette pharmacie ne souillait pas mes images champêtres, rien n'en était plus éloigné que des tisanes et des emplâtres. » À la

différence de son confrère en herborisation, Rousseau ne cherche pas même à acquérir un véritable savoir. Il parle de son activité comme d'un amusement auquel il se livre *« avec un engouement qui tient de l'extravagance et qui me fait rire moi-même quand j'y réfléchis »*. Il est vieux, dit-il (cinquante-neuf ans en 1771), il voit mal, les longues marches le fatiguent, il vit désormais à Paris dans son petit logement au cinquième étage de la rue Plâtrière. Qu'est-ce qui le pousse encore à *« s'emplir la tête de foin »* ? Rien ; et c'est ce rien précisément qu'il revendique : le rien de la sagesse et de la sérénité à la fin d'une vie vouée à la folle aventure du sens.

Finis la pensée, le logos, la réflexion, ces activités contre nature : *« J'ai pensé quelquefois assez profondément, mais rarement avec plaisir, presque toujours contre mon gré et comme par force : la rêverie me délasse et m'amuse, la réflexion me fatigue et m'attriste ; penser fut toujours pour moi une occupation pénible et sans charme. »* L'herborisation, c'est la pensée minimale réduite au trajet de l'œil à la main ; juste assez pour occuper vaguement l'esprit afin de ne laisser nulle place aux dangereux assauts de l'imagination, à l'évocation douloureuse des combats, à la chimère des complots. Juste assez de distance avec la nature, juste assez de travail, pour ne pas se noyer en elle, s'y absorber et s'y anéantir : pouvoir en jouir et jouir de soi-même dans une transparence enfin trouvée.

Pensée minimale qui trouve son expression dans une écriture elle aussi minimale, la plus éloignée possible du discours et la plus proche des choses. Rousseau fabrique des herbiers pour Malesherbes, de toutes les tailles, de beaux objets soignés sur des papiers choisis où les herbes, les fleurs, les mousses, les lichens parlent pour ainsi dire d'eux-mêmes, l'auteur se bornant à les désigner, à leur proposer un nom. Rousseau se lamente des disputes sans fin des savants, ces beaux esprits qui se déchirent à coup de latin pour nommer d'un même nom dix plantes différentes et de dix noms différents la même plante. Querelles de cuistres dont l'effet – sinon la cause – est toujours le même : réserver le savoir, le bonheur et le pouvoir de connaître aux privilégiés de la culture et en écarter le peuple. Malgré qu'il en ait, le vieil ours retrouve les accents du pédagogue, celui qui proposait, tout jeune, une simplification de la notation musicale, celui qui rêvait d'une langue si simple, si proche des choses et des émotions que le mensonge et l'aliénation n'y trouveraient pas leur place. Ah, si Jean-Jacques avait le temps, s'il n'avait pas pris ses distances avec ses chimères, peut-être écrirait-il encore un ouvrage utile, une nomenclature botanique simple, assurée, compréhensible par tous. Mais il est trop tard.

Il est toujours trop tard pour Jean-Jacques, comme si devait toujours se répéter la scène augurale de la porte fermée de Genève qui l'a arraché à sa ville natale et à son destin de paisible ouvrier pour le jeter sur les routes : *« À une demi-lieue de la Ville, j'entends sonner la retraite ; je double le pas ; j'entends battre la caisse, je cours à toutes jambes : j'arrive essoufflé, tout en nage : le cœur me bat ; je vois de loin les soldats à leurs postes ; j'accours, je crie d'une voix étouffée. Il était trop tard. À vingt pas de l'avancée, je vois se lever le premier pont. Je frémis en voyant en l'air ces cornes terribles, sinistre et fatal augure du sort inévitable que ce moment commençait pour moi. »*

Il est trop tard pour les livres utiles, trop tard pour confondre les ennemis et convaincre les indifférents ; *« je ne cherche pas à m'instruire : il est trop tard »*. Il est trop tard encore pour que les liens avec Malesherbes puissent se transformer en amitié. Le président déchu de la Cour des aides s'offre à Jean-Jacques : la botanique leur fournit une langue commune, socialement neutre ; leur condition d'exilés les rapproche comme jamais. Le châtelain essuie les sautes d'humeur du philosophe, il lui passe ses caprices, ses susceptibilités soudaines ; il se propose d'aider à vendre des herbiers auprès de ses amis – la copie de la nature suppléant financièrement à la copie de la musique –, il l'invite enfin à venir herboriser avec lui, sur ses terres.

Cette fois, c'est trop pour Rousseau. Il est trop tard, répond-il brutalement à Malesherbes : *« Quant à la visite que vous daignez me proposer, c'eût été naturellement l'objet de mon empressement depuis que vous êtes à Malesherbes.* [...] *Mais depuis longtemps je ne vais plus voir personne sans un sujet particulier. Assez de gens paraissent encore empressés de mes visites et m'en font eux-mêmes malgré l'incompatibilité de leurs façons de penser et des miennes. Je ne suis pas si accommodant qu'eux. »*

Incompatibilité : le langage des herbes n'y fait rien. Entre le riche seigneur de Malesherbes et l'artisan copiste parisien, les échanges ne peuvent être qu'inégaux, donc marqués du sceau de la duplicité et de l'aliénation. Malesherbes, pour ne pas froisser, croyait-il, la susceptibilité de son correspondant, a eu l'idée de lui proposer des livres de botanique en échange de ses herbiers. Rousseau explose : *« Je me soucie très peu désormais de livres de botanique. Le peu que j'en ai suffit et au-delà pour satisfaire ma fantaisie.* [...] *Voilà cependant, Monsieur, que vous me parlez de livres de botanique à acheter, et que vous me proposez même de vous envoyer la liste de ceux que je désire, comme s'il s'agissait d'une bibliothèque, et que les livres de botanique fussent communs et à bon marché. Je m'abstiendrai d'épiloguer sur une proposition pareille. »* Il ne s'en abstient pas néanmoins, il assène : *« J'aurais dû connaître depuis longtemps que nous ne nous entendons pas si bien sur aucune chose que je l'ai cru jadis dans la simplicité de mon cœur. »*

La simplicité du cœur est incompatible avec la richesse, comme elle est incompatible avec l'exercice du pouvoir sous la monarchie. Malesherbes est en disgrâce certes, mais ça ne durera pas. Il est dans l'opposition, mais c'est pour mieux, demain, devenir ministre : *« Je ne pense plus non plus comme vous, Monsieur, sur la durée de votre exil, et je ne doute point qu'il ne finisse bientôt avec gloire, comme je le désire de tout mon cœur pour le bien public. Vous ne pouvez ignorer combien ce vœu de ma part est désintéressé. »* Rousseau craint de devoir devenir l'obligé ou le client, ou la caution d'un homme ou d'un groupe inscrit dans les sombres arcanes du pouvoir.

Rousseau accepte, il est vrai, des protections plus encombrantes, comme celle du très féodal prince de Conti, chef de file des revendications de la haute aristocratie contre la tutelle des ministères. Dans les *Confessions*, Jean-Jacques ne cache pas que la visite que consentit, *« par deux fois »*, à lui faire Louis-François de Bourbon est *« le plus grand honneur que les lettres m'aient attiré, et auquel j'ai été le plus sensible.* [...] *Je n'ai jamais douté que je ne dusse les premières bontés de ce Prince à M*[me] *de Luxembourg et à M*[me] *de Boufflers : mais je ne doute pas, non plus, que je ne doive à ses propres sentiments et à moi-même celles dont il n'a cessé de m'honorer depuis lors »*. Plus tard, après la mort de Conti en 1776, Jean-Jacques, dans une note, renversera la vapeur et se moquera de son effusion : il a été trompé, une fois encore – *« Remarquez la persévérance de cette aveugle et stupide confiance au milieu de tous les traitements qui devaient le plus m'en désabuser. Elle n'a cessé que depuis mon retour à Paris en 1770 ».* Jusqu'au bout, Rousseau a feint de croire à l'admiration désintéressée du prince de sang pour le philosophe républicain. Il a besoin de cette fiction : dans la corruption générale qui affecte la sphère publique, Conti est le seul, par son rang, par la puissance de son réseau d'influences, susceptible d'obtenir un jour la réhabilitation du proscrit, le seul à pouvoir effacer jusqu'à la trace du « crime » et à lui rendre son innocence. À faire que Jean-Jacques, l'homme, coïncide de nouveau avec Rousseau, le citoyen. Cette espérance vaut bien un peu d'aveuglement.

Lorsque Rousseau évoque sa proximité paradoxale avec Conti, il utilise trois figures, trois histoires, trois contes moraux qui mettent en scène le jeu, la chasse et le sexe.

Première scène, Conti et Rousseau s'affrontent aux échecs et Rousseau, malgré les signes et les grimaces des courtisans qui assistent à l'échange, gagne les deux parties. *« En finissant, je lui dis d'un ton respectueux mais grave : Monseigneur j'honore trop Votre Altesse Sérénissime pour ne la pas gagner toujours aux échecs. Ce grand Prince plein d'esprit et de lumières et si digne de n'être pas adulé sentit en effet, du moins je le pense, qu'il n'y avait là que moi qui le traitasse en homme, et j'ai tout lieu de croire qu'il m'en a vraiment su bon gré. »*

Seconde scène : Conti fait envoyer à son hôte un panier de gibier que Rousseau accepte. Puis un autre où il est spécifié qu'il s'agit *« de la Chasse de Son Altesse et du gibier tiré de sa propre main »*. Le philosophe reçoit encore le don, mais écrit qu'il n'en acceptera plus. *« Cette lettre fut généralement blâmée et méritait de l'être. Refuser les présents en gibier d'un Prince du Sang qui met de plus tant d'honnêteté dans l'envoi, est moins la délicatesse d'un homme fier qui veut conserver son indépendance que la rusticité d'un mal-appris qui se méconnaît. »* Seconde morale : *« Je n'ai pas entrepris mes confessions pour taire mes sottises, et celle-là me révolte trop contre moi-même pour qu'il me soit permis de la dissimuler. »*

Troisième scène : Rousseau manque, de peu, de faire de Mme de Boufflers sa maîtresse. Elle est celle du prince de Conti, mais Rousseau, affirme-t-il, n'en sait rien. Elle vient le voir souvent, elle est *« belle et jeune encore »*, *« elle affectait l'esprit Romain et moi je l'eus toujours Romanesque, cela se tenait d'assez près. Je faillis me prendre ; je crois qu'elle le vit »* et elle ne le découragea pas. Fort heureusement, *« je fus sage, et il était temps à cinquante ans »*. Jean-Jacques est sauvé par ce qu'il a écrit : *« Plein de la leçon que je venais de donner aux barbons dans ma lettre à d'Alembert, j'eus honte d'en profiter si mal moi-même. »* Conclusion : *« Je fis mes adieux à l'amour pour le reste de ma vie.* [...] *Je ne crains plus de chutes, et je réponds de moi pour le reste de mes jours. »*

Les relations avec Conti sont racontées selon une thématique de la virilité – le combat, les trophées, la conquête – qui est aussi, pour Rousseau, celle de l'action politique et de l'abstraction intellectuelle. Les lettres échangées avec Malesherbes sur les sujets de botanique portent la marque de l'enfance. Il ne s'agit pas, comme dans les *Confessions*, d'un travail de la mémoire et de l'imagination. Ni, comme dans les *Dialogues* dont Jean-Jacques – ce n'est pas un hasard – commence la rédaction après avoir cessé de correspondre avec Malesherbes, d'une tentative ultime et désespérée pour instituer un tribunal de la transparence chargé de proclamer l'innocence de l'écrivain et la légitimité de l'amour qu'il se porte *(« Aucun homme ne fut meilleur que moi »)*. L'innocence dont il est alors question est d'une autre nature : c'est celle que l'on ne peut atteindre que par le chemin de la régression, de l'effacement.

Jean-Jacques parle de sa dernière passion comme d'un *« enfantillage »*. Il en souligne la frivolité, la gratuité ludique, l'activité paresseuse, la liberté irresponsable, l'*étude oiseuse*. Elle est l'ascèse douce par laquelle il convient de passer pour enfin tout oublier, les orages de la célébrité, les illusions de l'utilité politique, le regard malveillant des autres, toujours prêts à juger ce qu'ils sont incapables de comprendre. L'étude nonchalante, vagabonde de la nature dépouille le vieil homme des dernières passions de l'homme adulte, de ses dernières attaches avec la conscience sociale.

Jean-Jacques écrit que sa plus grande jouissance, plus encore que la promenade qui est mouvement, est de se coucher sur le sol, de se coucher près des plantes, de sentir la terre sur son visage. Les herbiers qu'il confectionne avec tant de soin, tant de plaisir manuel, sont comme la mémoire de cet état d'enfance qui retrouve l'enfance de l'humanité tout entière. Dans ses *Rêveries*, Rousseau l'orphelin retrouvera le vieux cliché de la Mère Nature. L'ordre végétal convient à l'état végétatif et au discours de célébration. Le minéral est trop lié aux obscurités du sous-sol et à l'avidité de l'industrie ; l'animal au sang, à la chair et à la chasse.

Lui qui a toujours été fasciné par la fiction des origines, par la perte du paradis primordial, fait un pas de plus dans son retour en arrière. Le bonheur, la pure jouissance de soi, la liberté suprême ne se conçoivent pas dans un quelconque futur de l'histoire, mais dans un retour à la clôture du ventre maternel. L'expression la plus courante de cette clôture est l'île. L'île Saint-Pierre, sur le lac de Neuchâtel, où Rousseau, au plus fort de sa persécution, a séjourné, du 12 septembre au 25 octobre 1765, et dont il a été expulsé, est, nous dit-il, de toutes ses habitations, celle où il a été le plus *« véritablement heureux »*. Elle est *« singulièrement située pour le bonheur d'un homme qui aime à se circonscrire.* [...] *Je n'ai guère passé que deux mois dans cette Île, mais j'y aurais passé deux ans, deux siècles, et toute l'éternité* [...] *Je compte ces deux mois pour le temps le plus heureux de ma vie et tellement heureux qu'il m'eût suffi durant toute mon existence sans laisser naître un seul instant dans mon âme le désir d'un autre état ».*

Comme si la métaphore n'était pas assez explicite, Rousseau lie ces images de bonheur à l'évocation de l'eau, associée à l'indétermination : *« Là, m'étendant de tout mon long dans le bateau les yeux tournés vers le ciel, je me laissais aller et dériver lentement au gré de l'eau quelquefois pendant plusieurs heures, plongé dans mille rêveries confuses mais délicieuses, et qui sans avoir aucun objet bien déterminé ni constant ne laissaient pas d'être à mon gré cent fois préférables à tout ce que j'avais trouvé de plus doux dans ce qu'on appelle les plaisirs de la vie.* [...] *Il m'est impossible de songer à cette habitation chérie sans m'y sentir à chaque fois transporté encore par les élans du désir. »*

Parfois aussi, le « désir de l'île » prend la forme plus étrange, plus inquiétante du désir de prison. *« J'aurais voulu qu'on m'eût fait de cet asile une prison perpétuelle, qu'on m'y eût confiné pour toute ma vie. »* À ceux qui le pourchassent, l'expulsent, l'interdisent de séjour, le *« fugitif sur la terre »* supplie : enfermez-moi pour que je sois enfin libre.

Jean-Jacques, qui aime les superlatifs, conclut ainsi la septième promenade de ses *Rêveries* : *« Elle* [la botanique] *me rappelle et mon jeune âge et mes innocents plaisirs, elle m'en fait jouir dere-*

chef, et me rend heureux bien souvent encore au milieu du plus triste sort qu'ait subi jamais un mortel. »

SOURCES

Jean-Jacques ROUSSEAU : *Œuvres complètes*. Édition de Bernard Gaignebin et Marcel Raymond. 5 vol. Paris, Gallimard, « Bibliothèque de la Pléiade », 1959-1995.

— *Correspondance complète*. Édition de R. A. Leigh. 49 vol. Genève puis Oxford, Voltaire Foundation, 1965-1998.

C.-G. de LAMOIGNON-MALESHERBES : *Mémoires sur la librairie, mémoires sur la liberté de la presse*. Édition de Roger Chartier. Paris, Imprimerie nationale, 1994.

— *Observations sur l'histoire naturelle*. Paris, 1798. Rééd. Genève, Slatkine, 1971.

ROUSSEAU / MALESHERBES : *Correspondance*. Édition de Barbara de Negroni. Paris, Flammarion, 1991.

Louise d'ÉPINAY : *Histoire de Madame de Montbrillant ou les Contre-Confessions*. Édition de Georges Roth revue par Élisabeth Badinter. Paris, Mercure de France, 1989.

Jean STAROBINSKI : *Jean-Jacques Rousseau, la transparence et l'obstacle*. Paris, Gallimard, 1971.

Bernard GROETHUYSEN : *Jean-Jacques Rousseau*. Paris, Gallimard, 1949.

Henri GUILLEMIN : *Cette affaire infernale*. Paris, Plon, 1942.

Marcel RAYMOND : *Jean-Jacques Rousseau. La quête de soi et la rêverie*. Paris, José Corti, 1962.

Raymond TROUSSON et Frédéric S. EIGELDINGER : *Dictionnaire de Jean-Jacques Rousseau*. Paris, Honoré Champion, 1996.

Pierre GROSCLAUDE : *Malesherbes, témoin et interprète de son temps*. Paris, Fischbacher, 1961.

— *Rousseau et Malesherbes*. Paris, Fischbacher, 1960.

Jean EHRARD : *L'Idée de nature en France dans la première moitié du XVIIIe siècle*. Paris, SVPEN, 1963. Rééd. Paris, Albin Michel, 1994.

Robert MAUZI : *L'Idée de bonheur dans la littérature et la pensée française au XVIIIe siècle*. Paris, Armand Colin, 1960.

Bronislaw BACZKO : *Rousseau. Solitude et communauté*. Paris-La Haye, Mouton, 1974.

Alexis PHILONENKO : *Jean-Jacques Rousseau et la pensée du malheur*. 3 vol. Paris, Vrin, 1984.

Le roman noir de l'inégalité des sexes

1783 ■ Choderlos de Laclos. *De l'éducation des femmes*

En mai 1778, Charles-Joseph Panckoucke est devenu propriétaire du *Mercure de France*. Ce fils de libraire lillois est un chevalier d'industrie. Il a commencé sa carrière en traduisant Lucrèce et l'Arioste ; il a inauguré sa fortune en rachetant, en 1768, les droits de Le Breton sur l'*Encyclopédie* interdite ; il est devenu, au moment de l'essor des journaux, dont il a compris et encouragé la vogue, le premier magnat de la presse. Le citoyen Panckoucke règne sur le papier imprimé. Son rachat du plus célèbre et du plus ancien journal – le premier numéro du *Mercure françois* a paru en 1611 – n'ajoute pas seulement un fleuron à sa couronne de publications européennes. Vergennes, le ministre des Affaires étrangères, lui concède pour vingt-cinq ans *« le privilège exclusif et les Brevets des journaux politiques »*. Fort de ce monopole, Panckoucke va réunir au *Mercure de France* le *Journal de politique et de littérature*, le *Journal des dames*, le *Journal de Bruxelles*, le *Journal français*, le *Journal des spectacles*, le *Journal des affaires d'Angleterre et d'Amérique*, le *Journal de la librairie*, la *Gazette des tribunaux* et le *Journal de Genève*. De 1 800 abonnés au moment du rachat, le *Mercure*, devenu hebdomadaire, en comptera 20000 en 1783.

Panckoucke est aussi souple en politique qu'il est impitoyable en affaires. D'un côté, il offre au gouvernement toutes les garanties de docilité qu'il lui réclame. Dubois-Fontanelle – un vieil ennemi de Voltaire – puis Mallet du Pan, un inconditionnel de l'absolutisme, assurent le contrôle des dépêches et des résumés politiques du *Mercure*. D'un autre côté, il ouvre largement aux modernistes les pages culturelles de son hebdomadaire dont il confie la direction à son beau-frère, Jean-Baptiste Suard.

Après le temps de Voltaire, de Diderot, de d'Alembert et de Rousseau, voici le temps de Morellet, de Marmontel, de Garat et de Suard : des publicistes, plutôt que des écrivains, qui vont utiliser l'aura des Lumières pour favoriser leur carrière d'hommes de lettres. Suard a débuté, famélique, dans l'ombre de Mme Geoffrin, puis dans le sillage de Julie de Lespinasse, l'amie de d'Alembert, qui lui a offert un siège à l'Académie française. Ces amitiés encyclopédistes l'ont poussé dans l'orbite de Panckoucke dont il a épousé la sœur, jeune, riche, belle, pleine d'esprit et férocement ambitieuse. Mme Suard va faire pleuvoir sur son mari une averse de dignités et de fonctions. La position de Suard au *Mercure* et son opportunisme feront le reste. Il traversera presque sans dommage la Révolution – après avoir fermé sa porte à son ami Condorcet, proscrit, qui lui demandait asile –, deviendra sous l'Empire le secrétaire perpétuel de l'Académie française et conservera sans difficulté son patronat sous la Restauration, non sans avoir dénoncé aux nouveaux maîtres onze de ses confrères qu'il soupçonnait d'avoir gardé « un reste d'esprit révolutionnaire ». Les fils de Voltaire furent souvent indignes, avec profit.

Le *Mercure de France* consacre encore une part notable de ses colonnes à la littérature légère – pièces de vers, nouvelles, annonces et analyses des ouvrages nouveaux, anecdotes, comptes rendus des académies de Paris et de province. Mais Panckoucke montre surtout de l'intérêt pour la littérature utile : agriculture, histoire naturelle, géologie minière, législation, administration, finances. Et pédagogie.

La publication et le scandale d'*Émile* en 1762 ont provoqué dans l'opinion publique un débat passionné. L'idée d'une nature enfantine spécifique, si éloignée de la conception classique, mécaniste et cartésienne, se conjugue avec l'aspiration des Lumières à la création d'un homme nouveau, enfin réconcilié avec sa propre nature. L'éducation de l'homme par l'homme apparaît aux uns et aux autres, aux tenants de la tradition ainsi qu'à ceux du progrès, comme le grand remède susceptible de vaincre la maladie sociale : le désordre des idées, la corruption des mœurs, le discrédit des institutions, le trouble des codes moraux et sociaux. La nature enfantine excite le fantasme de la page blanche : on efface tout et on recommence, sur des bases enfin claires et solides.

L'expulsion des jésuites favorise ce grand débat. La Compagnie de Jésus dominait depuis longtemps le système de formation des élites. Son éviction ouvre le champ de la concurrence, à l'intérieur et à l'extérieur des ordres religieux. À l'accent mis sur le contenu des savoirs à transmettre – la formation aux humanités – succède la discussion sur les manières d'apprendre et sur les finalités de l'action éducative. Lentement mais inexorablement, le latin cesse d'être le noyau central de l'enseignement des écoles et des collèges. La formation des âmes peut se passer de la langue de l'Église. Avec l'école, le livre en latin perd sa dernière place forte : au milieu du XVIIe siècle, un quart des livres imprimés à Paris le sont en latin ; au début du XVIIIe, ils ne représentent plus que 7 % de l'édition, essentiellement des textes scolaires ; en 1775, ils ont pratiquement disparu de l'usage et sont remplacés par des traductions.

La vogue pédagogique n'épargne pas l'éducation des jeunes filles. C'était jusqu'alors, pour l'essentiel, un sujet à rire, comme on le voit chez Molière, encore qu'il se mêle souvent à l'obsession de la jeune fille qui pourrait en savoir trop. Les discours égalitaristes et humanistes d'Antoine Thomas, Helvétius ou Poullain de La Barre, pour qui le statut inférieur des femmes tenait à l'insuffisante éducation qui leur était donnée, n'avaient guère rencontré d'échos hors de quelques salons. Là encore, on doit à l'éloquence de Rousseau d'avoir installé l'éducation des filles dans le champ de la réflexion. Non sans paradoxes comme on le verra.

Les académies de province, places fortes de la philosophie pratique, toujours à la recherche de beaux discours sur les thèmes à la mode, emboîtent le pas à l'édition. L'éducation des filles est mise au concours par l'académie de Besançon en 1777 ; Bernardin de Saint-Pierre et Jeanne-Marie Phlipon, qui deviendra trois ans plus tard Mme Roland, y envoient des réponses qui ne seront pas primées. En 1784, ce sera le tour de l'académie de Rouen. En février 1783, le *Mercure de France* annonce que l'académie de Châlons-sur-Marne propose aux bons esprits de répondre à la question suivante : « Quels seraient les meilleurs moyens de perfectionner l'éducation des femmes ? » À La Rochelle, un lecteur du *Mercure* décide de concourir. Il a quarante-deux ans, il est capitaine d'artillerie, il se nomme Pierre-Ambroise Choderlos de Laclos et la célébrité vient de le toucher de son aile : dix mois auparavant, il a publié à Paris, chez Durand rue de Galande, un roman dont le succès a été porté par le scandale, *Les Liaisons dangereuses*.

En quelques jours, les 2000 exemplaires du tirage initial ont été épuisés. Durand a retiré seize fois dans l'année ; des éditions pirates sont venues accroître le nombre des lecteurs. À Paris, qui s'enflamme aussi vite qu'il oublie, Laclos est devenu une sorte de héros auréolé de soufre. On colporte à son sujet mille anecdotes, fausses pour la plupart. On fait des *Liaisons* un roman à clefs, et des listes circulent qui énumèrent les noms – illustres – des personnes réelles qui ont inspiré l'écrivain. D'autres croient se reconnaître et redoutent la rumeur. Inconnu hier, le capitaine Laclos acquiert dans les salons, les théâtres, les cafés et les dîners la stature admirée et crainte d'un maître libertin, d'un tacticien de la séduction dont le sang-froid égale l'immoralité. On encense l'écrivain, on fête le stratège et l'on cache ses filles. Pour compléter le succès, la fanfare bien-pensante embouche ses trompettes pour fustiger l'étalage séduisant du vice et de la corruption dont Laclos se serait rendu coupable. Le personnage de Laclos lui-même, grand, sec, jaune et taciturne, concourt à la légende d'un être froid, calculateur, ruminant dans le secret des combinaisons machiavéliques.

Choderlos de Laclos n'est pas trop surpris du succès de son livre : il a mis au point sa machine infernale avec tant de rigueur, tant de minutie, tant d'élégance aussi qu'il ne doutait guère de sa réussite. Il est trop bon lecteur pour ignorer l'étendue de son talent, trop subtil analyste de la « bonne société » pour n'avoir pas mesuré le plaisir qu'y susciteraient l'intelligence de son intrigue, le caractère de ses personnages et la classique perfection de son style. Mais l'accueil du public le désarçonne néanmoins ; par deux aspects qui le blessent également.

L'opinion a tendance à confondre l'auteur avec le plus roué, le plus efficace, le plus dominateur aussi de ses personnages masculins, l'odieux, l'irrésistible Valmont. Comme si le lecteur séduit par le livre, accroché d'un bout à l'autre par la mécanique inexorable de l'intrigue, se plaçait dans la position de la victime ravie par l'intelligence manœuvrière et par le style enjôleur du romancier. Comme si le roman était lui-même une dangereuse liaison entre un lecteur innocent et un écrivain décidé à le prendre, en employant les ruses et les stratagèmes les plus raffinés. Comparé aux *Liaisons dangereuses*, le roman libertin à la mode, fût-il « philosophique », apparaît comme une chevauchée grossière, presque naïve, où le lecteur est placé dans la position du voyeur des exploits conquérants et érotiques des protagonistes. Laclos ne montre pas grand-chose, il élide, il retranche, il masque, il creuse un espace où il attire le lecteur, où il le prend dans les rouages de son impeccable machine, où il vainc ses défenses et ses réticences. Le roman est en lui-même une entreprise libertine où le lecteur finit par se perdre. Donc Laclos est Valmont.

Les précautions qu'il multiplie en faisant précéder son livre d'un « avertissement de l'éditeur », puis d'une « préface du rédacteur » où il prend ses distances avec l'ouvrage, tout en insistant sur son utilité morale – *« Il me semble au moins que c'est rendre un service aux mœurs, que de dévoiler les moyens qu'emploient ceux qui en ont de mauvaises pour corrompre ceux qui en ont de bonnes »* – apparaissent comme des ruses supplémentaires, des dénégations cyniques semblables à celles de Valmont feignant de vouloir se convertir pour mieux tromper les défenses de la présidente de Tourvel.

Laclos peut bien protester de ses bonnes mœurs, il peut en appeler aux mânes vertueux de Rousseau, placer en exergue de son livre une citation de *La Nouvelle Héloïse*, son livre de chevet, et proclamer que Valmont est un abominable gredin, rien n'y fait, et rien n'y fera. Le ministre de la Guerre, le comte de Ségur, décide de le sanctionner en le changeant d'affectation. L'intervention de Montalembert, son protecteur en matière d'innovation militaire, fera rapporter la mesure disciplinaire, mais il y a plus grave. Nouvellement installé à La Rochelle où il doit construire un arsenal, le capitaine Laclos y a fait la connaissance de la femme de sa vie, de sa Julie, de sa Tourvel : belle, sensible, sage. Elle se nomme Marie-Soulanges Duperré, elle a vingt-trois ans – dix-huit de moins que Laclos –, elle est l'aînée d'une famille de petite noblesse plutôt désargentée où la mère a donné le jour à vingt-deux enfants. Mais Mme Duperré mère refuse de faire entrer dans sa famille l'auteur des *Liaisons dangereuses* ; plus encore lorsqu'elle apprend que Laclos-Valmont a séduit sa fille et que Marie-Soulanges, comme la Cécile des *Liaisons*, attend un enfant.

Laclos, aussi peu libertin qu'il est possible, obtiendra la main de Marie-Soulanges en 1785, reconnaîtra leur enfant et passera le reste de sa vie dans la peau d'un mari modèle, d'un père affectueux et d'un amant constamment épris de son épouse. Les lettres qu'il lui adressera pendant les treize mois de son incarcération à la prison de Picpus à l'époque de la Terreur sont des modèles émouvants de passion conjugale, de fidélité révolutionnaire et de stoïcisme moral.

Laclos est aux antipodes de Valmont, même si la légende continue à le suivre. Le 2 avril 1793 encore, au moment de sa première arrestation comme orléaniste, sa section révolutionnaire, celle de la Butte-des-Moulins, à qui l'on demande un rapport, le décrit simplement comme *« un homme de génie, très froid, très fin, auteur des* Liaisons dangereuses *»*. Un Machiavel, un roué, une âme damnée.

Il y a erreur sur la personne. Laclos n'est dans aucun de ses personnages. Il n'est même pas dans son style, puisque chacune de ses créatures est dotée d'une voix propre, minutieusement caractérisée, avec son rythme, son souffle, son lexique, ses figures. Il est également dans toutes, présent et absent, proche et étranger. C'est même cette égalité de traitement, cette impossibilité laissée au lecteur de se confondre avec un héros, de se laisser glisser sur la pente du mimétisme, qui constituent l'éblouissante nouveauté des *Liaisons*, son *charme*.

C'est contre ce charme dont ils éprouvent le pouvoir que regimbent les meilleurs lecteurs des *Liaisons*. Le talent égalisateur de Laclos, remarquent-ils, efface la frontière entre l'immoralisme et la morale, entre le vice et la vertu, entre les bourreaux et les victimes. Il installe le pouvoir littéraire par-delà le bien et le mal. C'est le sens des reproches que Mme Riccoboni lui adresse et qui vont obliger Laclos à sortir de son laconisme pour, enfin, s'expliquer.

Marie-Jeanne Laboras de Mézières est née en 1714, c'est une contemporaine de Diderot qui l'aimait bien tout en n'étant d'accord sur rien avec elle. Actrice, elle a épousé à vingt ans Antoine-François Riccoboni, héritier d'une célèbre lignée de comédiens italiens de l'hôtel de Bourgogne. Mais Antoine n'avait pas le génie de son père et Marie-Jeanne pas le talent de son mari. Elle doit donc quitter les estrades, et pour se consoler écrit des romans à la manière des Anglais, sentimentaux, sociaux et moralisateurs (sans trop de larmes, toutefois), qui connaissent immédiatement le succès. Marie-Antoinette l'adore ; Laclos, qui est vaguement de sa famille, l'apprécie assez pour avoir voulu adapter à la scène l'un de ses romans, *Ernestine*, avec un insuccès notoire.

Mme Riccoboni exprime parfaitement le malaise des moralistes : *« Un écrivain distingué, comme M. de Laclos, doit avoir deux objets en se faisant imprimer, celui de plaire et celui d'être utile. En remplir un, ce n'est pas assez pour un honnête homme. On n'a pas besoin de mettre en garde contre des caractères qui ne peuvent exister, et j'invite M. de Laclos à ne jamais orner le vice des agréments qu'il a prêtés à Mme de Merteuil. »*

Laclos se défend : il n'a pas peint son cœur, ni la société comme elle devrait être, mais le monde tel qu'il est : noir, dangereux, vicieux, trompeur, d'autant plus qu'il est séduisant et prend toutes les apparences de l'agrément. Il utilise une image forte pour exprimer cette décadence élégante, cette pourriture dorée : *« Tel au monument élevé par Pigalle* [celui du mausolée du maréchal de Saxe à Strasbourg], *on ne voit pas sans effroi, sous une draperie moelleuse, le squelette de la mort fortement prononcé. »* L'annonce de la mort prochaine, voilà, dit-il, croit-il, ce qu'il a voulu peindre sous les fards des bourreaux et le sacrifice des victimes.

Mme Riccoboni ne se laisse pas convaincre par ces protestations. *« En qualité de femme, de Française, de patriote zélée »* (c'est déjà le vocabulaire de la Révolution), elle se sent blessée par le caractère de la Merteuil et rend Laclos coupable de l'avoir imaginé. Une telle créature ne peut être née que d'un cœur et d'un esprit incurablement misogynes : *« Changez de système, Monsieur, ou vous vivrez chargé de la malédiction de la moitié du monde. »* Laclos se défend de ne pas aimer les femmes, et, poussé à bout, livre au passage la clef de son esthétique : *« Hé ! qui osera se croire le talent nécessaire pour peindre les femmes dans tous leurs avantages ! Quel homme assez froid peut faire une étude tranquille de ce modèle enchanteur ? Quelle main ne sera pas tremblante ? Quels yeux ne seront point troublés ?... Et si cet homme impassible existe, par là même il ne fera qu'une image imparfaite. »* La bonne littérature, celle qui vise à la vérité, exige un regard froid, une intelligence claire et une main ferme. Le lecteur peut être troublé, l'écrivain – comme le savant, comme le militaire – n'a droit à aucune faiblesse.

Laclos ne se sent pas tant incompris que piégé par sa propre fiction. Il a voulu montrer, sans commentaire, sans prêche, le danger des liaisons, de toutes les liaisons, dans une société tout entière aliénée par le mensonge des apparences où chacun trompe et se trompe. Une société si corrompue qu'elle a perdu son seul principe de cohésion : le langage commun. La Merteuil est enfermée dans la revendication obsessionnelle de son autonomie ; Valmont dans sa peur frénétique de l'amour, Mme de Tourvel dans la certitude de sa vertu, Cécile dans les balbutiements de son ignorance, Danceny dans sa phraséologie sentimentale, Mme de Volanges dans les préjugés de l'apparence sociale.

La langue ainsi pervertie est incapable de vérité, elle n'est plus qu'un instrument destiné à fortifier chacun des protagonistes dans son erreur. L'échange des lettres dessine l'espace d'un marché de dupes généralisé. Il ne peut y avoir que des vaincus. Il n'y a pas besoin pour cela d'une fin de convenance où la Merteuil est démasquée, ruinée et défigurée, où Valmont est tué en duel, la présidente anéantie par son péché, Cécile enfermée au couvent, Danceny retiré du monde dans un monastère de Malte et Mme de Volanges plus que jamais enfouie dans le tombeau des convenances. Le sort funeste des protagonistes ne doit rien à la vérité qui éclate dans les dernières pages lorsque les liaisons se défont ; comme dans les tragédies, il tient dans la situation même – le jeu des liaisons – qui interdit toute communication vraie.

Dès lors – et c'est le piège dont Laclos n'a pas pu ou pas voulu sortir –, les deux personnages qui semblent manifester le plus de conscience d'eux-mêmes, le plus d'aptitude à s'analyser, à jouer le jeu cruel et cynique de la lucidité, peuvent passer aux yeux des lecteurs – comme à leurs propres yeux – pour les maîtres de la partie : les libertins cérébraux, les stratèges de sang-froid menant à leur perte des protagonistes englués dans leur ignorance, leur sensualité, leur illusion sentimentale ou tout simplement leur passivité. Les contemporains de Laclos – mais d'autres aussi, plus tard – sont entraînés par le culte de l'énergie à se laisser fasciner par le couple Valmont-Merteuil. D'où, sans doute, leur effroi. Ces deux-là sont des hommes de guerre, des conquérants, des personnages magnétiques et électriques. La marquise de Merteuil s'est faite elle-même. Laclos, qui ne dit pas grand-chose de l'histoire de ses personnages, consacre à la Merteuil un admirable autoportrait.

Valmont revendique sa liberté contre l'aliénation des sentiments. L'un et l'autre se dépensent farouchement pour organiser le jeu des illusions afin d'éviter d'en être les victimes. Ils ont la certitude d'écrire leur histoire alors qu'elle les dévore ; ils croient gagner des batailles quand ils piétinent des ruines ; ce sont des hyènes qui se prennent pour des aigles. Et les lecteurs des *Liaisons* sont, eux-mêmes, à ce point *dénaturés* qu'ils se laissent prendre à leurs artifices de langage. Laclos découvre le pouvoir romanesque de l'ambiguïté.

Il n'écrira jamais d'autre roman, comme si le malentendu des *Liaisons* l'avait découragé. Il a longtemps songé à écrire *Les Liaisons heureuses* – la fin de l'Ancien Régime, la rénovation de l'homme par le citoyen, permettant enfin d'écrire le roman du sentiment vrai, de la communication amoureuse et de l'harmonie familiale. Il pensait à une histoire où l'énergie des personnages serait dirigée vers le bonheur plutôt que vers la destruction. S'il a jamais commencé la rédaction de ce livre, il n'en reste rien, et c'est peut-être mieux : Laclos croyait tant à l'utilité de la littérature !

C'est bien là que le bât le blesse en ce printemps 1783. Les reproches de Mme Riccoboni lui paraissent injustes, mais il a bien du mal à se défendre. Passer pour un ennemi des femmes lui semble par-dessus tout insupportable. La question posée par l'académie de Châlons doit lui permettre de convaincre ses détractrices, à commencer par Marie-Soulanges.

Mais l'écriture, une fois encore, piège Laclos. On sait son admiration pour Rousseau, l'hommage rendu dans les *Liaisons* à *La Nouvelle Héloïse* : Laclos se pense en disciple fervent de Jean-Jacques ; il en aime aussi la musique, l'éloquence et le goût du paradoxe : dans une société assoupie dans les apparences, la provocation est peut-être le seul moyen de réveiller les lecteurs et *« de remplacer par une vérité sévère une erreur séduisante »*. À la question posée, Laclos répond hardiment, dès la dixième ligne de son discours : *« Il faut donc oser le dire : il n'est aucun moyen de perfectionner l'éducation des femmes. »* Et il explicite l'un des thèmes souterrains des *Liaisons* : *« L'éducation prétendue, donnée aux femmes jusqu'à ce jour, ne mérite pas* [...] *le nom d'éducation, nos lois et nos mœurs s'opposent également à ce qu'on puisse leur en donner une meilleure et si, malgré les obstacles, quelques femmes parvenaient à se la procurer, ce serait un malheur de plus pour elles ou pour nous.* » L'ombre de la Merteuil hante ces lignes.

Elle se fait plus présente encore dans le paragraphe suivant où toutes les femmes des *Liaisons dangereuses* semblent convoquées : « *Ô femmes ! approchez et venez m'entendre. Que votre curiosité, dirigée une fois sur des objets utiles, contemple les avantages que vous avait donnés la nature et que la société vous a ravis. Venez apprendre, comment, nées compagnes de l'homme, vous êtes devenues son esclave ; comment, tombées dans cet état abject, vous êtes parvenues à vous y plaire, à le regarder comme votre état naturel...* » Ce discours sur les origines de l'inégalité entre les sexes est logiquement suivi par un appel à la révolution. Si les femmes se satisfont de leur condition, « *le mal,* écrit Laclos citant Sénèque, *est sans remède, les vices se sont changés en mœurs* ». Mais si les femmes décident enfin de « *rentrer dans la plénitude de leur être* », si elles n'attendent pas le secours des hommes auteurs de leurs maux, si elles apprennent « *qu'on ne sort de l'esclavage que par une grande révolution* », la question de l'éducation aura enfin un sens. « *Cette révolution est-elle possible ? C'est à vous seules de le dire puisqu'elle ne dépend que de votre courage.* »

En attendant, Laclos s'en tient à un imparable syllogisme : « *Partout où il y a esclavage, il ne peut y avoir éducation ; dans toute société les femmes sont esclaves ; donc la femme sociale n'est pas susceptible d'éducation.* » Une femme éduquée et donc libérée (la Merteuil ?) dans une société d'esclavage est nécessairement un danger pour le pacte social : il n'y a pas de moralité sans liberté ; pas davantage d'éducation.

Arrivé là de sa dissertation, Laclos est dans un cul-de-sac : il n'a plus rien à dire à ces messieurs de Châlons-sur-Marne. Il abandonne là son discours. Il ne pourrait être développé qu'après une révolution décidée par les femmes elles-mêmes. Les propos d'un homme sur un tel sujet sont nécessairement dépourvus de toute pertinence : dans une société marquée par l'inégalité sexuelle, il n'y a pas de liaison pédagogique entre hommes et femmes qui ne soit un apprentissage de l'esclavage. On sait les principes et les effets de l'enseignement que Valmont prodigue à Cécile, son élève, et avec quel succès. On perçoit moins peut-être, parce qu'elles sont enrobées dans le vocabulaire rituel de l'amour, les visées pédagogiques de Danceny, le professeur de chant, bien décidé lui aussi à initier Cécile à la musique de la galanterie. Que Danceny soit un maître médiocre, un enseignant malhabile qui a encore tout à apprendre – Mme de Merteuil s'en chargera – ne change rien au fond de l'affaire. L'apprentissage est un asservissement.

Laclos ne s'excepte pas de cette règle : dès qu'il est question du statut des femmes, le discours des hommes est duplice : ils appartiennent au mal qu'ils dénoncent. L'auteur mâle des *Liaisons dangereuses* ne pouvait pas ne pas éprouver une obscure complicité avec les acteurs de la défaite des femmes.

Laclos se place explicitement dans le sillage de Rousseau, mais c'est le Rousseau libérateur des discours sur l'égalité beaucoup plus que celui d'*Émile* où le chapitre obligé consacré à l'éducation de Sophie – *« Il n'est pas bon que l'homme soit seul, Émile est un homme, nous lui avons promis une compagne, il faut la lui donner »* – montre les limites du radicalisme de Rousseau.

Jean-Jacques, comme d'ailleurs la plupart des encyclopédistes, se contente de refonder en loi naturelle le discours théologique sur l'inégalité des sexes. La femme n'est plus une créature du diable, mais il y a une nature féminine, un éternel féminin biologique qui assure, par sa complémentarité avec la nature de l'homme, l'harmonie de l'espèce : *« L'un doit être actif et fort, l'autre passif et faible : il faut nécessairement que l'un veuille et puisse, il suffit que l'autre résiste peu. »* De la différence, on passe à l'inégalité : *« Si les hommes dépendent des femmes par leurs désirs, les femmes dépendent des hommes par leurs désirs et par leurs besoins ; nous subsisterions plutôt sans elles qu'elles sans nous. »* Le droit naturel enregistre cette dépendance et Rousseau n'a aucune difficulté à montrer que les qualités inhérentes à la nature féminine – timidité, modestie, pudeur, sensibilité, innocence, douceur, etc. – sont les heureuses conséquences de sa faiblesse biologique et de son inégalité sociale.

Pour ne pas trop accabler Jean-Jacques, rappelons que son propos est relayé par le discours médical de l'époque. L'article « Femme » de l'*Encyclopédie* affirme que *« les anatomistes ne sont pas les seuls qui aient regardé de quelque manière les femmes comme un homme manqué »*. Et l'article « Génération », rédigé par d'Aumont, savant professeur de médecine, s'en prenait à la théorie de Buffon qui osait prétendre que les femmes avaient une part active dans la formation de l'embryon. Même des féministes, comme Mme de Puisieux, la maîtresse de Diderot, s'en prenaient à l'embryologie de Buffon, coupable d'avoir comparé la physiologie des femmes et celle des animaux.

Mais Rousseau innove, si l'on peut dire, lorsqu'il tire toutes les conséquences sociales – notamment éducatives – de sa métaphysique de la « nature féminine ». L'éducation, en effet, doit permettre aux femmes d'accéder au plein exercice de leur propre nature. Il s'agit donc d'élaborer une pédagogie de la faiblesse, de l'obéissance et de la soumission. Toute autre orientation ne peut engendrer que la révolte, la mort du couple, la tromperie et la corruption des mœurs : *« Les filles doivent être vigilantes et laborieuses ; ce n'est pas tout : elles doivent être gênées de bonne heure.* [...] *Ne souffrez pas qu'un seul instant dans leur vie, elles ne connaissent plus de frein. Accoutumez-les à se voir interrompre au milieu de leurs jeux, et ramener à d'autres soins sans hésiter. »*

La misogynie de Jean-Jacques n'est pas seule en cause dans cette fureur répressive ; il s'agit bien d'une donnée de sa philosophie naturelle et de son anthropologie politique : les hommes ne se libéreront pas de l'esclavage social s'ils demeurent sous la menace d'une révolte des femmes. Celles-ci risquent à tout moment de transformer leur faiblesse même en tyrannie : par la ruse, la séduction, le mensonge. L'apôtre de la vérité proclame que les femmes ne parlent que pour mentir ; leur discours vrai est celui de leur corps : *« Pourquoi consultez-vous leur bouche, quand ce n'est pas elle qui doit parler ? Consultez leurs yeux, leur teint, leur respiration, leur air craintif, leur molle résistance : voilà le langage que la nature leur donne pour nous répondre. »* Mme de Volanges, bonne disciple de Jean-Jacques à l'occasion, écrit dans la dernière lettre des *Liaisons*, évoquant la petite vérole qui vient de défigurer la Merteuil, *« que la maladie l'avait toute retournée et qu'à présent son âme était sur sa figure ».*

Nul doute qu'en écrivant l'autoportrait de Mme de Merteuil, Laclos n'ait eu en tête la figure de la femme « anti-naturelle » dont le spectre hantait Rousseau : une femme sortie d'elle-même, cultivée, dévoratrice, parfaitement adaptée aux turpitudes d'un monde dirigé et réglé par les hommes, chasseresse au milieu des chasseurs. L'image même de cette révolte du sexe dit faible que Jean-Jacques voudrait réprimer dans l'œuf. Laclos n'éprouve pas le même effroi. Sa Merteuil est monstrueuse parce qu'elle trahit : elle croit pouvoir se libérer de la tyrannie des hommes en hurlant avec eux et en écrasant les autres femmes.

Comment sortir de ce cercle ? Laclos n'en sait trop rien. Son premier essai sur l'éducation des femmes s'étant arrêté de lui-même après quelques pages, il en commence immédiatement un autre, plus ambitieux encore. Il s'agit de parcourir l'histoire des femmes *« depuis celles de la nature jusqu'à celles de nos jours »* puis d'essayer *« de reconnaître de combien elles se sont égarées et d'indiquer le chemin qu'elles ont à tenir pour se retrouver »*. Laclos entreprend la première partie de son programme. Il esquisse à son tour un discours des origines, une utopie de la femme naturelle. Le ton, les couleurs du tableau sont ceux de Rousseau, jusqu'à la copie : *« Les hommes ont voulu tout perfectionner et ils ont tout corrompu ; ils se sont chargés de chaînes, puis ils se sont plaints d'être accablés sous leur poids. »* Le dessin est fort différent, égalitaire : *« La femme naturelle est, ainsi que l'homme, un être libre et puissant ; libre, en ce qu'il a l'entier exercice de ses facultés ; puissant, en ce que ses facultés égalent ses besoins. »*

S'en prenant allègrement aux ennemis de Rousseau – à Buffon et à Voltaire en particulier –, s'appuyant même sur des citations de Jean-Jacques judicieusement choisies, Laclos n'en trace pas moins un portrait de la femme naturelle – *« Elle a la liberté, la force, la santé, la beauté et l'amour »* – aux antipodes de la timide compagne de l'homme rêvée par son maître. *« Sa taille est grande et forte, et ses embrassements, que sans doute l'homme naturel trouve trop faibles encore, étoufferaient nos délicats petits-maîtres. Sa parure est sa chevelure flottante, ses parfums sont un bain d'eau claire. Cet état, nous osons l'assurer, est le plus favorable à la jouissance. »* Même si Laclos laisse transparaître ses propres fantasmes érotiques, il n'hésite pas à placer la jouissance féminine au cœur de son tableau : l'homme et la femme naturels *« savent s'entendre pour jouir de concert et peut-être ce qui les différencie le plus* [des couples civilisés] *est qu'ils se quittent sans dégoût. Femmes sincères, c'est vous que nous interrogeons. En est-il une parmi vous qui ait joui constamment sans crainte, sans jalousie, sans remords, ou sans l'ennui pénible du devoir ou de l'uniformité ? »*

L'utopie de la femme naturelle permet à Laclos d'esquisser un programme éducatif dont le but unique est de créer *« une femme parfaitement heureuse, autant au moins que l'humanité le com-*

porte ». Née d'une mère tendre, elle n'aura pas été livrée *« en naissant aux soins d'une mercenaire »*. Élevée par une institutrice *« également indulgente, sage et éclairée* […] *qui lui aura donné toutes les connaissances utiles et l'aura exemptée de tous les préjugés »*. À l'âge des plaisirs, elle aura trouvé *« un homme toujours nouveau, amoureux sans être jaloux, assidu sans être opportun »*. Mère, elle saura goûter à la douceur de l'amour maternel *« sans en ressentir les inquiétudes perpétuelles, souvent suivies d'un affreux désespoir »*.

Si Laclos interrompt son essai avant d'indiquer les voies à suivre pour parvenir à une telle réussite, si son imagination l'éloigne vite de l'ennui des discours théoriques, sa dissertation jette une lumière vive sur l'audace politique des *Liaisons dangereuses* dont Laclos donne ici, à chaud, sa propre lecture.

Dans le grand débat ouvert depuis le début du siècle sur le bonheur, Laclos donne la place centrale à la jouissance partagée entre hommes et femmes. La véritable tragédie sociale est celle de l'inégalité de la jouissance dont le système éducatif est à la fois l'agent et la représentation. Cécile de Volanges et Mme de Tourvel doivent leur force dramatique à ce qu'elles manquent de bien peu à la plénitude de la femme naturelle. Un peu qui suffit à faire leur malheur. Dans le monde des *Liaisons* où les pères, comme les maris, sont absents, le peu de Cécile, c'est l'absence d'amour et d'attention maternels. Livrée aux nourrices dès sa naissance, elle ne les a quittées que pour l'enfermement du couvent et la nullité de son système éducatif. Sa mère ne la fait sortir des murs de sa prison que pour l'enfermer dans ceux du mariage. Lorsque son corps parle, lorsque sa nature s'exprime, Cécile se laisse porter par ses sens ; son goût de l'amour est si fort qu'il ignore les conflits pour se donner aux plaisirs, dans un transparent abandon. Son corps se lit comme un livre ouvert. Même les caresses de la Merteuil y laissent leur empreinte. Elle pourrait être la *« femme naturelle »* selon Laclos si l'amour maternel et l'éducation lui avaient donné une conscience d'elle-même, une capacité d'agir : une langue propre. Privée de cette langue, Cécile passe sans transition de l'enfance à l'état de *« machine à plaisir »*, avec la même passivité, la même confusion verbale, la même indétermination des sentiments. Sa nature a été privée d'énergie, maintenue dans la dépendance de l'enfance. Elle balbutie la nature.

La présidente de Tourvel est d'une tout autre trempe. Laclos, à l'évidence, l'aime davantage que tous ses autres personnages. Lorsqu'il écrit à son épouse tant aimée, il arrive qu'il la compare à Mme de Tourvel : pure, droite, spontanée, sa beauté ne doit rien aux artifices de la mode ni à la rhétorique mondaine de la séduction. Dans la passion, elle sait être d'une *« gaîté naïve et franche »*. Rien à voir avec la bigote desséchée que nous décrit la perfide jalousie de Mme de Merteuil. Mal mariée, heureuse par devoir, c'est-à-dire sans amour, Mme de Tourvel est exposée à la tentation d'une autre vie, susceptible enfin de libérer sa nature passionnée. Loin d'être passive comme Cécile, elle est solide, intelligente, volontaire. Que lui manque-t-il pour goûter, avec un Valmont amoureux, au bonheur de la femme naturelle ? Le sens de l'innocence des femmes. La présidente, au plus fort de la passion, ne parvient pas à se débarrasser d'une conception sacrificielle du rôle féminin, qui associe l'amour à la faute, à la chute, à l'expiation, et finalement à la mort. Elle se donne moins qu'elle ne s'abandonne et se perd ; elle cède moins à la force du désir qu'elle n'y sacrifie. Ce qui devrait être *« plaisir aussi pur que vif »* tourne à la dévotion amoureuse, explicitement vouée à l'inégalité et à la mort : *« C'est donc à votre neveu que je me suis consacrée,* écrit Mme de Tourvel à Mme de Rosemonde, *c'est pour lui que je me suis perdue. Il est devenu le centre unique de mes pensées, de mes sentiments, de mes actions. Tant que ma vie sera nécessaire à son bonheur, elle me sera précieuse et je la trouverai fortunée. Si quelque jour il en juge autrement... il n'entendra de ma part ni plainte ni reproche. J'ai déjà osé fixer les yeux sur ce moment fatal, et mon parti est pris. »* Mme de Tourvel n'a plus son existence en elle-même ; elle est morte à sa nature. Sa langue est celle de la dépossession, de la tragédie.

Nous voilà loin du « triangle noir » – Laclos, Sade, Restif – cher à Malraux, loin de la métaphysique du mal, du péché et de la haine des femmes dans laquelle Baudelaire reflétait ses propres hantises – *« Cécile... la jeune fille tout près de l'ordure originelle »* –, loin de Laclos artilleur du libertinage, géomètre de la débauche. Laclos est un rousseauiste radical qui, à la différence de son maître, aime les femmes et refuse de penser une humanité nouvelle où subsisterait une inégalité des sexes érigée en nature.

Ce discours des *Liaisons* reste inaudible à ses contemporains, formés à l'opposition de la littérature libertine et de la littérature édifiante. Il est aussi inaudible à la plupart des féministes de la fin du siècle qui accueillent avec soulagement l'éloge par Jean-Jacques du mariage d'amour, ses attaques contre l'éducation des couvents, et même son refus d'une éducation intellectuelle qui est *« un démenti à la nature »*.

Le 6 mars 1792, dix ans après la parution des *Liaisons dangereuses*, Pauline Léon lit à la barre de l'Assemblée législative une pétition signée par plus de 300 Parisiennes et réclamant *« le droit naturel »* de s'organiser en garde nationale. Bon disciple de Jean-Jacques, le président de l'Assemblée leur reproche de vouloir *« intervertir l'ordre de la nature »*. Pour les mêmes raisons, le vote des femmes sera exclu, leurs clubs fermés. Fabre d'Églantine, le tendre auteur d'*Il pleut bergère* et du calendrier républicain, fervent adorateur de Jean-Jacques, livre le fond de cette exclusion des femmes de la démocratie. Cela pourrait s'appeler le complexe de Merteuil. Toute négation de l'infériorité des femmes ne peut aboutir qu'à une interversion de la domination. Les mâles proclamateurs des droits de l'homme, les lecteurs émus aux larmes de *La Nouvelle Héloïse*, cauchemardent une Saint-Barthélemy des maris où des émeutières en armes, assoiffées de revanche, égorgeraient leurs compagnons, n'épargnant, peut-être, qu'un lot nécessaire de reproducteurs.

À la même époque, dans son *Journal des amis de la Constitution*, Pierre Choderlos, ci-devant de Laclos, rend compte de *La Vie privée du maréchal de Richelieu*, par Jean-François Faur : *« Cet ouvrage historique* [...] *surpasse en invraisemblance tous ceux qu'on a tant accusés d'exagération dans la peinture des mauvaises mœurs de la bonne compagnie. On se convaincra par sa lecture, que les fictions atroces ou scandaleuses, à l'aide desquelles les romanciers dévoilaient et combattaient les caractères infâmes qu'ils mettaient en scène, étaient encore au-dessous de la réalité. »*

En écho, cette lettre à son épouse, datée du 19 floréal de l'an II (8 mai 1794). Emprisonné à Picpus, attendant la mort, le général Laclos se fait l'apologiste de l'égalité conjugale, enfin proclamée :

« Je te remercie, ma chère amie, de la place que tu as donnée à mon portrait. Il fallait bien une révolution pour que, dans un logement de cour, le portrait du mari se trouvât dans le boudoir de la femme ; mais nous avions devancé de beaucoup d'années le beau

décret de l'Assemblée qui consacre l'amour conjugal. Je m'associe à toi dans cette gloire ; non qu'il y ait quelque mérite à t'aimer, il ne faut pour cela que des yeux et des oreilles, mais il y en a peut-être à avoir su se faire aimer, à t'avoir jugée assez vite et assez bien pour avoir reconnu qu'on pouvait encore te plaire dans l'âge qui flétrit tous les agréments naturels. »

SOURCES

Pierre CHODERLOS DE LACLOS, *Œuvres complètes*. Édition de Laurent Versini. Paris, Gallimard, « Bibliothèque de la Pléiade », 1979.

Jean-Jacques ROUSSEAU, *Émile ou De l'éducation*. Édition de Michel Launay. Dans *Œuvres complètes*, tome III. Paris, Éd. du Seuil, 1971.

Marie-Jeanne RICCOBONI, *Lettres de Mistriss Fanni Butlerd*. Édition de Raymond Trousson. Dans *Roman de femmes du* XVIII*e* *siècle*. Paris, Laffont, « Bouquins », 1996.

Charles BAUDELAIRE, « Notes sur *Les Liaisons dangereuses* ». Dans *Œuvres complètes*, tome II. Édition de Claude Pichois. Paris, Gallimard, « Bibliothèque de la Pléiade », 1976.

André MALRAUX, « Laclos ». Dans *Tableau de la littérature française (*XVI*e*-XVIII*e* *siècle)*. Paris, Gallimard, 1940.

Roger VAILLAND, *Laclos par lui-même*. Paris, Éd. du Seuil, 1953.

René POMEAU, *Laclos ou le Paradoxe*. Paris, Hachette, 1993.

Michel DELON, *L'Idée d'énergie au tournant des Lumières (1770-1820)*. Paris, PUF, 1988.

Tristan FLORENNE, *La Rhétorique de l'amour dans « Les Liaisons dangereuses »*. Paris, Sedes, 1998.

Pierre BAYARD, *Le Paradoxe du menteur. Sur Laclos*. Paris, Éd. de Minuit, 1993.

Dominique JULIA et Willem FRIJHOFF, *École et société dans la France d'Ancien Régime*. Paris, Armand Colin, 1975.

La victorieuse bataille du rire

1784 ■ Première du *Mariage de Figaro*

JOUERA ? Jouera pas ? Depuis trois ans, Pierre-Augustin Caron de Beaumarchais et la censure donnent un spectacle dont le public raffole. Le sujet en est une pièce de théâtre, une comédie en cinq actes et en prose, *La Folle Journée ou le Mariage de Figaro.* L'intrigue qui tient Paris en haleine oppose deux personnages hors du commun. L'un semble tout droit sorti de l'imaginaire de la comédie ; l'autre appartient de droit au genre tragique. Beaumarchais veut faire jouer sa pièce, le roi Louis XVI s'y oppose. En d'autres temps, le rideau serait rapidement tombé et le veto royal aurait renvoyé sans publicité le malheureux auteur à sa condition. Encore heureux si une lettre de cachet ne l'avait pas expédié dans une contrée lointaine méditer sur la silencieuse obéissance que l'on doit à son roi. Ou si le lieutenant de police n'avait pas rétabli l'ordre public en jetant en prison celui qui le troublait.

Mais le roi n'est plus tout à fait seul à décider du dénouement. Insensiblement, le public a investi le théâtre du pouvoir. Pas encore pour écrire la pièce, mais déjà pour exercer le droit de tout spectateur à *critiquer* : discuter, évaluer, siffler, applaudir, juger de ses émotions, de son goût, du talent des acteurs, de la faiblesse de certains rôles. Le public purement passif de la politique monarchique s'est transformé en opinion. Un pas de plus va bientôt être franchi. Dans ses *Mémoires sur la liberté de la presse* de 1788, Malesherbes écrira dans une note : *« Ce qu'on appelait l'an passé* le public*, est ce qu'on appelle aujourd'hui* la Nation. » La majuscule indique l'importance politique du glissement sémantique.

À l'opposé du public et de l'opinion : le secret, principe

immuable de la politique absolutiste. Beaumarchais, comme Figaro, n'a jamais voulu choisir entre le public et le secret. Plus exactement, il joue à la fois des deux registres, de la lumière et de l'obscurité, de l'éclat et de l'ombre, de la volonté de dire et de la nécessité de taire. Il est moins partagé entre deux principes antagonistes qu'à la recherche d'une synthèse, d'une fusion que permettraient la chaleur de l'énergie, le sentiment de l'enthousiasme, l'exaltation de la raison. Il met tout son génie à agir sans choisir.

Il ne choisit pas une carrière, il se lance dans vingt métiers. Jean Fabre rappelle qu'il a été *« horloger, harpiste, courtisan, munitionnaire, sous-traitant, spéculateur, négociant, négrier, entremetteur, forestier, plaideur et juge mage, démarcheur, agent double, détective, maître chanteur, diplomate, armateur, pamphlétaire, auteur dramatique, philanthrope, démagogue, patriote, ministre de l'Intérieur (ou presque) ».* Il aurait pu ajouter éditeur, industriel, trafiquant d'armes, démolisseur de la Bastille, inventeur du droit d'auteur. Il a servi Louis XV, Louis XVI, il servira la Révolution ; et les uns et les autres l'enverront en prison. Il a accumulé d'immenses fortunes, suivies de ruines retentissantes, il s'est caché dans des mansardes et s'est fait construire un palais. Il s'est passionné pour le bien public sans cesser jamais de servir ses intérêts privés. Ce fils d'artisan devenu noble grâce à l'argent d'un banquier est le flamboyant représentant de cette bourgeoisie follement industrieuse et dynamique qui ne désire pas renverser le régime mais le réformer à son profit. Il veut tout : le plaisir avec la vertu, la raison avec la passion, l'instant avec l'éternité, les applaudissements de l'élite avec l'émotion de la foule, l'ordre avec la liberté, Voltaire avec Rousseau.

Beaumarchais ne sait pas trop où il va, ni avec qui, mais il y court, rarement droit. C'est un personnage électrique, un héros de roman, un entrepreneur. Côté ombre, il intrigue, il négocie, il séduit, il achète, il feinte et ment avec autant d'aplomb que de cynisme. Côté lumière, il prend le public à témoin de ses affaires privées et de ses procès multiples, il transforme – en drame ou en comédie, c'est selon – la lourde et obscure machinerie judiciaire ; il s'expose en se publiant. Il veut qu'on lui rende justice – contre ses concurrents horlogers, contre sa famille, contre ses débiteurs et ses créanciers, contre ses domestiques, contre des gens qui ne lui sont rien, et contre ses juges enfin – mais, en digne élève de Voltaire, il compte sur son talent littéraire et sur l'approbation du public pour faire pencher en sa faveur le plateau de la balance.

Il y réussit, parfois ; et parfois pas. Beaumarchais considère qu'il en va de l'écriture comme des affaires. Obtenir la faveur du public est question de talent, de flair, de travail et de chance. Écrire est une entreprise dont la réussite se mesure en termes de bénéfices : succès et argent. D'où ses démêlés avec les acteurs de la Comédie-Française qu'il accuse de manger la laine sur le dos des auteurs. Il importe donc d'abord de savoir pour quel public on écrit, ce qui n'est jamais simple, surtout quand la société bouge.

À ses débuts, vers 1760, Beaumarchais a écrit pour un tout petit public choisi et fortuné, celui du château d'Étiolles, près de Corbeil, résidence de son ami Charles Le Normant. On connaît surtout ce personnage par son épouse, la demoiselle Poisson devenue marquise de Pompadour. Programmée dès son adolescence à la galanterie de haut vol par le banquier Pâris-Duverney, Jeanne-Antoinette Poisson avait été mariée par son producteur au fermier général Le Normant, avant de gagner, quatre ans plus tard, la couche royale. Depuis, Le Normant menait joyeuse vie dans son château de la forêt de Sénart. Il s'y était notamment fait construire un magnifique théâtre, parfaitement équipé, où des comédiens célèbres venaient mêler leur talent à celui des invités dorés du maître de maison. Pour le divertissement de Le Normant, pour faire sa cour au richissime Pâris-Duverney, Beaumarchais écrit cinq ou six pièces en un acte, du « théâtre de société », en réalité des « parades » plutôt licencieuses, dans le style du théâtre de foire, avec déguisements, chansons, grosses farces, mots à double entente, utilisation du langage « populaire » et situations scabreuses.

En même temps qu'il s'adonne à ces bagatelles, *Jean-Bête à la foire* ou *Zizabelle mannequin*, Beaumarchais, à la recherche d'un autre public, les condamne. À leur parution, en 1757 et 1758, Beaumarchais a lu les *Entretiens sur « Le Fils naturel »* et le *Discours sur la poésie dramatique* dans lesquels Diderot établissait les bases d'un nouveau genre théâtral, le drame sérieux. L'homme de l'intermédiaire qu'est Beaumarchais voit immédiatement les ressources qu'il y a à tirer d'un genre médian entre la tragédie héroïque et la comédie de mœurs. L'*équivoque* du drame sérieux est précisément, dans une société désorientée, ce qui doit assurer son succès. Voilà enfin un théâtre, tragédie bourgeoise ou comédie larmoyante, en prise directe avec la vie et les sentiments de ceux qui le fréquentent et qui peuvent s'identifier avec les personnages, comme dans un roman.

Cette abolition de la distance entre la scène et le spectateur, Diderot n'en voulait pas. Il tenait à l'illusion théâtrale : « *Soit donc que vous composiez, soit que vous jouiez, ne pensez non plus au spectateur que s'il n'existait pas.* » Beaumarchais, au contraire, dans son *Essai sur le genre dramatique sérieux* qui sert de préface à son drame, *Eugénie*, revendique : « *Est-il permis d'essayer d'intéresser un peuple, au théâtre, et de faire couler ses larmes sur un événement tel qu'en le supposant véritable et passé sous ses yeux entre des citoyens, il ne manquerait jamais de produire cet effet sur lui ?* » Le drame est un réconciliateur social : il produit une fusion-effusion qui gomme les antagonismes entre des spectateurs de rangs et de conditions sociales multiples. Il crée une communauté citoyenne des larmes.

Chemin faisant, Beaumarchais s'en prend à la tragédie – « *Que me font à moi, sujet paisible d'un État monarchique du* XVIIIe *siècle, les révolutions d'Athènes et de Rome ? Quel véritable intérêt puis-je prendre à la mort d'un tyran du Péloponnèse ? au sacrifice d'une jeune princesse en Aulide ?* » – mais aussi à la comédie, coupable à ses yeux – comme à ceux de Rousseau – de manquer de vigueur morale : « *Dans la plupart des pièces comiques, à la honte de la morale, le spectateur se surprend trop souvent à s'intéresser au fripon contre l'honnête homme, parce que celui-ci est toujours le moins plaisant des deux.* [...] *La moralité du genre plaisant est donc ou peu profonde, ou nulle, ou même inverse de ce qu'elle devrait être au théâtre.* » Le verdict tombe : « *Le rire bruyant est ennemi de la réflexion.* »

Eugénie, après que Beaumarchais en eut ôté quelques scènes par trop discoureuses, connaît un succès public honorable et un éreintement critique presque unanime. L'auteur en est plus que jamais persuadé que le public a toujours raison. Et il travaille d'arrache-pied à le satisfaire : il corrige, il lit la pièce à ses amis, sollicite les avis, corrige encore pendant les répétitions. Minutieusement, abandonnant toute vanité d'auteur, il cherche l'efficacité et le rendement. La salle pleure, frémit, s'indigne, Beaumarchais est content.

Il arrive aussi que le dramaturge s'échine à capter l'air du temps et que le public perde pied. Dans *Les Deux Amis*, à côté d'une intrigue amoureuse, Beaumarchais met en scène un financier, honnête et vertueux, qu'accablent les difficultés le jour d'une échéance importante. Aurelly, comme Beaumarchais, est un roturier que sa réussite sociale – son utilité publique – a promu à la noblesse. Un brave homme de financier : le personnage est une nouveauté politique sur la scène où les questions d'argent envahissent l'intrigue. Beaumarchais vise explicitement la faveur d'un nouveau public : *« Je souhaite qu'elle plaise aux négociants, cette pièce qui a été faite pour eux, et en général pour honorer les gens du tiers état. »* Mais l'écrivain, cette fois, est allé plus vite que son public. Les questions de technique financière, de change, d'agios, d'intérêts et d'encours, dans lesquelles Beaumarchais se meut comme un poisson dans l'eau, échappent encore à l'appréhension immédiate du public. Le temps de Balzac n'est pas encore venu. La pièce tombe rapidement, elle ne se relèvera jamais, malgré l'insistance de Beaumarchais à la faire rejouer lorsqu'il sera devenu un auteur à la mode.

Beaumarchais n'est pas homme à se décourager, ni à s'obstiner dans une impasse. Au milieu de mille procès, intrigues, missions d'espionnage, mariage, veuvage, héritages, il écrit *Le Barbier de Séville*, un opéra-comique d'abord – qui n'est pas accepté – puis une comédie qui est d'abord un échec, lors de sa première représentation le 23 février 1775. En deux jours, Beaumarchais reprend son texte, élague, allège, supprime un acte, accélère le rythme. On rejoue la pièce le 26 février, le succès est immense. On la donne à la cour, en même temps que Molière ; elle est jouée à l'étranger, rapidement traduite dans toute l'Europe. En 1782, *Il Barbiere di Siviglia*, opéra de Paisiello, est créé à Saint-Pétersbourg.

Dès juillet 1775, Beaumarchais a annoncé une suite à son *Barbier*. Il fait déjà de Figaro le fils naturel de Bartholo et de Marceline dont le personnage n'apparaîtra que dans le *Mariage*. S'agira-t-il d'une comédie ou d'un drame ? Beaumarchais hésite encore : *« Le genre d'une pièce, comme celui de toute action, dépend moins du fond des choses que des caractères qui les mettent en œuvre. »* *« M. le Prince de Conti,* écrit-il dans sa préface au *Mariage, me porta le défi public de mettre au théâtre ma préface du* Barbier, *plus gaie, disait-il, que la pièce, et d'y montrer la famille Figaro, que j'indiquais dans cette préface. "Monseigneur, lui répondis-je, si je mettais une seconde fois ce caractère sur la scène, comme je le montrerais plus âgé, qu'il en saurait quelque peu davantage, ce serait bien un autre bruit, et qui sait s'il verrait le jour !"* » Que Figaro, le barbier plein de gaieté et d'insouciance, gagne un peu de gravité, d'expérience sociale et de conscience de lui-même, et la comédie change de couleur. Les hésitations de Beaumarchais sur le titre à donner à sa pièce, *L'Époux suborneur* ou *La Folle Journée*, témoignent aussi de son balancement entre la légèreté comique et un ton plus « sérieux ».

Beaumarchais prend son temps pour écrire sa nouvelle pièce, ou plutôt le temps d'écrire lui manque, ses autres activités l'accaparent, politiques, financières, commerciales, judiciaires. Il écrit pour oublier ses soucis. Le *Mariage* est achevé en 1778, mais son auteur hésite à le sortir de ses cartons, comme s'il craignait le bruit qu'il allait faire et ses répercussions sur ses entreprises : Beaumarchais nage dans les eaux tumultueuses des affaires d'État ; il est très lié à Maurepas, ministre d'État, et surtout à Vergennes, le ministre des Affaires étrangères qui a fait de Beaumarchais la clef de voûte officieuse de sa politique américaine. Le champion des intrigues connaît mieux que personne les aléas de la faveur et de la disgrâce.

Il se décide enfin, en septembre 1781, à présenter *Le Mariage de Figaro* à la Comédie-Française où il est reçu à l'unanimité. Et, à son habitude, pour tâter le public, il en donne et en fait donner des lectures chez lui et chez des amis. C'est alors que les choses se gâtent. Si le premier censeur de la pièce, Coqueley de Chaussepierre – un vieil et aimable juriste, avocat des comédiens –, rend un avis favorable, il laisse filer une copie de la pièce à Versailles où elle soulève un tollé : *« Bien ou mal lue, ou commentée, on trouva la pièce détestable, les uns la disaient immorale, les autres la jugeaient un tissu de bêtises. »* Louis XVI et Marie-Antoinette se la font lire par Mme de Campan, c'est la catastrophe : le couple royal est scandalisé par la « moralité » d'une pièce où un aristocrate dévergondé est ridiculisé par le domestique dont il convoite l'épouse. Mme de Campan racontera plus tard, en enjolivant peut-être un peu les choses, que le roi lui aurait dit : *« C'est détestable, ce ne sera jamais joué, il faudrait détruire la Bastille pour que la représentation de cette pièce ne soit pas une inconvenance dangereuse. Cet homme se joue de tout ce qu'il faut respecter dans un gouvernement. – On ne la jouera donc point ? dit la Reine. – Non, certainement, répondit Louis XVI, vous pouvez en être sûre.* »

On nomme un nouveau censeur, ce sera Jean-Baptiste Suard, dont le rapport, sans surprise, conclut à l'interdiction de la pièce. Miromesnil, le garde des Sceaux, écrit à Lenoir, le lieutenant général de police : « *Vous pouvez dire à l'auteur qu'il se garde de faire imprimer sa pièce ailleurs pour en introduire les exemplaires en France. Recommandez à M. Suard d'être de la plus grande exactitude, et assurez-le qu'il sera soutenu. C'est un homme sage, de bon esprit, et qui connaît le véritable bon goût, et je suis fort aise que vous me l'ayez proposé pour la censure des pièces.* »

La cause paraît entendue, mais Beaumarchais-Figaro ne se tient pas pour battu. Il s'adresse au roi, par l'intermédiaire de Lenoir. Un long plaidoyer où l'auteur entend montrer que « *sa pièce, quoique infiniment gaie, est loin d'être immorale* ». L'écrivain joue sur deux tableaux. D'un côté, il affirme que son *Mariage* est un divertissement, « *fait uniquement pour amuser le roi et la reine de France* ». De l'autre, il soutient qu'il s'est permis dans sa pièce « *de faire jaillir un peu de morale et de raison, qu'on a bien de la peine à faire avaler autrement aux hommes* ». Il se propose donc de « *venir faire une lecture de l'ouvrage devant Leurs Majestés, avec le commentaire* ». Et il glisse la menace de faire jouer sa pièce devant Catherine II à Saint-Pétersbourg.

Louis XVI se tait, mais son entourage s'agite. Le comte d'Artois – le futur Charles X – n'est pas précisément un amoureux du théâtre et de la liberté d'expression, mais il ne lui déplaît jamais de contrarier son frère. Il demande donc aux Comédiens-Français de répéter le *Mariage* pour une représentation qui doit avoir lieu le 13 juin 1783 dans la salle des Menus-Plaisirs. Mais, au dernier moment, le roi décide d'interdire la représentation. On ne lui forcera pas la main.

Cette manifestation d'autorité transforme l'affaire en épreuve de force entre le pouvoir et l'opinion. *Le Mariage de Figaro*, que personne ou presque n'a encore vu ni lu, devient un symbole et un enjeu politiques. Mme de Campan raconte : « *Cette défense du roi parut une atteinte à la liberté publique. Toutes les espérances déçues excitèrent le mécontentement à tel point que les mots d'oppression et de tyrannie ne furent jamais prononcés, dans les jours qui précédèrent la chute du trône, avec plus de passion et de véhémence.* »

Beaumarchais se garde bien de jeter de l'huile sur le feu, même si le rôle, tout nouveau pour lui, du vertueux persécuté ne lui déplaît pas. Écartant délibérément l'aspect politique du conflit, il organise sa défense selon deux axes : la sauvegarde du théâtre comique français et le caractère résolument moral de sa pièce, dans le droit fil de ses drames. Premier constat : le théâtre comique français se meurt, à force de *bon ton* et de *bonne compagnie*. Il crève d'être trop civilisé, trop poli. À force de décence, il s'éteint d'anémie. Fort habilement, Beaumarchais écarte la discussion épineuse sur la censure pour faire le procès de la société de cour qui assassine le rire : *« À force de devenir délicats et fins connaisseurs, et d'affecter l'hypocrisie de la décence auprès du relâchement des mœurs, nous sommes devenus des bégueules rassasiées qui ne savent plus ni ce qu'elles veulent ni ce qu'elles aiment. Les mots* bon ton, bonne compagnie, *dont la latitude est si grande qu'on ne sait ni où ils commencent et finissent, ont détruit la franche et bonne gaieté qui distinguait de tout autre le comique de notre nation. »* La politesse interdit le rire, elle ne permet plus que le persiflage et ces petites contorsions cérébrales qu'on appelle l'esprit.

« J'ai donc pensé que si quelque auteur courageux ne secouait pas toute cette poussière, bientôt l'ennui des pièces françaises jetterait tout le monde à l'Opéra-Comique et même aux boulevards, ou, par un singulier contraste, la liberté bannie du Théâtre-Français s'y change en une licence effrénée, où nos jeunes gens vont réellement perdre et leur goût et leurs mœurs. J'ai tenté d'être cet auteur. »

« Ramener au théâtre l'ancienne et franche gaieté » : Beaumarchais parle d'un caractère national perdu, comme peut-être se sont perdus une race de Français et un caractère d'écriture : vigoureux, franc, solide, équilibré. Comme la langue française, la société n'a plus de corps ; elle n'a que des états. Plus précisément, elle a à ce point séparé le corps du reste qu'elle l'a rejeté tout entier du côté de l'indécence, de la pornographie, du vice et de la honte. Dans la topologie des valeurs culturelles, le rire, trépidation bruyante du corps, se situe au plus bas : du côté de l'instinct, de l'animalité, des sonorités malséantes, de la folie, et du peuple.

En ce domaine, la culture des Lumières a donné un nouvel habillage à la méfiance traditionnelle de la religion. Le rire offusquait la piété, il étouffe désormais la raison. Voltaire oppose *« le sourire de l'âme »* au *« rire de la bouche »*, le plaisir silencieux de l'esprit à la manifestation sonore des sens : *« Le peuple n'est pas content quand on ne fait rire que l'esprit. Il faut le faire rire tout haut. »* La haine du corps va jusqu'à effacer la frontière entre le rire et la convulsion : c'est le fou rire dont parle Fontenelle : *« L'être raisonnable* [...] *ne rira jamais que par une sorte de surprise faite à sa raison. Ce raisonnement ne mène-t-il pas à croire que le rire est une éclipse du jugement ? Faut-il d'autre preuve que ce mouvement prend sa source dans la folie que cette observation déjà faite : qu'on rit tous les jours sans sujet, qu'on rit à contretemps, qu'on rit malgré soi, et même des choses dont la réflexion nous afflige. »*

Folie, obscénité et marque de la grossièreté populaire : la peur du rire – de son propre rire – possède une coloration visiblement politique que le vocabulaire accuse : transport, tumulte, ébranlement, convulsion, commotion, contagion : les descriptions corporelles du rire sont aussi celles de l'émeute. Le parterre du théâtre est une émeute en puissance.

Beaumarchais lui-même se montre partisan d'une répression civilisée du rire. Dans son *Essai sur le genre dramatique sérieux*, il fait mieux qu'entonner la vulgate philosophique selon laquelle *« le rire bruyant est l'ennemi de la réflexion »*. Il ajoute la honte du spectateur piégé par le comique : *« Si la gaieté des scènes a pu m'entraîner un moment, bientôt humilié de m'être laissé prendre au piège des bons mots ou du jeu théâtral, je me retire mécontent de l'auteur, de l'ouvrage et de moi-même. »*

Rousseau ne pense pas autrement, mais plus radicalement. Dans sa *Lettre à d'Alembert sur les spectacles*, il ne s'en prend pas au gros rire de la farce ou aux bateleurs du théâtre italien, mais à Molière lui-même et au *Misanthrope*. C'est un réquisitoire contre le rire, coupable de ridiculiser la vertu. Molière, qui était honnête homme, a été entraîné par la mécanique même du comique à adopter la morale des fripons : *« Mais il fallait faire rire le parterre. »* Le rire est conservateur. Nul ne rit de bon cœur et à ses dépens : l'efficacité comique repose sur l'adhésion aux préjugés sociaux et sur le ridicule de ceux qui s'y opposent. On rit toujours mal.

Faut-il donc abandonner la comédie au profit de la morale ? Le bon sens économique et littéraire de Beaumarchais ne s'y résout pas. Si le comique quitte la scène des théâtres honnêtes, la foule va se porter massivement vers les grosses distractions des tréteaux de foire, des burlesques, de l'Opéra-Comique et des Italiens. Ces lieux, autrefois réservés au populaire, sont désormais hantés par la meilleure société et par les jeunes gens, toutes classes confondues. Des personnages distingués, comme le comte d'Argenson, regrettent publiquement *« le bon vieux temps où on n'était pas en garde contre ses plaisirs ! Ce qui faisait rire était souffert : un acteur enfariné à la farce faisait accourir les honnêtes gens »*. Ce temps où le roi aimait rire en même temps que le parterre renvoie à un passé qui semble désormais lointain, à un mythe politique national : celui du bon roi et du bon peuple, unis dans le spectacle d'une franche, simple et saine gaieté. La nostalgie d'un âge d'or se teinte d'aspirations démocratiques.

C'est ce comique de la réconciliation qu'incarne le *Mariage*. Réconciliation du rire et de la morale, des loges et du parterre, de l'aristocratie éclairée et de la bourgeoisie, de la Cour et de la Ville, de la raison et du corps, du goût et du plaisir, de la liberté et de la monarchie. Les protagonistes de l'affrontement, Beaumarchais, Louis XVI, le public, ont-ils pleine conscience de l'enjeu ? Il est probable qu'ils en ont le sentiment. Dans sa préface au *Mariage*, comme dans sa lettre de 1784 au baron de Breteuil, ministre de la Maison du roi, Beaumarchais souligne ironiquement que, *« dans* Le Barbier de Séville, *je n'avais qu'ébranlé l'État ; dans ce nouvel essai, plus infâme et plus séditieux, je le renversais de fond en comble. Il n'y avait plus rien de sacré si l'on permettait cet ouvrage »*.

C'est bien le rire de théâtre que le pouvoir redoute, et non la hardiesse de quelques répliques du *Mariage* que les censeurs auraient eu le loisir de placarder et que l'auteur eût supprimées sans trop de protestations. La pièce dans son ensemble est insupportable à l'ordre figé et indispensable à l'opinion parce que l'abus d'autorité y est moins dénoncé que tourné en plaisanterie, ridiculisé, désacralisé par un rire sauvage, entraîné dans la folie de la gaieté.

À l'issue de *La Folle Journée*, le mot de la fin, le dixième et dernier couplet du vaudeville, ne revient ni à Figaro – qui chante l'immortalité de Voltaire –, ni à la comtesse qui évoque les surprises de l'amour et du désir, mais à Bridoison, le juriste :

Or, messieurs, la comédie
Que l'on juge en cet instant,
Sauf erreur, nous peint la vie
Du bon peuple qui l'entend.
Qu'on l'opprime, il peste, il crie ;
Il s'agite en cent façons ;
Tout finit par des chansons.

Il y a deux manières au moins de s'agiter : dans la rue, en criant ; au théâtre, en riant et en chantant. Les corps ont cessé de se taire.

Louis XVI cède. Un troisième, un quatrième puis un cinquième censeur ont rendu des jugements favorables à la représentation de la pièce. Un tribunal des lettres, réuni par Breteuil et composé d'académiciens, de censeurs, *« d'hommes du monde et de personnes de la cour »*, s'est réuni en mars 1784 pour examiner la pièce *« scène par scène, phrase par phrase, et mot par mot »*. Beaumarchais a *« retranché de nouveau jusqu'aux moindres mots dont ce tribunal de décence et de goût a cru devoir exiger la suppression »*. C'est ce qu'il écrit au roi, à la fin mars. Une supplique respectueuse, mais ferme : *« Il faudrait aujourd'hui proscrire du spectacle plus de soixante pièces qui en font la gloire et le plaisir »* si l'on s'opposait à la sienne *« plus remplie de saine critique et de vraie moralité qu'aucune de celles de ce genre qui se jouent au Français »*. Le roi va-t-il décider de supprimer la comédie ? *« Depuis longtemps, les Comédiens-Français sont privés d'ouvrages qui leur donnent de grandes recettes ; ils souffrent ; et l'excessive curiosité du public sur* Le Mariage de Figaro *semble leur promettre un heureux succès. »* Une touche d'heureuse démagogie pour finir : *« L'auteur désire que la première représentation de cet ouvrage, qui attirera un grand concours, soit donnée au profit des pauvres de la capitale. »*

À contrecœur, vaincu par l'opinion, Louis XVI rend les armes. La première représentation de *La Folle Journée* a lieu le 27 avril. Comme prévu, c'est un triomphe. Le rire emporte tout dans son mouvement. La haute société française, qui compose l'essentiel du public, s'amuse pendant quatre heures et demie de la déconfiture d'un comte libertin et de l'étincelante habileté de son barbier. Seul Monsieur, le comte de Provence, futur Louis XVIII, tente à quelques reprises des bâillements ostensibles. Mais personne ne le suit et personne ne proteste contre l'auteur. Installé derrière les grilles d'une loge, entouré de deux nobles abbés, Beaumarchais savoure sa victoire : l'aristocratie applaudit à la plus bourgeoise des comédies.

Les représentations se succèdent, tous les deux jours, devant un public moins huppé mais toujours aussi nombreux. Un peu d'opposition vient à propos relancer l'intérêt. À la cinquième représentation, 500 billets imprimés tombent des cintres. Ils sont l'œuvre, semble-t-il, du chevalier de Langeac, un fidèle du comte de Provence. Ils reproduisent une épigramme :

Je vis hier, du fond d'une coulisse,
L'extravagante nouveauté
Qui triomphant de la police,
Profane des Français le spectacle enchanté.
Dans ce drame effronté, chaque acteur est un vice.

La satire énumère : Bartholo l'avare, Almaviva le suborneur, la comtesse, l'adultère, Chérubin *« greluchon de madame et mignon du mari »*, etc. Mais les traits les plus violents sont réservés à Figaro, et à Beaumarchais :

Le drôle à son patron
Si scandaleusement ressemble,
Il est si frappant qu'il fait peur.
Et pour voir à la fin tous les vices ensemble,
Des badauds achetés ont demandé l'auteur.

Aussitôt, Beaumarchais décide de donner à l'incident la plus grande publicité. Loin de dissimuler la violente attaque dont il est l'objet, il la diffuse, il en augmente le bruit. Il écrit aux rédacteurs du *Journal de Paris* (dont Suard est le censeur, grassement rétribué) pour leur reprocher de mal faire leur travail : ils ont omis de parler du pamphlet que Beaumarchais, lui, reproduit intégralement dans le quotidien de la capitale, tout en déplorant ironiquement les fautes contre la langue.

« Il y a quelque chose de plus fou que ma pièce, c'est son succès. » D'avril 1784 à janvier 1785, la Comédie-Française ne désemplit pas. Les recettes sont considérables. Beaumarchais annonce dans le *Journal de Paris* qu'il va consacrer une partie de ses gains à créer une institution en faveur des mères pauvres qui allaitent leur enfant : *« Quand je devrais être traité d'homme vain,*

j'y mettrais tout mon Figaro *; c'est de l'argent qui m'appartient, que j'ai gagné par mon labeur, à travers un torrent d'injures imprimées ou épistolaires. Or, quand les comédiens auront 200 000 francs, mes nourrices en auront 28 000 ; avec les 30 000 de mes amis, voilà un régiment de marmots empâtés du lait maternel ; cela paie bien des outrages. »* Et en attire d'autres : une épigramme circule :

À l'enfance, il donne du lait,
Et du poison à la jeunesse.

Suard repart à l'assaut. Il fustige, à l'Académie, une pièce *« où le vice est sans pudeur et la satire sans retenue »*. Le succès du *Mariage* dégrade l'art et offense la morale publique. À cette guerre ouverte s'ajoute une guerre secrète, inspirée et financée depuis Versailles. Beaumarchais garde son sang-froid. Il se contente d'écrire que Suard *« est un homme de bien à qui il n'a manqué qu'un peu d'esprit pour être un écrivain médiocre »*. Le rire est toujours de son côté. Mais on le surveille de près.

On le tient : le 6 mars 1785, il explique dans le *Journal de Paris* pourquoi il a décidé de ne plus répondre aux attaques : *« Quand j'ai dû vaincre lions et tigres pour faire jouer une comédie, pensez-vous, après son succès, me réduire ainsi qu'une servante hollandaise, à battre l'osier tous les matins sur l'insecte vil de la nuit ? »* L'image est amusante, Louis XVI décide qu'elle l'insulte : les lions et les tigres ne peuvent faire référence qu'à sa royale personne. Le 7 au soir, sur le dos d'une carte à jouer, il donne l'ordre de conduire immédiatement Beaumarchais à la prison de Saint-Lazare, sorte de maison de correction doublée d'un asile d'aliénés, tenue par les lazaristes, où il est de coutume de faire fouetter les nouveaux arrivants par un domestique. Beaumarchais n'a pas droit à la Bastille ou à Vincennes, lieux de détention habituels des hommes de lettres : la répression se double d'une humiliation. C'est Figaro que l'on met à l'ombre. Davantage désormais qu'un personnage de comédie : un symbole.

On croirait dès lors assister à une répétition d'une journée révolutionnaire. À peine a-t-il fait preuve d'autoritarisme que le roi, conscient de sa maladresse, recule ; et comme il ignore l'art de la retraite, il la transforme en déroute et doit faire semblant de vouloir ce que l'opinion lui impose. Le 13 mai, Lenoir en personne se rend à Saint-Lazare pour apporter à Beaumarchais son ordre d'élargissement. Devant la prison, il n'y a pas le peuple de Paris, mais une centaine de carrosses qui accompagnent l'auteur jusqu'à son domicile de la rue Vieille-du-Temple. L'aristocratie éclairée manifeste son attachement à la « gaieté française », à ce caractère « national » – on lit beaucoup Montesquieu – auquel est liée sa propre sociabilité. Elle laisse au roi le ridicule de la vengeance.

Beaumarchais est encouragé à aller jusqu'au bout. La liberté ne lui suffit plus, il veut une réhabilitation publique. Il réclame des juges ; il refuse de quitter son domicile tant qu'il n'aura pas été blanchi. En clair, il exige des excuses, humblement. Il écrit au roi : *« Élevé dans la douce habitude de croire que, laissant la rigueur aux tribunaux, l'auguste main de nos maîtres ne traçait jamais que des grâces, je n'ai pu voir sans désespoir que Votre Majesté dérogeait, pour moi seul malheureux ! à la plus touchante, à la plus sublime des prérogatives royales. »*

Il remporte la dernière manche, de la façon la plus éclatante qui soit : au théâtre. Le 19 août 1785, le jour même où la Comédie-Française reprend le *Mariage* pour une 74e représentation devant tous les ministres du roi, on joue aussi une comédie à Versailles, *Le Barbier de Séville*, accompagnée de la musique nouvelle de Paisiello. Le rôle de Figaro y est tenu par le comte d'Artois, le comte de Vaudreuil joue Almaviva, et Marie-Antoinette, Rosine. Tout finit par des chansons. Figaro interprété par le futur Charles X peut désormais prendre l'allure d'un bourgeois révolutionnaire.

SOURCES

Pierre-Augustin Caron de BEAUMARCHAIS : *Œuvres*. Édition de Pierre Larthomas. Paris, Gallimard, « Bibliothèque de la Pléiade », 1988.

— *Théâtre*. Édition de Jean-Pierre de Beaumarchais. Paris, Garnier, 1980.

Denis DIDEROT : *Discours sur la poésie dramatique*. Dans *Œuvres esthétiques*. Édition de Vernière. Paris, Garnier, 1980.

Jean-Jacques ROUSSEAU : *Lettre à M. d'Alembert sur les spectacles*. Édition de Fuchs. Genève, Droz, 1948.

Jean GOLDZINK : *Comique et comédie au siècle des Lumières*. Paris, L'Harmattan, 2000.

Simone CLAPIER-VALADON : « L'homme et le rire ». Dans *Histoire des mœurs*, tome II. Paris, Gallimard, « Encyclopédie de la Pléiade », 1991.

Patrice Boussel : *Beaumarchais, le Parisien universel*. Paris, Berger-Levrault, 1983.

Philippe Van Thiegem : *Beaumarchais par lui-même*. Paris, Éd. du Seuil, 1960. Rééd. 1978.

Jacques Boncompain : *Acteurs et comédiens au XVIIIe siècle*. Paris, Librairie académique Perrin, 1976.

Jacques Scherer : *La Dramaturgie de Beaumarchais*. Paris, Nizet, 1954.

Pierre Larthomas : *Le Langage dramatique*. Paris, PUF, 1980.

Louis-Sébastien Mercier ou l'utopie de la littérature démocratique

1791 ■ La monarchie sans roi

VINGT-CINQ juin. La fuite de Louis XVI et sa capture à Varennes font rouler la jeune Révolution française au bord du vide. Journée de vertige. Depuis deux années, dans un climat d'extraordinaire exaltation, l'ancienne société d'ordres a été abolie. Les 1315 députés de l'Assemblée constituante – une moitié d'élus du tiers état, l'autre moitié de la noblesse et du clergé – ont prévu de se séparer au début de l'automne après avoir rempli leur tâche historique : doter la nation française d'une Constitution. On a commencé à réunir les premières assemblées primaires pour désigner les électeurs de la future Législative. La fuite de Louis XVI fait s'écrouler l'édifice. La monarchie constitutionnelle, ce bel équilibre entre l'Ancien et le Nouveau, entre la sacralité de la tradition et la puissance de la loi, a été transformée en fiction abstraite par la défection du roi.

C'est si vrai qu'on cherche d'abord à cacher cette fiction par une autre. Le 21 juin, Barnave, La Fayette, d'André et Alexandre de Beauharnais, à l'annonce de la fuite du roi, font adopter par l'Assemblée la thèse de l'enlèvement. Qu'ils persistent à accréditer le lendemain, contre toute vraisemblance, lorsque le roi est arrêté à Sainte-Menehould avant d'avoir pu rejoindre les troupes contre-révolutionnaires de Bouillé. Barnave, encore lui, est chargé par la Constituante d'aller chercher le roi, en compagnie de deux autres députés. Il a trois jours pour trouver, au cours du voyage de retour, la voie d'une conciliation avec le couple royal : il faut sauver la

Constitution, conserver à tout prix la façade. Maintenir le Texte, en dépit des hommes et des faits. Barnave a la religion du texte.

Il a trente ans. Il est beau, élégant, cultivé, rapide. Stendhalien avant l'heure, ce Grenoblois connaît ses Lumières sur le bout du doigt. Avocat en 1781, il a commencé sa carrière révolutionnaire dès 1788 aux États généraux de Grenoble où il a ferraillé pour les droits du tiers état. L'année suivante, il est élu député du Dauphiné ; ses qualités d'orateur passionné et froid en font vite une vedette de la Constituante dont il devient le président en octobre 1790. La mort de Mirabeau, le 2 avril 1791, le propulse au premier rang de la scène politique, à l'Assemblée comme au club des Jacobins.

C'est un homme de principes, un juriste amoureux des concepts et des raisonnements, un protestant élevé dans l'amour du Livre. La Déclaration des droits de l'homme et la Constitution qu'on achève d'élaborer sont pour lui la Révolution même : une œuvre de l'esprit humain, l'annonce d'une ère nouvelle de l'humanité qu'il faut à tout prix sauver. Y compris avec un roi qui n'en veut pas. Barnave, en 1791 comme en 1789, est certain que les principes sont plus forts que la réalité. Il suffit d'y ajouter l'éloquence, l'expression sensible de la raison.

Quand la réalité échappe, il reste à jouer sur les mots. Les dévots de la Constitution vont s'y employer : l'Assemblée et les Jacobins se transforment en théâtre. Barnave et ses amis, au nom de la nécessaire union fraternelle de la nation, y font alliance avec leurs ennemis d'hier, La Fayette, Sieyès et même avec les monarchiens, Malouet, Clermont-Tonnerre. C'est qu'il faut accréditer une intrigue plutôt mal ficelée : la Constituante vote que *« l'Assemblée déclare traîtres ceux qui ont conseillé, aidé ou exécuté l'enlèvement du Roi et ordonne d'arrêter ceux qui porteraient atteinte au respect dû à la dignité royale »*. Voilà donc Louis XVI, semble-t-il, innocenté et protégé.

Sur le coin opposé de la scène, côté jardin, se développent d'autres intrigues, s'élèvent d'autres déclamations. Robespierre y fait l'apprentissage de son thème dramatique : la Révolution ou la mort. Dans un discours aux Jacobins, le jeune avocat d'Arras accuse le roi, les ministres, La Fayette, mais encore la Constituante tout entière soupçonnée de préparer *« une Saint-Barthélemy des patriotes »*. Pour mieux émouvoir son public et compenser la sécheresse de son éloquence, Robespierre ajoute, selon son ami Camille Desmoulins dans son journal, *« qu'au reste, il était prêt à tout ; que si, dans les commencements, n'ayant encore pour témoins que Dieu et sa conscience, il avait fait d'avance le sacrifice de sa vie, aujourd'hui qu'il avait sa récompense dans le cœur de ses concitoyens, la mort ne serait pour lui qu'un bienfait ».*

Robespierre a senti que le spectacle offert par la Constituante (où il est ultra-minoritaire et peine à se faire entendre) ne fait plus recette. Âgée de deux ans à peine, l'Assemblée est déjà vieille, usée par la fatigue, par l'ampleur de ses travaux, par la violence de ses divisions, le double jeu du roi et de ses partisans, la peur de la foule et de sa pression. La parole des députés est belle encore, énergique, émouvante, grandiose parfois ; l'esprit des Lumières y brille, dans son désir de perfection systématique. Mais les mots ne lèvent plus que des abstractions et de la poussière. La fuite du roi et sa capture ont rendu audible ce que l'éloquence masquait encore : les acteurs jouent juste un texte faux. Robespierre change le lieu de sa performance : il laisse la Constituante à ses adversaires et déplace aux Jacobins, à l'intersection de la loi, de la parole et de la rue, le lieu du discours efficace.

Il laisse à d'autres le combat des concepts et des systèmes. Dans la bataille politique qui commence à s'engager entre partisans du maintien de la monarchie et républicains, il s'abstient : *« On m'a accusé d'être républicain, on m'a fait trop d'honneur, je ne le suis pas. Si l'on m'eût accusé d'être monarchiste, on m'eût déshonoré, je ne le suis pas non plus. »* La république, comme la monarchie, ne signifie aucune forme concrète de gouvernement. C'est un mot vague, une coquille vide qui peut recouvrir des organisations réelles différentes, de la dictature à l'anarchie. En bon lecteur de Rousseau, il refuse aux hommes de lettres et aux « philosophes », se fussent-ils transformés en législateurs, de décider seuls du sens des mots. Bientôt, il les dénoncera à la tribune comme des parasites. Déjà il fait part de son trouble sémantique : *« Ce qui m'épouvante, c'est que nos ennemis parlent le même langage que nous. »*

La langue descend du ciel métaphysique pour découvrir sa nature politique. Trente ans après l'immense entreprise encyclopédique visant à fonder l'alliance du monde, des idées et des mots, voilà que tout se trouble, que le sens vacille, que les camps adverses bataillent pour s'approprier la définition légitime des grands concepts mobilisateurs : liberté, bien public, autorité, légalité, révolution. Les constituants rêvent de graver la Loi dans l'éternité du marbre et brûlent la langue dans l'éphémère de la parole. Et dans la fébrilité des journaux qui la restituent.

Le 25 juin marque un apogée dans ce jeu avec les mots. On décide de suspendre le roi de ses fonctions, ce qui est le réduire à l'état de fonctionnaire ; mais on proclame en même temps l'attachement de la nation à la Constitution et à la monarchie. On arrête Louis XVI, placé sous bonne garde dans son palais des Tuileries, mais on précise qu'il s'agit de veiller à sa sûreté. On affirme que rien n'a changé dans l'organisation du pouvoir, mais le ministre de la Justice entérine désormais les décrets de l'Assemblée sans qu'il soit besoin de la sanction royale. La France est un royaume sans roi. Certains rêvent de remplir ce vide. Ils cherchent à humilier Louis XVI, à le ridiculiser, à rendre sa situation intenable pour l'amener à abdiquer et sauver la monarchie. La Fayette, à défaut d'une république dont il serait le président, se verrait assez bien régent du dauphin, six ans. Le duc d'Orléans, qui a ses entrées aux Jacobins, par Choderlos de Laclos notamment – et peut-être par Danton –, pousse à la déchéance de son cousin pour profiter de la vacance. Barnave et ses amis s'accrochent à leur fiction. Le roi n'est pas *interrogé*, il est *entendu* ; il n'y a pas d'*instruction* sur la fuite, mais une *information* ; le roi n'est pas un citoyen, mais un *pouvoir de l'État* ; on pourrait juger la personne de Louis XVI, mais pas le roi de France. On scinde le corps du roi comme on scinde le corps social et le corps de la langue.

Barnave sent bien le danger de cet enchaînement. Dans son grand discours du 15 juillet sur l'inviolabilité du roi, il ne se contente pas de faire de la monarchie représentative l'unique garant de l'unité nationale et de la liberté, il affirme qu'il est temps, pour sauver la Révolution, de mettre fin à la « *fièvre révolutionnaire* » : « *De là résulte cette grande vérité, que, si la Révolution fait un pas de plus, elle ne peut le faire sans danger ; c'est que, dans la ligne de la liberté, le premier acte qui pourrait suivre serait l'anéantissement de la royauté ; c'est que, dans la ligne de l'égalité, le premier acte qui pourrait suivre serait l'attentat à la propriété.* » Barnave, métaphysicien de la loi, s'en prend à Condorcet, mathématicien de l'égalité, au nom du réalisme des possédants. Cette fois, la phrase est sans masque : « *Existe-t-il encore à détruire une autre aristocratie que celle de la propriété ? Messieurs, les hommes qui veulent faire des révolutions ne le font pas avec des maximes métaphysiques ; on séduit, on entraîne quelques penseurs de cabinets, quelques hommes savants en géométrie, incapables en politique : on les nourrit sans doute avec des abstractions ; mais la multitude dont on a besoin de se servir, la multitude sans laquelle on ne fait pas de Révolution, on ne l'entraîne que par des réalités, on ne la touche que par des avantages palpables. »* La Constituante applaudit ; les tribunes gardent le silence. L'éloquence de Barnave vient d'obtenir le sursis pour un fantôme.

Le soir même, pour mieux marquer sa volonté de « finir » la Révolution, l'immense majorité des députés constitutionnels abandonne le club des Jacobins pour fonder, rue Saint-Honoré, à l'ombre de l'Assemblée, un nouveau club, les « Amis de la Constitution », dans l'ancien couvent des Feuillants. Ne demeure aux Jacobins qu'une poignée d'hommes, les vaincus du jour, républicains ou orléanistes : Laclos qui préside, Danton, Robespierre, Brissot, Pétion, Buzot. On rédige une pétition exigeant la déchéance non du roi – c'est désormais illégal – mais de Louis XVI, de l'individu royal qui a abdiqué de fait en prenant la fuite. Ultime argutie juridique, dernier masque verbal : d'un côté comme de l'autre, on se prépare à l'affrontement.

Il aura lieu le lendemain, au Champ-de-Mars, il fera plusieurs dizaines de victimes. Danton fuit en Angleterre, Marat est décrété d'arrestation, on adopte un projet sur la répression des attroupements. Barnave, le 31 août, vide le fond de son sac d'aristocrate de la liberté : *« Pour le commun des hommes, la tranquillité est plus nécessaire que la liberté. La tranquillité est le premier besoin ; la liberté politique n'est qu'un superflu qui fait le bonheur mais qui n'est pas rigoureusement nécessaire. »*

Grande querelle politique des mots encore, la Constituante entend couper le corps social, la citoyenneté, en deux parties inégales. D'un côté, les *citoyens actifs*, les hommes qui ont du bien au soleil, les riches, les classes moyennes qui seront électeurs. De l'autre, les femmes, les pauvres, les humbles travailleurs des villes et des campagnes, réduits à la citoyenneté *passive*. Louis-Sébastien Mercier, dans son *Nouveau Paris*, écrit entre 1795 et 1799, commente cette exclusion du droit de vote : *« Socrate, Corneille, Jean-Jacques Rousseau, s'ils eussent vécu parmi nous, en auraient été exclus. On voit alors que l'adjectif tuait le substantif. Ah ! les vrais citoyens actifs sont ceux qui ont pris la Bastille, sont ceux qui ont pris les Tuileries, pour mettre fin aux indignités d'un régime despotique.* » La guerre des définitions est une guerre sociale. Elle déchire le jeu des apparences.

Les écrivains peinent à y trouver leur place. Une mythologie orientée, fabriquée dès 1795, amplifiée tout au long du XIXe siècle, entérinée par l'université, fût-elle républicaine, édicte que la Révolution, événement politique fondateur, marque le triomphe de la médiocrité dans le domaine des lettres et des arts. On a tout écrit sur cette « stagnation », sur cette « régression » qui achèverait l'éblouissant XVIIIe siècle. Dans l'histoire littéraire, la période révolutionnaire serait une morne parenthèse occupée par quelques écrivains médiocres portés par les circonstances et la démagogie. On trouve encore de telles énormités dans les manuels actuels destinés à l'enseignement. Il n'y a pas de place, disent-ils, pour la littérature, dès lors que le politique envahit tout l'espace public.

C'est vrai pour la plupart des hommes de lettres qui avaient établi leur réputation au cours des années 1770-1780. Les Morellet, Suard, Denon, La Harpe, Palissot, voltairiens de carrière, disciples pensionnés des Lumières, après avoir espéré, pendant les premiers mois de la Révolution, profiter du nouveau cours des choses pour étendre leur influence, ont dû rapidement déchanter. Intimement liés à la société de privilèges, bénéficiaires des abus qu'ils dénonçaient, ils ont été désarçonnés par l'effondrement du système qui les nourrissait et leur assurait un statut social d'élite. L'abolition de la censure, la liberté de la presse, la fin du monopole des théâtres, celle des droits féodaux, des rentes et des pensions, la fin du privilège d'impression des libraires, ont jeté à bas, en quelques semaines, l'ancien régime de l'homme de lettres qui les protégeait davantage encore qu'il ne les contraignait. Rien n'est venu le remplacer : le nouveau régime du livre installe, provisoirement, la littérature hors du domaine de la loi. L'homme de lettres n'a plus d'existence sociale ; il se dissout dans la prolifération démocratique de l'imprimé.

Le parcours de Jean-François de La Harpe est exemplaire. Il a soixante ans en 1789. Minuscule – Voltaire l'appelait « Bébé » –, brillant, de caractère désagréable, il a commencé sous la protection de Voltaire une carrière dramatique médiocre, avant de s'engager avec plus de succès dans la critique littéraire et les éloges académiques. Il est élu à l'Académie française en 1776, correspondant littéraire du futur tsar Paul Ier, traducteur, poète, toujours dans le goût du public. Il adhère avec enthousiasme à la Révolution, récite en public des odes enflammées, arbore le bonnet rouge avec ostentation. Mais lorsque l'Assemblée décide la suppression de l'Académie française, symbole inégalitaire, La Harpe entre en dissidence. Quelques mois de prison avant Thermidor suffisent à le retourner et à faire du militant anticlérical un contempteur des Lumières, catholique dévot, monarchiste inconditionnel, auteur, en 1797, d'un important ouvrage polémique : *Du fanatisme dans la langue révolutionnaire ou De la persécution suscitée par les Barbares du* XVIIIe *siècle contre la religion chrétienne et ses ministres.*

Louis-Sébastien Mercier, dans son *Nouveau Paris*, propose ce résumé de la Révolution : *« L'archevêque était tombé du haut de sa cathédrale, le noble du haut de son donjon, le roi du haut de son trône, l'académicien du haut de son fauteuil ; mais La Harpe, qui n'avait pas dû se faire grand mal, cria cent fois plus haut que les autres. À entendre ses longues et hurlantes lamentations, on eût dit que lui seul avait été en prison. »*

La Harpe a, tardivement, posé la bonne question, celle qui hante les écrivains et les intellectuels de la Révolution : la relation de la langue et d'une société entièrement bouleversée qui se pense elle-même comme rupture et fondation. L'opinion de La Harpe, et après lui de toute la tradition contre-révolutionnaire, est simple : *« Le propre de la langue révolutionnaire est d'employer des mots connus, mais toujours en sens inverse. »* Exprimant un ordre renversé cul par-dessus tête, une nature pervertie et dénaturée, la langue de la Révolution est proprement diabolique. Reprenant les vieilles images médiévales du monde à l'envers, La Harpe souligne le retournement des concepts qui accompagne le retournement des valeurs : la liberté veut dire la tyrannie, le beau le laid, la vertu le crime, le haut le bas, etc. Cette perversion fondamentale ne peut pas être corrigée, pas plus que la Révolution elle-même. On ne peut que rétablir ensemble, par un basculement inverse, la langue classique et son fondement de civilisation : la monarchie et la religion.

De l'autre côté, des écrivains ont résolu cette crise du langage en cessant pratiquement d'écrire. Abandonnant parfois une position littéraire enviable, ils ont choisi l'action politique – le plus souvent dans la mouvance des girondins – comme le prolongement naturel d'une activité littéraire commencée dans le combat des Lumières. C'est le cas de Condorcet, de Laclos, de Brissot, de Chamfort. Ils mettent la vieille langue au service de l'action nouvelle.

Sébastien-Roch Nicolas, dit Chamfort, est un bel exemple de cette rupture avec la littérature par fidélité à son passé. Cet enfant naturel a été choyé par la société d'Ancien Régime. Il a collectionné les pensions et les protections illustres. Il est devenu la coqueluche d'un monde qu'il méprisait profondément et qu'il cherchait moins à séduire qu'à posséder. Quand arrive la Révolution, il laisse là comédies, tragédies et morceaux académiques pour s'adonner au journalisme. Il rédige les *Tableaux de la Révolution française*, prête sa plume militante à Mirabeau et à Sieyès, s'attaque vigoureusement à l'Académie française dont il est membre. Choisi par Mme Roland pour être directeur de la nouvelle Bibliothèque nationale – appauvrie par la suppression du privilège royal, enrichie par les bibliothèques privées des émigrés et la saisie des biens du clergé –, il se place aux avant-postes de la politique culturelle révolutionnaire, jusqu'à son arrestation pendant la Terreur. Pour échapper à la prison, Chamfort se mutile atrocement, voulant détruire son si séduisant visage. Il meurt de ses blessures en avril 1794. On retrouve dans ses affaires des petits carrés de papier griffonnés au jour le jour, maximes, pensées, caractères et anecdotes où s'exprime, dans la langue classique la plus pure, à la fois son horreur de la vieille société et son incapacité à vivre dans la nouvelle.

D'un côté, la Révolution revendique, explicitement, l'héritage intellectuel et politique des Lumières, la foi rationaliste, l'humanisme encyclopédique, la liberté de penser et d'écrire. Le 11 juillet 1791, au plus fort de la crise politique provoquée par la fuite de Louis XVI, les clans se réconcilient pour porter au Panthéon les cendres de Voltaire. Celles de Rousseau les rejoindront en octobre 1794. *« La révolution actuelle,* proclame Mirabeau, *est l'ouvrage des lettres et de la philosophie. »* Les contre-révolutionnaires ne pensent pas autrement. Mais la Révolution, en changeant les fondements de l'organisation sociale, se présente aussi comme la négation du vieux monde, régénération de l'humanité, invention du réel, aube absolue d'un nouveau cours de l'histoire, autogénération. Elle panthéonise Voltaire mais désire détruire de fond en comble les bases sociales de son esthétique ; tant celles de son écriture que de sa réception. Elle veut un monde où Voltaire n'écrirait pas, ou ne serait pas lu.

La langue de Voltaire est celle de son public : les privilégiés de la naissance et de la fortune qui se prétendent aussi les possesseurs de la langue légitime, du « bon » français dont tout ce qui s'écarte est qualifié de jargon. Dès les premiers jours de la Révolution, dès la convocation du parlement, la question de la légitimité linguistique est au cœur du débat politique. La langue n'est pas seulement considérée comme un instrument de pouvoir ; elle est perçue comme le reflet même du corps social, son double lexical. Religion du signe, unanimement partagée : le monde invente les mots qui transforment le monde. L'empire des signes était pour l'essentiel une affaire d'écrivains et de spécialistes, il devient l'enjeu d'une bataille politique capitale. Du côté du roi et de ses partisans, toute création d'un mot nouveau, toute redéfinition d'un mot ancien sont une atteinte à la stabilité du corps de la langue et donc à l'unité nationale. Les prosateurs du tiers état sont accusés, par Louis XVI lui-même, d'employer *« une langue particulière »*, un patois séparatiste, un jargon de coterie : *« Je désapprouve l'expression répétée de* classes privilégiées *que le tiers état emploie. Ces expressions inusitées ne sont propres qu'à entretenir un esprit de division. »* Tout néologisme – celui d'*aristocrate* va faire fureur – est une usurpation ; la seule langue légitime est le français royal ; la maîtrise des symboles et des signes est l'apanage de la souveraineté.

C'est bien ainsi que l'entendent les révolutionnaires quand ils soulignent la nécessité de régénérer la langue en transférant à la nation la souveraineté linguistique. En 1784, François-Urbain Domergue, professeur de grammaire générale à l'école des Quatre-Nations, a fondé un journal bimensuel qui deviendra hebdomadaire en 1791 : le *Journal de la langue française, soit exacte, soit ornée*, auquel il adjoindra bientôt un *Précis des opérations de l'Assemblée nationale* : il s'agit de *« consacrer dans le langage des dieux tous les événements moraux, physiques et politiques, dignes de l'attention des hommes »*. Grammairien patriote, Domergue entend *« fonder sur une métaphysique claire un système de grammaire absolument neuf* ». Parallèlement à son journal, il crée, sur le mode des clubs, une *« Société délibérante des amateurs de la langue française »*. Pour Domergue, il s'agit d'offrir une base ferme, « objective », historique à la langue de la nation, en la fondant uniquement sur l'« exactitude » et en censurant tout ce qui contrevient à cette implacable loi. Conception politique s'il en est : *« Des diverses erreurs qui font le malheur de l'homme, la plus funeste peut-être est l'abus des mots. »* Derrière la faute de langue se dissimule la fausseté, l'arrière-pensée, le désir conscient ou inconscient de tromper.

Le purisme patriote de Domergue manifeste une autre inquiétude, celle de l'immense pouvoir conféré à la parole et à sa traduction écrite immédiate, le journal. La Révolution a transféré le pouvoir des mots des livres à la tribune. Les tribuns ont pris la place des prédicateurs, mais aussi celle des écrivains. Le Dire est devenu le Faire. Transfert démocratique : le pouvoir des mots n'est plus réservé à l'élite instruite détentrice du privilège de la lecture et du savoir. En redevenant parole, la pensée se fait corps, elle est souffle, voix, geste ; elle rompt la solitude de la lecture pour se faire émotion partagée, spectacle sensible, énergie communicative : acte. Après le régime du silence imposé pendant des siècles par la monarchie, la libération de la parole est euphorique. Elle est la politique même, la scène réelle de la Révolution qui rend inutile tout recours à la fiction.

Mais l'impérialisme de la parole, la primauté du corps ému sur l'idée écrite suscitent aussi des craintes. La nécessité de fonder la Révolution sur un socle légitime et stable s'oppose à l'éphémère électrique de l'acte oratoire. La révolution a besoin d'énergie mais aussi de sang-froid. Des révolutionnaires aussi incontestables que Camille Desmoulins ou que le conventionnel babouviste Joseph-Marie Lequinio soulignent les faiblesses d'une construction sociale soumise à l'emprise de la voix et d'une Révolution transformée en théâtre où le public – le peuple – est pris en otage par le jeu manipulateur des acteurs. Le règne de la parole débouche sur la tyrannie des orateurs, sur le pouvoir absolu du dire : la dictature, où la parole fait la loi.

« Il faut qu'on ne puisse apprendre notre langue sans pomper nos principes. » Talleyrand, Barère, Condorcet, quelques autres ont jeté les bases d'une culture de la citoyenneté. Dès 1791, Condorcet,

dans ses *Cinq mémoires sur l'instruction publique*, a inventé ce qui sera, un siècle plus tard, l'école laïque et républicaine. Mais c'est à l'abbé Grégoire que la Révolution doit l'une de ses utopies les plus flamboyantes : la création d'une langue démocratique représentative du nouvel ordre des choses.

Baptiste-Henri Grégoire est un petit curé lorrain qui s'est fait remarquer par sa curiosité intellectuelle et l'audace de son humanisme. En 1785, lors de l'inauguration de la première synagogue autorisée en Lorraine, il a prononcé un sermon en faveur de l'émancipation politique des juifs. Élu, de justesse, aux États généraux, grâce au vote du bas clergé, il a rejoint le tiers état dès le 14 juin 1789 et a signé le serment du Jeu de paume. N'ayant cessé depuis lors de siéger à la gauche de l'Assemblée, orateur au langage énergique, il est le premier député à prêter le serment à la Constitution civile du clergé et sera élu évêque de Blois en 1791. Défenseur des « citoyens de couleur » dans les colonies, dénonçant *« l'orgueil et la cupidité des colons »*, il ne parvient pas à l'emporter sur les intérêts coloniaux de Barnave et de ses amis. Il fait proclamer la République, et demande à la fois le procès du roi et l'abolition de la peine de mort. Élu député de la Convention en 1792, sans jamais abandonner son ministère d'évêque au plus fort de la campagne de déchristianisation, il obtient encore l'abolition de l'esclavage en 1794. Tout au bout de sa longue vie, il demeurera fidèle à la Révolution, à la République et à sa foi chrétienne. À sa mort, en 1831, il léguera sa bibliothèque à la ville de Port-au-Prince.

Figure magnifique, affrontant sans louvoyer toutes les tourmentes politiques, échappant par sa stature morale aux coups de ses multiples ennemis, *« le bon Grégoire »*, comme le nomme Mercier, le champion de la tolérance, est aussi l'auteur du rapport demandant la suppression des patois et l'universalisation de la langue française comme *langue de la liberté*. La division linguistique de la nation, explique Grégoire, résulte d'une volonté de la monarchie tendant à diviser les peuples et à les entretenir dans l'ignorance. La Nation est aussi indivisible que l'était le Roi. Contre Marat et ses successeurs démagogues qui se moquent du *« sot respect »* que l'on a pour le langage et qui se fient exclusivement à la spontanéité et à l'inventivité de la langue populaire (sans bien savoir ce qu'elle est), Grégoire souligne l'exigence révolutionnaire d'une langue unifiée, mais également enrichie, rectifiée et régénérée. Enrichie parce que la liberté crée un monde nouveau, porteur d'une énergie inédite. La langue de l'exclusion est nécessairement pauvre ; la Révolution invente un nouveau lexique. Rectifiée, parce que la langue du pouvoir ancien était souvent trompeuse, reposant sur des définitions inexactes et souvent perverses. Régénérée, enfin, parce que le français de l'Ancien Régime, comme la société privilégiée qui en avait la maîtrise et en édictait les règles, est marqué par le vice des mœurs, le fanatisme de la chaire, la corruption morale et physique de classes dirigeantes. Foin du « beau parler » alambiqué et gonflé de morgue courtoise des aristocrates de la cour : *« Que le langage ait partout ce caractère de fierté et de véracité laconique qui est l'apanage des républicains. »* L'image idéale de Rome et des vertus du latin plane, ici comme ailleurs, sur l'imaginaire révolutionnaire.

Mais qui va édicter la nouvelle loi de la langue, quelle autorité légitime ? Les députés peuvent bien légiférer sur les divisions de l'espace et du temps, inventer des mesures, décréter un calendrier, rayer le nom des saints et des rois des rues et des villages, imposer le tutoiement public, effacer les marques nobiliaires et se rendre maître de l'appareil symbolique : la langue qui dit la loi échappe à la loi. L'inégalité permettait à une fraction de la société d'imposer sa langue comme seule légitime ; l'égalité détruit cette prétention, comme elle détruit la hiérarchie des genres littéraires. Qui décidera de ce qu'est la langue de la Nation, ce concept flou paré de toutes les vertus ?

Des journalistes, Marat, Hébert, s'essayeront à mimer une langue populaire parfaitement imaginaire, en la truffant d'expressions violentes, injurieuses ou obscènes. Ils n'obtiendront qu'une pseudo-langue, une parade burlesque dont les vertus comiques seraient plus plaisantes si elles ne portaient pas systématiquement la dénonciation et l'appel au meurtre.

En attendant l'instruction publique, la langue nouvelle a besoin des écrivains pour se répandre et pour vivre : des romanciers, des poètes, des auteurs dramatiques, des philosophes. Les théâtres ouvrent par dizaines, la concurrence fait chuter le prix des places, les comédiens devenus citoyens participent volontiers à la fête ; certains dramaturges comme Collot d'Herbois, Ronsin, Dubuisson, Fabre d'Églantine passent même à la scène politique. Il n'y a pas de frontière entre le spectacle et le spectateur, mais plutôt un échange direct de savoirs et d'émotions. Le théâtre est instituteur du peuple qui est instituteur du théâtre. Le public souverain ne peut être passif : il est auteur de la pièce qui se joue pour lui, qu'elle soit signée de Beaumarchais, de Sylvain Maréchal, de Marie-Joseph Chénier, du ci-devant marquis de Sade, de Louis-Sébastien Mercier ou de Jean-Louis Laya dont la représentation de *L'Ami des lois*, en 1793, tourne à la confrontation entre partisans et adversaires de Robespierre.

La popularité du théâtre, sa chaleur fusionnelle étendent encore le règne de la parole. Les auteurs de livres peinent davantage à se faire entendre. Le livre est silencieux et solitaire, pour celui qui l'écrit comme pour celui qui le déchiffre. Entre l'écrivain et son public s'étend l'océan froid des signes imprimés – et l'autorité du mot écrit. Pour tenter de combler cette distance, il fallait des écrivains marchant hors des sentiers de l'institution littéraire, de la reconnaissance, de la légitimité, des honneurs académiques, des canons de l'esthétique classique. Des écrivains en marge, des insurgés, des rebelles. Comme Sade, comme Restif de La Bretonne, comme Claude de Saint-Martin, comme Delisle de Sales, comme Louis-Sébastien Mercier.

Mercier a dépassé la cinquantaine en 1791 et il a déjà écrit l'essentiel de son œuvre surabondante : une cinquantaine de pièces de théâtre, des romans, des contes, des essais critiques, des mémoires historiques, des réflexions politiques, un récit d'anticipation, *L'An 2440*, et un gros ouvrage en 12 volumes, paru entre 1781 et 1788, *Tableau de Paris*. Il se désigne comme *« le plus grand livrier de France »*. Ses pièces, jusqu'en 1787, n'ont jamais été acceptées à la Comédie-Française, et Mercier a dû se rabattre sur les théâtres du Boulevard. Mais ses romans, ses contes et son monumental *Tableau* ont été lus partout et jusqu'à la cour, avant d'être traduits dans les grandes langues européennes. Mercier est un auteur à succès, sa détestation de l'Ancien Régime ne doit rien à l'aigreur. Ce petit bourgeois de Paris a pourtant obstinément refusé de faire carrière. S'il a des amis, il n'est d'aucun groupe, d'aucune société ; il rêve d'abattre *« la Bastille académique »*, il fustige les quémandeurs de pensions et les hommes de lettres en troupeau. Il n'est d'aucun ordre : l'écriture n'est pas sociale, elle est *« l'acte du moi »*. Il affirme, dès 1778 : *« Comment ne pas reconnaître que le style est l'empreinte de l'âme et qu'il ne s'ap-*

prend point, qu'il ne s'imite point. » Il puise ses livres, écrit-il encore, dans son propre fonds, lequel ressemble *« au cours d'un fleuve ».*

On se moque de lui, on le traite de *« déplorable fou »*, on se scandalise de ses sorties contre Racine et Boileau, *« poètes en livrée »*, et de ses diatribes contre le goût et les règles, ces protections des médiocres contre l'impertinence du génie. Mercier est un irrégulier. Il se défie des théories, y compris des siennes lorsqu'il lui arrive de systématiser ses jugements. Il se proclame *« Insurgent en littérature »*, car *« si l'on n'est pas libre au sein de la république des lettres, où le sera-t-on ? »* Mercier pousse sa liberté d'écrivain jusqu'au refus de faire des livres, à proprement parler. Ses grands ouvrages, *Mon bonnet de nuit*, *Tableau de Paris*, semblent n'obéir à aucun plan préétabli mais progresser selon les nécessités secrètes d'une pulsion quasi biologique, d'une énergie sans bornes et sans raison : *« un monstrueux mélange »*, un bouillon de culture.

Mercier s'en prend, jusqu'à la manie, à tout ce qui sacralise et éloigne : la majesté du pouvoir, l'enflure des mots, la facticité des vers – *« Tant que les hommes s'attacheront à des syllabes harmonieuses, ils ne verront pas ce qu'ils ont sous les yeux »* –, le mensonge des images ; et jusqu'à la religion du livre : Mercier vitupère l'apparat qui entoure le texte imprimé : les belles et onéreuses reliures, le papier luxueux, les fers, les dorures, les cuirs ; il arrache les habillages, il casse les dos, il jette le désordre dans les bibliothèques pour mieux rendre le texte à ce qu'il est : la libre expression de l'homme intérieur offerte à tous. Ce qu'il écrit de Diderot s'applique à lui-même : *« Il ne se vantait pas de savoir faire un* livre, *mais bien d'écrire des* pages, *il disait : il n'y a que des* pages *dans les* livres*... J'ai fait une* page *qu'il faut que je vous lise ; il vous lisait sa* page, *sans savoir où il la placerait ; il l'oubliait ou la donnait au premier venu.* » Mercier écrit des milliers de pages dont il abandonne la cohérence aux lecteurs. Dès 1780, Mercier représente la littérature comme une scène révolutionnaire, un échange démocratique : l'écrivain écrit des textes, des pages, que chacun des lecteurs transforme en livres : en unités signifiantes.

Tableau de Paris est un texte sans limites : *« Je vais parler de Paris, non de ses édifices, de ses temples, de ses monuments, de ses curiosités, etc. Assez d'autres ont écrit là-dessus. Je parlerai des mœurs publiques et particulières, des idées régnantes, de la situation actuelle des esprits, de tout ce qui m'a frappé dans cet amas bizarre de coutumes folles ou raisonnables, mais toujours changeantes. Je parlerai encore de sa grandeur illimitée, de ses richesses monstrueuses, de son luxe scandaleux.* [...] *J'ai fait des recherches dans toutes les classes de citoyens, et n'ai pas dédaigné les objets les plus éloignés de l'orgueilleuse opulence.* [...] *Je n'ai fait ni* inventaire *ni* catalogue *: j'ai crayonné d'après mes vues ; j'ai varié mon* Tableau *autant qu'il m'a été possible ; je l'ai peint sous plusieurs faces ; et le voici, tracé tel qu'il est sorti de dessous ma plume, à mesure que mes yeux et mon entendement en ont rassemblé les parties. »*

Mercier est un œil et une plume ; le travail de la plume consiste à exprimer dans la langue la plus expressive l'étonnement de l'œil. *« Regarde ! » :* l'impératif de Mercier ne se confond pas avec un simple enregistrement du réel ; il n'écrit pas un dictionnaire ou même une encyclopédie de Paris ; le regard, l'œil multiple qui observe ses objets sous *« plusieurs faces »*, saisit les signes d'une réalité *« toujours changeante »*. Le Paris prérévolutionnaire de Mercier est un univers en pleine transformation. Il suffit de savoir *regarder* pour saisir le mouvement de folie et de raison, d'intelligence et de caprice, de barbarie, d'ignorance et de lumières qui agite une ville *en crise*. Ce que Mercier nomme sa *bizarrerie*. L'écrivain est celui qui sait regarder le réel, c'est-à-dire en être ému. Il est un capteur de signes. La vérité du monde ne se livre pas dans les idées générales, les débats de principes, pas même dans les statistiques et les théories de l'économie politique, mais dans la sidération du *détail*. Les choses que l'on dit petites signifient autant que celles que l'on dit grandes et nobles. Le réel est démocratique.

La Révolution étonne donc Mercier mais elle ne le surprend pas. Il est de plain-pied avec elle. Il y participe dès les premiers mouvements. Il assiste assidûment aux réunions du *Cercle social*, cette sorte d'assemblée générale permanente des écrivains et des artistes, fondée par son ami Nicolas de Barneville et par Claude Fauchet, un prêtre pauvre devenu prédicateur du roi avant de participer, en soutane, à la prise de la Bastille. Dans l'immense cirque du Palais-Royal, 5 000 à 8 000 personnes selon les séances – de La Harpe à Restif, de Condorcet à Louvet et du noble allemand

Jean-Baptiste Cloots au républicain anglais Thomas Paine – débattent en toute liberté de la place et du statut des écrivains dans la Révolution, de la langue, de l'instruction, de la régénération. Cloots y propose d'élever un monument à Gutenberg devant le Panthéon. Mercier y ajouterait bien un monument à la gloire des marchands de chiffons, tout aussi indispensables, écrit-il, à la production des livres. Il se méfie toujours du sacré. Dans la maison de Mercier, les livres sont entassés pêle-mêle, les siens avec les autres. Près du tas de volumes, dos cassés, reliures enlevées pour favoriser la lecture, l'écrivain a disposé une pelle afin de remuer régulièrement le monticule, placer en haut ce qui était en bas, et inversement.

Il s'oppose tout autant à toutes les tentatives de sacralisation de la langue, qu'on en défende la « noblesse » ancienne ou qu'on veuille la décréter « populaire » : *« La langue française est ma servante, ma très humble servante. Car je ne reçois pas la loi, Dieu merci, je la donne. »* Dans le débat sur la langue légitime, Mercier commence par affirmer le droit des écrivains, ouvriers de la langue. La langue, dit le bourgeois-citoyen-écrivain, n'a pas de propriétaire, pas plus qu'elle ne peut avoir de légiste, décidant de ce qui est correct ou de ce qui est fautif. Plus exactement, la langue est la propriété personnelle de tous ceux qui s'en emparent pour la forger à leur propre image. L'écrivain ne sert pas la déesse-langue, il l'invente : *« Fais ton idiome ! »*, c'est le mot d'ordre ; crée tes règles, invente un rythme, une musique qui correspondent à ta nature unique et au monde unique que tu regardes et décris ; invente tes mots, si ceux dont tu disposes te semblent inadéquats, ou froids, ou usés, ou trop anciens pour rendre compte de la nouveauté des choses. En 1801, contre la réaction linguistique et politique – c'est tout un – des puristes, Mercier publiera sa défense de la *Néologie*. Il pratique le néologisme avec enthousiasme et gourmandise, comme il pratique le mélange des genres et l'abolition des privilèges et des hiérarchies linguistiques : le sublime avec le trivial, le tragique avec le comique.

Son goût du décousu, du bigarré, du mêlé, si proche souvent de Diderot, ne prétend à l'esthétique que parce qu'il est aussi moral, et politique : *« La même loi qui interdit aux frères de s'allier à leurs sœurs devrait peut-être interdire aux riches de s'allier aux riches »*, affirme-t-il, mi-sérieux mi-plaisant. Tout ce qui fait barrière lui répugne. Dans le *Nouveau Paris* qu'il publie à partir de 1796, Mercier ne reprend pas seulement son livre ancien pour y ajouter des chapitres d'actualité ; il n'entonne pas, comme tant d'autres, l'antienne du révolutionnaire déçu, trahi et persécuté. Il pourrait le faire : élu à la Convention, membre du Comité d'instruction publique, ami des girondins sans épouser leur parti, il s'est opposé vivement à Robespierre, s'est retrouvé en prison, sous la menace de la guillotine, pendant plus d'un an. Mais il est plus sensible au défi que la grandeur et la violence de l'événement lancent à ses capacités d'écrivain : *« Fais ton idiome, car tu as à peindre ce qui ne s'est jamais vu, l'homme touchant dans le même moment les extrêmes, les deux termes de la férocité et de la grandeur humaine.* [...] *Secoue le joug de la syntaxe, s'il le faut, pour te faire mieux entendre ; oblige-nous à te traduire ; impose-nous non le plaisir mais la peine de te lire. Je ne crois pas en effet que notre langue puisse marcher encore longtemps sans sortir de la gêne où une timidité gratuite la captive au milieu de tant de spectacles nouveaux et non moins étonnants. Si le style demeure esclave, ils ne seront point transmis à l'admiration ou à l'horreur de la postérité. »*

Appliquer la langue ordinaire aux situations extraordinaires, c'est le crime des démagogues : la tromperie du lieu commun. Au risque de l'incompréhension immédiate, Mercier veut forger une langue inouïe qui puisse rendre compte d'une réalité qui l'est tout autant. La Révolution a fait éclater, aussi, la crise du langage : *« N'est-il pas singulier que le même homme m'appelle* Monsieur *dans une lettre et* Citoyen *dans la société ? Si cela continue nous aurons deux langues, l'une pour la rue, l'autre pour la maison. »*

Mercier voit plus loin encore. S'il revendique ses droits d'écrivain sur la langue, c'est pour mieux offrir ses livres – et tous les livres – au véritable créateur de sens : le lecteur. *« Qu'est-ce qu'un livre ? C'est un lecteur. »* Le livre est un archet ; il n'existe que par les cordes qu'il peut faire vibrer dans l'âme de chacun de ses lecteurs. Le livre réalisé, c'est le chant que produit le lecteur. *« Il n'y a qu'un seul livre au monde, celui que chacun de nous sait lire. » « Oui, notre âme seule compose le livre, et quelquefois mieux que l'auteur.* [...] *La bonne femme qui ne disait que son* Pater *en français pour toute prière et pour tout objet de méditation* [...] *notre bonne femme composait des volumes extatiques, faisait des homé-*

lies, des sermons, enfantait des cantiques, qui pour être ni écrits, ni imprimés (ni couronnés) n'en existaient pas moins. » Face au peuple-auteur, Mercier peut s'en prendre à toutes les idolâtries du livre et rêver à la destruction des bibliothèques, ces prisons dorées du texte vivant : « *Anéantissez toutes les bibliothèques de l'univers, ne conservez qu'un volume, prenez-le au hasard, ce volume sera le chef-d'œuvre de l'esprit humain.* »

L'individualiste révolutionnaire, l'utopiste du texte libre est parvenu au terme de son parcours : parler de « bons » ou de « mauvais » livres, c'est encore sacrifier aux rites anciens des privilèges et de la distinction sociale : « *Tous les livres sont parfaitement égaux.* »

SOURCES

Louis-Sébastien MERCIER : *Tableau de Paris*. Édition de Jean-Claude Bonnet. 2 vol. Paris, Mercure de France, 1994.

— *Le Nouveau Paris*. Édition de Jean-Claude Bonnet. Paris, Mercure de France, 1994.

— *Mon bonnet de nuit* et *Du théâtre*. Édition de Jean-Claude Bonnet. Paris, Mercure de France, 1999.

— *L'An 2440*. Édition d'Alain Pons. Paris, France Adel, 1977.

Nicolas de CHAMFORT : *Maximes et pensées, caractères et anecdotes*. Paris, Gallimard, 1982.

Jean-François de LA HARPE : *De la philosophie du XVIIIe siècle*. 2 vol. Rééd. Genève, Slatkine, 1970.

Orateurs de la révolution française. Tome 1 : *Les Constituants*. Édition de François Furet et Ran Halévi. Paris, Gallimard, 1989.

Jules MICHELET : *Histoire de la Révolution française*. Édition de Gérard Walter. 2 vol. Paris, Gallimard, « Bibliothèque de la Pléiade », 1939.

Henri GRÉGOIRE : *Mémoires*. Paris, Éd. de Santé, 1989.

CONDORCET : *Cinq mémoires sur l'instruction publique*. Édition de Charles Coutel et Catherine Kintzler. Paris, Flammarion, 1994.

Théâtre du XVIIIe siècle, tome II. Édition de Jacques Truchet. Paris, Gallimard, « Bibliothèque de la Pléiade », 1974.

Ferdinand BRUNOT : *Histoire de la langue française, des origines à 1900*. Tome IX : *La Révolution et l'Empire*. Paris, Armand Colin, 1907. Rééd. 1967.

Jean-Claude BONNET (dir.) : *La Carmagnole des muses*. Paris, Armand Colin, 1988.

— (dir.) : *Louis-Sébastien Mercier, un hérétique en littérature*. Paris, Mercure de France, 1995.

Michel de Certeau, Dominique Julia et Jacques Revel : *Une politique de la langue. La Révolution française et les patois. L'enquête de Grégoire*. Paris, Gallimard, 1975.

Enrico Rufi : *Le Rêve laïque de Louis-Sébastien Mercier entre littérature et politique*. Oxford, Voltaire Foundation, 1995.

Béatrice Didier : *Écrire la Révolution (1789-1799)*. Paris, PUF, 1989.

« Dix-huitième siècle : L'année 1789 ». Paris, PUF, *Revue de la Société française d'étude du 18e siècle*, 1989.

Chateaubriand ou le triomphe de l'impuissance

1802 ■ Le Concordat. *Le Génie du christianisme*

LA FORCE de Bonaparte est de ne croire à rien : ni à la France, ni à la Révolution, ni à la monarchie, ni aux Lumières, ni à la religion. La France en révolution a offert à ce fils de notables corses sans fortune l'opportunité d'une carrière inespérée, sous la protection des frères Robespierre puis sous celle de leurs vainqueurs. Général à vingt-six ans, héros national à vingt-huit, Premier consul à trente. Va donc pour la France, à défaut de l'Orient. Aucun lien sentimental ni idéologique ne l'attache à ce pays magnifié et déchiré par les passions et qui cherche à reprendre souffle.

Cette indifférence rencontre l'Histoire. Depuis 1789, les dirigeants politiques français successifs n'ont eu qu'un but qu'ils ont tous manqué : fonder la Révolution et la clore. Sans passion, Bonaparte va l'achever.

Le 29 août 1799, alors que le maigre général et sa garde rapprochée venaient de s'embarquer d'Égypte pour la France, le vieux pape Pie VI est mort à Valence où le Directoire le retenait prisonnier. Avec lui a disparu un symbole, l'alliance sacrée de l'Église romaine et de la monarchie dite de droit divin. Une alliance payée au prix le plus fort : la papauté n'a plus d'États, son organisation s'est effondrée, les troupes d'une République qu'elle refuse de reconnaître occupent l'Italie, et Rome. Il n'est même pas possible de réunir un conclave pour élire un nouveau pontife. Rome est une réserve d'or et d'œuvres d'art dans laquelle les généraux français, Bonaparte le premier, puisent avec avidité. Il faut bien nourrir les soldats, et la République est pauvre.

La République est également en crise. Depuis la chute de Robespierre, elle cherche la formule magique qui ramènerait la paix civile. Un coup de barre à droite, un coup de barre à gauche, avec, à chaque changement de cap, à chaque coup d'État, la menace d'un renouveau jacobin ou d'un retour des royalistes. Le spectre de la guillotine ou celui de l'Ancien Régime. À l'origine de ce tangage, la question religieuse.

Les Français, malgré les violentes campagnes de déchristianisation de l'an II, sont demeurés attachés à la culture et aux rites sociaux du catholicisme. Les cultes de substitution, trop liés à l'imaginaire de la Terreur, n'ont pas su trouver de racines populaires; la déesse Raison fait tapisserie. Mais ces mêmes Français qui n'ont jamais cessé de faire baptiser leurs enfants et de leur donner, en privé au moins, des prénoms chrétiens, sont les mêmes qui redoutent la revanche des anciens maîtres, le retour à la société d'ordres et, pour les plus riches d'entre eux, pour ceux qui sont désormais au pouvoir, la restitution au clergé des biens qui ont fait leur fortune. Restaurer l'Église catholique sans restaurer la monarchie avec elle, c'est la quadrature du cercle politique, tant leurs destins semblent liés – malgré Le Coz, Grégoire et quelques autres, prêtres républicains de plus en plus isolés.

En décembre 1799, quelques jours après le coup de force qui lui a donné le pouvoir, Bonaparte fait rendre les honneurs à la dépouille de Pie VI. Les royalistes relèvent *illico* le nez, le Premier consul sait qu'il doit faire vite. Il permet l'ouverture immédiate d'un conclave, lequel se disputera pendant 104 jours avant d'élire pape Gregorio Chiaramonti, l'évêque d'Imola, sous le nom de Pie VII. Le nouveau pontife a été choisi à cause de son caractère *« conciliant et doux » – « doux mais ignorant et borné »*, commente Bonaparte pour qui la douceur n'est pas une vertu. Le maître de la République expédie immédiatement ses diplomates auprès du nouvel élu.

Pie VII est plus *« borné »* encore qu'annoncé : entêté, le dos au mur, pressé par une curie qui redoute les effets subversifs de toute concession accordée aux principes révolutionnaires. Pendant un an, Rome espère encore que le Consulat va s'effondrer, soit militairement, soit politiquement. Les émissaires de Louis XVIII à la cour pontificale entretiennent l'illusion. Ceux de Bonaparte piétinent.

De bien étranges diplomates de la République. Le plus important d'entre eux, l'abbé Étienne Bernier, est mieux qu'un curé réfractaire : il a été, en 1793, le véritable administrateur religieux de la Vendée insurgée. Mais son ambition effrénée et son goût des intrigues l'ayant rendu indésirable aux principaux chefs de l'insurrection, il négocie une paix séparée avec la République, lui livre Stofflet et, après l'exécution de celui-ci, devient, en 1795, « agent général des armées catholiques et royales ». Un poste éminent qui lui permet, après le 18 Brumaire, de monnayer le ralliement de la Vendée à Bonaparte et de signer avec le Premier consul la paix de Montfaucon. Comment trouver un symbole plus éclatant – et plus trouble – de la « réconciliation » entre la France nouvelle et l'Église que ce curé vendéen expert en fidélités multiples ? Bernier va essayer de ménager tout le monde sans pouvoir être accusé de trahir personne. C'est qu'il a un but, l'archevêché de Paris. Il le manquera de peu : nommé coadjuteur de M. de Paris, le comte-archevêque de Belloy – quatre-vingt-treize ans en 1802 –, il mourra en 1806, deux années avant son patron.

Pour aider (et pour surveiller) Bernier, Bonaparte, en bon chef de clan, utilise l'un de ses oncles, Joseph Fesch. Ordonné prêtre en 1785, ce curé corse s'est vite retrouvé sans emploi et Bonaparte a dû le nommer commis aux vivres de l'armée d'Italie. Sa mission à Rome lui vaudra l'archevêché de Lyon, puis un poste d'ambassadeur auprès du pape, auquel il s'attachera assez pour trahir, plus tard, son neveu.

Le troisième homme de la négociation n'est pas davantage un diplomate. Jean-Étienne Portalis, ancien avocat au parlement d'Aix, est un royaliste de toujours. Il s'est caché de 1792 à 1795. En 1796, il a été élu à Paris au Conseil des anciens où il a affiché les convictions défendues par le club monarchiste de la rue de Clichy. Après le virage à gauche du 18 Fructidor (1797), il a dû quitter la France et a rejoint Louis XVIII. Puis, comme beaucoup de monarchistes, il s'est rallié à Bonaparte, qui l'a chargé d'élaborer le Code civil. Catholique fervent, Portalis va bientôt être nommé ministre des Cultes du nouveau régime ; il songera davantage à favoriser l'influence ecclésiastique qu'à administrer le Concordat.

Les trois émissaires de Bonaparte se font mener en bateau. La curie romaine – le cardinal Spina en particulier – possède un art consommé de la tergiversation, des subtilités de vocabulaire et une virtuosité dans la traduction latine qui dépassent les compétences des diplomates amateurs. Bonaparte trépigne d'impatience. En juin 1801, il décide que les négociations se dérouleront désormais à Paris entre lui-même et l'envoyé de Pie VII, le cardinal Consalvi. Un mois plus tard, le 15 juillet, le Concordat est signé.

C'est un compromis entre l'Église et la France nouvelle où le jeu sur les mots et sur les silences parvient à peine à masquer la vivacité des affrontements, la différence des points de vue et les concessions faites la mort dans l'âme.

Ainsi du préambule : *« Le gouvernement de la République française reconnaît que la religion catholique apostolique et romaine est la religion de la majorité* [*la très grande majorité, longe maxima pars,* dira la traduction latine] *des citoyens français. » Exit* la religion d'État, ramenée à une expression majoritaire, mais *exit* aussi la séparation du catholicisme et de la République proclamée par la Révolution. On fait table rase du passé : tous les évêques démissionnent de leur poste, les constitutionnels et les réfractaires nommés par Rome. *« Le Premier consul de la République nommera dans les trois mois* [...] *aux archevêchés et évêchés. Sa Sainteté conférera l'institution canonique, suivant les formes établies par rapport à la France avant le changement de gouvernement. »*

« Avant le changement de gouvernement » est une trouvaille qui doit plaire puisqu'elle est reprise à l'article 16 : *« Sa Sainteté reconnaît dans le Premier consul de la République française les mêmes droits et prérogatives dont jouissait près d'elle l'ancien gouvernement. »* Voilà Bonaparte oint du Seigneur ou presque, mais d'une onction toute personnelle et non plus de fonction ; on ne sait jamais : *« Dans le cas où quelqu'un des successeurs du Premier consul actuel ne serait pas catholique, les droits et prérogatives mentionnées dans l'article ci-dessus seront réglés par une nouvelle convention. »*

La fiction d'un Premier consul catholique suffit à faire passer l'Église de France sous son contrôle : *« Les évêques, avant d'entrer en fonction, prêteront directement entre les mains du Premier consul le serment de fidélité qui était en usage avant le changement de gouvernement. Les ecclésiastiques du second ordre prêteront le même serment entre les mains des autorités civiles désignées par le gouvernement. La formule de prière suivante sera récitée à la fin de l'office divin, dans toutes les églises de France :* Domine, salvam fac Republicam ; Domine, salvos fac Consules. » On prête serment au gouvernement, non à la Constitution, la nuance est de taille.

Enfin, le plus important pour les bourgeois français acquéreurs des biens du clergé, cet article qui entérine le fait révolutionnaire : *« Sa Sainteté, pour le bien de la paix et l'heureux rétablissement de la religion catholique, déclare que ni elle ni ses successeurs ne troubleront en aucune manière les acquéreurs des biens ecclésiastiques aliénés, et qu'en conséquence la propriété de ces mêmes biens, les droits et revenus y attachés, demeureront incommutables entre leurs mains ou celles de leurs ayants cause. »* En échange, le pape récupère ses États, sous la protection de Bonaparte.

Voilà donc l'Église catholique rétablie et étatisée. Encore faut-il régler les questions pratiques, régulariser les mariages civils, décider de l'avenir sacerdotal des prêtres qui ont pris femme, amalgamer dans le nouveau clergé les évêques et les curés constitutionnels, les ralliés plus ou moins sincères et ceux qui attendent encore à la frontière. Le Premier consul impose ses vues : le nouveau clergé gallican sera choisi selon des critères politiques. L'Église de France est une auxiliaire du pouvoir. L'évêque est au diocèse ce que le préfet est au département. *« La religion,* confie Bonaparte à un royaliste, *je la rétablirai, non pas pour vous, mais pour moi. »* Et il ajoute : *« Je ne vois pas dans la religion le mystère de l'incarnation, mais le mystère de l'ordre social. »*

Il faut encore faire accepter les nouvelles dispositions par les instances législatives, le Tribunat et le Corps législatif. Or, ces deux assemblées, dont les membres sont désignés par le Sénat, lui-même contrôlé en toute démocratie par Bonaparte, rechignent à abandonner l'idée de tenir la religion hors du champ politique. Autour d'un certain nombre de notables qui fréquentent le salon d'Anne Catherine Helvétius – son mari, le vieux philosophe sensualiste, est mort en 1771 – se regroupent les fidèles du rationalisme, de la philosophie des Lumières et de l'anticléricalisme. On les nomme les « idéologues », ils ont une revue, *La Décade philosophique*, un projet, la fondation d'une « science des idées » dans le sillage de Condillac et de Condorcet, des amitiés nombreuses du côté des anciens girondins. Cabanis, Volney, Daunou, Garat, Ginguené, Destutt de Tracy, Say ont tous approuvé le coup d'État du 18 Brumaire dans lequel ils ont vu une chance de construire l'État rationnel dont ils rêvent. En récompense, ils se sont retrouvés au Sénat où ils ont fait désigner leurs amis dans les assemblées législatives. Le Concordat ne fait pas leur affaire.

Pour briser l'opposition de la *Décade*, Bonaparte, le 2 janvier 1802, retire de l'ordre du jour des Assemblées tous les projets de loi en discussion, les mettant ainsi en chômage technique. Puis, le 18 mars, malgré la loi constitutionnelle qu'il a lui-même édictée, il modifie la composition du Tribunat et du Corps législatif et en écarte ses principaux opposants. Il peut tout se permettre : le 25 mars, la paix d'Amiens est conclue avec l'Angleterre ; la France est en paix pour la première fois depuis dix ans. Le 3 avril, le Concordat est ratifié par des députés dociles. Les idéologues ont vécu.

Pour faire bonne mesure, cinq jours plus tard, Bonaparte ajoute unilatéralement 77 articles organiques au Concordat. Les bulles pontificales et les actes des conciles ne pourront pas être publiés sans autorisation du gouvernement, les prêtres catholiques sont fonctionnaires (mal payés), le protestantisme est reconnu et ses pasteurs, luthériens et calvinistes, rémunérés ; les manifestations des cultes sont réglementées, ainsi que la sonnerie des cloches, vieux sujet de querelles. Il n'est pas jusqu'à l'habit des prêtres qui ne soit affaire de gouvernement : *« Tous les ecclésiastiques seront habillés à la française et en noir ; les évêques pourront joindre à ce costume la croix pastorale et les bas violets. »* Pie VII proteste, Bonaparte promulgue.

Rien ne l'arrêtera plus dans son utilisation de l'Église jusqu'à la rupture de 1809. Le sacre de 1804, la lecture des bulletins de la Grande Armée en chaire, la proclamation de la Saint-Napoléon le 15 août en remplacement de l'Assomption de la Vierge. Jusqu'à ce flamboyant *Catéchisme impérial* imposé dans tous les diocèses en août 1806. Œuvre de Bernier et de l'abbé d'Astros, neveu de Portalis, ce catéchisme énumère, notamment dans sa septième leçon, les devoirs des catholiques envers Napoléon, *« notre empereur »* : *« l'amour, le respect, l'obéissance, la fidélité, le service militaire, les tributs ordonnés pour la conservation et la défense de l'Empire et de son trône »*. Jeu traditionnel des demandes et des réponses : *« N'y a-t-il pas des motifs particuliers qui doivent plus fortement nous attacher à Napoléon Ier, notre Empereur ? Oui, car il est celui que Dieu a suscité dans les circonstances difficiles pour rétablir le culte public de la sainte religion de nos pères, et pour en être le protecteur. Il est devenu l'oint du Seigneur par la consécration qu'il a reçue du souverain pontife, chef de l'Église universelle.* » Pie VII laisse faire, son légat approuve. Il faudra l'annexion, en 1809, des États pontificaux à l'Empire pour que Pie VII se décide à rompre le pacte d'ordre.

Le Concordat est voté le 8 avril 1802, les premiers évêques sont sacrés le 11, le 14 paraissent chez le libraire Migneret les 5 volumes du *Génie du christianisme ou Beautés de la religion chrétienne* par François-René Chateaubriand (sans particule, pour le moment). C'est un coup d'édition bien monté.

L'accueil du public au livre de ce quasi-inconnu de trente-quatre ans, fraîchement radié de la liste des émigrés, dépasse toutes les espérances : « *Partout où je vais, parmi les chrétiens, les curés m'arrivent, ensuite les mères m'amènent leurs enfants, ceux-ci me récitent mon chapitre sur la* première communion. *Puis ils me présentent des personnes malheureuses qui me disent le bien que j'ai eu le bonheur de leur faire. Mon passage dans une ville catholique est annoncé comme celui d'un missionnaire et d'un médecin.* » Dans le grand désert du catholicisme français, il est la source jaillissante, inespérée. Un témoin raconte le miracle de cette parution : « *Ce jour-là, dans Paris, pas une femme n'a dormi. On s'arrachait, on se volait un exemplaire. Puis quel réveil, quel babil, quelles palpitations ! Quoi, c'est là le christianisme, disions-nous toutes ; mais il est délicieux !* »

Pour rendre le christianisme délicieux, Chateaubriand a inventé une écriture, cela s'appellera le romantisme. *Le Génie du christianisme*, c'est d'abord le sien. La religion chrétienne, il n'y avait pas d'abord cru, sauf par référence mélancolique à sa pieuse enfance bretonne. C'est un sceptique, un émigré dégoûté par l'exil et la misère et qui rêve de rentrer en France et de se faire connaître. Dans sa première préface au *Génie*, il donne une version émouvante de sa conversion. Il a appris, à Londres, la mort de sa mère qui le suppliait de revenir à la religion : « *Je n'ai pas cédé, je l'avoue, à de grandes lumières surnaturelles ; ma conviction est sortie de mon cœur : J'ai pleuré et j'ai cru.* » La foi par les larmes, c'est une corde de son violon. La réalité est moins magique. C'est Fontanes, un vieil ami monarchiste rallié au Premier consul, qui lui a soufflé l'idée. Fontanes est lui-même fort lié à l'ambitieuse Elisa Bacciochi, la jeune sœur de Napoléon Bonaparte dont il fréquente le salon littéraire. Il va y faire entrer Chateaubriand. *Le Génie du christianisme* est son visa dans la carrière des lettres ; en attendant mieux : *« J'entrais dans la politique par la religion »*, avouera-t-il plus tard dans ses *Mémoires*.

Et puis, il a besoin d'argent. Pendant des années, en Amérique, à Londres, il a crevé de faim. En 1801, il écrit à Germaine de Staël dont il vient d'attaquer méchamment, pour les besoins de sa cause antiphilosophique, la nouvelle édition de *De la littérature* : *« Si* Le Génie du christianisme *se vend, il doit me rapporter assez d'argent pour acheter la chaumière dont je vous ai parlé. J'aurai des poulets, puis un cochon, puis la vache et le veau. Je serai heureux, si vos amis philosophes ne cassent pas mon pot au lait. »*

Quel est le vrai Chateaubriand ? Le fougueux soldat de la cause catholique dont la sublime éloquence redresse les autels, ou le jeune charlatan cynique qui se sert du désarroi spirituel pour se faire une place au soleil ? La question de sa sincérité est posée dès 1802 ; elle ne cessera plus de l'être. On fait le compte de ses mensonges, de ses poses, de ses calculs, de ses naïves vanités. On s'amuse à comparer l'homme qu'il est – gai, brillant, séducteur, amoureux de la vie, des femmes et de la gloire – et l'image qu'il affiche, toute de langueur, d'ennui, de mélancolie et de révolte : un être chétif sous le regard de Dieu. Sans voir que la question de la vérité – c'est-à-dire de l'adéquation du discours au réel – ne se pose pas pour lui, pas à ce niveau : le réel, c'est précisément ce qu'il faut fuir. Après la Révolution, le réel est insupportable ; il est invivable, il est bourgeois. Chateaubriand est en révolte contre toutes les formes du réel, c'est-à-dire de la souffrance historique.

Plus rien ne durera. Pendant des siècles, on a cru à la permanence de la civilisation, à la transcendance monarchique, à une essence de l'esprit français. La Révolution n'a pas seulement détruit cette foi, pense Chateaubriand ; elle en a montré la vanité et la fausseté. L'explosion révolutionnaire montre que la raison est impuissante, sauf à détruire, que l'histoire n'a pas de sens, que l'action des hommes est chimérique. Nous ne pouvons rien. Le passé est un champ de ruines, l'avenir nous échappe. La philosophie et la science conduisent à la catastrophe. La pensée est infirme, ou criminelle.

Il pourrait en rester à cet immense désarroi historique, à ce constat de faillite, à ce vide creusé par le séisme révolutionnaire. Les vieux pontes de la contre-révolution, les Bonald, les Joseph de Maistre, y campent avec allégresse : la Révolution, proclament-ils, est une manifestation de la Providence divine. Le châtiment révolutionnaire, comme une plaie d'Égypte, vient frapper ceux qui se sont éloignés de la loi politique voulue par Dieu : l'union sacrée du trône et de l'autel. Maintenant, il faut expier, en silence, en attendant le pardon et le retour à l'ordre naturel. La Révolution est une réitération du péché originel.

Chateaubriand n'a pas le tempérament piétiste. Il ne va pas passer son temps à geindre, à savourer ses gémissements et à remercier le ciel de ses souffrances. Il n'est pas ce *« parti pleureur »* dont se moquera Michelet. Il ne croit pas davantage qu'on puisse revenir en arrière. Puisque les actes sont sans force efficace, il reste le Verbe ; puisque le réel, tel qu'il est, est insupportable, il faut créer un autre univers enfin respirable. La poésie est la réponse à l'effondrement, le pouvoir offert à l'impuissance. Contre le rationalisme, la vérité du sentiment ; contre la description du monde, son enchantement ; contre la tyrannie des idéologies, la liberté de la création ; contre les effets pervers de la volonté, le « lâcher prise » à l'inconnu. Contre les révoltes inutiles et sanglantes, la grande révolte poétique. La vérité n'est pas son affaire.

Chateaubriand invente une révolution littéraire pour exorciser le spectre de la révolution politique. Il poétise tout, à commencer par la religion. *Le Génie du christianisme* chasse les théologiens de la chaire des mystères divins, comme il chasse les grammairiens de la langue : par le même coup d'État qui installe les poètes à leur place. Les poètes, ou plus exactement Le poète, car il est seul, occupant tout l'espace qu'il a lui-même circonscrit. Personne ne peut le suivre sur le promontoire où il s'est juché : brandir l'étendard du christianisme au nom de la beauté. La religion chrétienne est vraie parce qu'elle est belle. *Le Génie du christianisme* est un livre d'initiation à la magie poétique du catholicisme.

Pour les besoins de la cause apologétique, Chateaubriand consent bien à faire de l'histoire, souvent approximative, à citer les Pères de l'Église, à faire un étalage savant d'une science théologique qu'on sent empruntée et maladroite. Il fait semblant de polémiquer avec les philosophies – qu'il connaît par ouï-dire ou en surface. Il fait encore son chrétien du XVIIIe siècle, pétri de culture classique et de raisonnements historiques. Rien de bien nouveau : ses connaissances philologiques sont incertaines, ses examens des auteurs païens sont plus imaginatifs que précis, son classicisme sent l'école. Ce n'est pas avec ça qu'il va convaincre les lecteurs, cultivés ou non.

Mais il ne cherche précisément pas à convaincre : il veut séduire, toucher, émouvoir, enchanter, entraîner. Tout en demeurant lui-même spectateur, c'est sa faiblesse – ou son drame intime : il invite au vertige et n'y sombre jamais ; il invente des orages et les contemple sous son parapluie. Il y a même des moments où l'on sent que ce qu'il écrit l'ennuie ou lui paraît de mauvais goût ; il est ailleurs, auprès d'une dame ou sous les dorures d'un ministère, et il laisse à sa plume le soin d'ourdir ses sortilèges. Cela sautera aux yeux à l'époque des *Martyrs* et de l'*Itinéraire de Paris à Jérusalem*, quand Chateaubriand croupira dans son rôle de bedeau de l'opposition à Napoléon.

Pour l'heure, la poétisation de la religion, de la société, de la nature, de l'histoire capte toute son énergie. Il coule la poésie dans la prose, c'est-à-dire partout où elle était interdite. Rousseau dans ses dernières *Rêveries*, avec une oreille de musicien, avait esquissé un pas dans cette direction et commencé à secouer les chaînes qui attachent la langue à la logique, à chercher le secret d'une prose « originaire ». Chateaubriand sonne la révolte.

Il y a eu le « beau langage » de l'Ancien Régime, c'est-à-dire la mise en ordre de la pensée logique sous la férule de l'élégance et de l'économie verbale. Il y a eu la langue-acte de la Révolution, expression plus ou moins ornée de la volonté et du pouvoir sur le réel. Chateaubriand façonne une langue-émotion, fondée sur le sentiment de l'instabilité, de l'impermanence et de la fugacité. Il ne s'agit plus d'écrire dans le marbre, ni de se plier à l'universel de la raison, mais d'établir une communication immédiate, sensitive, passionnelle : le corps pense plus vite et plus profondément que le cerveau. La prose se fait rythmes, sonorités, couleurs. Elle se sert du corps pour mieux atteindre l'âme.

La poésie est la langue de l'âme, c'est-à-dire de l'individu déréalisé et spiritualisé, la raison étant mise hors circuit, ou peu s'en faut, par la puissance affective des images. Dans le *Génie*, Chateaubriand ne jette pas complètement par-dessus bord la tradition rationaliste chrétienne, mais il lui fixe des limites étroites.

L'enfant du temps des révolutions retrouve des accents pascaliens : *« La passion dominante de l'homme sera toujours la vérité ; quand il aime l'erreur, c'est que cette erreur, au moment qu'il y croit, est pour lui comme une chose vraie. Nous ne chérissons pas le mensonge, bien que nous y tombions sans cesse ; cette faiblesse ne nous vient que de notre dégradation originelle : nous avons perdu la puissance en conservant le désir. »*

L'impuissance et le désir, la faiblesse et la passion : Chateaubriand écrit pour une société amère, désabusée, désorientée dans laquelle les grandes aspirations d'hier – multiples, contradictoires, mais sublimes – cohabitent avec le sentiment cruel de l'échec, de la retombée, de l'inutilité du vouloir. Ce qu'il écrit *« du vague des passions »* ressemble à un autoportrait, mais toute une génération s'y reconnaît :

« Nos facultés, jeunes, actives, entières, mais renfermées, ne se sont exercées que sur elles-mêmes, sans but et sans objet. [...] *On est détrompé sans avoir joui ; il reste encore des désirs, et l'on n'a plus d'illusions. L'imagination est riche, abondante et merveilleuse ; l'existence pauvre, sèche et désenchantée. On habite, avec un cœur plein, un monde vide ; et sans avoir usé de rien, on est désabusé de tout. L'amertume que cet état de l'âme répand sur la vie est incroyable ; le cœur se retourne et se replie en cent manières, pour employer des forces qu'il sent lui être inutiles. »*

Si l'on n'avait pas encore compris, Chateaubriand relie explicitement ce « vague des passions » à une diminution de la virilité. Il parle de ces jeunes gens d'aujourd'hui *« enclins aux exagérations, aux espérances, aux craintes sans objet, à la mobilité des idées et des sentiments, à la perpétuelle inconstance qui n'est qu'un dégoût constant ; dispositions que nous acquérons dans la société des femmes. Les femmes* [...] *ont dans leur existence un certain abandon qu'elles font passer dans la nôtre ; elles rendent notre caractère d'homme moins décidé ; et nos passions, amollies par le mélange des leurs, prennent à la fois quelque chose d'incertain et de tendre ».*

Le Génie du christianisme est écrit d'abord pour cette génération d'hommes-femmes, pour ces cœurs sensibles en déshérence, pour ces âmes faibles, meurtries et vagues à qui il arrache des larmes et des soupirs. Il leur offre un refuge et une ancre : une religion catholique qui parle au cœur sans blesser le goût ; une Église toute de beauté, mère des arts et de la civilisation, toute de douceur et de compassion ; une histoire enfin qui, au-delà des vicissitudes, a toutes les apparences de l'éternité.

Chateaubriand peut bien, ici ou là, feindre de condamner *« la coupable mélancolie »*, *« les passions sans objet »*. Il consacre même à ce thème un long récit, *René*, qu'il insère dans son *Génie du christianisme*. *René*, comme *Atala*, est extrait d'un interminable roman-épopée, *Les Natchez*, écrit à Londres, et que Chateaubriand ne livrera intégralement au public qu'en 1826. Il y a versé beaucoup des impressions – et de l'imagination – suscitées par son séjour de neuf mois aux États-Unis en 1791. Il y a aussi mêlé des souvenirs d'enfance, passablement fantasmés. L'exotisme des paysages, les histoires d'Indiens, les noirs donjons de Combourg, le parfum d'inceste qui nimbe les relations de René et d'Amélie, sa sœur, ont enchanté les lecteurs.

Mais *René* se présente comme l'illustration romanesque d'une thèse de l'auteur : *« Formée pour nos misères et pour nos besoins, la religion chrétienne nous offre sans cesse le double tableau des chagrins de la terre et des joies célestes ; et, par ce moyen, elle fait dans le cœur une source de maux présents et d'espérances lointaines, d'où découlent d'inépuisables rêveries. Le chrétien se regarde toujours comme un voyageur qui passe ici-bas dans une vallée de larmes, et qui ne se repose qu'au tombeau. »* Fort bien. Sauf que le roman peint avec une telle force de séduction la violence et le trouble des passions, la profondeur du vague à l'âme, le vertige devant la mort des civilisations, la perte des utopies, le désenchantement du monde – *« un vaste désert d'hommes »* – que l'ordre néo-catholique en est lui-même ruiné. Comme si l'écriture de Chateaubriand, le mouvement de sa prose démentaient les sages et pieux propos de son apologie chrétienne, le conformisme de sa contre-révolution spirituelle. Ce qui est la meilleure réponse à ceux qui le considèrent comme *« un faiseur de phrases »*.

Car si Chateaubriand, comme tout le mouvement contre-révolutionnaire, applaudit à l'abdication de la raison et de la science ; s'il entend rabaisser toute la littérature du XVIIIe siècle dont il ne reste que la poussière de l'écroulement – *« Le style de ces hommes est sec, l'expression sans franchise, l'imagination sans amour et sans flamme ; ils n'ont nulle onction, nulle abondance, nulle simplicité. On ne sent pas quelque chose de nourri dans leurs ouvrages ; l'im-*

mensité n'y est point, parce que la divinité y manque » –, il refuse de suivre les plus radicaux de ses amis pour qui l'homme de lettres lui-même doit disparaître, condamné en quelque sorte par l'histoire.

Leur argument est simple et il est de toutes les époques, de toutes les pensées réactionnaires : les écrivains doivent se mêler de ce qui les regarde. La perfection littéraire, écrit Bonald, dérive de la perfection du mode de gouvernement. L'excellence littéraire a été approchée au XVIIe siècle parce qu'on s'est approché de l'idéal politique – et divin –, la monarchie catholique. Le XVIIIe siècle a été celui de la décadence politique, donc littéraire. Les hommes de lettres s'y sont arrogé une fonction dans la direction de la société. La Révolution a été l'aboutissement de cette prétention et de cette illégitimité. Il est temps de revenir à la hiérarchie « naturelle » des pouvoirs sans laquelle il n'y a pas d'ordre social qui tienne : les écrivains doivent disparaître en tant que caste sociale dirigeante.

Chateaubriand n'est disposé ni à cet effacement ni à cette modestie. Il en reprend les thèmes majeurs – l'illusion de l'espérance, l'impuissance de la raison, l'impossibilité du bonheur, l'insatisfaction, l'exil, le manque, les bornes, le doute – mais c'est pour mieux les installer au centre même d'une nouvelle morale sociale. Avec lui, le pouvoir des écrivains change de mains et de manière de s'exercer, mais le pouvoir demeure : le poète chasse le philosophe, la magie du verbe expulse la conviction du raisonnement, mais, plus que jamais – à cause même de ses doutes, de sa mélancolie et de sa faiblesse –, l'écrivain se pose en guide. Il est celui qui enchante en exprimant le désenchantement, qui fait entrevoir l'infini en exaltant l'infinitude et qui soulage le désespoir en amplifiant son expression. Avec le succès du *Génie du christianisme*, Chateaubriand réussit ce que les philosophes du XVIIIe siècle avaient tenté, sans jamais y parvenir complètement : le remplacement du prêtre par l'écrivain dans la conduite spirituelle de la société.

L'effondrement de l'Église l'a aidé, comme il a aidé Bonaparte à imposer son Concordat. Chateaubriand opère une laïcisation poétique du sentiment religieux. Conformément à sa dialectique de la victoire par la défaite, il fait de la chute de l'Église le signe même de son triomphe annoncé. Mais c'est lui, Chateaubriand, le faible, l'exilé, le mélancolique, qui est le prophète de cette nouvelle alliance. À l'année 1802 de ses *Mémoires d'outre-tombe*, Chateaubriand parle de Pétrarque, et sans doute de lui-même : « *Siècle fécond, jeune, sensible, dont l'admiration remuait les entrailles ; siècle qui obéissait à la lyre d'un grand poète, comme à la loi d'un législateur ! C'est à Pétrarque que nous devons le retour du souverain pontife au Vatican ; c'est sa voix qui a fait naître Raphaël et sortir de terre le dôme de Michel-Ange.* »

Le message de Chateaubriand tire son succès de son ambiguïté, d'un vague, d'une imprécision splendidement entretenus par une éloquence rêveuse et une imagination sentimentale. « *Sans illusion sur la valeur intrinsèque de l'ouvrage, je lui reconnais une valeur accidentelle ; il est venu juste et à son moment* », écrira-t-il plus tard. Il est aussi venu au moment où Bonaparte l'attendait.

L'édition de 1803 est d'ailleurs dédiée « *au premier consul Bonaparte* » : « *Citoyen Premier Consul,* écrit le ci-devant vicomte François-René, *vous avez bien voulu prendre sous votre protection cette édition du* Génie du christianisme *; c'est un nouveau témoignage de la faveur que vous accordez à l'auguste cause qui triomphe à l'abri de votre puissance. On ne peut s'empêcher de reconnaître dans vos destinées la main de cette Providence qui vous avait marqué de loin, pour l'accomplissement de ses desseins prodigieux. Les peuples vous regardent ; la France, agrandie par vos victoires, a placé en vous son espérance, depuis que vous appuyez sur la religion les bases de l'État et de vos prospérités. Continuez à tendre une main secourable à trente millions de Chrétiens qui prient pour vous au pied des autels que vous leur avez rendus.* »

Pour flatter le maître de la République, Chateaubriand a retrouvé la rhétorique des poètes-courtisans dédiant leur ouvrage au souverain. L'apologie de la religion tourne à l'allégeance au citoyen-chef que sa « puissance » et sa « faveur » érigent en protecteur de l'Église ressuscitée. Bonaparte est promu élu de la Providence par son porte-voix le plus écouté. On devine sa satisfaction politique.

On devine aussi, chez Chateaubriand, l'excitation du désir politique : la tentation de passer du magistère de la parole au magistère de l'action. L'écrivain de la reconquête spirituelle brûle d'exercer son talent et son influence sur un terrain plus concret : la société, le gouvernement. Ce que Bonaparte n'est évidemment pas disposé à satisfaire. Le Premier consul conçoit les relations de l'État et de la littérature de la manière la plus classique, celle d'un échange entre le symbolique et le réel. Les physiciens, les mathématiciens, les chimistes, les géographes font gagner les batailles, les peintres les illustrent, les poètes et les musiciens les chantent. En récompense, l'État leur offre sa protection, quelques prébendes et des fonctions de représentation. Bonaparte nomme Chateaubriand secrétaire de légation à Rome, où l'auteur du *Génie du christianisme* entretiendra les rapports les plus détestables avec son ambassadeur, le cardinal Fesch, l'oncle de Bonaparte. L'exécution du duc d'Enghien, le 21 mars 1804, permettra à Chateaubriand de se sortir de ce piège si peu doré. Il démissionne – beaucoup plus discrètement qu'il ne le prétendra plus tard – et se tiendra, jusqu'à la chute de l'Empire, dans une sorte d'opposition boudeuse à l'Empereur. Il est, confortablement, persécuté : Napoléon ne s'oppose pas à son élection à l'Académie française en 1811, mais il lui fait interdire de prononcer son discours de réception.

Cette déception politique ramène Chateaubriand au plus près de sa vérité littéraire : celle de la déception précisément, du vide, du manque, de l'insatisfaction, de la passion d'autre chose, et des mots pour dire et combler ce mal de vivre. Il est difficile d'être au pouvoir et de chanter sa souffrance. Chateaubriand en fera de nouveau l'expérience, après 1815 et jusqu'en 1824, lorsque les routes du gouvernement, monarchiste cette fois et catholique, s'ouvriront devant lui. Il ne pourra alors trouver son salut que dans l'extrême, dans une politique ultra-réactionnaire, violemment antibourgeoise et qu'il sait être un défi, perdu d'avance, à la réalité sociale et historique du monde moderne.

Après 1824, sous Charles X et la monarchie autoritaire, le poète évolue, en sens contraire du régime. Il redécouvre la grandeur et la beauté de la liberté lorsqu'elle est attaquée. Il devient libéral, jusqu'à ce que le libéralisme triomphe avec la révolution de Juillet et l'avènement de Louis-Philippe. Il refuse alors de collaborer avec le nouveau régime, par fidélité à l'ancien, qu'il a combattu. Il démissionne de toutes ses fonctions, refuse toutes les pensions. Il se rapproche même des républicains puisque les républicains sont chimériques. Il s'arrange toujours pour que son désir de politique, irrésistible, ne soit pas menacé par son accomplissement.

Il est au milieu des batailles, politiques, diplomatiques, sociales, esthétiques que déchaînent l'épopée impériale, le triomphe de la bourgeoisie financière, l'essor des nationalismes européens, l'éruption de la sensibilité romantique dont il a été l'initiateur. Mais il y participe comme à une histoire morcelée et insensée où les acteurs comptent moins que ceux qui les racontent, où seule la légende donne un sens aux événements.

À partir de 1830, le vicomte de Chateaubriand consacre son temps à la rédaction de ses *Mémoires d'outre-tombe* dont les premières pages sont datées de 1811. Un livre-vie, l'écriture comme seule cohérence d'une existence en proie à l'histoire et au néant, le récit d'une navigation de naufrage en naufrage sur la cime des vagues. L'épopée funèbre d'une naissance, celle de la modernité. Au sommet de cette immense toile, la confrontation, outre-tombe, au-delà du temps, de deux destins, de deux génies, de deux accoucheurs douloureux d'avenir : Chateaubriand et Bonaparte, le poète et l'homme d'action, le maître des mots et celui de la violence. Dialogue de vaincus, néanmoins vainqueurs. Les *Mémoires d'outre-tombe* s'achèvent ainsi : *« Le monde ne saurait changer de face (et il faut qu'il change) sans qu'il y ait douleur. Mais ce ne seront point des révolutions à part ; ce sera la grande révolution allant à son terme. Les scènes de demain ne me regardent plus.* [...] *Il est six heures du matin ; j'aperçois la lune pâle et élargie ; elle s'abaisse sur la flèche des Invalides à peine révélée par le premier rayon doré de l'Orient : on dirait que l'ancien monde finit et que le nouveau commence. Je vois les reflets d'une aurore dont je ne verrai pas se lever le soleil. Il ne me reste qu'à m'asseoir au bord de ma fosse, après quoi, je descendrai hardiment, le Crucifix à la main, dans l'Éternité. »*

SOURCES

François-René de CHATEAUBRIAND : *Essais sur les révolutions. Génie du christianisme*. Édition de Maurice Regard. Paris, Gallimard, « Bibliothèque de la Pléiade », 1978.

— *Mémoires d'outre-tombe*. Édition de Maurice Levaillant. Préface de Julien Gracq. 4 vol. Paris, Flammarion, 1982.

— *Correspondance générale*. Édition de Béatrix d'Andlau, Pierre Christofotov et Pierre Riberette. 5 volumes parus (1789-1822). Paris, Gallimard, 1977-1983.

Germaine de STAËL : *De la littérature*. Paris, Flammarion, 1991.

— *Choix de lettres (1778-1817)*. Paris, Klincksieck, 1970.

Louis de Bonald : *Démonstration philosophique du principe constitutif de la société*. Édition de François Azouvi. Paris, Vrin, 1985.

Pierre-Simon Ballanche : *Essais sur les institutions sociales dans leurs rapports avec les idées nouvelles*. Paris, Fayard, 1991.

Joseph de Maistre : *Considérations sur la France*. Paris, Imprimerie nationale, 1994.

Emmanuel de Las Cases : *Mémorial de Sainte-Hélène*. Édition de Gérard Walter. 2 vol. Paris, Gallimard, « Bibliothèque de la Pléiade », 1935.

Bernard Plongeron : *Théologie et politique sous les Lumières*. Genève, Droz, 1973.

André Latreille : *L'Église catholique et la Révolution française*. Paris, Le Cerf, 1970.

Jean-Pierre Richard : *Paysage de Chateaubriand*. Paris, Éd. du Seuil, 1967.

André Maurois : *René ou la Vie de Chateaubriand*. Rééd. Paris, Grasset, 1986.

Paul Bénichou : *Le Sacre de l'écrivain (1750-1830)*. Paris, José Corti, 1985.

Yves Vadé : *L'Enchantement littéraire. Écriture et magie de Chateaubriand à Rimbaud*. Paris, Gallimard, 1990.

Germaine de Staël dans « le deuil éclatant du bonheur »

1813 ■ *De l'Allemagne*

L'EMPEREUR des Français n'aime pas les écrivains. Bonaparte a eu des velléités littéraires. Dans ses *Mémoires d'outre-tombe*, Chateaubriand retrace la carrière d'homme de lettres du jeune Corse entre sa sortie de Brienne en 1784 – il a quinze ans – et décembre 1793, où le capitaine Bonaparte, protégé d'Augustin Robespierre, s'illustre au siège de Toulon. Une carrière *« courte par l'espace, longue par les travaux »*. L'apprentissage classique d'un garçon pauvre et ambitieux cherchant à s'ouvrir un passage dans le cercle enchanté de la république des lettres.

« Bonaparte, écrit Chateaubriand, *était attiré à tout endroit de bruit comme l'oiseau appelé par le miroir ou accourant à l'appeau. »* Avec vaillance et obstination, dans son français encore hésitant, il participe aux concours académiques, écrit à l'abbé Raynal, à Necker, envoie aux ministres des mémoires sur l'organisation de la Corse ou *« sur la manière de disposer des canons pour le jet des bombes »*. Littérature utile, comme l'exige le temps. On ne l'écoute pas, évidemment. Alors, plus secrètement, il accumule les cahiers – on en retrouvera trente-huit – où il commente les historiens antiques, les économistes, la législation religieuse et l'essai de Rousseau sur les origines de l'inégalité qu'il réfute rageusement. Ce qui ne l'empêche pas de céder de temps en temps à la mode de la noire rêverie qui s'est emparée des jeunes Européens depuis le triomphe des *Souffrances du jeune Werther* de Goethe en 1774 : *« Toujours seul au milieu des hommes, je rentre pour rêver*

avec moi-même et me livrer à toute la vivacité de ma mélancolie. De quel côté est-elle tournée aujourd'hui ? du côté de la mort. [...] *Si j'avais passé soixante ans, je respecterais les préjugés de mes contemporains, et j'attendrais patiemment que la nature eût achevé son cours ; mais puisque je commence à éprouver des malheurs, que rien n'est plaisir pour moi, pourquoi supporterais-je des jours où rien ne me prospère ?* »

Suicidaire, Bonaparte ? Il utilise plus simplement son impatience en faisant des gammes sur l'air du temps. Il ébauche un journal intime, compose *« un petit roman anglais », Le Comte d'Essex*, une nouvelle orientale, *Le Masque prophète*, un dialogue sur les femmes et l'amour *« qu'il traite avec mépris »*, un roman corse où il manifeste un vif ressentiment contre les Français. En marge de ces manuscrits, des petites maisons, des dessins d'enfants, des barbouillages d'écolier.

Le seul de ses griffonnages d'apprenti qui ait connu un commencement de publicité est un écrit politique. *Le Souper de Beaucaire* emprunte la forme traditionnelle d'une conversation mise en scène. Deux négociants marseillais, un Nîmois, un fabricant de Montpellier et Bonaparte se rencontrent un soir de 1793 dans une auberge de Beaucaire. Ils y discutent du cours de la Révolution et Bonaparte s'y montre un partisan résolu et déclamatoire de la politique de Robespierre et des jacobins. Ce petit opuscule a tout pour plaire aux représentants de la Convention dans le Midi, Salicetti et Augustin Robespierre, qui en décident l'impression aux frais de l'État. Maigre gloire qu'il convient de faire vite oublier.

À l'autre bout de la vie de Bonaparte se situe une autre entreprise littéraire, impressionnante celle-là, le *Mémorial de Sainte-Hélène*, rédigé au cours de la première année de captivité de l'Empereur déchu par un aristocrate rallié, le comte de Las Cases, et en partie dicté par le prisonnier. Une relecture politique de l'épopée napoléonienne par l'intéressé lui-même et qui tend à identifier, pour la postérité, l'Empire et la Révolution. Travail magistral de création mythologique qui confère au dictateur vaincu l'auréole d'un héros romantique emporté par son destin : *« Les malheurs ont aussi leur héroïsme et leur gloire. L'adversité manquait à ma carrière. Si je fusse mort sur le trône, dans les nuages de ma toute-puissance, je serais demeuré incomplet pour bien des gens.*

Aujourd'hui, grâce au malheur, on pourra me juger à nu. » Le travail de la légende peut commencer. Chateaubriand, l'ancien ennemi, lui apportera ses plus sublimes festons : « *Le 4, la tempête* [...] *s'éleva : presque tous les arbres de Longwood furent déracinés. Enfin, le 5, à six heures moins onze minutes du soir, au milieu des vents, de la pluie et du fracas des flots, Bonaparte rendit à Dieu le plus puissant souffle de vie qui jamais anima l'argile humaine.* »

Dans *Le Rouge et le Noir*, publié en 1830, Julien Sorel, au lieu de travailler dans la scierie paternelle, lit et relit avec passion, comme un bréviaire, le *Mémorial de Sainte-Hélène*. La jeune garde littéraire va s'emparer de la nostalgie du héros vaincu et de la gloire envolée pour dire son dégoût du présent et son désespoir de l'avenir.

Mais entre les balbutiements impatients de l'élève officier à la recherche d'une position et la reconstruction poétique d'une destinée prométhéenne, entre 1794 et 1816, il n'y a pas de place pour la littérature. Napoléon Bonaparte la considère comme un luxe inutile et donc dangereux. L'État moderne et son armée ont besoin de savants, d'ingénieurs, de techniciens, de prêtres aussi pour le bon ordre des âmes, ils n'ont pas besoin d'écrivains. La part du rêve, Bonaparte s'en charge, sans concurrence. Les idéologues, ces continuateurs de la philosophie des Lumières, Destutt de Tracy, Cabanis, Garat, Daunou, sont les premières cibles de la remise en ordre intellectuelle. Rapidement écartés des postes d'influence qu'ils occupaient, ils sont discrédités dans l'opinion comme appartenant à la fois à l'horizon idéologique de l'ancien régime et à l'héritage jacobin. Leur journal, *La Décade philosophique*, est absorbé, d'autorité, suprême avanie, par son principal adversaire, le *Mercure* spiritualiste de Chateaubriand.

Lequel Chateaubriand, après *Le Génie du christianisme* et le poste diplomatique, subalterne, à Rome, qui le récompense, doit faire le deuil de ses ambitions politiques. L'Empereur l'ignore, sans vraiment le persécuter ; Chateaubriand choisit l'opposition cléricale, maussade et prudente. Il attendra l'abdication de 1814 pour se venger de ce mépris ; son pamphlet *De Buonaparte et des Bourbons* ressemble au coup de pied de l'âne.

Il en va autrement avec Germaine de Staël. Passionnée de politique plus encore que de littérature, grande pourvoyeuse d'idées et d'intrigues, la fille de Necker se fait fort, dans un premier temps, de convertir le Premier consul à l'idéologie libérale et de favoriser la carrière de son amant intermittent, Benjamin Constant. Échec sur toute la ligne. Bonaparte est insensible à l'éloquence mi-raisonneuse mi-sentimentale de la baronne, et les foucades de Constant le font exclure dès 1802 du Tribunat où il avait été nommé deux ans plus tôt. Dépitée, Mme de Staël se tourne alors vers les rivaux de Bonaparte sur lesquels elle reporte ses espérances et ses ambitions. Elle participe, en avril 1802, à la fumeuse conspiration dite des libelles ou des pots de beurre, inspirée par le général Moreau, déjà, et soutenue par Simon et par Bernadotte. Joseph Fouché, le redoutable patron de la police politique, pour d'obscures raisons tactiques – il a des mises dans tous les camps –, choisit d'étouffer l'affaire. Mais Germaine de Staël ne s'en tient pas là. Coup sur coup, entre juillet et décembre 1802, elle publie et fait publier trois livres qui apparaissent comme autant de contestations de la politique du Premier consul.

Le premier est signé de Camille Jourdan. Ce fils d'une riche famille de négociants lyonnais est un politicien pittoresque. Au Conseil des Cinq-Cents où il a été élu en 1796, il s'est distingué par des interventions répétées, aussi déclamatoires que bigotes, en faveur du rétablissement de la sonnerie des cloches. On le surnomme « Din-Dindon » ou « Jordan-Cloche ». Mme de Staël, de confession républicaine, n'hésite pas à inspirer à ce catholique monarchiste la rédaction d'un libelle, *Le Vrai Sens du vote national sur le consulat à vie*, qui décrit la liberté républicaine menacée par le risque dictatorial. Le second ouvrage produit par la baronne est signé de Jacques Necker lui-même. Adoré par sa fille qu'il adore, l'ancien ministre des Finances de Louis XVI accepte de sortir de l'oubli où la Révolution l'avait laissé pour livrer, dans un style parfait, une sorte de testament intellectuel, *Dernières vues de politique et de finances*. Une leçon de morale genevoise de la vie publique qui prend le contre-pied du culte bonapartien de l'efficacité.

Le troisième livre est un roman épistolaire, *Delphine*. Germaine de Staël s'y montre à la fois une (riche) héritière de la tradition philosophique du XVIIIe siècle et l'annonciatrice des temps nouveaux de la passion et des grands mouvements de l'âme. Elle a le génie des contradictions. Elle cherche à atteindre la vérité des sentiments, avec une belle liberté, mais elle le fait de manière cérébrale.

Elle veut donner l'exemple d'une littérature toute personnelle et individuelle où le « je » affirme sa prééminence, mais ces personnages incarnent des thèses plutôt que des caractères, des théories en conflit plutôt que des oppositions de passions. Elle exalte les sentiments, mais au nom des principes.

Ce n'est évidemment pas la nouveauté esthétique de *Delphine* qui provoque la colère de Bonaparte ; ce n'est pas même l'éloge des passions individuelles qui élèvent les âmes d'élite au-dessus des préjugés, des intérêts politiques et même des lois ; c'est bien qu'un écrivain, une femme qui plus est, s'arroge la liberté de définir un autre modèle élitaire que celui mis en place par le maître de la nation. Bonaparte veut écraser les différences sous son autorité, amalgamer la vieille aristocratie et les bénéficiaires de la Révolution, l'ancienne noblesse d'épée et la nouvelle noblesse d'argent, de force sinon de gré. Il va recréer une cour, caricature morne de l'ancienne, il va inventer des ducs, des princes et des comtes, des médailles et imposer l'identité de la nation et de l'État, bientôt confondu avec sa seule volonté. *Delphine* illustre, non sans contradictions et incohérences, l'émergence d'une autre élite, formée à la liberté, à la morale individuelle, à la méfiance des institutions sociales et de la tyrannie de l'État opposées aux exigences de l'âme. L'individu contre la société. C'est aussi le résultat, paradoxal, de la Révolution.

Bonaparte veut éviter la contagion individualiste. Il interdit Paris à Germaine de Staël. Il a tort : elle va voyager, comme lui, dans toute l'Europe, rencontrer la fine fleur des intellectuels, installer sa cour à Coppet, au bord du lac de Genève, à la manière de Voltaire autrefois. Elle écrit, elle anime, elle rassemble, pendant huit ans.

« Il faut imprimer peu, et le moins sera le mieux. » La directive impériale est claire. Le 5 février 1810, au faîte de sa puissance militaire et politique, Napoléon crée la direction générale de l'imprimerie et de la librairie qu'il confie à Joseph-Marie Portalis, le fils de l'ancien ministre des Cultes, parfaitement stupide et obéissant – il obéira d'ailleurs à tous les régimes jusqu'à sa mort, sénateur du Second Empire, en 1858. La nomination de Portalis est un désaveu pour Fouché qui se voit retirer la censure des livres pour ne conserver que celle des journaux. Il aura peu à faire puisqu'un décret, le 30 août, stipule qu'il n'y aura désormais qu'un seul jour-

nal par département (4 pour Paris contre 70 en 1799) placé sous l'autorité du préfet. Les quatre journaux parisiens sont contrôlés financièrement par le gouvernement. Seul journal national, le *Bulletin de la Grande Armée*, qu'on doit lire dans les lycées, les églises et les théâtres, assume les fonctions de propagande et de manipulation de ce système totalitaire.

Portalis pratique la censure des livres comme il peut, c'est-à-dire mal. Il est vite débordé : en 1810, la France administrative couvre la moitié de l'Europe. Fouché en profite pour retisser sa toile obscure. Secrètement, pendant que Napoléon se prépare à convoler avec Marie-Louise d'Autriche, il négocie avec l'Angleterre. Il prend quelques gages du côté de l'opposition. En avril, Mme de Staël quitte Coppet pour le château de Chaumont où elle installe son nouveau cénacle. En même temps, elle donne à imprimer à l'éditeur parisien de *Corinne*, Nicolle, le manuscrit de son nouvel ouvrage, *De l'Allemagne*. Nicolle soumet comme il se doit l'ouvrage à la censure. Une dizaine de milliers d'exemplaires du livre sont imprimés.

C'est alors, le 3 juin, que l'Empereur débarque brutalement Fouché et le remplace par Savary, son ancien aide de camp, piètre général mais exécutant fidèle de toutes les basses œuvres. Lui-même commente ainsi dans ses *Mémoires* sa nomination à la tête de la police : *« L'Empereur eût choisi l'ambassadeur de Perse que cela n'aurait pas fait plus de peur. »* De fait, Savary sait concilier l'exercice de la bureaucratie policière la plus tatillonne et les méthodes d'intervention les plus brutales. C'est lui, en 1811, qui fera s'évader du bagne un bandit chevronné, Eugène Vidocq, pour en faire le chef d'une brigade secrète de la police de sûreté : *« Nous cassions bras et jambes,* écrira Vidocq, *rien ne nous résistait ; et nous étions partout. »*

Savary, duc de Rovigo, expédie le 22 septembre un escadron de gendarmes à l'imprimerie de Nicolle avec ordre, raconte Mme de Staël, *« de mettre en pièces toute l'édition et d'établir des sentinelles aux diverses issues du magasin, dans la crainte qu'un seul exemplaire de ce dangereux écrit ne pût s'échapper. Un commissaire de police fut chargé de surveiller cette expédition, dans laquelle le général Savary obtint aisément la victoire ; et ce pauvre commissaire de police est, dit-on, mort des fatigues qu'il a éprouvées en s'assurant avec trop de détail de la destruction d'un si grand nombre de volumes »*. On détruit aussi les formes imprimées et le manuscrit.

« Au moment où l'on anéantissait mon livre à Paris, je reçus à la campagne l'ordre de livrer la copie sur laquelle on l'avait imprimé, et de quitter la France dans les vingt-quatre heures. »

Mme de Staël ayant demandé un délai et protestant auprès de Savary que son livre, portant sur la littérature allemande et ne citant jamais le nom ou la personne de l'Empereur, ne pouvait guère l'offenser, Savary accorde huit jours de sursis et se fend d'une explication : *« Il ne faut point rechercher la cause de l'ordre que je vous ai signifié dans le silence que vous avez gardé à l'égard de l'Empereur dans votre dernier ouvrage, ce serait une erreur, il ne pouvait pas y trouver de place qui fût digne de lui ; mais votre exil est une conséquence naturelle de la marche que vous suivez constamment depuis plusieurs années. Il m'a paru que l'air de ce pays-ci ne vous convenait point, et nous n'en sommes pas encore réduits à chercher des modèles dans les peuples que vous admirez. Votre dernier ouvrage n'est point français. »*

Savary propose à Germaine de Staël une liste de ports à partir desquels elle est autorisée à s'embarquer pour l'Amérique. En fait, elle est assignée à résidence, enfermée à Coppet, d'où elle s'évadera en 1812 pour l'Angleterre, la Russie, puis la Suède, d'où elle complotera, en 1813, pour amener Bernadotte sur le trône de France.

De l'Allemagne est-il un livre anti-français ? Lorsqu'il paraît, à Londres, en juin 1813, il en a toutes les apparences. L'Empire de Napoléon est en train de sombrer. La Prusse lui a déclaré la guerre, l'Espagne est perdue, l'armée russe occupe Varsovie, l'Autriche a rompu son alliance, Bernadotte rejoint la coalition contre la France, la Bavière s'apprête à faire de même, les Anglais sont à Saint-Jean-de-Luz et vont débarquer en Toscane. Choisir ce moment pour publier, à Londres, un éloge de l'âmc allemande, c'est hurler avec les loups et donner une caution intellectuelle à la curée.

Germaine de Staël ne le voit pas. Son patriotisme de Française genevoise est ailleurs. Sa haine de Napoléon n'est même pas en jeu : elle ne s'intéresse qu'aux idées. *De l'Allemagne* est un grand livre politique, mais l'esprit de Germaine de Staël est à ce point façonné par la passion civique qu'elle ne la perçoit plus. Elle a tout envahi, tout coloré, à commencer par la littérature. Intellectuelle libre, Mme de Staël a la politique dans l'âme.

Son livre est bâti sur une opposition, celle de l'esprit français et de l'âme allemande. La politesse contre la sincérité, la surface contre la profondeur, l'analyse contre la poésie, la convenance contre la morale, le goût contre la création originale, la société contre l'individu, la civilisation contre la culture.

C'est une ancienne conviction. En 1802 déjà, elle écrivait que *« l'esprit humain qui semble voyager d'un pays à l'autre est en ce moment en Allemagne »*. Il ne peut plus se trouver en France depuis la chute du modèle monarchique. Les nombreux séjours de Germaine en Allemagne, ses rencontres avec Goethe, Schiller, Wieland, ses nombreuses et studieuses lectures, l'influence surtout d'August Wilhelm von Schlegel dont elle a fait, depuis 1804, le précepteur de ses enfants et le compagnon de ses errances, ont transformé cette intuition en révélation.

A. W. Schlegel, rencontré à Berlin, est l'un des militants les plus influents du premier romantisme allemand. Il a fondé avec son frère Friedrich la revue *Athenaeum* où se retrouvent Fichte, Schelling, Tieck, Novalis. Savant, théologien, philologue, féru d'analyse esthétique, il considère le Moyen Âge comme l'âge d'or de la poésie allemande authentique ; mais, à la différence de bien de ses amis, ce traducteur magnifique de Shakespeare, de Calderon et des poètes grecs ne limite pas son horizon à la seule beauté romantique et à la résurgence des racines allemandes. La beauté est cosmopolite et transhistorique, comme l'infini qu'elle représente symboliquement. Il évitera à Germaine de Staël – mais pas aux romantismes – de sombrer dans les basses querelles des rivalités nationalistes.

Ce qui sauve aussi Germaine de Staël des caricatures polémiques sur *« les caractères nationaux »*, le *« génie des peuples »*, c'est la conscience de l'histoire comme réalité. La Révolution française a historicisé le sentiment et le savoir du monde. Elle a mis fin à l'éternel. Elle lui a substitué l'universel – celui des droits de l'homme – qui est à la fois un principe abstrait et une fin concrète. Un fondement et un processus. L'universel des droits de l'homme est à la fois essence et conquête, esprit et histoire. Audacieuse, téméraire même, Mme de Staël place son opposition entre l'esprit français et l'âme allemande sous la lumière de l'histoire comparée, la plus matérielle. Si elle affirme, classiquement, que *« la véritable force d'un pays, c'est son caractère naturel »*, elle fait de cette nature le résultat d'une histoire.

C'est ainsi qu'elle étudie la civilisation et la langue françaises comme le fruit d'un long processus où l'absolutisme royal, la destruction du système féodal et de ses valeurs, l'unité nationale ancienne autour d'un État fort, la prédominance du modèle de cour dans la définition des critères esthétiques, linguistiques, moraux, religieux et sociaux, l'influence des femmes dans la sociabilité, l'intégration des gens de lettres d'origine bourgeoise dans l'élite mondaine jouent un rôle prédominant. L'histoire française a créé une société, une pensée, une langue et une littérature de la *civilité*. Pour le meilleur, mais aussi pour le pire : *« La civilité a miné l'amour, l'enthousiasme, la religion, tout sauf l'égoïsme. »* L'égoïsme est l'expression du moi civilisé, du moi qui ne se définit que par le regard porté sur lui par la société. L'égoïsme s'oppose à l'individualisme, expression du sujet profond, unique, autonome. Celui de la pensée créatrice et de la littérature.

« L'Allemagne est la patrie de la pensée. » Mais, là encore, il ne s'agit pas d'un destin ou d'une élection métaphysique, mais du résultat d'une histoire. Celle d'une nation divisée en une multitude d'entités politiques, fluctuantes, différentes par leur mode de pouvoir, leur religion, leurs traditions. Absence de modèle susceptible de s'imposer à tous, barrière de classe infranchissable entre le pouvoir aristocratique et l'élite intellectuelle – *« les nobles y ont trop peu d'idées et les gens de lettres trop peu l'habitude des affaires »* – longtemps redoublée par une barrière linguistique entre la sphère du pouvoir, francophone, et la sphère du savoir germanophone. Tout cela, explique fort bien Germaine de Staël, a conduit les penseurs, les savants et les écrivains allemands, écartés des cours, disséminés en petites unités provinciales, préservés de la corruption morale et du libertinage de la société de politesse, à privilégier le travail solitaire, la recherche savante, les idées abstraites, la vérité des sentiments plutôt que la mode de l'opinion, le sérieux plutôt que le brillant. Bref, le génie – individuel – davantage que le talent qui est toujours un effet de communication.

« Il faut se mesurer avec les idées en allemand, avec les personnes en français. » Germaine de Staël précise encore : *« En France, on étudie les hommes ; en Allemagne, les livres. Des facultés ordinaires suffisent pour intéresser en parlant des hommes ; il faut presque du génie pour retrouver l'âme et le mouvement dans les livres. L'Allemagne ne peut attacher que ceux qui s'occupent*

des faits passés et des idées abstraites. Le présent et le réel appartiennent à la France ; et, jusqu'à nouvel ordre, elle ne paraît pas disposée à y renoncer. »

D'un côté – c'est écrit en 1810 – le gouvernement du réel, l'impérialisme du pouvoir sur les corps ; de l'autre la république de la pensée et du sentiment échappant à l'assujettissement par son immatérialité :

« *Les Allemands ont su se créer une république des lettres animée et indépendante. Ils ont suppléé à l'inintérêt des événements par l'intérêt des idées. Ils se passent de centre, parce que tous tendent vers un même but.* [...] *Les citoyens de cette république idéale, dégagés pour la plupart de toute espèce de rapport avec les affaires publiques et particulières, travaillent dans l'obscurité comme les mineurs, et placés comme eux au milieu des trésors ensevelis, ils exploitent en silence les richesses intellectuelles du genre humain.* »

Le monde est coupé en deux. Entre l'extérieur et l'intérieur. La France napoléonienne domine l'Europe des hommes ; l'Allemagne romantique domine l'Europe des âmes, des idées, des sentiments. On pourrait en rester à cette déchirure ou à cette répartition des rôles, des énergies et des impuissances. Civilisation et Kultur à jamais séparées, comme deux modèles antagoniques.

C'est la voie qu'empruntent la plupart des intellectuels allemands rencontrés ou lus par Mme de Staël – et aussi ceux, plus radicaux encore, qu'elle ignore : Kleist, Hölderlin, Hegel. Écrivains et philosophes, d'origine bourgeoise pour la plupart, ils ont applaudi la Révolution française, la liberté, le droit des peuples, avant de se retourner contre un universalisme révolutionnaire brutalement imposé par la force d'armes étrangères. Ils ont résisté aux principes de l'occupant. À l'universalisme français, ils ont opposé la spécificité irréductible de l'âme nationale allemande fondée non sur la citoyenneté politique, mais sur la langue et sur la communauté des racines. L'impérialisme napoléonien a permis à ce nationalisme culturel de cristalliser et de prendre une forme idéologique et politique vivement anti-française, fondant sa modernité sur un mouvement de retour à la source germanique.

Dans ses *Discours à la nation allemande*, prononcés à Berlin au cours de l'hiver 1807-1808, alors que les armées napoléoniennes occupent la Prusse, Fichte, qu'admire tant Germaine de

Staël, définit la nation non par rapport au droit ou à l'État, mais comme le rassemblement *« des hommes dont l'organe vocal subit les mêmes influences extérieures, qui vivent ensemble et qui cultivent leur langue à travers les communications qu'ils ne cessent d'entretenir les uns avec les autres. Les hommes sont formés par la langue, plus que la langue ne l'est par les hommes »*. Mais, ajoute Fichte, la langue allemande, populaire, primitive, a conservé son énergie et sa pureté originaires ; elle n'a pas été polluée par l'artificialité des classes privilégiées qui utilisaient le latin, puis le français. Elle est donc la *« source originelle »* à laquelle se revivifie sans cesse la nation allemande : la langue vivante, opposée aux langues mortes néo-latines, abstraites, coupées de la sève populaire. La nation allemande, naturelle, originelle, organique est le *« peuple-souche »* à qui il revient de retrouver, contre la décadence rationaliste, la vocation d'unificateur de la chrétienté qui fut la sienne après la chute de l'Empire romain. Les thèmes nationalistes du romantisme allemand sont en place.

Mme de Staël appartient encore trop à l'esprit des Lumières et à son humanisme pour se satisfaire de cette coupure. Si son tempérament et son expérience intime la portent vers l'Allemagne, les idées abstraites, le sentiment religieux, les mouvements de l'âme, l'illimité littéraire, l'exaltation de l'enthousiasme, elle ne peut aussi se passer, quoi qu'elle écrive, des plaisirs de la conversation, des agréments de la société et de la fièvre politique. Elle cherche le bonheur, c'est-à-dire l'accord de l'intérieur et de l'extérieur, de soi et du monde. Elle ne veut pas le croire perdu à jamais ou promis à une autre vie.

Le douzième et dernier chapitre de la quatrième et dernière partie de son gros essai avoue ce qu'elle a tenu jusqu'ici dissimulé : *« Il est temps de parler du bonheur ! J'ai écarté ce mot avec un soin extrême, parce que depuis près d'un siècle surtout on l'a placé dans des plaisirs si grossiers, dans une vie si égoïste, dans des calculs si rétrécis, que l'image même en est profanée. »* Elle ne parle plus guère de l'Allemagne et de sa littérature. Ou plutôt elle leur emprunte *« la qualité vraiment distinctive de la langue allemande »* : l'enthousiasme, qui est *« de tous les sentiments celui qui donne le plus de bonheur, le seul qui en donne véritablement, le seul qui sache nous faire supporter la destinée humaine dans toutes les situations où le sort peut nous placer »*. L'enthousiasme, pas la religion ; Chateaubriand, accablé, hausse les épaules. « *Le diable, le vrai seigneur de l'enthousiasme* », écrira plus tard Thomas Mann.

Après *De l'Allemagne*, Mme de Staël lira avec passion Mme Guyon et Fénelon ; pour l'heure, elle affirme déjà : « *L'enthousiasme prête à la vie ce qui est invisible, et de l'intérêt à ce qui n'a point d'action immédiate sur notre bien-être dans le monde.* [...] *La pensée de l'homme prend un caractère sublime quand il parvient à se considérer lui-même du point de vue universel ; il sert alors en silence aux triomphes de la vérité, et la vérité est comme la nature, une force qui n'agit que par un développement progressif et régulier.* [...] *Je crois qu'on peut affirmer que nous ne rencontrons jamais le vrai que par l'élévation de l'âme ; tout ce qui tend à nous rabaisser est mensonge.* »

En fin de compte, il s'agit moins, pour Germaine de Staël, d'opposer la florissante littérature allemande à l'exsangue littérature française, que de prêcher une véritable *réformation* de cette dernière, par transfusion. Au moment même où l'Empire étend sa domination sur toute l'Europe, où la France gouverne partout, Mme de Staël met en lumière sa stérilité intellectuelle, l'épuisement de son universalité dans la violence. *De l'Allemagne* s'achève par « De la France » :

« *Oh, France ! terre de gloire et d'amour ! si l'enthousiasme un jour s'éteignait sur votre sol, si le calcul disposait de tout, et que le raisonnement seul inspirât même le mépris des périls, à quoi vous serviraient votre beau ciel, vos esprits si brillants, votre nature si féconde ? Une intelligence active, une impétuosité savante, vous rendraient les maîtres du monde ; mais vous n'y laisseriez que la trace des torrents de sable, terribles comme les flots, arides comme le désert.* »

Cette conclusion a provoqué la colère de Napoléon. Même s'il n'est pas cité, il n'a pas eu besoin de lire entre les lignes. L'Empire n'a pas de pensée, donc pas de fondation : du sable. Il a tué l'enthousiasme révolutionnaire au nom du calcul : un désert aride. La littérature française autorisée, néo-classique, proclame cette inexistence : les ruines de l'Ancien Régime y achèvent de tomber en poussière : l'abbé Delille, poète officiel des manuels scolaires ; Ducis, émasculeur de Shakespeare ; Suard, vitrifié dans les dogmes. Les nouveaux venus ne valent pas mieux et seront vite oubliés :

Raynouard, Antoine Arnault, Népomucène Lemercier, Alexandre Duval, Pixérécourt, le maître du mélodrame qui se vantait *« d'écrire pour ceux qui ne savent pas lire »*, voilà pour le théâtre. Quant au roman, il se noie sous les larmes et les bondieuseries, rien ne surnage. Napoléon est obligé de remplir l'Institut avec des fonctionnaires politiques et des militaires.

Il ne déplaît pas à Chateaubriand de faire briller son génie loin au-dessus de cette petite mare. Rien ne vient s'interposer dans son face-à-face avec l'Empereur. La Poésie face à l'Action. Mme de Staël, moins narcissique, rêve de régénérer la pensée et la littérature française moribondes en leur transfusant du sang allemand ; mais aussi de l'anglais et de l'italien. Elle inverse un mouvement séculaire. Sans doute fallait-il une femme, en position intellectuelle socialement dominée, pour oser le faire. Mme de Staël ouvre un salon de pensée aux dimensions de l'Europe. Elle affirme à la fois le « caractère national » des littératures et la nécessité de leur dépassement dans une cosmopolite recherche du bonheur.

Elle cherche aussi à rompre, sur le modèle allemand, la longue histoire française des liens entre la langue, la littérature et l'État. C'est le sens profond de son « libéralisme ». Il ne s'agit plus pour les écrivains de servir l'État, d'illustrer sa langue et d'obtenir en contrepartie sa protection et la reconnaissance sociale de leur utilité. Pas davantage de se camper en opposant critique et en porte-parole éclairé de l'opinion face à la toute-puissance dudit État afin de créer un contre-pouvoir, une autre figure possible de l'État. Mais bien d'affirmer idéalement l'existence d'un espace autonome de la pensée et de la création, sans aucune visée pratique, aucune frontière politique, aucune barrière sociale. Une république des âmes, et donc de la pure vérité, que la multiplicité des langues et des cultures préserve des dangers du fanatisme.

La rupture opérée par Germaine de Staël est spectaculaire. La littérature française cesse de se penser exclusivement à partir d'elle-même et de ses origines classiques. Il ne s'agit plus de piller les trésors des uns et des autres – grecs, latins, italiens, espagnols, anglais – pour les nationaliser et enrichir un patrimoine de langue, de formes, de thèmes et d'idées ; mais d'opérer une conversion, quasi mystique, dans ce qui a été jusqu'alors la religion littéraire. De procéder à un véritable arrachement, ou à un exil.

Le XVIIIe siècle a été le temps des voyages, de l'expansion occidentale de l'espace et des savoirs dans l'euphorie de la possession et de la classification dont l'*Encyclopédie* est le flamboyant livre de comptes. L'homme des Lumières arpente son nouveau domaine sous les signes positifs de la curiosité et de l'utilité. L'émigration présente la face sombre de l'ouverture au monde : le départ forcé, la patrie interdite, la langue inutile, la société réduite à un petit cercle de vaincus, appauvris, aigris, divisés contre eux-mêmes, une identité brouillée, un espace sans repères. Chateaubriand évoque son retour en France en 1801 : « *Le pêle-mêle était bizarre : par un travestissement convenu, une foule de gens devenaient des personnages qu'ils n'étaient pas : chacun portait son nom de guerre ou d'emprunt suspendu à son cou, comme les Vénitiens, au carnaval, portent à la main un petit masque pour avertir qu'ils sont masqués. L'un était réputé Italien ou Espagnol, l'autre Prussien ou Hollandais : j'étais Suisse. La mère passait pour être la tante de son fils ; le père pour l'oncle de sa fille ; le propriétaire d'une terre n'en était que le régisseur.* [...] *L'émigré rentré causait tranquillement avec les assassins de quelques-uns de ses proches.* »

Autre figure dramatique et massive du voyage : le périple incessant des armées, républicaines puis impériales, du Portugal à Moscou et de Damas à Tilsit. Des dizaines de milliers de kilomètres parcourus au canon, toutes les ressources humaines mobilisées et épuisées par la guerre, avec au bout un autre voyage, en retour : celui des troupes russes, autrichiennes, prussiennes ou anglaises envahissant Paris en 1814. Occupations agressives, sans curiosité, sans échange, sous l'empire de la force, de la destruction et de la mort.

La situation de Germaine de Staël en fait une privilégiée de l'émigration et de l'exil. Parisienne de naissance et de société, mais suisse par ses parents, suédoise par son mari, elle a toujours eu le loisir et la fortune de se retirer sur les bords du Léman et de fréquenter les cours européennes dès que la terre française lui devenait hostile. La baronne est une émigrée des châteaux. Elle n'a jamais connu la solitude de l'étrangère ; elle a toujours été comme chez elle hors de France. Elle n'est pas pour autant apatride : elle se sent formée, façonnée, bornée aussi, par cette langue française à qui elle reproche d'être trop polie, trop analytique, trop efficace, mais qu'elle n'entreprend pourtant pas de changer. Sa singularité s'arrête à l'idée ; sa langue est celle de son père, sa fidélité. Elle trace un programme de rupture – qu'elle ne suit pas. Elle résiste sans oser vaincre ; d'autres le feront à sa place.

Peut-être est-ce ce qu'elle nomme *« la destinée des femmes »*. Toutes les héroïnes de ses romans incarnent des révoltes, des aspirations violentes au bonheur, des exigences de la pensée dont l'énergie, fatalement, méthodiquement, débouche dans l'impasse, le naufrage et la mort. L'enthousiasme est sans cesse bafoué et vaincu par l'usage du monde, c'est-à-dire par la législation des hommes. Et il n'est pas sûr, malgré l'esprit de chevalerie, l'amour de l'art et de la vérité, qu'il en aille autrement en Allemagne : *« La destinée des femmes reste toujours la même, c'est leur âme seule qui la fait, les circonstances politiques n'y influent en rien.* [...] *Les femmes ne tiennent à la vie que par les liens du cœur, et lorsqu'elles s'égarent, c'est encore par un sentiment qu'elles sont entraînées : leur personnalité est toujours à deux, tandis que celle de l'homme n'a que lui-même pour but. »* La différence allemande n'apaise pas le malheur des femmes :

« La gloire elle-même ne saurait être pour les femmes qu'un deuil éclatant du bonheur. »

SOURCES

Germaine de STAËL : *De l'Allemagne*. Édition de Simone Balayé. 2 vol. Paris, GF Flammarion, 1968.

— *Œuvres complètes, œuvres posthumes*. 3 vol. Paris, 1861. Rééd. Genève, Slatkine, 1967.

— *Correspondance générale*. Édition de Béatrice W. Jasinski. 5 volumes parus (1777-1805). Paris, Klincksieck, 1962.

François-René de CHATEAUBRIAND : *Mémoires d'outre-tombe*. Édition de Maurice Levaillant. Préface de Julien Gracq. 4 vol. Paris, Flammarion, 1982.

Emmanuel de LAS CASES : *Le Mémorial de Sainte-Hélène*. Édition de Gérard Walter. 2 vol. Paris, Gallimard, « Bibliothèque de la Pléiade », 1935.

August Wilhelm von SCHLEGEL : *Cours de littérature dramatique*. Traduction de Mme Necker de Saussure. Paris, 1865. Rééd. Genève, Slatkine, 1971.

Johann Gottlieb FICHTE : *Discours à la nation allemande*. Édition et traduction d'Alain Renaut. Paris, Imprimerie nationale, 1992.

Jean GIBELIN : *L'Esthétique de Schelling et l'Allemagne de Mme de Staël*. Paris, 1933. Rééd. Genève, Slatkine, 1975.

Ian-Allan HENNING : *L'Allemagne de Mme de Staël et la polémique romantique*. Paris, 1929. Rééd. Genève, Slatkine, 1975.

Albert SOBOUL : *La Civilisation et la France napoléonienne*. Paris, Arthaud, 1990.

Henri GUILLEMIN : *Mme de Staël, Benjamin Constant et Napoléon*. Paris, Éd. du Seuil, 1959.

André CABANIS : *La Presse sous le Consulat et l'Empire*. Paris, Société d'études robespierristes, 1975.

Béatrice DIDIER : *La Littérature du Consulat et de l'Empire*. Paris, PUF, 1993.

Stefan ZWEIG : *Joseph Fouché*. Traduction de l'allemand par Alzir Hella et Olivier Bourniac. Paris, Grasset, 1991.

Bernardine MELCHIOR-BONNET : *Savary, un policier dans l'ombre de Napoléon*. Paris, Perrin, 1962.

Jean TULARD : *Le Grand Empire*. Paris, Albin Michel, 1982.

La société secrète de l'écriture vraie

1822 ■ Les complots de la « Charbonnerie ». *De l'amour*

AU SECOND chapitre de ses *Souvenirs d'égotisme*, Stendhal évoque son retour à Paris en 1821. Il a quitté Milan le 13 juin, désespéré par sa malheureuse histoire d'amour pour Matilde Dembowski. *« J'entrai dans Paris que je trouvai pire que laid, insultant pour ma douleur, avec une seule idée :* n'être pas deviné. *Au bout de huit jours, en voyant l'absence politique je me dis : Profiter de ma douleur pour t L 18. »* En clair : tuer Louis XVIII.

Depuis l'assassinat par Louvel du duc de Berry, fils unique du comte d'Artois, le futur Charles X, en février 1820, la Restauration a pris un virage ouvertement répressif. Les ultras sont au pouvoir, les journaux d'opposition sont interdits – même *Le Conservateur* de Chateaubriand, Lamennais et Lamartine –, les rassemblements de plus de vingt personnes décrétés illégaux ; Béranger écope de trois mois de prison pour un recueil de ses chansons. Les hauts fonctionnaires et les généraux soupçonnés de libéralisme sont révoqués ; une loi électorale réserve la désignation des députés aux riches. Les passions politiques ne meurent pas pour autant. Privées d'espace public, elles s'enfoncent dans le secret et la clandestinité. C'est le temps des complots et des conjurations.

La première conspiration d'importance se trame à Paris en juin 1820. Quelques officiers et sous-officiers de l'ex-Grande Armée ont pris l'habitude de se réunir dans un magasin tenu par deux d'entre eux, « Le Bazar français ». On y échange des souvenirs sur le mode de la nostalgie, du ressentiment et du désir d'agir. On y rencontre aussi un avocat de Grenoble, ami et contemporain de Stendhal, Joseph Rey.

Rey a eu son heure de célébrité au moment où Napoléon, quittant l'île d'Elbe, volait vers Paris *via* Grenoble. Dans ses *Mémoires d'un touriste*, Stendhal écrit : *« Grenoble, le 8 août 1837* [...] *C'est dans la chambre où j'écris qu'un jeune juge de Grenoble, M. Joseph Rey, osa lui dire* [à Napoléon] *que la France l'aimait comme un grand homme, l'admirait comme un savant général, mais ne voulait plus du dictateur qui, en créant une nouvelle noblesse, avait cherché à rétablir tous les abus presque oubliés. Le discours de M. Rey, qui pouvait avoir cinquante lignes, fut imprimé en deux heures et à vingt mille exemplaires, et le soir tous les Grenoblois le répétaient à Napoléon. »*

L'échec de l'insurrection grenobloise menée par Paul Didier – un autre avocat local, orléaniste – en mai 1816, et qui s'est soldée par l'exécution de vingt et une personnes (Stendhal, sur l'instigation de sa maîtresse, Sophie Boulon, tenta peut-être de se mêler à l'affaire), a persuadé Joseph Rey des vertus de l'organisation secrète, fortement structurée. Il crée l'« Union », un groupe républicain clandestin formé de petites cellules cloisonnées. L'Union-mère est à Grenoble, l'Union de Paris, la plus importante, compte une trentaine de membres. Seuls y sont acceptés des républicains convaincus, La Fayette, Victor Cousin, Voyer d'Argenson (pourtant descendant du ministre de la Police de Louis XIV), Dupont de l'Eure, Corcelle, le général Taraire, Odilon Barrot. En revanche, Laffitte, Benjamin Constant, le général Foy ou Casimir Périer dont le républicanisme est suspect ont été écartés. Il s'agit, à l'origine, d'une organisation de propagande et d'influence chargée de diffuser la morale républicaine et de pénétrer certains milieux « sensibles ». La presse, le barreau, les cabinets de lecture.

Opération réussie puisque l'Union parvient à infiltrer, puis à diriger en sous-main deux organisations légales, la Société des Amis de la liberté de la presse et la loge maçonnique des Amis de la vérité. Ajoutons que certains réseaux de l'Union ont des liens avec le grand orchestrateur des complots révolutionnaires en Europe, Philippe Buonarroti, ancien compagnon de Babeuf, échappé de la guillotine en 1797 après la conspiration des Égaux.

En août 1820, l'Union de Joseph Rey compte quelques centaines d'initiés, essentiellement des notables libéraux, des gradés, des étudiants et des intellectuels. Son « comité directeur » réel n'est pas plus connu aujourd'hui qu'il ne l'était des adeptes de l'Union, mais il est probable que Rey et Victor Cousin y jouaient un rôle prépondérant. C'est cette direction invisible qui a monté et organisé la conspiration du « Bazar français ». Celle-ci se dote d'un chef militaire, le capitaine Nantil. De nombreux généraux commandant des garnisons sont mis dans le secret. Il est prévu de prendre le château de Vincennes, d'occuper les points stratégiques de Paris et de proclamer un gouvernement provisoire dirigé par La Fayette. Puis les casernes de province doivent prendre le relais.

Tout s'effondre en quelques heures le 19 août. La police a infiltré l'un de ses membres dans l'Union, quelques trahisons et des méfiances entre républicains et bonapartistes ont fait le reste. Le complot est démantelé avant d'avoir eu un commencement d'action. Rey, condamné à mort, s'enfuit en Angleterre.

Sur ces décombres se reconstruit presque immédiatement une autre organisation secrète, la Charbonnerie française. Elle est inspirée par l'expérience des *carbonari* italiens. Deux membres de l'Union, Pierre Dugied et Nicolas Joubert, ont fui Paris après le 19 août 1820 et ont gagné Naples où une révolution libérale avait triomphé – pour quelques mois, avant que l'ordre monarchique européen de Metternich ne soit lourdement et militairement rétabli. Ils se sont initiés aux méthodes, à l'organisation et aux rites de la Charbonnerie italienne. Elle-même inspirée dans ses formes par une société secrète issue d'une vieille corporation de métier, les Bons Cousins charbonniers des forêts de Bourgogne et de Franche-Comté.

Les Bons Cousins, bien implantés dans la région de Besançon où ils se réunissent dans les forêts environnantes, ne poursuivent aucun but politique ; il s'agit d'une société initiatique assez proche du compagnonnage qui réunit sans distinction de classe et dans un but de perfectionnement technique et moral les différents métiers du bois. Il y a des cérémonies d'initiation, des grades, des signes à la fois distinctifs et discrets. Comme ce petit galon que l'on coud sous la veste où un fil *rouge* symbolise le feu et un fil *noir* le charbon.

Pourquoi rappeler ici que, dans *Le Rouge et le Noir*, Stendhal a situé dans *« l'une des plus jolies* [villes] *de la Franche-Comté »* le lieu de la naissance et des premiers exploits de Julien Sorel et que le père de Julien y exerce la profession de scieur de planches de sapin ?

« Pour arriver à la considération publique à Verrières, l'essentiel est de ne pas adopter, tout en bâtissant beaucoup de murs, quelque plan apporté d'Italie par ces maçons qui au printemps traversent les gorges du Jura pour gagner Paris. Une telle innovation vaudrait à l'imprudent bâtisseur une éternelle réputation de mauvaise tête. »

Repassons donc en Italie où Dugied et Joubert apprennent des *carbonari* et des francs-maçons napolitains l'art de bâtir les innombrables petits murs d'une société secrète. Malgré les difficultés politiques liées aux particularismes régionaux et aux organisations clandestines ultras initiées par la papauté et l'occupant autrichien, les *carbonari* poursuivent leur lutte secrète pour la libération et l'unité de l'Italie. Leurs « ventes », ainsi qu'ils nomment, sur le modèle franc-comtois, leurs loges clandestines, continuent à essaimer. Les libéraux y apprennent le culte interne et externe du secret, les rites destinés à renforcer l'appartenance à la cause, les serments, les hiérarchies, le cloisonnement, la croyance dans l'utopie d'une république idéale, l'Ausonie. Même les femmes sont admises dans les « ventes » ; on les appelle *jardinières*. Matilde Dembowski était probablement, à Milan, une jardinière.

Autour du modèle d'organisation italien, sans les femmes toutefois, la Charbonnerie française se met en place à partir de 1821. Outre les rescapés de l'Union, les loges maçonniques des Amis de la vérité et des Amis de l'Armorique, elle intègre rapidement d'autres sociétés secrètes ; les Chevaliers de la liberté, bien implantés dans l'Ouest et notamment chez les militaires de Saumur, apportent plus de 10 000 affiliés à la Charbonnerie qui va, en quelques mois, compter jusqu'à 30 000 conjurés. Les ouvriers y sont encore peu nombreux, à part les mariniers de la Loire ; les étudiants, les militaires, les professions libérales, des commerçants enfin et quelques gros propriétaires forment l'essentiel des initiés. Le centre de « la grande milice secrète libérale » est à Paris. C'est à Paris qu'officient les « grands maîtres secrets de la Haute Vente » et les deux chefs de la Charbonnerie : La Fayette et Manuel.

Le premier est célèbre. Depuis trente ans, et pour trente ans encore, à travers les bouleversements et les drames de l'histoire, il caresse un rêve unique : être le premier président d'une République française construite sur le modèle américain. Stendhal, qui l'a rencontré en 1821 dans le salon de Destutt de Tracy, en a laissé, dans les *Souvenirs d'égotisme*, un portrait où la déférence ironique le dispute au vitriol :

« *Une haute taille et au haut de ce grand corps, une figure imperturbable, froide, insignifiante comme un vieux tableau de famille, cette tête couverte par en haut d'une perruque à cheveux courts, mal faite ; cet homme vêtu de quelque habit gris mal fait et entrant en boitant un peu et s'appuyant sur un bâton* [...], *tel était le général de La Fayette.* [...] *Je sentis que M. de La Fayette était tout simplement un héros de Plutarque. Il vivait au jour le jour, sans trop d'esprit, faisant tout simplement, comme Épaminondas, la grande action qui se présentait. En attendant, malgré son âge (né en 1757, comme son camarade du Jeu de Paume, Charles X), uniquement occupé de serrer par derrière le jupon de quelque jolie fille (*vulgo *prendre le cul) et cela souvent et sans trop se gêner. En attendant les grandes actions qui ne se présentent pas tous les jours et l'occasion de serrer les jupons des jeunes femmes qui ne se trouve guère qu'à minuit et demi quand elles sortent, M. de La Fayette expliquait sans trop d'élégance le lieu commun de la Garde nationale. Ce gouvernement est bon, et celui-là seul, qui garantit au citoyen la sûreté sur la grande route, l'égalité devant le juge, et un juge assez éclairé, une monnaie au juste titre, des routes passables, une juste protection à l'étranger. Ainsi arrangée, la chose n'est pas trop compliquée.* [...] *M. de La Fayette est extrêmement poli et même affectueux pour tout le monde, mais poli* comme un Roi. »

Jacques-Antoine Manuel n'a ni la légende ni la séduction du vieux héros. Avocat, ancien officier de l'armée révolutionnaire, ami de Joseph Fouché, il est le seul député de l'opposition à oser clamer à la tribune sa détestation des Bourbons et de la politique royaliste. Son discours public coïncide avec son action secrète, ce qui déconcerte. En 1823, il sera exclu de la Chambre, *manu militari*, non pour sa participation aux complots de la Charbonnerie, mais pour la violence de ses propos. Abandonné par ses amis libéraux qui le jugent inconvenant, Manuel mourra en 1827. Ses obsèques seront suivies par plus de 100 000 opposants à Charles X.

La Charbonnerie vise à l'action politique. Plus guère au perfectionnement moral et intellectuel de ses membres comme dans la franc-maçonnerie traditionnelle. Le secret y change de sens : il n'est plus une disposition intérieure, un impératif spirituel de retour sur soi favorisant l'approche intime et studieuse de la vérité, mais un simple dispositif pratique lié à l'action subversive. C'est une interruption circonstancielle et tactique de la publicité. Pas une ascèse permettant de s'extraire hors du commun, hors du jeu des apparences.

Peut-on conserver ce genre de secret dans une conspiration de 30 000 conjurés ? La flambée carbonariste qui illumine la France entre décembre 1821 et avril 1822 est à la fois spectaculaire, dramatique et inopérante.

29 décembre 1821 : Échec du soulèvement de l'École de cavalerie de Saumur. Deux sous-officiers ont vendu la mèche à la police. Même chose à Colmar. L'un des conspirateurs, Sirejean, sera condamné à mort et exécuté.

1er janvier 1822 : Le complot de Belfort est éventé la nuit même où le soulèvement devait éclater. Mauvaise liaison entre les chefs.

12 janvier 1822 : Arrestation à Toulon d'un responsable *carbonaro*, le capitaine Vallé. On découvre un document d'initiation à la Charbonnerie. Plusieurs arrestations. Vallé est exécuté.

15 février 1822 : Le plan de soulèvement de Nantes est transmis aux autorités par deux sergents-majors recrutés hâtivement par les conjurés.

24 février 1822 : Le général Berton, chef de la « vente » de Saumur qui avait échappé à la police en décembre, parvient à prendre les commandes de la ville de Thouars. De là, il marche sur Saumur. Au lieu des 500 hommes prévus, il n'est suivi que par une maigre troupe qui est bloquée par la gendarmerie à l'entrée de la ville. 150 arrestations, quatre condamnations à mort, dont celle de Berton.

19 mars 1822 : Quatre jeunes gens, Bories, Pommier, Goubin et Raoulx, sergents au 45e de ligne parisien, ont formé une « vente » au sein de leur régiment. L'état-major, soupçonnant un complot, décide de transférer le régiment à La Rochelle. Les quatre sergents tentent alors, sans préparation, de soulever leurs camarades pour aller prêter main-forte à une insurrection prévue à Saumur (encore) et à Nantes. Ils sont dénoncés et arrêtés. L'organisation de la Charbonnerie dans l'Ouest est démantelée. La Fayette et les principaux membres de la « Haute Vente » se cachent. Ramenés à Paris, rudement interrogés, les quatre sergents de La Rochelle sont condamnés à mort. Malgré l'opinion publique, ils sont guillotinés en place de Grève le 21 septembre. Leur jeunesse, leur courage, les chansons les feront entrer dans la légende. Trois jours avant, le colonel Caron, l'un des chefs de la Charbonnerie de Colmar, a été fusillé.

Avril 1822 : le secteur Est de la Charbonnerie, l'un des plus importants – les militaires sont nombreux aux frontières –, organise la rébellion de la garnison de Strasbourg. Un officier infiltré parmi les conjurés, le lieutenant Charvais, livre tout le monde à la police. La Charbonnerie française est morte. Certains de ses membres, comme le général Fabvier, filent en Espagne où ils vont défendre, vainement, la monarchie libérale contre les troupes françaises venues rétablir l'absolutisme de Ferdinand VII. D'autres iront apporter leurs rêves au mouvement saint-simonien. Les chefs, protégés par le secret et le cloisonnement, ne seront pas vraiment inquiétés. On se contentera de mépriser ces *« seigneurs de la Haute Vente, ces privilégiés de l'anarchie qui, du fond de leur comité invisible, prennent leurs sûretés contre les chances auxquelles ils exposent leurs séides »*. L'élite des notables libéraux retourne à ses affaires en attendant une nouvelle opportunité.

Dans *Le Rouge et le Noir*, Stendhal écrit : *« J'avoue que la faiblesse dont Julien fait preuve dans ce monologue me donne une pauvre opinion de lui. Il serait digne d'être le collègue de ces conspirateurs en gants jaunes, qui prétendent changer toute la manière d'être d'un grand pays, et ne veulent pas avoir à se reprocher la plus petite égratignure. »*

Arrivé à Paris le 21 juin 1821, Henri Beyle assiste à la dernière séance du procès des conjurés du 19 août 1820. Son ancien ami, Joseph Rey, est en fuite, mais une trentaine de membres de l'Union figurent au banc des accusés, dont Jean-Baptiste Dumoulin, un bonapartiste grenoblois, fabricant de gants, défendu par Odilon Barrot, et que Stendhal, dans ses *Souvenirs d'égotisme*, feint de ne pas connaître : Barrot *« défendait, comme avocat, un de ces pauvres niais qui se mêlent de conspirer, n'ayant que les deux tiers ou les trois quarts du courage qu'il faut pour cette action saugrenue.* [...] *La vue journalière de mes conspirateurs à la Chambre des pairs me frappait profondément de cette idée : t*[uer] *quelqu'un à qui on n'a jamais parlé n'est qu'un duel ordinaire. Comment aucun de ces niais-là n'a-t-il eu l'idée d'imiter L*[ouvel] *? »* Le meurtre, public, revendiqué, engageant la seule personne du meurtrier, voilà ce qui, pour Stendhal, n'est ni « saugrenu », ni « niais » : du pur courage. Notons pourtant au passage que, dans ces *Souvenirs d'égotisme* écrits en quatorze jours en 1832 et *« à n'imprimer que dix ans au moins après mon départ »* (ils ne le seront, incomplètement, qu'en 1892), Stendhal refuse d'écrire en toutes lettres les mots du scandale : *« tuer »* et *« imiter Louvel »*.

Beyle est rentré à Paris tout meurtri de son aventure milanaise. Matilde (il écrit *Métilde*) Dembowski, la belle Milanaise dont il est passionnément amoureux depuis 1818, lui a clairement signifié que la cour pressante qu'il lui inflige est plus qu'inutile : importune et dangereuse. Il ne s'agit pas seulement d'un amour non partagé. Beyle est suspect à Milan. Les autorités autrichiennes qui contrôlent le royaume lombard-vénitien surveillent cet homme de trente-sept ans, sans métier avoué et sans fortune, auteur de quelques ouvrages de compilation (ou de pur plagiat) sur Haydn, Mozart et la peinture italienne, qui a entrepris d'écrire une *Vie de Napoléon*. On le voit agiter son embonpoint et sa grosse tête rougeaude dans les salons de la bonne société milanaise et dans les loges de la Scala. Il parle beaucoup et se proclame ennemi des Bourbons ; il fait d'incessants va-et-vient entre Milan, Grenoble et Paris. On songe à l'expulser.

Chez les libéraux de Milan, la cote de Beyle n'est pas meilleure. Surtout parmi l'élite anti-autrichienne proche des *carbonari*. Sa volonté effrénée de plaire, ses manières compliquées, son esprit indiscret – il veut tout voir, tout entendre, tout comprendre –, son appétit de mondanités le font passer pour un espion. À la solde de Louis XVIII sans doute. Il est, pour le moins, indésirable. Matilde consent encore à le recevoir chez elle, pour ne pas alimenter les rumeurs, mais seulement deux fois par mois et à condition qu'il ne lui parle plus d'amour. La jeune femme est une militante de la cause italienne. Lorsque la police autrichienne l'arrêtera et l'interrogera longuement, un peu plus tard, Matilde fera la preuve de son caractère, de son courage et de son énergie.

Quand la révolution éclate dans le Piémont, en janvier 1821, et que l'Autriche poursuit un peu partout les libéraux, Beyle prend le large et rentre à Paris. En novembre, il récupère un manuscrit égaré depuis plus d'un an à la poste de Strasbourg. Un essai : *De l'amour*.

L'interdiction que lui a faite Matilde de poursuivre ses manœuvres amoureuses a frappé Beyle au cœur. D'abord parce qu'elle se refuse, définitivement, échec du chasseur ; ensuite parce qu'elle prive son soupirant de la parole, orale et écrite : plus de déclarations pathétiques, plus de phraséologie sentimentale, plus de lettres de protestation et de justification, échec du rhéteur. Enfin et surtout, Matilde a renvoyé à Beyle l'image de lui-même qui lui fait le plus horreur : celle d'un *vulgaire* don juan, indélicat, indiscret, grossier, compromettant, bref ordinaire : *« Prosaïque. »* Cette épithète lancée par Matilde est une torture. Elle le ramène à son apparence physique et sociale, à son corps gros et laid, à sa maladresse, à ses provocations de timide, à son être de bourgeois de Grenoble. Au regard que les autres portent sur lui.

La fiction est un moyen de se dissimuler, d'imposer un autre visage tout en se justifiant. Dans la fièvre, comme toujours, Beyle entreprend, à l'intention de Matilde, de mettre en fiction son propre drame. Il jette un titre, le plus vague possible : *Roman*. Il change les noms, les lieux, mais selon un code doté d'une troublante logique. Dans *Roman*, il se nomme Poloski, pour rappeler l'origine polonaise du mari de Matilde, Dembowski. Ainsi circule-t-il secrètement entre le statut de mari et celui d'amant. Dans son *Journal*, on retrouve des retournements de ce type. Il appelle son père, Chérubin Beyle, *« le bâtard »*, alors que c'est lui, H. B., qui se rêve bâtard, fils d'Henriette Gagnon, la mère adorée et si tôt disparue, et d'un autre homme que ce Beyle haï, d'un nommé Stendhal par exemple.

Beyle travaille pendant quatre heures à *Roman*, un plan – avec une *happy end* : *« Et ils passent ensemble une vieillesse heureuse, au milieu des jouissances inconnues du vulgaire »* – et une huitaine de pages. Et il abandonne : sa fiction est trop transparente. Si le livre était publié, chacun, à Milan, saurait de quoi il est question ; Beyle serait ridicule, son dénouement ferait rire de lui, Matilde serait humiliée et furieuse ; une telle fiction ne dissimule rien tout en n'apparaissant pas véridique. Exactement le contraire de ce que cherche son auteur : rester dissimulé et convaincre de sa sincérité.

Dans le *Journal*, à la date du 29 décembre 1819, une seule ligne : *« Day of genius. »* Stendhal vient de trouver le masque derrière lequel il va pouvoir exposer son drame sans être vu. Il fera un essai, une œuvre quasi scientifique, philosophique en tout cas au sens où on l'entendait au temps des Lumières, où on l'entend encore chez Destutt de Tracy que Beyle admire tant. Il prévoit un traité d'une cinquantaine de pages, mais le livre gonfle, porté par la passion grandissante pour Matilde. *« Je ne l'aimais pas aussi passionnément qu'aujourd'hui »*, note Stendhal le 14 juillet 1820 : l'écriture n'a pas pour but de faire revivre l'histoire, c'est-à-dire la honte et la douleur, mais de transformer l'échec en bonheur légitime : *« 24 octobre 1820. Le bonheur de D*[ominique] *consiste à avoir l'imagination occupée. »*

Dominique est un autre pseudonyme. Une brève lueur jetée sur un moment intense de sa vie : la découverte du *Mariage secret* de Domenico Cimarosa. Beyle, qui est à lui seul sa société secrète, multiplie les *alias*. Paul Léautaud a dressé une liste de 171 pseudonymes utilisés par Beyle ; le plus souvent dans des écrits qui n'avaient pas vocation à être publiés. Autant de personnages à travers lesquels il peut vivre hors de soi, hors de son nom, hors de cette surface détestée à laquelle sa biographie l'enchaîne : sa peau, son passé, sa ville, sa classe. Le voilà noble, duc de Stendhal, comte de L'Espine, prince de Villers, mais il est aussi rapide à répudier l'aristocrate qu'à se moquer du bourgeois : le voilà baron Patault, Chr. de Cutendre ou, plus ridicule encore, Timoléon Brenet, Chaudron Rousseau, Jules Pardessus. L'important n'est pas le masque, l'altération, mais la liberté infinie d'en changer sans cesse pour échapper à l'identité qu'imposent les autres. Être mille autres en apparence pour préserver la possibilité intérieure d'être soi.

Jean Starobinski, dans sa lumineuse analyse de « Stendhal pseudonyme », écrit que, *« s'il a besoin d'un masque pour jouer ce qu'il n'est pas, Stendhal a besoin d'un autre masque pour se donner la certitude de n'être pas ce qu'il joue »*. Il multiplie les figures de l'imposture, comme Julien Sorel, fausses confidences, mensonges, mystères, révélations, illusions, aveux truqués, exhibition théâtrale de sincérité et de transparence ; mais en même temps il laisse derrière lui les traces destinées à le *confondre*, c'est-à-dire à établir sa singularité : il est celui qui ne peut se trouver qu'en rompant sans cesse avec soi-même.

La revendication de la singularité (par opposition à l'individualité, citoyenne) est scandaleuse, voire criminelle. Le moment où Stendhal publie *Le Rouge et le Noir* est celui où, à Aulnay, près de Vire, un jeune paysan écrit : *« Moi, Pierre Rivière, ayant égorgé ma mère, ma sœur et mon frère, et voulant faire connaître les motifs qui m'ont porté à cette action, j'ai écrit... »* L'année aussi où s'ouvre à Paris le procès de Lacenaire, meurtrier (comme Julien, comme Fabrice) dont le romantisme fera un héros. Plus sobrement, Stendhal note, à propos des amours de Julien et de Mme de Rênal : *« Leur bonheur avait quelquefois la physionomie du crime. »*

De l'amour est un livre masqué, mais Stendhal le souligne, ailleurs et onze ans plus tard, dans les *Souvenirs d'égotisme* : *« Le pire des malheurs serait, m'écriai-je, que ces hommes si secs, mes amis, au milieu desquels je vais vivre, devinassent ma passion, et pour une femme que je n'ai pas eue ! Je me dis cela en juin 1821 et je vois en juin 1832, pour la première fois, en écrivant ceci, que cette peur, mille fois répétée, a été dans le fait le principe dirigeant de ma vie pendant dix ans. »* Le voilà donc qui prend la posture et le style analytique des idéologues pour disserter sur l'amour, *« cette passion dont tous les développements sincères ont un caractère de beauté »*. Il distingue, il classe, il donne des exemples tirés des bons auteurs : *« Il y a quatre amours différents » :* l'amour-passion, l'amour-goût, l'amour physique, l'amour de vanité, celui de l'immense majorité des hommes, surtout en France. *« Le cas le plus heureux de cette plate relation est celui où le plaisir physique est augmenté par l'habitude. »*

À la fin de ce chapitre introductif, l'auteur pose un autre masque, traditionnel, mais aussi crypté : *« Ce livre est traduit librement d'un manuscrit italien de M. Lislo Visconti, jeune homme de la plus haute distinction, qui vient de mourir à Volterra, sa patrie. Le jour de sa mort imprévue, il permit au traducteur de publier son essai sur l'Amour, s'il trouvait moyen de le réduire à une forme honnête. »* « Visconti » est un rappel de Viscontini, le nom de jeune fille de Matilde. Volterra est la ville où Beyle, par son imprudence, a définitivement compromis ses chances, s'il en avait, de se faire accepter de Matilde ; le lieu de sa mort amoureuse imprévue.

Ce simple mot de passe, Volterra, suffit à changer le projet et l'allure du livre. Le fameux concept de *cristallisation* est introduit immédiatement après, avec l'image des mines de sel de Salzbourg : *« Ce que j'appelle cristallisation, c'est l'opération de l'esprit, qui tire de tout ce qui se présente la découverte que l'objet aimé a de nouvelles perfections. »* La « définition » n'en est pas une ; elle est maladroite, bancale, peu importe : *De l'amour* n'est plus un essai, ou plutôt le projet d'essai est *« un rameau d'arbre effeuillé par l'hiver »* qu'on plonge dans les profondeurs abandonnées d'une mine de sel : *« Deux ou trois mois après on le retire couvert de cristallisations brillantes : les plus petites branches, celles qui ne sont pas plus grosses que la patte d'une mésange, sont garnies d'une infinité de diamants, mobiles et éblouissants ; on ne peut plus reconnaître le rameau primitif. »* La cristallisation est une belle tromperie.

De l'amour est une éblouissante cristallisation autour de la passion-Matilde dont Stendhal livre même le principe physico-chimique : *« Un homme passionné voit toutes les perfections dans ce qu'il aime ; cependant l'attention peut encore être distraite, car l'âme se rassasie de tout ce qui est uniforme, même du bonheur parfait. »* Ici, il ajoute une note, en bas de page : *« Ce qui veut dire que la même nuance d'existence ne donne qu'un instant de bonheur parfait ; mais la manière d'être d'un homme passionné change dix fois par jour. »*

De fait, le bonheur du livre ne tient en rien à l'exactitude psychologique dont ferait preuve l'analyste Stendhal. Il s'en moque. Les lois du cœur humain ne sont pas son affaire ; il se raconte, sous la couverture des idées générales ; il recommence, dix fois, vingt fois, son aventure amoureuse, il la réinvente, se justifie, s'imagine ; il se donne le sang-froid et la perspicacité qui lui manquent tant dans ses relations réelles avec les femmes, il calcule, il élabore des stratégies infaillibles, il invoque la timidité, preuve de l'amour et obstacle à sa réception, l'injustice de la différence sociale, la méfiance envers les étrangers. Le plaidoyer douloureux, le traité des passions amoureuses se mue en confession murmurée : sans doute t'aimerais-je encore davantage si j'avais la crainte de te perdre.

Il arrive souvent que Stendhal parle de lui à la troisième personne, y compris dans son *Journal* : *« 22 avril 1820 : Style of Love. Il écrit encore effrayé sous la dictée d'une grande passion. Voilà ce que le lecteur doit deviner. Donc, comme c'est la vérité, ne pas trop polir. »*

Voilà la grande affaire de Stendhal. Faire *deviner* que l'on est sincère quand on l'est vraiment. Porter un masque vrai. Beyle s'en sait incapable. Soit c'est son corps qui le trahit, par excès ; soit ce sont les jeux et la vanité de l'apparence sociale, le rituel des convenances, la nécessité d'avoir de l'esprit, l'ennui des mondanités : l'angoisse d'évoluer sous le regard des autres. L'écrivain Stendhal se crée, à son usage, une écriture-code destinée à laisser deviner la vérité.

Il l'expérimente dans son *Journal*. Il est l'un des tout premiers, dès le 18 avril 1801, à utiliser cette forme quotidienne de l'expression intime qui fait son entrée secrète dans le champ de la littérature et dans la manière d'être occidentale : *« J'entreprends d'écrire l'histoire de ma vie jour par jour. Je ne sais si j'aurai la force de remplir ce projet, déjà commencé à Paris. Voilà déjà une faute de français ; il y en aura beaucoup, parce que je prends pour principe de ne pas me gêner et de n'effacer jamais. »*

Le *Journal* est à la fois l'expression d'une protection de la vie intime contre l'expansion, révolutionnaire, du domaine public, une mise au secret – et au sacré – de la propriété la plus privée et l'expression d'une angoisse nouvelle de l'homme moderne : l'instabilité fondamentale de son identité. Il n'y a de journal que de l'impermanence ; le journal intime relate – ou reproduit ou invente – les événements d'un « moi » dont la substance est aussi variable, aussi fluctuante que l'état du ciel ou que les sentiments de l'opinion publique. L'âme, l'*anima*, est ce qui bouge, sans cesse, au gré d'on ne sait quel courant. L'intérieur, l'intime, la profondeur, le nom propre n'ont pas plus de permanence essentielle que l'apparence, la société, la parole, le pseudonyme. Outil initiatique de connaissance de soi, exclusivement destiné à son propre usage, le journal intime est un récit de voyage.

Il l'est plus qu'ailleurs chez Stendhal, l'itinérant, toujours tiré hors de soi vers les femmes, les lieux, les partages, les ambitions. C'est une intimité qui ne supporte pas la solitude, un secret qui vit dans la hantise et dans l'annonce du dévoilement. Stendhal affiche l'intimité : *« LISEZ. Je n'ai pas besoin d'avertir que ce cahier, par les puérilités qu'il contient, n'est absolument fait que pour moi. Je prie en conséquence celui qui le trouverait de ne pas le lire : 1º au nom de l'honneur, 2º en celui de l'ennui inévitable qu'il lui procurerait. »*

Il va donc à la fois se cacher et s'exhiber, dissimuler et se compromettre, crypter et livrer les codes (presque tous : il demeure encore, après cent ans de décryptage acharné par les savants décodeurs stendhaliens, quelques taillis de mystères rendus plus opaques encore par l'illisible graphie de H. B.). Il écrit à son usage, il cherche à se découvrir, et pourtant il ment, délibérément, il se crée ce que Victor Del Litto, grand maître de l'alchimie stendhalienne, nomme des *« alibis »*. L'alibi est un jeu d'écriture par lequel Stendhal affirme être, à une date donnée, à un endroit où il n'était pas. Pour masquer l'endroit où il était, ou pour affirmer avoir été le témoin ou l'acteur d'un événement qui s'est déroulé sans lui. Comme Fabrice raconte sa bataille de Waterloo. C'est un jeu de liberté à l'intention du lecteur inconnu. Stendhal, lui, ne s'y trompe pas : il installe dans son manuscrit tout un système de signes et de repères qui affichent l'alibi.

Dans *La Vie de Henry Brulard*, la plus transparente de ses autobiographies camouflées (et inachevées), il raconte : *« J'étais en pantalon de... blanc anglais, j'ai écrit sur la ceinture en dedans : 16 octobre 1832, je vais avoir la cinquantaine, ainsi abrégé pour n'être pas compris :* J. vaisa voirla5. » Inscription magique dont l'ésotérisme est hâtivement ruiné.

Mais l'absence de lecteur, l'absence donc de conventions sociales dans le discours permettent à Stendhal d'expérimenter une langue unique, une langue à l'usage d'une société secrète dont il est encore le seul membre, ce qu'il appelle sa sténographie. *« Supposons qu'un hom*[me] *pût parler aussi vite qu'il pense et sent ; que cet hom*[me] *une journée entière prononçât de manière à n'être entendu que d'un seul hom*[me] *tout ce qu'il pense et sent ; qu'il y eût dans cette même journée toujours à côté de lui un sténographe invisible qui pût écrire aussi vite que le premier penserait et parlerait... Nous aurions un caractère peint pendant un jour aussi ressemblant que possible. »* Et un autre portrait du même le lendemain, tout aussi ressemblant et complètement différent.

Court-circuiter la longue chaîne qui va de la sensation à la pensée, de la pensée à la parole, de la parole à l'écriture afin d'en conserver l'énergie initiale, la sauvagerie, voilà ce que permet le journal. Pas de grandes phrases calculées et ourlées à la Chateaubriand – la bête noire de Stendhal, le menteur, le littérateur par excellence –, pas de respect des convenances de la grammaire quand l'observance de la règle ralentirait l'élan. Et surtout pas de respect pour les mots de la langue, ces vieux totems despotiques de l'ordre classique.

Ne risquant pas le ridicule – la honte sociale –, l'auteur d'un journal n'a pas besoin de se corriger – de *refroidir* sa pensée, écrit Stendhal. Les mots sont des obstacles, nécessaires, au court-circuit. S'il est impossible de s'en passer – Stendhal envie les musiciens –, il ne sert à rien (sinon à se faire valoir) de leur dresser des autels et de leur consacrer un culte. Ils servent le plus souvent à tromper, à séduire, à dominer (la leçon de Rousseau). On va donc les soumettre, dans le journal, au traitement du mépris, utiliser des mots anglais dont on est sûr qu'ils seront primaires, sauter un mot lorsqu'il ne vient pas tout de suite à l'esprit *(« J'étais en pantalon de... blanc anglais »)*, abréger, initialiser, aplanir l'écart entre la langue dite recherchée, la langue commune et la langue obscène des soudards. L'intensité est dans la vitesse, dans l'espace ménagé entre les phrases, non dans l'accent. La « vraie » littérature n'existe que dans les moments où elle ne se présente pas comme telle.

C'est cette langue électrique du *Journal* et des récits autobiographiques, à peine civilisée pour les besoins de l'édition – réduite *« à une forme honnête »* –, que l'auteur de *De l'amour* tente de conserver. Quand il retrouve à Paris son manuscrit égaré *« écrit au crayon à Milan en me promenant et songeant à Métilde »*, il le refait davantage qu'il ne le corrige. Du temps a passé, l'amoureux de Matilde n'est plus le même ; il a perdu tout espoir de la conquérir. *« Il faut que l'amour meure. »* L'écriture n'entre plus dans une stratégie de séduction ; le livre peut s'adresser à nouveau au lecteur inconnu, à la lointaine postérité où le portera son énergie et qui saura en lire enfin les caractères.

Quant à ses contemporains, Stendhal ne se fait aucune illusion. Ce qu'il écrit n'est pas pour eux. Il a été tenté par l'ambition littéraire, comme par l'ambition politique. Il a rêvé d'être le nouveau Molière des ridicules de la Restauration, le peintres des vanités de la société française qu'il connaît de l'intérieur. Mais le métier d'homme de lettres l'ennuierait tout autant que ses besognes consulaires et il s'y montrerait aussi maladroit. Comment surmonter cette contradiction d'être accepté, reconnu et applaudi par des hommes que l'on méprise ?

La parution de son livre le confirme dans son diagnostic. L'ouvrage paraît, en deux volumes, sans mention d'auteur, en août 1822 chez le libraire Pierre Mongie. Le tirage est fixé à 1 000 exemplaires. La presse parisienne est silencieuse, hormis deux fades articulets. Les volumes s'empoussièrent dans les caves de Mongie. En 1833, Bohaire, son successeur, tente une relance pour écouler ses invendus. Stendhal a préparé, en 1826, une préface : *« Cet ouvrage n'a eu aucun succès ; on l'a trouvé inintelligible, non sans raison. Aussi dans cette nouvelle édition* [...] *l'auteur a fait une préface, une introduction, tout cela pour être clair ; et malgré tant de soins, sur cent lecteurs qui ont lu* Corinne, *il n'y en a pas quatre qui comprendront ce livre-ci. »* Il lui préfère finalement une autre préface, plus agressive, plus vraie :

« Je n'écris que pour cent lecteurs, et de ces êtres malheureux, aimables, charmants, point hypocrites, point moraux, *auxquels je voudrais plaire, j'en connais à peine un ou deux. De tout ce qui ment pour avoir de la considération comme écrivain, je n'en fais aucun cas.* [...] *Que si vous n'avez jamais été malheureux par cette faiblesse des âmes fortes, que si vous n'avez pas l'habitude, contre nature, de penser en lisant, ce livre-ci vous donnera de l'humeur contre l'auteur ; car il vous fera soupçonner qu'il existe un certain bonheur que vous ne connaissez pas, et que connaissait Mlle de Lespinasse. » De l'amour* ne se vendra pas mieux en 1833 qu'en 1822. Trop mal écrit.

Le 15 mars 1842, huit jours avant sa mort, Stendhal revient pourtant, une fois encore, sur *De l'amour*, pour lequel il rédige une troisième préface, son dernier écrit. Il a parfois la forme d'une confession : *« Je publiai donc un livre malheureux. J'aurai la hardiesse d'avouer qu'à cette époque j'avais l'audace de mépriser le style élégant. Je voyais le jeune apprenti tout occupé d'éviter les terminaisons de phrases peu sonores et les suites de mots formant des sons baroques,* [...] *j'évitais soigneusement toutes les concessions, toutes les aménités de style qui eussent pu rendre l'*Essai sur l'amour *moins singulièrement baroque aux yeux des gens de lettres.* [...] *Le résultat de mon ignorance des conditions du plus humble succès fut de ne trouver que dix-sept lecteurs de 1822 à 1833. »* Les temps nouveaux sont-ils venus ? Stendhal n'attend rien de *« la bourgeoisie régnante »* ni de *« l'aristocratie boudante »*. Dans cet océan d'ennui, qui s'intéresse encore à l'amour ?

« Il faut bien l'avouer, les femmes ne sont plus à la mode. »

La minuscule société secrète des stendhaliens s'enfonce dans la clandestinité et dans l'illicite. Elle attendra trente ans avant de surgir au grand jour.

SOURCES

STENDHAL : *Œuvres intimes*. Édition de Del Litto. 2 vol. Paris, Gallimard, « Bibliothèque de la Pléiade », 1982.

— *De l'amour*. Édition de Del Litto. Paris, Gallimard, « Folio », 1980.

— *Romans et nouvelles*. Édition de Martineau. 2 vol. Paris, Gallimard, « Bibliothèque de la Pléiade », 1952.

— *Correspondance générale*. Édition de Del Litto. 6 vol. Paris, Champion, 1997-1999.

Prosper MÉRIMÉE : *H. B.* Paris, Solin, 1983.

MAINE DE BIRAN : *Journal*. Édition d'Henri Gouhier. 3 vol. Neuchâtel, La Baconnière, 1954-1957.

Joseph REY : *Histoire de la conspiration de Grenoble en 1816*. Grenoble, J.-L. Barnel, 1847.

Marquis de LA FAYETTE : *Mémoires, correspondance et manuscrits*, tome VI. Paris, Fournier, 1837.

Pierre-Arnauld LAMBERT : *La Charbonnerie française (1821-1823)*. Lyon, PUL, 1995.

Jean STAROBINSKI : « Stendhal pseudonyme ». Dans *L'Œil vivant*, p. 232-284. Paris, Gallimard, 1999.

Pierre PACHET : *Les Baromètres de l'âme. Naissance du journal intime*. Paris, Hatier, 1990.

Henri MARTINEAU : *L'Œuvre de Stendhal*. Paris, Le Divan, 1945.

Paul VALÉRY : « Préface à *Lucien Leuwen* ». Dans *Variété II*. Paris, Gallimard, 1978.

Jean PRÉVOST : *La Création chez Stendhal*. Marseille, Le Sagittaire, 1942.

ARAGON : *La Lumière de Stendhal*. Paris, Denoël, 1954.

Alain CORBIN : « Le secret de l'individu ». Dans *Histoire de la vie privée*, tome IV. Paris, Éd. du Seuil, 1987.

Michel FOUCAULT (dir.) : *Moi, Pierre Rivière…* Paris, Gallimard, 1973.

Béatrice DIDIER : *Le Journal intime*. Paris, PUF, 1976.

La prise de la Bastille littéraire par Victor Hugo

1829 ■ Bataille d'*Hernani*

C'EST encore sur la scène des théâtres que se jouent les batailles littéraires décisives ; encore, plus que jamais et pour la dernière fois.

Les Parisiens de la Restauration adorent le théâtre ; ils en ont fait le lieu de leur propre représentation, c'est au spectacle qu'ils se donnent en spectacle et offrent à lire les symboles les plus expansifs de leur être social. À commencer par le vêtement, véritable porte-drapeau du nouvel ordre.

Un drapeau sans couleur pour ce qui est des hommes : noir, gris, blanc, muraille. Le monde coloré, bigarré, chatoyant de l'Ancien Régime, de la foule révolutionnaire et de la cour napoléonienne est rejeté avec les valeurs morales qui s'attachent à la couleur : la gaieté, la variété, la prolixité des corps, le goût de l'apparence, le plaisir du faste, la culture du loisir. En cachant son corps, en l'effaçant sous un austère uniforme habité avec raideur, le bourgeois affirme le statut spirituel de sa classe et affiche sa supériorité éthique : le sérieux, la décence, la respectabilité, la rigueur, le sens pratique et utilitaire, la culture du travail. Sa distinction ne se fonde pas sur la singularité de sa personne mais sur l'universalité proclamée de ses valeurs. Après avoir un moment résisté à cette vague du neutre incolore, la noblesse d'Ancien Régime a dû capituler et se fondre à son tour dans la masse sombre, glabre et rase du « comme il faut » bourgeois.

Mais comme il convient également de manifester les vertus de la réussite, de la richesse et de la puissance, le bourgeois en représentation les exhibe par procuration. Sa femme, sa fille, sa maîtresse, êtres essentiellement futiles et décoratifs, sont transformées en vitrines de sa prospérité. L'homme gris, inodore, abstrait s'efface pour mieux mettre en valeur l'opulence financière de sa « maison ». Sortir, aller au théâtre, c'est donner à voir la femme-enseigne – toilettes, dentelles, bijoux, parfums, plumes et fleurs – tout en la maintenant dans le rôle d'une inexorable fatalité : elle est l'entretenue, la dilapidatrice, la part maudite de l'apparence et de l'inégalité : la chair. Affichée comme signe, dérobée comme personne. D'où une codification, féroce, des règles vestimentaires de la bienséance. Le vêtement féminin est un langage social extrêmement complexe puisqu'il doit à la fois décliner avec prolixité le discours de l'excellence et de l'épanouissement de la fortune et rendre muet le langage du corps qui le porte : *« De même qu'un seul mot suffit pour trahir une origine, pour révéler un passé ou un présent équivoques, il en est de même d'une malencontreuse guipure, d'un volant, d'une plume, d'un bracelet, surtout d'une boucle d'oreille ou de tout autre ornement ambitieux, pour préciser une condition sociale ou assigner un numéro d'ordre aux yeux de l'homme ou de la femme qui a du tact. »* Le XIXe siècle vit dans la hantise de la faute vestimentaire qui brouillerait le message de l'origine : entre l'honorable bourgeoise et la fille entretenue, par exemple.

Bataille des signes de la représentation, l'affrontement qui va mettre aux prises sur les scènes de théâtre, entre 1827 et 1830, partisans de la tradition classique et créateurs romantiques sera aussi une bataille du vêtement. La conquête de l'opinion publique sera elle-même un spectacle, un jeu d'apparences.

Le public se rend en masse dans les théâtres sans trop se préoccuper de ce qu'on y joue. Tout est bon et il y en a pour tous les goûts : du mélodrame et du vaudeville, de la tragédie néo-classique et de la comédie sentimentale. Antier, Saint-Amand et Paulyanthe triomphent à l'Ambigu-Comique avec *L'Auberge des Adrets* et le comédien Frédérick Lemaître ; Talma, le tragédien préféré de Napoléon, offre son impressionnante présence aux tentatives de Jean-François Ducis d'adapter le théâtre de Shakespeare aux règles classiques ; deux écrivains havrais, Jacques Ancelot et Casimir Delavigne, marient avec succès histoire médiévale à la mode (*Louis IX*, *Les Vêpres siciliennes*) et alexandrin traditionnel ; Pixérécourt, « le Shakespeare des boulevards », continue à faire verser des torrents de larmes à un public qui n'est pas seulement populaire. Forum mondain, objet d'élection de la critique journalistique, vivier des carrières académiques, caisse de résonance des réputations, source de confortables fortunes, le théâtre est une forteresse dorée, à défendre et à prendre.

C'est aussi, par tradition, un espace politique, étroitement surveillé par une censure royale vétilleuse. Elle traque le vers subversif, l'allusion perfide aux turpitudes, même anciennes, même médiévales, du trône et de l'autel, la tirade égalitaire. Elle a fort à faire. Ses adversaires libéraux, dans la tradition de rationalité et de clarté des Lumières, sont aussi ceux qui défendent dans les revues, dans les journaux et sur la scène les valeurs esthétiques dominantes de la perfection classique et de l'imitation des Anciens. À l'inverse, derrière Chateaubriand, la plupart des artistes qu'on va appeler *romantiques*, les Lamartine, Vigny, Hugo, Balzac, Nodier, Lamennais, brandissent haut et clair les valeurs restaurées de la monarchie et de la religion. Le jeune Victor Hugo proclame en 1824 : *« La littérature nouvelle est l'expression de la société religieuse et monarchique qui sortira de tant d'anciens débris et de tant de ruines récentes. »* En 1825 encore, Lamartine et Hugo vont rivaliser, sur commande, dans l'exaltation lyrique de l'idéal monarchique. Envoyés spéciaux poétiques au sacre de Charles X, tentative de restitution baroque du rite majeur de la monarchie de droit divin, ils vont accomplir laborieusement leur tâche de serviteurs du régime, non sans en ressentir le ridicule et l'humiliation. Hugo sera récompensé de son zèle par la légion d'honneur.

1824, c'est le moment où les lignes bougent. Chateaubriand est renvoyé du ministère des Affaires étrangères et entre dans l'opposition ; la censure est rétablie sur les journaux, les jeunes monarchistes découvrent à la fois les vertus de la liberté et le conservatisme étriqué et momifié du gouvernement Villèle : les vieux débris ne sont pas seulement libéraux.

Du côté libéral précisément, les lignes commencent elles aussi à bouger. Politiquement étouffés, les adversaires du régime les plus lucides cherchent à conquérir le pouvoir intellectuel plutôt que les sièges au Parlement. L'un d'entre eux, Charles de Rémusat, écrit : *« Les moyens politiques étant usés ou ajournés, c'est sur les esprits qu'il faut agir. C'est par la philosophie, les arts, l'histoire, la critique, et s'il se peut la création littéraire, qu'il faut les attaquer. »* La nouvelle génération d'artistes, dynamique, éprise de liberté de parole autant que d'ordre et farouchement idéaliste, peut être le fer de lance de cette reconquête. À condition de ne pas lui couper les ailes à coup d'idéologie, de cesser d'opposer révolution littéraire et changement politique.

1824, c'est aussi l'année où Charles Nodier, nommé conservateur de la bibliothèque de l'Arsenal, fait de son salon un lieu de rencontres et d'échanges entre les divers courants littéraires et politiques, un lieu de sociabilité artistique. À quarante-quatre ans, Nodier a derrière lui une œuvre déjà abondante et étrange où le goût pour l'histoire naturelle le dispute aux récits de vampirisme, à la philologie pittoresque *(Dictionnaire raisonné des onomatopées)*, à l'érudition, aux sociétés secrètes et aux récits licencieux. Écrivain éclectique et curieux, il veut réunir chez lui tous les talents, à quelque bord, à quelque génération qu'ils appartiennent. Le dimanche, à l'Arsenal, on dîne à 6 heures ; on cause de 8 à 10 – on écoute surtout Nodier qui est un conteur éblouissant. Puis, l'un des invités récite quelques pièces de ses vers. Ensuite, Marie Nodier, la fille de Charles, se met au piano, chante des mélodies de sa façon composées sur des poésies nouvelles, et joue enfin des danses. La soirée se transforme en bal, parfois costumé. Parmi les danseurs, Alphonse de Lamartine, tout auréolé du triomphe des *Méditations*, Alexandre Dumas, Eugène Delacroix, le philosophe Théodore Jouffroy, Alfred de Musset, champion de la valse et du bout-rimé, l'académicien Louis-Simon Auger, thuriféraire de tous les régimes, grand pourfendeur de *« la secte impie »* des romantiques, tête de turc de Stendhal, Jacques Ancelot, l'auteur de tragédies à succès, Alfred de Vigny, raide et pâle, Paul-François Dubois qui vient de fonder avec Pierre Leroux *Le Globe*, revue littéraire d'inspiration libérale, Prosper Mérimée, vingt et un ans, qui lit les petites pièces, ironiques, rageuses, violemment anticléricales de son *Théâtre de Clara Gazul*. Et un tout jeune homme bien mis, au large front, à l'éloquence magnétique et dont nul ne doute du génie, Victor Hugo.

La courtoise autorité de Nodier favorise les brassages. Royaliste par esthétique, moderniste par curiosité, il déteste les systèmes et ne croit qu'aux talents. Il en trouve beaucoup parmi les romantiques, mais se moque de leur prétention à tout révolutionner : *« Les romantiques sont des jouvenceaux qui ne violent rien du tout, et les classiques de vieilles édentées qui voudraient faire marchan-*

dise de leur vertu. » Il protège les jeunes et ménage l'Académie, dont il rêve de faire partie. Il y entrera en 1833, à sa huitième candidature.

Hugo brille à l'Arsenal, il s'y fait des admirateurs et des amis qui ne partagent pas forcément ses options esthétiques ou politiques. Mais il ne lui suffit plus d'être, à vingt-deux ans, *« l'enfant sublime »* béni par Chateaubriand, ni l'ami-rival de Lamartine dont les *Méditations poétiques* bercent le mal de vivre des enfants du siècle. Il est impatient ; il veut tout, tout de suite, la gloire, l'argent, le pouvoir – littéraire pour commencer. Sans cesser de fréquenter le salon de Nodier où il puise de nouveaux talents, Hugo organise, d'abord rue de Vaugirard puis dans sa belle maison de la rue Notre-Dame-des-Champs, son propre cercle, ce que Sainte-Beuve, un peu plus tard, nommera le « Cénacle ».

Comme son nom l'indique, le Cénacle est un lieu religieux, voué au culte de l'art nouveau et à son prophète majeur, Victor Hugo. On y retrouve des habitués de l'Arsenal, Dumas, Vigny, les frères Musset, mais aussi des hommes – peu ou pas de femmes, sinon la comédienne Marie Dorval et la poétesse Mélanie Waldor – qui appartiennent spécifiquement à la chapelle Hugo : Sainte-Beuve, Nerval qu'on appelle encore Gérard et qui vient de traduire le *Faust* de Goethe, le sculpteur David d'Angers, les frères Achille et Eugène Devéria, et un autre peintre, Louis Boulanger. Bientôt, Nerval amènera Théophile Gautier et Petrus Borel dit le Lycanthrope. Il ne s'agit plus de camaraderie littéraire ni de mondanités intellectuelles et dansantes, mais d'une véritable secte rassemblée autour d'un homme providentiel. Sainte-Beuve entonne un chant d'amour pour l'élu :

> *Parmi vous un génie a grandi sous l'orage,*
> *Jeune et fort ; sur son front s'est imprimé l'outrage*
> *En éclairs radieux.* [...]
> *Oh ! qu'il chante longtemps ! car son luth nous entraîne*
> *Nous rallie et nous guide...*

Le Cénacle possède ses fidèles dans les journaux, ses correspondants en province, ses illustrateurs qui propagent par le dessin et la gravure les traits, les symboles et les postures des enfants du siècle. On habite dans le même quartier, on se rend sans cesse des visites – *« Je ne suis heureux et chez moi que sur votre canapé ou à votre coin du feu »*, écrit Sainte-Beuve à Hugo –, on fréquente les mêmes guinguettes, les mêmes cafés, les mêmes promenades. Le soir, on se retrouve derrière Hugo pour admirer le coucher du soleil du haut de Montmartre ou d'une tour de Notre-Dame.

On lit ses poèmes, ses préfaces, ses pièces de théâtre, sans rechigner sur la longueur de certaines séances. Au début de l'année 1827, Victor Hugo, à trois reprises, lit chez son beau-père Pierre Fouchet le drame qu'il vient d'achever, *Cromwell*. Vigny applaudit sans réserve : *« surpris par la verve comique du dialogue, ému de la profondeur des mots tragiques, et tragiques à force de vérité »*. Sainte-Beuve, déjà, est débordé par *« l'excès, l'abus de la force, et passez-moi le mot, la* charge. [...] *Je crois que vous avez dépassé la mesure. N'avez-vous pas renchéri sans besoin ? »* Sainte-Beuve ne comprend rien. Il compte sur Hugo et sur son talent sidérant pour faire grimper la nouvelle génération à l'escalier du succès, des honneurs et de la réputation. Et voilà que son chef casse les vitres, multiplie les provocations et se conduit en soudard. Sainte-Beuve rêvait d'une pièce qui subjugue le public bourgeois ; Hugo a écrit une pièce injouable.

Injouable, *Cromwell* l'est assurément. Soixante-treize personnages, sans compter *« des ouvriers, des cavaliers, pages, mousquetaires, bourgeois. Soldats. Peuple »*. Des lieux multiples, des actions simultanées. Hugo, qui eut l'intention d'écrire un drame dont Talma serait l'interprète principal, a été délivré des contraintes de la réalité scénique par la mort du tragédien en 1826. Sans Talma pour incarner Cromwell, qu'importe que la pièce soit jouée et jouable. Il peut écrire en toute liberté, donner forme à son rêve de théâtre sans se soucier ni de la censure, ni de la résistance des comédiens à l'innovation, ni de la réaction de la salle, ni des lourdeurs techniques et financières, ni de la longueur de la représentation. *Cromwell* est un drame imaginaire, une utopie scénique. C'est l'histoire même, dans toute l'ampleur de son déroulement et de sa vérité, qui est projetée dans l'espace d'une représentation fictive. Hugo inaugure la révolution théâtrale du romantisme en la portant immédiatement à ses limites : le non-lieu scénique où le drame de l'histoire devient roman. Il rêve déjà d'un *« roman qui soit un long drame* [...] *où les personnages pourraient se peindre par eux-mêmes, et représenter, par leurs chocs divers et multipliés, toutes les formes de l'idée unique de l'ouvrage »*. Des actes sans théâtre.

Il sait qu'il va trop loin, il cherche des bornes où se raccrocher. Celle de la versification, par exemple. Alors que des extrémistes comme Stendhal demandent, au nom de la vérité, que le nouveau théâtre rompe avec la fiction raide et pompeuse des dialogues en vers, Hugo défend, tant bien que mal, ce bastion de l'art dramatique classique. *« Le vers est la forme optique de la pensée. Voilà pourquoi il convient surtout à la perspective scénique. Fait d'une certaine façon, il communique son relief à des choses qui, sans lui, passeraient insignifiantes ou vulgaires. Il rend plus solide et plus fin le tissu du style. C'est le nœud qui arrête le fil. C'est la ceinture qui soutient le vêtement et lui donne tous ses plis. Que pourraient donc perdre à entrer dans le vers la nature et le vrai.* [...] *Le vin, qu'on nous permette cette trivialité de plus, cesse-t-il d'être du vin pour être en bouteille ? »* Cette cascade de métaphores en guise de raisons débouche sur une description du « vers naturel » opposé au « beau vers » qui change tout dialogue en tirade : *« Nous voudrions un vers libre, franc, loyal, osant tout dire sans pruderie, tout exprimer sans recherche ; passant d'une naturelle allure de la comédie à la tragédie, du sublime au grotesque* [mais] *fidèle à la rime, cette esclave reine, cette suprême grâce de notre poésie, ce générateur de notre mètre ; inépuisable dans la variété de ses tours, insaisissable dans ses secrets d'élégance et de facture. »*

Virtuose inégalable du vers à qui il fait tout dire, Hugo ne prêche pas seulement pour sa paroisse. En proscrivant la prose *(« d'un beaucoup plus facile accès »)* de la scène théâtrale, il tente de dresser une dernière frontière, bien fragile, entre le drame historique et le roman mis en scène.

Au reste, l'ensemble de la préface qu'il écrit pour l'édition de son *Cromwell*, conçue et reçue comme le manifeste du théâtre romantique, se montre moins révolutionnaire que la pièce. *Cromwell* est un beau monstre en liberté, osant tout, l'énorme, le grotesque, l'iconoclaste, le violent, l'audace politique, l'outrance poétique. La préface est une mise en raison historique de l'évolution théâtrale qui cherche à donner à la forme du drame sa légitimité culturelle – et chrétienne. Le drame est la forme moderne de la poésie, comme l'épopée a été sa forme antique et l'ode sa forme primitive. Comme toujours chez Hugo, la création littéraire va plus vite, plus loin, plus profond que la réflexion théorique et politique, qu'elle entraîne néanmoins derrière elle, bon gré mal gré.

Pièce esthétiquement révolutionnaire, *Cromwell* tire Hugo vers le libéralisme artistique et politique dont la « Préface » est l'expression : *« Ce qu'il a plaidé,* écrit-il de lui-même, *c'est la liberté de l'art contre le despotisme des systèmes, des codes et des règles.* [...] *Le dogmatisme dans les arts est ce qu'il fuit avant tout. »* Pour le poète du trône et de l'autel, la voie d'une première conversion est ouverte. Il ne s'agit plus seulement de *« rompre avec le* XVIIIe *siècle idolâtre et démocratique »* mais d'accrocher renouveau artistique et renouveau politique : *« Le romantisme, tant de fois mal défini, n'est, à tout prendre, et c'est là sa définition réelle, que le libéralisme en littérature »,* écrira Hugo en 1829. Dans la « Préface », on sent encore la réticence, la dissonance, le désarroi devant l'ébranlement des anciennes certitudes. Une ambiguïté qui lui permet de ratisser large : sur la « Préface de *Cromwell* », Vigny et Sainte-Beuve pourront se retrouver, à défaut de se comprendre.

La « Préface de *Cromwell* » fait grand bruit. Hugo est sacré penseur et théoricien d'une révolution théâtrale qui n'attend plus que des actes. Le Cénacle se fixe un objectif : forcer les portes de la plus prestigieuse, de la plus conservatrice, de la plus royale des scènes, le Théâtre-Français. Les romantiques y bénéficient d'un protecteur bienveillant. Le baron Taylor, commissaire royal, proche de la famille d'Orléans, est un habitué de l'Arsenal. Sans chercher à rompre avec les néo-classiques, il souhaite favoriser l'ouverture du répertoire à de jeunes talents. Hugo jette fiévreusement des projets sur ses carnets. Un *Philippe II*, une *Mort de Louis XVI*, une *Mort de Louis XI* qu'on retrouvera, sous forme romanesque, dans *Notre-Dame de Paris*. Rien n'aboutit. On flotte, on cherche un compromis entre la scène rêvée et la scène réelle. Les classiques en profitent pour monter une contre-attaque : il s'agit d'interdire l'entrée du Théâtre-Français à l'adaptation de *Roméo et Juliette* de Shakespeare écrite par Émile Deschamps et Alfred de Vigny et reçue par les comédiens en avril 1828. Il importe, disent-ils, de *« sauver la dignité »* de l'auguste institution. Les conservateurs, même amis d'Hugo, serrent les rangs contre les « sauvages ». Le fossé se creuse. Les soirées de l'Arsenal deviennent tendues. Nodier s'inquiète : *« On ne cherche pas à se voir quand on est sûr de ne pas s'entendre. Victor Hugo,* [Deschamps], *tout cela a été mordu par un démon enragé ; il faut tout blâmer, tout mépriser, porter la haine dans les arts et n'y plus chercher l'amour : voilà peut-être un bon système littéraire ; voilà certainement un mauvais système de bonheur et d'amitié. Si on réfléchit à ces violentes et sauvages dispositions, on est dégoûté d'écrire.* »

Hugo, un instant, décide de porter ailleurs sa fièvre d'innovation. Outre son recueil des *Orientales* – manière de reculer les frontières géographiques de l'inspiration artistique –, il publie un court roman, inouï, *Le Dernier Jour d'un condamné* ; plus qu'un essai audacieux d'écriture romanesque à la première personne : un monologue intérieur ininterrompu, écrit dans le souffle de la parole ordinaire ; un roman où la voix du narrateur ne s'adresse à personne, sinon au vide de sa propre solitude. Hugo a même éliminé ce qui devait faire la partie centrale du livre, le chapitre où le condamné devait raconter son histoire. Il ne reste qu'un homme seul, autant dépourvu de passé que d'avenir, exclu de l'acte criminel qui lui a valu sa condamnation, sans plaidoyer, sans remords, sans nom, sans date, sans mobile, immobile comme un personnage de Beckett, dans l'horreur pure de la mort qu'on va lui donner. Hugo bouscule les bornes du « je » et de l'« autre », celles du lyrisme et du réalisme, de l'histoire et du cauchemar, de la description et de la métaphore, de la société et de la vie, de notre monde et de l'autre. Il invente le roman antiromanesque. Au plus grand désarroi de ses amis, aussi désemparés par la nouveauté de la forme que par la radicalité de la révolte. Nodier s'insurge et accuse Hugo d'avoir fabriqué un objet de scandale pour courtiser le succès ; Sainte-Beuve ronge son frein en crevant d'envie, persuadé que son grand homme, prestidigitateur de génie, s'est fabriqué un nouvel habit d'illusion ; Vigny commence à soupçonner que Hugo n'est pas ce « jeune maître » autour duquel peut se rassembler « l'élite », aristocratie de naissance et aristocratie de l'esprit confondues. Quant à Balzac, qui vient de faire la connaissance d'Hugo, il parle, dans *Le Curé de village*, du « Dernier jour d'un condamné*, sombre élégie, inutile plaidoyer contre la peine de mort, ce grand soutien des sociétés, qui avait paru depuis peu... et fut à l'ordre du jour dans toutes les conversations* ».

Hugo s'est écarté un instant de la scène. C'est Dumas, en février 1829, qui parvient à faire représenter au Théâtre-Français son drame historique *Henri III et sa cour*. Des tableaux passionnés et violents portés par l'éblouissante et perpétuelle jeunesse de Mlle Mars (cinquante ans) en duchesse de Guise. Le public est séduit par le sujet, l'éclat, les péripéties, au point d'en oublier la faiblesse du texte. L'affaire est un succès, Dumas, jusqu'alors inconnu, récolte la gloire et sa première fortune ; la pièce est jouée trente-huit fois, le duc d'Orléans, cousin et rival de Charles X, ne manque pas de venir applaudir celui dont il va faire son bibliothécaire. Du coup, Hugo se relance dans la mêlée théâtrale. Le drame romantique doit viser plus haut que la légende historique en costumes d'époque.

En un mois, du 1er au 30 juin 1829, il écrit *Un duel sous Richelieu*, qui deviendra *Marion de Lorme*. Le 9 juillet, il lit la pièce chez lui devant la fine fleur du groupe romantique et quelques autres. Les directeurs de théâtre se précipitent. Le 14, *Marion de Lorme* est reçue par acclamations à la Comédie-Française. Le même jour, les directeurs de l'Odéon et du Théâtre de la Porte-Saint-Martin l'inscrivent à leur répertoire. C'est le quarantième anniversaire, rappelle Dumas, de la prise de la Bastille. 1er août, Charles Brifault, l'obéissant censeur auquel la pièce a été soumise, apprend à Hugo que Martignac, le ministre de l'Intérieur, a décidé d'interdire toute représentation de *Marion*.

Hugo fait jouer ses relations ; il écrit à Martignac – une longue lettre respectueuse qu'il termine par une insolence –, il est reçu le 7 août à Saint-Cloud en audience particulière par Charles X. Aimable, bienveillant, le roi s'amuse : *« Il paraît que vous maltraitez un peu mon pauvre aïeul Louis XIII. M. de Martignac m'a dit qu'il y avait dans votre pièce un acte terrible. »* Charles X promet de lire la pièce, glisse à Hugo qu'il aime beaucoup son talent et qu'il n'y a pour lui que deux poètes, *« vous et Désaugiers »*. Marc-Antoine Désaugiers est un chansonnier qui vient de mourir. Le 8 août, Martignac est renvoyé, mais la censure de *Marion* n'y est pour rien. Le 13 août, son successeur, La Bourdonnaye, confirme l'interdiction de la pièce. Censure absurde d'un côté, méprisante tentative de corruption de l'autre : Charles X fait souscrire publiquement quinze exemplaires des *Odes et ballades* et des *Orientales*, offre à Hugo une place au Conseil d'État, une sinécure dans l'administration, et annonce qu'il a décidé de porter sa pension de 2 000 à 6 000 francs *« comme témoignage de la satisfaction royale »*. Réponse immédiate et outrée d'Hugo. Il refuse tout. *« J'avais demandé que ma pièce fût jouée ; je ne demande rien autre chose. »* La presse libérale s'empare de l'affaire. Voilà Hugo promu héros de la liberté. Il endosse volontiers ce costume tout neuf. Le comte de Vigny fait la grimace : *« Le Victor que j'aimais n'est plus. Il était un peu fanatique de dévotion et du royalisme : chaste comme une jeune fille, un peu sauvage aussi, tout cela lui allait bien ; nous l'aimions ainsi. À présent, il aime les propos grivois et se fait libéral : cela ne lui va pas. – Mais quoi ! il a commencé par sa maturité ; le voilà qui entre dans sa jeunesse et qui vit après avoir écrit, quand on devrait écrire après avoir vécu. »*

Vigny n'a pas complètement tort : Hugo a décidé d'en finir avec sa chasteté littéraire pour affronter son époque, et gagner. Formidable énergie. Dès le 29 août, il entame la rédaction d'une nouvelle pièce, *Hernani* ; il l'achève le 24 septembre, la lit devant ses amis le 30, la fait recevoir à la Comédie-Française le 5 octobre. Il est épuisé et souffre de violentes douleurs oculaires, mais il doit encore affronter la censure et ses tracasseries. Il se retrouve face à son vieil ennemi Brifault et face au baron Trouvé, responsable de la division « Belles-Lettres » du ministère de l'Intérieur. Le premier rédige un rapport entièrement négatif sur *Hernani* qui conclut néanmoins en faveur d'une autorisation pour motifs pédagogiques : *« Il est bon que le public voie jusqu'à quel point d'égarement peut aller l'esprit humain affranchi de toute règle. »* Le second exige des suppressions et des modifications importantes dans le texte.

Hugo se bat pied à pied, phrase à phrase, pendant plusieurs mois. Policiers et censeurs montent une cabale contre sa pièce en divulguant des extraits trafiqués que la presse conservatrice monte en épingle. Nodier abandonne le navire hugolien pour passer à l'adversaire. Une campagne s'organise contre *« la secte Hugo »* dont on prophétise l'imminente déroute et la disparition. Hugo souffre : *« Tout s'assombrit autour de moi, et la haine de tout ce bas journalisme est telle, qu'on ne me tient plus aucun compte de rien... On nous fait payer bien cher l'avenir. »* Il a le sentiment de jouer, avec *Hernani*, son avenir littéraire et celui de sa génération.

Le poète se fait général, le mage se fait chef de guerre. La bataille esthétique va se gagner ou se perdre dans un espace bien concret : non pas la scène d'un théâtre où les jeux sont déjà faits, mais la salle de la Comédie-Française, quelques mètres carrés où se décidera l'affrontement entre l'ancien régime littéraire et le nouveau.

Avant la première d'*Hernani* fixée le 25 février 1830, Hugo s'est donc préoccupé de « faire la salle ». Plutôt que de négocier, comme il était d'usage, avec le chef de claque attitré du Théâtre-Français, il a chargé le Cénacle de recruter des cohortes d'étudiants et de garçons d'atelier. Parmi les plus zélés des recruteurs, outre Balzac et Berlioz, Petrus Borel, Gérard de Nerval et l'un de ses amis *« qui a l'air d'un étudiant et qui porte sur le dos des cheveux aussi longs que ceux d'une jeune fille »*, Théophile Gautier. Hugo harangue sa troupe : *« Je remets ma pièce entre vos mains, entre vos mains seules. La bataille qui va s'engager est celle des idées, celle du progrès. C'est une lutte en commun. Nous allons combattre cette vieille littérature crénelée et verrouillée. »* L'image de la Bastille. Chacun remet aux claqueurs des billets carrés découpés dans de grandes feuilles de papier rouge où est indiquée la place précise que chacun doit occuper. Au bas de chaque carré rouge, Hugo a fait imprimer un mot, espagnol comme il se doit : *Hierro*, le fer de la lance ou de l'épée.

Afin de séparer le bon grain des spectateurs du Français de l'ivraie hugolienne, la police a décidé de faire entrer les billets rouges par une autre porte, rue de Valois, et quatre heures avant le lever du rideau. Dans ses Mémoires, Adèle Hugo évoque l'effarement des passants devant cette *« bande d'êtres farouches et bizarres, barbus, chevelus, habillés de toutes les façons excepté à la mode, en vareuse, en manteau espagnol, en gilet à la Robespierre, en toque à la Henri III, ayant tous les siècles et tous les pays sur les épaules et sur la tête »*. Le gilet rouge cerise de Gautier est entré dans la légende : les « grisâtres » sont effrayés par les « flamboyants » ; une blême aristocrate parle de *« figures à faire crier les petits enfants »*. Depuis les combles du théâtre, les employés de la Comédie-Française jettent des ordures sur les barbares hugoliens. La police, nombreuse, guette l'incident qui pourrait faire interdire la représentation. Dûment chapitrés, les chevelus restent sourds aux provocations. À l'entrée de la salle, Hugo et le baron Taylor contrôlent les billets.

Toutes portes fermées, pendant trois heures avant que n'arrive le « vrai » public, les « billets rouges » chantent, saucissonnent, boivent et fument. Les toilettes sont fermées ; les « jolis amis de M. Hugo » se soulagent au paradis. À 18 heures, la foule des spectateurs envahit la salle. Robes somptueuses, habits noirs et têtes rases dans les loges, les balcons et les premières galeries ; parade de défroques colorées et de chefs chevelus au parterre et aux secondes galeries. Avec, çà et là, quelques exceptions qui font tache, comme le comte de Vigny, aussi amidonné et hautain qu'à l'ordinaire mais qui n'a pas voulu passer, malgré ses désillusions, pour un déserteur de l'armée hugolienne. Le futur auteur de *Servitude et grandeur militaires* ne s'est pas trompé sur le caractère de l'événement : *« Pour moi, je veux être aussi exact à mon poste d'ami que je le fus... Que dis-je ? Cent fois plus exact que je le fus à mon ridicule et ennuyeux poste de capitaine en temps de paix.* [...] *Ce sera temps de guerre jeudi soir. »*

Temps de guerre. Avant le lever de rideau, les deux camps échangent injures et cris rituels. La représentation est presque inaudible : salves d'applaudissements aux tirades les plus audacieuses, sifflets, rires, bâillements ostentatoires, huées, bagarres à coups de pieds et de poings. Victor Pavie, un jeune poète qui a amené avec lui vingt-neuf de ses compatriotes angevins, raconte la bataille de l'acte III, le plus aventureux : *« Un sifflet à la plus belle scène, mais englouti à cent pieds dans la mer, sous des vagues de bravos conjurés. Mon front ruisselait de sueur et mes vêtements étaient trempés comme ceux d'un naufragé. »* Le long monologue de Charles Quint à l'acte IV le fait tourner à l'extase : *« Mes vingt-neuf amis me faisaient comme les plumes à la queue d'un paon. Ils s'étalaient en roue de ma gauche à ma droite et me secondaient de toute la puissance de leurs poumons, l'ampleur de leurs battoirs et le trépignement de leurs pieds. À chaque bond que je faisais sur ma banquette, le corps incliné vers l'abîme du parterre, deux mains officieuses et inconnues pesaient sur mes épaules et contremandaient mon élan. »*

Pavie et bien d'autres sont envoûtés, au bord de l'asphyxie. Quand le rideau tombe sur la mort et l'extase amoureuse des deux héros, Hernani et Dona Sol, la plus grande partie de la salle, subjuguée, pleure et ovationne Hugo. Mais la bataille ne décide pas de l'issue de la guerre. Dès le lendemain, la presse mobilise contre les sauvages ; on parle d'orgie, d'obscénités, de tentative de soulèvement républicain. Rabattre le combat artistique sur le terrain politique, c'est une tactique éprouvée. Le baron Hugo est un serpent réchauffé dans le sein de la monarchie, le fils d'un général de la Révolution et de Bonaparte. On fait appel à la réaction des beaux quartiers. À la seconde représentation, les sifflets l'emportent ; il est de bon ton d'éclater de rire aux moments les plus dramatiques.

Hugo doit tenir ses troupes en main. Il obtient cent places, chaque soir, pour ses partisans, jusqu'à la trente-sixième représentation. Certains hugolâtres seront de toutes les soirées. *« Certains vers,* écrira Gautier, *étaient pris et repris comme des redoutes disputées par chaque armée avec une opiniâtreté égale. »* Sur les boulevards, les chansonniers écrivent à la hâte des parodies d'*Hernani* qui font rire le populaire : *N, I, NI ou le Danger des Castilles, amphigouri romantique en cinq tableaux et en vers* ; *Oh ! qu'Nenni ou le Mirliton fatal* ; *Harnali ou la Contrainte par cor* ; *Hernani, imitation burlesque*. Balzac, qui a d'abord été des supporters de la pièce, s'inquiète, en bon royaliste, de sa récupération politique. Il se décide, en avril, pour l'éreintement : *« Tous les ressorts de cette pièce sont usés ; le sujet, inadmissible ; les caractères, faux ; la conduite des personnages, contraire au bon sens.* [...] *L'auteur nous semble, jusqu'à présent, meilleur prosateur que poète, et plus poète que dramatiste. M. V. Hugo ne rencontrera jamais un trait de naturel que par hasard. »*

Hugo ne lui en veut pas ; il continuera à traiter Balzac avec amitié. C'est un vainqueur magnanime. Car personne, à la dernière d'*Hernani* le 22 juin 1830, ne doute plus du succès public d'Hugo. La pièce, de bout en bout, a fait salle comble ; les adversaires ont été conquis ou ont rendu les armes ; le vieux théâtre est mort. Hugo est riche, célèbre, victorieux. Aux yeux de tous, il apparaît comme le chef de la nouvelle religion littéraire.

Une religion trop publique, trop politique aux yeux de Sainte-Beuve, lequel oscille encore entre l'admiration et la jalousie, l'amour et l'envie, la louange et le fiel (sans compter qu'il fait une cour pressante à Mme Hugo) : *« Cette lutte que vous entamez, quelle qu'en soit l'issue, vous assure une gloire immense. C'est comme Napoléon. Mais ne tentez-vous pas comme Napoléon une œuvre impossible ? En vérité, à voir ce qui arrive depuis quelque temps, votre vie à jamais en proie à tous, votre loisir perdu, les redoublements de la haine, les vieilles et nobles amitiés qui s'en vont, les sots ou les fous qui les remplacent, à voir vos rides et vos nuages au front, qui ne viennent pas seulement du travail des grandes pensées, je ne puis que m'affliger, regretter le passé, vous saluer du geste et m'aller cacher je ne sais où : Bonaparte consul m'était bien plus sympathique que Napoléon empereur. Il m'est impossible maintenant de penser cinq minutes à* Hernani *sans que toutes ces tristes idées ne s'élèvent en foule dans mon esprit ; sans penser à cette voie de luttes et de concessions éternelles où vous vous engagez, à la tactique obligée qui va présider à toutes vos démarches, aux sales gens que vous devrez voir, auxquels il vous faudra serrer la main. »*

La métaphore utilisée par Sainte-Beuve – Hugo-Bonaparte menant la troupe romantique à la victoire, contre Hugo-Empereur, gérant politique de l'opinion – éclaire les contradictions où se débattent les partisans de l'autonomie littéraire, Sainte-Beuve, mais aussi Nodier, Vigny et, dans un autre registre, Stendhal. Les uns et les autres ont rêvé d'une révolution esthétique, d'un art nouveau qui bouscule les règles et les valeurs classiques. Hugo est apparu comme le plus brillant général de cette conquête promise, de cette bataille idéale. Mais Hugo a livré une bataille réelle ; il a pris pour arbitre, non ses pairs, les autres écrivains, les académies, la critique littéraire, l'élite intellectuelle, mais le public, l'opinion, l'époque, l'histoire ici et maintenant. Il a cessé de faire de l'art une affaire de famille, un culte pour initiés, pour chercher l'onction du nouveau souverain, du nouveau sujet central de l'histoire, l'opinion – ce qu'il appelle déjà, de manière plus ambiguë, *« le peuple »*. Hugo vient de briser avec fracas le culte ésotérique du Cénacle. Sa religion devient séculière. Elle risque du même coup de prendre la couleur dominante du siècle et de devenir bourgeoise.

Hugo n'a jamais cessé d'affronter ce risque, en parfaite conscience. Bourgeois, dans sa vie, dans ses attitudes, dans ses opinions, dans ses activités politiques, il l'est et ne cherche pas, comme tant de ses collègues, à le masquer. Il en porte le costume. La bourgeoisie est une construction sociale qu'il habite ; ce n'est pas une idéologie qu'on pourrait rejeter en adoptant, par exemple, les attitudes et le discours « artistes ». Les écrivains bourgeois qui cherchent à se dédouaner de leur appartenance sociale en crachant sur les bourgeois lui semblent faux. Il n'adopte pas les rites, les mœurs, les masques et les litanies de leur tribu.

Hugo ne cherche pas à nier ou à dissimuler la lourdeur du social en lui, la solidité des liens, l'aliénation de l'histoire et de l'accumulation des siècles. La bourgeoisie n'est pas naturelle. Mais elle n'est pas non plus fatale. L'œuvre d'Hugo, à commencer par *Hernani* – mise en scène d'un fatalisme cruel, à l'espagnole –, ne cesse d'explorer au plus près, au plus profond, la sombre et presque irrésistible attirance de la fatalité et de la destruction, l'abandon passionné à la force des choses, au destin caché dans l'origine, au « moi » hypnotisé et anéanti par l'Autre. Mais ce voyage, toujours recommencé, jusqu'à l'extrême bord de la disparition de soi, de la mort dans la vie, ne hante les ténèbres que pour mieux se renverser et affirmer la possibilité de la lumière, de la liberté, de la création. De la lumière par la liberté et par la création. La puissance de la fatalité – métaphysique, sociale, religieuse, politique, naturelle, intérieure même – met en valeur la force titanesque de la pulsion de liberté qui permet de s'arracher à la prison des dogmes, des lois et des choses.

Hernani se précipite vers la vengeance – la loi des pères –, la destruction et la mort, poussé par une formidable et noire énergie :

Tu me crois peut-être
Un homme comme sont tous les autres, un être
Intelligent, qui court droit au but qu'il rêva.
Détrompe-toi. Je suis une force qui va !
Agent aveugle et sourd de mystères funèbres !
Une âme de malheur faite avec des ténèbres !
Où vais-je ? Je ne sais. Mais je me sens poussé
D'un souffle impétueux, d'un destin insensé.
Je descends, je descends, et jamais ne m'arrête.

Mais la fascination de la fatalité trouve en face d'elle une autre « force qui va », plus puissante encore, celle de la lumière de l'amour, plus fort que la mort. Les deux amants, Hernani et Dona Sol, absorbent le poison, mais c'est pour entamer une éternelle nuit de noces :

Mort ! Non pas ! nous dormons.
Il dort. C'est mon époux, vois-tu. Nous nous aimons.
Nous sommes couchés là. C'est notre nuit de noce.
Ne le réveillez pas, seigneur duc de Mendoce.
Il est las. Mon amour, tiens-toi vers moi tourné...
Plus près, plus près encor...

« L'art, outre sa partie idéale, a une partie terrestre et positive. » La bruyante victoire d'*Hernani* marque la fin de la période

d'humiliation et d'expiation entretenue depuis la chute de l'Empire ; la fin du lamento mortifère et coupable des enfants de la Révolution. L'extraordinaire vitalité poétique d'Hugo ne fait pas qu'*« arracher la dernière dent au vieux Pégase classique »*, elle balaie aussi le fatalisme piétiste et mélodieux de Chateaubriand, la maladive élégie de Lamartine, la sombre crispation de Vigny, le romantisme ornemental de Sainte-Beuve. La révolte d'Hugo ne nie pas le crépuscule, elle y adjoint l'aurore. À l'usure du vieux monde, à l'histoire pétrifiée des ancêtres, Hugo ajoute une insolente jeunesse créatrice fondée sur l'imagination – la création d'images – et la liberté de l'expression d'une langue fortement condensée. À la pensée nostalgique et à la philosophie du déclin, il ajoute la vision de l'avenir et le progrès de l'humanité ; à la mélancolie, il ajoute une curiosité d'ogre, un désir de savoir, d'expérimenter, d'effacer les frontières.

« Les noms de ceux qui sont morts ont toujours été jetés à la tête de ceux qui vivent. » Hugo veut en finir avec cette lapidation.

SOURCES

Victor HUGO : *Œuvres complètes*. Édition chronologique dirigée par Jean Massin. 18 vol. Paris, Club français du livre, 1967.

— *Choses vues*. Édition révisée par Hubert Juin. Paris, Gallimard, 2001.

Théophile GAUTIER : *Souvenirs du romantisme*. Paris, Éd. du Seuil-École des loisirs, 1996.

Alphonse de LAMARTINE : *Méditations poétiques*. Édition de Marius-François Guyard. Paris, Gallimard, 1981.

Eugène DELACROIX : *Journal (1822-1863)*. Édition d'André Joubin. Paris, Plon, 1981.

STENDHAL : *Racine et Shakespeare*. Paris, Kimé, 1994.

Alfred de VIGNY : *Correspondance (1816-1830)*. Édition de Madeleine Ambrière. Paris, PUF, 1989.

Hector BERLIOZ : *Mémoires*. Paris, Flammarion, 1991.

Charles-Augustin SAINTE-BEUVE : *Portraits littéraires*. Paris, Laffont, « Bouquins », 1993.

Charles NODIER : *Correspondance croisée avec Victor Hugo*. Bassac, Plein Chant, 1998.

Alexandre DUMAS : *Mes mémoires*. Paris, Plon, 1986.

Hubert JUIN : *Victor Hugo*. 3 vol. Paris, Flammarion, 1980-1986.

Henri GUILLEMIN : *Hugo*. Nouvelle édition, Paris, Éd. du Seuil, 1988.

Nicole CASANOVA : *Sainte-Beuve*. Paris, Mercure de France, 1995.

Anne MARTIN-FUGIER : *Les Romantiques (1820-1848)*. Paris, Hachette, 1998.

Jean-Jacques GOBLOT : *La Jeune France libérale. Le « Globe » et son groupe littéraire (1824-1830)*. Paris, Plon, 1995.

Philippe PERROT : *Les Dessus et les dessous de la bourgeoisie*. Paris, Fayard, 1981.

Max WEBER : *L'Éthique protestante et l'esprit du capitalisme*. Paris, Plon, 1976.

Odile KRAKOVITCH : *Hugo censuré. La liberté au théâtre au XIXe siècle*. Paris, Calmann-Lévy, 1985.

Anne UBERSFELD : *Le Roman d'« Hernani »*. Paris, Mercure de France / Comédie-Française, 1985.

Pierre ALBOUY : *La Création mythologique chez Victor Hugo*. Paris, José Corti, 1985.

L'œuvre tue l'écrivain

1836 ■ Parution du premier roman-feuilleton : *La Vieille Fille* de Balzac

ÉMILE de Girardin est un personnage balzacien. Comme beaucoup de femmes et d'hommes de son époque, d'ailleurs. Comme Balzac lui-même. Non pas tant que l'écrivain témoigne de son temps et le photographie : il l'identifie, ce qui est une autre affaire, et il le formule. Hugo, par exemple, tellement XIXe siècle pourtant, ne sera jamais que par inadvertance un personnage de Balzac ; il appartient au conte davantage qu'au roman.

Émile de Girardin est un bâtard, un garçon qui doit se fabriquer un nom et qui se fabrique le nom interdit de son père. Il a été déclaré à sa naissance, en 1806, sous le nom d'Émile Delamothe. Sa mère, Adélaïde Dupuy, est l'épouse d'un fonctionnaire envoyé en poste en Guyane. Son père, le comte Alexandre de Girardin, capitaine de hussards, est le fils du marquis de Girardin qui accueillit Jean-Jacques Rousseau dans sa dernière retraite d'Ermenonville. En 1827, Émile publie son premier livre, *Émile*, autobiographique bien sûr, qu'il signe de Girardin. Il préfère la provocation à l'apitoiement.

En 1828, avec un ancien camarade de collège, il fonde son premier journal. Il n'a pas d'argent, mais qu'importe : son journal s'appelle *Le Voleur*. Il est fait avec une paire de ciseaux et un pot de colle. Sans autorisation des auteurs le plus souvent, Girardin emprunte des textes à différents périodiques et les reproduit. C'est ainsi que l'information se diffuse. Avec succès puisque, six mois après sa création, *Le Voleur* rapporte assez d'argent pour permettre aux deux associés de lancer une autre publication, *La Mode*, où vont collaborer Balzac, Nodier, Lamartine, Janin, Sue et deux des meilleurs illustrateurs de l'époque, Tony Johannot et Valmont. La formule du *Voleur* vaut aussi à Girardin une réputation sulfureuse, un premier duel, et beaucoup d'imitateurs. Tour à tour paraîtront *Le Compilateur*, *Le Pirate*, *Le Forban* et, plus hypocritement, *Le Panorama littéraire* qui fait son miel du pillage des revues étrangères.

S'il voulait justifier ses méthodes, le jeune Girardin pourrait faire état d'une révolution qui commence et d'un archaïsme qui perdure. La révolution, c'est celle de l'entrée massive de la société française dans la culture de l'écrit. À la veille de 1789, la moitié des Français et un quart des Françaises, très inégalement répartis selon le territoire et la situation sociale, savaient signer leur nom. Un siècle plus tard, le taux d'alphabétisation atteindra 95 % de la population, toutes classes et régions confondues. La France, encore rurale, renonce, de gré ou de force, avec enthousiasme ou résignation, à un mode de pensée et de vie fondé sur l'oral, l'expression du corps et la pratique rituelle, pour se soumettre au message et à la loi de l'écrit. À la raison graphique.

Cette mutation de civilisation est déjà perceptible lorsque Girardin lance ses premières entreprises de presse. La contagion urbaine effleure encore à peine les campagnes où le seul livre est encore, le plus souvent, le missel familial. Mais on sent monter, avec ces classes moyennes qui ont franchi le seuil de l'économie de subsistance, la fringale de papier imprimé, le besoin de lire pour savoir et de savoir pour débattre et pour pouvoir. Une fringale qui pourrait se faire famine pour peu qu'à l'austère utilité de lire on sache ajouter un brin de plaisir.

En raison de la même analyse, le pouvoir politique freine le mouvement, autant qu'il le peut. Lois répressives et restrictives sur la liberté de la presse et de l'édition, fiscalité écrasante destinée à fragiliser les entreprises et à dissuader les investisseurs, interdiction de la vente des journaux au numéro qui réserve la lecture de la presse à un petit nombre d'abonnés, assez fortunés pour débourser un abonnement annuel de 80 francs, soit le quart du revenu moyen par habitant en 1830.

Pour trouver sa place entre la fringale de la demande et l'assèchement de l'offre, il faut posséder une énergie qui sacrifie tout à l'efficacité. Girardin n'a pas d'état d'âme, il possède une ambition sans limites, et un savoir-faire qu'il n'a appris nulle part. Côté cour, il manœuvre les hommes d'affaires et les notables politiques, il spécule, il flibuste, il rapine, il se fait élire député, en trichant sur son âge. Côté jardin, il fréquente les salons littéraires, notamment celui d'une romancière à la mode, Sophie Gay, dont il va bientôt épouser la fille, Delphine. Chez les Gay, Girardin fait la connaissance d'Hugo, de Vigny, de Chateaubriand, de Lamartine, la fine fleur du romantisme monarchiste.

Car si Girardin penche pour les libéraux, il n'en place pas moins *La Mode, revue des modes, galerie des mœurs, organe des salons*, sous le patronage de la duchesse de Berry qui accepte même que ses armoiries figurent en tête du journal. Quitte, après la révolution de Juillet, à revendre le titre aux nostalgiques de Charles X. Il fonde alors *Le Garde national* en direction des bourgeois de Paris, le *Journal des connaissances utiles* – 32 pages mensuelles de documentation sur l'industrie, l'agriculture et l'économie pour 4 francs par an, et pour 132 000 abonnés. Puis, en 1833, *Le Musée des familles* (40 000 abonnés), dont la stratégie littéraire est explicite : « *Une revue dont le bas prix fit la vogue, dont la publicité* rendit la littérature populaire, [...] *dont le titre seul traçât au choix des sujets et au style des auteurs les limites de convenance dans lesquelles doit se renfermer toute œuvre littéraire qui aspire à étendre la civilisation, en substituant insensiblement à l'usage des jeux grossiers, souvent dangereux, l'habitude de la lecture, délassement du travail et jouissance de l'esprit.* »

La pensée de Girardin est au point : extension de la civilisation de l'écrit par une politique de bas prix et de grands tirages, association étroite du journalisme et de la littérature pour promouvoir l'un par l'autre. Deux ou trois créations de journaux encore et la formule est prête : le 1er juillet 1836, Émile de Girardin lance le premier quotidien à prix modéré, *La Presse*. L'abonnement coûte 40 francs, la publicité compensant le manque à gagner. En six mois, *La Presse* compte 10 000 abonnés, sur 70 000 pour l'ensemble de la presse quotidienne française. Un affrontement passionné et confus commence, avec déclarations fracassantes et coups bas, fortunes immenses et faillites spectaculaires, innovations audacieuses et vieilles recettes démagogiques, d'où va émerger une figure majeure de la modernité : le pouvoir médiatique.

Car la révolution opérée par Girardin, ce n'est pas la diminution du prix – il reste prohibitif –, pas même la publicité – elle existait déjà et l'idée de Girardin a consisté à lier ses tarifs au nombre des abonnements. Ces dispositifs commerciaux visent un objectif idéologique explicite : placer le *lecteur* au centre du système éditorial. Changement radical de perspective. Avant Girardin, un journal est l'écho politique d'un groupe d'opinion ou d'un parti, lesquels diffusent leurs analyses et leurs mots d'ordre auprès d'autres notables qui partagent l'essentiel de leurs choix. Écrire dans un journal, c'est donner une forme graphique à la rhétorique de l'éloquence de tribune. Lire un journal, c'est reconnaître ses propres idées dans une formulation frappante et élaborée qui en permettra une rediffusion plus aisée, dans les conversations, les salons, les réunions politiques. Écrire et lire le journal, c'est encore parler et entendre, l'écriture n'étant qu'un substitut de la parole.

À cette parole diffusée du haut vers le bas, Girardin oppose explicitement le journal comme un lieu de *médiation* entre l'action – du gouvernement, du Parlement, des organisations politiques – abrupte et violente et la réflexion qui naît, dans l'espace du journal, entre les producteurs d'idées – les écrivains – et la société de leurs lecteurs. De simple récepteur de la parole, le lecteur est promu au rang de citoyen d'une vaste communauté de discussion et d'échange instituée par un contrat de lecture : le journal.

On comprend du même coup pourquoi *La Presse* donne dans ses colonnes une place aussi importante à sa propre existence et à sa rivalité avec ses confrères. Il s'agit de renforcer les liens de connivence et de fidélité qui attachent les lecteurs à « leur » journal et de montrer comment cette communauté nouvelle s'oppose au « vieux journalisme » du parti pris et de l'information orientée et déformée. Dans un pays où une toute petite minorité de citoyens fortunés ont accès au débat public, *La Presse* se pose en préfiguration idéale d'une société où la diffusion de l'écrit permet un échangé réfléchi et utile entre tous ses membres. Le quotidien revendique le statut d'institution ; bientôt, il pourra mettre en cause toutes les autres institutions pour prétendre être la seule instance réellement représentative. Le quatrième pouvoir.

Pour la plupart de ses concurrents, Girardin est un commerçant prêt à tout pour faire de l'argent. Il veut transformer, écrit Armand Carrel – le fondateur, avec Thiers, du journal d'opposition *Le National* –, le débat politique en un marché sur lequel il prendra son pourcentage. C'est un profiteur et pervertisseur de l'intelligence.

Et comme Girardin ne cache pas son intention de faire disparaître la vieille presse partisane, ses prétentions sont accueillies par le sarcasme et l'injure, tant à gauche – Girardin est un escroc – qu'à droite – Girardin est un dangereux démocrate. La polémique prend un tour moins hystérique, comme si les choses avaient été trop loin, après que, le 22 juillet 1836, Girardin tue en duel Armand Carrel. En fait, *La Presse* a déjà gagné. Les autres journaux s'alignent sur sa politique de prix ou disparaissent, le nombre global des lecteurs de journaux augmente. En 1848, Girardin vendra autant d'abonnements pour son quotidien que toute la presse réunie douze ans auparavant.

Avant Girardin, les écrivains ignoraient et méprisaient les journaux. Sauf lorsqu'ils rêvaient, comme Chateaubriand, Hugo ou Lamartine, d'une carrière politique. Mais on changeait alors de pose et de prose, de costume et de discours. La revue ou le livre pour les œuvres de l'esprit et l'expression de l'être intérieur; les journaux pour l'action et l'expression de la personne publique. Ainsi se trouvait préservée l'image de pureté de la création, indissociable de la religion de l'art et de la croyance littéraire. Écriture libre, désintéressée, sincère, contre écriture contrôlée, mercenaire et partisane. Une rhétorique du vrai contre une rhétorique de l'utile.

L'opposition fonctionne d'autant mieux que les adeptes du livre forment une coterie, quelques milliers de personnes liées entre elles par les fils d'un antique artisanat : une affaire de famille. Le livre demeure rare et cher. Un roman de taille moyenne, débité en deux petits volumes brochés in-octavo, coûte environ 15 francs. L'équivalent de quatre journées de travail d'un employé parisien. À de tels prix, les tirages sont minuscules, rarement plus de 1 000 exemplaires, alors que les droits d'auteur – le plus souvent forfaitaires – sont faibles – 1 000 francs pour Balzac, romancier à succès en 1834. Cette politique de prix élevés est entretenue par les 1 500 cabinets de lecture qui louent les livres aux clients trop peu riches pour les acheter. Si la réussite de quelques auteurs qu'on lit et dont on parle fait rêver les jeunes gens de province et attire à Paris des dizaines de Rastignac, ils affrontent rapidement la réalité de la crise : surproduction d'auteurs, déqualification des libraires-éditeurs, faillites, piratage, misère, facticité, illusions perdues.

Balzac sait de quoi il parle lorsqu'il met en roman l'affrontement mortel de l'idéal littéraire et de la réalité éditoriale. Il n'a jamais caché ce qu'il voulait et a toujours pensé que la volonté pouvait tout. Après l'échec de ses romans, publiés sous des pseudonymes, il a failli renoncer à la carrière littéraire. Pas à celle des lettres puisqu'il s'est fait imprimeur. Pendant quatre ans, le temps de faire faillite et d'accumuler 60000 francs de dettes, il a observé le fonctionnement du système, pour le vaincre et pour s'y faire une place. À sa manière, passionnée, laborieuse, analytique, inspirée, il a observé, comme Girardin, la naissance d'une révolution – *« la lecture est devenue un besoin »* – et l'inadaptation de l'ensemble du système éditorial – les écrivains compris – à cette mutation. Il invente même pour cette ère nouvelle un mot nouveau, la *modernité.*

« Parlons argent ! » Balzac n'a pas de fausse pudeur lorsqu'il s'agit d'évoquer le symbole dominant de son époque, haïssable et désiré. Cessons même un instant de parler agréablement de littérature, de poésie, de création et de lecture, et osons parler de métier, de marché, de producteurs, de consommateurs. Balzac le répète : écrire est un métier. On sait de quelle manière il l'exerce, comme un forçat. Un écrivain, écrit-il, est un producteur d'idées qui s'adresse à des consommateurs d'idées, une part de son talent consistant à déceler l'attente secrète de son public et à lui donner forme. C'est un entrepreneur de livres.

Encore faut-il qu'existe un public, des consommateurs. Et que ces consommateurs soient assez nombreux pour permettre à l'écrivain de se consacrer pleinement et sereinement à son métier : *« Cessez donc de nous montrer la misère comme mère du génie ! »* La misère n'est mère que de la misère. Il convient donc, explique Balzac en bon capitaliste, non pas de subventionner l'édition et les écrivains – le mécénat n'est plus de mise –, mais d'élargir le marché aux dimensions du besoin de lire. Baisser les prix des livres et *« transformer les consommateurs de lecture en consommateurs de livres »*, en s'attaquant aux cabinets de lecture.

Balzac ne se contente pas d'écrire quelques articles théoriques. En 1830, il passe aux actes. Avec quelques amis, il lance la Société d'abonnement général, fondée sur une analyse minutieuse des conditions de fabrication et de diffusion du livre et sur la sociologie de la France liseuse. Il s'agit de fournir, pour un abonnement annuel de 124 francs, *« la quantité raisonnable d'ouvrages qu'un homme ou une famille pouvaient lire annuellement »*, soit 96 volumes, à raison de 4 volumes par quinzaine, avec possibilité d'abonnement trimestriel, soit une baisse des deux tiers du prix du livre. Balzac propose de périodiser la librairie sur le modèle de la presse, de vendre les livres comme les journaux, de créer un réseau de représentants qui irrigue le pays et d'adapter l'offre de lecture aux goûts du marché : *« Si la compagnie arrivait à posséder un jour une masse de 6 000 ou 8 000 abonnés, ce qui peut être probable, eu égard à la nécessité croissante de ce besoin social, la compagnie pourrait, en consultant par ses moyens d'action l'opinion de ses abonnés sur l'opportunité et la popularité des publications faites par la librairie, prélever d'énormes droits de commission en stipulant pour une énorme masse de consommateurs qu'elle possèderait en dehors du commerce et des débouchés ordinaires de la librairie. »* Balzac imagine à la fois l'étude de marché et la pression considérable – il parle même de monopole – que pourrait exercer sur la production éditoriale un lectorat organisé.

L'invention des clubs de livres ne se réalisera pas en 1830. Ni la librairie ni la littérature ne sont prêtes à la cure de capitalisme brutal que préconise Balzac. Le fondateur de la Société d'abonnement général, qui n'a pas un sou (et qui se taillait la part du lion dans les bénéfices annoncés de l'opération), ne parviendra pas à réunir les capitaux nécessaires au lancement de l'entreprise. En 1833, il abandonne le grand projet pour lequel il a bataillé pendant trois ans. Coïncidence ? C'est le moment où il signe avec la veuve Charles-Béchet (la librairie est remplie de veuves) un contrat où il lui cède, pour 27 000 francs, le droit d'éditer les 12 volumes des *Études de mœurs*, les fondations de la future *Comédie humaine*. Un autre rêve de captation absolue.

Les idées de Balzac et de Girardin sur la crise de la diffusion écrite et sur l'explosion du marché de la lecture se rejoignent. L'écrivain légitimiste et le journaliste libéral s'accordent sur la nécessité de *« réveiller les besoins non satisfaits »* et de s'appuyer sur un nouveau public de lecteurs dont ils devinent les goûts. Le premier veut vendre les livres comme des journaux ; le second veut fondre le journalisme et la littérature. L'alliance se fait naturellement. En 1830, Balzac est le témoin du mariage de Girardin avec Delphine Gay ; il collabore au *Voleur*, puis à *La Mode*. *La Presse* est le seul journal qui défende la cause des « producteurs intellectuels » (parmi lesquels les journalistes, bien sûr), qui réclame pour les auteurs un statut social et matériel stable, qui appuie Balzac dans son combat pour une « Société des gens de lettres » capable de défendre les droits matériels et moraux des écrivains. Mais Girardin va plus loin ; beaucoup plus loin que ne le désire Balzac : au nom de la modernité, il veut faire disparaître la frontière entre la littérature et le journalisme. Industrialiser, c'est son absolu. Industrialiser l'expression imprimée et industrialiser la politique : *« L'industrie française, on ne peut le nier, a changé de face depuis vingt années ; elle a renouvelé presque entièrement tous ses procédés de travail, refait tous ses calculs, abaissé tous ses prix ; dans ce grand mouvement,* l'industrie politique *ou l'art de gouverner est resté stationnaire, il n'a fait aucun pas, il a laissé sans solution tous les problèmes qui lui ont été posés. »* Mais l'industrialisation de l'écrit doit vaincre un obstacle : le caractère symbolique de la langue et la croyance littéraire. Il est encore difficile en 1830 d'industrialiser les symboles sans détruire les croyances. Girardin trouve une solution : attacher à *La Presse* les écrivains les plus célèbres : *« Ce journal s'est proposé un grand dessein ; ce serait de réunir dans son centre les hautes intelligences éparses jusqu'ici en des lieux très divers et à des distances grandes en apparence. Ce serait d'harmoniser ces individualités puissantes par elles-mêmes, mais susceptibles de plus d'action encore. Isolées, elles usent plus de force qu'elles ne doivent ; parfois elles les dépensent mal, d'autres fois elles se neutralisent. Il n'est pas un de ces hommes admirablement doués, hommes d'enivrante poésie, de chaud patriotisme ou de convictions ardentes, qui n'ait imprimé en nous quelques fortes secousses, développé le germe de quelques généreux sentiments, découvert quelques-unes des lois de l'ordre des choses qui se prépare, quelques faces nouvelles de la destination humanitaire. D'où vient qu'ils n'ont fait lever çà et là que de faibles germes, éveillé des sympathies improductives, engendré que des résolutions avortées ?* [...] *D'où cela vient-il, si ce n'est en partie du dédain superbe de plus d'un combattant illustre perdus pour nous dans leurs tentes, vivant à part, laissant le champ libre à la foule, qu'ils émeuvent sans profit, ou qu'ils regardent faire.* [...] *Nous disons à la poésie, nous disons à la tribune et à la presse, à tout ce qui a force et vie, à tout ce qui a une grande voix à faire entendre et de vérités bonnes à dire : le moment est venu de parler. Ne laissez pas croire aux hommes d'action qu'ils avaient seuls la pensée parce que seuls ils ont obtenu la réalisation de quelque chose.* [...] *Mais que toutes ces voix enfin éparses ou en désaccord n'en fassent plus qu'une :* La Presse *les appelle toutes à elle, toutes sans exception et sans rancunes, en prenant un nom qui ne portera ombrage à personne, et cher à tous.* »

Éloquente et habile opération de séduction qui s'appuie sur une thématique éprouvée : l'utilité et la responsabilité sociales des artistes et leur impuissance politique. Girardin assigne aux intellectuels le rôle de conscience nationale et fait de son journal le lieu merveilleux, magique où les désaccords, les rivalités, les oppositions se fondent en une voix harmonieuse : celle du média.

Pour illustrer ces noces de la littérature et du journalisme, Girardin publie à l'automne 1836 le premier roman-feuilleton : *La Vieille Fille* de Balzac : douze articles imprimés du 23 octobre au 4 novembre sous la rubrique « Variétés ». Ce roman en douze morceaux et trois chapitres a été commandé à Balzac à la fin septembre. *« En trois nuits »*, Balzac écrit 25 feuillets – la matière des deux premiers chapitres – qu'il envoie à Girardin le 1er octobre. Et il promet 25 autres feuillets, la fin du livre, pour le surlendemain. En fait, il passe tout le mois d'octobre à mettre au point, à partir des deux premières parties, la mécanique inédite du roman-feuilleton. Un étonnant travail d'orfèvre.

Sur les épreuves tirées de son manuscrit originel, Balzac commence à corriger, ajouter, déplacer, découper. Il introduit des personnages, encadre des portraits, structure chaque article afin d'en faire un ensemble cohérent. Puis il envoie le jeu d'épreuves ainsi modifié dont on lui retourne la nouvelle composition. Sur ce nouveau jeu, il reprend le même travail d'élargissement et d'adaptation. Nouvel envoi, nouvelles épreuves, nouvelles corrections, et ainsi de suite. Pour le premier chapitre de *La Vieille Fille* – « La chaste Suzanne et ses deux vieillards » – on compte neuf jeux d'épreuves ; treize pour le second chapitre, « Mademoiselle Cormon ». Entre le manuscrit d'origine et le texte publié dans *La Presse*, il n'y a pas seulement une considérable amplification, toute la structure du roman s'est inventée, des idées nouvelles sont apparues, des orientations ont été modifiées, les conflits d'intérêts se sont déplacés, les personnages n'ont plus le même rapport à eux-mêmes et à leur entourage. Le roman obéit à la temporalité induite par le feuilleton : Balzac a multiplié les « scènes », comme au théâtre, pour pouvoir mieux découper son roman en tranches égales. Il a joué le jeu, en professionnel consciencieux.

Il a pourtant manqué son affaire. Certes, la renommée littéraire de Balzac a fait progresser le tirage de *La Presse*. Certes encore, la réaction des journaux concurrents accusant Balzac de *« prostituer la littérature »* est sans surprise. Mais l'auteur de *La Vieille Fille* a sous-estimé ou volontairement négligé un élément essentiel du contrat de lecture du journal : la réaction du public, comme au théâtre. Un livre est une affaire privée entre l'auteur et chacun de ses lecteurs, pas un journal. Les lecteurs – plus exactement quelques dizaines de lecteurs, mais cela suffit – s'indignent de *« l'immoralité »* du roman de Balzac. Cette histoire, assez sordide et assez drôle, de la vie de province, avec sa vieille fille en quête obsessionnelle de mari, son époux impuissant, la bagarre au couteau autour d'une succession, la mise en scène de la bêtise, de la cupidité et de l'inassouvissement, pouvait choquer le bourgeois pudibond. Il l'était sans doute plus encore par sa charge politique légitimiste. Balzac n'a pas pu s'en empêcher : alors qu'elle était courtisée par un vieux gentilhomme encore vert, le chevalier de Valois, Mlle Cormon, la vieille fille, donne la préférence à l'intérêt spéculatif de Du Bousquier, l'impuissant, le bourgeois, l'arbre sec : le républicain, tout est dit. Du Bousquier est *« impuissant comme une insurrection »*, stérile, épuisé et sans héritier comme un fils de la Révolution.

Balzac tient à ses mythes, Girardin à ses lecteurs. *La Torpille* et *La Femme supérieure*, les deux romans-feuilletons prévus pour faire suite à *La Vieille Fille*, ne paraîtront pas dans *La Presse*. Girardin va faire appel, pour succéder à Balzac, à des écrivains plus aptes à adopter le sentiment médiatique : Soulié, Scribe et surtout Alexandre Dumas, maître incontesté de l'entre-deux narratif. Entre la fiction et l'histoire, entre la fiction et le journalisme d'actualité : *« Je tenterai donc de faire partager à mes lecteurs les sensations que j'ai éprouvées, sans les rationaliser pour eux plus que je ne suis parvenu à le faire pour moi, afin que blasés comme ils le sont et comme je l'étais sur les faits positifs de la politique, et sur les découvertes exactes de la science, ils respirent comme moi, le souffle de cette atmosphère nouvelle au milieu de laquelle les hommes et les choses perdent leurs contours secs et arrêtés pour nous apparaître avec le vague, la mélancolie et le charme que répandent sur eux la distance, la vapeur et la nuit.* »

Avec Balzac, sans lui, le roman-feuilleton va gagner tous les grands journaux, aider à leur développement et s'appuyer sur eux pour conquérir de nouveaux lecteurs. Journalisme et roman semblent marcher la main dans la main dans leur conquête commune de *« la masse lisante »*, comme dit Balzac. Il faudra attendre Flaubert et *Madame Bovary* pour que l'optimisme conquérant du Livre trouve son prophète de malheur : l'élargissement de la lecture ne peut se faire que par une baisse du niveau moyen. La vieille lingère du collège de Rouen, écrit Flaubert, *« prêtait aux grands quelques romans qu'elle avait toujours dans les poches de son tablier, et dont la demoiselle elle-même avalait de longs chapitres, dans les intervalles de sa besogne. Ce n'était qu'amours, amants, amantes »* dans lesquels Emma Bovary ne cherche que *« des assouvissements imaginaires pour ses convoitises personnelles »*.

Dans son culte forcené pour la volonté, Balzac ne cesse de passer, par brusques embardées, de la fascination pour l'âge moderne de l'édition à la dénonciation d'une société dominée par l'argent-roi. Le capitalisme conquérant, l'esprit d'entreprise évoquent pour lui, à la fois, l'audace et l'héroïsme des grandes épopées militaires et la foi patiente et acharnée des bâtisseurs de cathédrales ; c'est du merveilleux en action. Mais si la geste industrielle enflamme son imagination, s'il rêve sans cesse de l'argent et du pouvoir qui devraient couronner son travail de titan et l'évidence de son génie, il est aussi trop lucide pour ne pas voir dans la frénésie capitaliste de puissance et de possession une œuvre de mort, un déni de l'art.

Dans *La Silhouette*, un journal illustré de lithographies qu'il a fondé en 1829 avec Émile de Girardin, encore, Balzac publie une série d'articles sur la condition des artistes. Le fervent légitimiste, l'admirateur des vertus et des manières d'être aristocratiques, y célèbre l'artiste-roi : *« Un homme qui dispose de la pensée est un souverain. Les rois commandent aux nations pendant un temps donné, l'artiste commande à des siècles entiers ; il change la face des choses, il jette une révolution en moule ; il pèse sur le globe, il le façonne.* [...] *l'aristocratie et le pouvoir du talent sont bien plus réels que l'aristocratie des noms et la puissance matérielle.* » Mais voilà qu'une métaphore vient éclairer d'une étrange lumière cette vision de l'artiste, homme supérieur échappant à la vulgarité de la loi commune : « *Le Christ en est le plus admirable modèle. Cet homme gagnant la mort pour prix de la divine lumière qu'il répand sur la terre et montant sur une croix où l'homme va se changer en Dieu, offre un spectacle immense.* » L'artiste créateur est roi, l'artiste sacrifié, supplicié, se change en Dieu, « *ne devenant Dieu que quand il s'est baptisé dans son sang* ».

Une description, aussi troublante, dans ce même texte : « *Tel est l'artiste : humble instrument d'une volonté despotique, il obéit à un maître. Quand on le croit libre, il est esclave ; quand on le voit s'agiter, s'abandonner à la fougue de ses folies et de ses plaisirs, il est sans puissance et sans volonté, il est mort. Antithèse perpétuelle qui se trouve dans la majesté de son pouvoir comme dans le néant de sa vie : il est toujours un dieu et toujours un cadavre.* »

Suit ce qui ressemble fort à un autoportrait : « *Un homme habitué à faire de son âme un miroir où l'univers tout entier vient se réfléchir, où apparaissent à sa volonté les contrées et les mœurs, les hommes et leurs passions, manque nécessairement de cette espèce de logique, de cet entêtement que nous avons nommé caractère. Il est un peu catin (qu'on me passe cette expression). Il se passionne comme un enfant pour tout ce qui le frappe. Il conçoit tout, il éprouve tout. Le vulgaire nomme fausseté de jugement cette faculté puissante de voir les deux côtés de la médaille humaine. Ainsi l'artiste sera lâche au combat, courageux sur l'échafaud. Il aimera avec idolâtrie et quittera sa maîtresse sans raison apparente ; il dira naïvement sa pensée sur les choses les plus niaises que l'engouement, enthousiasme des sots, divinise ; il sera volontiers l'homme de tous les gouvernements ou un républicain sans joug. Il offrira dans ce que les hommes appellent le caractère, cette instabilité qui régit sa pensée créatrice ; laissant volontiers son corps devenir le jouet des événements humains, parce que son âme plane sans cesse. Il marche la tête dans le ciel et les pieds sur cette terre. C'est un enfant, c'est un géant.* »

L'enfant géant est la proie des hommes d'argent qui « *spéculent sur les produits de la pensée* ». Il écrit dans les journaux, ceux de Girardin et d'autres, mais il y déclare que « *les gens du monde se figurent qu'un artiste peut régulièrement créer comme un garçon de bureau époussette tous les matins les papiers de ses employés* ». Il revendique l'œuvre littéraire comme une *propriété* qu'il a la charge de faire fructifier, mais il affirme aussi que le génie de l'artiste

« est un don perpétuel ». Il se jette dans l'aventure de la fiction de presse pour offrir au roman la publicité – et les revenus – dont bénéficie le théâtre, mais il s'en prend, dans un journal, aux ravages du journalisme qui *« tue et dévore de vrais talents ». « Les journaux sont une autre Société de Jésus qui ravit au pays ses meilleurs esprits* [...] *des mauvais lieux de l'imagination* [...] *une sorte de féodalité sans noblesse, qui s'est garanti le monde moral, qui a ses serfs, ses esclaves, ses feudataires, et qui use des cerveaux. La librairie et le journalisme sont donc les deux grandes plaies de l'art. La librairie et le journalisme sont deux causes* [...] *qui expliquent la rareté des grandes œuvres. La spéculation est là qui agit sur l'intelligence comme une substance chimique, elle précipite l'or au fond du creuset, s'en empare, et laisse à la matière exploitée, des duels, l'impuissance et la misère. »*

Contradictions ? faiblesses ? naïvetés ? Cohésion profonde au contraire d'une *vision* de l'artiste, de l'art et de la société. Vision, et non pas idéologie. Chez Balzac, la doctrine, les professions de foi et les poses politiques, le fracas réactionnaire, sont toujours subordonnés à l'imagination de la mission artistique. Le principe d'égalité, par exemple, apparaît à Balzac comme une aberration politique et un déni de la nature, moins en raison de considérations sociales, métaphysiques ou historiques qu'en vertu de l'existence d'« hommes supérieurs », maîtres de la volonté et de la puissance créatrice, dont l'artiste est le modèle.

Cette vision, cet immense fantasme si l'on préfère, Balzac en a livré des éclats tout au long de son œuvre, dans *Les Employés* par exemple, dans *Le Chef-d'œuvre inconnu* ou *Louis Lambert*, ou dans ces romans si mystérieux, si « philosophiques », aurait dit Balzac, que sont *Séraphîta* ou *La Recherche de l'absolu* dans lequel le Savoir, l'appréhension de la totalité du monde, va se chercher au bord de la folie. Dans *La Peau de chagrin*, elle prend la forme d'une fable fantastique, d'une parabole dramatique de *« l'entreprise d'écriture ».*

La Peau de chagrin est le roman de l'énergie vitale. Raphaël, son malheureux héros, dépense son trésor d'énergie à satisfaire ses désirs et ses passions sociales, l'or et le sexe, intimement mêlés. À chaque fois qu'il exerce son vouloir, chaque fois qu'il s'abandonne à *« la senteur cadavéreuse de la société »*, la peau dc chagrin qui représente sa vie rétrécit. Pour continuer à exister, Raphaël doit se contraindre à l'impossible : ne plus rien vouloir, abandonner le monde (ne plus lire les journaux), retenir sa respiration, entrer dans la plus égoïste des solitudes, devenir un vieillard apeuré, un mort-vivant.

La mort est dans la dépense. *« Je vais vous révéler en peu de mots un grand mystère de la vie humaine. L'homme s'épuise par deux actes instinctivement accomplis qui tarissent les sources de son existence. Deux verbes expriment toutes les formes que prennent ces deux causes de mort : VOULOIR et POUVOIR.* [...] Vouloir *nous brûle et* Pouvoir *nous détruit. » La Peau de chagrin* nous promène dans les ruines, luxueuses, orgiaques, d'une société marquée par la dissipation exaltée de l'énergie : dissipation de la parole dans le bavardage, l'hyperbole et les mots d'esprit ; dissipation du sentiment dans la chasse sexuelle, dissipation du talent dans le journalisme, dissipation de la beauté dans le luxe, dissipation de l'ordre et de l'harmonie dans la confusion démocratique, dissipation du vouloir et du pouvoir dans l'or, explicitement assimilé au désir de mort :

« Victoire ! nous pourrons mourir à notre aise ! Il me montra son chapeau plein d'or, le mit sur la table, et nous dansâmes autour comme deux Cannibales ayant une proie à manger. [...] *À d'autres cet argent suffirait pour vivre, mais nous suffira-t-il pour mourir. Oh ! oui, nous expirerons dans un bain d'or. Hourra !* [...] *Il jeta de l'or à son fidèle domestique : "Voilà ta part, dit-il, enterre-toi si tu peux." »* La figure de l'orgie se développe au paragraphe suivant où Raphaël évoque avec dégoût *« les grands hommes de la littérature marchande »* qui l'adoptent et en font un viveur : *« Je passais pour spirituel. Rien ne trahissait en moi cette épouvantable existence qui fait d'un homme un entonnoir, un appareil à chyle, un cheval de luxe. »*

Mais voici qu'apparaissent les formes supérieures de l'énergie et de sa dépense excessive, voici *« les âmes fortes »*, les êtres hors de la vie commune : l'homme de guerre, l'homme de pouvoir et l'artiste, des *« monstruosités sociales »*, écrit Balzac. La débauche du sang, la débauche des intérêts, la débauche des idées et des images. *« La débauche comprend tout ; elle est une perpétuelle étreinte de toute la vie, ou, mieux, un duel avec une puissance inconnue, avec un monstre. »* Cette exorbitante concentration-dissipation de l'énergie vitale, cette mobilisation de toutes les forces de la volonté et du pouvoir, indéfiniment renouvelée et dépensée, livre après livre, c'est ce qui fait naître et vivre l'œuvre. Et c'est ce qui tue l'écrivain.

La littérature tue ; chaque ouvrage, chaque pierre de l'édifice de *La Comédie humaine* – cette débauche de tout voir, tout englober, tout comprendre – rétrécit dramatiquement la peau de chagrin de Balzac. La pensée est meurtrière lorsqu'elle décide d'aller jusqu'au fond des choses : *« La pensée est le plus violent des agents de destruction ; elle est le véritable ange exterminateur de l'humanité.* [...] *La vie est un feu qu'il faut couvrir de cendres. Penser, mon enfant, c'est ajouter de la flamme au feu.* [...] *Réunissez sur un point donné quelques idées violentes, un homme est tué par elles comme s'il recevait un coup de poignard. »*

Balzac pousse pourtant plus loin encore, jusqu'aux gouffres, l'exercice de la pensée destructrice-créatrice, de la pensée-vampire : il en fait un *système* dont il vérifie la validité en l'appliquant à son époque, à toute son époque. Il réalise sa chimère : *« L'idée première de* La Comédie humaine *fut d'abord chez moi comme un rêve, comme un de ces projets impossibles que l'on caresse et qu'on laisse s'envoler ; une chimère qui sourit, qui montre son visage de femme et qui déploie aussitôt ses ailes en remontant dans un ciel fantastique. »* Souriante chimère encore ou annonce du martyre d'*« un effroyable labeur »* ? Il se fixe un programme d'écriture démentiel, bien supérieur à ce qui reste de sa peau de chagrin et qui l'épuisera avant d'être rempli. Le Livre le détruira, à cinquante et un ans. Triomphe de l'entreprise, sacrifice rédempteur et ruine de l'entrepreneur dans un combat perdu d'avance. Retour de la figure du génie-Christ : l'infinie dissipation de l'énergie dans l'œuvre, la descente aux enfers pour y recueillir la vérité, offrir au siècle qui se ment une conscience de lui-même, une morale de son vide moral ; lui tendre un miroir si vrai qu'il soit obligé de s'y reconnaître, pour se sauver, s'il le peut, avant l'enfer annoncé, l'orgie finale, le triomphe des Barbares : *« La haute bourgeoisie offrira plus de têtes à couper que la noblesse ; et si elle a des fusils, elle aura pour adversaires ceux qui les fabriquent. »*

La vérité ne peut jamais apparaître dans le temps fractionné, pulvérisé de la presse. *La Comédie humaine*, c'est l'anti-journal, le temps reconstruit dans la lumière unifiée du Livre, du temps historique et de la parole juste ; la poétique privée de la fiction contre la rhétorique publique du débat. Le journaliste Balzac a appris dans les publications de Girardin et de ses rivaux, plus encore que dans la lecture des romans historiques de Walter Scott, les vertus adhésives du « faire-vrai ». L'approche familière et pittoresque des décors, des faits et des gestes ; l'attention minutieuse, magnétique portée à la construction et à la description des détails ; la place de l'auteur dans le récit, à la fois narrateur, rapporteur et témoin ; la transformation du récit en document, en photographie, en tableau, en portrait, en reproduction. Tout ce qu'on a appelé le « réalisme » de Balzac, alors que bien peu d'écrivains ont fait une telle confiance à la fiction, à l'imagination et à la vision pour approcher la vérité et tenter de ressusciter intégralement le corps et l'âme d'une société.

Enfermé dans son atelier, relié au monde par l'écriture, Balzac rêve son siècle, comme il rêve sa vie, sa fortune, sa noblesse, ses amours. Comme il rêve son génie : à la limite du ridicule social, avec cette folie de rêver si intensément que le rêve se partage, que la vision se fait conte et le conte vérité.

Le 2 octobre 1831, *L'Artiste*, un journal hebdomadaire lancé la même année et qui se consacre à la défense des beaux-arts et des créateurs, publie un compte rendu anonyme des *Romans et contes philosophiques* de Balzac, et notamment de *La Peau de chagrin*. Le compte rendu est rédigé par Balzac lui-même. La « camaraderie » de la presse ne répugne pas à ce genre de pratique, et Balzac ne semble pas gêné par l'autoglorification exclamative : *« Quel conteur ! que de verve et d'esprit ! quelle infatigable persévérance à tout peindre, à tout oser, à tout flétrir ! Comme le monde est disséqué par cet homme ! Quel analyste ! quelle passion et quel sang-froid ! »* Mais l'intérêt du dédoublement est ailleurs, dans le lien qu'établit Balzac, auteur-lecteur de son œuvre, anonyme journaliste, entre le conte et la vérité : *« Plus vous avancez dans* La Peau de chagrin, [...] *plus vous reconnaissez avec étonnement et douleur qu'ainsi est construit en effet ce* XIX*e siècle où vous vivez.* La Peau de chagrin, *c'est* Candide *avec des notes de Béranger ; c'est les misères, c'est le luxe, c'est la poitrine sans cœur et le crâne sans cervelle du* XIX*e siècle, ce siècle si paré, si coquet, si musqué, si révolutionnaire, si peu lettré, si peu quelque chose ; ce siècle de fantasmagories brillantes dont on ne pourra plus rien saisir dans cinquante ans, excepté* La Peau de chagrin *de M. de Balzac. »*

SOURCES

Honoré de BALZAC : *La Comédie humaine*. Édition dirigée par Pierre-Georges Castex. 12 vol. Paris, Gallimard, « Bibliothèque de la Pléiade », 1976-1980.

— *Œuvres diverses*. Édition de Pierre-Georges Castex. 2 vol. Paris, Gallimard, « Bibliothèque de la Pléiade », 1990-1996.

— *Lettres à Mme Hanska*. Édition de Robert Pierrot. Paris, Laffont, « Bouquins », 1990.

— *Les Journalistes. Monographie de la presse parisienne et des salons littéraires*. Paris, Arléa, 1991.

Charles MONSELET : *La Lorgnette littéraire. Dictionnaire des grands et petits auteurs de mon temps* (1857). Rééd. Tusson, Le Lérot, 1990.

Marie-Ève THÉRENTY et Alain VAILLANT : *1836 : l'an I de l'ère médiatique*. Paris, Nouveau Monde, 2001.

Pierre PELLISSIER : *Émile de Girardin, roi de la presse*. Paris, Denoël, 1985.

Jean-Noël JEANNENEY : *Une histoire des médias*. Paris, Éd. du Seuil, 1998.

Thomas FERENCZI : *L'Invention du journalisme en France*. Paris, Plon, 1993.

François FURET et Jacques OZOUF : *Lire et écrire. L'alphabétisation des Français de Calvin à Jules Ferry*. 2 vol. Paris, Éd. de Minuit, 1977.

Jacques GOODY : *La Raison graphique*. Paris, Éd. de Minuit, 1979.

Collectif : *Balzac imprimeur et défendeur du livre*. Paris, Paris-Musée et Éd. des Cendres, 1995.

Roger PIERROT : *Honoré de Balzac*. Paris, Fayard, 1999.

Pierre BARBÉRIS : *Balzac et le mal du siècle*. 2 vol. Paris, Gallimard, 1970.

Michel BUTOR : *Improvisations sur Balzac*. 3 vol. Paris, La Différence, 1998.

Gaëtan PICON : *Balzac par lui-même*. Paris, Éd. du Seuil, 1956.

Georges POULET : *Études sur le temps humain*. 2 vol. Paris, Plon, 1950-1952.

Georg LUKACS : *Balzac et le réalisme français*. Paris, Maspero, 1967.

Jean-Pierre RICHARD : *Études sur le romantisme*. Paris, Éd. du Seuil, 1970.

Flaubert et Baudelaire contre la rhétorique de l'illusion

1848 ■ Révolution sociale contre révolution verbale

À ROUEN, comme dans toute la France, le 23 avril 1848, on élit, pour la première fois, les députés au suffrage universel. Apothéose historique de la révolution de Février ? Journée inaugurale de l'égalitarisme démocratique et de l'universalisme républicain ? C'est ce que chanteront, plus tard, les historiens. Pour l'heure, on nage dans la plus extrême confusion.

Cela fait à peine deux mois qu'à Paris l'émeute a renversé la monarchie de Juillet. Un gouvernement provisoire s'est installé à l'Hôtel de Ville et y a proclamé la République, pour apaiser les faubourgs. Va pour la République. C'est un mot qui vibre. Faute d'un programme politique, le gouvernement provisoire trouve son unité dans les mots. Ce n'est pas pour rien que Lamartine y fait figure de chef, c'est un maître du verbe. Il n'a pas son pareil pour noyer les contradictions dans le lyrisme, à commencer par les siennes.

Mais les mots ne peuvent pas tout résoudre. Les chômeurs demandent du travail et les ouvriers la journée de 10 heures. Les possédants ont peur : retrait des fonds déposés dans les caisses d'épargne, chute de la consommation. Le numéraire disparaît, les impôts cessent de rentrer ; les salaires baissent, de nombreuses entreprises ferment leurs portes. En panne de légitimité, le gouvernement provisoire décide, le 5 mars, d'organiser pour le 23 avril l'élection au suffrage universel direct, par tous les Français – hommes – de plus de vingt et un ans et domiciliés, d'une Assemblée constituante.

À Rouen, comme à Paris, les militants républicains et ouvriers ont tout de suite vu le piège qui se cachait dans les plis de l'étendard égalitaire. Dans la capitale industrielle normande, durement frappée par le chômage, les notables tiennent solidement et depuis longtemps toutes les places fortes du pouvoir. Élus hier au suffrage censitaire, ils disposent de comités électoraux bien rodés, de la presse, des relais d'opinion, de l'appui des cadres institutionnels. Hier légitimistes, louis-philippards ou libéraux, ils ont choisi le ralliement verbal à la République afin de poursuivre leur carrière ou, pour certains – comme Tocqueville –, d'en améliorer le parcours.

Face à cette machine, des millions de néophytes du vote, sans organisation, sans parti, sans expérience. Dispersés en une myriade de clubs dans lesquels ils viennent faire l'apprentissage, forcément incohérent, du débat d'idées, de l'expression collective, du verbe efficace. Il faudrait du temps pour transformer cet amas brûlant de revendications, de frustrations et d'imagination en organisation électorale. Le gouvernement provisoire refuse de reporter la date des élections afin de permettre à tous de s'y préparer. La partie est jouée avant d'avoir commencé.

À Rouen, les partisans de la « République sociale » ont pourtant un allié, le commissaire de la République, Deschamps. Nommé au début mars en Normandie pour faire appliquer les décisions du gouvernement, Deschamps a été frappé par la misère des classes populaires de la ville. Le chômage touche toutes les familles ; les salaires quotidiens, dans les filatures, se sont effondrés – 3 francs par jour en 1835, 1,75 franc en 1848, pour les hommes ; 1 franc pour les femmes, 0,45 franc pour les enfants de huit à douze ans –, alors que le coût de la vie, celui du pain, ne cesse d'augmenter. Dans les taudis effroyables de la vieille ville et de la rive gauche, la population est au désespoir ; plus de la moitié des enfants y meurent avant l'âge de cinq ans.

Deschamps fait son travail, c'est-à-dire qu'il organise au mieux les « ateliers nationaux » décidés par le gouvernement. Ce n'est pas qu'il y croie vraiment. Ces ateliers ne sont qu'un pis-aller charitable. Louis Blanc et la gauche demandaient que l'on emploie réellement les chômeurs, que l'on monte avec eux des entreprises contrôlées par l'État et qui auraient utilisé leurs compétences professionnelles. Pour créer des lignes de chemin de fer, par exemple. Atteinte intolérable à la propriété individuelle, ont hurlé les libéraux – auxquels Lamartine a fini par se rallier. On se contente donc de calmer la faim des chômeurs contre des travaux qui ne concurrencent personne, et pour cause. Deschamps organise les secours, ouvre des chantiers, visite les quartiers ouvriers où aucune personne honnête ne se risquait plus. Il fait de son mieux.

Il en fait trop, proclame la bourgeoisie rouennaise des filatures, du port et de la métallurgie. *« Deschamps nous accable d'impôts pour subventionner les fainéants et les ivrognes. »* La presse libérale orchestre le thème. La ritournelle est inusable ; elle n'a pas pris une ride : les industriels veulent moins d'impôts pour pouvoir créer plus de travail. Du coup, Deschamps, qui n'était qu'un bon républicain, tourne au socialisme.

Les beaux quartiers de Rouen lui choisissent un adversaire redoutable, Jules Senard. Il a tout pour plaire. Venu d'un milieu modeste – son père était maître maçon à Canteleu –, mais ayant épousé riche, Senard a exercé à Rouen son métier d'avocat avant d'être nommé procureur général par le nouveau gouvernement. Opposant libéral au gouvernement Guizot, il fait figure de bon républicain, mais modéré, comme on dit, sauf en ambition. Le candidat idéal.

Appuyé par tous les anciens réseaux de la représentation censitaire, notables urbains et ruraux, industriels, propriétaires, Senard mène campagne contre le représentant de l'agitation parisienne et de ses rouges alliés locaux, contre les impôts trop lourds, les entraves à la liberté d'entreprendre, la menace de « coalitions » ouvrières, germes de grèves et d'anarchie, l'encouragement à la paresse. Deschamps, en un mois, parvient à rassembler autour de lui le plus gros des travailleurs de l'industrie ; mais pas plus. Comme Tocqueville dans la Manche, les propriétaires ruraux de Seine-Inférieure emmènent « leurs gens » en procession voter au bourg, et bien voter. Le vote des campagnes submerge celui du chef-lieu. Minoritaires à Rouen, Senard et les siens sont élus dans l'ensemble du département. Ils annoncent tout de suite la couleur et réclament la suppression des ateliers nationaux.

Les résultats sont proclamés le 26 avril. Divine surprise pour les républicains de fraîche conversion, le suffrage universel n'a pas changé notablement la représentation traditionnelle. Quelques têtes nouvelles, des rafistolages d'étiquette, une poignée de socialistes, et le reste comme avant ; les affaires peuvent reprendre. À Rouen, une manifestation ouvrière spontanée se déroule devant la mairie pour huer Senard, réclamer la nomination de Deschamps et surtout protester contre la suppression prévisible des ateliers nationaux.

Autour de la mairie, les autorités dressent un épais cordon de sécurité composé de membres de la garde nationale, la milice bourgeoise. La foule des manifestants grossit ; des coups sont échangés entre les premières lignes de chaque camp. C'est alors que Senard, « pour sauver la République », fait donner la cavalerie. Plusieurs charges, violentes, qui dégagent la place. Les manifestants, poursuivis, refluent dans les vieux quartiers de la ville aux rues étroites où ils érigent des barricades. Ils n'ont pas d'armes à feu, mais des outils, des boulons, des pièces de machines. On passe la nuit à s'observer et à s'insulter des deux côtés des barrières.

Au matin, Senard requiert la troupe. À la baïonnette, puis au fusil, puis au canon, une à une, toutes les barricades sont balayées. Il n'y a aucune perte parmi les forces de l'ordre, plusieurs dizaines de morts chez les ouvriers et un nombre de blessés impossible à chiffrer, les manifestants refusant d'être soignés dans les hôpitaux pour échapper à l'arrestation.

Senard est fêté comme un héros. Son ascension politique est fulgurante. Tout nouveau député, il est élu vice-président de l'Assemblée constituante le 4 mai, président le 7 juin. Et le 28 juin, ministre de l'Intérieur du gouvernement Cavaignac.

Entre-temps, il a rempli avec conscience le mandat dont il était chargé : laver le régime de son péché originel populaire. Rouen n'a été qu'une répétition générale avant la grande représentation parisienne. Le scénario est le même. Le 14 juin, la nouvelle Assemblée nomme une commission chargée d'« examiner la question des ateliers nationaux ». Senard et quelques adversaires résolus des ateliers y sont nommés. Le 22 juin, il faut faire vite, on arrête que les chômeurs parisiens de dix-sept à vingt-cinq ans seront enrôlés dans l'armée et que les autres seront dispersés en province. C'est encore insuffisant, proclament Montalembert et ses amis qui veulent obtenir un décret pur et simple de suppression. Le reste s'ensuit, presque mécaniquement. Les quartiers de l'Est parisien, les plus misérables, se couvrent de centaines de barricades. Le gouvernement déclare que la volonté populaire, toute fraîchement sortie des urnes, est menacée et demande au général Cavaignac, juste rentré d'Algérie, de rétablir l'ordre. La seule surprise, c'est la sauvagerie de l'affrontement entre les ouvriers parisiens et les légions bourgeoises de la garde nationale. Comme si, d'un côté comme de l'autre, on était résolu à en finir.

En finir, du côté des faubourgs, avec les révolutions qui ne changent rien, avec les émeutes des pauvres qui renforcent les pouvoirs des riches, avec les belles paroles des poètes qui ne donnent pas de pain, avec une République qui ressemble à la monarchie bourgeoise comme une sœur jumelle. En finir, faubourg Saint-Germain, avec la populace, avec la peur de ces animaux sales, dangereux et immoraux qui rêvent au retour de la guillotine et à une Saint-Barthélemy des propriétaires.

La grande fête révolutionnaire de février 1848 s'achève, quatre mois plus tard, par un bain de sang entre les alliés d'hier. La fraternité républicaine des vainqueurs de Louis-Philippe n'était pas seulement l'illusion d'un printemps. Rétrospectivement, elle apparaît comme un piège mortel et diabolique qui oblige chacun des protagonistes à découvrir la nature réelle du lien social dans la société moderne : la haine de classe.

La férocité des affrontements entre les insurgés de la misère et les forces bourgeoises se lit dans les chiffres. En deux jours et demi de combats, les 23, 24 et 25 juin, il y a eu 1 600 soldats et gardes nationaux tués et 4 000 insurgés morts. Le pire vient après, la vengeance : 1 500 émeutiers désarmés sont exécutés sans jugement ; 11 000 autres suspects sont raflés dans les faubourgs, arrêtés et entassés dans des caves où on les laisse pourrir sans eau et sans nourriture. La plupart ne seront même pas jugés : déportés, avec femmes et enfants, en Algérie. Senard, le nouveau ministre de l'Intérieur, veut faire place nette, débarrasser Paris de sa *« lèpre rouge »*.

Pour se guérir de la « question sociale » – toujours l'hypocrisie des mots –, la IIe République a préféré se suicider. Elle fait encore semblant d'exister quelques mois, mais elle n'est plus qu'une ruine désertée. En décembre, elle se donne – au suffrage universel et massivement – à un médiocre aventurier dont le seul attrait est d'avoir un nom, Louis-Napoléon Bonaparte, et qui finira de l'effacer. Un nom – un halo verbal – pour remplacer un autre nom, un autre fantôme, la République.

Dans l'opération, le républicain Jules Senard va perdre son portefeuille et ses rêves de carrière politique. Il redevient avocat, inscrit au barreau de Paris. Homme d'ordre toujours, modéré comme jamais, donc respectable, prospère, influent, ami de M. Thiers. Un parangon des vertus bourgeoises. C'est à lui, en janvier 1857, que Flaubert confie la défense de *Madame Bovary*, poursuivi par le procureur impérial Ernest Pinard pour *« délits d'outrage à la morale publique et religieuse et aux bonnes mœurs »*. Senard obtiendra l'acquittement de son client.

Flaubert connaît Senard depuis longtemps ; depuis le 25 décembre 1847 exactement. Ce jour-là, à Rouen, en compagnie de ses amis Maxime Du Camp et Louis Bouilhet, Flaubert avait assisté à l'un de ces « banquets réformistes » organisés par l'opposition à Louis-Philippe. Jules Senard présidait. Quelques ténors libéraux trônaient à la table principale, Odilon Barrot, Crémieux, Duvergier de Hauranne et, dit le journal, un certain M. Homais. Flaubert y a vu *« quelque chose de beau »*. Il l'écrit à Louise Colet : *« Je suis encore dominé par l'impression grotesque et lamentable à la fois que ce spectacle m'a laissée.* [...] *Quel goût, quelle cuisine, quels vins, et quels discours ! »* Il collectionne déjà les idées reçues, la cohorte des mots creux où se love la bêtise : *« Je restais froid, et avec des nausées de dégoût au milieu de l'enthousiasme patriotique qu'excitait le timon de l'État, l'abîme où nous courons ; l'honneur de notre pavillon, l'ombre de nos étendards, la fraternité des peuples et autres galettes de cette farine.* [...] *Et après cette séance de 9 heures passées devant du dindon froid et du cochon de lait et dans la compagnie de mon serrurier qui me tapait sur l'épaule aux bons endroits, je m'en suis revenu gelé jusque dans les entrailles. »* Et, comme naturellement chez Flaubert, l'effroi moral débouche sur l'effroi esthétique : *« Quelque triste opinion que l'on ait des hommes, l'amertume vous vient au cœur quand s'étalent devant vous des bêtises aussi délirantes, des stupidités aussi échevelées. On a fait l'éloge de Béranger dans presque tous les discours. Quel abus on en fait de ce bon Béranger ! Je lui garde rancune du culte que les esprits bourgeois lui portent. Il y a des gens de grand talent qui ont la calamité d'être admirés par de petites natures. Le bouilli est désagréable surtout parce que c'est la base des petits ménages. Béranger est le bouilli de la poésie moderne, tout le monde peut en manger et trouve ça bon. »*

En février 48, Flaubert et Du Camp ont quitté Rouen pour *« voir l'émeute »* – *« au point de vue de l'art »*, précise Du Camp. Pas un mot dans la correspondance de Flaubert ; pas davantage sur les manifestations de Rouen et leur répression. Sur Juin 48, deux lettres à son ami Ernest Chevalier. La première du 4 juillet : *« Tu sais par les journaux les atrocités qui viennent de se passer à Paris. Du Camp a reçu une balle dans le mollet droit, il en a pour un bon mois. »* Garde national, Du Camp a donc fait « son devoir » contre les émeutiers.

Autre lettre le 3 octobre, plus sombre : *« J'ai l'avantage d'être mobilisé* [il a vingt-sept ans]. *D'ici à un an, s'il y a la guerre, je partirai. Te dirais-je presque que je l'espère tant j'ai besoin de sortir, de dire adieu à mon charmant entourage, de prendre l'air enfin. Que je sois tué oui ou non, je ne m'en fous pas mal et dans l'incertitude politique où nous sommes je me suis fait à tout événement astiquer une effroyable carabine de Vincennes qui porte à mille mètres.* [...] *Il me semble que tout ce qui peut survenir maintenant m'est fort égal. »* Flaubert étouffe, l'avenir est clos, il veut s'évader, trouver la liberté, *« non pas la politique, mais la liberté vraie, celle de l'oiseau ou du sauvage »*. En 1849, Du Camp et lui quittent la France pour l'Orient. Le voyage durera près de deux ans.

Le traumatisme de 1848 ne s'est pourtant pas effacé, celui de la parole trompeuse, de la cruauté bourgeoise et de la tragédie de l'histoire. En 1864, seize ans après, il met en chantier *L'Éducation sentimentale*, qu'il achèvera cinq ans plus tard. Sur un canevas initialement autobiographique –, son amour d'adolescent pour Mme Schlésinger – Flaubert greffe un projet résolument historique. Il écrit dans un carnet de travail : *« Montrer que le Sentimentalisme (son développement depuis 1830) suit la politique et en reproduit les phases. » « Je veux faire l'histoire morale des hommes de ma génération ; "sentimentale" serait plus vrai. C'est un livre d'amour, de passion, mais de passion telle qu'elle peut exister maintenant, c'est-à-dire inactive. »* L'histoire d'une génération flouée par les mots de l'amour, par le verbiage sentimental qu'elle a confondu avec la réalité. Jusqu'aux atrocités de 1848.

L'Éducation sentimentale est une terrible charge contre l'usage romantique de la langue, contre le dévoiement sentimental de la parole. Sans que Lamartine, le grand homme de 48, soit jamais nommé, ce sont ses grands mots mouillés, son pathos lénifiant que l'on retrouve dans la bouche des bourgeois, des artistes et des militants populaires de Février, provisoirement unis par la même mélasse sucrée du verbe, par la même dérive lyrique qui leur fait abandonner la réalité pour l'idée, puis l'idée pour le sentiment. 48, dit *L'Éducation sentimentale*, c'est le triomphe puis l'inévitable catastrophe de la politique romantique. On croirait parfois entendre Marx dans la *Neue Rheinische Zeitung* : *« Les feux d'artifice de Lamartine sont devenus les fusées incendiaires de Cavaignac. [...] La révolution de Février fut la belle révolution, la révolution de la sympathie généralisée, parce que le combat social qui en constituait l'arrière-plan n'avait atteint qu'une existence impalpable, l'existence des mots et des phrases. La révolution de Juin, c'est la révolution hideuse, la révolution répugnante, parce que les phrases ont fait place à la réalité. »*

Pour exprimer exactement son trouble, son dégoût et sa colère, Flaubert prend le contre-pied de l'esthétique et de la morale fusionnelles du romantisme. Contre le mensonge des concepts flous et du cœur sur la main, il invente un art de la distance, de la précision méticuleuse et de l'impassibilité. Aux faciles et fallacieux épanchements du lyrisme, il oppose le retrait de l'artiste, l'impersonnalité radicale, la perfection formelle de la phrase et la sécheresse de l'ironie. Pour écrire *L'Éducation sentimentale*, Flaubert ne fait même pas confiance aux souvenirs de sa jeunesse. À son habitude, il lit une foule d'ouvrages historiques et de journaux, il procède à des enquêtes, à des travaux de repérage, il interroge des témoins, il contrôle la véracité du moindre détail : plus de 1 000 pages de carnets et de notes sur des feuilles volantes. Par souci de réalisme ? On l'affirmera dans les universités, mais Flaubert a déjà mis les choses au point après *Madame Bovary* : *« On me croit épris de réel tandis que je l'exècre ; car c'est par haine du réalisme que j'ai entrepris ce roman. Mais je ne déteste pas moins la fausse idéalité dont nous sommes bernés par le temps qui court. »*

Le « réalisme » de Flaubert n'est pas un but littéraire ni une option esthétique, c'est une ascèse intellectuelle et morale, une manière de se protéger contre la *« bernerie »* majeure qui menace l'homme de lettres (et ses lecteurs) : se payer de mots. *L'Éducation sentimentale* fait le compte du prix dont on paie les mots ; comme *Madame Bovary*, mais à la dimension de l'histoire : dans le sang, la haine, l'aliénation, la perte du sens, la dissolution sociale, l'impuissance.

L'exceptionnelle réussite du roman est d'avoir parfaitement fondu l'histoire individuelle – celle de Frédéric Moreau, de ses amis et de ses amours – dans l'histoire collective des révolutions de 1848 et de leur fin lamentable. À chaque instant, les velléités successives et contradictoires du jeune Frédéric trouvent leur source, leur écho et leur signification dans les logiques elles-mêmes ambiguës des discours collectifs. Belle âme romantique de province jetée dans l'agitation parisienne, Frédéric n'a rien du bourgeois réactionnaire, dur, borné, arriviste et cynique comme il en rencontre chez les Dambreuse et qui n'a applaudi à la révolution de Février que pour mieux préparer la revanche de Juin. C'est un brave garçon, élu par la fortune, et qui compte bien profiter de celle-ci pour mener la « vie d'artiste » qui sied à sa sensibilité. Une vie « hors classe », croit-il, où peuvent se retrouver, dans le libre amour de l'art, l'aristocratie, l'élite bourgeoise et les meilleurs fils du peuple. *L'Éducation sentimentale* est pourtant le procès de Frédéric que Flaubert instruit avec une froideur impitoyable.

Le procès des autres est simple. Il y a, d'un côté, ceux qui adaptent, sans état d'âme, leurs discours à leurs intérêts, à l'argent, au pouvoir, à la réussite sociale, à la conquête érotique, au succès artistique. Les prédateurs et les jouisseurs. Flaubert s'amuse à mettre des citations de Thiers dans la bouche de Dambreuse. De l'autre, ceux qui confondent la réalité et les discours idéalistes sur le peuple, la liberté, la société fraternelle, l'âge d'or de l'avenir. Les bavards, les démagogues, les rêve-creux, mais aussi ceux qui les écoutent et qui les croient : les victimes. Flaubert, qui s'est gavé de Proudhon, de Fourier, de Lamennais et de Claude de Saint-Simon, est allergique au messianisme de ceux qui veulent assigner un sens à l'histoire et accoupler *« l'Immaculée Conception et les gamelles ouvrières »*. Il l'écrit à une amie, en 1864 : *« Ce sont tous des bonhommes du Moyen Âge, esprits enfoncés dans le passé. Et quels cuistres ! Quels pions ! Des séminaristes en goguette ou des caissiers en délire. »* Flaubert, pourtant, ne tient pas la balance égale entre les vainqueurs et les vaincus, entre *« le fanatisme des intérêts »* et les *« délires du besoin »*. S'il accable les seconds de ses sarcasmes, il décrit les premiers comme des criminels de sang-froid. Il confie à George Sand : *« J'écris maintenant trois pages sur les abominations de la garde nationale en juin 1848 qui me feront très bien voir des bourgeois ! Je leur écrase le nez dans leur turpitude, tant que je peux. »*

Frédéric Moreau est trop sensible pour participer aux crimes de la répression, trop esthète pour se laisser entraîner par la démagogie grossière de la phrase révolutionnaire : il vit dans l'illusion de l'innocence, dans l'hypocrisie inconsciente de la sentimentalité bourgeoise, condamné à aimer et à ne rien faire pour réaliser ce qu'il aime : ni conquérir Mme Arnoux, ni écrire un livre, ni faire une carrière, pas même vivre sa vie. De toutes les espérances de sa jeunesse, il ne lui restera qu'une poignée de médiocres souvenirs. Il trahit sans cesse ce qu'il voudrait pour ne trouver de jouissance que dans ce qu'il ne veut pas. Sa propre histoire lui échappe ; il n'en est toujours que le complice, assistant à la ruine des autres et à celle de ses illusions en oscillant au gré du vent entre l'exaltation et l'indifférence, perpétuel inventeur d'alibis servant à masquer sa perpétuelle dérobade devant les choix, face au réel.

Lorsque l'émeute de Juin éclate, Frédéric préfère fuir avec Rosanette, la maîtresse qu'il partage avec M. Arnoux et quelques autres, pour passer à Fontainebleau une de ces nuits amoureuses qu'il rêve d'avoir avec Mme Arnoux. Fuite calamiteuse que Flaubert orne ironiquement d'un des topos de la rhétorique romantique, la grandeur éternelle de la nature opposée à la fugacité des actions humaines : *« Ah ! tiens ! l'émeute ! disait Frédéric avec une pitié dédaigneuse, toute cette agitation lui paraissait misérable à côté de leur amour et de la nature éternelle. »*

L'un des coups de génie de Flaubert est de conduire le lecteur à éprouver une manière de tendresse pour son anti-héros. Les autres, trompeurs et trompés, sont odieux, ridicules ou pathétiques ; de Frédéric, on attend toujours quelque chose qui ne vient jamais : une décision qui donnerait un sens. Le roman s'achève sur le report, indéfini, de cette espérance, sur ce sens béant, à jamais ouvert, la marque de la modernité romanesque : l'ère du soupçon, la mise en perspective critique de tous les dogmes, à commencer par le dogme littéraire.

Car Frédéric, c'est évidemment Flaubert aussi, tel qu'il était en 1848, tel qu'il est encore, sans doute, lorsqu'il ne travaille pas à écrire ses livres. Bourgeois qui cherche, dans la colère et la douleur, à échapper à cette bourgeoisie honnie qui lui colle à la peau. Pactisant discrètement avec l'ordre et avec le pouvoir qu'il méprise, traître aux siens dans les mots, étranger aux autres dans les faits. Nihiliste par confort intellectuel. Flaubert dissèque sa situation comme son père le faisait des cadavres, avec la même curiosité, la même distance, la même impassibilité. La bêtise, l'égoïsme, le ressentiment, l'hypocrisie dont il dénonce les ravages avec une si cinglante ironie, c'est en lui-même qu'il en traque les symptômes, n'ignorant pas davantage que le pessimisme et la misanthropie sont, après 48, le mode de pensée des bourgeois, comme l'optimisme et la foi dans le progrès étaient celui de leurs prédécesseurs. Pessimisme, optimisme, c'est encore, pense Flaubert, une manière pour les écrivains de se prendre pour des prophètes et confondre la littérature et la religion.

Confusion des fonctions, confusion intellectuelle, confusion esthétique. Le sens de l'œuvre d'art est en elle-même, ou nulle part. Il rêve d'écrire un livre *« sur rien »* où la structure seule et la langue porteraient le sens. Il va s'engager dans la folle aventure de *Bouvard et Pécuchet*, que la mort viendra interrompre : un livre sur tout et sur l'échec des livres à y parvenir. Il ne s'agit pas de « désengager » la littérature de l'histoire – le choix, osé, de 1848 comme figure centrale et nœud tragique de *L'Éducation sentimentale* le prouve assez – mais de cesser d'en faire une dépendance dont la clef se trouverait ailleurs.

La revendication de l'autonomie littéraire par Flaubert marque la rupture avec la théologie poético-sociale du romantisme dont *Les Misérables* est le chef-d'œuvre. On sait comment Hugo a vécu les événements de 48 et la manière dont ils ont opéré sa conversion politique. Élu député de Paris aux élections complémentaires du 4 juin, sur un programme exclusivement anti-rouge – ou bien *« la planche aux assignats et la bascule de la guillotine »*, ou bien *« la sainte communion des Français »* –, il est logiquement, lors des journées de Juin, du côté des partisans de la *« civilisation »* contre ceux de la *« terreur »*. Il fait même le coup de feu contre « les blouses », à l'assaut d'une barricade du boulevard Beaumarchais. Il accomplit son devoir : *« Sauver la civilisation comme Paris l'a fait en juin, on pourrait presque dire que c'est sauver la vie du genre humain. »* Presque. Le diagnostic spirituel de Flaubert est autrement lucide : *« Alors la Propriété monta dans les respects au niveau de la Religion et se confondit avec Dieu. »*

Mais la férocité de la répression, l'attitude de ses collègues et amis de la majorité qui ne rêvent que de vengeance sociale l'ont vite instruit sur le « genre humain » qu'ils entendent sauver et sur la manière dont ils entendent le faire. Réélu en mai 1849, toujours sur une liste de droite, il va, sans rejoindre *« la république rouge »*, s'éloigner du *« choléra bleu »* et du *« parti fourbe »*. Il n'attend pas le coup d'État du 2 décembre pour embrasser l'évangile de la gauche : *« La république démocratique et sociale, c'est l'immense bonne nouvelle. »*

Pour continuer à professer cet optimisme messianique dont on retrouve le mouvement et le souffle dans *Les Misérables*, Hugo doit passer Juin 48 aux pertes et profits, en faire un accident de l'histoire ou le reléguer dans une sorte de préhistoire balbutiante de l'épopée républicaine. On le voit dans la manière dont il traite l'événement dans *Les Misérables*. À l'envers de Flaubert, en plans larges et en panoramiques, avec la fumée qui empêche de voir, le vacarme qui empêche d'entendre. Magnifique tableau de genre, plein de couleurs et de mouvement : une légende, un affrontement mythologique entre des entités – la République et la révolte des pauvres – tragiquement opposées alors qu'elles sont destinées à se rejoindre. Juin 48 est une plaie qu'il convient de refermer au plus vite pour que l'histoire retrouve son sens providentiel : l'alliance de la République et du peuple.

Même volonté, chez ces autres romantiques « de gauche » que sont Sand et Michelet, de surmonter la guerre de classes de Juin 48 pour que s'accomplissent les promesses civilisatrices de la Révolution française. Avec une nuance toutefois. Sand et Michelet décrivent la bourgeoisie de 48 comme une caste dirigeante dont les vertus historiques – l'inventivité, l'esprit d'entreprise, l'intelligence du réel, le goût de l'ordre dans la liberté – se sont peu à peu épuisées. Les bourgeois sont fatigués. Ils ont besoin du sang neuf, de l'énergique fraîcheur du *peuple*. Si par malheur ils s'en privaient, si l'égoïsme social l'emportait, si elle *« n'ouvrait pas sincèrement ses bras au peuple »* (Sand), la bourgeoisie exsangue serait condamnée à la décadence et à l'alliance avec les forces du passé, l'aristocratie et le jésuitisme. Manière encore – qui fait rugir Flaubert – de sentimentaliser l'histoire : faire de *l'amour du peuple* la clef de l'avenir.

Hugo et Baudelaire auraient pu se rencontrer sur les barricades de Juin, et échanger quelques coups de fusil. Récent adhérent à la Société républicaine centrale d'Auguste Blanqui, le jeune Charles Baudelaire (vingt-sept ans) fait en effet partie de ces « rouges » décidés à imposer par l'insurrection une République sociale dont le suffrage universel ne veut pas. Adhésion à la Révolution, toute romantique encore. Baudelaire aime l'émeute comme il aime le vin : *« Il faut être toujours ivre. Tout est là : c'est l'unique question. Pour ne pas sentir l'horrible fardeau du Temps qui brise vos épaules et vous penche vers la terre, il faut vous enivrer sans trêve. Mais de quoi ? De vin, de poésie ou de vertu, à votre guise. Mais enivrez-vous. »*

Son ivresse socialiste est d'abord esthétique. Il la doit à l'audition d'un recueil de vers de Pierre Dupont, *Le Chant des ouvriers*, en 1847. Dupont est un ancien canut de Lyon devenu l'un des animateurs socialistes de la bohème romantique. *« Quand j'entendis cet admirable cri de douleur et de mélancolie,* écrira Baudelaire en 1851, *je fus ébloui et attendri. Il y avait tant d'années que nous attendions un peu de poésie forte et vraie ! Il est impossible, à quelque parti qu'on appartienne, de quelques préjugés qu'on ait été nourri, de ne pas être touché du spectacle de cette multitude maladive respirant la poussière des ateliers, avalant du coton, s'imprégnant de céruse, de mercure et de tous les poisons nécessaires à la création des chefs-d'œuvre. »*

La beauté idéale de l'art payée, dans la sphère du réel, par l'empoisonnement de ceux qui la permettent, c'est déjà un thème baudelairien, mais Baudelaire l'enveloppe encore de sentimentalité : *« Quel est le grand secret de Dupont, et d'où vient cette sympathie qui l'enveloppe ? Ce grand secret, je vais vous le dire, il est bien simple ; il n'est ni dans l'acquis, ni dans l'ingéniosité, ni dans l'habileté du faire, ni dans la plus ou moins grande quantité de procédés que l'artiste a puisés dans le fonds commun du savoir humain ; il est dans l'amour de la vertu et de l'humanité, et dans ce je ne sais quoi qui s'exhale incessamment de sa poésie, que j'appellerais volontiers le goût infini de la République. »* On dirait presque du Hugo.

La *« poésie forte et vraie »* de la multitude ouvrière, Baudelaire l'absorbe comme une promesse de régénération. La défaite programmée de Juin et la violence de la vengeance exercée par les vainqueurs vont transformer la promesse en dégoût, la sympathie en sarcasme, l'amour de la vertu en satanisme désespéré.

Le diagnostic de Baudelaire sur les massacres de Juin n'est pas différent de celui de Flaubert. Il l'exprime, en octobre 1848, dans

Le Représentant de l'Indre, un bi-hebdomadaire de Châteauroux dont on lui a confié malencontreusement la direction – l'erreur ne durera qu'une semaine : *« Ce n'est point l'or, mais les paroles dorées qui ont créé tant de crimes, tant de malheurs et tant de larmes ! L'insurrection était gratuite ; le crime était gratuit.* [...] *Je ne vis pas de poésie historique, mais de pain. »* Attaque frontale contre la rhétorique romantique : ses mots ont tué. Les paroles dorées ont engendré *« la bataille la plus sanglante que les siècles aient jamais connue à l'intérieur des murs d'une ville »*. Les mots-oriflammes promenés des deux côtés des barricades par des politiciens-poètes : liberté, égalité, fraternité, ont révélé leur contenu réel : l'aliénation, la domination et la haine. L'omniprésence, masquée et déniée, du Mal.

Le « satanisme » de Baudelaire, c'est la réponse du poète moderne à l'insupportable bonne conscience des littérateurs de son époque, au sentimentalisme ou au cynisme inconscient des discours de la réconciliation, à la mauvaise foi qui se prend pour la bonne, aux facilités oratoires de la rhétorique lénifiante, à la bêtise que Baudelaire exècre et craint tout autant que Flaubert, persuadé, lui aussi, d'en être irrémédiablement infecté. Baudelaire ne se retire pas dans les espaces éthérés de la beauté pour y proclamer l'innocence de l'artiste pur. Il n'est innocent de rien, pas même de son impuissance. *« Je suis la plaie et le couteau ! »* La poésie de Baudelaire, sa poésie en prose surtout, est une dénonciation rageuse, exacte, féroce des écrivains-touristes ; de ces artistes – Baudelaire pense à Hugo, mais surtout à George Sand, sa bête noire – qui se promènent dans la misère le cœur sur la main et la consolation aux lèvres, sans vouloir en analyser les causes, réelles, matérielles, structurelles ; en tirant des pages dramatiques, colorées et émouvantes qui provoqueront chez les bourgeois qui les lisent quelques délicieux frissons d'horreur et de pitié. Et puis plus rien.

Il prend le chemin diamétralement opposé. *Les Fleurs du mal* contre les fleurs de la bonté. Avec, au centre du dispositif critique, la question du *lecteur*. Elle hante Baudelaire : pour qui écrit-il ? Réponse évidente, matérielle : pour ces bourgeois qu'il hait, qu'il combat et qu'il sait invulnérables à ses attaques. Parfois, ce combat perdu d'avance l'amène au bord du renoncement : *« Volontiers, je n'écrirais que pour les morts. »* Mais c'est encore se bercer d'illusion, croire que la catastrophe de la modernité est passée et non à venir. Et puis – Baudelaire se garde de l'oublier – il faut gagner son pain. C'est-à-dire tirer bénéfice d'un état social qui vous fait horreur et qui permet aux bourgeois de s'offrir pour quelques francs un supplément d'âme.

Pour assener la vérité à ces lecteurs-là, à ce public de philistins satisfaits, il faut sans cesse le tromper, sur les buts, sur les moyens, sur la nature même de l'art. Jouer du paradoxe, de la provocation, de l'ironie, du scandale, de l'ostentation, de la ruse, de l'hypocrisie, de la posture, du cynisme, de la complicité : *« Hypocrite lecteur, mon semblable, mon frère… »* Tout en rêvant à un autre public, improbable, qui saura retrouver la douleur et la colère du poète au-delà de la rhétorique satanique des leurres :

Lecteur paisible et bucolique,
Sobre et naïf homme de bien,
Jette ce livre saturnien,
Orgiaque et mélancolique.

Si tu n'as fait ta rhétorique
Chez Satan, le rusé doyen,
Jette ! tu n'y comprendrais rien,
Ou tu me croirais hystérique.

Mais si, sans se laisser charmer,
Ton œil sait plonger dans les gouffres,
Lis-moi, pour apprendre à m'aimer ;

Âme curieuse qui souffres
Et vas cherchant ton paradis,
Plains-moi !… Sinon, je te maudis !

De tels aveux sont rares dans *Les Fleurs du mal*. Cette épigraphe n'ouvre que la troisième édition – posthume – du recueil. Baudelaire ne croit pas pouvoir être compris. *Mon cœur mis à nu*, cette apparence de confession sincère, est un grimoire qui exige d'être décrypté, sans garantie de réussite. Les explications, les notes, les gloses, les déclarations, les dédicaces dont il entoure ses poèmes ont le plus souvent pour objet de brouiller davantage les pistes, de déjouer la lecture politique et idéologique tout en lui faisant montrer le bout de l'oreille ; ou encore de la faire glisser du plan social au plan moral, en premier lieu celui de la sexualité.

Ici encore Baudelaire rejoint le Flaubert de *L'Éducation sentimentale*, avec plus de violence et de radicalité. Dans l'*Éducation*, les errements sexuels des protagonistes, à commencer par ceux de Frédéric, renvoient sans cesse à leurs errements politiques, entre le discours du sentiment amoureux, l'accaparement de la possession et l'ascenseur social des arrangements matrimoniaux. Frédéric perd tout pour avoir été chercher *« le parfum des orangers sous les pommiers à cidre »*. Flaubert, comme Frédéric, avoue, dans une lettre à Louise Colet, son adhésion à l'économie érotique bourgeoise fondée sur la séparation entre le désir amoureux et la consommation : *« Jusqu'alors j'allais calmer sur d'autres les désirs donnés par d'autres. »*

Baudelaire va plus loin dans cette description de l'amour-marchandise, transcription dans le domaine individuel de l'aliénation sociale : *« L'amour, c'est le goût de la prostitution. » « Dans l'amour comme dans presque toutes les affaires humaines, l'entente cordiale est le résultat d'un malentendu. Ce malentendu, c'est le plaisir. L'homme crie : "Oh ! mon ange !" La femme roucoule : "Maman, maman !" Et ces deux imbéciles sont persuadés qu'ils pensent de concert. – Le gouffre infranchissable, qui fait l'incommunicabilité, reste infranchi. »* Dans « Fusées », le pourfendeur des utopies trompeuses et des fraternités hypocrites assimile l'extase amoureuse au mal, à la torture, à la guerre, à la décomposition : *« Je crois que j'ai déjà écrit dans mes notes que l'amour ressemblait fort à une torture ou à une opération chirurgicale. Mais cette idée peut être développée de la manière la plus amère. Quand même les deux amants seraient très épris et très pleins de désirs réciproques, l'un des deux sera toujours plus calme ou moins possédé que l'autre ; celui-là, ou celle-là, c'est l'opérateur, ou le bourreau ; l'autre, c'est le sujet, la victime. Entendez-vous ces soupirs, préludes d'une tragédie de déshonneur, ces gémissements, ces cris, ces râles ? Qui ne les a proférés, qui ne les a irrésistiblement extorqués ? Et que trouvez-vous de pire dans la question appliquée par de soigneux tortionnaires ? Ces yeux de somnambule révulsés, ces membres dont les muscles jaillissent et se roidissent comme sous l'action d'une pile galvanique, l'ivresse, le délire, l'opium, dans leurs plus furieux résultats, ne vous donneront certes pas d'aussi affreux, d'aussi curieux exemples. Et le visage humain qu'Ovide croyait façonné pour refléter les astres, le voilà qui ne parle plus qu'une expression de férocité folle ou qui se détend dans une espèce de mort. Car, certes, je croirais faire un sacrilège en appliquant le mot "extase" à cette sorte de décomposition.* » Réponse brutale à l'optimisme érotico-social de Michelet, au voyeurisme lyrique de l'historien.

Pas de métaphysique du Mal chez Baudelaire, mais une physique ; pas de mysticisme de la transgression et de moralisme de l'extrême comme on en trouvera chez Bataille, mais au contraire une mise en scène de la banalité quotidienne, matérielle, corporelle du mal dans une société morte, sans âme, vouée à l'ennui, à l'absence de sens et d'avenir, à l'individualisme solitaire. Baudelaire proteste, en se gardant d'employer les mots dorés, si aisément récupérables et si trompeurs, de la protestation. On revient à 48, encore, à l'extermination que l'on voudrait à toute force oublier. À Paris et à sa perversité, ses discours irréels, ses fleurs malades :

> *Tes reines de Théâtre aux voix enchanteresses,*
> *Tes tocsins, tes canons, orchestre assourdissant,*
> *Tes magiques pavés dressés en forteresse,*
> *Tes petits orateurs, aux enflures baroques*
> *Prêchant l'amour, et puis tes égouts pleins de sang,*
> *S'engouffrant dans l'Enfer comme des Orénoques,*
> *Tes sages, tes bouffons neufs aux vieilles défroques.*

La suite est connue. Baudelaire, en 1857, quelques mois après Flaubert, est traîné devant le tribunal correctionnel de la Seine par le même procureur Pinard. Comme il n'a pas la chance d'être défendu par un parangon de l'Ordre comme Jules Senard, Baudelaire, le déclassé, est condamné à 300 francs d'amende et surtout à la suppression de six pièces des *Fleurs du mal*, *« outrage à la morale publique et aux bonnes mœurs »*. Le sexe, toujours, le symbole, le masque aussi. Avant que l'on n'invente la névrose et qu'on médicalise, naturalise le social. En 1866, pour donner *« une joie d'enfant »* à son ami Baudelaire exilé à Bruxelles, aphasique, à demi-paralysé, Poulet-Malassis, son intrépide éditeur, publie à 260 exemplaires, sous le titre *Les Épaves*, vingt-trois poèmes, parmi lesquels les six condamnés. Des poursuites sont immédiatement engagées contre Baudelaire et Poulet-Malassis. La mort du poète lui évitera la prison. Le 6 mai 1868, le tribunal de Lille condamne par défaut son éditeur à un an d'emprisonnement, à une amende et à la destruction des exemplaires saisis des *Épaves*.

L'Ordre est vigilant. Il est aussi magnifiquement hypocrite. Pendant toutes ces années, et jusqu'au bout, le gouvernement impérial et les divers ministres de l'Instruction publique n'ont jamais cessé d'accorder des aides et des subsides au *« grand poète »*. Pour lui permettre, notamment, de payer les amendes auxquelles le condamnaient leurs tribunaux. Afin qu'il soit bien entendu que la politique n'avait rien à voir à l'affaire.

Baudelaire a joué cette comédie amère. De la même façon qu'il a commencé à publier les violents petits poèmes en prose du *Spleen de Paris* dans *Le Figaro*, le journal qui s'était le premier déchaîné contre *Les Fleurs du mal (« Rien ne peut justifier un homme de plus de trente ans, d'avoir donné la publicité du livre à de semblables monstruosités »)*, il a brigué la Légion d'honneur, un siège à l'Académie française, les signes de la distinction bourgeoise. Dans une société manipulée par *« la racaille moderne »*, la vérité doit toujours être protégée par le mensonge : *« Vous avez été assez enfant pour oublier que la France a horreur de la poésie, de la vraie poésie ; qu'elle n'aime que les saligauds, comme Béranger et de Musset ; que quiconque s'applique à mettre l'orthographe passe pour un homme sans cœur (ce qui est d'ailleurs assez logique, puisque la passion s'exprime toujours mal) ; enfin qu'une poésie profonde, mais compliquée, amère, froidement diabolique (en apparence), était moins faite que toute autre pour la frivolité éternelle ! Faut-il vous dire, à vous qui ne l'avez pas plus deviné que les autres, que dans ce livre atroce j'ai mis tout mon cœur, toute ma tendresse, toute ma religion (travestie), toute ma haine ? Il est vrai que j'écrirai le contraire, que je jurerai mes grands dieux que c'est un livre d'art pur, de singerie, de jonglerie, et je mentirai comme un arracheur de dents. »*

SOURCES

Gustave FLAUBERT : *Œuvres*. Édition de Thibaudet-Dumesnil. 2 vol. Paris, Gallimard, « Bibliothèque de la Pléiade », 1952.

— *Correspondance*. Édition de Jean Bruneau. 4 vol. Paris, Gallimard, « Bibliothèque de la Pléiade », 1973-1998.

— *Carnets de travail*. Édition de Pierre-Marc de Biasi. Paris, Balland, 1988.

Charles BAUDELAIRE : *Œuvres complètes*. Édition de Michel Jamet. Paris, Laffont, « Bouquins », 1980.

— *Correspondance*. Édition de Claude Pichois et Jean Ziegler. 2 vol. Paris, Gallimard, « Bibliothèque de la Pléiade », 1973.

Victor HUGO : *Œuvres complètes*, tome VII. Édition de Massin. 2 vol. Paris, Club français du livre, 1971.

Jules MICHELET : *Correspondance générale*. Tome 5 : *1846-1848*. Édition de Louis Le Gouillou. Paris, Champion, 1996.

George SAND : *Correspondance*. Tome VIII : *Juillet 1847-décembre 1848*. Édition de Georges Lubin. Paris, Garnier, 1986.

— *Œuvres autobiographiques*. Édition de Georges Lubin. 2 vol. Paris, Gallimard, « Bibliothèque de la Pléiade », 1970.

Karl MARX : *Œuvres politiques*. Édition de Maximilien Rubel. Paris, Gallimard, « Bibliothèque de la Pléiade », 1994.

Jules HUSSON CHAMFLEURY : *Souvenirs et portraits de jeunesse*. Paris, 1872. Rééd. Genève, Slatkine, 1970.

Maxime DU CAMP : *Souvenirs littéraires*. Paris, Aubier, 1974.

Alexis de TOCQUEVILLE : *Souvenirs*. Édition de J.-P. Mayer. Paris, Gallimard, 1964.

Jean-Paul SARTRE : *L'Idiot de la famille*. 3 vol. Paris, Gallimard, 1971-1988.

— *Baudelaire*. Paris, Gallimard, 1947.

Pierre BOURDIEU : *Les Règles de l'art*. Paris, Éd. du Seuil, 1992.

Jean-Pierre RICHARD : *Littérature et sensation*. Paris, Éd. du Seuil, 1954.

Dolf OEHLER : *Le Spleen contre l'oubli. Juin 1848*. Paris, Payot, 1996.

Walter BENJAMIN : *Charles Baudelaire : un poète lyrique à l'apogée du capitalisme*. Francfort, 1974. Paris, Payot, 1990.

Maurice AGULHON : *1848 ou l'Apprentissage de la République*. Paris, Éd. du Seuil, 1973.

Fernand BRAUDEL et Ernest LABROUSSE : *Histoire économique et sociale de la France*. Tome III : *1789-1880*. Paris, PUF, 1977.

Henri GUILLEMIN : *La Tragédie de Quarante-huit*. Paris, Éd. du Seuil, 1948.

Jacques JOUBERT : *Jules Senard (1800-1885)*. Paris, Presses du Palais-Royal, 1984.

Larousse contre Littré : l'instituteur contre le positiviste

1863 ■ Le *Grand Dictionnaire universel du XIXe siècle* de Pierre Larousse

TOUCY, chef-lieu de canton de l'Yonne, n'est guère plus peuplé aujourd'hui qu'il ne l'était sous la monarchie de Juillet. Ce gros bourg de la Puisaye recensait alors 2 400 habitants, cultivateurs d'asperges, brasseurs de bière, presseurs d'huile ou scieurs de planches. La commune est active et prospère, les artisans y sont nombreux, les visites des voyageurs de commerce, colporteurs et rouliers incessantes. Hiver comme été, l'auberge de Louise Larousse à l'enseigne de « La Ville d'Auxerre » ne désemplit pas. Entre deux tractations, devant le pichet de chablis ou d'irancy, les hôtes de passage diffusent et commentent les nouvelles d'Avallon, d'Auxerre ou de Sens, mais aussi celles de Paris.

Louise fait tourner l'auberge de Toucy, son mari est forgeron-charron ; ils ont deux enfants, Pierre Athanase et Sophie Marie Louise. Le ménage est prospère, tolérant sans doute, au point de ne pas faire obstacle à l'étrange lubie de Pierre Athanase : devenir instituteur. Un métier de misérable.

Ce n'est sûrement pas la fréquentation de l'école de Coucy qui a converti le petit Pierre Larousse aux beautés de l'enseignement. Né en 1817, il a éprouvé les effets de la politique scolaire de la Restauration fondée sur le soutien aux écoles des Frères ignorantins et sur la surveillance, presque exclusivement religieuse et morale, des maîtres laïcs. À Coucy, il y a une centaine d'élèves de six à douze ans, une soixantaine à l'époque des travaux des champs – dont quelques indigents dispensés de payer –, réunis dans une classe unique sous la férule d'un maître d'école, le père

Simonnot, lui-même dépourvu de toute formation pédagogique mais bénéficiant d'un certificat de bonne conduite délivré conjointement par le maire et par le curé. Toucy est pourtant mieux loti que la plupart des communes rurales. L'école y dispose d'un local permanent au premier étage de la maison de l'instituteur, prêté par la mairie et pourvu d'un « cabinet noir », un placard où sont enfermés, à genoux, les plus indisciplinés ou les plus paresseux. Pas de cahiers pourtant, ni de livres, ni de matériel éducatif, sinon le petit capital personnel et hétéroclite de bouquins, de tables et d'instruments d'écriture que l'instituteur vendra à son successeur quand viendra l'heure de la retraite ou d'une improbable promotion sociale.

Car, instruits ou ignorants, compétents, maladroits ou indifférents à leur tâche, les instituteurs de la Restauration sont payés à la hauteur de leur considération : au plus bas. Lorsque Guizot, en 1833, décidera de promouvoir le statut professionnel et matériel des maîtres d'école, il fixera leur traitement à 600 francs par an – 900 au bout de quinze ans –, soit l'équivalent, en l'an 2000, de 1 000 francs par mois. *« La moitié de ce que peut gagner un bon ouvrier dans un métier manuel quelconque »*, écrira Pierre Larousse à l'article « Instituteur » de son *Grand Dictionnaire*.

Le fils de l'aubergiste n'ignore rien de tout cela, mais son amour des livres et de la lecture l'emporte sur toute autre considération. L'amour des livres, pas celui de l'étude, méthodique, appliquée, progressive. Il est autodidacte par choix personnel, par passion, par impatience, par indiscipline. À l'hôtellerie maternelle, les colporteurs sont nombreux ; dans leurs grandes sacoches de toile huilée, ils transportent à travers les campagnes des trésors licites ou clandestins, des romans, des contes médiévaux, des extraits de Voltaire ou de Rousseau, des légendes pieuses et des récits libertins ; des almanachs, des chants de l'épopée napoléonienne, des mélodrames. Pierre Athanase lit tout. Il emprunte, il échange, il achète, et la nuit, à l'écart de tous, le petit Bourguignon fait l'expérience d'une autre vie, aussi vaste que le monde. L'extase de la lecture, voilà le bonheur qu'il voudrait faire partager en devenant instituteur. Un secret disponible à tous.

L'Yonne, malgré la loi Guizot, ne disposant pas encore d'une école normale, le voilà dirigé, en 1834, sur l'école de formation de Versailles où il va préparer, pendant trois ans, le brevet élémentaire. Tant bien que mal, il y apprend les rudiments d'une pédagogie fondée sur la répétition, la récompense et la punition et d'une instruction primaire officiellement présentée comme *« l'une des garanties de l'ordre et de la stabilité sociale »*. En 1838, muni de son certificat d'aptitude, Pierre Larousse rentre à Toucy où, agréé par le conseil municipal, il devient l'instituteur de l'école dont il a été l'élève.

Loi Guizot ou pas, les choses n'ont guère changé depuis huit ans, sauf en ce qui concerne la surveillance des maîtres. À la tutelle traditionnelle du maire et du curé sont ajoutées par empilement administratif celle d'un comité d'arrondissement comprenant le préfet, le procureur et les conseillers généraux et celle de l'inspection départementale chargée de procéder à des visites-surprises. L'instruction est une nécessité qui fait peur lorsqu'elle n'est plus l'apanage des prêtres. En juin 1848 encore, après l'émeute, Thiers proposera de rendre l'enseignement primaire au clergé et d'éradiquer l'influence *« des 37 000 enseignants socialistes et communistes, véritables anti-curés »*. Comme tout serait plus simple si l'on pouvait instruire sans éduquer, apprendre à lire, à écrire et à compter sans qu'il s'y mêle autre chose qu'un savoir-faire purement pratique !

Plus réaliste, instruite par des siècles d'expérience, l'Église ne connaît pas les affres des politiciens réformateurs qui voudraient alphabétiser sans rien bouleverser par ailleurs. Elle sait que c'est impossible et que la bataille scolaire qui commence est celle du contrôle des esprits. Le *Syllabus* de Pie IX, en 1864, le réaffirmera sans ambages : *« Les écoles pour les masses sont créées principalement en vue de donner au peuple une instruction religieuse, de l'amener à la piété et à une discipline morale véritablement chrétienne. »* En 1833, le protestant Guizot, ministre de l'Instruction publique de Louis-Philippe, a traduit la même exigence en termes politiques : *« Nous avons voulu créer dans chaque commune une force morale dont le gouvernement puisse se servir au besoin. »* Les instituteurs doivent exercer leur enseignement dans le sens de *« la soumission, le respect de la loi et l'amour de l'ordre »*.

Larousse ne fait pas de politique ; par contre, il s'impatiente des directives pédagogiques officielles qui semblent vouloir décourager ce qu'il a entrepris de promouvoir : le plaisir de la lecture et le goût du savoir. Les livres scolaires – *« ils sont tous à refaire »*, répétera-t-il –, les exercices dogmatiques, les règles abstraites, tout lui semble être fait pour dégoûter les élèves et les maintenir à distance respectueuse de la connaissance. Le jeune instituteur cherche-t-il à innover et à réveiller sa centaine d'élèves ? Son élan réformateur heurte-t-il ses autorités de tutelle ? Son rapport d'inspection pour l'année 1838-1839 le laisse présager. Aucune mention « Très bien ». « Bien » seulement en moralité comme en capacité. Ce qui s'explique par la suite : « Assez bien » en *« zèle et considération dans la commune »* et en *« relations avec les autorités civiles »*. On entend les grincements avec les familles et les édiles. « Très mal » en *« relations avec les autorités religieuses »*. Cette fois, les choses sont dites. Larousse ne supporte pas de soumettre son enseignement aux directives du curé de Toucy et de l'évêque d'Auxerre.

L'article « Instituteur » du *Grand Dictionnaire* livre le fin mot de l'affaire. Grâce à l'aisance de ses parents et à son célibat, Larousse peut vivre à Toucy avec son salaire misérable. L'instituteur père de famille *« sera forcé de chercher dans un travail supplémentaire quelconque le moyen de nourrir sa famille. Il sera secrétaire de la mairie, chantre au lutrin, bedeau, balayeur d'église, sonneur de cloches, heureux encore si toutes ces fonctions, dont quelques-unes sont peu faites pour l'élever dans l'estime des familles, produisent assez pour le mettre au-dessus du besoin. Mais s'il parvient ainsi à se procurer matériellement le nécessaire, il est évident qu'au milieu de cette multiplicité d'occupations où il ne joue qu'un rôle très secondaire, où il est en quelque sorte le domestique de tout le monde, il ne peut pas trouver l'indépendance dont son âme aurait besoin pour rester toujours à la hauteur de sa mission sociale. D'ailleurs, cette indépendance est rendue impossible par le droit que la loi donne au curé et à d'autres autorités locales de venir à toute heure inspecter son école, de surveiller son enseignement, de critiquer ses méthodes, de le signaler à l'autorité supérieure s'il ne se montre pas docile à tous leurs conseils, à toutes leurs fantaisies »*. L'autobiographie perce sous la description encyclopédique.

Malgré ce rapport calamiteux, le jeune instituteur n'est pas révoqué, comme le sont tant d'autres. Ou sans doute prend-il les devants en démissionnant de ses fonctions, le 1er mai 1840. Il vend son matériel scolaire à son successeur, un ancien condisciple de

Versailles. Avec les quelques milliers de francs que lui avance sa famille, il part à Paris. Pour lire plus encore, dans le désordre et la voracité, pendant dix années.

Il a échoué à être instituteur d'école. L'enfant du village, le fils du forgeron et de l'hôtelière a éprouvé douloureusement la puissance négative et répressive des institutions, mesuré la résistance ou l'indifférence des paysans, des artisans et des ouvriers de Coucy à ce culte de la lecture et du savoir qui le transportait de bonheur. Il a vingt-deux ans, il entre dans un long et austère noviciat dont les cloîtres seront les bibliothèques d'un Quartier latin sans bohème. Son objectif est un triple absolu : tout savoir pour tout enseigner à tout le monde. Devenir, hors de l'école, l'instituteur de la nation française.

Les deux monuments sont contemporains ou presque : le premier fascicule du *Grand Dictionnaire universel du* XIX*e siècle* de Pierre Larousse paraît le 27 décembre 1863. Il a été devancé de quelques mois et de sept livraisons par le *Dictionnaire de la langue française* d'Émile Littré. Littré achèvera la publication de son chef-d'œuvre en 1872, quelques mois avant la mort de Pierre Larousse, dont le 15e et dernier volume du *Grand Dictionnaire* est imprimé par ses successeurs en septembre 1876. Tout invite à la comparaison, sinon à la concurrence. Larousse, d'ailleurs, n'y manque pas. Dans la préface de son dictionnaire, il consacre un long exposé à ses devanciers étrangers et français, parmi lesquels le *Dictionnaire de la langue française*, par M. Littré de l'Institut : *« Commençons d'abord par proclamer que M. Littré est un de nos linguistes les plus distingués, un libre penseur, un esprit éminemment philosophique. Après cette déclaration, nous nous sentons plus à notre aise pour exprimer franchement notre opinion sur son dictionnaire.* [...] *C'est ainsi qu'après avoir rendu justice à l'amabilité d'une femme, on éprouve moins d'embarras pour faire ressortir les imperfections de son visage. »* Suit une volée de bois vert : *« L'historique des mots est parfaitement exposé* [...] *Ces études rétrospectives, cette sorte de philologie archéologique peut plaire aux savants et aux linguistes ; mais elle n'offre qu'un médiocre intérêt pour les gens du monde, qui veulent connaître avant tout la langue telle qu'elle existe aujourd'hui. Et cependant, ce n'est qu'en cela que consiste, à vrai dire, l'originalité du travail de M. Littré. Les autres parties qui ne sont qu'une reproduction* *des dictionnaires antérieurs, laissent singulièrement à désirer.* » Et Larousse enfonce le clou – qui est social : *« C'est un ouvrage qui convient aux lettrés, aux bibliothèques publiques, et non à cette classe innombrable de lecteurs qui a plus d'esprit que Voltaire et qui s'appelle* tout le monde. »

Charge brutale, souvent injuste dans le détail des griefs (les étymologies de Littré sont plutôt moins imaginatives que celles de Larousse) mais qui met en valeur le schisme dont est affectée, à sa naissance ou presque, la nouvelle religion moderne. Celle qui provoque le rire et les colères de Flaubert, les sacrilèges de Baudelaire : la divinisation de la science et la mystique du progrès, l'un et l'autre inscrits dans le sens universel de l'histoire.

Car Larousse et Littré sont intellectuellement du même bord. Celui de la science, de la méthode expérimentale, de la République, de la morale laïque, de la diffusion des Lumières. Ils sont l'un et l'autre des militants qui ont confondu leur vie avec la mission civilisatrice dont ils s'étaient chargés. Des titans, à la manière d'Hugo, encore celui-ci accordait-il aux femmes une part de sa vie que les deux compères, le nez dans les livres et les fiches, ne leur concédèrent jamais. Leur foi excluait toute autre passion ; leur désir de savoir était exclusif de toute autre forme de libido. Littré, pour travailler plus commodément, se maria et eut une fille dont il fit son assistante. Larousse, vers 1846, se mit en ménage avec une jeune voisine, institutrice peut-être, qui l'aidait à corriger les épreuves de ses premiers livres de grammaire. Il l'épousa à la veille de sa mort pour mettre de l'ordre dans ses affaires. Le nouvel évangile progressiste se conjugue souvent avec l'ignorance ou avec la phobie des femmes.

La phobie peut tourner au délire et laisser voir la corde. Auguste Comte, le maître de Littré, grand rêveur d'harmonie universelle, a fondé à partir de 1824 son système positiviste : toute la philosophie, toute la religion, toutes les branches du savoir déchiquetées et fondues dans une seule pensée, un seul avenir, un seul ciel : la pensée positive, la science des sciences, annonciatrice et garante de l'avenir radieux de l'humanité. Comte reconstruit tout, l'histoire du monde et celle de la pensée, la politique, le droit, les sciences sociales, la biologie. Entre deux séjours à l'asile de Charenton et deux tentatives de suicide, il élabore son système et publie ses livres. Sa vision du monde prend la forme d'une devise qui fera encore saliver le Zola de *Fécondité* : « *L'amour pour principe, l'ordre pour base, le progrès pour but.* » On s'arrache ses *Cours de philosophie positive*, les disciples affluent, au premier rang desquels Émile Littré, étudiant en médecine, fasciné par la « *rigueur scientifique* » du discours comtien et par la « *beauté architecturale* » de sa construction. John Stuart Mill, un économiste anglais, fait aussi partie des desservants de la chapelle. Il tirera de la méthode comtienne les bases d'une sinistre morale utilitariste au service de l'économie libérale.

Mais voilà qu'apparaît dans la vie d'Auguste Comte Clotilde de Vaux, une jeune femme pâle et molle que son mari percepteur vient d'abandonner en emportant la caisse. Auguste fait des avances, Clotilde le repousse : c'est la révélation, l'« *intime initiation affective, dernier complément indispensable de mon entière préparation philosophique, et sans laquelle je ne pouvais remplir assez ma mission finale pour le service fondamental de la grande régénération humaine* ». L'abstinence forcée et le culte de la « *concordance organique* », et immatérielle de surcroît, chantée comme le signe flamboyant de l'avenir de l'humanité. Le délire est à son apogée lorsque Clotilde gagne, en mourant, une virginité définitive. L'exaltation de la chasteté mystique tourne carrément au culte de la mort. Autour du fantôme de Clotilde, Comte élabore une religion positiviste censée être dédiée à l'Humanité et qui aura son catéchisme, ses rites, ses prières, son clergé, et bien sûr son pontife. La religion de l'avenir est devenue une momerie funèbre.

Littré et quelques autres l'ont lâché en route. La chapelle positiviste est désormais scindée en deux branches. Celle, officielle, où Comte, jusqu'à sa mort en 1857, célèbre à grand spectacle, dans le sanctuaire de la rue Monsieur-le-Prince, son culte nécromant, et une autre dont Littré est le chef de file et qui se rassemble autour de l'épouse légitime et répudiée de Comte, Caroline, une ancienne prostituée : la chair, le sexe, l'impossible harmonie. Entre orthodoxes et schismatiques, c'est évidemment l'affrontement qu'Auguste Comte célèbre en termes épiques : « *La guerre se développera sous deux bannières féminines, la verte et la rouge, entre la vierge morte et l'impudique vivante, l'ange qui ne cessera jamais d'avoir trente ans et le démon qui vient d'atteindre sa cinquante et unième année.* » Les morts ont toujours raison des vivants.

Nous ne sommes pas loin de nos deux monuments. Lorsque

meurt Auguste Comte, Littré est enseveli sous son dictionnaire. Il y travaille depuis 1841, plus de quinze ans déjà. Il avait alors signé avec son ami Louis Hachette, un ancien condisciple de Louis-le-Grand devenu le magnat de l'édition scolaire, un contrat pour un *Nouveau Dictionnaire étymologique de la langue française*. Puis le projet s'est élargi, le dictionnaire est devenu étymologique, historique et grammatical ; on ne peut plus rien écrire qui ne soit historique, l'histoire est partout.

Littré entreprend seul l'escalade de la montagne, ou presque : Hachette lui adjoint « *quelques personnes instruites* » chargées de recueillir dans les textes classiques et anciens des phrases susceptibles de servir d'exemple. Mais il vérifie tout – il relit, plume en main, les 42 volumes de la grande édition de Bossuet, un peu trop hâtivement dépouillée par un assistant –, recherche les éditions les moins fautives, écrit chaque article, note les évolutions, les nuances, les acceptions rares. Puis il prépare la copie pour l'édition, corrige, adapte, refond, fait des essais de caractères, relit, amende et enrichit les épreuves. L'homme de lettres positiviste se plaît aux chiffres : « *La copie (sans le* Supplément*) comptait 415 636 feuillets. Si le* Dictionnaire *(toujours sans le* Supplément*) était composé sur une seule colonne, cette colonne aurait 37. 525 m. 28 cm. La composition a commencé régulièrement en septembre 1859 ; le bon à clicher du dernier placard (sans le* Supplément*) a été donné le 14 novembre 1872 ; ce qui fait une durée de treize ans et deux mois environ. La composition n'a été interrompue que pendant la guerre, du 1*er *août 1870 au 21 janvier 1871, et, pendant la Commune, du 19 avril au 14 juin 1871.* »

« *À ma femme maladive et débile, une somme mesurée de travail était seule possible et même permise de par la médecine. Mais ma fille, jeune et pleine d'ardeur, consacra désormais son temps au service du dictionnaire.* » Le minuscule appartement parisien de la rue de l'Ouest et sa maison de campagne de Mesnil-le-Roi sont le siège d'un rite immuable qu'aucune distraction, aucune fatigue ne viennent perturber, pendant douze ans. Chaque jour, Littré se lève à 8 heures, écrit pendant son petit déjeuner, remonte travailler dans son bureau jusqu'à midi. De 13 à 15 heures, travaux académiques pour le *Journal des savants*. De 15 à 18 heures, dictionnaire. Puis, après une heure consacrée au dîner, nouvelle séance de dictionnaire de 19 heures à 3 heures du matin.

Et voilà que Caroline, la veuve d'Auguste Comte, lui demande de travailler plus encore, et vite : écrire la vie et défendre l'œuvre véritable de son mari. Littré cède. *« Ses appels à la reconnaissance envers le fondateur de la philosophie positive et envers cette philosophie elle-même triomphèrent de mes difficultés que j'essayais de ne plus considérer comme des impossibilités, et j'adjoignis à l'urgence de mon dictionnaire, l'urgence de cette nouvelle charge. » Auguste Comte et la philosophie positive* paraît en 1862. L'hommage est appuyé : plus de 700 pages. Son propos est clair, il s'agit de sauver la pensée positive en effaçant les traces des développements religieux et occultistes des années Clotilde. Comme si le début ne contenait pas déjà la fin. Littré, comme Caroline, revendique l'héritage critique et scientiste de Comte en le débarrassant des oripeaux irrationnels.

Il y a du courage dans cette fidélité obstinée. Elle vaudra à Littré d'attendre les derniers moments de sa vie avant de pouvoir atteindre le fauteuil de l'Académie française que lui interdisaient le parti catholique et Mgr Dupanloup. Qui ne lui a jamais pardonné d'avoir écrit que l'homme est *« un singe perfectionné »*. Larousse, lui-même, croyant de la science pourtant, ne cessera de reprocher à son concurrent un esprit de système et de dogme dans la lexicographie qui lui fait négliger les marges, les accidents, les irrégularités, les déviations, les violations de la « loi » linguistique. Ce qui fait la vie de la langue et de la création littéraire. Littré se plaint toujours que *« les auteurs se rangent mal »*.

Mais le propos de Littré est ailleurs. Dans le passé. C'est la seule terre ferme de la science et de l'ordre linguistiques. Le présent est un informe empilement d'hypothèses : à rejeter, pour la même raison que les théories de Darwin, pure spéculation. Littré ne s'intéresse qu'à ce qu'on peut établir sur des fondements avérés, la physique, la chimie et l'anatomie de la langue française, dont les grands écrivains – et eux seuls – fournissent la base expérimentale. Le Littré est une morgue fabuleuse. Ou une immense chambre d'échos où conversent, en lambeaux mais en ordre, sept siècles de littérateurs fantômes : un conservatoire.

Pas tout à fait pourtant. Dans le déroulement rationnel et déductif de l'histoire de la langue, il se produit une césure, une discontinuité entre l'ancien et le nouveau que Littré place quelque part vers les dernières années du XVIe siècle. Il parle de *« la vieille langue »* ou de *« l'autre langue »*. Villon ne converse pas avec Voltaire, même si certains des mots qu'il emploie ont franchi le seuil de l'archaïsme et de la recherche d'antiquaire : *« La vieille langue ne figure dans mon dictionnaire qu'à propos de la langue moderne.* [...] *Chez nous, l'usage contemporain, pris dans un sens étendu, enferme le temps qui s'est écoulé depuis la période classique jusqu'à nos jours ; c'est-à-dire que commençant à Malherbe, il compte aujourd'hui plus de deux cents ans de durée. »*

Deux cents ans, mais pas plus. Les écrits postérieurs à 1825 n'ont pas droit à l'honneur des citations. L'article « Romantique », dans sa troisième acception, en donne la raison : *« Il se dit des écrivains qui s'affranchissent des règles de composition et de style établies par les auteurs classiques. »* L'affranchissement n'est pas du goût de Littré, ni le bonnet rouge mis à la grammaire. Il y va de l'insubmersible mythe de la « clarté française ». Après deux siècles de progrès continu, la langue littéraire française classique à laquelle Littré élève un monument, a atteint un niveau de quasi-perfection où s'exprime pleinement *« le génie de la France »*, pour ne pas dire le génie humain lui-même.

À ce niveau de perfection (Zola dira du « Littré » qu'il est *« une analyse mathématique de l'esprit humain »*) toute innovation qui ne s'inscrit pas dans l'ordre exact des règles est une mise en danger. Le dictionnaire de l'officier de santé Littré est aussi un dictionnaire de médecine et d'hygiène de la langue qui doit aider à prévenir ou à guérir les maladies qui menacent la littérature. La langue a cessé d'être considérée comme le double visible et lisible de la pensée ; elle est une entité organique, soumise aux évolutions de la vie. Il y a un corps linguistique, comme il y a un corps social, les deux évoluant sous la constante menace de la maladie.

Littré, traducteur d'Hippocrate, correcteur du *Dictionnaire médical* de Nystens, est aussi l'auteur d'une *Pathologie verbale ou Lésions de certains mots dans le cours de l'usage*, qui sera republiée en 1888 sous le titre *Comment les mots changent de sens*. L'altération pathogène des mots et des formes syntaxiques – sous l'effet de la presse, ce bouillon de culture – est assimilée métaphoriquement au cancer et à la prolifération cellulaire. En 1870, Littré publiera encore *Les Origines organiques de la morale*.

Paradoxe apparent du positivisme : la foi proclamée dans l'avenir paraît inséparable d'un sentiment douloureux de décadence et de dissolution du présent ; l'harmonie future annoncée apparaît toujours comme la projection d'un rêve nostalgique d'harmonie disparue. Comme si la science ne pouvait donner du sens qu'à condition de se tromper de cible. On retrouvera cela chez Zola.

Littré annonce un dictionnaire de la langue française entouré de tous les attributs de la pensée, de l'objectivité et de la neutralité scientifiques. Il écrit un chef-d'œuvre de littérature sur la littérature et sur la langue, subjectif, original, personnel, éperdument épris d'ordre, follement rationnel, passionnément conservateur : un roman par alphabet dont il n'est pas plus légitime de donner des versions « modernisées » que d'ajouter de nouveaux chapitres aux *Misérables*. C'est ce roman historique du génie français, bien plus que les recherches, laborieuses, savantes et parfois obsolètes du lexicographe, que des dizaines de milliers de bibliothèques familiales ont accueilli depuis 1864. Un totem identitaire dont la présence protège, aujourd'hui encore, les foyers.

Le *Grand Dictionnaire* de Pierre Larousse ne possède pas les mêmes pouvoirs magiques. Il est explicitement daté et dénationalisé : *Grand Dictionnaire universel du XIXe siècle*. Son objet n'est pas le sacré de la langue mais la description du monde. Larousse se veut le XIXe siècle lui-même, il ne cesse de le répéter : *« J'écris en harmonie avec la tendance et les aspirations du siècle. »* Il ajoute : *« La loi du progrès est la vraie foi de notre âge. »* Hugo, depuis son exil, lui adresse ses encouragements : *« Presque tous les dictionnaires biographiques et encyclopédiques de notre temps sont faits dans une pensée hostile au siècle ; aussi n'ont-ils que peu de succès, et l'avenir les dédaignera. Vous, vous voulez servir le progrès, vous voulez créer la réussite, vous l'aurez. Votre succès sera d'autant plus grand que votre union avec le siècle sera plus profonde. »*

Le style littéraire de Larousse est celui des romantiques : profus, grandiloquent, fervent, irrégulier. Il fait exploser le didactisme de la description encyclopédique. Comparées au *Grand Dictionnaire*, nos encyclopédies contemporaines sont des monstres glacés et impersonnels, des machines à savoir débitant de manière atone des tranches de connaissance systématiquement aseptisées de tout principe de plaisir. Cette stratégie du savoir objectif et dominateur répugne à Larousse. Ses lecteurs sont sa classe ; il leur parle, il utilise les moyens et les ficelles capables de capter leur attention et de rencontrer leurs sentiments. Il surprend, il amuse, il éclaire une explication par une anecdote ou par une image, il compare, analogise, poétise, il charme, rugit, martèle, séduit. S'il ne va pas jusqu'à écrire des articles à la première personne du singulier, il n'hésite pas devant l'évocation autobiographique, il raconte plus qu'il ne décrit ; il met en scène ses doutes, ses sentiments contradictoires, le cheminement de ses convictions, son immense bonheur d'apprendre. Il est là, présent, témoin, contemporain de son public, de ses préjugés, de ses peurs, de ses espérances et même de ses fantasmes. Il est tout le monde, le subjectif universel. Seul, dans la démesure, face à Hugo.

L'effet est d'autant plus étonnant qu'à la différence de Littré, Larousse n'a pas écrit seul son ouvrage. C'eût été impossible : 524 livraisons, 20 700 pages, la matière de 15 énormes volumes totalisant 483 millions de signes. Larousse en plaisante : son ouvrage est *« si volumineux qu'aucun lecteur ne sera tenté de le prendre pour un livre de messe »*. Ni pour un catéchisme positiviste.

Son entreprise aura employé, au bout de l'aventure, 89 collaborateurs, dissimulés, comme lui-même, dans l'anonymat des articles. Mais on sent partout son ton, sa verve, sa foi et ce mélange de rigueur et d'imagination rêveuse qui fait sa séduction. Ce qu'il n'a pas écrit de sa main, il l'a corrigé, amendé, bouturé, personnalisé. Larousse est à la fois un nom collectif, une marque d'entreprise et la réalisation du rêve pédagogique d'un homme seul.

Pierre Larousse ne pouvait dire et être son siècle que dans la liberté. C'est elle qui commande tout : le sens de l'histoire, le progrès, le développement de la science, la richesse de la langue, la dignité de l'homme. Elle est au cœur de l'entreprise éditoriale elle-même. À la différence de Littré, Larousse ne dispose pas du soutien d'un puissant éditeur et il n'en subit pas les contraintes. L'auteur est son éditeur, son libraire et son imprimeur. Toute sa carrière parisienne, entre son arrivée au Quartier latin en 1840 et la sortie des premières pages de l'encyclopédie vingt-quatre ans plus tard, a été dessinée en fonction de cette autonomie : les années d'accumulation du savoir et des milliers de fiches, puis celles de l'accumulation du capital : l'acquisition du premier fonds de librairie, la création d'une petite maison d'édition et de courtage dont Larousse devient le principal auteur, l'écriture des premiers livres de grammaire à l'usage des élèves de l'école primaire et de leurs maîtres, la *Petite Encyclopédie du jeune âge*, une méthode de lecture, des journaux pratiques pour les instituteurs, puis pour les écoliers, *L'École normale*, *L'Émulation*. Et le *Nouveau Dictionnaire de la langue française*, l'ancêtre pédagogique du *Petit Larousse* qui va rencontrer un énorme succès et permettre à Larousse d'engager sa jeune fortune dans le gouffre encyclopédique.

Il est maître de son œuvre et ne dépend pas des marchands ; personne ne s'interpose entre lui et sa classe. Pas de curé, de maire ni de préfet pour censurer sa parole. Dans sa préface, il raconte avec des frissons le drame de Diderot – le maître, le modèle admiré – découvrant par hasard, à la fin de l'ouvrage, comment il avait été trompé, tronqué, falsifié et châtré par Le Breton, le libraire-éditeur de l'*Encyclopédie*. Évocation préalable de l'horreur qui a valeur de catharsis : rien ni personne ne viendra altérer son message. La censure impériale, si lourde, si tatillonne, Larousse la néglige ou fait semblant. Il est vrai que, privé par sa politique italienne du soutien des conservateurs catholiques, l'empereur a dû jeter du lest et prendre un virage moins autoritaire, mais Larousse fait mieux qu'en profiter. Première phrase, célèbre, de la notice consacrée à Bonaparte (28 pages) : *« BONAPARTE, – le nom le plus grand, le plus glorieux et le plus éclatant de l'histoire, sans en excepter celui de NAPOLÉON, – général de la république française, né à Ajaccio (île de Corse) le 15 août 1769, mort au château de Saint-Cloud, près de Paris, le 18 brumaire an VIII de la République française, une et indivisible 9 novembre 1799). Ce début, qui va faire dresser plus d'une oreille, montre simplement qu'en toutes choses nous aimons les situations tranchées. »*

Larousse, comme Littré, est républicain, mais ils ne le sont pas de la même manière. Le républicanisme du second est intellectuel et rationnel, positif. La république est le système politique le mieux à même d'assurer l'ordre, le contrôle des passions et l'harmonie dans la société de l'ère scientifique. La république, pas la démocratie. Son dictionnaire n'omet pas de souligner la différence : *« République est la chose publique et n'implique la forme du gouvernement que par un sens particulier. Aussi les empereurs romains avaient-ils conservé le nom de république.* [...] *Démocratie, au contraire, exprime que c'est le peuple entier qui a le gouvernement ou qui le confère à des magistrats de son choix élus pour un temps assez court. Les États-Unis sont une démocratie. La démocratie est l'opposé de l'aristocratie ou république aristocratique. C'est donc prendre la démocratie en un faux sens que de dire, comme on le fait tous les jours, que la France est une démocratie. À la vérité on entend par là un état social où les inégalités nobiliaires sont très effacées ; mais ce n'est là qu'une petite partie de la démocratie.* » Littré est républicain à la manière de Thiers, son grand homme politique, dont il se rapprochera encore au moment de la Commune jusqu'à devenir député de la Seine à l'Assemblée nationale de 1871 jusqu'à sa mort.

Pierre Larousse est républicain à la manière de Michelet ou d'Hugo, à la manière de Dussardier, le seul personnage de *L'Éducation sentimentale* qui échappe au vitriol de Flaubert. En Février 48, Dussardier s'exclame : *« Avec la République, on sera heureux. »* Larousse a gardé quelque chose de cette naïveté. La République rend tout possible parce qu'elle repose sur le principe de la liberté ou, plus dynamiquement, de l'affranchissement : *« Être libre, c'est être affranchi de toutes les servitudes, or y a-t-il de servitude pire que celle de l'ignorance et de la misère ? La conscience est libre, mais qu'importe au peuple si, après avoir perdu ses croyances religieuses, il ne reçoit pas en échange les éléments au moins d'une forte croyance morale et philosophique ? Le travail est libre, mais qu'importe au peuple si, dépourvu des instruments de travail, sols, outils et capitaux, il ne trouve pas l'emploi de ses bras. La vraie liberté, la liberté puissance, n'est pas seulement, comme le prétend l'école libérale du laissez faire, le droit, mais bien le pouvoir de développer ses facultés sous l'empire de la justice et la sauvegarde de la loi. »*

Le *Grand Dictionnaire*, malgré les apparences, malgré les déclarations de Larousse lui-même, ne renoue pas, par-dessus la Révolution française, avec l'esprit de l'*Encyclopédie* de Diderot. Il n'en est pas l'actualisation. Il ne vise pas la révolution intellectuelle, l'ébranlement des anciennes manières de penser le monde et de le dire. Ses concepts ne sont pas critiques : il ne s'agit plus d'éclairer, mais d'accompagner et d'élargir un affranchissement qui existe déjà, comme l'instruit futur existe déjà dans l'élève.

Dans chaque élève. L'utopie de Larousse ne rêve pas d'un mouvement d'affranchissement collectif. Pas davantage, comme le fait Littré, d'une communion nationale autour de la langue française parfaite. Les grand-messes, fussent-elles révolutionnaires, ne sont pas son affaire, ni la communauté son souci. Il se souvient du petit garçon de Toucy, de sa lecture solitaire, de la manière dont il intégrait certains livres à sa propre histoire. L'émancipation par le savoir est une affaire personnelle, l'utilité de la connaissance est inopérante et superficielle si elle ne se fonde pas sur l'adhésion intime et l'aventure singulière. Le *Dictionnaire* est le miroir fidèle d'un collectif – celui de la langue, celui de l'esprit du temps, des *idées reçues*, dira Flaubert dans sa parodie de dictionnaire – mais ce monde de la loi, de l'unité et de la nécessité sociale est traversé par la liberté : celle de l'infinie diversité des choses, celle de l'infinie diversité des *vocations*.

La préface de Pierre Larousse à son dictionnaire s'achève par un hommage : *« Le plus hardi penseur du XIXe siècle, Pierre-Joseph Proudhon, par une lettre que nous avons rendue publique, nous annonçait en ces termes qu'il collaborerait au* Grand Dictionnaire *: "Je suis satisfait de votre mot ANARCHIE… Lorsque vous en serez aux articles DIEU et PROPRIÉTÉ, prévenez-moi. Vous verrez par quelques mots d'explication qu'il y a autre chose que des paradoxes dans ces propositions :* Dieu c'est le mal, *et* la propriété c'est le vol, *propositions dont je maintiens le sens littéral, sans que pour cela je songe à faire un crime de la foi en Dieu, pas plus qu'à abolir la propriété." Ce vœu, en quelque sorte testamentaire, sera religieusement accompli. »*

C'est de cette manière que Larousse le marginal, l'instituteur hors institution, le lexicographe rigoureux mais excentrique, le chef d'entreprise anarchisant, devient l'instituteur de son siècle, le nom commun du savoir, la référence indispensable. La République des écoles va parler la langue de Larousse.

SOURCES

Pierre LAROUSSE : *Grand Dictionnaire universel du XIXe siècle*. 15 vol. Paris, Larousse, 1876.

Émile LITTRÉ : *Dictionnaire de la langue française*. 8 vol. Rééd. Paris, Gallimard-Hachette, 1975.

— *Auguste Comte et la philosophie positiviste* (1863). Rééd. Paris, Gregg International, 1971.

André RÉTIF : *Pierre Larousse et son œuvre*. Paris, Larousse, 1975.

Jean-Yves MOLLIER et Pascal ORY (dir.) : *Pierre Larousse et son temps*. Paris, Larousse, 2002.

Pascal ORY : « Le *Grand Dictionnaire* de Pierre Larousse ». Dans *Les Lieux de mémoire*, sous la direction de Pierre Nora. Paris, Gallimard, 1984. Dans le même ouvrage : Alain REY, « Les Trésors de la langue ».

Henri MESCHONNIC : *Des mots et des mondes. Dictionnaires, encyclopédies, grammaires, nomenclatures*. Paris, Hatier, 1991.

Alain REY : *Littré, l'humaniste et les mots*. Paris, Gallimard, 1970.

Émile Zola, médecin ès lettres

1871 ■ Parution de *La Fortune des Rougon*, premier volume des *Rougon-Macquart*

PHILIPPE Ricord, soixante et onze ans, est au sommet de sa fortune, sinon de sa gloire. Certes, l'effondrement du Second Empire l'a privé du plus illustre de ses clients, Napoléon III lui-même, dont Ricord était le médecin personnel, mais l'Europe entière le consulte, ainsi que les États-Unis, où il est né.

Son hôtel particulier de la rue de Tournon possède cinq entrées ouvrant sur cinq salles d'attente, immenses et décorées. La première, la plus sobre, pleine à craquer, accueille les gens modestes, munis d'un ticket sur lequel est inscrit un numéro d'ordre. Consultation gratuite, ou presque : le pouvoir médical est volontiers philanthropique, il transcende les inégalités. La seconde est consacrée aux femmes qu'on ne saurait impunément mélanger aux hommes dans la promiscuité de l'attente. La troisième aux personnes munies d'une lettre de recommandation ; la quatrième pour les relations personnelles de Ricord et pour ses confrères venus lui demander conseils et soutiens. Ces quatre salles en commandent une cinquième, la plus monumentale, la plus fastueuse, où Ricord a exposé les signes éclatants de sa réussite et de son goût artistique : deux grands Rubens, un Van Dyck, des tableaux et des esquisses anatomiques de Géricault, des sculptures, des vases anciens, des porcelaines précieuses, des meubles rares, un musée.

Après les signes de l'art, ceux de la science : le bureau de Philippe Ricord est couvert sur trois murs par une riche bibliothèque au sommet de laquelle trônent des bustes censés représenter les plus illustres médecins de tous les temps. Au-dessous des rangées de livres, dans des vitrines, brille une vaste collection d'instruments chirurgicaux, la plus belle de l'époque, dit-on. Le quatrième mur est entièrement occupé par trois grands portraits : celui des deux patrons de Ricord – le chirurgien et anatomiste Guillaume Dupuytren, fondateur de l'anatomie pathologique, et le chimiste et toxicologiste Mathieu Orfila – et celui de Ricord lui-même, lourdement, solennellement peint par Thomas Couture, un néo-classique à la mode à qui l'on a pardonné les scandales à répétition – le *Déjeuner sur l'herbe* (1863) et l'*Olympia* (1865) – de son meilleur élève, Édouard Manet.

Ricord est présent sur tous les fronts, celui des académies, des réceptions mondaines et des parties de chasse, des journaux et des gazettes, des sociétés savantes, des organismes étatiques et des cours princières, des gros ouvrages spécialisés et de l'édition populaire. Affable, disert, à l'aise dans son pontificat, il n'est pas avare de diagnostics et de thérapies ; et on le consulte sur tout : le public et le privé, l'urbanisme et la chambre à coucher, la politique sanitaire et la morale sexuelle, l'avenir de la civilisation et le statut des maisons closes. Ricord est, depuis les années 1840, le spécialiste reconnu d'une question angoissante qui va obséder les esprits au-delà des limites du siècle : l'hérédité morbide de la syphilis. Son *Traité des maladies vénériennes* est au centre de débats où cliniciens, biologistes, neurologues sont chargés par la société de nourrir et d'exorciser son fantasme dominant : la dégénérescence de la race. Ricord a bâti son empire sur le spectre totalitaire de la vérole.

À l'apogée de sa domination, au plus fort de son dynamisme conquérant et de ses certitudes idéologiques, la bourgeoisie éprouve le vertige de l'anéantissement. Et comme elle est *la* société, son essence, son sens, son avenir, elle ne peut concevoir la pensée de sa chute que sous la forme d'un pourrissement de la race civilisée tout entière. À la différence des grandes épidémies qui ont, depuis des siècles, ravagé périodiquement les continents, la menace vénérienne, par sa propagation héréditaire et la somme de tares et de dérèglements qu'elle entraîne, frappe le futur, le fondement même de la religion du progrès. Si l'avenir s'annonce pourri, que reste-t-il pour justifier le pouvoir présent ? La syphilis, comme le péché originel, inocule la faute des parents aux générations futures promises à la difformité physique et morale. L'héritage tourne à la malédiction.

Même si, politiquement, la bourgeoisie de l'Empire et celle de M. Thiers ont fait la paix avec l'Église, il n'est plus question de demander au clergé de guider la nation sur les chemins de la pénitence, de la rédemption et du salut. À la métaphysique la gestion des âmes, si elle y tient ; à la physique celle du patrimoine, les biens et les corps. Les médecins prennent le relais des prêtres et des philosophes, non sans lutte. L'Église se bat pied à pied sur le terrain de la concurrence, réactive avec succès les miracles guérisseurs – Lourdes – et organise le culte quasi anatomique du sacré cœur de Jésus, un beau muscle cardiaque éternellement jeune palpitant sur la poitrine divine. Zola parlera de processions *« transformant les bannières en étals de boucherie »*. La Vierge et le sang.

Mais le clergé médical, avec la pathologie héréditaire et dégénérative, s'est solidement installé au centre même du grand fantasme collectif. La débauche de luxe, d'argent, de corruption et de plaisirs du Second Empire, suivie par la débâcle militaire face à l'Allemagne et de la féroce guerre civile de la Commune, a convaincu les plus optimistes que la jouissance se paie, chèrement. L'effondrement, en quelques semaines, de la superbe et opulente façade impériale impose l'image d'une puissance illusoire, d'une apparence de santé plaquée sur une ossature vermoulue. L'insurrection de la Commune – une crise d'hystérie collective, écrivent de savants cliniciens – rappelle la fragilité et la tromperie de l'équilibre social : au sein d'un corps prospère et ordonné peuvent pulluler en silence de vieux germes de révolution sauvage et de folie destructrice. Vingt-trois ans d'incubation entre juin 1848 et mars 1871. La défaite contre l'Allemagne enfin, celle de l'or contre l'acier, installe le fantôme de la dévirilisation nationale, du corps exténué par l'abus des plaisirs, énervé par l'excès d'imagination, stérilisé par le tapage rhétorique de ses artistes et de ses poètes. Le discours médical sur l'hérédité morbide vient illustrer et cristalliser les angoisses.

La littérature sur le sujet est immense. Le public redécouvre le *Traité philosophique et physiologique de l'hérédité naturelle* publié entre 1847 et 1850 par Prosper Lucas ; le *Traité des dégénérescences de l'espèce humaine* de Benedict Morel et son traité, tout récent, *De l'hérédité morbide progressive* ; le *Mémoire sur les causes prédisposantes héréditaires de l'idiotie et de l'imbécillité* de Moreau ; le *Traité historique et pratique de la syphilis* de Lancerteux ; le *Traité pratique et élémentaire de pathologie syphilitique et vénérienne* de Belhomme et Martin ; le *Traité de la syphilis des nouveau-nés et des enfants à la mamelle* de Diday. Bien d'autres encore, pour tous les publics. Des observations scientifiques, des études cliniques, des statistiques, des hypothèses plus ou moins corroborées par l'expérience, mais aussi beaucoup de spéculations théoriques, de barbouillage métaphysique et idéologique, de psychologie hâtive et de moralisme galopant. Le succès de la médecine tient à la position ambiguë qu'elle cultive entre l'art et la science. Deux pans de la croyance qui s'épaulent et se renforcent lorsqu'on sait gommer ou mêler ce qui les oppose.

Gregor Johann Mendel, un religieux botaniste autrichien, a été le premier, en 1866, à étudier méthodiquement, sur des pois, les mécanismes de l'hérédité et à énoncer les lois de la transmission génétique, mais ses travaux ne seront connus qu'au début du XXe siècle. Avant lui, on observe, on spécule – ou l'on idéologise à la hâte. Aussi aberrantes qu'elles puissent nous paraître aujourd'hui, les théories du docteur Prosper Lucas sur l'*imprégnation* ou *hérédité par influence* continueront à être défendues jusqu'au début du XXe siècle où elles seront réactualisées par le nouveau pape de l'hérédité vénérienne, Alfred Fournier. Le traité de Lucas affirme l'influence prépondérante du sperme du premier partenaire de la femme. Les enfants qu'elle pourra avoir ensuite d'un autre ou d'autres hommes continueront à porter les marques héréditaires du premier élu. Fournier confirme : *« On raconte qu'une femme blanche, après avoir été fécondée par un premier mari nègre, devint veuve, se remaria à un blanc et eut de celui-ci des enfants qui présentaient sur certaines parties de la peau la pigmentation caractéristique de la race nègre. »*

Fournier exhibe le fantasme racial, Lucas – et Zola qui va construire sur ce mythe un roman entier, *Madeleine Férat* – se contente d'agiter le spectre des relations sexuelles prénuptiales et celui de l'infidélité féminine. Car c'est bien de morale sexuelle et d'économie de la jouissance qu'il s'agit. L'obsession de la dégénérescence héréditaire est la face visible d'une angoisse plus secrète, plus ravageuse encore, celle du coït amoureux, source potentielle de tous les *« détraquements »* – le mot favori de Zola – de la machine individuelle et de la machine sociale. La catastrophe gît dans le corps des femmes, des génitrices. Même quand ce sont les hommes qui, par légèreté, les empoisonnent.

L'une des missions de la médecine est dès lors définie. Le médecin, asexué en quelque sorte par son caractère savant, est celui qui peut pénétrer au plus près de l'intimité du couple et de la famille, confesser les corps et les désirs, afin d'élaborer une gestion paisible, créative, disciplinée et hygiénique de la sexualité ; conjugale bien sûr : le reste n'est que déviance, lascivité, dévitalisation, hystérie : mort annoncée. Le sperme, c'est la quintessence du sang, on ne saurait le verser que pour les causes les plus nobles.

Il est peu question du plaisir des femmes dans les traités médicaux, sinon pour en fustiger anxieusement les excès et les débordements insatiables. C'est à l'homme, *« moins nerveux »*, de garder le contrôle de la situation et de conserver jusqu'au lit conjugal l'autorité et la maîtrise de soi qui sont la marque du chef de famille. Au mieux, il convient d'accorder à l'épouse assez de satisfaction pour se prémunir contre l'infidélité. Quant au plaisir de l'homme, il doit être rapide, franc – pas de « fraudes » érotiques, pas de caresses émollientes –, matinal de préférence, obtenu dans le lit conjugal et dans des postures « légitimes » et d'une fréquence arithmétiquement graduée selon l'âge. Le strict nécessaire à l'équilibre de la machine individuelle et à l'avenir du corps social.

Le coït est placé sous la menace de l'empoisonnement et de l'infection. Entre la moralisation et la démoralisation, exaltation du progrès scientifique guérisseur et descriptions d'un pourrissement pathologique annoncé, entre le salut et la damnation raciale, le discours médical joue, sur le mode objectif de l'analyse savante, la gamme entière des angoisses, des obsessions et des fantasmes d'une société travaillée par les images funèbres de son anéantissement. Le médecin contre l'instituteur, l'hérédité contre l'éducation, la fatalité génétique contre l'idéalisme de la liberté, le secret des alcôves contre la publicité des savoirs, la pathologie de la bête humaine contre la passion humaniste : la foi scientiste se divise et tourne au noir.

Émile Zola a choisi son camp, celui de la physiologie, celui de l'hérédité et de l'omniprésence des morts chez les vivants. Le premier des 20 volumes de son *« Histoire naturelle et sociale d'une famille sous le second Empire »*, *La Fortune des Rougon*, s'ouvre symboliquement par la description d'un ancien cimetière :

« La terre, que l'on gorgeait de cadavres depuis plus d'un siècle, suait la mort, et l'on avait dû ouvrir un nouveau champ de sépultures, à l'autre bout de la ville. Abandonné, l'ancien cimetière s'était épuré à chaque printemps, en se couvrant d'une végétation noire et drue. Ce sol gras, dans lequel les fossoyeurs ne pouvaient plus donner un coup de bêche sans arracher quelque lambeau humain, eut une fertilité formidable. [...] *C'est un désert, une bande de verdure d'où l'on ne voit que des morceaux de ciel. Dans cette allée, dont les murs sont tendus de mousse et dont le sol semble couvert d'un tapis de haute laine, règnent encore la végétation puissante et le silence frissonnant de l'ancien cimetière. On y sent courir ces souffles chauds et vagues des voluptés de la mort qui sortent des vieilles tombes chauffées par les grands soleils. Il n'y a pas, dans la campagne de Plassans, un endroit plus ému, plus vibrant de tiédeur, de solitude et d'amour. C'est là où il est exquis d'aimer. »*

Dix-neuf volumes et vingt-trois ans plus tard, Zola achève son cycle par un roman dans lequel il veut *« résumer toute la signification philosophique de la série »*. Il raconte l'histoire de Pascal Rougon, un médecin, le docteur Pascal, son héros, son double, champion et martyr de la vérité et de la science, c'est la même chose. *« À mesure que la science avance, il est certain que l'idéal recule, et il me semble que l'unique sens de la vie, l'unique joie qu'on doit mettre à la vivre, est dans cette conquête lente, même si l'on a la mélancolique certitude qu'on ne saura jamais tout. »* Le progrès de la science, seul absolu.

La Fortune des Rougon est publié en librairie le 21 octobre 1871, sans le moindre succès. Zola a conçu l'ensemble de son programme romanesque – qu'il ne prévoyait encore qu'en 10 volumes – dès 1868, avant la chute de l'Empire dont il entreprend de raconter l'inéluctable dégénérescence. *La Fortune des Rougon*, écrit en 1869, pose les fondements génétiques, la matrice originelle à partir desquels va se développer la totalité romanesque. L'histoire comme une autopsie anthume.

La cellule souche, c'est Adélaïde Fouque, une fille de maraîchers prospères de Plassans (Aix-en-Provence, la ville d'enfance de Zola) née en 1776. Son père meurt (fou). Premier détraquement : la jeune et riche héritière se marie avec le jardinier de la propriété, Rougon, *« lourd, commun, sachant à peine parler fran-*

çais », dont elle a immédiatement un fils, Pierre. Rougon meurt d'*« un coup de soleil »* quinze mois après son mariage. Presque aussitôt, la jeune veuve – vingt-trois ans – prend un amant, mal famé, *« ce gueux de Macquart »*, paresseux, ivrogne, sauvage, contrebandier doublé d'un braconnier (franchissement illégal des frontières de classe et consommation du gibier sexuel qui ne lui est pas destiné). Macquart tient Adélaïde par le plaisir ; elle subordonne tout à l'apaisement de ses exigences sensuelles : son statut social, sa réputation, sa fortune, ses enfants – en vingt mois, Macquart lui fait deux bâtards, Ursule et Antoine –, sa maison. Macquart la bat, sans doute, mais, Zola y insiste, elle est souriante : honteusement heureuse. Pendant vingt ans, jusqu'à ce que les gendarmes lui tuent son amant. Alors, privée d'homme, volée et ruinée par Pierre Rougon son fils aîné *(« Mélange équilibré. Moyenne morale et ressemblance physique du père et de la mère »)*, Adélaïde se mure dans une solitude hébétée, traversée de crises nerveuses et de délires hystériques de plus en plus violents.

Folle, mutique, elle vivra néanmoins jusqu'à la fin du cycle romanesque, jusqu'au *Docteur Pascal*, assez longtemps (cent cinq ans) pour que s'accomplisse l'épuisement de sa race. Son arrière-petit-fils, Charles Rougon dit Saccard, son sosie génétique (*« hérédité en retour sautant trois générations »*, a noté Zola dans son arbre généalogique des Rougon-Macquart), meurt devant elle, à seize ans, lentement vidé de son sang, alors qu'il lui rend visite à l'asile d'aliénés des Tulettes. Il s'endort sur les pages d'un livre illustré :

« Sa tête, d'une blancheur de lis, sembla se pencher sous le casque trop lourd de sa royale chevelure ; il la laissa tomber doucement parmi les images, il s'endormit, une joue contre les rois d'or et de pourpre. Les cils de ses paupières closes jetaient une ombre, la vie battait faiblement dans les petites veines bleues de sa peau délicate. Il était d'une beauté d'ange, avec l'indéfinissable corruption de toute une race. [...] *Une goutte rouge s'allongeait, au bord de la narine gauche de l'enfant. Cette goutte tomba, puis une autre se forma et la suivit. C'était le sang, la rosée de sang qui perlait, sans froissement, sans contusion cette fois, qui sortait toute seule, s'en allait, dans l'usure lâche de la dégénérescence. Les gouttes devinrent un filet mince qui coula sur l'or des images. Une petite mare les noya, se fit un chemin vers un angle de la*

table ; puis les gouttes recommencèrent, s'écrasèrent une à une, lourdes, épaisses, sur le carreau de la chambre. » Incapable de parler ou de crier, *« sans pouvoir rompre sa prison de sénilité et de démence »*, Adélaïde, *« la face bouleversée, la mémoire éveillée, dut tout voir »*. Agonie silencieuse, interminable, comme au ralenti, mort blanche, angélique : *« Toute la face de cire était morte déjà, lorsque les yeux vivaient encore. Ils gardaient une limpidité, une clarté. Brusquement ils se vidèrent, ils s'éteignirent. C'était la fin, la mort des yeux.* [...] *Mais il restait divinement beau, la tête couchée dans le sang, au milieu de sa royale chevelure blonde épandue, pareil à un de ces petits dauphins exsangues, qui n'ont pu porter l'exécrable héritage de leur race, et qui s'endorment de vieillesse et d'imbécillité, dès leurs quinze ans. »*

Étrange parallèle final, lourdement appuyé, entre l'épuisement des races royales – génétiquement condamnées par la consanguinité – et celui tout plébéien de la sinistre lignée des Rougon-Macquart marquée par la folie, le crime, l'alcoolisme, la perversion, l'imbécillité et la vérole. Il faut revenir à *La Fortune des Rougon* pour en saisir la signification politique. La fortune des Rougon, leur progression dans la hiérarchie sociale, l'exploitation socialement efficace de leurs tares et de leurs appétits y sont liées au coup d'État de Louis Bonaparte en 1851. À l'usurpation capitale, au viol politique qui a inoculé à la société la syphilis dégénératrice, le gène morbide dont elle est infectée. *« La monarchie est devenue trop honnête pour les temps modernes, son temps est fini »*, soupire un vieil aristocrate. La race royale s'est éteinte, faute d'énergie ; la race des usurpateurs, après avoir infecté le corps social tout entier, bestialisé, déshumanisé, est promise à la déchéance rapide, c'est affaire de deux générations ou trois. L'hérédité vampirise la jeunesse dans sa fleur. *Les Rougon-Macquart* est le tableau clinique de cette exténuation du principe vital et de ses ravages dans une époque marquée par *« le soulèvement des appétits »*.

Tableau systématique, *« arithmétique »*, écrit Zola, dont Balzac est le modèle, à imiter et à surpasser. Zola n'hésite pas à faire de Balzac (et, plus surprenant encore, de Stendhal) le père du roman naturaliste, lequel n'imagine pas une fiction ou une fable, mais *« enquête sur la nature, les êtres et les choses »*. Cependant il possède, affirme-t-il, un avantage sur l'auteur du *Père Goriot*, *« échappé malgré lui au coup de folie du romantisme »* : la possession d'une méthode à caractère scientifique. Balzac est obligé de se fier à ses intuitions et à ses hypothèses, géniales, à la puissance de son regard, à l'acuité de son *« sens du réel »* pour mener son enquête. Il y a des risques d'erreur, de déviations idéalistes, pire : d'imagination. Zola rêve d'étrangler l'imagination, cette fille à poètes.

Il le répète sur tous les tons, conscient du scandale de sa provocation : *« Le roman naturaliste est une expérience. » « Nous entrerons dans le domaine qui, jusqu'à présent, appartenait à la philosophie et à la littérature ; ce sera la conquête par la science des hypothèses des philosophes et des écrivains. »* L'imagination, c'est le mariage de la fantaisie personnelle et de l'inconnu, la source romanesque d'une *« récréation de mensonges »*, le *« détraquement cérébral »* promu principe esthétique. Un pas de plus, et il nous dirait que les poètes – le père Hugo, sa bête noire – sont les responsables de la défaite. Il franchit le pas dans sa *« Lettre à la jeunesse »* :

« Si nous voulons que demain nous appartienne, il faut que nous soyons des hommes nouveaux, marchant à l'avenir par la méthode, par l'étude, par la logique et par la possession du réel. Applaudir une rhétorique, s'enthousiasmer pour l'idéal, ce ne sont là que de belles émotions nerveuses ; les femmes pleurent, quand elles entendent de la musique. Aujourd'hui nous avons besoin de la virilité du vrai pour être glorieux dans l'avenir comme nous l'avons été dans le passé. Voilà ce que je vais tâcher de démontrer à la jeunesse. Je voudrais bien lui souffler la haine de la phrase et la méfiance des culbutes dans le bleu. Nous autres qui ne croyons qu'aux faits, qui reprenons tous les problèmes, à l'étude des documents nous sommes accusés d'ordure, nous nous entendons chaque jour traiter de corrupteurs. Il est temps de prouver à la génération nouvelle que les véritables corrupteurs sont les rhétoriciens, et qu'il y a une chute fatale dans la boue après chaque élan dans l'idéal. » Le docteur Zola entend guérir la France en la purgeant du poison idéaliste, de la *« démence lyrique »* et du charme verbal sous lequel la tient Hugo. Pour préparer la revanche, il faut à la France *« des hommes sérieux et non des flatteurs »*.

Sérieux, voilà ce que doit être le roman, studieux, appliqué, documentaire, descriptif, analytique, objectif. Scientifique dans ses buts comme dans ses méthodes. Thérapeutique : *« Nous faisons une besogne identique à celle des savants. Il est impossible de baser une législation quelconque sur les mensonges des idéalistes. Au contraire, sur les documents vrais que les naturalistes apportent, on pourra sans doute un jour établir une société meilleure, qui vivra par la logique et par la méthode. Du moment où nous sommes la vérité, nous sommes la morale.* » De la description clinique au diagnostic et du diagnostic à la thérapie : « *Le seul état de santé et grandeur possible, pour un individu comme pour une nation, est de toucher enfin du doigt les réalités, d'asseoir notre intelligence et nos affaires humaines sur le terrain solide du vrai.* »

Le naturalisme, clame Zola, est « *une formule scientifique* ». Le chef de l'école, s'il doit y en avoir un, ce n'est pas lui, ni les frères Goncourt, ni le vieux Flaubert, admirable certes, mais encore si « *artiste* », si amoureux de la forme ; le patron, c'est Claude Bernard. Le médecin qui a fait passer la médecine de l'âge de l'art à celui de la science.

Claude Bernard, 1813-1878, est un immense savant. Son *Introduction à la médecine expérimentale*, parue en 1865, a posé les principes de la médecine scientifique. Sa lecture a été une révélation pour Zola, un déclencheur. Prosper Lucas, Brachet, Darwin lui offraient une abondante documentation et des éléments de doctrine sur l'hérédité, Claude Bernard lui apporte une méthode d'exploration du réel, la science expérimentale. Mais il y avait davantage : Claude Bernard était un apôtre, un savant qui avait souffert pour la vérité. Médecin célèbre, grand ponte de la diabétologie et du système nerveux sympathique, il avait abandonné sa clientèle et les triomphes académiques pour l'austérité de son laboratoire. À la grande irritation de son épouse, bigote de surcroît, qui lui avait mené une vie d'enfer. Il y aura du Claude Bernard dans le docteur Pascal.

Flaubert aimait bien Zola. Lorsque a paru *La Fortune des Rougon*, il a été le seul, avec Théophile Gautier, à remarquer le jeune romancier : « *Je viens de finir votre atroce et beau livre ! J'en suis encore tout étourdi. C'est fort ! Très fort ! Vous avez un fier talent, et vous êtes un brave homme.* » Un brave homme qui avait compris que la réputation littéraire, dans l'édition moderne, n'allait pas sans un certain sens de la publicité. À plusieurs reprises, Flaubert s'amuse du « poufisme » de son ami Zola, de son art de se faire mousser et d'occuper les colonnes des gazettes, fût-ce pour se faire insulter. Zola aime la polémique, la bataille littéraire, celle où le public est sommé, sans subtilité excessive, de choisir son camp. Dans ses déclarations et ses textes théoriques, il faut toujours faire la part du slogan, de la caricature et de l'esprit de système, du prurit publicitaire. Ses ennemis sauront s'en souvenir au moment de l'affaire Dreyfus.

Il est moderne, avec ravissement. Croyant inébranlable aux dieux nouveaux : la science et le marché, les deux piliers de la santé sociale et de la nouvelle littérature. Dans un texte paru dans *Le Messager de l'Europe* en 1880, « L'argent dans la littérature », il se livre, sans la moindre trace d'humour, à une analyse de la situation matérielle et morale de l'écrivain de l'ère démocratique. Un hymne, la reconnaissance émue d'un écrivain à qui le système a offert gloire, fortune et promotion sociale. Une ode aux noces de la littérature et de l'argent : *« L'argent a émancipé l'écrivain, l'argent a créé les lettres modernes.* [...] *l'argent fait pousser les belles œuvres. »* Ceux qui disent le contraire sont *« les débutants très pauvres qui ne peuvent pas encore vivre de leur plume »* (mais qu'ils attendent, en faisant du journalisme) ou *« les écrivains qui n'ont jamais connu le besoin et qui traitent la littérature en maîtresse, à laquelle ils ont tout le temps payé des soupers fins »*. L'écrivain est un *« travailleur qui doit imposer lui-même son travail au public. Et s'il n'a pas cette force, il n'est personne, il reste inconnu par sa faute et en toute justice »*.

C'est qu'en réalité le public, le marché littéraire ne peuvent pas se tromper, ou pas longtemps. Zola pose un syllogisme imparable : la littérature moderne étant la peinture véridique de la réalité d'une époque, le public sent d'instinct *« les œuvres qui sonnent la vérité. Il va peu à peu à celles-là, tandis qu'il fait vite le silence sur les autres, sur les œuvres fausses qui sonnent l'erreur »*. L'esthétique naturaliste et la foi dans le marché sont inséparables : *« L'argent est notre courage et notre dignité, à nous écrivains, qui avons besoin d'être libres pour tout dire ; l'argent fait de nous les chefs intellectuels de notre siècle, la seule aristocratie possible. »* La triomphante bourgeoisie des lettres, expression de la vérité de son époque : *« L'œuvre naît dans la foule et pour la foule »*, elle est son image analysée, clarifiée, expliquée et, finalement, ratifiée.

Là est le véritable sens du *« roman expérimental »*. Exprimée à gros traits vigoureux, l'esthétique romanesque de Zola bute sur tellement d'obstacles que la plupart de ses contemporains – et même les autres *« naturalistes »* ou prétendus tel, de Maupassant aux frères Goncourt et de Daudet à Huysmans première manière – ne l'ont pas prise tout à fait au sérieux. Zola prétend vouloir appliquer au roman la méthode expérimentale établie par Claude Bernard pour les sciences de la vie. Il ne s'agit pas, insiste-t-il, d'une métaphore mais d'un véritable décalque :

« Claude Bernard démontre que cette méthode appliquée dans l'étude des corps bruts, dans la chimie et dans la physique, doit l'être également dans l'étude des corps vivants, en physiologie, en médecine. Je vais tâcher de prouver à mon tour que, si la méthode expérimentale conduit à la vie physique, elle doit conduire aussi à la connaissance de la vie passionnelle et intellectuelle. Ce n'est là qu'une question de degrés dans la même voie, de la chimie à la physiologie, puis de la physiologie à l'anthropologie et à la sociologie. Le roman expérimental est au bout. [...] *Nous faisons, nous romanciers, de la psychologie scientifique. »*

Les romanciers observaient ; désormais, ils doivent expérimenter. Mais qu'est-ce que l'expérience dans l'élaboration d'un roman ? On a fait à Zola une mauvaise querelle qu'il n'a pas toujours cherché à dissiper. Aveuglé par son scientisme, il ne se serait pas rendu compte que l'expérimentation d'un romancier était parfaitement imaginaire puisqu'il n'agit pas sur le réel, mais sur des personnages, des suites d'événements, des réactions qu'il fabrique ou qu'il arrange à sa guise. Sa liberté rend illusoire toute réduction déterministe. L'expérience est un leurre parce que l'écrivain en invente les données. Zola affirme ne reconnaître que les faits, que la nature, mais c'est lui seul qui décide de son histoire et de ce qui lui semble naturel. Zola expérimente sa propre imagination.

On fait comme s'il ne s'était rendu compte de rien ; comme si, seul benêt d'une époque intelligente, il n'avait rien compris aux objections des subtils, l'esprit congelé par son système, sa méthode, affirmant contre vents et marée des absurdités et des naïvetés. Passons sur les rodomontades, les simplifications publicitaires, les effets de journalisme : quand Zola parle d'expérimentation, de quoi s'agit-il réellement ? Pour se faciliter la tâche, il choisit, plutôt que le sien, l'exemple de Balzac dans *La Cousine Bette* :

« Le fait général observé par Balzac est le ravage que le tempérament amoureux d'un homme amène chez lui, dans sa famille et

dans la société. Dès qu'il a eu choisi son sujet, il est parti des faits observés, puis il a institué son expérience en soumettant Hulot à une série d'épreuves, en le faisant passer par certains milieux, pour montrer le fonctionnement du mécanisme de sa passion. Il est donc évident qu'il n'y a pas seulement là observation, mais qu'il y a aussi expérimentation, puisque Balzac ne s'en tient pas strictement en photographe aux faits recueillis par lui, puisqu'il intervient d'une façon directe pour placer son personnage dans des conditions dont il reste le maître. Le problème est de savoir ce que telle passion, agissant dans tel milieu et dans telles circonstances, produira du point de vue de l'individu et de la société ; et un roman expérimental, La Cousine Bette, *par exemple, est simplement le procès-verbal de l'expérience, que le romancier répète sous les yeux du public. »*

Le roman est l'opérateur d'une double expérience. Celle que l'écrivain-expérimentateur fabrique souverainement lorsqu'il prépare son livre : documentation considérable – médicale, psychologique, sociologique, historique –, étude des milieux et de leurs interactions avec les personnages et les caractères, passage à la marge, construction des variables. Le tout sous le signe de la vraisemblance, de la vérité relative, de l'hypothèse tant bien que mal vérifiée, tant les sciences de la nature – celles de l'homme en particulier – sont encore balbutiantes, sujettes à l'erreur, au préjugé, aux théories hâtives, aux croyances morales et métaphysiques, malgré le travail de l'expérimentateur pour en purger son regard et ses facultés déductives.

Puis, aussi décisive, la *« répétition »* de l'expérience sous les yeux du public : le livre, le « procès-verbal ». La lecture est l'expérience vérificatrice de la vérité ou de la fausseté du roman. L'expérience a été bien menée si, de bout en bout, le lecteur y croit, c'est-à-dire s'il a le sentiment intime d'être plongé dans le domaine de la nécessité et non dans celui de la fantaisie ou de l'accident. Tout et jusqu'à l'exceptionnel, le monstrueux, l'invraisemblable, les crimes immondes, les passions destructrices, les folies, les détraquements, la sarabande des vices, la débâcle des corps et des esprits, l'effondrement des États, doit être accepté et cru comme la conséquence nécessaire des causes, parfois lointaines, qui ont été posées. Les Rougon-Macquart ou l'humanité placée sous le domaine de la foi dans la loi. Dans la préface à *La Fortune des*

Rougon, Zola annonce : *« L'hérédité a ses lois comme la pesanteur. »* Le public renâcle d'abord, résiste, s'insurge, injurie l'auteur, mais il se rend, il y croit : à partir du 7e volume de la série, de *L'Assommoir*, le succès est considérable. On le déteste, de tous les côtés, mais c'est d'avoir raison. Ses lecteurs sont convaincus et horrifiés de la vérité de ce qu'ils lisent chez Zola.

Magnifique tour de passe-passe. D'un côté, on élimine, au nom de la science, les croyances qui semblent s'y opposer, les préjugés, les idées reçues, les métaphysiques, les religions, l'idéalisme, la fiction, les ornements de la langue et la musique de la rhétorique ; de l'autre, sous le couvert de l'expérience, on réinstalle en maîtresse la croyance littéraire : l'adhésion du lecteur au discours comme critère même de la vérité – et non plus de la beauté – de ce qui est écrit.

Zola n'est pas dupe de cette manipulation. Comme tous les inventeurs de rhétorique, il prétend ne pas en faire et s'en prend vigoureusement à celle des autres – à laquelle on ne peut plus croire. Pour mieux en convaincre, il sépare le fond et la forme, l'enquête et le style, l'idée et l'expression, le travail d'un écrivain et son « tempérament », pour ne faire de la question de la langue qu'une sorte d'annexe, provisoire peut-être, avant que les écrivains puissent se doter d'un véritable outil d'expression scientifique, d'un *« style exempt de jargon à la mode, prenant une solidité et une largeur classiques »*.

Il répète, contre Hugo toujours, que *« le tapage de la forme est passager »* ; il confesse que *« nous tous, écrivains de la seconde moitié du siècle, nous sommes, comme stylistes, les enfants du romantisme »*, mais c'est comme un costume démodé et râpé qu'on continue à porter en attendant d'avoir le temps de s'en faire un neuf : *« Jusque-là, nous planterons des plumets au bout de nos phrases, puisque notre éducation romantique le veut ainsi ; seulement, nous préparerons l'avenir en rassemblant le plus de documents humains que nous pourrons, en poussant l'analyse aussi loin que nous le permettra notre outil. »* Il s'agit bien de désaccoupler la croyance littéraire et la langue, réduite à sa fonction de communication. Zola n'annonce pas seulement l'hégémonie moderne du roman sur tous les autres genres littéraires, et notamment sur la poésie, il annonce aussi la rupture mallarméenne entre la langue triviale – celle de la communication et du « réalisme » romanesque

– et la langue littéraire, celle des poètes et de l'idéal : *« Je ne pousse pas mon raisonnement, comme certains positivistes, jusqu'à prédire la fin prochaine de la poésie. J'assigne simplement à la poésie un rôle d'orchestre ; les poètes peuvent continuer à nous faire de la musique pendant que nous travaillerons. »*

C'est pourtant bien la musique qui surprend chez Zola, c'est bien à elle qu'on croit. Ni aux concepts, ni à la description historique, ni à l'arithmétique des gènes et des tares, ni à la théorie expérimentale. Pas davantage au style : Zola ne s'est pas intéressé à ce qui aurait pu être une science du style, sans doute trop aristocratique à ses yeux. Nous croyons aux sons, aux odeurs, à la température qui monte, à la nature qui enveloppe et étouffe, à la puissante et brutale énergie sexuelle surtout, omniprésente, multiforme, obsessionnelle, se déployant dans un jeu infini d'images et de scènes, se reversant lyriquement dans le pouvoir, l'argent, la guerre, le crime et même, finalement, dans le bonheur et dans l'espérance.

Les ennemis de Zola le traitaient de pornographe ; on le représentait en porc fouillant du groin dans les tas d'ordures. Zola s'abritait derrière la réalité de la nature, ce qui est bien pratique, la science est chaste. La chasteté de la science – il nomme cela *« la virilité du vrai »* – est ce qui le séduit ; il compte sur elle pour se protéger de l'imagination et du désordre des âmes. Les Rougon-Macquart : une autopsie tribale et sociale, trois générations disséquées et la société française avec elles : l'hérédité, ses jeux, les causes, les conséquences, une *« histoire naturelle et sociale »* illustrée, un ordre dans le désordre de la maladie.

Mais voilà qu'à ce chaste jeu du déterminisme s'en mêle un autre, déraisonnable, incontrôlable, débordant de toutes parts les cadres du récit, imprégnant la pâte même de la langue, balayant les prétentions scientifiques, détraquant la machinerie grisâtre du laboratoire. On l'appellera imagination morbide, obsession pansexualiste, névrose si l'on est médecin, peu importe, autre chose : écriture vivante, violents éclairages et fermeture hermétique du secret, fulgurantes percées vers l'inconnu, nature extra-naturelle : le docteur Zola quitte le confinement miasmeux de son laboratoire et ses prudences de carriériste des lettres pour illustrer, souvent sur le mode épique ou hallucinatoire, les pouvoirs mythiques et oniriques et érotiques de la fiction. L'analyse du réel en profondeur et non plus en surface. Le pouvoir du romanesque, c'est-à-dire le triomphe de la surprise et de l'écart sur la logique et sur le déterminisme. L'inattendu amoureux du destin.

Dernier volume des *Rougon-Macquart*, *Le Docteur Pascal* en est à la fois le résumé théorique (Pascal prend des notes sur l'histoire de sa sinistre famille qui seront détruites par sa mère, mais Émile prend le relais et écrit le livre disparu de Pascal) et la conclusion morbide : il raconte la liquéfaction du dernier rejeton de la tribu.

Mais Zola, *in extremis*, a rompu cette ligne ; il lui en a ajouté une autre, sa fin est un début, son épuisement une renaissance. Pascal Rougon est l'élément neutre du partage héréditaire. Il n'a hérité aucune des tares et des névroses de ses ascendants. *« Innéité »*, note Zola à son propos : le travail de la vérité le rend maître de lui-même, fondateur de ses propres origines. Il est aussi célibataire, observateur impartial, absent des jeux de l'argent, du pouvoir et du désir. Hors circuit, a-tribal, a-social et a-sexué : entièrement voué au vrai et à l'impartialité scientifique et à la lutte contre la maladie.

Et puis, à soixante ans, Pascal Rougon rentre dans le circuit au moment de le quitter, doublement : il engendre un enfant qui ne naîtra qu'après sa mort ; et il fait cet enfant avec sa jeune nièce Clotilde Rougon, fille de l'affairiste Aristide Rougon dit Saccard mais aussi petite-fille, par sa mère, d'un militaire, le commandant Sicardot (la promesse de la revanche ?). Clotilde est une jeune femme ardente, noble, passionnée et religieuse. Une idéaliste qui se dresse amoureusement contre le rationalisme médical acharné de son oncle et amant. Comme si, au moment de conclure sa noire démonstration, avant d'éteindre dans un dernier flot de sang corrompu la lignée dégénérée, Zola avait hésité et ouvert une ligne de fuite dans le mur de la nécessité. Plutôt le bonheur que la vérité. Peut-être.

Les vingt romans noirs de l'hérédité s'achèvent sur un tableau bucolique, une mère à l'enfant évangélique, à laquelle il ne manque même pas la petite touche d'exaltation patriotique : *« Une mère qui allaite, n'est-ce pas l'image du monde continué et sauvé ? Elle s'était penchée, elle avait rencontré ses yeux limpides, qui s'ouvraient ravis, désireux de la lumière. Que disait-il, le petit être, pour qu'elle sentît battre son cœur, sous le sein qu'il épuisait ?*

Quelle bonne parole annonçait-il, avec la légère succion de sa bouche ? À quelle cause donnerait-il son sang, lorsqu'il serait un homme, fort de tout ce lait qu'il aurait bu ? Peut-être ne disait-il rien, peut-être mentait-il déjà, et elle était si heureuse pourtant, si pleine d'une absolue confiance en lui ! [...] *Et, dans le tiède silence, dans la paix solitaire de la salle de travail, Clotilde souriait à l'enfant, qui tétait toujours, son petit bras en l'air, tout droit, dressé comme un drapeau d'appel à la vie.* »

À Bruxelles, en exil au moment de l'affaire Dreyfus, Zola se cache sous le nom de M. Pascal.

SOURCES

Émile Zola : *Œuvres complètes*. Édition d'Henri Mitterand. 15 vol. Paris, Tchou-Cercle du livre précieux, 1967-1969.

Alain Corbin : *Le Temps, le désir, l'horreur*. Paris, Aubier, 1991.

Théodore Zeldin : *Histoire des passions françaises (1848-1945)*. 4 vol. Paris, Recherches, 1978.

Jean-Charles Sournia : *Histoire de la médecine*. Paris, La Découverte, 1992.

Jean Borie : *Archéologie de la modernité*. Paris, Grasset, 1999.

— *Zola et les mythes ou la Nausée du salut*. Paris, Éd. du Seuil, 1971.

Henri Mitterand : *Zola, l'histoire et la fiction*. Paris, PUF, 1990.

Antoine Compagnon : *La Troisième République des lettres*. Paris, Éd. du Seuil, 1983.

Alain Pagès : *La Bataille littéraire*. Paris, Séguier, 1989.

Roger Ripoll : *La Réalité et le mythe chez Émile Zola*. Paris, Champion, 1981.

Marc Bernard : *Zola par lui-même*. Paris, Éd. du Seuil, 1952.

Armand Lanoux : *Bonjour Monsieur Zola*. Paris, Hachette, 1962.

Henri Guillemin : *Zola, légende et vérité*. Bats (Landes), Éd. d'Utovie, 1997.

Mallarmé : la langue poétique contre les idoles

1885 ▪ Les funérailles de Victor Hugo

IL EST mort le vendredi 22 mai à 13 h 27, *« doucement, paisiblement, entouré de tous les siens »*. Devant les grilles de la villa de l'avenue d'Eylau rebaptisée avenue Victor-Hugo, Victorien Sardou est venu annoncer la nouvelle à la foule et aux journalistes qui se pressaient là, jour et nuit, depuis l'annonce de son agonie. Silence, émotion, larmes. Et puis, en à peine plus d'une heure, des beaux quartiers aux faubourgs ouvriers, Paris s'enflamme : deuil et fête. Les journaux sortent des éditions spéciales encadrées de noir, des centaines de drapeaux tricolores ornés d'un crêpe fleurissent aux fenêtres ; par petits groupes, des milliers de personnes, de tous âges, de toutes conditions, forment des cortèges qui se rendent en pèlerinage devant la maison du disparu. On placarde des affiches, on récite des poèmes jusque dans les cafés, on signe des registres, on s'habille de sombre. Mais sans tristesse : le souffle de l'émotion collective agit comme un alcool. Ce n'est pas la mort de Victor Hugo que l'on pleure, c'est son immortalité que l'on inaugure.

Cela fait longtemps que la fête se prépare. Hugo a commencé à être embaumé dès qu'il a cessé d'écrire, après sa première congestion cérébrale de 1878. On a eu si peur qu'il disparaisse avant que sa pétrification glorieuse ne soit achevée qu'on a célébré, en 1881, son quatre-vingtième anniversaire avec un an d'avance. Répétition générale de la cérémonie des funérailles : discours, tapis de fleurs, délégations de ministres, d'ouvriers, d'artistes, de loges maçonniques et d'enfants des écoles, enfin laïques, gratuites et obligatoires ; offrandes, messages, médailles. Le patriarche est apparu sur son balcon, a salué la foule, prononcé quelques mots sublimes, jusqu'à l'année suivante. L'anniversaire d'Hugo est un second 14 Juillet, une commémoration sur le vif.

Commémoration de quoi ? Du siècle lui-même tel que l'a inauguré la Révolution française. Hugo est le poète-siècle, la formidable concrétion verbale de cent ans de convulsions et de prophéties entées sur la scène primitive de la mise à mort du roi, la destruction et la fondation, sous le régime du symbole. Plus que la conscience de son siècle, Hugo en est la fiction. Active, puissante, sonore, énigmatique : magique, comme l'était le pouvoir divin des monarques. Sa longévité, son génie poétique et sa capacité à incarner et à épuiser toutes les figures du champ social ont fait le reste. Il a été tout, tour à tour ou en même temps, avec la même houleuse éloquence : légitimiste, bonapartiste, louis-philippard, républicain, socialiste. Bourgeois et peuple ; fervent déiste et anticlérical, médiéval et moderniste, nationaliste et internationaliste, adorateur et contempteur de la Raison, installé et exilé, abattu et triomphant, père glorieux de la nation et vieillard accablé de tous les deuils. Il a tout dit comme il a tout été, à la fois la lumière et la nuit, la promesse de l'aube et la fascination du néant.

Entre le 22 mai et le 1er juin, entre la mort et les funérailles nationales, on va se battre sur le sens qu'il convient de donner à la fiction Hugo, c'est-à-dire à la marche du siècle. À coups de symboles, autour d'un cadavre, se livre un affrontement qui se voudrait réel.

Les premières escarmouches ont eu lieu dès les premiers signes de la maladie, à la fin février. Le cardinal Guibert, archevêque de Paris, avait écrit à la famille pour proposer les services d'*« un ministre de notre sainte religion »* à *« l'illustre malade »*. Refus ferme et poli de la famille – en fait, Édouard Locroy, député radical, remarié avec la veuve de Charles Hugo – qui rappelle le testament d'Hugo rédigé en 1883 : *« Je refuse l'oraison de toutes les églises ; je demande une prière à toutes les âmes. Je crois en Dieu. »* Mais la presse s'empare de l'affaire. Les uns pour dénoncer *« la garde montée autour du lit de mort de M. Victor Hugo, dans la crainte qu'au souvenir de foi ancienne, il ne retrouvât la volonté d'exprimer publiquement un désir de retour à Dieu »*. Les autres pour se scandaliser de *« cette monstrueuse profanation catholique qui s'exerce sur les malades vaincus par la nature pour déshonorer leur œuvre et mutiler plus que le corps : la pensée et la gloire »*.

Les funérailles seront civiles ; le cortège oubliera même Notre-Dame de Paris. Du coup, la partie extrême de la droite catholique et monarchiste, celle du journal *La Croix* notamment qui venait d'être fondé, n'hésite plus à rompre le concert œcuménique. Si Hugo est si populaire, c'est *« qu'il n'a jamais cessé de caresser les plus mauvais instincts »*. Et les obsèques sont annoncées comme *« une infernale manifestation »* de la démagogie démocratique.

Autre rupture, à l'extrême gauche. Paul Lafargue, le gendre de Karl Marx, publie un pamphlet intitulé *La Légende de Victor Hugo* dans lequel il dénonce, lui aussi, le « démagogue » qui flatte le public le plus large pour gagner le plus d'argent possible. Victor Hugo exploite rhétoriquement *Les Misérables* et défend en réalité les valeurs du capitalisme, le profit, la famille et Dieu. Mais la variante marxiste du socialisme que représentent Lafargue et Guesde est alors très minoritaire dans le mouvement ouvrier français. Dans les faubourgs et dans les ateliers, on se prépare à faire des obsèques une grande manifestation populaire : drapeaux rouges et noirs de la Sociale, contre drapeau tricolore de la République bourgeoise.

La transformation d'un enterrement en tentative de « journée » révolutionnaire est une figure rituelle de la pratique politique de gauche : la manifestation de masse sous la tutelle unitaire de la mort ; la défaite individuelle transmuée en signe de la victoire collective à venir. En février, l'enterrement de Jules Vallès s'est achevé en bataille de rue entre anciens communards et étudiants nationalistes. Le fantôme de la Commune n'en finit pas de raviver dans les cimetières celui de la Révolution. Le 24 mai, au Père-Lachaise, c'est la commémoration de la Semaine sanglante, 5 000 manifestants, une trentaine de blessés ; le 27, obsèques de Frédéric Cornet, ancien dirigeant de la Commune, 10 000 participants ; le 28, celles d'un autre chef communard, Amouroux, 15 000 personnes devant le mur des Fédérés. Bataille de mémoire, bataille d'emblèmes et de symboles. Le gouvernement Brisson et son ministre de l'Intérieur Allain-Targé, fidèles à la stratégie des républicains opportunistes, sont décidés à tout faire pour acclimater la France à la République. En faisant la preuve que ladite République est le rempart le plus solide contre les menées des extrémistes des deux bords. Il est donc décrété que les *drapeaux*, rouges ou noirs, sont interdits dans les défilés. Mais une jésuiterie sémantique autorise les *bannières*. À la police de faire le tri et de sentir le vent.

L'organisation des obsèques du poète est une affaire d'État. Plusieurs réunions ministérielles lui sont consacrées. La manifestation de masse étant inévitable et son enfermement dans une enceinte religieuse exclue, il s'agit d'en faire le triomphe même de la République telle qu'elle se proclame, rassembleuse, syncrétique, laïque, civile, civique et moderne.

L'opération Panthéon manque de tout faire échouer. L'église de la Montagne-Sainte-Geneviève, dédiée par la Révolution française au culte des grands hommes, a été redonnée au clergé catholique par Napoléon III. À plusieurs reprises et vainement, les républicains laïcs ont tenté de lui faire rendre sa destination de 1791. La mort d'Hugo, du grand homme par excellence, leur offre une opportunité. Le conseil municipal de Paris, à majorité radicale, vote un vœu dans ce sens. Un député, Anatole de La Forge, dépose un projet de loi. Le gouvernement fait la sourde oreille, cherche à gagner du temps en prétendant en manquer, puis, devant les menaces d'un débordement pendant les funérailles, cède d'un coup. Deux décrets paraissent au *Journal officiel* du 27 mai : 1º *« Le Panthéon est rendu à sa destination primitive et légale. Les restes des grands hommes qui ont mérité la reconnaissance nationale y seront déposés. »* 2º *« À la suite des obsèques ordonnées par la loi du 24.5.1885, le corps de Victor Hugo sera déposé au Panthéon ».*

« Satan triomphe », titre *La Croix*. Plus perspicace sur les enjeux symboliques, *L'Univers* souligne qu'*« on chassera Dieu pour faire place à M. Hugo »* et que la divinisation du poète opère un retour *« au culte des morts entendu à la façon païenne.* [...] *La république impose à la France la religion de la cité, du nombre. L'apothéose de la société moderne est matériellement figurée par le Panthéon ».* Il se fait aussi entendre des voix, plus discrètes, pour regretter qu'on associe le culte des grands hommes à un cimetière, et leur éternité à un enterrement. Ce qui était ne rien comprendre à son temps, ni au rituel moderne du sacré.

On entreprend donc, au petit jour, de scier la croix qui ornait le fronton du monument… mais en laissant celle, trop haute, trop lourde, plantée sur le dôme. Elle y est toujours.

Reste à fixer le jour de la cérémonie et à en mettre en scène le déroulement. Le gouvernement fixe la date au 30 mai, un samedi, un jour où les ouvriers travaillent. La gauche milite pour le dimanche, le jour du repos, de la fête et de la messe. Mais Garnier, l'architecte de l'Opéra, grand ordonnateur des fastes funéraires, a vu si grand, si monarchique, que rien ne peut être prêt avant le 1er juin. Même si les ouvriers travaillent la nuit, grâce au miracle moderne des lampes électriques fournies gratuitement par l'entreprise américaine de Thomas Edison.

Le parcours du convoi est, lui aussi, calculé politiquement au plus juste. Si le lieu de départ, l'Arc de triomphe napoléonien, le symbole de la grandeur militaire française, ne souffre pas de polémique – les noms des livres d'Hugo servant d'écho à celui des victoires inscrites dans la pierre –, on se bat sur l'itinéraire qui doit conduire le cercueil au Panthéon. Les radicaux souhaitent une vaste procession à travers Paris, avec des haltes comme des reposoirs aux points stratégiques de la geste hugolienne. Le gouvernement décide le trajet le plus court, le plus sûr, le plus bourgeois : la Concorde, le boulevard Saint-Germain, le boulevard Saint-Michel, les beaux quartiers. Il convient que l'émotion soit spectaculaire et respectable.

Il était prévu d'offrir le corps d'Hugo à la foule, sous l'Arc de triomphe, pendant quarante-huit heures, dans un cercueil ouvert. Mais l'embaumement réel n'a pas été à la hauteur de l'embaumement symbolique. Il a fallu se résoudre à fermer le cercueil. À la place du visage illustre du mort, la foule contemple, décliné à l'infini sur le catafalque, les tentures, les draps, les motifs décoratifs et sur le *« corbillard des pauvres »* métamorphosé en char triomphal, le jeu obsédant des initiales, V. H., comme une griffe occulte, un signe cabalistique. Ce même V. H. énigmatique, obsessionnel et massif qu'Hugo vivant ne cessait de dessiner dans les marges de ses manuscrits. Le sigle-sceau de son humaine divinité.

On sait le reste, par des centaines de témoignages. La marée humaine, de 1 à 2 millions de personnes, surveillée de près par un impressionnant appareil militaire, la foule calme, émue de sa propre puissance, le défilé interminable des délégations, parisiennes, provinciales ou étrangères, les discours, plus interminables encore et que personne n'écoute, la grande illusion de la fraternisation, comme à la fête de la Fédération de 1790, la transformation immédiate de l'événement en mythe par ceux-là mêmes qui y participent.

La mise en gloire d'Hugo, c'est aussi la réponse métaphorique à la déroute réelle de 1870. Le culte rendu au poète permet à la France de s'aimer elle-même, dans l'effusion momentanée du collectif.

Pas de désordre, pas de débordement, pas de manifestations incongrues. Une puissance, mais comme consumée dans l'euphorie de sa propre image. En ce sens, le gouvernement a parfaitement réussi son affaire. L'apothéose d'Hugo ne prouve pas seulement la capacité de la République à créer ses dieux et ses rites, elle permet aussi de dessiner la figure idéale de la Cité telle que la rêve la bourgeoisie divine : une société où les classes et leurs antagonismes ont *déjà* été abolis ; une société où elle règne en prétendant ne plus exister.

Zola n'a jamais caché qu'il écrivait en quelque sorte contre Hugo : contre la poésie, contre le romantisme, contre l'idéalisme. Dans la longue étude qu'il avait consacrée au poète en 1877, il avait passé Hugo aux profits et pertes de la modernité : *« Tout ce vaste bruit qui s'est fait autour de l'écrivain vivant, s'éteindra peu à peu autour de l'écrivain mort. La postérité se désintéressera et deviendra sévère.* [...] *On fera bon marché de tout ce bric-à-brac du Moyen Âge, qui n'a même pas le mérite d'être historique.* [...] *Il emportera le romantisme avec lui comme une guenille de pourpre, dans laquelle il s'était taillé un manteau royal. »* (Parenté parlante des métaphores : la *« guenille de pourpre »* fait rime avec la *« guenille sanglante »* : c'est ainsi que la presse de droite appelait le drapeau rouge des ouvriers.)

À la mort du poète, Zola cède à l'unanimisme sentimental. Il écrit à Georges Hugo : *« Vous saurez peut-être un jour, Monsieur, que, même devant Victor Hugo, j'ai réclamé les droits de la critique. Et c'est pourquoi, dans l'affreuse douleur où vous êtes, je tiens à vous dire que tous les cœurs sont brisés avec le vôtre. Victor Hugo a été ma jeunesse, je me souviens de ce que je lui dois. Il n'y a plus de discussion possible en un pareil jour, toutes les mains doivent s'unir, tous les écrivains français doivent se lever pour honorer un maître et pour affirmer l'absolu triomphe du génie littéraire. »*

« V. H. a été ma jeunesse » : on lâche au Moloch un peu de chair, le passé, pour mieux lui contester le reste. Même stratégie chez Paul Verlaine, quarante et un ans :

« Maintenant que le bruit intrus s'est tu, que le Poète, après les

secousses d'obsèques irrespectueuses, rentre par degrés dans la glorieuse impopularité due, maintenant que la foule est retournée à ses besognes et que les poètes, seuls enfin, gardent le deuil, il m'est permis de parler de mon maître, de bien lui, *abandonnant à mes colères* [...] *les exploiteurs inqualifiables de sa grande mémoire.* » Et Verlaine enchaîne : *« Il eût fallu que Victor Hugo meure vers 1844* [l'année de la naissance de Verlaine], *45, au lendemain des* Burgraves. [...] *Hugo est mort trop tard, il s'est survécu, mais son seul héritage sérieux est nôtre, et nous le défendrons, mes beaux messieurs du premier juin mil huit cent quatre-vingt-cinq.* »

Verlaine martèle : *« Le reste de l'œuvre d'à partir des* Châtiments *ne vaut pas d'être nommée.* » Le sens de la césure est clair, c'est le Hugo de la République, celui de la foule, celui de *« messieurs les Ordonnateurs de l'Administration »* que Verlaine voue aux gémonies. Le poète qui s'est offert à ses lecteurs.

Faisons la part sociale des choses : Verlaine, après dix années de frasques, rimbaldiennes et autres, cherche à se refaire une place dans un milieu littéraire qui l'a oublié ou écarté. *« Fils soumis de l'Église »*, désormais, il a publié, à compte d'auteur, son recueil *Sagesse* en 1880, à la Société générale des librairies catholiques. En même temps, il sait la fragilité de cet équilibre. En février, quelques mois avant la mort d'Hugo, il s'est encore battu avec sa mère qu'il a tenté d'étrangler, ce qui lui a valu trois mois de prison à Vouziers. Entre la réhabilitation et la rechute, entre l'art et la vie, il invente un concept qui fera date, le Poète maudit. L'envers de Victor Hugo.

Au contraire du poète glorieux, livré à l'admiration de la foule, le poète maudit est un *« Poète absolu »*, un pur, pour la seule raison qu'il n'est connu de personne ou presque, ou connu par malentendu. En publiant sa série des *Poètes maudits*, Verlaine assume le risque de les faire connaître, mais de l'élite des lecteurs seulement. La malédiction forme une aristocratie. Mort en 1844, définitivement contesté, Hugo eût fait un poète maudit acceptable. Qui sont les membres de cette nouvelle noblesse poétique dont Verlaine relève l'existence ? Tristan Corbière, Arthur Rimbaud, malgré tout, et Stéphane Mallarmé ; puis Marceline Desbordes-Valmore, le comte Auguste Villiers de L'Isle-Adam, Pauvre Lelian enfin, Paul Verlaine lui-même anagrammisé.

Choix perspicace et curieux mélange. Un néo-romantique breton et sarcastique, mort à trente ans en 1875. Un *« enfant miraculeux »* mort à la poésie à l'heure où les autres y naissent. Un obscur professeur d'anglais de quarante-trois ans, récemment débarqué à Paris, dont quelques poèmes ont été publiés par *Le Parnasse contemporain* et quelques autres refusés, jugés incompréhensibles. Une poétesse de la première moitié du siècle que l'on a surnommée « Notre-Dame des Pleurs ». Un aristocrate ruiné, breton encore, né en 1838, féru d'occultisme, de chevalerie et d'art pur, sous le triple patronage de Hegel, de Baudelaire et de Poe. Pauvre Lelian enfin, maudit entre les maudits puisque c'est de lui-même, de sa *« candeur de caractère et de la mollesse irrémédiable »*, qu'il tire son propre malheur et la vérité humaine de sa poésie.

La malédiction de ces écrivains si différents porte un nom, décadence. *« Mais qu'est-ce que décadence veut bien dire au fond ? »* Verlaine le sent mieux qu'il ne l'exprime ; c'est un état d'âme plus qu'un concept. C'est d'abord le sentiment d'une absence : le monde est vide comme le ciel, la nature est opaque et muette, la science a aboli l'idéal, la Révolution a aboli de droit la hiérarchie, c'est-à-dire le système des valeurs, le sacré s'est évanoui. Les écrivains n'ont rien à dire à ce monde néantisé par sa masse ; rien, sinon répéter qu'ils n'ont rien à lui dire. Ou s'absenter à leur tour, n'exister qu'à peine. Villiers de L'Isle-Adam écrit à Mallarmé : *« Que faire ici, et quel serait notre prétexte de rester si nous n'étions pas percés, traqués, volés, vilipendés et saignants ; il faut être malade : c'est le plus beau de nos titres de noblesse immémoriale. »* Il faut être maudit pour mieux proclamer à l'époque qu'elle n'est rien. Mallarmé : *« L'attitude du poète, dans une époque comme celle-ci, où il est en grève devant la société, est de mettre de côté tous les moyens viciés qui peuvent s'offrir à lui. Tout ce qu'on peut lui proposer est inférieur à son travail secret. »* Travail secret, comme un complot, comme une taupe, on y reviendra.

Malgré Juin 48, Baudelaire rêvait encore d'une réconciliation entre l'action et le verbe ; Verlaine efface la perspective :

Aujourd'hui l'Action et le Rêve ont brisé
Le Pacte primitif par les siècles usé...
La Force qu'autrefois le Poète tenait
En bride, blanc cheval ailé qui rayonnait,

La Force, maintenant, la Force, c'est la Bête
Féroce…

On est aux antipodes du naturalisme. C'est pourtant de ce côté que survient, quelques mois avant la mort d'Hugo, en même temps que *Les Poètes maudits*, la nouvelle offensive décadente. Joris-Karl Huysmans publie *À rebours*. Fonctionnaire au ministère de l'Intérieur (il y a beaucoup de ronds-de-cuir et de chefs de bureau chez les snobs de la décadence), Huysmans était l'élève préféré de Zola, dans le genre naturaliste exacerbé. Déjà, dans ses premiers romans, *Marthe, histoire d'une fille* ou *En ménage*, il est plus amoureux des mots rares, de l'argot, de la sonorité des vocables que de l'enquête socio-psychologique. Mais il est, avec Zola, Maupassant, Alexis, Hennique et Céard, le signataire, en 1880, des *Soirées de Médan*, l'ouvrage-manifeste du groupe. La parution d'*À rebours* ressemble à une trahison. C'est ainsi que le sent Zola qui convoque Huysmans à Médan pour une paternelle mais ferme admonestation. Le succès d'*À rebours*, même s'il est infiniment moindre, cette même année, que celui de *Germinal*, consomme la rupture. Venus du même sol, d'un côté le puissant roman de la grève ouvrière et de la lutte des classes sous le régime de l'animalité ; de l'autre le portrait d'un aristocrate spleenatique berçant son ennui et sa haine de la banalité par l'usage raffiné de tous les artifices, de l'antinature.

Des Esseintes, le héros exquis et pourrissant de Huysmans, cherche à échapper à la vulgarité, à la communauté, à la bestialité d'une nature désertée par l'esprit en instituant une aristocratie de la sensation rare et éphémère, de la nouveauté subtile et élaborée, du luxe, c'est-à-dire de la beauté exhibée et confisquée, onéreuse et exclue du cycle marchand. L'esthétique comme viol de la nature, ultime manifestation d'une élite spirituelle entre la bête féroce dont parlait Verlaine et l'anéantissement. Barbey d'Aurevilly a parfaitement compris l'enjeu du roman : *« Après un tel livre, il ne reste plus à l'auteur qu'à choisir entre la bouche d'un pistolet et les pieds de la Croix. »* De fait, Huysmans, pour se sortir du *« cul-de-sac naturaliste »*, rejoindra bientôt les rangs d'un catholicisme mystique, mâtiné d'occultisme et de vertiges sataniques par le Sâr Péladan et Guaïta.

Dans le chapitre XIV d'*À rebours*, Des Esseintes, qui ne peut plus rien avaler, sinon l'essence même de la nourriture – une cuillerée de jus bourbeux et salé déposée au fond d'une marmite d'étain où ont bouilli pendant quatre heures de petits morceaux de rosbif avec une tranche de carotte et de poireau –, attend les premiers brouillards et les premiers froids (il ne supporte ni la lumière ni le soleil) en rangeant sa bibliothèque. Il n'y parvient pas, c'est trop fatigant, mais il a encore l'énergie de donner des ordres à un vieux domestique qui lui présente les ouvrages. *« Cette besogne fut de courte durée, car la bibliothèque de Des Esseintes ne renfermait qu'un nombre singulièrement restreint d'œuvres laïques, contemporaines. »* Une essence de livre, un concentré subtil.

Exit Balzac trop *« valide »*. Il lui faut *« des flores byzantines de cervelle et des déliquescences compliquées de langue ; il souhaitait une indécision troublante sur laquelle il pût rêver, jusqu'à ce qu'il la fît, à sa volonté, plus vague ou plus ferme selon l'état momentané de son âme. Il voulait en somme une œuvre d'art et pour ce qu'elle était par elle-même et pour ce qu'elle pouvait permettre de lui prêter.* [...] *Il s'éloignait, de plus en plus, de la réalité et surtout du monde contemporain qu'il tenait en une croissante horreur »*.

Qui peut répondre à ce besoin d'une œuvre de pure forme, décollée de l'emprise vulgaire du naturel ? Huysmans dresse sa liste. À comparer avec celle de Verlaine. Flaubert, bien sûr, celui de la *Tentation de saint Antoine* et de *Salammbô*, celui qui rêvait d'écrire *« un livre sur rien »*. *La Faustin*, des frères Goncourt, la société à jamais perdue du XVIIIe siècle dont le roman exprime *« les épices d'âme, la lassitude cérébrale, l'excèdement sensuel »*. Zola, à son insu peut-être, pour *La Faute de l'abbé Mouret*, *« un prodigieux poème hindou, célébrant en un style dont les larges teintes, plaquées à cru, avaient comme un bizarre éclat de peinture indienne, l'hymne de la chair, la matière, animée, vivante, révélant par sa fureur de génération, à la créature humaine, le fruit défendu de l'amour, ses suffocations, ses caresses instinctives, ses naturelles poses »*. Une sorte de surnaturel, épuisant dans son excès même le rut haletant du réel.

Avec Baudelaire et Edgar Poe, voilà la base, les maîtres. S'y ajoutent *« quelques écrivains que lui rendait encore plus propices et plus chers, le mépris dans lequel les tenait un public incapable de les comprendre »*. Verlaine, à cause de son rajeunissement du sonnet et de ses inventions rythmiques, mais surtout à cause de ses *« vagues et délicieuses confidences, à mi-voix, au crépuscule »*.

Tristan Corbière, incohérent, irrégulier, tout hérissé, *« à peine français »*, et, ce qui ne gâte rien, militant inconditionnel de la misogynie. Théodore Hannon, un disciple belge de Baudelaire à la *« corruption charmante »*. La *Claire Lenoir* au nom si hégélien, de Villiers de L'Isle-Adam, et la raillerie féroce de ses *Contes cruels*. Enfin, mises à part, caressées, sacralisées, *« neuf pages, reliées en peau d'onagre, préalablement satinée à la presse hydraulique, pommelée à l'aquarelle de nuées d'argent et nantie de gardes de vieux lampas »* ; un flacon d'élixir bibliophilique : *« Quelques vers de Mallarmé. »*

« Il aimait les œuvres de ce poète qui, dans un siècle de suffrage universel et dans un temps de lucre, vivait à l'écart des lettres, abrité de la sottise environnante par son dédain, se complaisant, loin du monde, aux surprises de l'intellect, aux visions de sa cervelle, raffinant sur des pensées déjà spécieuses, les greffant de finesses byzantines, les perpétuant en des déductions légèrement indiquées que reliait à peine un imperceptible fil. [...] *Cela devenait une littérature condensée, un coulis essentiel, un sublimé d'art. »*

Après Verlaine, après Huysmans, voilà Catulle Mendès, la même année, qui braque les projecteurs sur Mallarmé ; il lui consacre plusieurs pages, flatteuses et tarabiscotées à souhait, de sa *Légende du Parnasse contemporain*. Catulle Mendès, c'est une puissance dans le monde des salons et des journaux. À dix-huit ans, en 1859, il a fondé la *Revue fantaisiste*, avec Cladel et Villiers de L'Isle-Adam. Il y a publié son *Roman d'une nuit* qui a la chance d'être condamné par les tribunaux pour immoralité. Le voilà lancé. En 1866, il publie le premier fascicule du *Parnasse contemporain, recueil de vers nouveaux* et joue, chez l'éditeur Lemerre, le rôle de chef d'orchestre de la « nouvelle génération poétique » : sous le patronage de Baudelaire et de Théophile Gautier (dont Mendès a épousé la fille Judith, muse des salons snobs, de l'exotisme et des célébrations wagnériennes) se rassemblent une quarantaine d'auteurs, de Leconte de Lisle à François Coppée et de Verlaine à José Maria de Heredia, Théodore de Banville et Stéphane Mallarmé. Moins une école qu'une réaction, dans tous les sens du terme, contre le romantisme humanitaire. Retour au travail méticuleux du vers, à la pensée « sérieuse », à l'inspiration savante, à la perfection formelle, aux vocables rares, à l'impassibilité, à l'art se suffisant à lui-même et surplombant de sa majesté froide le néant du monde matériel et de ses vils intérêts.

Puis *Le Parnasse contemporain* évolue au fil de la mode. Pour sa troisième livraison, en 1875, son comité de rédaction (Banville, Coppée, Anatole France) refuse l'envoi de Mallarmé, *Improvisation d'un faune*, tout comme il ignore Verlaine. Mallarmé, contraint aux besognes alimentaires et aux traductions, envisage d'oublier la poésie pour *« fabriquer le scénario d'un très-gros-mélodrame populaire »*. Il est refusé partout, comme Manet qui illustre son *Après-midi d'un faune*.

Le dieu Hugo est mort et tout est désormais permis. Verlaine, Huysmans et Mendès tentent et réussissent un coup d'État littéraire. Alors que les candidats se bousculent pour postuler au trône poétique laissé vacant – Banville et Leconte de Lisle sont au coude à coude –, ils propulsent sur le devant de la scène un quasi-inconnu, à cause de son obscurité même. Saut de génération, mais surtout changement de figure dans la typologie du pouvoir littéraire déstructurée par la mort et la transfiguration de Victor Hugo.

Il n'y a plus désormais deux écoles ou deux tendances qui s'affrontent, Anciens contre Modernes, romantiques contre néo-classiques, idéalistes contre naturalistes, mais des individus isolés dans une sphère littéraire autonome, temporairement réunis parfois par des intérêts esthétiques et éditoriaux communs, soutenus ou attaqués par des réseaux de connivence inconnus du public des lecteurs ordinaires : revues confidentielles ou journaux à grand tirage selon la place où se situe l'auteur dans un espace littéraire dispersé. Dans cet espace, Mallarmé devient la figure de proue d'un pôle nouveau : l'avant-garde. *« Inintelligible et insensé »*, il est l'icône-repoussoir de la démocratisation littéraire, cette hantise des élites.

Mallarmé n'a pas inventé l'avant-garde, il s'est installé comme chez lui à l'extrême des recherches parnassiennes, au plus profond du cul-de-sac poétique dans lequel s'était enfermée l'aristocratie de l'art pour l'art. Il en a exploré systématiquement toutes les limites, avec une logique imperturbable et ravageuse, jusqu'à la crise de la poésie même qu'il a creusée et élargie, au risque de l'anéantissement.

Il n'y a pas un thème de l'esthétique frigide des parnassiens et de leurs confrères décadents dont Mallarmé ne s'empare pour le pousser au paroxysme – à l'absurde parfois – avec une parfaite (et douloureuse, disent ses lettres) intrépidité. *« Le divin Banville »* se voulait *« un acrobate des vers »*, Mallarmé va inventer pour les siens des parades inouïes, supprimant même la corde sur laquelle danse le funambule : les liens logiques du discours. Les esthètes parnassiens pratiquaient, contre la vitalité et la productivité romantiques, une littérature maigre et rare, Mallarmé va inventer la poésie quintessenciée, lentement distillée vers à vers, mot à mot, phonème à phonème, comme un nectar réservé à l'aristocratie des initiés : *« Ainsi les premiers venus entrent de plain-pied dans un chef-d'œuvre... Ô fermoirs d'or des vieux missels ! Ô hiéroglyphes inviolés des rouleaux de papyrus ! »* Économie revendiquée de l'inégalité : le luxe pour les uns, le silence pour les autres.

L'image des vieux missels aux fermoirs d'or est, cette fois, transparente. C'est bien une religion secrète de la poésie, fondée sur la divinisation de la beauté, qu'entend servir Mallarmé l'athée. Le seul idéal possible face aux lois de la science et au pouvoir du nombre. La beauté et le néant, la beauté par le néant, y compris celui du sens, la pure beauté mortelle des artifices. C'est la religion de Des Esseintes.

Mallarmé publie d'ailleurs, en 1885, une « Prose (en vers) dédiée à Des Esseintes », aussi énigmatique que le grimoire auquel elle fait allusion :

Hyperbole ! de ma mémoire
Triomphalement ne sais-tu
Te lever, aujourd'hui grimoire
Dans un livre de fer vêtu.
Car j'installe par la science,
L'hymne des cœurs spirituels
En l'œuvre de ma patience,
Atlas, herbiers et rituels.

Le professeur au collège Rollin se glisse dans le rôle d'homme de lettres qu'on vient d'écrire pour lui. Il donne des entretiens, il écrit des articles théoriques dans des revues, il publie des chroniques dans les journaux anglais, il donne des conférences, il rédige, à l'usage de Verlaine, sa notice autobiographique ; il préside des banquets littéraires, il commence à recevoir admirateurs, artistes et disciples, chaque mardi, dans son petit logement de la rue de Rome, instituant un rituel austère et feutré autour du seul murmure de sa parole et de la tisane de Mme Mallarmé. La « génération de 1890 » y viendra en pèlerinage : Valéry, Gide, Claudel, Wilde, Louÿs. Et les peintres, après Manet et Berthe Morisot, Renoir, Degas, Whistler, Gauguin.

Des musiciens aussi. Wagner est mort en février 1883 et le wagnérisme est un point de ralliement de l'avant-garde intellectuelle et de ces bourgeois snobs, à la Paul Bourget, qui singent le mode de consommation aristocratique. Mallarmé a été tôt attiré par l'hermétisme et l'autosuffisance de la musique dont Schopenhauer a fait le langage absolu, l'art en lui-même, détaché de toute représentation du monde, de toute imitation de la nature : pure pensée de la pensée et du sentiment, *« universalité de la forme elle-même délivrée de la matière »*. C'est bien sur ce modèle musical de l'Idée pure, indépendante de toute référence au réel, et sur les fonctions sonores du langage précisément explorées qu'il a élaboré les premières analyses de sa poétique.

En juillet 1885, Émile Dujardin, le fondateur de la *Revue wagnérienne*, lui demande un article sur le drame wagnérien. On y sent Mallarmé à la fois admiratif et gêné, conscient d'une impasse littéraire. Wagner se présente comme un musicien-poète, et son drame, comme la convergence de tous les arts sous l'égide de la musique, la fusion de la forme, l'idée pure, et de l'expressivité, le chant, la parole humaine rendue à sa chair et à sa puissance primitive. Dans sa *Naissance de la tragédie*, parue en 1871 et dédiée à Wagner, Nietzsche ne s'en prend pas seulement à *« ceux qui ne sont pas capables de trouver dans l'art plus qu'un plaisir superflu, plus qu'un cliquetis de clochettes, trop futile même pour le sérieux de l'existence »*, il assimile la création musicale à Dionysos, dieu de l'ébriété, lieu de contact entre les hommes et leur origine, identification avec la force instinctive et génératrice, figure centrale de *« la conception tragique du monde »*, à laquelle il oppose *« la conception théorique » : « la croyance dans l'intellect, l'abandon à l'esprit scientifique et analytique »*.

Mallarmé ne se résigne pas à dissoudre la poésie dans la musique, ni l'expression dans la voix et dans les pulsions du rythme. S'il faut sauver la poésie en la préservant radicalement du langage commun, *« de l'emploi élémentaire du discours* [qui] *dessert l'universel reportage dont, la littérature exceptée, participe tout entre les genres d'écrits contemporains »* – quitte à briser le vieux pacte d'intelligibilité qui liait l'artiste au public –, il faut aussi la sauver d'un pur formalisme décoratif et abstrait, la pente où l'entraînaient le tourisme esthétique des parnassiens, et Mallarmé lui-même. La pente du kitsch sur laquelle va glisser délicieusement la littérature fin de siècle.

Le maître de l'avant-garde n'abandonne jamais la posture et la langue de sa charge, même lorsqu'il prononce des conférences, guère moins obscures que ses poèmes, ou qu'il écrit à ses amis et disciples : *« Le vers est tout, dès qu'on écrit. »* Mallarmé ne « communique » qu'en langue mallarméenne. Mais il élargit heureusement son champ de vision. Il avait raréfié l'air à l'extrême, le vers, le mot, puis les espaces entre les mots, les silences ; il sort, incertain encore, de l'étouffement : *« Faut-il s'arrêter là et d'où ai-je le sentiment que je suis venu relativement à un sujet plus vaste peut-être à moi-même inconnu, que telle rénovation de rites et de rimes, pour y atteindre, sinon le traiter ? »*

Quel est ce sujet plus vaste dont il pressent la présence alors qu'il interroge les relations de la musique et de la littérature ? *« La vérité si on s'ingénie aux tracés, ordonne Industrie aboutissant à Finance, comme Musique à Lettres, pour circonscrire un domaine de Fiction, parfait terme compréhensif. »* La crise du vers, la distorsion entre signifiant et signifié sous le régime du symbole que met en spectacle le vers de Mallarmé, est la partie d'une crise plus vaste que Mallarmé ne souhaite pas « traiter » (sous le régime de la pensée rationnelle) mais « atteindre » (sous le régime de la logique poétique, celui de la *« divagation »*, du rêve et de la métaphore) : la crise de la représentation, celle des signes à travers lesquels la société se représente elle-même, la fiction de son fonctionnement, son mensonge : *« Tout se résume dans l'Esthétique et l'Économie politique. »*

« Le rapport social est une fiction, laquelle relève des belles-lettres. » Il repose sur la tromperie, la croyance, le malentendu, le langage menteur de la loi. En discréditant la langue de la croyance littéraire – et de la rhétorique politique – qui voudrait se faire passer pour naturelle, en la faisant éclater comme une grenade, le poète ouvre la voie à un autre discrédit, celui de la fiction sociale, de la *« supercherie »* de la société prétendument démocratique, celle de la fiction Industrie dont la vérité est Finance, pure circulation de signes vides :

« Un grand dommage a été causé à l'association terrestre, séculairement, de lui indiquer le mirage brutal, la cité, ses gouvernements, le code, autrement que comme emblèmes ou, quant à notre état, ce que des nécropoles sont au paradis qu'elles évaporent : un terre-plein, presque pas vil. Péage, élections, ce n'est ici-bas, où semble s'en résumer l'application, que se passent, augustement, les formalités édictant un culte populaire, comme représentatives – de la Loi, sise en toute transparence, nudité et merveille. Minez ces substructions [Marx dit : "infrastructures"], *quand l'obscurité en offense la perspective, non – alignez-y des lampions, pour voir : il s'agit que vos pensées exigent du sol un simulacre. »*

On est loin de l'icône de la Littérature Pure et fermée sur son propre fonctionnement. Plus près qu'on ne l'imaginait de la prophétie hugolienne, même si Mallarmé, plus prudent, plus lucide et plus pessimiste qu'Hugo, se contente encore de lampions pour préparer les illuminations du grand soir. Le face-à-face de la littérature et de la finance, de la fiction vivante et de la fiction morte, n'est encore qu'ébauché, les jeux parlementaires et leurs discours comiques et vides continuent à être articles de foi alors que les mots du poète sont encore obscurs. Mais *« la littérature existe et, si l'on veut, seule, à l'exclusion de tout »*. À la fois essence et sens de toute l'aventure humaine cristallisée dans la langue.

Mallarmé ne cesse d'opposer l'usage poétique de la langue – l'utilisation consciente, contrôlée, pensée, de sa dimension symbolique – à l'usage courant de cette même puissance symbolique : la fabrication continue des idoles : *« la très vaine divinité universelle »* de l'or, mais aussi l'idole Wagner, l'idole République, l'idole science et toutes ces religions modernes dont il dissèque les rites aliénés. La religion patriotique, par exemple.

Le 23 février 1898, Zola est condamné à un an de prison pour avoir écrit *J'accuse*. Derrière Barrès, les Coppée, Bourget, Heredia, Léon Daudet, Valéry, Degas, Renoir y vont de leurs couplets sur *« l'honneur et les traditions de la Patrie française »*, bafoués par le romancier naturaliste. Mallarmé, le soir même, écrit à Zola :

« Mon cher Zola
Pénétré de la sublimité qui éclata en votre Acte, il ne m'a pas paru pouvoir, par un applaudissement, vous distraire ni rompre un silence chaque heure plus poignant. Le spectacle vient d'être donné, à jamais de l'intuition limpide opposée par le génie au concours des pouvoirs, je vénère ce courage et admire que, d'un glorieux labeur d'œuvre qui eût usé ou contenté tout autre, un homme ait pu sortir encore, neuf, entier, si héroïque ! c'est à lui condamné, que je demande, comme si je ne le connaissais pas, à cause de l'honneur qu'on en ressent, en tant qu'un dans la foule, de toucher passionnément la main. »

SOURCES

Stéphane MALLARMÉ : *Œuvres complètes*, tome I. Édition de Bertrand Marchal. Paris, Gallimard, « Bibliothèque de la Pléiade », 1998.

— *Igitur, Divagations, Un coup de dés*. Paris, Gallimard, « Poésie », 1976.

— *Correspondance*. Édition d'Henri Mondor, Jean-Pierre Richard et Lloyd James Austin. 11 vol. Paris, Gallimard, 1969-1985.

Paul VERLAINE : *Œuvres complètes*. Édition de Y.-G. Le Dantec et Jacques Borel. 2 vol. Paris, Gallimard, « Bibliothèque de la Pléiade », 1962-1972.

Karl-Joris HUYSMANS : *À rebours*. Édition de Rose Fortassier. Paris, Imprimerie nationale, 1981.

Émile ZOLA : *Œuvres complètes*. Édition d'Henri Mitterand. 15 vol. Paris, Tchou-Cercle du livre précieux, 1967-1969.

Auguste VILLIERS DE L'ISLE-ADAM : *Œuvres complètes*. Édition de Caste et Raitt. 2 vol. Paris, Gallimard, « Bibliothèque de la Pléiade », 1983.

Charles LECONTE DE LISLE : *Poèmes antiques et poèmes barbares*. Édition de E. Pich. 2 vol. Paris, Les Belles Lettres, 1976-1977.

Jean-Paul SARTRE : *Mallarmé*. Paris, Gallimard, 1986.

Bertrand MARCHAL : *La Religion de Mallarmé*. Paris, José Corti, 1988.

Paul VALÉRY : *Écrits divers sur Stéphane Mallarmé*. Paris, Gallimard, 1951.

Jean-Pierre RICHARD : *L'Univers imaginaire de Mallarmé*. Paris, Éd. du Seuil, 1961.

Roger KEMPF : *Dandies. Baudelaire et Cie*. Paris, Éd. du Seuil, 1977.

Avner BEN-AMOS : « Les funérailles de Victor Hugo ». Dans *Les Lieux de mémoire*. Tome I : *La République*. Dirigé par Pierre Nora. Paris, Gallimard, 1984.

Trajectoires dreyfusardes : Péguy, France, Bernard-Lazare, Suarès

1899 ■ Libération d'Alfred Dreyfus

Le 9 septembre, après plus d'un mois d'audience, le Conseil de guerre réuni à Rennes rend son verdict dans le procès en révision du jugement prononcé le 22 décembre 1894 à l'encontre du capitaine Dreyfus. Par cinq voix contre deux, les juges militaires déclarent Dreyfus coupable de haute trahison, mais lui accordent des « circonstances atténuantes ». Moyennant quoi, la peine de déportation perpétuelle dans une enceinte fortifiée, prononcée cinq ans plus tôt, est transformée en dix années de réclusion. Dreyfus, ramené de l'île du Diable depuis le 1er juillet, retrouve son cachot de la prison de Rennes.

Il n'y restera pas longtemps. Le verdict de Rennes est trop absurde pour atteindre le but qu'il s'est fixé : mettre fin aux troubles qui déchirent la France depuis trois ans, enterrer l'affaire Dreyfus dans l'incertitude comme on a essayé, tant de fois, de l'enterrer dans le silence. En mettant en œuvre un usage tempéré de l'injustice ou une conception élastique de la haute trahison, au choix.

En 1896, un poète symboliste de vingt-trois ans, Alfred Jarry a fait représenter au Théâtre de l'Œuvre de Lugné-Poë une pièce de théâtre écrite lorsqu'il était potache. *Ubu roi*, farce verte, puissante et féroce, raconte l'histoire du bourgeois-roi, le père Ubu, que l'ivresse du pouvoir et des plaisirs conduit aux plus cruels délires et à un usage enragé de la déraison d'État. Le verdict de Rennes est ubuesque.

On l'accueille comme il le mérite, en France et à l'étranger, par des huées. À Budapest, le consulat de France est attaqué par des manifestants. Plus grave pour l'image du régime : des menaces de boycott pèsent sur l'Exposition universelle qui doit s'ouvrir le 14 avril 1900 à Paris. La grandiose consécration des noces de la République et de l'électricité risque d'être gâchée par des passions subalternes. Le gouvernement tente donc une autre manœuvre d'effacement.

Le 19 septembre, le président du Conseil, Waldeck-Rousseau, réunit ses ministres. Un ministère de crise qui n'a obtenu qu'une minuscule majorité à l'Assemblée lors de son investiture à la fin juin. Ce n'est pas faute d'avoir ratissé large. Pour la première fois dans l'histoire politique française, deux socialistes ont été appelés au gouvernement, des réformistes, il est vrai. Alexandre Millerand, nommé au Commerce et à l'Industrie, et Pierre Baudin, ministre des Travaux publics, appartiennent aux franges les plus modérées d'une nébuleuse socialiste en perpétuelle division. N'empêche que Millerand, avocat des grévistes de Decazeville en 1886, directeur en 1892 de *La Petite République*, le journal de Jean Jaurès, passe encore pour un rouge. Il forme un couple improbable avec le nouveau ministre de la Guerre, le sixième depuis le déclenchement de l'Affaire, le général Gaston de Galliffet. Galliffet, c'est le sabreur de la Commune, le symbole de la répression anti-ouvrière impitoyable et tranquille, mais c'est aussi, de ce seul fait, un trait d'union acceptable entre le pouvoir républicain et la caste des officiers.

La réunion du gouvernement est tendue. Il faut faire les comptes du piteux effet dans l'opinion du verdict de Rennes, rien n'a été réglé, on vit toujours sous la menace d'un coup d'État. Les ligues antisémites, nationalistes et royalistes tiennent encore le haut du pavé. Déroulède est en prison après son complot manqué contre la République, mais Jules Guérin, l'homme de main d'Édouard Drumont, retranché dans les locaux de la Ligue antisémitique, 51 rue de Chabrol, depuis le 12 août, tient tête aux policiers qui assiègent l'immeuble, pour le bonheur des journalistes. Il n'y a qu'un moyen pour sortir du cauchemar sans froisser la susceptibilité des militaires : gracier Dreyfus, effacer définitivement l'ardoise. Galliffet renâcle ; Émile Loubet, fraîchement élu président de la République, annonce d'abord qu'il ne signera pas le décret de grâce. Puis il cède, pour éviter une nouvelle crise ministérielle, peut-être mortelle pour le régime.

On appelle les avocats de Dreyfus, Labori et Demange. Il leur faut en effet convaincre leur client d'accepter la grâce, c'est-à-dire de se désister du pourvoi qu'il avait introduit contre le jugement de Rennes. C'est chose faite dans la soirée : l'ex-capitaine Dreyfus ne souhaite que la liberté et l'apaisement, surtout pas l'affaiblissement de ce corps militaire auquel, malgré tout, il appartient. Le lendemain, le 20 septembre, Dreyfus sort de sa prison. *« L'incident est clos ! »* proclame Galliffet dans un ordre du jour adressé à l'armée. Il le répétera devant le Parlement. L'affaire Dreyfus n'a pas eu lieu.

L'affaire de l'injuste emprisonnement de Dreyfus est en effet terminée. Ce qui se poursuit, c'est l'affaire de l'Affaire, et ce dossier-là ne sera pas clos de sitôt, même après la réhabilitation complète du capitaine Dreyfus en 1906. Premier acte de la nouvelle pièce, un procès, encore : le 22 janvier 1900 s'ouvre à Paris celui des assomptionnistes. Cette congrégation religieuse n'a jamais présenté de demande d'autorisation, comme l'y obligeaient les lois sur l'enseignement de 1880. Mais, surtout, les assomptionnistes sont les propriétaires du journal *La Croix* qui a manifesté une particulière virulence antirépublicaine et antisémite tout au long de l'affaire Dreyfus. Malgré l'intervention de l'archevêque de Paris, la congrégation est dissoute. La stratégie de défense républicaine se met en place : faute de pouvoir s'en prendre à l'armée, on va porter l'offensive contre le cléricalisme, assimilé, souvent à juste titre, au refus des principes républicains.

Charles Péguy comprend immédiatement la manœuvre ; pourtant, il n'est pas catholique, pas encore. C'est un jeune homme – vingt-six ans – ardent, un socialiste pur et dur, presque mystique : il ne va pas au peuple, il ne parle pas du peuple, il en est. Origines modestes, boursier de sa commune, Orléans, il est reçu à l'École normale supérieure au moment où l'on arrête Dreyfus. Il rencontre à l'École ses maîtres en socialisme, Lucien Herr, le bibliothécaire de l'établissement, Charles Andler, germaniste, traducteur de Kant, mais aussi de Marx et de Nietzsche. Puis, bientôt, Jaurès, un intellectuel agrégé de philosophie converti à l'action politique. Une véritable révélation. Péguy l'apôtre abandonne l'École normale et l'espoir d'une belle carrière enseignante. Il rêve d'une École normale idéale, ouverte sur la vie réelle et destinée au peuple. Il l'ouvrira bientôt : en janvier 1900, il publie ses premiers *Cahiers de la Quinzaine*. Pas un journal, dit-il, pas une revue politique ou littéraire, toutes les deux semaines, *« un cahier de renseignements vrais »*. Dans cette rhétorique pédagogique de la répétition, du ressassement et du martèlement qui est sa protestation contre l'élégance et l'esprit elliptique des gens de lettres, il présente le programme de son université imprimée à l'usage des militants :

« Tu me diras ce que tu penses des hommes et des événements. Non pas que je m'engage à penser comme toi, ni à penser avec toi. Mais tu me diras ce que tu penses. Tu iras voir les docteurs que tu connais*, et tu leur demanderas pour moi des consultations sur les cas difficiles. Tu me signaleras les articles de journaux et de revues et même les livres que je puisse lire utilement dans le temps que je dispose.* [...] *Tu me transcriras tous les documents et tous les renseignements qui sont à conserver. Ce fut notre* honneur *(je souligne), au temps de cette affaire sur laquelle je n'ai pas peur de radoter, d'aller chercher dans les témoignages, dans les journaux ennemis, les meilleures de nos preuves, les plus invincibles de nos arguments.* [...] *Si enfin quelqu'un te met en mains de la copie, joins-la aux cahiers. J'aurai cette copie en communication, je la lirai ou je ne la lirai pas selon le temps que j'aurai. Il peut arriver que de la bonne copie ne soit reçue en aucune revue par aucun éditeur. Tu m'enverras de la bonne copie. Tu m'enverras même des vers si tu en reçois. Le vers n'est pas forcément déshonorant. Ce sera la partie facultative des cahiers, facultative pour toi, facultative surtout pour nous. »*

La littérature est facultative ; pas forcément déshonorante mais moins indispensable que le document. C'est ce que Péguy, pas encore écrivain et ne voulant pas l'être (même si l'enfant d'Orléans se documente pour écrire un livre sur Jeanne d'Arc, déjà), a compris de l'affaire Dreyfus. Le pouvoir véridique de l'archive, de *« la publication exacte, historique, de procès-verbaux, de comptes rendus sténographiques, de documents, de papiers, de pièces »*. La littérature à l'état zéro de matière première, traquant la vérité contre les embrouilleurs, les manipulateurs de concepts, les champions de rhétorique, les philistins du mouvement oratoire : les artistes et les journalistes : *« Nous avons prétendu – et c'était vrai – que nous opposions aux scélératesses et aux imbécillités antisémitiques exactement l'histoire authentique et scientifique du présent et d'un récent passé. Nous nous faisions gloire* [...] *de nous conduire, dans cette affaire qui nous étreignait vivants, comme de parfaits historiens. Cette gloire était fondée en vérité. Nous fûmes les chercheurs et les serviteurs de la vérité. Telle était en nous la force de la vérité que nous l'aurions proclamée envers et contre nous.* »

C'est un normalien qui parle, autant qu'un militant. Acte de naissance officiel des « intellectuels », l'affaire Dreyfus marque en réalité le retour, après des siècles de silence, des universitaires sur la scène publique ; une rentrée fracassante. Aux frais de la littérature.

À la chute du Second Empire, l'université n'existe pratiquement pas, ni enseignement ni recherche. 90 licenciés en lettres bon an mal an, une centaine en sciences, dont un tiers à Paris. Les professeurs n'enseignent pas, ils donnent des conférences, mondaines s'ils parlent bien, chahutées s'ils osent des allusions sociales. La seule fonction réelle des universités est de servir de bureau d'examens pour les études secondaires. En vingt ans, la République – une poignée de hauts fonctionnaires et de professeurs, *« une bande bien organisée »*, dira Péguy, après la rupture – invente l'université laïque. Pour les facultés des lettres, les deux constructeurs principaux sont des historiens. Gabriel Monod, protestant, bourgeois, médiéviste, ami de Michelet, bon connaisseur de l'Allemagne et de son système universitaire ; et Ernest Lavisse, précepteur du prince impérial jusqu'en 1870, puis gravissant un à un les échelons universitaires en s'aidant de ses réseaux politiques, étendus et divers ; écrivain prolifique d'énormes sommes – une histoire de France en 18 volumes – mais surtout d'une infinité de manuels d'histoire et d'instruction civique. *« Nos ancêtres les Gaulois »*, c'est lui, le directeur de conscience du patriotisme républicain.

En vingt ans, l'université est mise en place, telle qu'elle demeurera jusqu'en 1968 : un centre de production et de diffusion des savoirs à volonté scientifique. La littérature, en ce qu'elle résiste à l'approche scientifique, est malmenée dans cette construction. Sur les quarante et une chaires créées entre 1877 et 1900 à la faculté des lettres de Paris, une seule, celle du Moyen Âge, est attribuée à la littérature française. Elle sera supprimée en 1900 pour être remplacée par une chaire d'histoire, scientifique, de la langue française, confiée à Ferdinand Brunot. Dans le même mouvement, les études littéraires traditionnelles, doublement fondées sur l'apprentissage esthétique du goût et sur l'art de l'éloquence – la fameuse rhétorique –, sont lentement étouffées pour laisser la place à l'histoire littéraire, simple province de l'histoire, la discipline reine, elle-même débarrassée de toute tentation littéraire : il s'agit de reconstruire, avec les méthodes de la science, une image morale et civique du passé.

L'histoire littéraire qui remplace la littérature a un maître, Gustave Lanson. Il va régner sans partage jusqu'à sa mort, en 1934, et par ses héritiers jusqu'aux années 1960. Lanson n'est pas un républicain acharné ni un historiciste spontané, c'est un rallié. Mais sa foi est intransigeante : *« On peut dater la naissance d'une science du jour où les objets qu'elle étudie ne sont matière d'invention poétique et romanesque, ou même simplement d'exposition oratoire. » Exit* les critiques littéraires même les plus érudits, ces Brunetière, Lemaitre, France qui ne se contentent pas d'écrire dans les journaux, mais osent parfois donner des cours à Normale supérieure ou à la Sorbonne.

Le cas de Ferdinand Brunetière est emblématique. C'est une puissance parmi les gens de lettres. Directeur de la conservatrice *Revue des Deux Mondes*, il donne des cours à la Sorbonne et à l'École normale; on publie des livres sur ses livres. En 1893, il a écrasé Zola – vingt-deux voix contre quatre – à l'Académie française. Il se réclame de Taine, de Darwin et du pape Léon XIII, il défend le classicisme avec éloquence, son talent dogmatique fascine les étudiants. Mais il n'a d'autre diplôme que le baccalauréat. Après l'affaire Dreyfus, Lanson parviendra à le chasser de tout. Le cofondateur de la Ligue de la patrie française, l'antidreyfusard acharné ne trouvera plus guère que Charles Péguy, son ancien élève, pour le défendre. Mais Lanson et la République des professeurs seront devenus les bêtes noires de Péguy.

Regardons les listes de la première pétition, celle de janvier 1898, demandant la révision du procès de Dreyfus et *« protestant contre la violation des formes juridiques au procès de 1894 et contre les mystères qui ont entouré l'affaire Esterhazy »*. Elles s'ouvrent sur les noms de deux écrivains à succès, Émile Zola et Anatole France, de l'Académie française. On y trouve aussi des hommes de lettres, connus ou encore débutants, pour nombre d'entre eux proches de l'avant-garde et des symbolistes, Lugné-

Poë, Félix Fénéon, Robert de Flers, Marcel Proust, Octave Mirbeau ; puis, plus loin, Jules Renard, André Gide, Maurice Bouchor, une poignée d'autres encore dont nous ignorons les œuvres ; très peu de peintres, mais Monet, des avocats, des médecins, des ingénieurs, des étudiants, des ouvriers. La masse la plus imposante de signataires est fournie par la nouvelle université. Duclaux, le successeur de Pasteur à la tête de l'Institut du même nom, Herr, le recruteur socialiste de Normale sup, Andler, Brunot, Perrin, Drouin, Bloch, Monod, Émile Durkheim qui enseigne encore la philosophie à Bordeaux, Lanson, Victor Basch professeur à Rennes comme Henri Sée, Blum qui se présente comme agrégé de l'université, Paul Langevin agrégé de sciences physiques, Charles Péguy de l'École normale, Ferdinand Buisson pour qui la Sorbonne a créé une chaire de pédagogie, Célestin Bouglé auteur d'une thèse de sociologie sur les idées égalitaires, Charles Seignobos théoricien de l'histoire positiviste. Une longue théorie de docteurs, agrégés et licenciés que l'on va retrouver parmi les premiers adhérents de la Ligue des droits de l'homme.

Maurice Barrès écrase de son mépris ces professeurs qu'il étiquette dédaigneusement d'« intellectuels », afin de mieux les opposer aux créateurs, aux écrivains, aux artistes. Barrès, trente-sept ans, est la coqueluche de la jeunesse littéraire depuis le milieu des années 1880. On adore sa phrase nerveuse et sensible, son individualisme forcené et sa désinvolture, ses élans et ses alanguissements. La mélodie et le rythme de son écriture font oublier l'indécision de sa pensée, ses foucades, ses retournements. Dans son journal, *La Cocarde*, se retrouvent pêle-mêle des royalistes et des socialistes, des antisémites et des juifs tombés sous la séduction de son style et de sa personnalité conquérante. En 1889, l'ancien boulangiste est élu député de Nancy sous l'étiquette « socialiste révisionniste », il siège à l'extrême gauche jusqu'en 1893, avant de publier, en 1897, *Les Déracinés*, où il se rallie au nationalisme le plus chauvin : la vérité des hommes est dans la terre où ils sont nés et dans les traditions léguées par les ancêtres. Un culte des morts superlatif. Une protestation contre la modernité, rationnelle, universaliste, totalisante, dans laquelle Barrès et les siens voient la négation de la singularité et de l'activité créatrices. Les *racines* ne sont ni sociologiques ni historiques : elles marquent un désir d'appartenance à une terre, à un espace, à une culture, mais aussi un désir de différence, souvent proche du rejet, avec les autres racines. Au nom de ce principe d'exclusion, Barrès dénonce le romantisme comme une littérature cosmopolite, pétrie d'influences étrangères – entendez allemandes –, inspirée par la philosophie universaliste de la Révolution. Seul le classicisme, monarchique et catholique, est à ses yeux conforme au « génie français ».

Barrès est l'inspirateur de la Ligue de la patrie française créée pour faire pièce au manifeste des « intellectuels » favorables à la révision du procès Dreyfus. Si les trois rédacteurs de la pétition antidreyfusarde sont des universitaires, la liste des signataires fait apparaître une large majorité d'écrivains et d'artistes. Vingt-deux membres de l'Académie française, parmi lesquels Coppée, Lemaitre, Bourget, Albert de Mun, José Maria de Heredia, Albert Sorel, Ferdinand Brunetière ; et encore Charles Maurras, Jules Verne, Léon Daudet, Gyp, Degas, Renoir. Tous ne sont pas de féroces antisémites, mais tous ou presque vont sans trop protester se laisser embarquer par le nationalisme radical et flirter avec les Déroulède, les Drumont et les Guérin. Les mots contre les faits, une fiction éperdue de la France poursuivie jusqu'au trucage et au mensonge contre toute évidence et toute justice, un spasme irrationaliste, sentimental et spiritualiste contre l'envahissement par l'esprit scientifique des derniers repaires du sacré. Étouffée entre les sciences humaines et le journalisme, entre la République bourgeoise et la démocratie, la littérature fin-de-siècle se cherche un espace, dans la dénégation, le ressentiment, les rites sacrificiels, l'éloquence démagogique et le culte de la force. André Suarès résume : *« C'est la puissance ordinaire de la raison, en France, qui fait l'immense excès de la déraison. »*

L'affaire Dreyfus ne radicalise pas des attitudes, elle dirige des trajectoires, elle modifie des parcours, elle change des langues. Prenez Anatole France. Ce fils de libraire a cinquante-cinq ans en 1899. Il est homme de lettres jusqu'au bout des doigts. Académicien, amant de l'influente Mme de Caillavet, familier des salons et des journaux, il se tient prudemment en marge de l'avant-garde littéraire sans rompre avec elle. Il est comme il écrit : léger, spirituel, élégant, voltairien. Érudit : il vit et respire dans les livres et les vieux manuscrits depuis son enfance ; les textes sont sa seule ferveur, sa seule vraie passion ; il change d'humeur selon ce qu'il lit ; son moi est aussi divers que sa bibliothèque ; il a une science exacte des textes et un tranquille scepticisme. Ses idées politiques n'ont guère plus de consistance. Il est vaguement libéral et réformiste, élitiste à coup sûr, comme un artiste : *« L'opinion de la masse n'importe pas en matière d'art (et il serait souhaitable qu'elle importât un peu moins en matière politique). La foule n'est pas capable d'avoir elle-même une opinion, on la lui fait. »* La foule est féroce, les démagogues la gouvernent : les déchaînements antisémites de 1899 n'altéreront pas sa croyance. En parfait touriste de l'esprit, il est contre tous les dogmes, toutes les simplifications – toutes les militances, donc –, tous les raccourcis violents de l'évolution. La vie est difficile et incertaine, écrit-il, son sens est hésitant, et si l'imagination, quelques *« erreurs généreuses »*, *« quelques illusions fécondes »* peuvent apporter un peu de beauté et de consolation, c'est tant mieux. France, à plusieurs reprises, regrette d'ailleurs l'emprise grandissante de l'éducation publique et de ses dogmes rationalistes sur les jeunes esprits, au nom de la délicatesse de l'enfance, du principe d'incertitude et des droits de l'imagination. Au nom du même scepticisme esthétique, il s'en prend aux naturalistes et à Zola, qu'il accuse de ne rien comprendre à l'art qui est du domaine de la sensation et non de la science. En 1887 encore, il éreinte *La Terre* qui *« a comblé cette fois la mesure de l'indécence et de la grossièreté »*. Le roman agricole de Zola, c'est *« les* Géorgiques *de la crapule »*.

Il n'est guère plus tendre avec l'obscurité recherchée des symbolistes : *« Il y a deux sortes d'originalité : celle qu'on cherche sans la trouver et celle qu'on trouve sans la chercher ; celle-ci est la meilleure. Si j'avais votre âge, Monsieur, je mettrais de côté tous vos "impollués vocables", toutes vos "rimes illuscescentes" et toutes vos "fluidités absconses"* [...] *Le langage s'est formé naturellement ; sa première qualité sera toujours le naturel. »* Il aime la nouveauté comme la vérité : relatives.

Il est l'ami de Bourget et celui de Barrès. Il écrit dans la conservatrice *Revue des Deux Mondes* de Brunetière. Mais le dogmatisme antiscientifique de ses amis l'inquiète, comme tout dogmatisme. En 1889, à propos d'un livre de Bourget, *Le Disciple*, Brunetière esquisse ce qui sera, au moment de l'affaire Dreyfus, la doctrine du « mensonge patriotique » : *« Fussiez-vous assuré que la "concurrence vitale" est la loi du développement de l'homme, comme elle l'est des autres animaux* [...] *il ne faudrait pas le dire. Toutes les fois qu'une doctrine aboutira par voie de conséquence logique à mettre en question les principes sur lesquels la société repose, elle sera fausse.* » Cette domestication de la pensée à l'ordre social a tout pour déplaire à la libre pensée de France. Il imagine tout de suite, six ans avant l'Affaire, le monstre intellectuel que l'on façonne :

« *Les principes sociaux sont plus variables encore que les idées des philosophes* [...] *Loin d'offrir à l'esprit une base solide, ils s'écroulent dès qu'on y touche. Il ne saurait y avoir pour la pensée pure une pire domination que celle des mœurs.* [...] *C'est la pensée qui conduit le monde. Les idées de la veille font les mœurs du lendemain.* [...] *L'homme ne serait pas l'homme s'il ne pensait librement. Je me range du côté où je découvre le moindre mal associé au plus grand bien. La science et la philosophie issue de la science ne font pas le bonheur de l'humanité ; mais elles lui donnent quelque force et quelque honneur. C'est assez pour les affranchir. En dépit de leur apparente insensibilité, elles concourent à l'adoucissement des mœurs.* » Anatole France ne sera pas antidreyfusard. Il n'a pas besoin d'une assurance morale fondée sur l'illusion et la censure. Il se fait accueillant à ce que ses anciens amis haïssent ; il se rapproche de Zola, fait l'éloge de Verlaine, s'ouvre à l'avant-garde. En 1896, il préface le premier livre de Marcel Proust, *Les Plaisirs et les jours*.

« *Je me range du côté...* » *:* le moins croyant des écrivains de son temps choisit moins un camp qu'il n'en récuse, à jamais, un autre, celui de l'ignorance volontaire et délibérée. Il a trop lu pour pouvoir affirmer ; il est trop convaincu de l'incohérence et du désordre de l'humanité pour adhérer à une vérité, mais trop soucieux de sa liberté pour ne pas dénoncer un mensonge. Il n'est pas davantage certain de l'avenir de la littérature dans une société démocratique : « *La société qui se prépare ne sera sans doute ni bien plus méchante, ni bien plus malheureuse que la nôtre, ni même très différente. Elle sera probablement plus démocratique et plus utilitaire.* [...] *On peut douter que notre littérature convienne à cette société. Mais il n'y a pas de raison de croire qu'une démocratie méprise nécessairement toute sorte de littérature.* [...] *Ne nous donnons pas le travers d'annoncer la fin du monde. Ne comptons pas non plus sur un prochain retour de l'âge d'or et croyons plutôt que l'homme de demain se conduira aussi doucement qu'il* *est possible à un animal carnassier doué de quelque réflexion et vivant en société.* »

Pourtant, Anatole France va engager son écriture dans cet avenir incertain. L'Affaire va donner au pessimisme de l'auteur du *Crime de Sylvestre Bonnard* unité, continuité et profondeur. Injurié – on le surnomme « Anatole Prusse » –, conspué, menacé, l'homme de lettres va découvrir, dans l'adversité et l'amertume, une certaine stabilité du sentiment de soi qui lui faisait défaut dans la célébrité tranquille. C'est le moment où il modifie ses relations avec Monsieur Bergeret, le personnage de sa série romanesque *L'Histoire contemporaine* qu'il a inaugurée en 1897 avec *L'Orme du mail.*

Bergeret est un professeur, un intellectuel. Il enseigne la littérature latine dans la faculté d'une ville de province. Il est savant, bavard, lucide et impuissant à agir sur sa propre destinée, jusqu'au pathétique. Dans *L'Orme du mail*, puis dans *Le Mannequin d'osier*, France garde une distance ironique avec Bergeret, c'est un personnage de comédie, un universitaire plus à l'aise dans les livres et dans le maniement des idées générales que dans la conduite de sa vie professionnelle et domestique ; il pense moins qu'il ne disserte et agit beaucoup moins qu'il ne pense.

Avec *L'Anneau d'améthyste* qui paraît en février 1899 et avec *Monsieur Bergeret à Paris* dont il publie les premières pages en juillet de la même année, la relation entre l'auteur et son personnage central se modifie. C'est aussi le moment où France change de lieu de publication. *L'Histoire contemporaine* est une série romanesque dont l'intrigue, assez lâche, broche un ensemble de chroniques que France publie dans la presse avant de les retailler pour les réunir en volume. Jusqu'en février 1899, ces chroniques paraissent dans *L'Écho de Paris*, lequel prend alors parti pour les antidreyfusards et la Ligue de la patrie française, à laquelle appartient son directeur Frédéric Plessis. France quitte l'*Écho* et va donner sa copie au *Figaro*, dont la clientèle bourgeoise penche plutôt vers la révision du procès.

À partir de *L'Anneau d'améthyste*, Bergeret le professeur – il va être nommé maître de conférences à la Sorbonne – s'identifie insensiblement à Anatole France. Signataire de l'appel des intellectuels, observateur navré de la sauvagerie antisémite, analyste lucide des forces qui la manipulent, il est aussi celui que sa connaissance des textes anciens et de l'histoire de la civilisation aide à lire et à comprendre le refoulé de barbarie qui s'empare de ses concitoyens. Comme Anatole France lui-même, Bergeret, sans abandonner son scepticisme quant aux fins de l'engagement social et à l'avenir de l'humanité, est amené, en s'opposant à la domination du faux et aux dogmes du mensonge, à rejoindre le camp du « moins mauvais ». Sans enthousiasme excessif. La comédie de mœurs cesse d'être un agréable badinage d'esthète voltairien pour retrouver le souffle, l'invention et la puissance désordonnée des grands satiristes.

En 1901, France abandonne *Le Figaro*, encore trop clérical à son goût. Il est nommé président de la section « Porte Dauphine » de la Ligue des droits de l'homme. En 1902, il prononce le discours d'éloge aux obsèques de Zola et publie *Crainquebille* aux *Cahiers de la Quinzaine* de Péguy. En 1903, il préface le livre du président du Conseil Émile Combes, *Une campagne laïque*, et va soutenir activement la politique de séparation de l'Église et de l'État. En avril 1904, le premier numéro de *L'Humanité*, le journal socialiste de Jaurès, commence la publication en feuilleton d'un nouveau roman de France, *Sur la pierre blanche*. France, qui a si peu de goût pour les prophéties, y mêle une évocation de la fin du règne romain de Claude à une vision utopique de la future société communiste. Le socialiste n'en a pas pour autant vaincu l'écrivain : l'utopie ne se donne pas pour un avenir assuré et heureux ; c'est l'exploration inquiète d'un possible, sur fond de guerre menaçante, et une interrogation plutôt pessimiste sur *« la solidarité pacifique des peuples ». L'Île des pingouins* (1908) effacera, malgré sa verve, les dernières traces d'illusion : la vieille société s'effondre, des conflits barbares s'annoncent qui créeront une société nouvelle, mais celle-ci, à son tour, retombera dans les mêmes erreurs, le même sillon barbare. France applaudira, en 1918, la révolution soviétique, sans croire une seconde en une nouvelle humanité.

Péguy y croit, à cette nouvelle humanité créée par la révolution. *« Nous préparons les hommes pour qu'ils ne soient pas faits comme nous. »* Il croit, comme l'écrit Lénine, que la vérité seule est révolutionnaire. Le combat contre le mensonge, la désinformation, le secret sous toutes leurs formes lui paraît être le préalable à la libération des peuples. L'affaire Dreyfus n'est pas, à ses yeux, une affaire politique, c'est l'âme même de la société bourgeoise qui s'y livre, dans sa redoutable capacité à tromper et à créer le faux. Le combat pour Dreyfus, celui de la vérité contre le mensonge, est le point de départ d'une pure guerre du Vrai dont les cercles dreyfusards doivent être les héros intransigeants. Lui-même pratique le devoir de vérité avec une abnégation qui n'épargne pas même ses amis.

Pendant l'Affaire, il a attaqué Jules Guesde et les socialistes marxistes (sans compter les socialistes antisémites) qui refusaient d'arbitrer une querelle entre capitalistes nationaux et capitalistes juifs. En 1900, il s'en prend à Jaurès, au nom de *« la mutuelle exigence de l'ouvrier pour son camarade et compagnon l'ouvrier »*. Jaurès a prononcé une conférence sur « L'art et le socialisme ». Péguy, après avoir souligné que Jaurès est *« un orateur et un homme irrésistible »*, s'en prend à la forme de la conférence. L'ancien normalien reproche à l'agrégé de philosophie ses *« exercices d'école.* [...] *Il y a là du Normalien et du Sorbonnard. Il y a là une excellente leçon d'agrégation, et de bons éléments pour la thèse française d'un doctorat ès lettres à sujet pamphilosophique. Ce classement symétrique et facile des hommes et des événements, ce raide classement des hommes lâches et des événements mous, des hommes instables et des événements mystérieux, ce classement clair et faux des simples idées me rappelle un peu les articulations de M. Brunetière »*. Mensonge de la rhétorique, mensonge de la langue sujette à *« des arrangements douteux »*. Jaurès parle d'une paysanne portant sur son dos *« toute une charge de verts rameaux »*. Péguy proteste : *« Elle ne porte pas des verts rameaux, cette femme : elle porte du bois vert, des branches vertes, et au pis-aller des rameaux verts. »* Une simple inversion suffit à dénoncer l'usage du beau langage, du langage-spectacle, destiné à séduire donc à tromper.

La forme induit le fond. Jaurès parle de la conception socialiste de l'art. Péguy s'enflamme : *« Il y aurait du danger à laisser croire que nous avons une conception socialiste de l'art. Non seulement nous risquerions la faillite, mais nous instituerions la faillite. Nous nous donnerions une réputation frauduleuse. Car nous n'avons pas en caisse une conception socialiste de l'art. Nous en avons une conception humaine – ou plusieurs conceptions humaines –, à moins que nous n'en ayons aucune conception du tout, cela dépend des espèces. »* Tout le reste est fraude et immoralité ; tout le reste est politique.

Tous ceux qui veulent mêler l'affaire Dreyfus, l'absolue recherche de la vérité et de la justice pour elles-mêmes, à des considérations politiques, artistiques, émotionnelles ou religieuses trahissent l'esprit dreyfusard, sa mystique : *« Nous voulions que toute la justice soit recouvrée dans l'affaire Dreyfus. Tout bonnement. Nous n'y avons pas mis malice. Nous nous sommes donnés à cette action. Mais nous ne lui avons rien demandé. Ni récompense de puissance ni promesse d'art. Aucune récompense de jouissance. Parce que nous ne sommes pas commerçants. Nous n'avons pas cherché à faire la bonne affaire. »*

C'est le début de la rupture de Péguy l'intégriste du dreyfusisme avec ses anciens amis, tous accusés de compromettre et de trahir la chevalerie du vrai. Les socialistes, hier opposés, se regroupent dans la SFIO, s'embrassent et passent sous silence leurs divergences les plus criantes ; les amis de Jaurès et les bourgeois radicaux font cause commune contre le cléricalisme, les professeurs dreyfusards font carrière en s'emparant des directions de l'université. Chacun a fait une bonne affaire. Péguy manie l'anathème comme pas un et fait le vide autour de lui. Dans sa déception, il attaque ses anciens camarades avec tant de véhémence qu'il se retrouve sans l'avoir voulu, puis en le voulant, à manier les mêmes arguments et à viser les mêmes cibles que ses adversaires d'hier. Le jeune normalien révolutionnaire entonne, le talent en plus, la chanson de Déroulède et de la reconquête catholique. Avec un fanatisme demeuré intact.

En avril 1913, alors que la droite monarchiste de l'*Action française* réclame la peau du traître Jaurès, Péguy lui emboîte le pas, dans un ressassement de psaume : *« Cette corruption, cette trahison qu'un Jaurès répand encore autour de lui, nous avons commencé à les refouler. Ce que nous n'avons pas réussi pour nous, ce que nous n'avons pas obtenu pour nous, d'être délivrés de cette affreuse bande, nous le réussirons, nous l'obtiendrons pour nos enfants.* [...] *Combien de fois n'avons-nous pas laissé Jaurès impuni ?* [...] *Qu'on le sache bien, rien ne nous arrêtera. À tout prix, à n'importe quel prix nous arracherons nos enfants à cette bassesse, à cette honte, à cette servitude. »*

Deux autres trajectoires, plus rapidement dessinées. Celle de Marcus Bernard-Lazare est courte. Né dans une riche famille de Nîmes en 1865, il hésite un temps entre l'université et la littérature, entre les études de science des religions aux Hautes Études et la fréquentation des milieux littéraires symbolistes. Il hésite aussi entre judéophobie et philosémitisme, comme le font beaucoup de bourgeois juifs totalement assimilés. En 1894, il publie *L'Antisémitisme, son histoire et ses causes* où il s'efforce de séparer culture sémitique et religion juive. En 1896, il est le premier dreyfusard et édite à Bruxelles le livre qui révèle l'Affaire : *Une erreur judiciaire. La vérité sur l'affaire Dreyfus*. Le déferlement antisémite bouleverse ses certitudes de juif de France ; tout en demeurant anarchiste, comme de nombreux symbolistes, il se rallie au sionisme d'Herzl. Mais, comme Péguy, le reflux de l'idéalisme dreyfusard le laisse désemparé. Il abandonne les milieux littéraires et *La Revue blanche* où il brillait ; anticlérical résolu, il défend dans les *Cahiers de la Quinzaine* les congrégations religieuses poursuivies par Combes. Il rompt avec Herzl, trop politique, trop ouvert au capitalisme juif. Malade, solitaire, il épuise ses dernières forces à défendre les populations juives persécutées d'Europe centrale et de Russie, abandonnées par la France au nom de l'alliance franco-russe. Il meurt en 1903, oublié. *« C'était un saint »*, écrira Péguy.

André Suarès est juif lui aussi, de Marseille. Élève doué, normalien, historien, il se lie d'amitié avec Romain Rolland, un condisciple de l'École. C'est un jeune homme sombre, douloureux et véhément, hanté par la mort et par le personnage de Jésus, l'homme juif, le supplicié. Il écrit, du théâtre, des essais, des chroniques musicales ; personne ne le joue ni ne le lit. En 1899, il publie à compte d'auteur cinq *Lettres sur l'affaire Dreyfus*. Ce n'est pas tant la violence de Suarès qui étonne, dans ses portraits de Jules Lemaitre ou de Barrès ou dans sa présentation de la Ligue de la patrie française, que sa hauteur de vues, la force de sa pensée, la vivacité désordonnée de son éloquence. Sur Barrès : *« La mort est son lieu. La mort est son centre. Non pas même la mort puissante, où la pourriture nourrit les germes, où la vie fermente. Non. Mais la mort liquéfiée des murs qui croulent : des villes mortes dont les débris ont la peste ; des marais où l'air fiévreux n'est plus respirable. La mort en poussière, dont il recherche les arômes pervers, les mirages languissants, les séductions écœurantes. Voilà l'homme, qui ne craint pas de faire le Politique : comme s'il y avait d'autre politique qu'une vue profonde et claire de la vie. Voilà le cadavre raisonnant, qui raisonne sur la force et le droit de l'État.* » Sa description de la justice militaire devrait être lue dans tous les tribunaux : *« Les juristes sont de mauvais juges : ils ont scrupule de condamner. La belle manière des juges, la plus nouvelle, est de juger à cheval, avec le sabre. Il n'y a pas de subtilité juridique qui vaille le fil de l'épée. Entre le plat du sabre et le tranchant tiennent toutes les lois. Voilà de bons juges. En voilà au moins qui savent comment il faut s'y prendre pour qu'il n'y ait plus en France que des Français de France ; et si leur père était espagnol, arabe ou arménien, il n'importe s'il n'était pas juif. Il n'y a que le juif qui ne soit pas français.* »

Les lettres de Suarès le sortent à peine de l'anonymat et, comme il répugne à demander, on ne lui offre rien. Si : un prix de l'Académie française en 1903 pour son beau *Livre de l'émeraude* et l'intérêt de Claudel qui aimerait convertir cette âme tumultueuse. Brunetière refuse « Voici l'homme », un poème en prose nihiliste et lyrique, écrit dans une langue d'une intensité admirable mais dont la construction éclatée le désarçonne. Péguy ne répond même pas à l'offre de Suarès de publier son livre dans les *Cahiers*. Un éditeur lance une souscription pour financer la publication, il ne recueille que cinq bulletins, parmi lesquels ceux de Rodin, de Monet et de Debussy, les écrivains boudent. Le livre obtient trois voix au prix Goncourt, son échec public est total. Suarès s'enferme un peu plus dans une violente et orgueilleuse solitude, fuyant l'ordinaire, le banal et le médiocre, mais aussi le simple et le naturel. Il est artiste jusqu'au fond de l'âme, jusqu'aux ornements les plus recherchés du style, quand l'air du temps est à la retenue et la rigueur. C'est en 1912 seulement que Jacques Copeau, contre l'avis de Gide, proposera à Suarès une chronique dans la *NRF*. La figure du Condottiere s'affirme dans le monde littéraire, mais le public continue à ignorer son œuvre. Près de cent livres, et, pour survivre, le mécénat de Jacques Doucet et de ses amis peintres. En 1930, l'ancien dreyfusard publie son premier article pour dénoncer la menace nazie : il écrit dans le désert. Pire : ses chroniques antifascistes dans la *NRF* sont censurées par Schlumberger qui les estime trop violentes. Et en 1936, Grasset pilonne *Vues sur l'Europe*, un essai de colère, d'indignation et d'alarme sur la faiblesse des démocraties face à Hitler et Mussolini.

Suarès continue, dans l'indifférence – *« Personne n'est aussi peu public que je suis »* –, dans le culte de la vérité et de la justice qu'il ne sépare pas de l'exercice de la colère : *« Je suis trop victime de l'injustice pour ne pas avoir horreur des faux jugements. Une trop longue et trop générale injustice, voilà le stade où l'on s'exerce à la mesure, quand on est sans haine et sans envie. Mais non pas sans colère. Je dirai de la colère calme, profonde et froide, qu'elle est une langue infaillible. L'idolâtrie ne me dégoûte guère moins que le blasphème. »* L'affaire Dreyfus n'en finit pas de retomber.

SOURCES

Charles PÉGUY : *Œuvres en prose complètes*. Édition de Robert Burac. 3 vol. Paris, Gallimard, « Bibliothèque de la Pléiade », 1987-1992.

Anatole FRANCE : *Œuvres*. Édition de Marie-Claire Bancquart. 4 vol. Paris, Gallimard, « Bibliothèque de la Pléiade », 1984-1994.

André SUARÈS : *Idées et visions* et *Valeurs*. Édition de Robert Pariente. 2 vol. Paris, Robert Laffont, « Bouquins », 2002.

Maurice BARRÈS : *Romans et voyages*. Paris, Laffont, « Bouquins », 1994.

Jean JAURÈS : *Anthologie*. Paris, Calmann-Lévy, 1983.

Christophe CHARLE : *Naissance des « intellectuels » (1880-1900)*. Paris, Éd. de Minuit, 1990.

Antoine COMPAGNON : *La Troisième République des lettres*. Paris, Éd. du Seuil, 1983.

— *Connaissez-vous Brunetière ?* Paris, Éd. du Seuil, 1997.

Jean-Louis FABIANI : *Les Philosophes de la République*. Paris, Éd. de Minuit, 1988.

Jean-François SIRINELLI : *Intellectuels et passions françaises*. Paris, Fayard, 1990.

Géraldi LEROY (dir.) : *Les Écrivains et l'affaire Dreyfus*. Paris, PUF, 1983.

Antoine PROST : *L'Enseignement en France*. Paris, Armand Colin, 1968.

Marie-Claire BANCQUART : *Anatole France, un sceptique passionné*. Paris, Calmann-Lévy, 1984.

Robert PARIENTE : *André Suarès, l'insurgé*. Paris, François Bourin, 1990.

La littérature contre le nationalisme

1908 ■ Premier numéro de l'*Action française* et de *La Nouvelle Revue française*

Le 21 mars paraît le premier numéro d'un journal quotidien, l'*Action française*. Un éditorial y appelle les lecteurs à renverser la République. Il est signé des deux codirecteurs de la publication, Léon Daudet et Henri Vaugeois, du penseur du mouvement, Charles Maurras, ainsi que de quelques meneurs distingués de l'agitation royaliste, Jacques Bainville, Maurice Pujo, Léon de Montesquiou, Louis Dimier, Lucien Moreau. Dans un entretien, Jules Lemaitre, rescapé de la Ligue de la patrie française raconte avec délices comment il s'est converti au royalisme, la seule doctrine capable de sauver la France de *« la vague anarchie démocratique »*. Lemaitre répète la leçon de Maurras.

Charles Marie Photius Maurras a d'abord rêvé d'une carrière littéraire ; fils d'un percepteur des contributions de Martigues, héritier de la tradition « blanche » provençale, il a naturellement mis ses premiers pas dans ceux du Félibrige et de la restauration linguistique occitane. Frédéric Mistral est son modèle et Frédéric Amouretti son ami. Comme eux, Maurras cultive la bohème en surface, prône la morale bourgeoise la plus conventionnelle et professe une esthétique néo-classique. Il traite la langue française comme les autres l'occitan : à la manière d'une langue morte dont il convient de restaurer l'antique et immuable beauté.

Maurras est sourd. Il est facile de voir dans cet isolement la source de son inaltérable dogmatisme intellectuel. Il est coupé du monde sensible, seul avec le pur développement logique de ses idées, inapte au dialogue. La langue lui est désordre, et derrière elle, le monde, la nature : tous doivent se plier à l'ordre rationnel de la pensée ; par la force au besoin : l'intelligence aussi a besoin d'être dressée. Ce penseur à système ne voit jamais de salut que dans la contrainte, le corset, la discipline, la censure : l'anti-nature.

Le romantisme, évidemment, l'exaspère comme la forme littéraire du désordre : culte de la nature et de la liberté, individualisme, beauté convulsive, confiance dans les pouvoirs de l'imagination, du rêve et des forces créatrices de la langue : l'anarchie même. En réaction, le jeune critique littéraire trouve dans l'âge classique la perfection d'une beauté parfaitement et autoritairement maîtrisée et hiérarchisée : un ordre du langage et de la pensée qui est l'expression littéraire d'un ordre de civilisation.

Le raisonnement esthétique induit le raisonnement politique. La critique du romantisme entraîne la critique de la Révolution française et de son idéal dissolvant de liberté. L'admiration de la civilisation classique amène logiquement l'adhésion à l'ordre politique qui l'a permise. Le triomphe de l'ordre classique est aussi celui de l'hégémonie politique et culturelle française sur le reste de l'Europe. En voilà assez pour satisfaire le nationalisme : l'ordre classique est l'incarnation historique du « génie français », sapé ensuite par l'individualisme critique des Lumières et ruiné par l'idéologie germanique du romantisme. Pour rendre la France à elle-même, il faut donc reconstruire les piliers sur lesquels s'appuyait l'ordre classique : la monarchie, l'Église, la tradition, les hiérarchies provinciales et locales. Les bases de cette restauration nationale désignent les ennemis à abattre : la République, la laïcité, le modernisme et le pouvoir de l'opinion. C'est simple comme une épure, logique comme une démonstration mathématique : la monarchie est le seul régime qui convienne à la grandeur française. *« Si vous avez résolu d'être patriote, vous serez obligatoirement royaliste... La raison le veut. »*

Le même imperturbable esprit de système conduit Maurras dans le choix des moyens politiques lui permettant d'arriver à ses fins. Dans une société dominée par l'opinion et par la corruption de l'argent, la restauration monarchique exige d'être obtenue *« par tous les moyens, y compris les moyens légaux »*. La lutte antirépublicaine doit être totale, frontale, violente et permanente. La jeune garde de l'*Action française* bouscule les caciques des vieux partis monarchistes – et le prétendant au trône lui-même – qui s'imaginent encore pouvoir rétablir le roi par la voie des élections. À ce rêve de notables conservateurs, monarchistes par goût ou par sentiment, Maurras et ses partisans opposent un activisme contre-révolutionnaire. La lutte contre *« la gueuse »* républicaine ne se gagnera pas dans les salons, dans les bureaux de vote ou dans les assemblées, mais par la force, dans la rue, dans l'émeute, dans le coup de force militaire, le coup d'État.

Tout doit se plier à cet objectif : *« Politique d'abord »*, proclame le sous-titre de l'*Action française*. Tout doit être jugé en fonction de la fin : les idées, les sentiments, les croyances, la littérature. Chaque ligne de l'*Action française*, même les faits divers, doit tendre au renversement de la République. Maurras donne lui-même l'exemple. Il est athée, il éprouve un parfait mépris pour les Évangiles du juif Jésus. Il déteste le message d'amour et de fraternité du christianisme. Mais il rêve d'une France toute catholique, débarrassée des juifs, des protestants et des francs-maçons, où l'Église contrôle les esprits comme l'État royal contrôle les corps. Il invente un catholicisme antichrétien, de pur usage social : *« Nous ne voyons les questions de religion qu'en termes de politique. Et, politiquement, un Français patriote ne connaît d'autre intérêt religieux que celui du catholicisme. »* L'Église romaine va accorder sa bénédiction à ce bricolage hérétique. Politique d'abord.

Tous les moyens sont bons. L'affaire Dreyfus offre à Maurras une occasion spectaculaire d'illustrer la soumission des moyens aux fins. Henry a fait un faux pour accuser Dreyfus ; le faux est découvert ; Henry, arrêté, se suicide dans sa cellule. Les antidreyfusards traditionnels jurent qu'Henry était innocent, que son faux n'en était pas un. Maurras ne s'embarrasse pas à nier l'évidence. Il fait l'éloge d'Henry, héroïque fabricant d'un « faux patriotique », défenseur magnifique de l'armée, c'est-à-dire de la nation, interprète sublime de la raison d'État. Henry est un héros parce qu'il a su sacrifier la vérité et la justice aux intérêts du salut national.

Ce coup d'éclat marque le vrai départ de l'*Action française*. Les nationalistes de tous bords, les notables royalistes, les catholiques lecteurs de *La Croix*, les obsessionnels de l'antisémitisme s'acharnent, de plus en plus difficilement, à préserver le mythe de la culpabilité de Dreyfus et du complot démocratique contre l'armée. Maurras balaie ces frilosités défensives : innocent ou non, Dreyfus est coupable au regard de la seule loi qui vaille, celle de la renaissance nationale ; et ceux qui le défendent doivent être dénoncés comme traîtres à la patrie. L'*Action française* naît de la défaite des antidreyfusards. Elle va incarner la résistance à l'« ordre des choses ».

Il faut que les esprits soient en désarroi pour qu'une élaboration aussi fruste passe pour davantage encore qu'un programme politique : un message spirituel. Il faut qu'un vide se soit ouvert jusqu'au vertige pour qu'un meccano intellectuel si infantile prenne l'allure d'une pensée, voire d'une mystique. Les dons d'agitateur de Maurras ne suffisent pas à expliquer son succès. Il y faut une conjonction de frustrations, de déceptions, de dégoûts et de haines. La République bourgeoise, dans sa dernière version, radicale, est à bout de souffle à force d'arbitrages, de compromis et de compromissions : sans vision, sans but, sans cap, naviguant à l'estime, de scandale en scandale, entre un discours démocratique et des intérêts conservateurs. Le politique semblait n'avoir plus rien à dire ; Maurras lui rend une voix, creuse mais sonore.

L'*Action française* tire bénéfice de tout. Des faiblesses, des divisions et des inconséquences de son propre camp : elle est inentamable, butée sur son dogme. De la séparation de l'Église et de l'État, qui radicalise les catholiques conservateurs et lui assure l'appui de Rome et des évêques contre la République laïque. Des tensions sociales et de la violente répression des grèves ouvrières par Clemenceau, qui remettent au goût du jour le vieux discours de l'union nationale contre l'argent-roi et le règne de la ploutocratie (juive, ou apatride, évidemment). Du besoin d'action et d'adhésion de la jeunesse, qui ne peut guère se satisfaire de la grisaille des manœuvres parlementaires, ni du laborieux positivisme de l'enseignement officiel. Contre les incertitudes de la liberté, Maurras lui offre le bienfaisant aveuglement de la discipline.

Un tout jeune militant de l'*Action française*, Georges Bernanos, adhère, cette année 1908, aux Camelots du roi, cette branche de l'organisation monarchiste chargée d'entretenir par la violence l'agitation au Quartier latin. Catholique et antimoderniste dans le sillage de Léon Bloy, antisémite virulent comme son maître à « penser » Édouard Drumont, Bernanos fait le coup de poing et le coup de canne contre les étudiants de gauche et les professeurs juifs, au point de se retrouver à la prison de la Santé, 6e division, cellule 13. Il commence à écrire. Il analyse la situation malheureuse de l'écrivain dans une société désagrégée par la démocratie :

« *En faisant triompher le principe révolutionnaire de liberté de l'art, l'école romantique a paru servir l'écrivain, mais elle n'a fait que le soustraire à des disciplines bienfaisantes. Elle l'a placé au-dessus de ces lois subtiles que les vieilles races civilisées appellent les règles du goût, mais c'était pour le livrer sans défense aux violentes velléités de la sensibilité populaire. Dans la hiérarchie sociale, il n'occupait que la seconde place ; on l'en fit sortir noblement, et si noblement qu'il n'y rentra jamais.* [...] *Telle est l'œuvre du jacobin. Toujours impuissant à délivrer des contraintes réelles, il ne détruit que ce qui les rend supportables aux hommes, c'est-à-dire le lien social. Quand il déclare émanciper l'intelligence et mettre l'écrivain au-dessus des lois, c'est qu'il ment, car il le met hors la loi.* [...] *La démocratie littéraire n'est pas un songe. Elle a de sa sœur politique les procédés électoraux : elle en a la réclame grossière, les programmes indéfinis et systématiques, l'esprit de méfiance et de dénigrement, l'affaissement moral.* [...] *Nous n'abaisserons pas ainsi notre pensée. Nous n'aurons point l'hypocrisie d'abriter de tels ragoûts, faits pour l'appétit de la populace, sous la chère parole française, pleine du souvenir de nos morts.* »

Bernanos a vingt ans. L'*Action française* va l'envoyer à Rouen ranimer une vieille feuille monarchiste, *L'Avant-Garde de Normandie*. Bernanos y choisit sa tête de turc, le philosophe Alain, éditorialiste du *Journal de Rouen* et penseur du radicalisme. Il avoue ne pas tant haïr les idées du professeur républicain que sa personne même : « *Tu dis juste, Alain. La vérité que nous semons va germer et fructifier. Contre elle, tu es prêt à tout, même à trahir.* [...] *Lorsque le jeune sang français coulera de toutes parts, ce n'est pas à toi, sophiste obscur, que les mères présenteront leurs fils immolés. Pourtant c'est ta silhouette infirme et l'ombre de tes deux oreilles d'âne qui s'étendra, le soir de la défaite, sur nos champs sacrés couverts de morts ! Tu auras pointé le canon Krupp droit au cœur de la patrie. Le maître d'école allemand, c'est toi.* »

Cri de haine d'un côté, chant d'adoration de l'autre, adressé à Charles Maurras, le prophète, le libérateur : « *Certes, avant que d'écouter les leçons d'un tel maître, par nos origines, par nos instincts profonds, par mille fibres, oui, nous appartenions à la France, mais il a discipliné cet amour.* [...] *Les juges peuvent bien le condamner, la presse asservie faire silence, il a maintenant partie liée avec la France éternelle. Il partagera son destin. Logiquement, un jour viendra où tous ceux qui veulent servir la patrie trouveront en cette pensée leur accord, car elle est placée au centre même des nécessités du salut public. Ce n'est pas en vain qu'il appelle à l'aide sa famille spirituelle : toute la jeunesse lui répond. Pour protéger le cerveau du pays, nos bras sont levés. Vous ne le toucherez pas. Avant que cette clarté ne s'éteigne, avant que cette voix ne se taise, tout notre sang aura coulé. Essayez contre nous vos lois et vos hommes ! Nous sommes les serviteurs du premier serviteur du Roi.* »

Le premier serviteur du roi est mauvais orateur et il manque d'argent. Il va trouver un porte-voix et un portefeuille : Léon Daudet, fils d'Alphonse. Un homme de lettres lui aussi, élevé dans la meilleure société littéraire, ami de Zola, des Goncourt et de Victor Hugo dont il a même épousé la petite-fille, Jeanne, en 1891. Peut-être ce mariage manqué – Jeanne et Léon divorcent en 1895 – est-il à l'origine de la conversion du fils Daudet à l'extrême droite. Il devient catholique fervent, monarchiste enragé et antisémite maniaque, lui qui passait pour un esprit aimable, plutôt subtil et inquiet. Il parle bien et fort, il est rond, bonhomme, truculent comme un député radical du Midi, il a un sens aigu de la satire et de la formule, le goût de la plaisanterie et du canular insolent. Dans sa bouche, la maigre doctrine de Maurras prend du corps et comme de l'humanité.

Et puis Léon Daudet a de l'argent. Un peu par l'héritage de son père, un peu par ses romans grivois, beaucoup par une courtisane du Second Empire à qui ses charmes ont assuré une fortune considérable et un titre de noblesse. La comtesse de Loynes, c'est la *Nana* de Zola qui aurait échappé à la vérole et achevé sa course dans la chambre à coucher et le salon du roi du sucre, Ernest Baroche, où elle fait et défait les carrières littéraires et les consécrations académiques. La comtesse adore le fils Daudet, sa faconde, son élégant militantisme. À sa mort en 1908, elle lègue à Mme Daudet les 200 000 francs qui vont permettre à l'*Action française* de lancer son journal quotidien.

Personne ne croit vraiment à l'entreprise. Le duc d'Orléans, le roi selon Maurras, n'accorde à la feuille qu'une subvention dérisoire ; Maurice Barrès, député nationaliste de Paris, promet à l'*Action française* six mois d'existence. Les rapports des policiers de Clemenceau confirment le diagnostic. Tout le monde se trompe, le journal ne sombrera qu'en 1944 avec le régime de Vichy. Maurras et Daudet inaugurent une nouvelle forme de journalisme ; avec eux, l'écriture et l'action se confondent ; le journal rend moins compte de l'actualité qu'il ne la crée. Il invente des scandales, dresse des listes de traîtres, attaque les personnes, multiplie les procès, organise des manifestations et des expéditions punitives. Il dénonce sans relâche, fustige les tièdes, appuie les grèves au grand effroi des notables, mobilise contre les manifestions républicaines : le transfert des cendres de Zola au Panthéon, au cours duquel *« le traître Dreyfus »* est blessé par un militant royaliste, ou l'inauguration d'une statue de Jules Ferry, le père honni de l'école laïque.

Cette frénésie d'agitation s'accompagne d'un spectacle de réflexion. L'*Action française*, qui a éliminé militairement du Quartier latin toute concurrence de droite grâce à ses Camelots recrutés aux Halles et dans les salles d'escrime, organise une contre-université où l'on révise l'histoire, la philosophie, l'économie, la religion et la littérature dans le prisme du nationalisme intégral. Des cours de l'Institut d'action française, on tire des livres et une revue que l'on vend dans une boutique exclusivement consacrée aux livres monarchistes, la librairie Jean Rivain, à Saint-Sulpice. Des groupes se créent en province.

L'*Action française*, c'est sa grande force, n'est pas une organisation électorale ; elle ne veut pas participer au pouvoir mais le renverser. Purement politique, elle apparaît planer au-dessus du marais politicien, dans le monde sublime des idées et des utopies ; d'autant plus influente sur les esprits que l'on se moque comme d'une guigne de son programme, du roi et des petits princes, pour ne considérer que ses hantises : la décadence de la civilisation, la faillite spirituelle de la République, le culte du classicisme et de la tradition, la reconstruction du lien social, l'esprit de sacrifice et de discipline, la soumission des intérêts individuels à la collectivité nationale. Tout à la fois l'adhésion et la résistance.

Un jeune agrégatif de philosophie bordelais, Jacques Rivière, esprit ardent et tourmenté, écrit à son ami et futur beau-frère Alain-Fournier : *« J'ai vérifié que, malgré tout, je prends parti : je prends parti avec mon éducation catholique et réactionnaire. J'aime tou-*

jours mieux l' Action française *dont aucune stupidité ne m'échappe, sois-en sûr, que la ligne radicale socialiste pour laquelle j'ai une répugnance véritablement physique. Malgré tout, quand j'entends parler des radicaux et des socialistes, j'éprouve la même horreur un peu superstitieuse que j'avais, enfant, pour les dreyfusards. Ceux-ci m'apparaissaient toujours comme plus ou moins difformes et tenant un peu du diable. Ce sentiment m'est resté même après que ma pensée s'est dépouillée. Bien entendu, je ne fais rien pour me l'ôter.* » Le *« bien entendu »* en dit long sur le peu de crédit qu'accordent les jeunes intellectuels à l'esprit critique. C'est en toute lucidité que Rivière acquiesce aux préjugés, à l'esprit de classe, à la tradition familiale, sans souhaiter pousser plus loin l'analyse, sans vouloir s'y *abandonner* de peur de s'y perdre. De ne plus admirer, de ne plus adhérer. L'*Action française*, avec sa *« stupidité »*, offre une orthodoxie : un remède à la solitude.

Le 18 avril 1909, le pape Pie X offre un somptueux cadeau à Maurras, la béatification de Jeanne d'Arc qui traînait depuis quelques siècles. Héroïne nationale incontestable, fille du peuple chantée par Michelet, la pucelle d'Orléans était arrachée par l'Église à la célébration républicaine pour devenir le symbole de l'union de l'autel, du trône et de l'épée. À la fois vestale, chef militaire, restauratrice de la monarchie sous le signe du catholicisme, résistante, martyre enfin, livrée à l'ennemi par les traîtres de l'intérieur. On s'empare du personnage, peu et mal connu, pour en faire une légende, un thème poético-politique qui se prêtent à toutes les ferveurs. Des écrivains, Claudel, Péguy, parviennent à échapper à l'hagiographie de propagande, mais pas à l'utilisation qui est faite de leurs textes par les rédacteurs du nouvel organe littéraire de la pensée monarchiste, la *Revue critique*.

Le premier numéro de cette revue mensuelle paraît le 25 avril 1908, un mois après l'*Action française* quotidien. Éditée par Rivain, elle est dirigée par un jeune poète employé au ministère de la Guerre, Pierre Gilbert. Y collaborent de fervents maurrassiens, Eugène Marsan, Henri Clouard, Henry Bordeaux, Émile Henriot, André Thérive, mais aussi quelques jeunes gens qui, tout en partageant les idées politiques de l'*Action française*, n'adhèrent pas au dogmatisme littéraire néo-classique de Maurras et à son conservatisme social. La *Revue critique* accueille Paul-Jean Toulet dont le dandysme et l'amère fantaisie enchantent Léon Daudet, Jean-

Marc Bernard et un jeune critique royaliste, Henri Martineau, qui va consacrer sa vie à la nouvelle idole de la jeune droite : Stendhal, romantique anti-romantique, poète de l'énergie, transformé par ses soins en parangon *« de l'intelligence, de l'art et de la civilisation françaises ».* Stendhal *« Milanese »* récupéré en emblème monarchiste du nationalisme littéraire... Jamais la subordination des lettres aux opinions politiques n'a été aussi affirmée.

Le 15 novembre de cette même année paraissent les 80 pages d'un autre nouveau mensuel, *La Nouvelle Revue française. « Française » :* l'adjectif est un signe des temps. Il a été choisi par le directeur de la publication, Eugène Montfort. Montfort, plus qu'un écrivain, est un faiseur de gazettes et de revues avec ce qu'il faut de souplesse et d'ouverture pour réussir à marier sous une même couverture des écrivains assez divers pour attirer un public suffisant. Lorsqu'il n'est pas le porte-parole d'une chapelle ou un généreux mécène, un directeur de revue est un diplomate et un administrateur. Montfort qui dirige avec succès le magazine *Les Marges*, a acquis dans ces domaines une solide expérience.

Le monde des revues littéraires est une jungle minuscule mais féroce. On s'y dispute un marché de lecteurs aussi restreint que précieux. Le marché du livre est en crise. Le succès des journaux et les facilités du roman-feuilleton ont fait brutalement chuter l'édition littéraire. L'enthousiasme des temps d'alphabétisation massive est retombé. Pour les auteurs, les revues sont un intermédiaire indispensable avec le milieu littéraire et avec le public. Les vocations s'y affirment, les réputations s'y créent, les amitiés s'y nouent. Elles sont un lieu de sociabilité et de publicité. Elles tendent aussi à devenir l'embryon de nouvelles maisons d'édition ; *La Plume* de Léon Deschamps est devenue l'éditeur de Verlaine, de Moréas et du premier prix Goncourt, Eugène Torquet dit John Antoine Nau ; *La Revue blanche* des frères Natanson a édité Jarry et les traductions des *Mille et une nuits* et du Coran par le Dr Mardrus ; le *Mercure de France* d'Alfred Vallette n'est pas seulement, sous la direction de Remy de Gourmont, la meilleure revue littéraire de ce début de siècle, c'est aussi la maison d'édition de Jules Renard, de Verhaeren, de Pierre Louÿs dont l'*Aphrodite* fait scandale et gros tirage. Et celle d'André Gide.

À dire vrai, Gide, depuis son premier livre, *Les Cahiers d'André Walter*, en 1890, a toujours publié à compte d'auteur ; des éditions soignées, parfois illustrées, tirées à quelques centaines d'exemplaires, vendues parfois à quelques dizaines. Parallèlement, il a donné des textes, des nouvelles, des récits, des extraits d'ouvrages à un grand nombre de revues, parfois confidentielles. *La Conque* de Louÿs, *La Wallonie* d'Albert Mockel, *Le Centaure*, *La Revue blanche*, le *Mercure de France* et, à partir de 1890, *L'Ermitage* dont il sera, pour un numéro, en 1905, le directeur en titre. Stratégie typique d'un jeune écrivain riche, plus soucieux de l'admiration de ses pairs que de l'approbation du public. En 1908, Gide, qui a près de quarante ans, est encore pratiquement inconnu à l'extérieur du cercle étroit des passionnés d'art et de littérature, mais, à l'intérieur de ce cercle, c'est un maître, un chef de file : un pouvoir. La république des lettres n'est pas démocratique.

Avec Gide, elle l'est moins que jamais. L'absence de dogme est en ce domaine plus contraignante que le dogmatisme : le message gidien ne s'adresse pas à tous mais à chacun : *« Et quand tu m'auras lu, jette ce livre, – et sors. Je voudrais qu'il t'eût donné le désir de sortir – sortir de n'importe où, de ta ville, de ta famille, de ta chambre, de ta pensée. N'emporte pas mon livre avec toi. Si j'étais Ménalque, pour te conduire j'aurais pris ta main droite, mais ta main gauche l'eût ignoré, et cette main au plus tôt je l'eusse lâchée, dès qu'on eût été loin des villes, et je t'eusse dit : oublie-moi. Que mon livre t'enseigne à t'intéresser plus à toi qu'à lui-même, – puis à tout le reste plus qu'à toi. »* Le ton, le rythme, l'emphase d'une prédication religieuse – ici une leçon de bonheur –, mais à l'issue de laquelle le prédicateur et le livre s'effacent pour ne laisser subsister que le besoin, la soif, le manque, la nécessité d'inventer une réponse.

Gide n'est pas un maître d'école. Il refuse ce rôle qu'on veut lui coller, comme il refuse tous les rôles, de peur de se manquer lui-même et de se confiner. Il est insaisissable par nervosité, par esthétique, par morale ; insaisissable à lui-même tout autant, passant sa vie à se scruter à la loupe, non pour connaître ce qu'il est mais pour ne pas manquer ce qu'il va devenir.

Pareil pour ses livres. En 1908, il rédige *La Porte étroite*, comme une réponse à *L'Immoraliste*. Réponse austère, sublime, d'une atmosphère si religieuse que le gourmand Claudel y sent le fumet de la conversion. Mais Gide peine sur *La Porte étroite*, il peste contre ce *« roman séraphique »* qu'il écrit *« avec un bâille-*

ment de tout l'être ; mais je ne puis repartir à neuf qu'après avoir bouclé cela ».

Pas encore écrit, *La Porte étroite* est un livre déjà dépassé. La pensée, l'esthétique, les sentiments de Gide se projettent déjà sur d'autres livres, sur *Les Caves du Vatican*, sur *Corydon* dont il esquisse des chapitres. Il écrit sur ce qu'il n'est plus. Il confie à Jacques Rivière *« l'effort d'acrobatie pour écrire ce livre qui m'a coûté plus de mal que tous mes autres réunis – précisément parce qu'il est à la fois le plus sincère, mais aussi le plus anachronique dans la sincérité... Que dis-je : effort d'acrobate ? – effort d'enseveli qui cherche à repousser le poids de terre qui le recouvre et qui l'étouffe... Trop littéraire ma métaphore, trop romantique – disons plutôt : lecture de palimpseste, horriblement surchargé »*. Retenons l'image du palimpseste : le message gidien – religieux, moral, esthétique – ne pourra se lire que l'œuvre entièrement terminée, la dernière ligne écrite, la vie achevée. On pourra alors lire non pas une suite d'ouvrages se succédant dans un ordre chronologique, mais un seul livre, d'un seul tenant, perpétuellement gratté, limé, corrigé, contredit, critiqué, dépassé, repris, masqué, révélé, afin que s'y impriment les mouvements vrais d'un homme en proie au devoir de s'accomplir. Réussir une œuvre en réussissant une vie, et inversement.

Ce n'est pas avec de telles dispositions qu'on écrit des manifestes et qu'on crée une école. Mais l'inquiétude de Gide a besoin des autres – et les autres vont avoir besoin de son inquiétude. Ce timide narcissique et divisé pense par tension. Livrée à elle-même, sa réflexion s'embrouille dans les subtilités, les arguties, les inflexions et les bordées. Il cherche des interlocuteurs, aussi différents de lui qu'il est possible, afin de moduler sur eux, dans une dialectique sincère de l'échange, son approche. Claudel parle de son besoin *« d'une oreille étrangère et pure pour dégager toutes les harmoniques du son qu'il profère »* : un écho en duo, comme la lecture. *« C'est toujours avec joie que je vous donnerai raison contre moi »*, écrit-il à Rivière. En réalité, le dialogue est inégal : ses interlocuteurs le modifient dans le sens qu'il souhaite ; il les change beaucoup, ou il s'éloigne. Gide n'a pas de disciples, mais il a créé autour de lui un cercle, une garde rapprochée d'amis sur laquelle il exerce une maîtrise faite d'admiration littéraire, de séduction et de soumission à une ambition, encore vague, une connivence : sortir les lettres françaises des querelles de chapelle et des manifestes poético-politiques où elles s'étiolent et se rabougrissent. Au « politique d'abord » de Maurras, opposer un « littérature d'abord ».

Le cercle de Gide, le *« circuit »* comme il le nomme, n'est pas bien vaste. Dans l'ordre d'arrivée dans l'espace gidien : Marcel Drouin, son beau-frère, son ange gardien, brillant universitaire, philosophe rigoureux, probe, exact jusqu'à l'impuissance, socialiste tempéré par le respect des convenances. André Ruyters, poète bruxellois et employé de banque, hédoniste épris d'ordre grammatical – c'est un correcteur de copie féroce – et de volontarisme nietzschéen. Henri Vangeon, dit Henri Ghéon, médecin de campagne à Bray, près de Provins, compagnon de Gide dans la chasse aux garçons, excessif, indiscret, exubérant, populiste, lyrique. Jean Schlumberger, arrière-petit-fils de Guizot, fils d'un industriel de l'horlogerie alsacienne qui a choisi la France après 1871, membre, comme Gide, de la bourgeoisie protestante, dreyfusard, peintre, bon connaisseur en histoire des religions, rentier lettré, discrètement homosexuel. Jacques Copeau, poète dramatique, propriétaire-gérant d'une Manufacture générale de boucles et agrafes pour tailleurs et confection dans les Ardennes, avant de tout abandonner pour, aidé de Gide, tenter de gagner quelques sous à Paris. Séducteur, tenaillé par le souci de plaire, ardent et chaleureux, il est le dernier à intégrer le cercle, en 1904.

Tous les membres du groupe sont des lecteurs fervents de Gide, toujours plus jeunes que lui. Tous ont publié – des romans, des essais, des recueils de poèmes, des articles de revue. Aucun n'a de réputation. Gide est leur unique point de ralliement. Il a exprimé la raison d'être du *« circuit »* : *« Une grande idée n'a pas assez d'un grand homme pour l'exprimer. »*

Extérieur au cercle gidien, un écrivain y fait peser sa présence, massive et têtue : Paul Claudel. Sans doute influerait-il davantage encore sur Gide s'il ne l'écrasait pas. Mais l'écrivain-diplomate ignore l'art de la demi-mesure et de la conciliation : *« Un catholique n'a pas d'allié ; il ne peut avoir que des frères. »* Solidement planté sur sa foi, animé d'une véritable fureur d'y convertir les autres, Claudel est à la fois un grand artiste et un dogmatique borné : une contradiction vivante ; Gide est fasciné. La lecture de *Tête d'or* lui a provoqué *« un ébranlement de tout l'être »*. Il résiste : *« Claudel souffle sur moi une espèce de typhon religieux qui me secoue du faîte à la base, mais me fatigue plus qu'il ne me convainc. »* N'empêche ; Gide évalue justement la puissance de séduction du verbe claudélien, en exacte symétrie du sien : l'unité contre la diversité, la certitude contre l'inquiétude, la loi contre l'hérésie, l'obéissance contre l'invention, une morale de l'acceptation contre une morale de la conquête. Les deux écrivains s'estiment, comme on se mesure, avant d'entamer, ensemble, le grand combat spirituel qui va dominer leur époque.

Gide ne court pas après la gloire ; son hétérodoxie l'écarte de la reconnaissance sociale et des compagnies académiques. Mais il est fatigué de son insuccès. Il l'avoue dans son *Journal* : *« Je commence à être las de* ne pas être *; dès qu'une grande ferveur ne me soutient plus, je me débats. L'amour-propre blessé n'a jamais donné rien qui vaille, mais parfois mon orgueil souffre d'un véritable désespoir. Et je vis certains jours comme dans le cauchemar de celui qu'on aurait muré dans son tombeau. »* À Ghéon, cet homme de bientôt quarante ans, il avoue sa crainte de passer de la jeunesse à la vieillesse sans avoir goûté à l'épanouissement de l'âge mûr. Il signe ses lettres : *« Ton débris. »* Il se décrit comme *« une misérable épave »*. Il cherche un public, des lecteurs, ne serait-ce que quelques centaines ; une audience suffisante pour être enfin en mesure de « tout dire ».

La revue, c'est le multiple dans l'un, mois par mois recommencé ; la formule gidienne par excellence. Encore faudrait-il qu'il s'y emploie vraiment, qu'il organise sa dispersion, qu'il assume sa responsabilité de chef de file. Or, il recule encore, il s'éloigne de ce qui le tente : il a sa *Porte étroite* à terminer, il voyage, il fuit, il est introuvable, il a la grippe, et mal aux yeux. Gide se délie de *La Nouvelle Revue française* avant même qu'elle ne paraisse.

Le résultat est à la mesure de cette désertion : informe. Laissé à lui-même, Montfort a confectionné un sommaire à la hauteur de ses conceptions : un amalgame d'écrivains et de critiques hâtivement rassemblés sous le principe passe-partout de la « génération ». Un exercice de journalisme, sans signification. Gide va lui en trouver une. Deux articles de la revue vont justifier la rupture avec Montfort : le compte rendu complaisant d'un article de Jean-Marc Bernard sur « l'idée d'impuissance chez Mallarmé » et une évocation dithyrambique de la personne et de l'œuvre de Gabriele

D'Annunzio. Le point commun de ces deux articles, jamais évoqué dans les discussions entre Montfort et les gidiens, est de s'aligner sur les détestations et les admirations de la « nouvelle droite » politico-littéraire.

Gide ne refuse pas l'engagement politique ; il refuse qu'on y soumette la littérature. Il le refusera encore lorsqu'il deviendra, vingt ans plus tard, le compagnon de route des communistes. Il distingue le sentiment politique qui est de l'ordre de l'opinion de l'activité artistique qui est de l'ordre de la vérité. Il écrira à Ghéon : *« À la* NRF *[...] les uns et les autres sommes décidés à nous montrer d'autant moins rétrogrades en art que nous nous découvrons plus conservateurs en opinions. »*

C'est ce que ne voudront ou ne pourront jamais comprendre les adversaires de la *NRF*, à commencer par l'*Action française*, lorsqu'ils s'attaqueront à une revue censée reproduire une « ligne » gidienne que chaque collaborateur de la *NRF* aurait fonction d'exprimer, comme un militant ânonne les mots d'ordre de son chef. Gide ne cherche pas l'unité de direction – il ne la trouve même pas en lui-même – ou le rassemblement derrière une doctrine, mais la cohérence des volontés et des désirs et le travail de chacun pour modeler la langue particulière dans laquelle ils s'expriment avec le maximum de sincérité. L'art, c'est la morale même.

C'est pourquoi Gide ne cesse de s'en prendre à tous ceux qui utilisent leur pensée. À Remy de Gourmont, le sceptique absolu, celui qui nie sans cesse et réduit tout par l'esprit : *« Le scepticisme est peut-être parfois le commencement de la sagesse, mais c'est souvent la fin de l'art. »* À Léon Blum, critique littéraire plein de finesse et de feu qui incline désormais son jugement artistique au gré de son engagement socialiste. À Maurice Barrès dont la voix si belle autrefois est désormais enrouée par les excès de la théorie et les alcools de la gloire. À Pierre Lasserre, rédacteur en chef de la revue de l'*Action française*, dont le livre, *Le Romantisme français*, brillante démonstration de nationalisme néo-classique, avait été fort apprécié par Gide lors de sa parution en 1907 : *« Le voici tout d'un côté ; il verse. C'est un écrivain de parti. Il pouvait être tout Français ; il devient d'intérêt local. J'appelle critique de parti, celui qui juge l'étoffe non à sa qualité mais à sa couleur. (Peu m'importe du reste qu'il préfère ou le blanc ou le rouge.) Désormais, quelque livre qu'on lui propose, d'avance je me doute de tout ce que M. Lasserre en dira. Lui aussi ! Son opinion est faite avant qu'il ait ouvert le livre ; il s'apprête et se force à lui trouver plus ou moins de valeur selon la courbe du nez de l'auteur.* »

Gide écrit que les flèches anticléricales de Jules Renard lui donnent « *envie de se plonger dans l'eau bénite* » et qu'il ne lit pas souvent l'*Action française* « *par crainte de redevenir républicain* ». Toute *utilisation* de la langue et de la rhétorique provoque sa déception et son ironie. Toutes les tentatives de restauration aussi, pour des raisons semblables. Prôner un art néo-classique, c'est utiliser le classicisme à des fins qui lui sont étrangères : « *Nous préférons nous trouver sur le chemin qui mène à la beauté classique que sur celui qui en revient.* »

Entre le premier numéro de la *NRF* et celui qui suit (et qui portera aussi symboliquement le nº 1), il ne se passe que deux mois et demi pendant lesquels Gide et son cercle, ayant divorcé d'avec Montfort, préparent enfin leur revue. Elle portera en exergue une phrase de Goethe : « *Quant aux amis qui n'ont pas votre nature et avec lesquels vous n'avez rien à faire, ne perdez pas une heure avec eux.* » Gide n'apparaît pas parmi les fondateurs de la revue qui est officiellement dirigée par un triumvirat composé de Copeau, Ruyters et Schlumberger. Mais c'est lui qui finance – avec Schlumberger –, lui qui établit l'équilibre du sommaire entre la partie textes et la partie critique, lui qui ouvre le numéro avec la première partie de *La Porte étroite*, lui, enfin, qui recherche, recrute et sélectionne un bataillon d'écrivains, réunis sous le signe, non de la *camaraderie*, mais de l'*amitié* littéraire.

Jean Schlumberger, qui a été chargé de l'article éditorial, analyse cette distinction : « *Les problèmes du moment créent les regroupements littéraires. Des individus s'y rapprochent à qui une certaine manière est commune, qui ont même public et mêmes ennemis : ligues offensives et défensives et, si les humeurs s'accordent, camaraderies. Mais ce n'est qu'avec les problèmes vitaux que commencent les amitiés littéraires : unité d'inspiration, sous les réalisations les plus divergentes, unité non de goût mais de méthode, non de genres, mais de style. Les camaraderies ne survivent pas au désaccord, s'il porte sur une œuvre du jour ou sur une question d'opportunisme. Au contraire ce n'est qu'à l'égard des œuvres significatives – et le plus souvent de celles du passé – que les amitiés sont intransigeantes. Les préférences restent libres, mais point la qualité de l'admiration, non plus qu'un certain sentiment, si l'on peut dire, de dépendance filiale.* »

Le sentiment de filiation, autour de Gide, sera porté, dès 1909, par des écrivains aussi différents que Claudel, Giraudoux, Romains, Rivière, Suarès, Jammes, Fargue, Verhaeren, Carco, Larbaud, Apollinaire, Philippe, Valéry, Saint-Leger Leger qui ne signe pas encore Saint-John Perse, Vielé-Griffin, Jaloux.

Littérature d'abord. Dès son premier vrai numéro, la *NRF*, sans y faire jamais allusion, s'en prend à l'intégrisme nationaliste de l'*Action française* et à sa volonté de diriger les esprits. Elle se présente comme l'autre voie de renaissance, aussi exigeante, aussi désireuse d'un ordre, aussi *française*, mais plus vaste, plus étendue, plus vivante, plus intelligente, plus optimiste :

« *La tâche demeure celle que formulait déjà parfaitement Du Bellay : défense et illustration de la langue française –, à condition toutefois de prêter à chacun de ces mots la signification la plus étendue.* La langue, *ce n'est pas seulement le langage, c'est la culture. Et si l'on ajoute* française, *ce n'est point en un sens restrictif ni exclusiviste, mais simplement parce que notre responsabilité se borne à ce qui se passe chez nous.* Défense *n'a pas davantage le sens négatif de réaction rétrograde.* [...] *Ce n'est pas la manifestation d'un art anémié qui craint de succomber à l'invasion étrangère et à l'anarchie intérieure. Les plus fortes époques sont celles qui réagissent le plus vigoureusement, tout en étant les plus avides d'assimilation ; et la littérature du Grand Siècle, qui emprunta si hardiment des Latins et des Espagnols, n'a pas cru que sa santé la dispensât des virulentes défenses d'un Boileau.* »

Le bras de fer s'engage entre la revue de Gide et l'*Action française*, dont certains membres de la *NRF* – Gide lui-même, parfois, par curiosité – se sentent proches. En mai 1909, il écrit à Ghéon (qui, plus tard, se convertira au catholicisme et au monarchisme militant) : « *Je tâcherai d'indiquer comme possible la position de celui qui condamne un mouvement (celui de l'* Action française*) en tant que perturbateur de l'ordre, mais l'approuve de grand cœur en théorie.* » Gide cherche dans l'exercice de l'écriture un ordre capable de mettre en forme et en signification les multiples éclats de son désordre vital. Sa pensée n'a rien de théorique. La théorie, c'est de la pensée morte, des mots gelés. Une facilité.

En décembre 1908, un peintre bordelais, André Lhote, expose

ses tableaux dans l'atelier de Suzanne Schlumberger, l'épouse de Jean. Gide y rencontre un jeune ami de Lhote, comme lui « monté » de Bordeaux, Jacques Rivière. Ils parlent, plus d'une heure ; ou plutôt, Rivière parle et Gide s'ouvre, attentif, chaleureux, intéressé. Rivière donne à Gide un article qu'il vient d'écrire, sur Claudel ; Gide se montre plus aimable encore. Il invite Rivière à la villa Montmorency. Il lui propose d'écrire un article pour la *NRF* sur un livre de Suarès. Il croyait Rivière catholique (à cause de Claudel) ; Rivière lui explique que le christianisme n'est pour lui que *« l'éternelle tentation »*. Ils sont faits pour se comprendre. Rivière écrit à Alain-Fournier : *« Je crois qu'il m'a compris terriblement, et avec lui-même. »* Ils peuvent être en désaccord, ils le seront ensemble.

Lorsque Rivière se confie à Gide, il arrive souvent qu'il le fasse avec les mots de Gide. Au point qu'on ne sait plus, souvent, qui se confesse :

« J'ai un grand désir de me donner. Mais je suis très maladroit à me donner. Je le fais brusquement et, comme je ne peux guère qu'écrire de telles choses, ne sachant pas parler, j'y mêle involontairement de l'apprêt et du bien écrire et de la littérature. J'ai toujours eu comme vous – et de l'avoir trouvé en vous m'a été d'une grande joie, – le sentiment que la sincérité est l'opposé de ce qu'on entend d'habitude par ce mot. Elle consiste à ne pas s'exprimer franchement d'une seule fois, de façon définitive, elle est le respect de la complexité de l'âme, le refus de se donner totalement en une phrase. Je ne dis jamais ce que je pense, parce que je ne pense jamais une chose, une unité. Mais chaque pensée est en moi un mouvement en plusieurs sens, une combinaison et un équilibre de forces. [...] *Je n'ai jamais pu aimer quelqu'un sans éprouver aussitôt le besoin irrésistible de chercher par où je me distinguais de lui, et de le lui signifier. »*

Être maurrassien, c'est penser comme Maurras ; être gidien, c'est se distinguer de Gide.

SOURCES

André GIDE : *Romans*. Édition d'Yvonne Davet et Jean-Jacques Thierry. Introduction de Maurice Nadeau. Paris, Gallimard, « Bibliothèque de la Pléiade », 1958.

— *Journal (1887-1925)*. Édition d'Éric Marty. Paris, Gallimard, « Bibliothèque de la Pléiade », 1996.

— *Prétextes*, suivi de *Nouveaux Prétextes*. Paris, Mercure de France, 1990.

André GIDE / Jacques RIVIÈRE : *Correspondance (1909-1925)*. Édition de Pierre de Gaulmyn et Alain Rivière. Paris, Gallimard, 1998.

André GIDE / Paul CLAUDEL : *Correspondance (1899-1926)*. Édition de Robert Mallet. Paris, Gallimard, 1949.

André GIDE / Henri GHÉON : *Correspondance (1897-1944)*. 2 vol. Édition de Jean Tipy. Paris, Gallimard, 1976.

André GIDE / Jean SCHLUMBERGER : *Correspondance (1901-1950)*. Édition de Peter Fawcett et Pascal Mercier. Paris, Gallimard, 1993.

André GIDE / Jacques COPEAU : *Correspondance (1902-1949)*. 2 vol. Édition de Jean Claude. Cahiers André Gide, Paris, Gallimard, 1987-1988.

Charles MAURRAS : *De la politique naturelle au nationalisme intégral*. Paris, Vrin, 1972.

— *Enquête sur la monarchie*. Paris, Le Porte-Glaive, 1986.

Georges BERNANOS : *Essais et écrits de combat*. Édition de Michel Estève. 2 vol. Paris, Gallimard, « Bibliothèque de la Pléiade », 1972-1995.

Léon DAUDET : *Souvenirs et polémiques*. Paris, Laffont, « Bouquins », 1995.

Auguste ANGLÈS : *André Gide et le premier groupe de « La Nouvelle Revue française » (1890-1914)*. 3 vol. Paris, Gallimard, 1986.

Eugen WEBER : *L'« Action française »*. Paris, Fayard, 1985.

Pierre HEBEY : *L'Esprit « NRF » (1908-1940)*. Paris, Gallimard, 1990.

La Recherche, un roman didactique

1919 ■ *À l'ombre des jeunes filles en fleurs* reçoit le prix Goncourt

JOSEPH-HENRI Rosny, dit Rosny aîné, président de l'académie Goncourt, annonce, à l'issue du déjà traditionnel déjeuner de chez Drouant, le 10 décembre, que le prix Goncourt 1919 est attribué à *À l'ombre des jeunes filles en fleurs*, de Marcel Proust. Le roman publié par les Éditions de la Nouvelle Revue française, rebaptisées Librairie Gallimard, l'a emporté par six voix contre quatre aux *Croix de bois* de Roland Dorgelès chez Albin Michel. Le choix du jury provoque une de ces polémiques de presse qui vaudront au Goncourt une bonne part de son crédit.

Polémique politique, d'abord. La France fait les comptes de la guerre, 1 383 000 soldats tués, 34 morts pour 1 000 habitants, souvent beaucoup plus dans les villages et les hameaux de la France rurale. Plus d'un million d'invalides, 600 000 veuves, 700 000 orphelins. D'immenses cortèges de « gueules cassées » et de mutilés donnent à la paix retrouvée un aspect monstrueux. À l'Assemblée nationale, le 31 mai, un débat a opposé deux des meilleurs orateurs de la Chambre sur le devenir des soldats morts. Louis Barthou (il sera assassiné en 1934) a réclamé le droit de pouvoir enterrer son fils dans le caveau familial plutôt que dans un cimetière militaire. Paul Doumer (il sera assassiné en 1932), qui a perdu ses trois garçons sur le front, lui répond : *« Ils ont vécu ensemble, ils se sont battus ensemble, ils ont ensemble sauvé le pays, ils doivent rester unis dans la mort comme ils le furent dans la gloire. »* Entre le culte des morts et la mise en spectacle des survivants, la IIIe République entre dans l'avenir comme on suit un enterrement. L'ancien combattant en devient le symbole et le visage politique.

Choisir *À l'ombre des jeunes filles en fleurs* plutôt que *Les Croix de bois* apparaît comme un pied de nez aux glorieux poilus. Il suffit de comparer les titres pour flairer une provocation. D'un côté l'évocation des plaisirs et des jours d'une rêveuse bourgeoisie fin-de-siècle, de l'autre le tableau, réaliste jusqu'à la férocité, d'une jeunesse, héroïque sans le vouloir, se soumettant à l'apprentissage de la mort. D'un côté un écrivain presque quinquagénaire que la maladie et le souci de son œuvre ont tenu éloigné des combats ; de l'autre un ancien combattant de trente-trois ans, engagé volontaire en 14, dont le livre, dès sa parution, a connu un grand succès auprès d'un public avide de témoignages vrais.

On parle même de complot. Il suffit d'évoquer la figure de celui qui a *fait* l'élection de Proust : Léon Daudet. L'animateur de l'*Action française*, membre de l'académie Goncourt depuis la mort de son père en 1897, a été en effet l'artisan de la campagne en faveur des *Jeunes filles*. Il a d'abord convaincu Proust, un ami de la famille Daudet, de faire acte de candidature, ce qui n'a pas été facile : Marcel n'a pas oublié la manière dont, en 1913, *Du côté de chez Swann* a été méprisé par le jury au profit du *Peuple de la mer*, d'un certain Marc Elder. Et puis Proust répugne à présenter ses *Jeunes filles* comme une œuvre à part entière ; il ne s'agit que d'un fragment, découpé pour les besoins de la cause éditoriale, dans le continuum d'un texte unique. À Gaston Gallimard, le directeur des Éditions de la NRF, Proust a même écrit qu'il était *« un peu honteux de faire paraître tout seul cet intermède languissant »*. Une plage dans la partition de la *Recherche*. Pour convaincre son favori, Léon Daudet fait jouer la corde de la reconnaissance qu'apporterait enfin à l'œuvre de Proust l'attribution du prix Goncourt. Proust le laisse agir, sans enthousiasme. Il prétendra plus tard que tout s'est fait à son insu.

Les réticences de son poulain n'ont pas découragé Daudet, au contraire. Le militant royaliste adore les paris impossibles et les situations paradoxales. Par exemple, soutenir haut et fort un écrivain dreyfusard, antinationaliste et d'origine juive (mais baptisé), aussi éloigné qu'il est possible du naturalisme des Goncourt. Il se démène, gagne les suffrages des deux frères Rosny, celui d'Henri Céard, l'ami de Zola. Il échoue face à la « gauche » du jury – Ajalbert, Hennique, Bergerat, Descaves demeureront fidèles à Dorgelès –, mais arrache les votes de Gustave Geffroy et d'Élémir Bourges, l'intellectuel du symbolisme. Cela suffit à faire de la nomination de Proust, quelques jours après l'élection de la Chambre bleu horizon, une victoire de la droite littéraire. En 1920, Proust dédiera *Le Côté de Guermantes* à Léon Daudet : *« À l'auteur* [...] *de tant de chefs-d'œuvre. À l'incomparable ami, en témoignage de reconnaissance et d'admiration. »*

Comme, de surcroît, les 443 pages serrées des *Jeunes filles* ne sont pas de nature à favoriser la lecture pressée des critiques, l'accueil de la presse va, le plus souvent, épouser le clivage des partis. *« Place aux vieux ! »*, titre *L'Humanité* pour commenter l'attribution du prix. *Le Populaire* insiste sur les réseaux mondains dont a bénéficié Proust : *« Il y a dans le monde des lettres, à Paris, six hommes dont la reconnaissance est fonction de leur digestion à l'ombre des havanes en fleurs. »* Une figure se met en place qui fera long feu : celle d'un écrivain snob, bavard, alambiqué, « infiniment embêtant », incapable de construire un roman et complètement insoucieux du confort de ses lecteurs. Rachilde, dans le *Mercure de France*, a déjà rendu son verdict : *« J'ai commencé le livre avec enthousiasme, puis j'ai fini par le laisser tomber avec effroi, comme on refuserait de boire un soporifique. »* Le jeune Aragon renchérit dans *Littérature* : *« On n'aurait jamais cru qu'un snob laborieux fût d'un si fructueux rapport. »*

Symétriquement, la presse de droite soutient Proust. Daudet, bien sûr, dans l'*Action française*, l'aîné des Rosny dans *Le Figaro*. Et Paul Souday dans *Le Temps*. L'article élogieux de Souday est d'autant plus remarqué que, six ans auparavant, le critique avait assassiné *Du côté de chez Swann*, lui reprochant pêle-mêle son manque de matière, son inutilité, ses fautes de syntaxe et ses incorrections, et regrettant que Proust n'ait pas rassemblé les quelques éléments intéressants de son gros ouvrage en *« un petit livre exquis »*. Cette fois, Souday trouve de la *« profondeur »* à ce qui lui était apparu vide.

La conversion de la *NRF* est plus spectaculaire encore. En 1912, le manuscrit du *Temps perdu* adressé à Gaston Gallimard par l'intermédiaire de Copeau a été refusé. Proust affirmera même que le paquet contenant son roman n'a pas été ouvert. Les autres versions – celle de Gide notamment – avouent qu'il a été lu distraitement, avec des préjugés défavorables : Proust écrivait dans *Le Figaro* et son roman était *« plein de comtesses et de duchesses »* : un livre mondain contraire à l'austère esthétique de la *NRF*. Proust n'a même pas pu obtenir que des extraits soient publiés dans la revue. Proust, aurait dit Gide, est *« un monsieur qui n'est pas des nôtres »*.

On connaît la suite. La première partie du roman, amputée de deux chapitres, est publiée en 1913 par Bernard Grasset, à compte d'auteur. Henri Ghéon écrit pour la *NRF* un article de quatre pages, mi-chèvre mi-chou, sur *Du côté de chez Swann*. *« Voilà une œuvre de loisir, dans la plus pleine acception du terme. On sent que M. Marcel Proust a devant lui tout le temps qu'il faut pour mûrir, combiner, réussir un ouvrage considérable. Tout le temps est à lui : il en profite à sa façon. Il le considère d'avance comme du temps perdu. »* M. Proust est un esthète, mais *« pas un esthète de l'espèce commune »*. Le papier de Ghéon, avec ses réticences, excite la curiosité de Gide. Il lit enfin le roman qu'il a refusé et se rend compte de l'énormité de sa bourde. Pour se défausser, il glisse *Du côté de chez Swann* à Rivière qui peut librement exprimer son admiration. Commence alors une série de manœuvres et de tractations visant à faire rompre les liens de Proust avec Grasset et à lui faire intégrer le giron de la *NRF*. La danse de séduction commence. Rivière adresse à Proust des lettres frémissantes ; Gide présente ses excuses et rend visite au romancier, boulevard Haussmann. Mission réussie : en juin et juillet 1914, la revue publie des extraits du *Côté de Guermantes*. *In extremis :* la *NRF* arrête sa publication pour cause de guerre.

La guerre rend les négociations plus difficiles. Certains des protagonistes sont mobilisés, Rivière est prisonnier, Grasset soigne ses angoisses dans un havre suisse, des conversions s'opèrent : Ghéon se tourne vers le catholicisme et le nationalisme intégriste ; Schlumberger affirme la conviction qu'une revue de pure littérature est désormais sans objet. La *NRF*, écrit-il à Rivière en 1915, *« ne répond plus ni à ce que nous avons à dire, ni à ce que le pays demandera. Déjà nous ne parvenions pas à rendre sensibles les contacts véritables que nous avons avec la vie réelle. Il faut que nous sachions trouver un langage nouveau »*. Il semble impossible désormais de faire une revue qui mette entre parenthèses l'expression la plus immédiate de la *« vie réelle »* : la politique et la morale sociale. Proust est bien loin.

Au début de 1917, Gide et Copeau se rendent en Suisse, où Rivière, malade, est interné. Les trois hommes tombent d'accord sur l'avenir de la *NRF* : la revue future abandonnera la publication de romans et de poèmes ; elle accordera une place privilégiée aux événements politiques ; elle renoncera à son *« éclectisme passif »* pour juger les œuvres selon leur contenu moral. L'opposé exact de *« l'esprit NRF »* de la fondation. À sa manière, le cercle gidien enregistre la révolution de civilisation qui se déroule sous ses yeux : la littérature est devenue *« inactuelle »*.

Une nouvelle série de la *NRF* paraît donc le 1er juin 1919. Symbole du renouvellement, Jacques Rivière, trente-trois ans, en est le directeur. Sans en avertir quiconque, il signe un éditorial qui prend le contre-pied des résolutions de 1917 : *« La guerre est venue, la guerre a passé. Elle a profondément bouleversé toute chose, et en particulier nos esprits.* [...] *Et pourtant, malgré cette refonte morale et psychologique qu'elle nous a fait à tous subir, nous revenons, plus délibérément si c'est possible qu'autrefois, à notre premier dessein. Nous voulons refaire une revue désintéressée, une revue où l'on continuera de juger et de créer en toute liberté d'esprit.* [...] *La guerre a pu changer bien des choses, mais pas celle-ci que la littérature est la littérature, que l'art est l'art. Elle a pu peut-être – c'est à voir – diminuer encore leur importance dans les préoccupations des hommes ; elle n'a pas pu modifier leur essence.* [...] *Notre dessein est de travailler dans la mesure de nos moyens à faire cesser cette contrainte que la guerre exerce encore sur les intelligences, et dont elles ont tant de mal à se débarrasser toutes seules. »*

« Nous avons l'ambition de nourrir à la fois, conjointes mais séparées, ajoute Rivière, *des opinions littéraires et des croyances politiques parfaitement définies. Le seul point que nous nous défendions, c'est de laisser les unes déteindre sur les autres. »* Et pour illustrer cette proclamation de la démobilisation de l'intelligence, Rivière ouvre ce numéro de rentrée par quelques bonnes feuilles d'*À l'ombre des jeunes filles en fleurs*, arrachées au consentement de Proust. Continuité affichée avec le dernier numéro de 1914. La littérature est toujours la littérature.

C'est Rivière encore, après la tempête interne provoquée par son éditorial, qui rendra compte du livre de Proust. Article enthousiaste, mais décevant : Rivière frappe fort, mais à côté : *« Sans peut-être s'y être consciemment efforcé,* [Proust] *renouvelle toutes les méthodes du roman psychologique, il réorganise sur un nouveau plan cette étude du cœur humain, où excelle toujours notre génie, mais que le Romantisme avait, même chez nous, affaiblie, relâchée, obscurcie.* » Proust, en toute amitié, le renvoie à son aveuglement. Vous n'avez rien compris, dit-il gentiment à Rivière. Le malentendu persiste. La *NRF* considérait hier Proust comme un amateur richement doué, elle le réduit aujourd'hui à la sempiternelle analyse « française » du cœur humain, à la psychologie, à du super Paul Bourget ; au mieux à du super Mme de La Fayette. Loin, très loin de Proust.

La source du malentendu est idéologique. Rivière, comme la plupart des intellectuels de son époque, est un croisé de l'anti-romantisme. Il ne manque jamais une occasion de rappeler que le romantisme a amoindri et troublé le pur génie français. Il le souligne encore dans son éditorial de juin 1919 : *« Nous essaierons de faire sentir au lecteur que l'âge esthétique qui a commencé avec le Romantisme est aujourd'hui, en fait, et malgré certaines survivances, complètement révolu. Nous ferons apparaître le Symbolisme et tous ses dérivés comme de simples moyens, désormais impuissants, de multiplier* in extremis *les chances de vie du Romantisme et de lui procurer encore quelque temps une sorte de respiration artificielle. »* La « renaissance classique » que souhaite Rivière est la traduction esthétique de l'idéologie française. On la retrouve, plus brutalement exprimée, dans le manifeste *Pour un parti de l'intelligence* que lancent, en juillet 1919, les intellectuels maurrassiens contre-révolutionnaires, dont Rivière, pourtant, ne partage pas l'engagement : *« Réfection de l'esprit public en France par les voies royales de l'intelligence et des méthodes classiques, fédération intellectuelle de l'Europe et du monde sous l'égide de la France victorieuse, gardienne de toute civilisation. » « L'esprit classique,* ajoutent les 54 signataires du manifeste d'extrême droite (parmi lesquels des amis de Gide, Henri Ghéon, Francis Jammes, Maurice Denis), *est proprement l'essence des doctrines de toute la haute humanité. »*

Or, l'entreprise proustienne n'est pas « teintée de romantisme » ou « inconsciemment romantique », elle est une démonstration, conduite et construite sans défaillance pendant quatorze ans, de la véracité du dogme romantique de la connaissance. À l'opposé du rationalisme analytique « à la française ». Du côté de la philosophie romantique allemande de Fichte, de Schelling et de Schopenhauer.

Dès l'origine de la *Recherche*, dès le *Contre Sainte-Beuve* entrepris en 1908, Proust a mis au point sa formule : faire entrer une élaboration critique et philosophique dans une structure narrative. Dans *Contre Sainte-Beuve* (dont il reprendra des pans entiers dans la *Recherche*, comme il puisera dans les ruines de *Jean Santeuil*, son roman abandonné en 1899), il voulait mêler des évocations de sa jeunesse à une discussion avec sa mère sur la méthode critique de Sainte-Beuve. La fameuse petite madeleine était déjà présente, sous la forme symboliquement plus pauvre d'une biscotte. Et les pavés inégaux d'une cour y ressuscitaient déjà, miraculeusement – *« Tout à coup un flot de lumières m'inonda »* –, le trésor perdu du bonheur à Venise. Mais le projet métaphysique était déjà posé : *« Chaque jour j'attache moins d'importance à l'intelligence. Chaque jour je me rends mieux compte que ce n'est qu'en dehors d'elle que l'écrivain peut ressaisir quelque chose de nos impressions passées, c'est-à-dire atteindre quelque chose de lui-même et la seule matière de l'art. Ce que l'intelligence nous rend sous le nom de passé n'est pas lui. En réalité, comme il arrive pour les âmes des trépassés dans certaines légendes populaires, chaque heure de notre vie, aussitôt morte, s'incarne et se cache en quelque objet matériel. Elle reste captive, à jamais captive, à moins que nous ne rencontrions l'objet. »* L'intelligence ne donne à connaître que du mort.

Cette capture et cette rencontre, cette aliénation et cette libération, cette perte et cette retrouvaille, c'est l'expérience que décrit et met en scène *À la recherche du temps perdu*. Le long temps de l'écriture de l'œuvre – les pages les plus anciennes datent de 1895, les dernières corrections de *La Prisonnière* sont portées quelques jours avant la mort de Proust, le 18 novembre 1922 –, l'ampleur prise par la prolifération romanesque au fur et à mesure de l'élaboration, l'incessant travail de correction, d'addition, de déplacements et de recomposition effectué par Proust sur ses manuscrits et ses jeux d'épreuves, masquent parfois l'évidence : il s'agit d'un seul roman construit dès sa naissance sur un principe démonstratif simple, traditionnel, binaire : la critique de l'erreur et la révélation de la vérité. *Le Temps perdu* et *Le Temps retrouvé*. En 1912, avant les premiers refus des éditeurs, Proust ne prévoyait d'ailleurs qu'un roman en deux volumes qui porteraient symétriquement ces titres. Lorsqu'il commence sa *Recherche*, Proust sait déjà ce qu'il va trouver. Le génie du romancier est d'inventer un personnage, le narrateur, qui lui ne le sait pas. Cette fiction autobiographique, ce décalage en trompe-l'œil permettent à la démonstration métaphysique de se transformer en *suspens* romanesque dont les ruses proustiennes et le miroitement des perspectives vont retarder indéfiniment – et délicieusement – le dénouement. La *Recherche* est un roman didactique.

De quel Graal le roman raconte-t-il la quête spéculative ? Celui, tout romantique, de l'Identité entre le sujet et l'objet de la connaissance, de la réconciliation entre l'Esprit et le Monde, entre l'infini et le fini, dont l'œuvre d'art est la matérialisation : la re-création de la vie. Pendant 3 000 pages, le héros-narrateur, perdu, fatigué, souffrant, va faire la double expérience de la fuite du sujet et de la fuite des objets sous la loi tragique du temps. Échec de la connaissance subjective : le « je » est un sujet qui ne se connaît pas, sauf comme trompeuse catégorie grammaticale, artifice de langage. « Je » est toujours un autre, instable, intermittent, incertain, se raccrochant aux bouées d'une mémoire à qui il ne peut arracher que des images, orientées, tendancieuses, colorées par son état présent, déformées par ses désirs, reconstruites par le jeu des déductions. Ou bien encore, le « je » s'absorbe dans la pure contemplation de ce qui lui est extérieur, le mouvement d'un tissu, un rameau d'aubépines, un groupe de jeunes filles devant la mer, et c'est alors le moi qui se dissout, qui perd connaissance, qui explose dans les éclats d'une pure sensation dont il ne reste rien. Que du perdu, du plus en plus de perdu. Le narrateur – dont le roman raconte, jusqu'au *happy end* final, comment il ne peut pas être écrivain – ne trouve d'identité que dans la répétition maniaque, les usages, les habitudes : son objectivation sociale.

Mais l'Objet, la nature, le monde extérieur n'échappent pas davantage à la corruption du temps. L'ironie proustienne fait merveille quand il s'agit de décrire, de l'intérieur si l'on peut dire, la bonne société de la IIIe République. L'ombre anthracite de Saint-Simon donne à ces tableaux des allures de scènes sauvages. Il s'agit bien de tableaux, de synchronies, puisque les groupes représentés le sont à la manière des tribus et des associations alvéolaires décrites par les anthropologues et les sociologues : rites linguistiques, épreuves de passage, croyances communes et tabous, hiérarchies arbitrairement fondées sur des détails insignifiants. Mais des tableaux en déplacements constants, dont les personnages et les figures sont mus par un double mouvement : la mode – figure de l'angoisse temporelle – et le désir d'être intégré dans une autre tribu – figure de l'angoisse spatiale.

Proust utilise l'image du kaléidoscope : « *Au temps de ma petite enfance, tout ce qui appartenait à la société conservatrice était mondain, et dans un salon bien posé on n'eût pas pu recevoir un républicain. Les personnes qui vivaient dans un tel milieu s'imaginaient que l'impossibilité de jamais inviter un "opportuniste", à plus forte raison un affreux "radical", était une chose qui durerait toujours, comme les lampes à huile et les omnibus à chevaux. Mais pareille aux kaléidoscopes qui tournent de temps en temps, la société place successivement de façon différente des éléments qu'on avait crus immuables et compose une autre figure.* [...] *Ces dispositions nouvelles du kaléidoscope sont produites par ce qu'un philosophe appellerait un changement de critère. L'affaire Dreyfus en amena un nouveau, à une époque un peu postérieure* [...] *et le kaléidoscope renversa une fois de plus ses petits losanges colorés. Tout ce qui était juif passa en bas.* [...] *Le salon le plus brillant de Paris fut celui d'un prince autrichien et ultra-catholique. Qu'au lieu de l'affaire Dreyfus, il fût survenu une guerre avec l'Allemagne, le tour du kaléidoscope se fût produit dans un autre sens. Les Juifs ayant, à l'étonnement général, montré qu'ils étaient patriotes, auraient gardé leur situation et personne n'aurait plus voulu aller ni même avouer être jamais allé chez le prince autrichien.* »

Inutile d'aller chercher dans l'Histoire, comme les hégéliens de toutes tendances, les progressistes ou les nationalistes, le sens de la destinée humaine : elle n'en a pas, si ce n'est de renouveler sans cesse les figures du pacte d'adhésion et de dépendance du sujet à l'obscure dictature du groupe. Il n'y a pas de lutte des classes parce qu'il n'y a pas de classes conscientes d'elles-mêmes : simplement des individus soumis à la dialectique de la conservation – l'identité, l'appartenance, l'habitude, la sécurité, la mort – et du désir – l'altérité, la possession, la mode, la création, la souffrance.

Le narrateur va d'échec en échec jusqu'à la rédemption finale, jusqu'au miracle. Impossible de faire ici le tour de toutes les théories de la connaissance dont le narrateur – ou l'une de ses multiples projections – fait l'expérience avant d'en subir douloureusement l'échec. L'habileté de Proust est de ne pas décrire ces épreuves l'une après l'autre, à la manière des romans de chevalerie ou du *Candide* de Voltaire, mais de les orchestrer, d'en faire des thèmes intermittents et obsessionnels dont les apparitions, les développements et les retours donnent au roman une unité d'autant plus prenante qu'elle semble toujours sur l'instant de se défaire. La connaissance de soi et l'appréhension du monde ne font aucun progrès : elles se déploient dans un espace de plus en plus confiné. Les échecs n'annulent pas l'expérience ; ils n'apprennent rien, ils s'accumulent pour faire de la vérité un secret prisonnier de mieux en mieux gardé.

Parmi ces tentatives d'approches de la connaissance vraie, la psychologie – la fameuse « analyse proustienne de l'âme humaine » – est traitée par Proust avec des raffinements de cruauté, d'autodérision et d'humour noir. Qu'il s'agisse de se connaître soi-même ou de connaître les autres. Le narrateur déploie des trésors de finesse et de subtilité pour tisser son filet cognitif. Il se dissèque, se place sous microscope, fait un sort aux plus infimes détails, aux plus fugitives sensations, aux mots anodins. Il observe, avec l'attention et la sensibilité d'un chasseur qui ferait proie de tout, y compris de sa propre attente. Sa phrase-nasse s'étend démesurément afin de ne laisser rien échapper du paysage mental, de boucher les moindres interstices. Même s'il donne à lire des pages extraordinaires de prose folle, le résultat de ce dispositif et de ses ruses est pitoyable : à la fois ridicule et tragique. Comme lorsque le narrateur essaie d'expliquer (et de s'expliquer) comment, amoureux, dit-il, de Gilberte, il organise sa rupture avec elle pour mieux lui manifester son amour et solliciter le sien. Plus de cinquante pages où la perversité le dispute à la mauvaise foi, quelques gouttes de lucidité dans un océan d'aveuglement où se noie le narrateur, la description minutieuse d'un fiasco sentimental et intellectuel, avec, en arrière-fond, le rire de Proust, comme étranglé.

Manière de dire aussi que l'amour, comme ailleurs l'amitié, ne sont pas, loin de là, des manières de connaître, de se fondre avec l'autre, de co-naître comme le croit Claudel. L'amour est un rituel à travers lequel le sujet tente de s'accomplir, c'est-à-dire de s'identifier avec l'objet de son désir. La plupart du temps, cet accomplissement n'a pas lieu parce qu'il y faut un improbable concours de circonstances, la coïncidence fortuite à un moment donné de deux trajectoires de désir. Mais ce rassasiement commun aurait-il lieu qu'il n'en resterait rien de réel, rien de reconstituable, si ce n'est la pauvre mémoire, aussi étrangère que le rêve, le mythe et la caricature, d'un instant mort. À la différence de la souffrance, la joie ne laisse pas de trace. Et l'avenir n'a pas de couleur.

La joie esthétique n'a pas, à cet égard, de statut privilégié, contrairement à ce que donne à croire la légende d'un Proust esthète. L'instabilité fondamentale du sujet – sa soumission au temps – fait qu'il ne peut se saisir volontairement d'aucun objet, fût-il un objet d'art, un tableau, la fameuse sonate de Vinteuil : *« Mais souvent on n'entend rien, si c'est une musique un peu compliquée qu'on écoute pour la première fois.* [...] *Si l'on n'avait vraiment, comme on l'a cru, rien distingué à la première audition, la deuxième, la troisième seraient autant de premières, et il n'y aurait pas de raison qu'on comprît quelque chose de plus à la dixième. Probablement ce qui fait défaut la première fois, ce n'est pas la compréhension, mais la mémoire.* [...] *Mais bien plus, même quand j'eus écouté la Sonate d'un bout à l'autre, elle resta presque tout entière invisible, comme un monument dont la distance ou la brume ne laissent apercevoir que de faibles parties. De là, la mélancolie qui s'attache à la connaissance de tels ouvrages, comme de tout ce qui se réalise dans le temps. Quand ce qui est le plus caché dans la Sonate de Vinteuil se découvrit à moi, déjà, entraîné par l'habitude hors des prises de ma sensibilité, ce que j'avais distingué, préféré tout d'abord, commençait à m'échapper, à me fuir. Pour n'avoir pu aimer qu'en des temps successifs tout ce que m'apportait cette Sonate, je ne la possédai jamais tout entière : elle ressemblait à la vie. »*

La beauté artistique n'est pas seulement impossédable, elle est, comme le reste, soumise aux caprices du temps. C'est du temporel qui joue à prétendre le contraire. Le narrateur rencontre Bergotte, un écrivain dont il admire l'œuvre. Il attend un héros, il trouve *« un homme jeune, rude, petit, râblé et myope, à nez rouge en forme de coquille de colimaçon et à barbiche noire. J'étais mortellement triste, car ce qui venait d'être réduit en poudre, ce n'était pas seulement le langoureux vieillard dont il ne restait plus rien, c'était aussi la beauté d'une œuvre immense que j'avais pu loger dans l'organisme défaillant et sacré que j'avais, comme un temple, construit expressément pour elle.* [...] *Son œuvre ne me semblait plus aussi inévitable. Et alors je me demandais si l'originalité prouve vraiment que les grands écrivains soient des dieux régnant chacun dans un royaume qui n'est qu'à lui, ou bien s'il n'y a pas dans tout cela un peu de feinte, si les différences entre les œuvres ne seraient pas le résultat du travail, plutôt que l'expression d'une différence radicale d'essence entre les diverses personnalités* ».

L'un après l'autre, Proust visite et détruit les mythes relatifs à l'art ; il arbore les masques puis les dissout, se dissolvant lui-même – par jeu stratégique, comme Descartes détruisant toute certitude pour faire jaillir au milieu des ruines l'éblouissante lumière de son cogito. L'œuvre d'art n'est pas seulement condamnée à être décevante : prétendant à une vérité d'ordre supérieur, elle trompe, elle éloigne, elle fait obstacle ou miroir entre le sujet et l'objet. Les peintres inventent une Venise qui s'effondre lorsqu'on visite la ville réelle. L'« élite » sociale invente à son usage changeant les critères d'une beauté qui n'est que la fugace expression de son désir d'appartenance. L'émotion physiologique provoquée par l'œuvre – frisson, extase, ébranlement, commotion – n'ouvre la porte qu'à une connaissance aussi inintelligible que celle de la jouissance, comme elle aussitôt happée par le néant, condamnée à la mémoire, objet mort.

La violence proustienne n'épargne pas son œuvre elle-même en tant que création artistique. Jamais écrivain avant lui n'a autant dénié au livre la capacité de changer la vie. Passons vite sur la vie morale : il n'y a pas de morale chez Proust, que de la vie qui s'anéantit, des désirs et du temps. Quant à la vie intellectuelle, à la culture, à la civilisation, au bonheur, les livres ne disent rien. Ils ne sont pas contagieux. Tout au plus peuvent-ils créer une petite brèche, vite refermée, un pacte temporaire avec le lecteur, vite dénoncé. Quand ils ne sont pas un prétexte à fuir la vie. Préfaçant sa traduction de *Sésame et les lys* de Ruskin en 1906, Proust réfute les idées, classiques, de l'écrivain anglais sur la lecture comme une manière de mettre entre parenthèses notre propre personnalité afin de mieux entrer dans celle de l'auteur que nous lisons. Nous demandons aux livres, écrit Proust, qu'ils nous donnent des réponses, quand tout ce qu'ils peuvent faire est de nous donner des désirs. *« Et ces désirs il* [l'auteur] *ne peut les éveiller en nous qu'en nous faisant contempler la beauté suprême à laquelle le dernier effort de son art lui a permis d'atteindre. Mais par une loi singulière, et d'ailleurs providentielle de l'optique des esprits (loi qui signifie peut-être que nous ne pouvons recevoir la vérité de personne, et que nous devons la créer nous-même), ce qui est le terme de leur sagesse ne nous apparaît que comme le commencement de la nôtre, de sorte que c'est au moment où ils nous ont dit tout ce qu'ils pouvaient nous dire qu'ils font naître en nous le sentiment qu'ils n'ont encore rien dit. »* L'incommunicable est la règle de toute consommation.

Mallarmé le pensait aussi, mais professait une ascèse qui confiait à l'alchimie des mots le soin de faire jaillir la forme de la vérité : le Livre, aboutissement de l'essence du Monde. Proust professe face à la religion de la langue un athéisme actif. Il y consacre nommément deux parties de la *Recherche*, aux titres sévèrement abstraits : dans *Du côté de chez Swann*, « Noms de pays : le nom » ; dans *À l'ombre des jeunes filles en fleurs*, « Noms de pays : le pays ». Les noms mentent. Ils sont censés, comme celui des Guermantes ou ceux des grands artistes, rappeler l'ancienneté et les caractères immuables d'une noble race et d'un territoire – un roc immarcescible résistant aux attaques du temps – ou l'éternelle beauté d'une création d'ordre quasi céleste : Raphaël, Michel-Ange, Racine. Ils sont une constellation dans un ciel fixe à laquelle le narrateur attache ses rêves. Jusqu'à ce que l'expérience les détruise. La « noblesse » des Guermantes est aussi illusoire que celle de cette dame pipi que l'on surnomme la « marquise des lavabos ». Et *« les artistes qui illustrent les poèmes d'une époque sont les mêmes que font travailler pour elles les sociétés financières »*. La mythologie des grands noms n'est qu'une facette du snobisme. Les dictionnaires sont des stèles.

La rêverie étymologique sur les noms de pays, conçus comme des pôles linguistiques anciens et vénérables autour desquels se cristalliserait un peu de la vie réelle des contrées qu'ils nomment – paysages, manières de vivre, activités, caractères –, se révèle tout aussi piégée : les noms sont arbitraires, les étymologies fantaisistes ou interprétées de travers. À partir de là, Proust met en images et en personnages une véritable théorie pathologique de la langue. Le narrateur connaît des mésaventures comiques et dramatiques pour avoir demandé à la langue ce qu'elle ne saurait donner, la poésie, la beauté, le sens. Les mots ne sont ni beaux ni laids, ils sont ou ne sont pas adéquats à la signification qu'on leur assigne ; sinon ils se comportent comme dans une langue étrangère : *« Dans une langue que nous savons, nous avons substitué à l'opacité des sons la transparence des idées. »* Comme dans la musique où les notes en elles-mêmes n'ont aucune valeur sensible ou intellectuelle, les mots sont passifs, le signifiant n'apprend rien du signifié.

En 1919 éclate une polémique littéraire autour du style de Flaubert à laquelle va participer Proust. Partie d'un débat académique, toujours le même, entre « puristes » et « laxistes » : Flaubert, considéré comme le meilleur styliste de notre langue, peut-il commettre des « fautes de français » ? La question (avec ses arrière-pensées patriotiques : le génie de la langue française, l'ordre syntaxo-politique, etc.) tourne vite à un affrontement sur le caractère de la langue littéraire : si elle existe, celle-ci doit-elle se soumettre strictement – plus strictement même que dans ses usages ordinaires – aux règles des grammairiens ou bien, par un renversement de pouvoir, les écrivains ont-ils pour vocation d'explorer les possibilités syntaxiques de la langue ? Se pourrait-il que « bien écrire » s'oppose à « écrire correctement » ? On a tant reproché à Proust de « mal écrire » et de se prendre les pieds dans les nœuds de ses phrases que la question l'intéresse. D'autre part, il n'aime pas Flaubert, trop antiromantique et art pur, ni son style, trop pauvre en métaphores. Dans le numéro de janvier 1920 de la *NRF*, il met en évidence le « génie grammairien » de Flaubert : *« J'ai été stupéfait, je l'avoue, de voir traiter de peu doué pour écrire, un homme qui par l'usage nouveau et entièrement personnel qu'il a fait du passé défini, du passé indéfini, du participe présent, de certains pronoms et de certaines propositions, a renouvelé presque autant notre vision des choses que Kant, avec ses Catégories, les théories de la Connaissance et la Réalité du monde extérieur. »* Et il montre, démonstration grammaticale à l'appui, que chez Flaubert la vision nouvelle du monde, la révolution copernicienne du roman, est dans les *« singularités »* de la syntaxe, dans la forme proprement littéraire, uniquement littéraire, d'utiliser la grammaire à des fins non plus rhétoriques, mais pour donner du monde un savoir et un sens nouveaux.

Au même moment à Moscou, le jeune Roman Jakobson, dans un article consacré au poète futuriste Khlebnikov, définit ce qu'il nomme *literaturnost* (qu'on traduira en français, cinquante ans plus tard, par le concept de *littérarité*) : *« L'objet de la science de la littérature n'est pas la littérature mais la littérarité, c'est-à-dire ce qui fait d'une œuvre donnée une œuvre littéraire. »* Proust qui n'accorde au lexique qu'un intérêt méfiant (il est toujours tentant de faire rare pour faire beau), se livre à une description structuraliste de la *« beauté grammaticale »* de Flaubert, de sa *« traduction »* d'une *« vision continue, homogène »* en discours littéraire.

Car c'est bien de traduction qu'il s'agit. Il faut bien en venir, après tant de pages de roman, tant de ratages, de maladies, de plongées dans le vide, de cruautés, de violences, de vices et d'impuissance, d'explications qui n'expliquent rien, de conséquences sans causes et de causes sans conséquences, de métaphores déferlantes, au moment de vérité, à la révélation, au temps « retrouvé », c'est-à-dire, en réalité, au temps aboli, éternisé. Révélation mystique qui doit tout à l'épuisement de la raison, de l'intelligence et du désir de clarté. Révélation parfaitement arbitraire, sous l'emprise du hasard, de l'inconscience et de l'élection. Si le narrateur éprouve enfin la coïncidence avec lui-même et avec le monde, cette visitation métaphysique est indépendante de son mérite, de son travail – le narrateur ne fait rien –, de son activité intellectuelle ou de sa volonté : la réminiscence, celle qui permet de saisir un objet hors du temps, comme une idée vivante (pas une copie, pas un écho), et de le connaître en soi-même, est aussi irrationnelle et accidentelle que la présence divine dans la mystique chrétienne. Les romantiques la nommaient inspiration et ceux qui en étaient élus, génies. Il faut un sujet pur de toute volonté pour atteindre la chose en soi pure de toute causalité. La révélation proustienne est extatique, tout entière contemplative. Il écrit de Swann : *« Peut-être est-ce parce qu'il ne savait pas la musique qu'il avait pu éprouver une impression aussi confuse, une de ces impressions qui sont peut-être pourtant les seules purement musicales, inétendues, entièrement originales, irréductibles à tout autre ordre d'impressions. Une impression de ce genre, pendant un instant, est pour ainsi dire* sine materia. *»*

Mais Swann *veut* donner une forme et une signification à l'idée pure et, du coup, il la perd en la ramenant au connu. Le narrateur, lui, retrouve le temps et la nécessité d'un art qui puisse déchiffrer et traduire le mystère de son expérience. Éternité de l'œuvre d'art dans un temps aboli, mais abolition qui se paie d'une omniprésence de la mort. *Le Temps retrouvé* s'achève sur l'évocation d'un bal macabre dans un temps vitrifié, une cohorte immobile de disparus, un monde sur le point de sombrer, déjà fantôme : *« Je venais de comprendre pourquoi le duc de Guermantes, dont j'avais admiré en le regardant assis sur sa chaise, combien il avait peu vieilli* [...] *dès qu'il s'était levé et avait voulu se tenir debout, avait vacillé sur ses jambes flageolantes comme celles de ces vieux archevêques sur lesquels il n'y a de solide que leur croix métallique* [...], *et ne s'était avancé qu'en tremblant comme une feuille, sur le sommet peu praticable de quatre-vingt-trois années, comme si les hommes étaient juchés sur de vivantes échasses, grandissant sans cesse, parfois plus hautes que des clochers, finissant par leur rendre la marche difficile et périlleuse, et d'où tout d'un coup ils tombaient. »*

SOURCES

Marcel PROUST : *À la recherche du temps perdu*. Édition de Jean-Yves Tadié. 4 vol. Paris, Gallimard, « Bibliothèque de la Pléiade », 1987-1989.

— *Contre Sainte-Beuve*. Édition de Pierre Clarac. Paris, Gallimard, « Bibliothèque de la Pléiade », 1971.

— *Jean Santeuil*. Édition de Pierre Clarac. Paris, Gallimard, « Quarto », 2001.

— *Correspondance*. Édition de Philippe Kolb. 21 vol. Paris, Plon, 1970-1993.

Céleste ALBARET : *Monsieur Proust*. Paris, Laffont, 1973.

Samuel BECKETT : *Proust*. Paris, Éd. de Minuit, 1990.

Claude MAURIAC : *Proust par lui-même*. Paris, Éd. du Seuil, 1953.

G.-D. PAINTER : *Marcel Proust*. 2 vol. Paris, Mercure de France, 1963-1966.

Jean-Yves TADIÉ : *Marcel Proust*. Paris, Gallimard, 1996.

Anne HENRY : *Proust romancier*. Paris, Flammarion, 1983.

Michel BUTOR : « Les œuvres d'art imaginaires chez Proust ». Dans *Répertoire II*. Paris, Éd. de Minuit, 1964.

Pierre HEBEY : *L'Esprit « NRF » (1908-1940)*. Paris, Gallimard, 1990.

La flamboyante révolte de la pensée

1930 ■ Plénum des écrivains révolutionnaires à Kharkov

KHARKOV ressemble à Essen ou à Manchester : une ville industrielle et minière, populeuse et grise. Si le Bureau international de la littérature prolétarienne a décidé de tenir ici son plénum international des écrivains révolutionnaires, l'imagerie y est pour beaucoup, même si le tourisme en fait les frais. Accueillir les ci-devant gens de lettres dans la citadelle de l'industrie soviétique triomphante et collectivisée, c'est leur rappeler le sens de la hiérarchie, lequel se confond avec le sens de la réalité et avec celui du devoir : les écrivains réunis là sont au service de la classe ouvrière, dominante ici avant de l'être ailleurs. Laquelle classe ouvrière ne saurait être séparée du parti qui en est la conscience historique organisée. Accessoirement, le choix d'une cité ukrainienne souligne l'alignement des groupements d'écrivains des « républiques sœurs » sur le modèle moscovite.

L'organisation du Congrès a été difficile. Notamment à cause des Français. Officiellement, le Bureau international a une antenne potentielle à Paris, dirigée par Henri Barbusse. L'auteur du *Feu* (prix Goncourt 1916) est un militant communiste irréprochable, fidèle à l'Union soviétique et à ses chefs, habitué des voyages en URSS (il mourra d'ailleurs à Moscou en 1935, quelques mois après avoir publié un *Staline* tout en nimbes). Mais c'est aussi un écrivain français. Écrivain, ancien élève de Mallarmé, ami des symbolistes, il est sensible aux recherches formelles et aux expériences de la modernité. À Proust, à Joyce, à Döblin, à Dos Passos, à Gide. Il cherche confusément à donner aux temps révolutionnaires qui, il n'en doute pas, s'annoncent, une littérature également révolutionnaire. Sans pour autant se couper du fer de lance de la révolution promise : le lectorat populaire qu'il convient d'arracher aux séductions de l'esthétique bourgeoise. Le grand écart. Un pied dans l'avant-garde littéraire, l'autre dans des écrits « ouvriers », au mieux dans la veine de Zola.

Écrivain français, Barbusse ne se fait pas d'illusions sur les chances d'apparition prochaine en France d'une « puissante littérature prolétarienne », comme on dit à Moscou. Il est tout aussi sceptique quant à l'adoption par les artistes français du modèle rouge allemand : l'utilisation du savoir-faire littéraire à de pures fins d'agitation et de propagande, tracts, chansons, caricatures, affiches, pamphlets. Il préfère faire ce qui lui ressemble et ressemble à la société littéraire : attirer du « bon côté », celui de la révolution, les écrivains de gauche qui éprouvent intérêt et sympathie pour le nouveau cours de l'histoire humaine inauguré en octobre 1917. Les fameux « compagnons de route », selon l'expression de Trotski. C'est sur cette stratégie politico-littéraire qu'il a créé *Monde* en 1928, tout en assurant ses camarades du Bureau international de son militantisme en faveur d'une « littérature prolétarienne » sur les critères de laquelle il n'est guère fixé. S'agit-il d'être d'« origine » ouvrière, et, si oui, depuis combien de générations ? avec quelle esthétique (ou pas d'esthétique du tout) ? avec quelle politique ? – car il y a des ouvriers aliénés, c'est même pour ça qu'on fait la révolution.

Aux questions de Barbusse, les organisateurs du Congrès de Kharkov ont déjà donné la réponse : *« Ne peut être authentiquement prolétarien, au sens révolutionnaire du mot, que celui qui l'est de façon communiste ; et il n'y a pas de communisme hors du parti communiste. »* On invite donc, dès juillet, Barbusse à Kharkov, mais, dans le même temps, le Bureau international dont il est membre publie, dans la presse soviétique, de sévères attaques contre *Monde* accusé de *« semer dans les masses une confusion idéologique extraordinairement nuisible en ce moment »*. Barbusse ne peut pas s'y tromper, l'un des objectifs du Congrès est *« d'éliminer les divergences sérieuses »* entre son journal et *« la juste ligne de la littérature prolétarienne »*, c'est-à-dire de *« corriger ses erreurs »*. Il préfère ne pas assister à son procès et annonce que son état de santé lui interdit le voyage à Kharkov.

Il n'y aura donc pas de délégation officielle de la France parmi les trente-cinq pays représentés à Kharkov. La « question française » y sera débattue à partir d'un exposé confié à deux spécialistes de l'idéologie littéraire, le Hongrois Béla Illès, secrétaire du Bureau international, et le Polonais Bruno Jasienski, un jeune militant du Komintern, auteur d'un bizarre roman de politique-fiction, *Je brûle Paris*, connu pour la violence de ses réquisitoires contre les « compagnons de route » et les écrivains communistes vivant en France, soupçonnés de « déviation trotskiste ». Panaït Istrati, Victor Serge, Boris Souvarine, Illia Ehrenbourg, André Malraux, mais aussi les « anarchistes » surréalistes, mais encore les collaborateurs de *Monde*, qu'il qualifie de *« grand bazar de l'idéologie »*.

Pas de Français à Kharkov ? Si : une semaine avant l'ouverture du plénum, on apprend par la *Literaturnaja Gazeta* que deux écrivains français participeront à titre consultatif aux travaux, deux membres du groupe surréaliste, Louis Aragon et Georges Sadoul. Ils sont déjà arrivés à Moscou et le journal publie une « déclaration des surréalistes français » constituée pour l'essentiel d'une condamnation de *Monde* et de Barbusse.

On ne saura jamais sans doute qui les a invités. Aragon a entretenu le mystère : *« On sait qu'à la fin de 1930, Georges Sadoul et moi avons été en Russie. Nous avons été plus volontiers en Russie qu'ailleurs, beaucoup plus volontiers. C'est tout ce que j'ai à dire sur ce qui est des raisons de ce départ. »* On ne peut dire moins. Certes, Aragon a adhéré au parti communiste en 1927, avec Breton, Eluard, Péret et Unik, mais cette adhésion est restée de pure forme et de pure méfiance, de part et d'autre. Communistes ou non, on est surréalistes avant tout, les adhérents au parti l'ont écrit aux autres membres du groupe : *« Entre vous, qui croyez encore pouvoir donner à votre vie le sens d'une protestation pure, et nous qui avons pris le parti de soumettre notre vie à un élément extérieur susceptible, croyons-nous, de porter au plus loin cette protestation, il n'y a pourtant pas de barrière. Vraiment, vous ne sauriez en voir une où il n'y en a pas. »* Au reste, les communistes ont accueilli l'adhésion des « cinq » avec un scepticisme plutôt agacé ; et les réunions de cellule leur ont fermé la bouche.

Aragon a-t-il prévenu Breton de son « invitation » ? Les surréalistes y ont-ils vu, dans leur ignorance des réalités du pouvoir soviétique, une bonne occasion de damer le pion à leur vieil ennemi

Barbusse et de faire reconnaître le surréalisme comme représentant français de la littérature révolutionnaire ? Toutes les naïvetés sont envisageables quand la magie des phrases enflamme les imaginations.

Mais le plus probable est qu'Aragon doit sa présence à Kharkov à l'influence d'Ossip Brik. Depuis le suicide de Maïakovski, son ami et l'amant de son épouse Lily, Brik est le chef de file de l'aile gauche du mouvement littéraire russe, le *Litfront*, le « Front gauche des arts ». Composé pour l'essentiel d'anciens futuristes et d'écrivains et artistes d'avant-garde ralliés à la révolution d'Octobre, le *Litfront* s'est attaqué, parfois avec succès, au conformisme esthétique des instances littéraires dirigeantes, avec l'appui, semble-t-il, de membres influents du parti et de sa police. Les brimades dont a été victime Maïakovski, son isolement puis son suicide ont marqué la victoire du Bureau prolétarien contre sa minorité « gauchiste », contrainte de rentrer dans le rang. Les Français n'ont, bien sûr, jamais été informés de ces rivalités féroces et de ces luttes internes entre groupes d'écrivains russes – que le parti et Staline arbitreront bientôt à leur profit exclusif. Mais Elsa Triolet, la récente compagne d'Aragon, est la belle-sœur de Brik. Le couple, Lily la sœur d'Elsa, Brik son mari et Maïakovski se sont rencontrés à Berlin en mars 1929 ; Brik et Aragon sont restés en contact. Brik, qui dispose encore de solides soutiens dans l'appareil du parti, a fait inviter Aragon par la bande afin de renforcer son propre camp lors du Congrès de Kharkov.

Mais qui manipule qui ? À peine débarqués à Kharkov, Aragon et Sadoul sont accueillis et chambrés par des émissaires du parti. On veut bien les considérer comme la délégation française des écrivains révolutionnaires mais à condition qu'ils clarifient leur situation : on leur présente donc un document, qu'ils signent : *« Comme membres du parti, nous reconnaissons que nous aurions dû provoquer le contrôle effectif de notre activité littéraire par le Parti et soumettre cette activité à ce contrôle. L'erreur que cela comporte est à l'origine de toutes les fautes que nous avons commises et de celles dont nous avons pu sembler solidaires. »* Aragon se confesse de *« ne pas avoir milité de façon constante dans les organisations de base, d'avoir attaqué, en dehors des organes du parti, deux membres du PCF, les camarades Barbusse et Caby, et d'avoir laissé imprimer des critiques de la presse du*

Parti ». Dans quel journal, quelle revue, quel livre ? L'autocritique ne le précise pas, mais son avant-dernier paragraphe indique ce qui est visé :

« Nous devons préciser que nous ne nous considérons pas comme solidaires de l'ensemble des œuvres individuelles (littéraires ou autres) publiées par les membres du groupe surréaliste, mais que, dans la mesure où ces œuvres se réclament des mots "surréalisme" et "surréaliste", notre responsabilité est engagée. Notamment en ce qui concerne le Second manifeste du surréalisme *par André Breton, dans la mesure où il contrarie le matérialisme dialectique. Nous estimons que nous avons à préciser que nous nous plaçons toujours dans le cadre du matérialisme dialectique et que nous repoussons toute idéologie idéaliste (notamment le freudisme). Nous nous désolidarisons de toute idéologie confusionnelle touchant le trotskisme. Nous considérons le trotskisme comme une idéologie social-démocrate et contre-révolutionnaire. Nous nous engageons à combattre le trotskisme en toute occasion. »*

Ayant désavoué Breton et l'esprit du surréalisme, Aragon et Sadoul peuvent représenter le surréalisme français, vidé de sa substance, au Congrès de Kharkov. La grand-messe commence ; la liturgie et la pompe staliniennes y essaient leurs premiers effets, dans la tonalité militaire. Il faut en effet illustrer le mot d'ordre du moment : le capitalisme (et ses alliés sociaux-démocrates) mobilise ses troupes pour faire la guerre à l'URSS. Le Congrès littéraire s'ouvre donc par un détachement de l'armée rouge qui vient présenter les armes au bureau de la conférence. Le président Béla Illès lit son rapport introductif revêtu de la capote et coiffé du bonnet à pointe de l'école militaire de Kharkov dont il vient d'être fait élève d'honneur, d'autres orateurs l'imitent ; d'autres surenchérissent dans la métaphore guerrière.

Pour alimenter cette virile émulation, on annonce à la tribune l'ouverture du procès du « parti industriel ». Afin d'expliquer les résultats catastrophiques de l'économie, Staline et sa police ont organisé le procès à grand spectacle de quelques ingénieurs accusés d'être payés par des groupes industriels étrangers – notamment français – pour saboter la production. Les écrivains révolutionnaires y vont de leur dénonciation des traîtres et des « spécialistes » (le spécialiste s'oppose à l'ouvrier, comme le savoir-faire de l'écrivain bourgeois s'oppose au génie spontané de classe de l'écrivain prolétarien). Aragon y va de sa dénonciation du gouvernement français, *« véritable promoteur de la guerre »* contre l'Union soviétique. Les écrivains se saoulent à l'encens de leur idolâtrie. Aragon touche le bonheur auquel il ne croyait pas.

Il redescend du paradis : on ouvre le procès de Barbusse. *« Avec les erreurs politiques de Barbusse,* proclame le président Illès, *on remplirait un volume. »* Tout le monde, à sa suite, y va de son chapitre, pendant six jours, en toute fraternité. Le sixième, on lit à la tribune la réponse écrite qu'a fait parvenir l'accusé. On attendait une abjuration, Barbusse persiste dans le péché. La littérature prolétarienne, personne ne sait trop bien ce que c'est. Mais même si l'on en donne une définition politiquement floue (de « gauche ») et littérairement vague (une façon simple de s'exprimer), il n'y a guère en France qu'une douzaine d'auteurs qui accepteraient l'étiquette. Le meilleur d'entre eux, Louis Guilloux, n'en voudrait pas. Ce n'est pas avec Poulaille, Peisson, Tristan Rémy, Joseph Jolinon et Marcel Martinet qu'on va brandir le drapeau littéraire de l'avenir.

Jasienski s'étouffe de rage : s'il n'y a pas de littérature prolétarienne en France, c'est *objectivement* parce que Barbusse ne veut pas la voir. Et s'il ne veut pas la voir, c'est que *« le point de vue du camarade Barbusse est un point de vue opportuniste de droite et est l'expression bien nette, et la plus belle illustration, de la déviation de droite que notre organisation a combattue de la façon la plus énergique dans le domaine de la politique littéraire »*. L'erreur individuelle prouve toujours la vérité de l'organisation.

Vérité éternelle même si ses jugements changent. Sans qu'aucun nom, aucune œuvre ne soient évoqués, *Monde* était hier soupçonnée d'être trotskiste, la voilà à l'unanimité condamnée pour « opportunisme de droite » (c'est sous cette étiquette que Boukharine vient d'être éliminé par Staline) ; la revue de Barbusse était attaquée pour sa collusion avec la social-démocratie rebaptisée social-fascisme, voilà qu'elle a *« cessé de propager les idées prolétariennes pour soutenir la ligne du parti radical-socialiste dans le domaine de la culture et de la politique »*.

Et les surréalistes ? Aragon, qui a applaudi à la condamnation de *Monde* et se retrouve propulsé à la commission de contrôle de la toute nouvelle « Union internationale des écrivains révolutionnaires » que crée le Congrès, doit maintenant faire face à des

« écrivains prolétariens », notamment russes et lettons, qui ne goûtent guère les comportements et les écrits de Breton, Aragon et consorts, ni leurs liens amicaux avec *« les plus réactionnaires et les plus décadents »* des artistes occidentaux, les Ernst, Picabia, Picasso et autres Dali. Aragon tergiverse et biaise, mais il ne peut éviter le verdict : dans un pays si arriéré du point de vue de la littérature révolutionnaire, le surréalisme français est l'émanation d'un groupe petit-bourgeois qui s'est enfermé dans la littérature. Certes, son « noyau central » (les adhérents au parti communiste) progresse dans la bonne direction, *« non sans tâtonnements et à-coups »*, mais il ne pourra réussir que s'il corrige *« toutes les erreurs qui ont trouvé leur expression dans le* Second manifeste du surréalisme *»*. Aragon a cru payer son entrée mais ce n'était qu'un acompte ; il ne dispose que d'un ticket avec sursis, sous surveillance.

Rentré en France, les extases héroïques de Kharkov dissipées, Aragon se retrouve devant un choix simple : rompre avec son ami Breton, avec la pure révolte de sa jeunesse, avec l'esthétique et la morale surréalistes, ou rompre avec sa nouvelle position dans l'Internationale littéraire, avec la direction soviétique, avec Elsa aussi, sans doute, qui rêve d'Aragon comme d'un pont entre la Russie et la France.

Il a pu, un moment, les premiers mois de 1931, croire aux chances de succès du double jeu. Expliquer à Breton qu'il avait obtenu la condamnation de Barbusse mais qu'il n'avait eu aucune part dans celle du *Second manifeste du surréalisme*. Breton, habituellement plus vigilant, a accepté les excuses et les omissions : le groupe avait des actions urgentes à mener. La défense de *L'Âge d'or*, de Buñuel et Dali, attaqué par les Jeunesses patriotes, l'offensive contre l'Exposition coloniale, l'agitation en faveur de la révolution espagnole. Autant de manifestations qui rassemblent tous les surréalistes, de Péret à Crevel et de Char à Eluard. Aragon est de la partie, mais il doit aussi donner des gages à l'Organisation. En novembre 1931, dans *Littérature de la révolution mondiale*, la revue de l'Union internationale des écrivains révolutionnaires publiée à Moscou, Aragon fait paraître un long poème, *Front rouge*.

Le cœur de ce tract d'agitation est composé d'un collage sur le glorieux procès des saboteurs du « parti industriel ». Les vers qui ornent cette apologie de la justice stalinienne chantonnent la mise à mort des boucs émissaires :

L'éclat des fusillades ajoute au paysage
une gaieté jusqu'alors inconnue :
Ce sont des ingénieurs des médecins qu'on exécute :
Mort à ceux qui mettent en danger les conquêtes
d'octobre
Mort aux saboteurs du Plan Quinquennal.

Plus loin, il évoque la collectivisation forcée des terres, le grand massacre des paysans récalcitrants :

Dans les champs une grande lutte est ouverte
la lutte des fourmis et des loups
On ne peut pas se servir comme on voudrait des
mitrailleuses
contre la routine et l'obstination
mais déjà 80 % du pain cette année
provient des blés marxistes des Kolkhozes…

Aragon enfin évoque la révolution en France… en appelant au meurtre des dirigeants socialistes :

Tous les médecins social-fascistes… tomberont aux
mains des émeutiers qui les colleront au mur
Feu sur Léon Blum
Feu sur Boncourt Frossard Déat
Feu sur les ours savants de la social-démocratie
Sous la conduite du Parti communiste
SFIC
Vous attendez le doigt sur la gâchette
Feu.

Il se passe alors une chose étonnante. Aragon étant inculpé pour *Front rouge* de « provocation au meurtre dans un but de propagande anarchiste », les surréalistes se portent immédiatement à sa défense. Breton rédige un tract, « L'affaire Aragon », dont l'auteur de *Front rouge* déclare approuver tous les termes. Il s'agit de désamorcer les outrances politiques du poème en les transformant en licences poétiques. *« On ne s'avisait pas que la phrase poétique pût être jugée sur son contenu immédiat et au besoin incriminée judiciairement au même titre que toute autre forme mesurée d'expression. Les seules poursuites intentées contre Baudelaire nous rendent conscients du ridicule auquel se fût exposée une législation qui, dans son impuissance, eût demandé compte à Rimbaud, à Lautréamont, des élans destructeurs qui passent dans leurs œuvres, ces élans assimilés pour la circonstance à divers crimes de droit commun.* » Les poètes ne sont responsables que devant la poésie.

Cette poétisation ne fait pas du tout l'affaire des communistes. *L'Humanité*, loin de soutenir Aragon, publie une note lapidaire : « *Nous dénonçons vigoureusement l'utilisation de cette affaire par le groupe surréaliste pour se faire de la réclame.* [...] *La bourgeoisie, dans sa répression contre le prolétariat révolutionnaire, frappe parfois ceux qui s'accrochent fortuitement au mouvement ouvrier. Telle est la signification de "L'affaire Aragon".* »

Breton rédige alors une mise au point, *Misère de la poésie*. Il y développe la conception surréaliste de la poésie : « *Le poème n'est pas à juger sur les représentations successives qu'il entraîne mais bien sur le pouvoir d'incarnation d'une idée, à quoi ces représentations, libérées de tout besoin d'enchaînement rationnel, ne servent que de point d'appui. La portée et la signification d'un poème sont autre chose que la somme de tout ce que l'analyse des éléments définis qu'il met en œuvre permettrait d'y découvrir.* [...] *S'il n'en était pas ainsi, il y a longtemps que le langage poétique se fût aboli dans le prosaïque.* » Breton analyse ensuite *Front rouge* qu'il réduit littérairement à ce qu'il est : un texte de circonstance, en régression par rapport à la révolution poétique entamée depuis quinze ans. Pas de quoi fouetter un chat. Pas de quoi, non plus, envenimer une polémique avec les communistes. Breton se contente de leur donner un conseil : dans la lutte révolutionnaire, chacun doit faire son travail à sa place, « *dans le sens de sa qualification la plus spéciale.* [...] *Il importe au plus haut point de ne pas laisser se consommer la rupture, qui pourrait être imminente, entre les révolutionnaires professionnels et les autres catégories d'intellectuels révolutionnaires. Il importe de ne pas laisser se dégrader entre les mains de ceux-ci, pour reprendre une parole de Lénine, "le trésor de science amassé par l'humanité" dont ils se trouvent être passagèrement les dépositaires* ». Breton préfère « oublier » Kharkov : il veut bien suivre le parti communiste dans l'action politique, mais pas dans l'investigation poétique.

Aragon choisit Kharkov. Le 10 mars 1932, *L'Humanité* publie une *« mise au point communiquée par l'association des écrivains révolutionnaires : Notre camarade Aragon nous fait savoir qu'il est absolument étranger à la parution d'une brochure intitulée* Misère de la poésie, *et signée André Breton. Il tient à signaler clairement qu'il désapprouve dans sa totalité le contenu de cette brochure et le bruit qu'elle peut faire autour de son nom, tout communiste devant condamner comme incompatibles avec la lutte des classes, et par conséquent comme objectivement contre-révolutionnaires, les attaques que contient cette brochure ».*

La rupture est consommée. Paul Eluard, surréaliste et communiste, décerne à Aragon un *« certificat »* : *« J'ai connu Louis Aragon pendant quatorze ans.* [...] *Je l'aimais, je l'estimais, je le défendais. Il y a un an, il est revenu de Russie, après avoir signé un texte désavouant l'activité surréaliste et particulièrement le* Second manifeste du surréalisme, *d'André Breton. Quand ce dernier lui a dit qu'il nous paraissait indispensable de publier ce désaveu, Aragon, honteux ou feignant de l'être, l'a menacé de se tuer. C'est alors qu'Aragon s'est obscurci pour moi.* [...] *C'est seulement aujourd'hui qu'il m'est donné de voir quelles contradictions misérables il entend faire passer à la faveur de sa conception dialectique de la vie. L'incohérence devient calcul, l'habileté devient intrigue, Aragon devient un autre et son souvenir ne peut plus s'accrocher à moi. J'ai pour m'en défendre une phrase qui, entre lui et moi, n'a plus la valeur d'échange que je lui ai si longtemps prêtée, une phrase qui garde tout son sens et qui fait justice, pour lui comme pour tant d'autres, d'une pensée devenue indigne de s'exprimer : "Toute l'eau de la mer ne suffirait pas à laver une tache de sang intellectuelle" (Lautréamont). »*

Il ne s'agit pas d'une rupture de plus à l'intérieur d'un groupe qui, depuis sa naissance à la fin de la guerre, s'est toujours complu au jeu sectaire des exclusions, dénonciations, réconciliations, complots, fractions et alliances, sous la férule de Breton. Raymond Queneau, qui a participé à l'aventure, a raconté dans *Odile*, mi-sourire mélancolique, mi-désillusion blessée, le climat étrange dans lequel évoluait le petit cercle d'écrivains et d'artistes soumis à l'autorité quelque peu tyrannique du Maître dont chacun quêtait les faveurs et interprétait les oracles. Un jeu, joué par des enfants qui refusaient de grandir : *« On peut proposer à l'homme l'état d'enfance comme un "idéal" à la condition que ce ne soit pas par défaut mais par suréminence, non parce qu'on ne peut parvenir à être un adulte, mais parce qu'au contraire on a réalisé toutes les possibilités de cet état. Ces gens qui prônent l'enfance la recherchent dans les sous-sols de la conscience, dans les cabinets de débarras, dans les rebuts ; aussi ne parviennent-ils qu'à la caricature. Regardez de quoi se compose leur pseudo-activité. Ils jouent comme de "grands enfants" avec tout ce que ces mots impliquent d'arriération mentale. Que sont ces congrès, ces manifestes, ces exclusions ? des enfantillages ! Ils jouent aux mages, aux révolutionnaires, aux savants : une farce ! Regardez leurs expériences, leurs doctrines, leurs grands airs, leur sérieux ; puérilités ! puérilités !* »

Queneau est né en 1903. Sept ans seulement après Breton, Tzara, Artaud, six après Aragon et Soupault, quatre après Péret et Crevel, mais ce faible écart est traversé par une ligne de partage : une expérience radicalement différente du temps de la guerre. Queneau l'a vécue comme un enfant, Aragon, Breton et les autres y ont participé ou ont ressenti, au seuil de l'âge adulte, le fracas d'une civilisation qui s'effondre. Queneau cherchait dans le laboratoire surréaliste l'or d'un savoir nouveau, des méthodes, des connaissances, les bases d'une encyclopédie moderne qui dépasserait la seule analyse rationnelle du visible. Breton, Aragon et les autres étaient d'abord mus par la volonté de donner un contenu à leur immense révolte et au gouffre moral et intellectuel qui s'était ouvert devant eux. L'un cherchait à se construire, les autres à ruiner les derniers pans d'une société qui entendait survivre à sa faillite. Il ne pouvait y avoir que malentendu.

Malentendu aussi sur la notion de *groupe*. Dès l'origine, les surréalistes se sont revendiqués comme collectif, en opposition avec l'individualisme artistique et l'exercice « bourgeois » de l'art : la carrière, l'œuvre comme propriété privée, l'activité artistique comme une production de biens monnayables destinés à un public susceptible de les acheter. Breton et ses amis se sont toujours défendus de fabriquer des œuvres d'art pour se faire un nom dans l'histoire de l'art et de la littérature. Ils se voulaient manifestation pure de la révolte, remise en cause radicale des valeurs de la vieille société, sa morale, sa religion, son art, sa philosophie, son organisation sociale, sa psychologie, son écriture de l'histoire, son rationalisme aveugle, sa langue. Leurs armes étaient la provocation, l'humour, l'exploration de l'irrationnel, la subversion du langage, la liberté dans tous ses désordres : le sur-réel, la poésie. Pas la littérature, surtout pas : la première revue surréaliste se nomme, par dérision, *Littérature*, réécrit : *Lit et Rature*.

Enfantillages ? Ces écrivains qui ne veulent pas devenir des hommes de lettres savent aussi que le commerce littéraire les guette, que, dans la société où ils vivent, tout a un prix, même la révolution. Ils doivent publier pour être entendus, mais être publié veut aussi dire entrer dans un système dont ils ne veulent pas : évaluation, sélection, hiérarchie des talents et des représentations marchandes. Pour se protéger de ces dangers, ils inventent le groupe, le premier, le seul peut-être. Pas une académie, pas une école, pas un mouvement : un être collectif coagulé par un projet élaboré en commun et appliqué sans déviation ni aventure personnelle. La poésie par tous et pour tous.

Utopie, bien sûr, mais indispensable. Breton, usant tour à tour de la souplesse et de la rigueur, a tenté, au-delà du possible, d'en maintenir l'idéale pureté et la cohésion intellectuelle. Quitte à passer pour un gourou illuminé, un inventeur paranoïaque de complots ou pour un politicien machiavélique. Destin fatal de l'avant-garde intellectuelle dès qu'elle se proclame comme telle : elle imite jusqu'à la caricature les modes de fonctionnement des avant-gardes politiques, les principes transformés en dogmes, les divergences en fractions, les oppositions en ennemis. Profondément libertaires et idéalistes, romantiques pour tout dire, les surréalistes n'ont pas échappé à cette logique totalitaire et à ses conséquences pratiques : les changements de ligne et de mots d'ordre, les amitiés rompues et l'omniprésence du soupçon.

Mais, avec la défection d'Aragon, il s'agit de tout autre chose. Depuis 1924, le surréalisme a partie liée avec la révolution. Sa revue a pour nom *La Révolution surréaliste*. Que cette révolution soit spirituelle et intellectuelle, qu'elle vise à *« changer la vie »*, selon le mot d'ordre de Rimbaud, avant de changer l'organisation sociale, il n'est qu'à lire le pamphlet publié à la mort d'Anatole France, *Un cadavre*, pour le mesurer. Breton se contente d'insulter le « compagnon de route » des communistes : *« Avec France, c'est un peu de la servilité humaine qui s'en va. Que ce soit fête le jour où l'on enterre la ruse, le traditionalisme, le patriotisme, l'opportunisme, le scepticisme, le réalisme et le manque de cœur ! Songeons que les plus vils comédiens de ce temps ont eu Anatole France pour compère et ne lui pardonneront jamais d'avoir paré des couleurs de la révolution son inertie souriante.* » Aragon va plus loin : « *Je tiens tout admirateur d'Anatole France pour un être dégradé. Il me plaît que le littérateur que saluent à la fois le tapir Maurras et Moscou-la-gâteuse...* » Et les communistes ayant blêmi sous l'épithète, Aragon précise : « *Il vous a plu de relever comme une incartade une phrase qui témoignait du peu de goût que j'ai du gouvernement bolchevique, et avec lui de tout le communisme. Vous savez pourtant assez que l'*étourderie *n'est pas mon fort* [...] *j'ai toujours placé, je place l'esprit de révolte bien au-delà de toute politique.* [...] *La révolution russe, vous ne m'empêcherez pas de hausser les épaules. À l'échelle des idées, c'est tout au plus une vague crise ministérielle. Il siérait, vraiment, que vous traitiez avec un peu moins de désinvolture ceux qui ont sacrifié leur existence aux choses de l'esprit. Je tiens à répéter que les problèmes posés par l'existence humaine ne relèvent pas de la misérable petite activité révolutionnaire qui s'est produite à notre orient au cours de ces dernières années. J'ajoute que c'est par un véritable abus de langage qu'elle peut être qualifiée de révolutionnaire.* » Aragon aura beaucoup à se faire pardonner.

La révolution est surréaliste, le surréalisme est la révolution. Pourtant, dès 1925, la guerre colonialiste menée par la France au Maroc amène le groupe à se politiser et à se « socialiser » : « *Nous sommes la révolte de l'esprit ; nous considérons la Révolution sanglante comme la vengeance inéluctable de l'esprit humilié par vos œuvres. Nous ne sommes pas des utopistes : cette Révolution nous ne la concevons que sous sa forme sociale.* »

Breton et Aragon en tête, les surréalistes entament un long et aride dialogue avec les communistes, méfiant, colérique, parfois haineux. Non sans laisser sur le bord de la route certains compagnons, comme Artaud, qui n'ont que faire de la révolution sociale, « *comme si du point de vue de l'absolu il pouvait être du moindre intérêt de voir changer l'armature sociale du monde ou de voir passer le pouvoir des mains de la bourgeoisie dans celles du prolétariat.* [...] *Que me fait à moi la révolution si je dois demeurer éternellement douloureux et misérable ?* » Non sans devoir aussi rappeler à l'ordre ceux qui, oubliant la flamme de la révolte, rêveraient d'un surréalisme transformé en « mouvement littéraire » :

« Nous n'avons rien à voir avec la littérature ; mais nous sommes très capables, au besoin, de nous en servir, comme tout le monde. Le surréalisme n'est pas un moyen d'expression nouveau ou plus facile, ni même une métaphysique de la poésie. Il est un moyen de libération de l'esprit et de tout ce qui lui ressemble. *Nous sommes bien décidés à faire une Révolution. Nous avons accolé le mot de* surréalisme *au mot de* révolution *uniquement pour montrer le caractère désintéressé, détaché, et même tout à fait désespéré de cette révolution. »*

Breton et ses amis louvoient entre deux écueils, deux formes de suicide du groupe. Se dissoudre dans la révolution politique, forcément communiste ; se dissoudre dans l'activité artistique, forcément individualiste. Déjà, le marché récupère la part la plus immédiatement monnayable de la production surréaliste : la création d'images. Miro, Ernst, Picabia, Masson, Tanguy, Dali, Ray s'exposent et font, bon gré mal gré, carrière, comment l'éviter ? Comment échapper à la métamorphose incessante de l'« objet d'art » en produit marchand que rien – les « ready-made » de Duchamp l'ont prouvé – ne parvient à arrêter, même et surtout la volonté affichée de détruire l'art ? Bientôt, Breton va découvrir l'anagramme de Salvador Dali qui lui va comme un gant : Avida Dollars. (Ironie : c'est le culte moderne de l'objet, dans son accumulation hétéroclite, sa collection hasardeuse, qui pérennise le surréalisme, dans les manifestations les plus mercantiles de l'art décoratif : vitrines, publicité.)

Avec l'écriture, les dangers de récupération sont moins grands, ne serait-ce qu'en raison de la lisibilité. Le marché de la littérature absorbe mal l'illisible. Les écrivains surréalistes peuvent poursuivre à l'écart du public ou presque leurs expériences et leurs explorations de la « matière psychique » : jeux de langue, écriture automatique, images hypnotiques, récits de rêves, rencontres de hasard, mises en faillite des mécanismes logiques, écritures collectives. Ils peuvent y poursuivre, entre eux, la ruine de la notion d'auteur, propriétaire et responsable de son œuvre, gérant bourgeois de son talent. Le génie est impersonnel, comme la flamme n'appartient pas à la bûche, répète Aragon : *« Je me suis fait de la propriété une certaine opinion expérimentale, dont les dégoûts ont leur part. Cependant jamais, si ce n'est dans l'amour, l'idée de propriété ne m'a paru plus dépourvue de fondement que dans le domaine de la pensée. Il y a encore des hommes, qui courent les rues très fiers, se réclamant de ce qui leur est passé par la caboche.* [...] *Le mystère appartient à tout le monde. Il est la communauté véritable. Peu importe le prétexte, un pauvre bougre après tout, de cette interrogation posée. Le Sphinx dévore celui qui lui a ouvert la cage.* »

L'interdiction du roman dans le groupe surréaliste est encore une manière de combattre l'appropriation individuelle de la pensée. La condamnation du roman dans le premier *Manifeste du surréalisme* de Breton en 1924 obéit certes à des considérations plus vastes. Il s'agit d'abord, dans une inspiration très romantique, de détruire les chaînes dans lesquelles le roman est accusé de retenir prisonnière la vie réelle : chaîne du réalisme, médiocre, plat, suffisant, *« hostile à tout essor intellectuel et moral »* ; chaînes de la logique et de l'esprit critique qui brident l'imagination, ignorent la puissance des rêves et de la part nocturne de la pensée ; chaîne de la psychologie – *« l'auteur s'en prend à un caractère, et, celui-ci étant donné, fait pérégriner son héros à travers le monde. Quoi qu'il arrive, ce héros, dont les actions et les réactions sont admirablement prévues, se doit de ne pas déjouer, tout en ayant l'air de les déjouer, les calculs dont il est l'objet. Simple partie d'échecs dont je me désintéresse fort »* – ; chaîne de la langue, tristement arrimée à ses pouvoirs informatifs et descriptifs : *« Je veux qu'on se taise, quand on cesse de ressentir. »* Le roman, comme forme littéraire de la possession du monde par l'homme, est à l'opposé de la définition que donne Breton du surréalisme, *« une fois pour toutes »* : *« Automatisme psychique pur par lequel on se propose d'exprimer, soit verbalement, soit par écrit, soit de toute autre manière, le fonctionnement réel de la pensée. Dictée de la pensée, en l'absence de tout contrôle exercé par la raison, en dehors de toute préoccupation esthétique ou morale. Le surréalisme repose sur la croyance à la réalité supérieure de certaines formes d'associations négligées jusqu'à lui, à la toute-puissance du rêve, au jeu désintéressé de la pensée. Il tend à ruiner définitivement tous les autres mécanismes psychiques et à se substituer à eux dans la résolution des principaux problèmes de la vie. »*

On peut bien, pour les besoins de la cause révolutionnaire, mâtiner cet idéalisme absolu de matérialisme dialectique, de lutte des classes et de matérialisme historique au prix de quelques pirouettes philosophiques autour de la statue de Hegel, l'idéalisme demeure. Il est réaffirmé de manière éblouissante et insolente par Aragon dans son *Traité du style* de 1928, cette puissante giclée d'images assenées comme des gifles : « *Quand vous lisez ce que j'écris, ne l'oubliez pas, la vie est un langage, l'écriture un tout autre. Leurs grammaires ne sont pas interchangeables. Verbes irréguliers.* »

Aragon n'a que faire du réalisme ; écrivain surdoué, il n'a en revanche jamais été effarouché par le genre roman dont il a perçu immédiatement – il a vingt ans lorsqu'il commence, sur le front, à écrire *Anicet* – les possibilités de subversion. La tradition romanesque, qui paraît à Breton trop pesante et trop bien établie pour qu'on ne la contourne pas, est perçue par Aragon comme un jeu dont il aime se saisir pour en modifier les règles et les canons, avec l'insolente certitude de sa virtuosité. *Anicet* – que Gide fait accueillir à la *NRF* en 1920 – est un mélange détonant de roman et d'anti-roman, de construction et de destruction, de mise en crise et de triomphe de la fiction narrative. Aragon rassemble toute sa mémoire de la littérature romanesque française, qui est déjà considérable – « *Il a tout lu* », murmure Breton qu'on n'épate pas facilement –, pour en faire un somptueux et humoresque incendie. La matière de son roman n'est pas le réel, sous quelque forme, c'est la prose française. Il recommencera, plus tard, la même opération avec la poésie.

Il se plie pourtant, tant bien que mal, au dogme. Il cache ses envies romanesques où il peut, dans la prose des *Aventures de Télémaque* ou dans celle du *Libertinage*. Il entreprend surtout, clandestinement, un roman, proliférant, composite, démesuré, « *un gigantesque bordel* », *La Défense de l'infini*. On connaît la suite : le manuscrit brûlé à l'automne 1927 – 1 500 pages, dit-il, moins, sans doute – dans une chambre de la Puerta del Sol sous les yeux de Nancy Cunard ; les parties pourtant conservées, éparpillées, cachées, reniées ou avouées, *Le Con d'Irène*, *Le Cahier noir*, *Entrée des succubes* (dédié à Breton), *Les Aventures de Jean-Foutre la Bite*, *L'Instant* ; et le roman sans cesse réécrit de ce roman sacrifié, de cette jeunesse livrée aux flammes. Puis la tentative de suicide à Venise en janvier 1928 et l'entrée en scène d'Elsa Triolet qui l'arrache au vertige mortel – et à l'orbite de Breton.

Peut-être est-ce cela le reniement de Kharkov : une nouvelle pesée du destin d'Aragon. Dans un des plateaux de la balance : Breton, le surréalisme dont Aragon juge peut-être avoir épuisé toutes les ressources, l'interdiction du roman, l'idéal, la révolte. Dans l'autre, l'Union soviétique, le réel – *« Je crois à la victoire de tout ce qui est sordide sur tout ce qui est admirable, et je vis comme je peux avec cette idée devant moi »* –, la survie, la discipline, le secret, le roman. Celui qu'il écrit immédiatement après la rupture avec Breton, *Les Cloches de Bâle*, commence ainsi : *« Je n'ai pas mémoire de comment je sortis de la forêt. »* Aragon attachait une importance presque magique à la première phrase de ses livres : *« Je n'ai jamais écrit mes romans, je les ai lus. »*

Le surréalisme s'arrête là, sur cette brisure. Il y aura encore des écrivains et des artistes qui revendiqueront l'étiquette, l'esprit, les méthodes, souvent à juste titre : la révolte n'a pas d'âge. En mai 1968, le vieux Breton pourra saluer ses petits-enfants dans les rues. Mais la révolution surréaliste s'est consumée avec le *groupe* qui a allumé la flamme. Il n'y a plus, après 1932, que des artistes et des militants poursuivant, malgré eux, des carrières, occupant des positions de pouvoir individuelles sur l'échiquier social du monde littéraire.

Aragon écrit des romans, plus socialistes mais pas plus réalistes que ceux d'avant ; il a simplement changé son idéalisme d'épaule. Par les hasards de la politique et de l'histoire, le chantre flamboyant de l'antipatriotisme est devenu le plus superbement nationaliste de nos poètes. Écriture militante ? On pourrait parfois s'y tromper si Aragon ne nous avait pas prévenus de ce qui la gouverne : *« La loi d'alternance des mensonges, ces marées de l'homme qui fait l'amour avec le monde, leurs reflux abandonnant aux grilles des égouts les mots brisés, les déchets de songe, les pantins disloqués de notre âme, les cris perdus, les crimes parfaits de la pensée. »*

SOURCES

ARAGON : *Œuvre poétique*. 15 vol. Paris, Livre-Club Diderot, 1974-1981.
— *Œuvres romanesques complètes*, tome I. Édition de Daniel Bougnoux. Paris, Gallimard, « Bibliothèque de la Pléiade », 1997.
André BRETON : *Œuvres complètes*. Édition de Marguerite Bonnet. 4 vol. Paris, Gallimard, « Bibliothèque de la Pléiade », 1988-1992.

Raymond QUENEAU : *Odile*. Paris, Gallimard, 1937.
Antonin ARTAUD : *Œuvres complètes*. Paris, Gallimard, 1956-1961.
Paul ELUARD, René CHAR et André BRETON : *Ralentir travaux*. Paris, Éd. Surréalistes, 1930.
Tristan TZARA : *Le Surréalisme et l'après-guerre*. Paris, Nagel, 1947.
Roger VAILLAND : *Le Surréalisme contre la révolution*. Paris, Éd. Sociales, 1948.
Maurice NADEAU : *Histoire du surréalisme*. Paris, Éd. du Seuil, 1964.
Marcel RAYMOND : *De Baudelaire au surréalisme*. Paris, José Corti, 1940.
Julien GRACQ : *André Breton*. Paris, José Corti, 1947.
Pierre DAIX : *Aragon*. Paris, Flammarion, 1994.
Georges SADOUL : *Aragon*. Paris, Seghers, 1967.
Maurice BLANCHOT : *La Part du feu*. Paris, Gallimard, 1970.
Jean-Pierre MOREL : *Le Roman insupportable. L'internationale littéraire et la France (1920-1932)*. Paris, Gallimard, 1985.
Andréi BOGDANOV : *La Science, l'art et la classe ouvrière*. Paris, Maspero, 1977.
Léon TROTSKI : *Littérature et révolution*. Paris, Julliard-10/18, 1974.
Georg LUKACS : *Problèmes du réalisme*. Paris, L'Arche. 1975.
Pascal ORY : *La Belle Illusion*. Paris, Calmann-Lévy, 1982.

Tout détruire sauf la voix

1932 ■ Le *Voyage au bout de la nuit* rate le Goncourt

ANNÉE de vertige : l'après-guerre devient l'avant-guerre. En quelques mois, le monde se fait sénile, et pas seulement la vieille Europe. L'Amérique, la nouvelle Rome capitaliste, chancelle dans la crise. De l'autre côté, en Russie, l'espérance communiste sombre dans la plus implacable tyrannie. Misère des corps et misère des esprits. L'avenir est à la violence nue et à la mort. Le présent est au refus, c'est non à tout, et d'abord au non des autres. Un non unanime et unanimement divisé, confus, ambigu, impuissant.

Dans le numéro de décembre de *La Nouvelle Revue française*, Denis de Rougemont publie un *Cahier de revendications* qui voudrait servir de base de rassemblement à un front du refus : *« Est-il possible de définir une cause commune de la jeunesse française, une communauté d'attitude essentielle ? Il semble que la solidarité du péril crée en nous une unité que n'ont su faire ni maîtres ni doctrines, unité de refus devant la consternante misère d'une époque où tout ce qu'un homme peut aimer et vouloir se trouve coupé de son origine vivante, flétri, dénaturé, inverti, saboté. »* C'est supposer le problème résolu et les jeunes contributeurs du *Cahier de revendications* – Henri Lefebvre, Paul Nizan, Philippe Lamour, Thierry Maulnier, Emmanuel Mounier, Robert Aron, Denis de Rougemont lui-même – ne vont guère s'entendre que sur la nécessité de rompre et de refuser.

Paul Nizan, vingt-sept ans, communiste, agrégé de philosophie, vient de publier un livre, *Aden Arabie*, où il exprime sa révolte contre l'idéalisme et les vérités abstraites dont on enchaîne la jeunesse pour mieux l'éloigner de la vie réelle. Dans la *NRF*, son refus n'épargne rien du présent ni de l'avenir : *« Ni les partis de droite, ni les partis de gauche, ni la diplomatie secrète, ni la Société des Nations, ni le gros rhéteur hypocrite de la présidence du Conseil, ni le petit socialiste vaniteux du ministère de la Guerre,* [...] *ni l'École Laïque, ni la Presse, ni les émissions de radio, ni les académies, ni la philosophie de l'Université, ni la Littérature. Ni rien. La plaisanterie a assez duré, la confiance a assez duré, et la patience et le respect. Tout est balayé dans le scandale permanent de la civilisation où nous sommes, dans la ruine générale où les hommes sont en train de s'abîmer. Un refus, une dénonciation seront publiés partout, malgré toutes les polices et toutes les conspirations – tellement complets, tellement radicaux qu'ils seront à la fin entendus des plus sourds. La vie humaine est l'enjeu de la partie qui s'engage.* [...] *Rien ne reste debout : pas une action qui se puisse prouver, qui se puisse lier aux nécessités les plus profondes, pas une entreprise qui ait un sens. Le monde a perdu toute signification : c'est un tas de décombres.* [...] *Je ne vois pas que ce monde soit impensable, il est parfaitement intelligible, il a la simplicité brutale d'un crime. »*

En pendant à Nizan, un intellectuel d'extrême droite, Thierry Maulnier, vingt-trois ans, normalien lui aussi, admirateur de Nietzsche, collaborateur de l'*Action française* et de *Réaction*. Son refus du présent et de l'avenir qu'il prépare n'est pas moins violent que celui de Nizan : d'abord détruire. *« Pour sauver ce qui doit être sauvé, il est évident qu'il ne faut hésiter ni devant l'action, ni devant la lutte, ni devant le sang versé peut-être. À tous ceux qui observent froidement le monde moderne, il apparaît de façon évidente que nous sommes menacés dans le plus précieux de nous-mêmes, que cette menace est urgente, active, physique, appuyée sur les intérêts et les codes, sur les mystiques et sur les armées, et que toute volonté d'un ordre véritable doit commencer par accepter et par réaliser les destructions qui s'imposent. La prévision et le calcul de la violence nécessaire résultent beaucoup plus des exigences de la méthode que de la vengeance ou de la colère. Il faut ce qu'il faut. »*

Nizan et Maulnier veulent tuer, mais pas les mêmes choses, ni avec les mêmes alliés. Le communiste Nizan n'a que mépris pour *« les révolutionnaires de l'Esprit, fidèles à une révolution inconnue, inoffensifs pour les forces qu'ils feignent de vouloir détruire.*

Ils ne sortent pas du plan même de la Bourgeoisie, ils participent au dialogue inquiet des bourgeois, les revues parlent avec éloge de ces bouleversements sans larmes, de ces destructions spirituelles qui laissent debout toutes les casernes, toutes les usines de guerre, tous les syndicats patronaux, toutes les églises ». Maulnier, s'il fustige *« le grand capitalisme devenu maître de la planète »*, ajoute que *« grand capitalisme et collectivisme sont deux formes de la même erreur »* qu'il faut combattre avec la même détermination. Quant au fascisme et au national-socialisme, s'il faut les accueillir *« avec la plus grande défiance »*, c'est parce que *« ces mouvements se sont fondés sur les valeurs communes mises au premier plan par les idéologies modernes »*. Mais Maulnier reconnaît qu'*« étatistes ou racistes, elles placent au premier plan des réalités collectives sans doute précieuses, mais qui doivent cependant être maintenues à leur rang, subordonnées. Le fascisme et le national-socialisme préservent peut-être telles valeurs respectables que le marxisme détruit »*. On voit de quel côté penche la balance du démolisseur.

Refus révolutionnaire, refus contre-révolutionnaire, la force de négation obéit encore aux lois classiques de la pesanteur idéologique, mais certaines adhésions inattendues viennent troubler les repères et dramatiser l'urgence de choisir un camp. André Gide, en octobre, publie les pages, à peine séchées, de son journal de février. Le maître de la pure littérature et de la conquête de soi rend les armes de la nuance et de la subtilité : *« Ne plus aller simplement devant soi, mais se diriger vers quelque chose... Satisfaction indicible ! Mais n'étais-je pas conquis au parti dès avant qu'il ne se formât et ne formulât ses doctrines ?* [...] *De cœur, de tempérament, de pensée, j'ai toujours été communiste. Mais j'avais peur de ma propre pensée, et, dans mes écrits, je m'efforçais plus de la cacher que de la dire. J'écoutais trop autrui et lui donnais beaucoup plus de crédit qu'à moi-même, autant par sympathie que par défiance de moi, par incurable modestie, par crainte "d'abonder dans mon sens". Les événements de là-bas s'en chargent, et je leur suis reconnaissant de m'y pousser.* [...] *"Si le communisme devait réussir, me disait Valentine, cela m'enlèverait le goût de vivre" ; moi, c'est au contraire s'il échoue. »*

Gide refuse le refus, son goût de la vie s'y oppose : il se retrouve, il accueille, il adhère, il espère, il croit, il sacrifie allègrement, il parie sur l'avenir de l'homme ; il est bien le seul. Ailleurs, on cherche une formule pour seulement parer à la catastrophe. Un ordre nouveau contre *« le désordre établi »*, ni de droite ni de gauche, ni individualiste ni collectiviste, ni nationaliste ni internationaliste, ni conservateur ni révolutionnaire, ni tout à fait confessionnel ni réellement laïc.

Emmanuel Mounier a vingt-sept ans, il est agrégé de philosophie et catholique. En 1929, il a publié, en collaboration avec Georges Izard et Marcel Péguy, un livre consacré à *La Pensée de Charles Péguy*. L'ouvrage a paru chez Plon dans la collection « Le Roseau d'or » que dirige Jacques Maritain. Maritain a abandonné l'*Action française* depuis sa condamnation par Rome en 1926, sans abandonner encore son antimodernisme. C'est chez Maritain, à Meudon, que Mounier, Izard, André Deléage un autre normalien, et un architecte, Louis-Émile Galey, fondent la revue *Esprit* dont le premier numéro paraît en octobre 1932. « Refaire la Renaissance », c'est le titre de l'épais manifeste-programme que rédige Mounier en ouverture du numéro. Il y parle bien de révolution et de socialisme, mais *« personnaliste et communautaire »* : beaucoup de Péguy pour la ferveur, un zeste de Proudhon, un autre du social-chrétien belge Henri de Man, non sans faire penser aux confréries à la fois spirituelles, intellectuelles et corporatives d'une autre époque. Socialisme utopique et spiritualiste qui souligne encore un refus, une négation et une nostalgie plutôt qu'une détermination à construire : *Esprit* manifeste le malaise d'intellectuels catholiques « non conformistes », inquiets de l'alignement de l'Église institutionnelle sur les positions du conservatisme.

Figures de la destruction : en mars, *La Critique sociale*, la revue de Boris Souvarine, ancien dirigeant communiste devenu le critique savant et impitoyable du stalinisme, publie la traduction par Marie Bonaparte du premier chapitre d'un nouvel ouvrage de Freud, paru en 1927, *L'Avenir d'une illusion*. *« L'œuvre de Freud,* écrit Souvarine, *tient dans la pensée révolutionnaire, ne serait-ce que par sa valeur destructrice, une place qu'un certain recul permettra plus tard de mieux apprécier. Il ne suffit pas à l'État policier dit soviétique de décréter la psychanalyse "théorie réactionnaire" et d'interdire en URSS les livres de Freud pour trancher la question. »* Dans *L'Avenir d'une illusion* et dans *Malaise dans la culture* (1930), Freud avance l'hypothèse de l'existence, face à la pulsion sexuelle vitale, d'une *« pulsion de mort »* destructrice des hommes et des sociétés : *« Il y a dans l'homme la bête sauvage à qui est étrangère l'idée de ménager sa propre espèce.* [...] *Tout se passe comme si nous devions détruire d'autres choses et d'autres êtres pour ne pas nous détruire nous-mêmes. »* La culture, la « civilisation », l'éthique des sociétés ne font que masquer dangereusement cette pulsion de mort à l'œuvre : *« Il y a dans le comportement des hommes des différences dont l'éthique se dispense de voir ce qui les conditionne, quand elle classe ceux-ci entre "bons" et "méchants". Aussi longtemps que ces différences indéniables ne sont pas supprimées (et il n'est pas sûr qu'elles puissent l'être) l'observance des hautes exigences éthiques* [...] *donne tout bonnement des primes à la méchanceté. »*

Figures de la destruction : le 29 juin, à l'issue d'un colloque de sexologie qui se tient à la Sorbonne sous la présidence du ministre radical de la Santé, Justin Godart, le magazine de gauche *Vu* publie un entretien « scientifique » avec le professeur Toulouse, directeur de l'hôpital de Villejuif, qui se livre à un exercice de biologie politique : *« Il y a des peuples de tendance paranoïaque ou comptant plus d'anormaux violents. Et des poussées formidables qui sont des changements brusques, des "mutations" dans le régime ou les aspirations politiques, quels que soient le revêtement extérieur et la forme de l'idéal – fascisme, bolchevisme, hitlérisme – s'opposent aux réactions plus lentes des nations stabilisées.* [...] *Le moyen de tous les peuples qui ont été obligés de s'agrandir, c'est l'immigration. Mais le problème est d'abord d'ordre biologique. Il s'agit d'opérer à l'entrée de notre pays une sélection rigoureuse, physique et mentale, afin d'écarter les individus tarés, les porteurs de signes héréditaires ou ceux dont les antécédents graves sont reconnus. Il y a 100 000 aliénés en France, internés dans 110 asiles qui coûtent 300 000 millions en frais d'assistance. J'estime qu'il y a chez nous un million d'anormaux qui sont des facteurs d'altération de la race... Nous devons faire tous nos efforts pour diminuer les naissances d'individus tarés. Tel est le rôle de l'eugénique. Il faut que la France soit grande et forte ; et seule l'eugénique, aidée de l'hygiène mentale, peut lui donner cette vertu. »*

Figures de la destruction : aux élections allemandes du 6 novembre, les nazis obtiennent 33 % des voix, contre 36,8 % au second tour de la présidentielle d'avril. À Paris, le chef socialiste

Léon Blum prophétise : *« Hitler est désormais exclu du pouvoir ; il est même exclu de l'espérance du pouvoir. »* Quelques jours plus tard à Berlin, le nouveau chef communiste Maurice Thorez proclame : *« Nous, communistes de France, nous luttons et nous appelons les travailleurs de notre pays à la lutte* [...] *pour la libre disposition du peuple d'Alsace-Lorraine, jusques et y compris la séparation d'avec la France ; pour le droit de tous les peuples de langue allemande à s'unir librement. »*

Figures de la destruction : dans la *NRF* d'octobre, Antonin Artaud publie son manifeste pour *« le théâtre de la cruauté »* : *« Sans un élément de cruauté à la base de tout spectacle, le théâtre n'est pas possible. Dans l'état de dégénérescence où nous sommes, c'est par la peau qu'on fera rentrer la métaphysique dans les esprits.* [...] *Il faut parler du côté uniquement matériel de ce langage. C'est-à-dire de toutes les façons et de tous les moyens qu'il a pour agir sur la sensibilité.* [...] *Mais avec un sens tout oriental de l'expression ce langage objectif et concret du théâtre sert à coincer, à enserrer les organes. Il court dans la sensibilité. Abandonnant les utilisations occidentales de la parole, il fait des mots des incantations. Il pousse la voix. Il utilise des vibrations et des qualités de voix. Il fait piétiner éperdument les rythmes. Il pilonne des sons. Il vise à exalter, à engourdir, à charmer, à arrêter la sensibilité. Il dégage le sens d'un lyrisme nouveau du geste, qui par sa précipitation ou son amplitude dans l'air, finit par dépasser le lyrisme des mots. Il rompt enfin l'assujettissement intellectuel au langage, en donnant le sens d'une intellectualité nouvelle et plus profonde qui se cache sous les gestes et sous les signes élevés à la dignité d'exorcisme particuliers* [...] *Tout ce magnétisme, et toute cette poésie, et ces moyens de charme directs ne seraient rien, s'ils ne devaient mettre physiquement l'esprit sur la voie de quelque chose. »* En Allemagne, un théâtre autrement cruel éprouve des recettes similaires.

Figures de la destruction : Aldous Huxley publie à Londres, au printemps, *Brave New World*, qui sera traduit dès l'année suivante en France, *Le Meilleur des mondes*. La description d'une catastrophe planétaire annoncée, le monde gouverné par une oligarchie de savants technocrates, sous la devise de l'État unique : « Communauté, Identité, Stabilité », et d'un dieu auquel rien n'échappe, ni âme ni corps, ni pensée ni désir : Notre Ford. Pas de sauvetage possible chez Huxley, sinon dans un vague anarchisme mystique tout intérieur, ou dans le suicide.

Le Meilleur des mondes va connaître un immense succès, mais c'est d'un autre roman, d'un écrivain débutant, dont parle toute la presse. Il pourrait s'appeler « le pire des mondes », il s'intitule *Voyage au bout de la nuit* sans qu'on y voie le jour se lever. Son auteur a envoyé anonymement son manuscrit au comptoir d'une jeune maison d'édition, Denoël et Steele, sise rue Amélie, et qui s'est fait un début de réputation en publiant une collection de psychanalyse – en 1932, *L'Avenir d'une illusion* de Freud – et *Hôtel du Nord*, d'Eugène Dabit, un ancien ouvrier électricien dont le roman, Prix populiste 1929, a été accueilli comme le modèle d'une littérature préservée de toute tare « bourgeoise ».

Freud et Dabit : sans doute l'auteur du *Voyage* a-t-il choisi Denoël et Steele à cause de ces références. Mais il a aussi envoyé le même énorme paquet de feuillets à la très bourgeoise maison Gallimard, sanctuaire de la haute littérature estampillée : stratégie spontanée d'un double jeu entre l'expression de l'écart et de la révolte et une soif permanente de reconnaissance. Mais Gallimard tarde. Benjamin Crémieux, à qui la lecture du manuscrit a été confiée, hésite entre la réserve et la répulsion. Le comité de lecture se réunit. Malraux et Emmanuel Berl soutiennent la publication, les autres se taisent ou s'effarouchent : on va attendre. Robert Denoël n'attend pas : il lit et s'enflamme pour le roman.

Il lui reste à trouver l'auteur. Celui-ci n'a pas laissé la moindre indication : ni nom ni adresse. Commence une enquête policière à rebondissements. Le manuscrit est enveloppé dans un papier d'emballage qui porte l'adresse d'une dame. Laquelle dame on convoque rue Amélie. Elle s'y rend d'autant plus volontiers qu'elle a déposé il y a quelques mois le manuscrit d'un roman chez Denoël. Entrevue et quiproquos : ce n'est pas elle qui a écrit le *Voyage au bout de la nuit*, mais elle reconnaît l'emballage ; elle en a fait don à sa femme de ménage, laquelle l'a repassé pour lui rendre service à un autre de ses patrons, un voisin de palier, au 98 rue Lepic, un certain docteur Destouches qui travaille pour un laboratoire pharmaceutique de Montparnasse. Le contrat peut être signé. Le Dr Destouches restera abrité derrière un pseudonyme, Céline ; son éditeur devra respecter scrupuleusement l'intégralité du texte, ponctuation, injures et néologismes compris. Sur ce dernier point,

Céline devra batailler ferme contre les typographes et les correcteurs : *« Ils veulent me faire écrire comme François Mauriac. »*

Cela se passe en avril. Le 15 octobre, deux revues inclinées à gauche, *Europe* de Romain Rolland et les *Cahiers du Sud* proches des surréalistes, publient des extraits de *Voyage au bout de la nuit*, de Louis-Ferdinand Céline. Le 20 octobre, le roman sort en librairie. Le prière d'insérer indique que l'auteur *« a réussi le tour de force de transposer le parler populaire le plus dru et le plus vert en langage écrit. Il en résulte un livre d'une lecture aisée, d'un pittoresque prodigieux.* [...] *Son public : les médecins que l'auteur attaque avec une particulière violence, les universitaires, les lettrés ».*

On insiste sur le pittoresque et sur le réalisme : *« L'auteur tend à créer une image très fidèle de l'homme des villes, avec tout ce que ce terme suggère de complexe, d'abondant, de contradictoire. »* On demeure prudemment à la surface. Très vite, pourtant, le *Voyage* apparaît pour ce qu'il est : séisme littéraire, pamphlet d'une violence extrême, hurlement d'une société aux prises avec sa propre mort. Le débat qui s'engage autour du *Voyage* fait éclater l'ambiguïté de toutes les « positions », littéraires, intellectuelles, idéologiques, spirituelles, politiques. Le roman de Céline ravage tous les camps qui s'étaient constitués depuis 1918.

Finie la tranquille certitude d'une communauté organique entre l'avant-garde littéraire et l'avant-garde politique, nourries dans le même refus de la civilisation bourgeoise. Céline s'attaque, plus radicalement qu'on ne l'a jamais fait, à toutes les bases de la tradition littéraire et jusqu'aux racines mêmes de la langue écrite, mais c'est pour véhiculer un message dont le pessimisme intégral et le catastrophisme excluent toute ressaisie, toute perspective d'une société meilleure. Pour brouiller un peu plus les pistes, Céline, qui s'y entend comme personne dans le jeu du furet, multipliant les explications et les modes d'emploi contradictoires, va se présenter à plusieurs reprises comme « anarchiste », mais c'est évidemment un abus et une posture : Céline ne met jamais en cause telle organisation de la société qu'on pourrait remplacer par une autre, c'est l'homme lui-même, intrinsèquement et éternellement ignoble et salopard, qui est l'auteur et la victime de sa sauvagerie. Il n'y a rien à y faire et sûrement pas une révolution. Ni une contre-révolution : *« L'homme est nu, dépouillé de tout, même de sa foi en lui. C'est ça mon livre. »* Le *Voyage* est une mise à mort de toutes les formes possibles d'humanisme, au nom d'une nouvelle ambiguïté : *« C'est la vie, la vie telle qu'elle se présente. La misère humaine, qu'elle soit physique ou morale. »*

Le *Voyage* joue admirablement sur les deux tableaux, le nihilisme et la protestation, l'*« humanité directe »* et la haine de l'homme. Avec la même négation farouche de toute logique, de tout exercice rationnel de l'intelligence. Au nom de la toute-puissance du *sentiment*, lui-même réduit à l'état de pulsion biologique, nécessaire et arbitraire : l'ordre pur, l'animalité. La même pratique du double jeu se retrouve dans le constant brouillage entre le réalisme de « la tranche de vie » et le délire, entre l'autobiographie et la fiction romanesque, entre le désir de vérité et les accommodements du mensonge.

L'ambiguïté de la langue tient ensemble les autres. D'un côté, elle se donne pour une transcription dans le domaine de l'écrit de la langue populaire. Céline parle d'*« une langue antibourgeoise »* qui ferait entrer dans le domaine de la littérature la voix de ce « peuple » qui en a toujours été exclu : *« J'ai écrit comme je parle.* [...] *je suis du peuple, du vrai. »* L'appartenance au « vrai » peuple (à l'exclusion de l'autre, le faux, dont la langue a été domestiquée par les idéologies modernes) donne à la parole célinienne une garantie d'authenticité raciale, primordiale, originaire, naturelle dont ne sauraient se prévaloir les langues « artificielles » inventées par la culture d'élite pour masquer et justifier l'exercice prédateur de son pouvoir. Avant Céline, des écrivains ont utilisé, soit dans des dialogues véristes, soit à titre ornemental, des bribes de parler populaire plus ou moins exactement reconstitué : argot des faubourgs, jargon du milieu et des gouapes que singent les « artistes », plus rarement patois des ateliers et des métiers. Dans le *Voyage*, c'est toute la narration qui est aspirée, malaxée et digérée par un langage – lexique et syntaxe – où s'expriment en direct les rudes vertus populaires (ou réputées telles).

Mais ce populisme antibourgeois, anticlassique a une autre face. La langue de Céline est une création, une invention littéraire forgée de toutes pièces, au prix d'un travail stylistique incessant. Le *Voyage* inaugure, avec prudence encore, une recherche que Céline va poursuivre et radicaliser dans ses livres suivants, jusqu'à la désarticulation logique de la phrase, jusqu'à sa réduction émotive en une série de phonèmes et de rythmes, jusqu'à l'impasse de l'illisible. Cette recherche est celle d'une écriture qui s'approprierait la puissance expressive de l'oralité. Écrire, moins pour être lu que pour être entendu.

C'est un renversement de l'ordre littéraire. L'écriture, jusqu'à Céline, est marquée par l'absence du corps : on peut parler de lui, mais il n'est pas là, présent. Les mots sont les signes de son absence. C'est parce que l'auteur n'est pas physiquement là que je peux le lire et qu'il y a littérature : la décorporéisation de la parole est ce qui permet sa transmission dans le silence de la lecture. Entre la main qui écrit et l'œil qui lit, il y a une infinie distance, dans le temps comme dans l'espace, que le livre ne cesse de réaffirmer tout en la conjurant. L'auteur exprime et imprime : dit et enterre sa diction dans l'humus des signes. De son corps, il ne subsiste que le souffle, de sa voix que des traces, à peine matérielles, des symboles silencieux, un peu d'encre sur du papier. Chacun de ses mots, chacune de ses phrases repose sur le pari d'une communication intellectuelle, émotionnelle, spirituelle par le jeu organisé de ces symboles, communs à une collectivité de lecteurs ; à commencer par les symboles linguistiques. La lecture réveille ces traces ; la voix perdue est ce qui permet l'incorporation individuelle du livre, chaque lecteur ayant la possibilité de faire sien un discours ainsi libéré des obstacles matériels de la présence.

On le voit, mieux que partout ailleurs, dans le théâtre où l'auteur délègue au corps des acteurs le soin de pallier sa propre absence. La voix, les gestes, les mimiques, l'environnement matériel du décor, mais aussi les cris, les plaintes, les apparitions, les lumières, les costumes, les « coups de théâtre » transforment la représentation en acte physique, en agissement immédiat dont l'effet est une émotion collective, une captation des sens dans une direction déterminée. Un rituel. Ce qui disparaît par bonheur lorsque la tragédie devient livre et que le lecteur, débarrassé des corps, peut enfin jouir en toute liberté de sa propre lecture.

Céline tente d'abolir cette distance. De chasser le silence pour le remplacer par la puissance émotive de la voix. D'installer une présence immédiate de celui qui parle à celui qui écoute. Rien ne saurait délivrer le lecteur de l'emprise de cette voix : ni l'histoire qu'on lui raconte, ni le sens de ce qu'il entend. Essaierait-il de se ressaisir, de suivre le fil du discours ou des événements, que la phrase célinienne, hachée, fragmentaire, hérissée, casse toute possibilité de continuité pour lui imposer l'omniprésence de celui qui dit. Le monde, le sens, le discours lui-même s'anéantissent dans un tourbillon émotif, une éloquence savamment outrée et dramatisée d'où rien ne surnage, si ce n'est la voix, intarissable, du narrateur.

Que dit-il ? Peu importe pourvu qu'il parle, qu'on le sente présent à chaque mot, qu'il empoigne, qu'il secoue, qu'il fasse frémir, qu'il ébranle. Il raconte son histoire, celle de tout le monde ; il la rêve, il la fictionne, il la cauchemarde, il en fait une épopée à sa mesure, tragique, bouffonne, véhémente, coléreuse, geignarde. Il y colle ses fantasmes, ses misères et ses haines de petit bourgeois, son horreur de la guerre, sa *« déroute d'exister et de vivre »*. Mais cet étalage souvent complaisant de sa propre médiocrité – dans le *Voyage*, il utilise encore le double de Bardamu qu'il abandonnera bientôt – est comme effacé, sublimé par la puissance souveraine de la voix. La voix omnipotente s'impose, au-delà de toute logique, de toute analyse, comme la garantie intime de l'authenticité. Bardamu, ce veau, c'est nous, la race française que les sombres puissances du mal mènent à l'abattoir. Comme la voix d'Hitler à Nuremberg est la race allemande réveillée ; comme celle de Mussolini rend Rome à son destin impérial. Puissance sans partage de la voix, règne de la *dictature*, de l'absolu pouvoir sur les corps et sur les lois de celui qui dit.

La voix ne peut exercer pleinement son pouvoir de subjugation et de sacralité mystique que si elle abandonne son statut physique et matériel pour devenir essence de voix, incarnation minimale, pur flux sonore, danse verbale, murmure, psalmodie ou cri. À la manière dont la danse utilise la présence du corps pour mieux le spiritualiser, le réduire à l'état de signe en mouvement, la voix célinienne cherche à nier, dans son élocution même, la matérialité du corps qui la porte. La haine de Céline pour l'homme est une forme particulière de son dégoût de la matière : de la nature, de la chair, de l'informe bouillon physico-chimique – *« l'ignominie biologique »* –, de la putréfaction annoncée de toute chose. De la voix réelle, corporelle :

« Quand on s'arrête à la façon par exemple dont sont formés et proférés les mots, elles ne résistent guère nos phrases au désastre de leur décor baveux. C'est plus compliqué et plus pénible que la défécation notre effort mécanique de la conversation. Cette corolle

de chair bouffie, la bouche, qui se convulse à siffler, aspire et se démène, pousse toutes espèces de sons visqueux à travers le barrage puant de la carie dentaire, quelle punition! Voilà pourtant ce qu'on nous adjure de transposer en idéal. C'est difficile. Puisque nous sommes que des enclos de tripes tièdes et mal pourries nous aurons toujours du mal avec le sentiment. Amoureux ce n'est rien, c'est tenir ensemble qui est difficile. L'ordure elle, ne cherche ni à durer, ni à croître. Ici, sur ce point nous sommes bien plus malheureux que la merde, cet enragement à persévérer dans notre état constitue l'incroyable torture. »

Le style, la fameuse *« petite musique »* qu'invente Céline, n'est pas la transcription d'un langage, fût-il populaire, c'est un mensonge : une manière de brûler la matière afin qu'il n'en demeure plus que la fumée, légère, impalpable, dansante : une féerie. *« La vérité de ce monde, c'est la mort. On n'a plus beaucoup de musique en nous pour faire danser la vie. »*

Céline, à ce bûcher du sacrifice, brûle tout et son contraire. Volontiers péremptoire et sentencieux, il n'y a pourtant aucune des pensées définitives qu'il assène qu'il ne s'acharne un peu plus tard à mettre en pièces et à ridiculiser. Il ne cessera jamais de le faire, même à l'époque de ses délires les plus monstrueux. C'est que la pensée elle-même, malgré ses prétentions, son *« sale prestige »*, est encore une manifestation misérable de la misère du corps, un bricolage de pulsions et de réactions, soumis à la sourde tyrannie des instincts.

Autant que l'expérience de la guerre où il s'est engagé, la lecture de Freud a marqué la vision célinienne de l'homme. Il ne cessera de le répéter. Jusqu'en 1937, jusqu'à *Bagatelles pour un massacre* où la passion antisémite étouffe toute référence à un penseur juif. Lorsqu'il s'explique sur le *Voyage*, le nom de Freud apparaît comme la seule influence intellectuelle contemporaine qu'il se reconnaît : *« Depuis Balzac (tout respect à Balzac), les critiques ne semblent plus rien vouloir apprendre sur l'homme. L'échelle est tirée. L'énorme école freudienne est passée inaperçue. » « Notre grand maître actuellement à tous, c'est Freud. »* Il le répétera avant la rédaction de *Mort à crédit* : *« La littérature doit être en avant de la psychanalyse et non en arrière.* [...] *Les travaux de Freud sont réellement très importants, pour autant que l'Humain soit important. Vous vivez, je le vois, avec vos rêves. Au fond, voici le véritable travail des hommes (et des dames !). Je vais me livrer dans les années qui vont venir à leur exploitation.* »

Céline ne cherche pas à comprendre la pensée de Freud, son cheminement, sa logique, ses articulations. Il y prélève ce qui excite son imagination, la seconde théorie des pulsions, l'instinct de mort, les abîmes de l'inconscient, la libido, le sadisme, le masochisme, la pathologie mélancolique. Et le rêve bien sûr.

Le rêve célinien est à l'opposé du rêve surréaliste. Breton et ses amis y voient une libération, une porte ouverte à un surcroît de réalité, à un nouvel humanisme prenant en compte la totalité de la vie psychique. Pour Céline, il est ouverture à l'angoissante présence de la mort, à la volonté de destruction et d'autodestruction, à l'anéantissement de l'action et de la volonté. À la parole non plus rêveuse mais délirante.

L'écriture est une activité délirante, sinon elle n'est que bavardage : *« Il faut faire attention à la fatigue... au bavardage, au paradoxe qui les jours gris tend à remplacer la verve défaillante... On ne délire pas assez franchement, assez simplement. Jamais assez. On veut paraître raisonnable. On a honte, on a tort. Tout cela vieillit si vite... Il faut en faire énormément pour qu'il en reste un petit peu.* » Le délire permet d'échapper à l'alternative de la vérité ou du mensonge. Il est une pensée qui ne s'appuie que sur elle-même, pure assertion qui se moque de l'épreuve des faits pour ne laisser subsister que le jeu arbitraire des interprétations. La mécanique littéraire de Céline, terriblement efficace, s'évertue à ne jamais laisser retomber le délire au niveau du raisonnable. La phrase se pose à peine dans le souffle, elle rebondit, saute de l'aigu au grave, du détail vrai au fantasme, de la cause à l'inconséquence. Avec la fatalité de devoir toujours en faire plus, en faire trop. Toujours plus noir, toujours plus grinçant, toujours plus grotesque, toujours plus allègre aussi, comme si l'exercice et la dynamique du délire soulageaient l'écrivain de sa fatale lourdeur humaine.

À ce régime de mitraille, le sens critique survit difficilement. Il est aisé aujourd'hui, à la lumière des écrits de Céline postérieurs à 1936, de retrouver dans le *Voyage* les poisons de son idéologie, le mythe biologique et l'obsession de la race française, *« la plus belle du monde et bien cocu qui s'en dédit ! »*, menacée de disparition par le capitalisme, le communisme et même la musique *« négro-judéo-saxonne »*. L'agressive nostalgie de ce qui a été et qui est à jamais, même médiocre, plus aimable que ce qui est et qui sera. Le nihilisme historique des classes moyennes, le « peuple » selon Céline, coincées entre le grand capital et le prolétariat, comme entre le présent et l'avenir. La haine de la raison, le refus-panique de l'autre, du différent, à commencer par l'autre sexe.

Mais, en 1932, la nouveauté du dire, la puissance des émotions, le dynamisme de l'imagination submergent aisément les barrières esthétiques et idéologiques. À droite comme à gauche, du côté de l'avant-garde comme chez les conservateurs, les fronts se fissurent. À l'intérieur de chaque journal, de chaque revue, des polémiques s'engagent. On y publie deux, trois, quatre articles sur le *Voyage au bout de la nuit*. À gauche, Georges Altman, dans *Monde*, le journal de Barbusse, accueille le roman en fanfare : *« Épopée du cafard, de la rage, de la misère et de la colère d'un homme contre la vie.* [...] *On aura compris que Louis-Ferdinand Céline est des nôtres. »* De son exil en Turquie, Trotski, critique toujours pénétrant, souligne l'ambiguïté de la geste célinienne : *« Céline montre ce qui est. Et c'est pourquoi il a l'air d'un révolutionnaire. Mais il n'est pas révolutionnaire et ne veut pas l'être.* [...] *Rejetant non seulement le réel mais ce qui pourrait s'y substituer, l'artiste soutient l'ordre social existant. »* Mais Céline n'en est pas moins *« un révolutionnaire du roman. À travers ce style rapide qui semblerait négligé, incorrect, passionné, vit, jaillit, palpite la réelle richesse de la culture française, l'expérience affective et intellectuelle d'une grande nation dans toute sa richesse et ses plus fines nuances »*. On apprendra d'autre part de Moscou que le *Voyage* est le livre de chevet de Staline. Il a été traduit en russe par les soins d'Aragon et d'Elsa Triolet.

Cela n'empêche pas Gorki, au premier Congrès des écrivains soviétiques, de faire du *Voyage* le parangon de la décadence littéraire bourgeoise : *« Le romantisme individualiste ne connaît plus que le fantastique et le mystique. À l'écart des réalités, il ne se fonde pas sur la force suggestive de l'image, mais uniquement sur la magie du mot. En quittant les réalités pour le nihilisme du désespoir, l'écrivain occidental, lui aussi, a perdu son ombre. »* *« Céline n'est pas parmi nous » :* Paul Nizan réplique dans *L'Humanité* à son camarade Altman. Si le *Voyage* est *« une œuvre considérable, d'une force et d'une ampleur auxquelles ne nous habituent pas les nains si bien frisés de la littérature bourgeoise*

[...] *cette révolte pure peut le mener n'importe où ; parmi nous, contre nous ou nulle part ».* Dans *L'Étudiant socialiste*, un jeune critique, Claude Lévi-Strauss, essaie de régler cette question de frontière : *« Il serait sans doute abusif de prétendre faire de Louis-Ferdinand Céline un des nôtres. Mais nous pouvons cependant être légitimement fiers de voir une telle œuvre née, sinon exactement dans notre camp, du moins aussi loin des frontières à l'intérieur desquelles se tient un ennemi commun. »*

L'ennemi commun n'est pas moins étourdi. Une bonne partie de ses fantassins critiques se retranche derrière un quant-à-soi moral et langagier. Le livre est écrit *« en charabia », « il trouve le moyen d'être fastidieux à force de verbe et bien gris à force de couleurs », « tant de grossièretés et d'obscénités le déparent qu'on ne peut en parler qu'avec précaution ».* Mauriac illustre mieux que personne la gêne des bien-pensants. Tout en écrivant que le *Voyage « possède le pouvoir de nous faire vivre au plus épais de cette humanité désespérée qui campe aux portes de toutes les grandes villes du monde moderne »*, il tranche négativement : *« Ce livre asphyxiant dont on n'a que trop parlé, et dont il ne faut recommander la lecture à personne. »*

Bernanos pense exactement le contraire : *« Le plus redoutable de tous les scandales, celui qui coûte le plus de sang et de larmes à notre espèce, c'est de lui masquer sa misère. »* Céline a dessiné *« le visage enfin vrai de la misère ».* François Le Grix, dans la monarchiste *Revue hebdomadaire*, réclame tout bonnement la censure : *« Il y a des époques où la liberté de l'écrivain doit le céder au souci du salut public.* [...] *Un gouvernement soucieux de ses devoirs et du tragique de l'heure aurait interdit le livre de M. Céline. »*

L'*Action française* hésite. Entre la condamnation outrée de Le Grix et l'enthousiasme de son directeur Léon Daudet. Lequel salue un chef-d'œuvre de la prose française, tout en attendant de Céline, comme l'extrême gauche, qu'il rejoigne son camp : *« Il est plus proche du surnaturel qu'il ne le croit, et je l'attends à l'heure* [...] *où explosera en lui le besoin, soif et faim, de donner un sens à la vie. Je pense que ses dons extraordinaires peuvent et doivent maintenant le mener aux Alpes, c'est-à-dire aux cimes que l'on doit atteindre en partant des marécages nauséabonds. »*

Daudet va soutenir Céline pour le Goncourt, avec l'appui de

deux jurés réputés de « gauche », Lucien Descaves et Jean Ajalbert. Les trois hommes obtiennent la promesse de vote des deux frères Rosny. L'affaire paraît faite. Au dernier moment, manœuvres et pressions de Gallimard ôtent à Céline le suffrage des Rosny. Le *Voyage* devra se contenter du Renaudot. Guy Mazeline obtient le Goncourt pour *Les Loups*. Descaves, à la sortie de chez Drouant, dénonce le scandale : *« Jamais plus je ne remettrai les pieds dans cette Académie qui est un marché, une foire, et où, à quelques exceptions près, tout est à vendre. »* Un journaliste, Sicard, pour mieux lancer son nouveau journal, *Le Huron*, précise les accusations de Descaves : *« À part deux ou trois exceptions, les autres Goncourt – le Commandeur Dorgelès en tête – sont d'authentiques escarpes. Chaque année, la voix du président de l'académie Goncourt est achetée au plus offrant. »*

Il s'ensuit deux procès. Céline exulte. Le jugement « littéraire » de la 12e chambre correctionnelle du département de la Seine le fait hurler de rire : *« On peut ne pas paraître surpris que les membres de l'académie Goncourt n'aient pas consenti à couronner le livre de Céline, beau de l'avis même de Rosny, mais qui, pour le lecteur le plus indulgent, contient des expressions triviales, grivoises et susceptibles de révolter ; qu'il apparaît même que l'académie Goncourt n'a pas voulu accorder au* Voyage au bout de la nuit *une récompense qu'elle réserve suivant le testament des Goncourt aux tentatives nouvelles et hardies de la forme et de la pensée, à condition que ces tentatives n'aient pas pour conséquence de gêner le lecteur au point de vue moral et de le détourner de la lecture par d'aussi désagréables surprises d'expressions aussi choquantes, même dans les circonstances où elles sont utilisées. »*

Dix-huit ans plus tard, lorsque d'autres tribunaux jugeront Céline, pour d'autres écrits, il prétendra encore que c'est le *Voyage* et son succès qu'on ne lui pardonnera jamais : *« J'en périrai du* Voyage. [...] *c'est moi l'auteur du premier roman communiste qu'a jamais été écrit... qu'ils en écriront jamais d'autres ! jamais ! qu'ils ont pas la tripe.* [...] *Ces velléitaires du surréalisme ont toujours essayé de mettre un roman surréaliste debout... En vain ! C'est le* Voyage *qui est sorti ! – qu'ils auraient dû écrire ! Alors pensez...* [...] *La question du style ça c'est impardonné... impardonné... impardonné. »*

SOURCES

CÉLINE : *Romans*. 4 vol. Édition d'Henri Godard. Paris, Gallimard, « Bibliothèque de la Pléiade », 1981-1993.

— *Lettres à la « NRF » (1931-1961)*. Édition de Pascal Fouché. Paris, Gallimard, 1991.

— *Bagatelles pour un massacre*. Paris, Denoël, 1937.

Céline et l'actualité littéraire, 2 vol. Édition de Jean-Pierre Dauphin et Henri Godard. Paris, Gallimard, 1976.

Cahiers de l'Herne : « Céline ». Paris, Éd. de l'Herne, 1972.

François GIBAULT : *Céline*. Paris, Mercure de France, 1977.

Henri GODARD : *Poétique de Céline*. Paris, Gallimard, 1985.

Robert POULET : *Mon ami Bardamu*. Paris, La Table ronde, 1971.

Pierre HEBEY : *L'Esprit « NRF » (1908-1940)*. Paris, Gallimard, 1990.

Michel WINOCK : *Histoire politique de la revue « Esprit » (1930-1950)*. Paris, Éd. du Seuil, 1975.

Pascal ORY : *Paul Nizan : destin d'un révolté*. Paris, Ramsay, 1980.

Les années noires et la pure littérature

1941 ■ La messe de Weimar

Drieu La Rochelle a son air boudeur et ennuyé. L'accueil des autorités allemandes a pourtant été parfait, déploiement d'uniformes, musiques, discours ronflants sur l'unité culturelle de l'Europe, rempart au déferlement de la barbarie asiatique des bolcheviques. Ses compagnons de voyage ne cachent d'ailleurs pas leur ravissement. Il y a là avec lui, sur le quai de la gare de Weimar, Robert Brasillach, le directeur de *Je suis partout*, Abel Bonnard, de l'Académie française, et André Fraigneau, le délicat esthète de la maison Grasset. Ils rejoignent une autre petite cohorte d'écrivains français à qui les services de la *Propaganda* ont offert en préambule une virée touristique de près de trois semaines sur les lieux sacrés de la culture germanique, de la vallée du Rhin à Vienne et de Bavière en Thuringe : Marcel Jouhandeau, Ramon Fernandez et Jacques Chardonne. Drieu les déteste tous : des homosexuels, des fascistes de pacotille, des arrivistes, des jouisseurs. Drieu déteste tout le monde, à commencer par lui-même. À commencer par cette *Nouvelle Revue française* dont il est le directeur : *« Il n'y aura plus de littérature française après cette guerre. Claudel et Valéry seront morts. On verra trop le jeu de Mauriac et de Giraudoux, la perfidie sexuelle de l'un, l'ambiguïté morale de l'autre. Et la jeune génération est nulle. »*

Drieu aime prophétiser, c'est sa manière d'éprouver sa supériorité sur ses confrères, toujours à courir derrière les catastrophes : *« Je suis d'abord un écrivain prophétique. Et ma meilleure façon de défendre mon œuvre, c'est de bien mettre en vue ce caractère insolite. »* Ce 23 octobre 1941, Pierre Drieu La Rochelle, quarante-huit ans, a la prophétie morose, tout le dégoûte, tout l'ennuie. Ces *« rencontres poétiques »* de Weimar, par exemple, organisées par Goebbels en prélude à la « Semaine du livre de guerre allemand » et auxquelles sont conviés, pour la première fois, des délégués de la nouvelle Europe version nazie.

Une pure et simple opération de propagande comme aime à en organiser Goebbels. Si certains des écrivains français invités peuvent peut-être s'y laisser prendre, à force d'embrassades, de banquets et de flatteries, Drieu connaît trop bien, de l'intérieur, les méthodes des services allemands pour se laisser séduire par de si maigres appas. La séduction, la vraie, il l'a connue en 1935 lorsqu'il assistait, en compagnie de Brasillach, au congrès du parti nazi. Là, il a connu un véritable *« éblouissement »*, une révélation physique : *« Que d'élan, de force, de joie ici.* [...] *Beaucoup d'hommes remarquables autour du Führer qui est étonnant de simplicité. Il y a une espèce de volupté virile qui flotte partout, qui n'est pas sexuelle mais très enivrante. »* La virilité... c'est l'obsession de Drieu, le mot qui revient le plus souvent sous la plume. À la fois concept à tout faire et fantasme sur le corps des hommes : *« Le corps des hommes est ignoble, en France du moins. Horrible, de se promener dans les rues et de rencontrer tant de déchéances, de laideurs ou d'inachèvements. Ces dos voûtés, ces épaules tombantes, ces ventres gonflés, ces petites cuisses, ces faces veules. Non, je souffre trop, moi l'élite, il faut que je réagisse contre cela. »* En octobre 1941, Drieu ne sort guère de son mutisme que lors de la visite organisée à l'atelier d'Arno Breker, le statuaire officiel d'Hitler, le sculpteur de surhommes aux muscles hypertrophiés.

La teneur des *« journées de poésie »* n'est pas faite pour lui remonter le moral. En guise de réunion littéraire, les délégations n'ont droit qu'à une série de variations sur un thème unique, entonné à l'ouverture par Wilhelm Hägert, directeur de la section littérature du ministère de la Propagande : la guerre contre la domination asiatique, entreprise, côté action, par l'héroïque jeunesse allemande lancée sur le front de l'Est, et, côté pensée, par les représentants de la *« culture européenne »*, dont la race allemande a été, au long des siècles, la force créatrice et la conscience droite. Un discours sans fioritures qui devrait ôter leurs dernières illusions aux admirateurs français du nazisme : leur vision d'une Europe future fondée sur un idyllique partage des tâches entre la force allemande et l'esprit français est une mauvaise plaisanterie qui fait rire partout ailleurs qu'à Paris. Le discours de Hägert explicite les instructions écrites du chef de la *Propaganda* à ses subordonnés parisiens : *« Le problème est de stopper la grande action culturelle et de civilisation que la France a exercée dans la plupart des pays d'Europe et de la remplacer par l'action de l'Allemagne. Ce faisant, il faut créer la possibilité de faire exprimer nos projets par des Français et avec l'aide de la littérature française. »* Faire détruire la culture française par la littérature française : personne, chez le Dr Goebbels, n'avait espéré un recrutement aussi facile pour accomplir cette besogne.

Le voyage à Weimar est une récompense de cette servilité. Les Allemands mis à part, les Français constituent la délégation la plus nombreuse : sept personnes, contre deux ou trois représentants des autres pays. C'est aussi la reconnaissance du travail accompli à Paris par ces bons nazis déguisés en francophiles que sont le *Sonderführer* Gerhard Heller, chef du groupe littérature de la *Propaganda-Abteilung Frankreich*, et son supérieur Walther Schulz, par l'ambassadeur Otto Abetz et par les dirigeants de l'Institut allemand dépendant de l'ambassade, Karl Epting et son jeune adjoint Karl Heinz Bremer, traducteur de Montherlant, antisémite virulent, national-socialiste pur et brutal dont les allures de *« jeune Siegfried vainqueur des sortilèges »* (Brasillach) bousculent délicieusement les pudeurs bourgeoises de Chardonne ou de Fraigneau.

Drieu n'est pas dupe de leur jeu, ni de celui qu'ils lui font jouer. Lui l'a clairement voulu et il le revendique encore même s'il a cessé d'y croire, même s'il voudrait se désintéresser de la partie. Au point qu'à Weimar, Drieu, chef « naturel » des écrivains collaborateurs, a préféré abandonner la présidence de la délégation à Chardonne, ce ventre mou, ce chantre de la province bourgeoise et des vertus du couple qui s'adonne aux vainqueurs comme d'autres au démon de midi. Dans les jardins du parc de l'Ilm, à huit kilomètres du camp de Buchenwald, Drieu fait son bilan des quinze mois passés depuis l'invasion allemande.

Ses ambitions politiques ont été mises en échec. Il rêvait d'être conseiller du Prince, de mettre sa plume et sa pensée prophétiques au service du vieux Chef. Vichy a traité à la légère ses offres de service : trop fasciste Drieu, trop germanolâtre, pas présentable. Il a été mieux reçu par l'occupant, dîners fins et salons particuliers, mais on a bâillé poliment lorsqu'il a exposé ses (vastes) conceptions politiques : le parti unique, la répartition des influences et des pouvoirs dans un monde enfin nazifié. Des rêveries de poète. Qu'il se rende donc utile dans son domaine : la conquête des consciences par la littérature. Drieu demande *La Nouvelle Revue française*, les occupants la lui offrent.

C'est un cadeau de roi. Trente ans d'hégémonie littéraire. Une puissance de consécration comme aucune institution, aucune académie n'en a jamais connu. La cristallisation des années les plus brillantes de notre littérature nationale. L'affirmation permanente aussi de la primauté de l'art et de la création sur toute autre préoccupation, éthique ou politique. À la *NRF*, les écrivains communistes côtoient leurs confrères fascistes, les chrétiens les athées, les pacifistes les partisans de la guerre contre les dictatures.

Malgré la tragédie nationale, à cause d'elle pour certains, chacun veut que la *NRF* continue. Les Allemands parce qu'ils désirent utiliser son prestige à leurs fins ; les pères fondateurs, Gide en tête, parce qu'elle manifeste la permanence de l'esprit et de leur influence ; Gallimard son éditeur et Jean Paulhan son directeur jusqu'en juin 1940 parce qu'ils craignent un vide que les concurrents de l'entreprise (Grasset qui s'agite et fait des offres de service à toutes les vareuses vertes et galonnées qui passent à sa portée) rempliraient du pire ; la plupart des auteurs de la maison et ceux qui rêvent d'en être, parce qu'un écrivain qui n'écrit pas ne sait plus très bien ce qu'il est.

Drieu semble donc avoir la partie facile. À tous ceux que pourrait effaroucher la reparution de la *NRF* sous la botte de l'occupant, il suffit d'affirmer que la revue – évidemment débarrassée de ses plumes juives – restera fidèle à sa ligne originelle de défense de la pure littérature et que la censure allemande n'y sévira pas. Abetz l'a promis, la présence de Drieu, son mandataire, lui est une garantie suffisante. Dans les derniers mois de 1940, il en est peu qui résistent à de tels arguments, surtout lorsqu'ils sont appuyés par Gallimard ou par Paulhan. Gide consent, non sans débats et retournements. Non sans refuser la proposition qui lui est faite par Gaston Gallimard d'entrer dans le comité de rédaction de la revue. La débâcle française a détruit ses repères, son entourage l'assiège et se divise. *« Pour les malheurs publics,* écrit-il, *notre sensibilité est plus limitée que nous n'osons en convenir.* » Cette révélation le trouble au plus profond de sa conscience d'écrivain. Finalement, il donne quelques feuillets tout frais de son *Journal* pour le numéro de reprise de décembre. Drieu est soulagé, la présence de Gide au sommaire manifeste cette continuité dont il doit défendre le mensonge. Un autre paquet de feuillets paraîtra dans le numéro de février.

Drieu semble avoir gagné son pari. Il tient aussi sa revanche. Dans son *Journal*, à la date du 21 juin 1940, il la savourait déjà : « *Quant à la* NRF, *elle va ramper à mes pieds. Cet amas de Juifs, de pédérastes, de surréalistes timides, de pions francs-maçons va se convulser misérablement. Gallimard, privé de son Hirsch et de quelques autres, Paulhan privé de son Benda, vont filer le long des murs, la queue entre les jambes. Et le petit Petitjean qui flanchait devant les Juifs et la démocratie, qui donnait dans un patriotisme officieux et sans couleur. Et Gide avec tous ses amis juifs allemands et ses pédérastes émigrés.* »

Son plaisir serait complet s'il ne devait sa réussite qu'à la volonté allemande. Mais Drieu ne peut ignorer ce qu'il doit à Paulhan, l'ancien directeur de la revue et son voisin de bureau chez Gallimard. Paulhan a été, depuis la mort de Jacques Rivière en 1925, le patron admiré et redouté de la littérature française. Il connaît tous les détours d'un sérail dont il a construit de son esprit paradoxal les chambres secrètes et les parcours labyrinthiques. Ce qu'aucun écrivain ne peut vraiment comprendre : il s'est effacé et son œuvre avec lui, derrière sa fonction de mandarin des lettres, omniprésent et insaisissable, diplomate et provocateur, retranché dans la Cité interdite de son propre mystère, obstinément cultivé. Beaucoup d'écrivains ne se reconnaissent que dans le portrait que Paulhan leur offre d'eux-mêmes. Il est le confesseur, l'accoucheur, mais aussi l'homme des réseaux, des stratégies alambiquées, des sophismes et des mystifications ensorcelants. Paulhan ne croit pas à la vérité, seulement à la littérature (pas aux écrivains) et à la France.

Comme tout le monde, Drieu ne comprend rien à Paulhan, sauf qu'il a le sentiment, de plus en plus inquiet, de se faire rouler par celui qu'il a évincé. Le double jeu, Drieu le pratique, avec un cynisme tranquille : faire croire aux collaborateurs de la *NRF*, du moins à ceux qui ne se sont pas ralliés de cœur et d'esprit à la providence nazie, que la littérature plane au-dessus des malheurs de l'histoire, proclamer la dépolitisation de l'écriture, puis les compromettre : *« J'espère avoir compromis autour de la* NRF *un certain nombre de personnes qui seront mal vues et fort étrillées par les Aragon et les Benda, revenant en maîtres. »* S'il pouvait aussi *« compromettre »* Paulhan ! *« Est-ce besoin de dire que sans Jean Paulhan mon travail aurait été beaucoup plus difficile, sinon impossible ? »*

Mais Paulhan ne joue pas de double jeu, il n'en a qu'un seul qu'il adapte à chacun de ses interlocuteurs. Il repose sur une certitude, exprimée dès le 26 mai 1940 (avant l'appel de Londres) dans une lettre à Jules Supervielle : *« Après tout, ça n'est qu'une grande bataille de perdue. »* L'occupation allemande est une parenthèse tragique qu'il faut refermer au plus vite. Après quoi le champ littéraire devra retrouver son autonomie perdue par l'intrusion brutale de la politique. Ce qui explique aussi l'attitude de Paulhan à la Libération lorsqu'il s'élèvera contre la politisation communiste des lettres et la pratique de l'épuration.

Il entre dans la Résistance, dès la fin de 1940, et il aide Drieu à boucler les sommaires de sa revue, quitte à « compromettre » des écrivains qui se seraient, Paulhan les connaît comme s'il les avait faits, compromis de toute façon, les Jouhandeau, Montherlant, Blanchot, Roy, Audiberti, Morand ou Thomas. Mais pas Céline, pour qui ces messieurs de la *NRF « n'en font pas assez sur les juifs »*.

Drieu se souvient du 6 mai 1941. Ce jour-là, Paulhan a été arrêté à son domicile où il avait caché la presse à imprimer d'un des premiers réseaux de résistance, celui du musée de l'Homme. Drieu est intervenu auprès d'Abetz ; il l'a convaincu que la condamnation de Paulhan ferait s'écrouler la façade derrière laquelle se cache leur entreprise et qu'il n'aurait plus qu'à démissionner. Paulhan a été libéré une semaine plus tard et a remercié son sauveur : *« Je crois bien que c'est à vous seul que je dois d'être rentré ce soir rue des Arènes. Alors merci. »* Fort de cette reconnaissance, Drieu a cru avoir partie gagnée. Paulhan a offert de relire les épreuves de la revue, ce que Drieu ne faisait qu'avec ennui. Il lui a recommandé Maurice Blanchot pour le poste de secrétaire de rédaction. Il a manifesté son attachement au prestige d'une revue à laquelle il a tant apporté : *« Pour moi, je ne puis entrer à la* NRF *que quand les Juifs y rentreront. Mais je ne souhaite pas pour autant qu'elle devienne détestable.* » Passage du présent au futur et du futur au présent : Paulhan vit pour l'après.

Mais la revue est devenue détestable. La fiction d'une libre littérature s'est évaporée au fil des numéros, elle n'est plus qu'un maquillage grimaçant de la collaboration politique. Gide a claqué la porte en mars 1941 après la publication des extraits d'un livre de Chardonne, *Chronique privée de l'an quarante*, pas plus pro-nazi qu'à l'ordinaire, mais qui lui a donné l'élan pour rompre enfin avec l'entreprise de Drieu. Mauriac, après avoir promis un article, s'est retiré poliment : « *Cher Drieu, non, ce n'est pas ce que j'espérais – moi qui rêvais d'une revue* "inactuelle" ! – *Ce que je pense des papiers Chardonne-Fabre-Luce, c'est ce qu'en a pensé "Toute la France"*. » Drieu a perdu les deux pôles moraux de la vie littéraire de l'entre-deux-guerres. Ils lui étaient d'autant plus précieux que l'ensemble de la presse vichyste ou pro-allemande, de la fasciste *Gerbe* à la maurrassienne *Action française*, avait fait de Gide et de Mauriac ses cibles privilégiées, les « *mauvais maîtres* » dont les écrits pernicieux et captieux (Gide) démoralisant l'Occident chrétien (Mauriac) comptaient parmi les coupables désignés de la défaite française. En publiant les ennemis de ses amis, Drieu ne prouvait-il pas sa souveraine indépendance ?

Ces défections et toutes celles qu'elles entraînent à leur suite mettent Drieu dans une folle colère. Il songe à démissionner, il soupçonne Paulhan de vouloir « *faire la revue sous mon nom sans me nommer* » et de manœuvrer pour l'évincer. Comme toujours devant l'obstacle, il trépigne – il règle ses comptes avec Mauriac à l'occasion de la publication chez Grasset de *La Pharisienne* –, puis il se laisse glisser sur sa pente paresseuse et désabusée : la *NRF* ne l'amuse plus puisqu'elle n'a plus de pouvoir. Malgré le statut de quasi-monopole que possède sa revue – la seule autorisée par l'occupant, la seule à être diffusée dans les deux zones –, les désabonnements se multiplient, les sommaires se dessèchent, reçue comme une revue politique, la *NRF* ne consacre plus le moindre écrivain.

Il faudrait trouver des talents nouveaux, s'adapter aux formes nouvelles qu'invente l'écriture dans un pays coupé en deux, soumis à la double oppression de l'appareil de censure allemande et de celui de Vichy, appuyés par la pénurie de papier. Par facilité, par dépit, Drieu se contente du pire : accueillir dans ses pages les amis patentés des vainqueurs, ceux que les services de propagande ont décidé de promouvoir, de faire traduire et de primer, ceux à qui on offre des voyages, des bourses et des salles de théâtre. La littérature officielle. La vérité est que Drieu n'a pour la *NRF* d'autre politique littéraire que la politique.

Ces *« rencontres poétiques »* de Weimar viennent cruellement le lui rappeler : pour ses commanditaires nazis, le livre n'est qu'un auxiliaire de l'épée. Les cohortes de poètes en uniforme qui se succèdent à la tribune psalmodient l'unique catéchisme de la croisade germanique, inscrite dans les pages d'un livre-guide : *Mein Kampf.* Dans la salle, la délégation française acquiesce, émue. Chardonne vient d'écrire qu'*« Hitler est notre providence »*. Brasillach, avant de partir pour Weimar, vient de rédiger un éditorial dans *Je suis partout* pour clamer son impatience : *« Qu'attend-on pour fusiller les chefs communistes déjà emprisonnés ? »* Jouhandeau, en quête d'aventures casquées, rêve de *« faire de son corps un pont fraternel entre l'Allemagne et nous »*. Les rêves d'Abel Bonnard sont moins lyriques. L'auteur farouchement anti-intellectuel de l'*Éloge de l'ignorance* compte profiter de la faveur allemande pour occuper le poste de ministre de l'Éducation nationale à Vichy. Il obtiendra satisfaction. On est loin du romantisme fasciste et européen que Drieu appelait de ses vœux. Pas de camaraderie, pas de fraternité de combat, pas d'engagement esthétique : un petit groupe rancuneux d'hommes de lettres qui vient chercher la consécration du pouvoir.

Si Drieu s'exclut de ce groupe, si, dans le secret de son *Journal*, il en décrit complaisamment l'abjection, il se sait, lui aussi, poussé par la rancune et le ressentiment. Un homme, un écrivain cristallise cette soif de revanche et d'anéantissement : Louis Aragon, l'ancien ami, le frère trop aimé, l'*alter ego* toujours plus doué, plus brillant, plus glorieux, admiré et jalousé jusqu'à la haine : *« Je jouissais visiblement de sa supériorité. »* Après le pacte germano-soviétique défendu bec et ongles par Aragon, Drieu a cru pouvoir triompher aisément du *« défaitiste rouge »*. *Ce soir*, le journal d'Aragon, a été fermé, les communistes interdits, l'écrivain mis en quarantaine. C'est Paulhan, encore lui, qui a sorti Aragon de l'isolement en publiant en 1940 dans la *NRF* les premiers chapitres de son roman *Les Voyageurs de l'impériale*, le troisième volet, après *Les Cloches de Bâle* et *Les Beaux Quartiers*, de sa trilogie du *Monde réel*. Alors que Paulhan et Aragon s'étaient injuriés, alors qu'Aragon publiait ses livres chez l'ennemi Denoël, alors que Paulhan avait refusé de prendre le *Gilles* de Drieu dans la revue et avait confié à Arland le soin d'un compte rendu plutôt sévère : *« Le romancier, l'auteur satirique, l'essayiste, le politique, le poète lyrique, chacun parlant à son tour et n'osant toutefois parler librement, ont fait de ce livre un des plus disparates qui soit. »* Drieu a encaissé la gifle d'Arland, mais pas la préférence accordée à Aragon.

Et Paulhan récidive. Dans la collection « Métamorphoses » qu'il dirige chez Gallimard, il publie, au printemps 1941, un recueil de poèmes d'Aragon, *Crève-cœur*, rassemblant des textes parfois déjà parus dans des petites revues poétiques de la zone non occupée. *Crève-cœur* est un éblouissement. Gide, qui a toutes les raisons depuis *Retour de l'URSS* de détester Aragon, écrit dans son *Journal* : *« C'est en poésie ce que j'ai lu de mieux depuis longtemps et de plus authentiquement neuf. J'éprouve le besoin de l'écrire ici, car je n'avais pas du tout goûté ses derniers livres et craignais qu'il ne fût désormais à peu près perdu pour nous. »* Aragon invente une nouvelle forme poétique fondée sur *« une nouvelle façon de rimer »*, appuyée sur ses lectures de la poésie médiévale et de la chanson populaire. Il ouvre même *Crève-cœur* par un traité théorique de versification, *« La rime en 40 »*, où il livre au grand jour ses procédés de fabrication : *« L'histoire d'une poésie est celle de sa technique.* [...] *La liberté dont le nom fut usurpé par le vers libre reprend aujourd'hui ses droits, non dans le laisser-aller, mais dans le travail de l'invention. »* Aragon rime ses vers comme un auteur classique mais avec une liberté d'invention rythmique et lexicale, une savante simplicité qui donnent à ce retour aux sources un lustre de modernité.

Cette invention littéraire est liée aux conditions politiques. Le retour à la rime, le poème-chanson, renoue les liens, distendus depuis Mallarmé, entre l'expression poétique et la sensibilité populaire. L'ancien surréaliste retrouve le chemin d'une poésie faite pour tous, sinon par tous. La référence à la poésie médiévale française, la liaison de la poésie amoureuse provençale et de la légende celtique, rappellent aux thuriféraires d'une « culture européenne » germanisée l'unité, l'ancienneté et la grandeur de « l'esprit français ». Aragon s'en explique en juin 1941 dans un texte de la revue

Fontaine, « La leçon de Ribérac ou l'Europe française » : *« Il n'y a pas de race française, mais il y a une nation française, qui est l'harmonieuse fusion des races à cet extrême occident. »* Évoquant Arnaut Daniel, seigneur de Ribérac, inventeur au XIIe siècle de la sextine – un poème composé de six sixains sur deux rimes, avec les six mêmes mots revenant à chaque strophe dans un ordre différent –, la morale courtoise (opposée à la morale guerrière) qui a envahi *« poétiquement l'Europe »* et le succès dans tout l'Occident des vers de Chrétien de Troyes, Aragon conclut : *« La France est la mère de la poésie européenne, imitée de nos poètes. »*

Le trésor des formes poétiques médiévales, dans leurs infinies subtilités, fournit enfin à Aragon la solution littéraire au problème que rencontrent tous les écrivains du refus sous un régime d'oppression et de censure : continuer à répandre la vérité et à combattre le mensonge sans encourir l'interdiction. Cet art de la ruse et de la contrebande, Aragon l'emprunte au *trobar clus*, cet art sophistiqué des textes à double entente pratiqué par les troubadours *« qui permettait aux poètes de chanter leurs Dames en présence même de leur Seigneur »*. Aragon va se rendre maître de cette rhétorique où les plus belles fleurs de la passion amoureuse chantent la patrie sous couvert d'hommages à la femme aimée.

Sous le nez de Drieu, Aragon, démuni de tout, objet de la méfiance de tous, coupé de Paris, prend la stature de poète national, porte-voix de l'unité française au-delà de tous les clivages – *« Celui qui croyait au ciel et celui qui n'y croyait pas »* – et de la résistance littéraire à la fascisation des esprits. La poésie est un chant, écrira encore Aragon en mars 1942, dans un texte publié en Suisse par les *Cahiers du Rhône* : *« Le mot* chant *traduit du latin* carmen, *qui a aussi donné le mot* charme, *qui fait aussi bien image magique qu'image musicale,* [...] *C'est au sens de Virgile que je dis* je chante *quand je le dis.* Arma virumque cano… *"Je chante les armes et l'homme…", ainsi commence l'*Énéide, *ainsi devrait commencer toute poésie. Et mon chant ne se peut refuser d'être ; parce qu'il est une arme lui aussi pour l'homme désarmé. »*

L'art pour l'art, la pure littérature derrière laquelle s'abritent Drieu et sa revue, sont dénoncés pour ce qu'ils sont par la création littéraire elle-même : l'expression politique de l'abandon aux vainqueurs. Le succès de *Crève-cœur*, ses qualités littéraires indiscutables, sont justement perçus par Drieu comme un danger politique. Il n'hésite plus à dénoncer. Aragon, bien sûr, mais aussi toutes ces petites revues poétiques disséminées en zone non occupée dans lesquelles il devine l'influence d'Aragon, et celle de Paulhan. Il parle de *« ces revues littéraires cousues de fil rouge, pour la résistance et le durcissement »*. Il dénonce *« les jeunes revues littéraires de l'autre zone où se sont réfugiés l'opposition politique au Maréchal Pétain et l'esprit de guerre à tout prix et n'importe comment »*. Drieu voit Aragon partout et lui donne du même coup une publicité et une présence que les maigres moyens et la diffusion restreinte des revues provinciales n'auraient jamais pu obtenir. Aragon ironise :

> *J'empêche en respirant certaines gens de vivre*
> *Je trouble leur sommeil d'on ne sait quel remords.*

Drieu est trop égotiste pour être accessible au remords. Il n'en sent pas moins que sa mission lui échappe. Il devait contrôler la littérature française, et celle-ci se fait ailleurs. Pendant que la toute-puissante, la tout officielle *NRF* se vide, une floraison d'écrivains, mêlant toutes les générations, fait entendre sa voix. Ils sont poètes de préférence : l'édition poétique s'accorde mieux aux conditions matérielles de l'heure que le roman. Lequel perd l'hégémonie littéraire qu'il exerçait depuis si longtemps. Ils sont publiés à Alger *(Fontaine)*, en Suisse *(Les Cahiers du Rhône)*, à Lyon *(Confluences)*, à Villeneuve *(Poésie 40, 41, 42)*. Ils se nomment Eluard, Tardieu, Ponge, Queneau, en rupture de surréalisme, mais aussi, parmi les nouveaux venus, Pierre Emmanuel, André Frénaud, Pierre Seghers, Alain Borne, Loÿs Masson.

Comme le soupçonne Drieu, Aragon et Paulhan, le premier en zone sud, l'autre à Paris, sont les agents de liaison et de cohésion entre les revues. Paulhan, fort de ses réseaux et de sa stature, accueille, suscite, oriente, commande des textes qu'il distribue aux revues en fonction de leur caractère et des critères de sa diplomatie littéraire secrète. Aragon, un peu libéré par les circonstances de la stricte tutelle du parti communiste clandestin, sert de commis voyageur et d'agent de liaison, passant d'une revue à l'autre, faisant circuler les poèmes et les articles, aidant à déjouer la surveillance de la censure, apaisant les querelles naissantes entre des revues qui demeurent, malgré tout, concurrentes et dont les options idéologiques s'opposent parfois.

Car, ce que Drieu a manqué, Aragon et Paulhan, aidés d'Eluard (qui n'est pas encore communiste), le réussissent autour du thème de la résistance littéraire : faire travailler ensemble des écrivains qui occupent des positions contrastées tant dans le domaine littéraire que dans ceux de la politique, de la morale et de la religion. La résistance de la littérature à sa politisation forcée manifeste la permanence de sa vertu subversive.

Le Comité national des écrivains (CNE) est créé en août 1941 par la direction des intellectuels communistes, à l'initiative d'Aragon qui n'a pas, on l'a vu, attendu la décision du parti pour en jeter les bases. Il s'agit cette fois d'une organisation s'appuyant sur les structures clandestines du PCF, mais ouverte à tous les écrivains français *« de bonne volonté »* dans le but de la *« libération nationale »*. Cette main tendue de Thorez, après tant de zigzags dans la ligne du parti, n'illusionne personne. Le 27 juin, rompant le pacte avec Staline, Hitler a lancé la Wehrmacht à la conquête de l'URSS. Le 30 juin, Vichy a rompu ses relations diplomatiques avec Moscou. Le 5 août a été créée la Légion des volontaires français contre le bolchevisme, soutenue par les partis de la collaboration, afin de combattre sur le front russe. Le Front national aura d'abord bien du mal à recruter largement hors des rangs communistes et des sympathisants. Partout, sauf au CNE, sa branche littéraire.

Dès l'été 1941, les premiers membres du CNE se réunissent… dans le bureau de Paulhan chez Gallimard, à quelques mètres de Drieu. Jean Blanzat, un fils de paysan, instituteur qui obtiendra par une manœuvre de Georges Duhamel, secrétaire perpétuel, le prix du roman de l'Académie française. Jean Guéhenno, fils de cordonnier, ancien directeur de la revue de gauche *Vendredi*. Jacques Debû-Bridel, haut fonctionnaire au ministère de la Marine, nationaliste et catholique. Quelques mois plus tard, dès son retour à Paris, François Mauriac, l'un des rares romanciers et le seul académicien de la résistance littéraire. Le groupe est en contact avec Jacques Decour, professeur d'allemand, écrivain et communiste, à qui est confiée la codirection, avec Paulhan, du journal clandestin du CNE : *Les Lettres françaises*.

L'arrestation en février 1942 de Jacques Decour par la police française qui le livre à la Gestapo, son exécution au mont Valérien avec les autres dirigeants des intellectuels communistes, Georges Politzer et Jacques Salomon, vont un instant désorganiser le CNE, mais *Les Lettres françaises* reprendront vite leur publication. L'autorité littéraire de Paulhan assure tant bien que mal le lien entre communistes et non-communistes. Avec des frictions : Decour exerce une véritable censure sur le recrutement. Si le CNE cherche, sans y parvenir, à faire passer Georges Duhamel de la sympathie à l'engagement, Decour, en 1941, refuse deux demandes d'adhésion. Celles de Jean-Paul Sartre et de Roger Vailland.

Brillante recrue de la *NRF* de Paulhan, auteur d'un retentissant assassinat des romans de Mauriac, analyste de la modernité littéraire américaine (Dos Passos, Faulkner), romancier novateur, professeur de philosophie, Sartre est sèchement barré par Decour : il n'est pas « sûr » : pourquoi a-t-il été libéré du camp de prisonniers où il se trouvait, sinon par la grâce suspecte de Vichy ? Les raisons de sécurité en cachent d'autres. Germaniste, Decour sait ce que la philosophie de Sartre doit à la pensée d'Heidegger. De là à faire de l'écrivain français un disciple de l'ancien recteur pro-nazi de Fribourg, il y a un pas que l'inimitié de Decour lui fait franchir. Ce que Decour n'avoue pas (ne s'avoue pas ?) est peut-être l'essentiel : Sartre était l'ami intime de Paul Nizan, l'ancien militant communiste, le traître, qui a rompu ouvertement avec le parti à la signature du pacte germano-soviétique, avant d'aller se faire tuer en juin 1940 pendant la retraite de Dunkerque. Sartre attendra plus de deux ans qu'on lui ouvre la porte.

Le cas de Roger Vailland illustre un autre aspect de la répulsion communiste. Decour met toujours en avant les implacables raisons de sécurité : Vailland, trente-quatre ans, ancien surréaliste du *Grand Jeu*, chassé par Breton pour « journalisme », est soupçonné de s'adonner à la cocaïne. En réalité, c'est la « moralité » de Vailland, sa vie privée, son libertinage, son goût de l'alcool, sa manière « artiste » de vivre qui déplaisent au puritanisme prolétarien des dirigeants du PCF. Decour veut des écrivains résistants vertueux. La morale permet d'exclure ce que l'ouverture politique autorise.

Pendant ce temps, Aragon poursuit son travail légal de contrebande dans la zone sud, forçant parfois la main du parti : définie à Paris, la fameuse « ligne » communiste doit à l'administration nazie son caractère simple : dans un pays privé de liberté, toute publication légale est un acte de collaboration, un brouillage de la conscience, un obstacle au combat pour la libération. Aragon a du mal à convaincre Politzer de la légitimité d'une littérature de ruse dans laquelle le philosophe communiste ne voit qu'un lâche compromis.

Facettes multiples d'une unique et vieille figure : les dirigeants communistes, de l'extérieur, tentent d'organiser un front politique dans une communauté professionnelle, les écrivains. Autour de l'axe Paulhan-Aragon, des écrivains se regroupent pour inventer les formes d'une résistance littéraire. Autonomie de la littérature contre colonisation du politique : la pratique commune de la subversion, la camaraderie des combats et des risques vont masquer la contradiction congénitale du CNE ; elle apparaîtra brusquement à la Libération, dans un espace littéraire qui se restructurera autour d'elle. D'un côté les tenants de l'autonomie, regroupés autour de Paulhan et de Mauriac ; de l'autre les écrivains gagnés à l'hégémonie du moral et du politique, membres anciens ou nouveaux du parti communiste ou compagnons de route, pour un cheminement de quelques mois ou de quelques années.

En août 1941, Jean Paulhan écrit à son ami Marcel Jouhandeau pour le mettre en garde contre ses délires antisémites et les délices de la collaboration : *« Cher Marcel, il y a au moins un engagement que je peux prendre : lorsque après la débâcle allemande, les Juifs à leur tour feront couler le sang, lorsque ce sera le tour des communistes d'exécuter des innocents, je les haïrai du même cœur qu'aujourd'hui leurs bourreaux. Sera-ce en 42, 43 ? Je ne songe pas volontiers à l'avenir (bien qu'il me semble tenir pour la France des promesses très grandes.) »*

Jouhandeau n'entend pas l'avertissement de Paulhan. Il fait profession de se compromettre jusqu'au ridicule. Il alimentait jusqu'alors sa réputation littéraire au piteux scandale de ses démêlés conjugaux et de ses émois sexuels enveloppés dans un vague pathos spiritualiste. Le contraste entre ces scènes de ménage sordides et la plume élégante qui les peignait avait suffi, la *NRF* aidant, à en faire une figure. À Weimar, la figure tourne à ce point à la caricature que tout le monde en est gêné. Jouhandeau fait une cour effrénée à Heller, il glapit son amour pour la beauté des poètes casqués, il se pâme lorsque Joseph Goebbels monte à la tribune du congrès, un homme *« si lucide, si humain, tout dénué d'ambition »*.

Prononcé sous un immense écusson frappé des figures enlacées du glaive et du livre, le discours du *Reichminister* Goebbels n'a pourtant rien qui puisse enthousiasmer un écrivain français. C'est un rappel de la vocation allemande, *« le peuple des penseurs et des poètes »*, à diriger le monde. La harangue du maître s'achève par un message aux élèves. Les hôtes choyés du grand Reich ne doivent pas oublier, rentrés dans leur pays, leur devoir de propagande : *« Pour la première fois, en pleine guerre, nous avons convié chez nous les auteurs éminents des nations amies. Sur mon invitation, ils ont fait un voyage à travers le Reich. Tout leur a été montré et rien ne leur a été dissimulé. Ils ont pu, les yeux grands ouverts, étudier le peuple, le pays et ses habitants, et en déduire la force qui, aujourd'hui dans notre patrie rayonne de la nation allemande et que représente notre Front combattant. Leur voyage qui s'achève fut pour ainsi dire une leçon de choses, sur la question de savoir si la nation allemande possède un droit légitime à rompre les liens qui enserrent ses provinces et à s'engager sur le chemin de la puissance mondiale. »*

Les pèlerins de Weimar obéiront avec empressement à leur devoir. Tous rempliront la presse d'impressions de voyage exaltées, soigneusement contrôlées et programmées par Heller qui agit comme une agence d'imprésarios. À Jouhandeau est réservé le numéro de décembre de la *NRF* : *« J'ai vu un peuple discipliné et, quand on m'avait promis des esclaves, j'ai vu des hommes libres. »* La *NRF* de janvier 1942 revient sur l'événement ; c'est Drieu qui s'y colle pour une profession de foi : *« J'aime trop la force* [...] *et j'ai trop désespérément souhaité sa renaissance pour ne pas la saluer là où elle est et tâcher d'en ramener sur les miens les avantages dont nous ne sûmes plus nous faire les initiateurs. »*

Chardonne, le doux Chardonne, va plus loin. Le 8 décembre, le patron de Stock obtient une audience de Pétain à Vichy. Il est chargé de mission par Goebbels et paraît tout faraud de l'honneur qui lui est fait. Il presse le maréchal de se rapprocher plus encore des bons Allemands francophiles comme Goebbels, afin de contrer les plans de Himmler qui veut casser la France. Pendant près d'une heure, le romancier des sentiments discrets se livre à un exercice de fiction dont le ministre nazi de la Propagande, l'organisateur des autodafés de « livres malsains », est le chevalier sans reproches. Il en fait tant qu'on le congédie ; même à Vichy, son enthousiasme est suspect. Il en sera quitte pour un compte rendu de mission conservé dans les archives de Heller.

Il est vrai qu'à Weimar il a eu du succès. Pour clore les rencontres et leur donner du lustre, les organisateurs, à l'initiative, semble-t-il, de Knut Hamsun, le vieil écrivain norvégien rallié à la mystique nationale-socialiste, ont décidé de créer un organisme permanent, une sorte d'Académie européenne version hitlérienne. Le président en a été élu, par acclamation, après que sa candidature a été « spontanément » proposée par un écrivain autrichien. L'heureux président, Hans Carossa, est un romancier timide, conservateur à coup sûr, mais qui s'est efforcé de se tenir à distance du pouvoir. Il est venu à Weimar sur ordre, s'y est montré discret et surtout préoccupé de la poursuite de son œuvre à l'abri des tempêtes. Il vient de se faire piéger. Le discours qu'il prononce est volontairement nébuleux, le Renouveau, l'Esprit, l'Âme.

Mais Chardonne intervient. L'Académie européenne le bouleverse, la cérémonie le comble de bonheur. Il improvise un petit discours à la fin duquel sa gorge se serre. Il pleure. Les larmes coulent sur son beau visage de bourgeois coquet. La salle lui fait un triomphe. Drieu ricane.

Jacques Chardonne était l'éditeur français de Hans Carossa. Son traducteur se nommait Jacques Decour.

SOURCES

Jean PAULHAN : *Choix de lettres*. Tome II : *1937-1945. Traité des jours sombres*. Paris, Gallimard, 1996.

Louis ARAGON, Jean PAULHAN et Elsa TRIOLET : *Le Temps traversé. Correspondance (1920-1964)*. Paris, Gallimard, 1994.

Jean PAULHAN : *Les Fleurs de Tarbes ou la Terreur dans les lettres*. Paris, Gallimard, 1941. Rééd. 1973.

Louis ARAGON : *L'Œuvre poétique*. 15 vol. Paris, Livre-Club Diderot, 1974-1981.

Paul ELUARD : *Au rendez-vous allemand*, suivi de *Poésie et vérité 1942*. Paris, Éd. de Minuit, 1945. Rééd. 1992.

Pierre DRIEU LA ROCHELLE : *Journal (1939-1945)*. Paris, Gallimard, 1992.

— *Fragments de Mémoires (1940-1941)*. Paris, Gallimard, 1982.

François MAURIAC : *Lettres d'une vie (1904-1969)*. Édition de Caroline Mauriac. Paris, Grasset, 1981.

— *Le Bâillon dénoué. Après quatre ans de silence*. Paris, Grasset, 1945.

André GIDE / Jean PAULHAN : *Correspondance (1918-1951).* Paris, Gallimard, 1988.

Julien BENDA : *La France byzantine ou le Triomphe de la littérature pure.* Paris, Gallimard, 1945.

Henri MASSIS : *Les idées restent.* Lyon, Lardencher, 1941.

Robert BRASILLACH : *Notre avant-guerre. Mémoires.* Paris, Plon, 1941. Rééd. Le Livre de Poche, 1973.

Jacques DEBÛ-BRIDEL : *La Résistance intellectuelle.* Paris, Julliard, 1970.

Georges DUHAMEL : *Le Livre de l'amertume. Journal (1925-1956).* Paris, Mercure de France, 1983.

Pierre EMMANUEL : *Autobiographies.* Paris, Éd. du Seuil, 1970.

Gerhard HELLER : *Un Allemand à Paris (1940-1944).* Paris, Éd. du Seuil, 1981.

VERCORS : *La Bataille du silence. Souvenirs de minuit.* Paris, Éd. de Minuit, 1992.

Jacques CHARDONNE : *Œuvres complètes*, tome VI. Paris, Albin Michel, 1955.

Marcel JOUHANDEAU : *Journal sous l'Occupation.* Paris, Gallimard, 1980.

Gisèle SAPIRO : *La Guerre des écrivains (1940-1953).* Paris, Fayard, 1999.

Pierre HEBEY : *« La Nouvelle Revue française » des années sombres (1940-1941).* Paris, Gallimard, 1992.

— *L'Esprit « NRF ».* Paris, Gallimard, 1990.

François DUFAY : *Le Voyage d'automne.* Paris, Plon, 2000.

Robert SABATIER : *Histoire de la poésie française*, tome VI. Paris, Albin Michel, 1982-1988.

Pascal FOUCHÉ : *L'Édition française sous l'Occupation.* 2 vol. Paris, Bibliothèque de littérature contemporaine de l'université Paris VII, 1987.

L'engagement des « romanciers de Minuit »

1960 ■ « Manifeste des 121 » sur le droit à l'insoumission

COMME chaque année, après le 14 Juillet, les Français sont partis en vacances ; les militants comme les autres. La France oublie son drame au soleil. La France n'est pas l'Algérie. De l'autre côté de la Méditerranée, il n'y a pas de trêve d'été. La guerre y fait rage, même si le mot de « guerre » est officiellement prohibé, censuré ; la bataille des mots ne se sépare pas de la bataille des corps et des armes.

L'exemple vient de haut : revenu à la tête de l'État pour mettre fin à cette guerre sans nom, Charles de Gaulle sait manipuler comme personne les pouvoirs du discours. Symbole lui-même, il s'est fait son propre écrivain : celui dont les mots organisent la sacralité du pouvoir. Son emploi, délibérément anachronique, de la vieille langue du classicisme et des versions grecques manifeste et exploite sans vergogne le mythe d'une éternité française cristallisée autour de la valeur littéraire. La plume légitime et exorcise le sabre.

Mais le sabre fait la guerre, une sale guerre. Si sale qu'elle est en train de faire un peuple des populations algériennes qui en sont les victimes ; si sale que des jeunes Français – une infime minorité encore – ont résolu de ne pas la faire et de lui préférer la prison ou l'exil ; que d'autres – parfois les mêmes – ont choisi d'aider, en tant que Français, le camp d'en face, celui des nationalistes algériens. Ils sont devenus des « porteurs de valises ».

Pendant que la France part en vacances, quelques-uns de ces porteurs de valises, une douzaine, sont à l'ombre, à la prison de

Fresnes ou à la Santé pour les hommes, à celle de la Roquette pour les femmes. La plupart ont été arrêtés en février en même temps que le coordinateur du FLN en France, Haddad Hamada. Ils ne sont pas les premiers à être emprisonnés pour avoir aidé les rebelles. Dès 1958, une poignée de militants, communistes dissidents, trotskistes, catholiques (parmi lesquels des prêtres), ont accepté de collecter et de convoyer des fonds, de louer des voitures, d'héberger des clandestins. Ce que révèle la rafle de la DST, c'est l'existence d'un véritable réseau de résistance, structuré, organisé, pourvu d'organes de décision politiques, doté d'un journal, *Vérités Pour*. Ce que les journaux retiennent, pour en augmenter le scandale, c'est la qualité des membres arrêtés du réseau – des professeurs, des comédiens, des techniciens de la radio – et celle de leur chef désigné, Francis Jeanson, qui a échappé au coup de filet.

Francis Jeanson, trente-huit ans, a occupé une position en vue dans le champ littéraire tel qu'il s'est remodelé à la Libération. En 1947, jeune philosophe, il a apporté à Sartre le manuscrit d'un ouvrage qu'il venait de lui consacrer, *Le Problème moral et la pensée de Sartre*. Le fondateur des *Temps modernes* l'a immédiatement intégré à son proche entourage, lui déléguant la gérance de sa revue. En 1952, c'est à Jeanson que Sartre confie le compte rendu critique de *L'Homme révolté* d'Albert Camus. Son article, « Albert Camus ou l'âme révoltée », impavide et féroce, provoque la réaction outrée de l'auteur, que publie *Les Temps modernes* en même temps que la « Réponse à la réponse », signée de Sartre : *« Mon cher Camus, notre amitié n'était pas facile mais je la regretterai. Si vous la rompez aujourd'hui, c'est sans doute qu'elle devait se rompre. Beaucoup de choses nous rapprochaient, peu nous séparaient. Mais c'était encore trop : l'amitié elle aussi tend à devenir totalitaire ; il faut l'accord en tout ou la brouille, et les sans-parti eux-mêmes se comportent en militants de partis imaginaires. »* Traité par Camus en simple porte-plume de Sartre, comme s'il en avait besoin, Jeanson s'éloigne pourtant peu à peu des *Temps modernes*. Son engagement est ailleurs, même s'il continue à diriger, aux Éditions du Seuil, une collection littéraire prestigieuse, « Écrivains de toujours ». En 1950, lors d'une tournée de conférences sur le théâtre de Sartre organisée en Algérie, Jeanson a été révolté par la réalité quotidienne de la situation coloniale et persuadé de l'imminence d'une explosion. Lorsque celle-ci se produit, Jeanson assimile immédiatement la « rébellion » à un mouvement de libération nationale. Les articles qu'il parvient à faire publier dans *Esprit*, son livre *L'Algérie hors la loi* sont autant d'avertissements qui ne rencontrent qu'indifférence ou scepticisme. Jeanson pose, en 1955, l'indépendance de l'Algérie comme un futur inéluctable et le colonialisme comme un ennemi dont les Français doivent se débarrasser. En bon sartrien, il accorde ses actes à sa pensée. En septembre 1957, utilisant le réseau de connaissances et d'influence que lui valent ses positions dans le champ intellectuel et éditorial, il organise un groupe clandestin chargé d'effectuer en France pour le FLN algérien un travail de soutien matériel.

La découverte du réseau Jeanson fait scandale. Et pas seulement à droite où l'on hurle à la trahison. À gauche, cette *« gauche respectueuse »* comme la putain de Sartre, Jeanson et ses amis sont considérés au mieux comme des irresponsables romantiques, au pire – la direction communiste – comme des provocateurs chargés par le pouvoir de déconsidérer dans l'opinion les partisans de la paix. Les emprisonnés dont le procès doit s'ouvrir en septembre paraissent bien seuls.

En fuite, activement recherché, coupé de son réseau, Francis Jeanson tente un coup. Le 15 avril, avec l'aide du maître organisateur qu'est Henri Curiel, communiste égyptien en permanente révolution, il convoque une conférence de presse secrète à Paris. Y sont conviés des représentants de la presse étrangère et un journaliste français, Georges Arnaud, l'auteur à succès du *Salaire de la peur*, reporter de choc au cœur chaud. Dans la salle de séjour d'un appartement, au numéro 1 de la rue du Chêne, devant les micros, sous les flashes des photographes, Jeanson s'explique, longuement : *« La gauche a érigé en mythe l'alibi de l'opinion publique. L'opinion publique n'était pas mûre. Il y avait des vérités qu'elle n'était pas prête à entendre.* [...] *Or le rôle de la gauche n'était pas, n'est pas de se mettre à la remorque de l'opinion publique. Il est de lui dire la vérité, même amère.* [...] *Il était donc urgent de réveiller la gauche, de la susciter, de la provoquer à l'action.* [...] *Il fallait que l'honneur français soit sauvé quelque part, si modestement que ce fût. »* Jeanson ne s'adresse qu'à la gauche malade, tétanisée par le gaullisme et par sa propre impuissance.

C'est la maladresse de la droite qui lui donne de la voix. Georges Arnaud rédige un long article sur l'événement dont il est le témoin français exclusif et va le proposer aux patrons de la presse dite populaire. Lazareff, le directeur de *France-Soir*, le refuse, mais Charpy, rédacteur en chef de *Paris-Presse*, ne résiste pas à l'appât du scoop et le publie sous le titre « Les étranges confidences du professeur Jeanson ». Et comme pour mieux assurer une publicité déjà réussie, la DST, le lendemain de la publication, arrête Georges Arnaud qui est incarcéré à Fresnes pour non-dénonciation de malfaiteur. Toutes opinions confondues, la presse s'indigne ; la fameuse « opinion publique » est ébranlée.

Dans le Paris déserté de ce mois de juillet, quatre hommes se retrouvent, quatre intellectuels. Deux d'entre eux, Claude Lanzmann et Marcel Péju, appartiennent au comité de rédaction des *Temps modernes*. Le troisième, Dionys Mascolo, fait partie de ce qu'on nomme le « groupe de la rue Saint-Benoît » où se retrouvent, outre Marguerite Duras sa compagne, Robert Antelme, Edgar Morin, tous anciens communistes en rupture avec le parti depuis la répression soviétique de la révolte hongroise en 1956. La trajectoire idéologique du quatrième est plus irrégulière : Maurice Blanchot a commencé sa carrière littéraire dans les journaux et les revues de la droite la plus extrême, l'a poursuivie pendant la guerre dans la *NRF* de Drieu et la direction de Jeune France, une association culturelle patronnée par Vichy, avant de se désengager et de construire une œuvre critique et romanesque aux limites de la dissolution de l'objet littéraire. Ses positions esthétiques et métaphysiques, son statut de franc-tireur dans l'espace littéraire, l'ont rapproché de Georges Bataille et de sa revue *Critique* dont il est devenu l'un des piliers. Éditée par les Éditions de Minuit, *Critique* est la rivale des *Temps modernes* dans la conquête de l'hégémonie intellectuelle.

Blanchot et Mascolo sont liés par une commune aversion pour le régime gaulliste dans lequel ils voient une entreprise de divinisation du pouvoir, placé hors d'atteinte des contestations de la pensée. En 1958, ils ont lancé, en compagnie d'André Breton et de Jean Schuster, un journal, *14 juillet*, qui se voulait l'organe d'un « mouvement de résistance intellectuelle ». Faute d'audience, l'entreprise a sombré, mais les deux écrivains n'ont pas abandonné leur projet. Celui de Lanzmann et de Péju est sensiblement différent. Il s'agit d'abord pour eux de sortir Jeanson, ses amis emprisonnés, les insoumis et les déserteurs de l'isolement politique et de peser sur le sens du procès qui leur est fait. Depuis des mois, Sartre et *Les Temps modernes* font le procès de la gauche officielle, communistes en tête, coupable de sacrifier son âme à la protection de ses intérêts de boutique. Il faut frapper un coup, spectaculaire, ébranler, scandaliser le scandale de l'attentisme.

Blanchot prend une feuille et commence à écrire. Il écrit long, plus de 5 000 signes, c'est trop long pour une pétition, surtout quand tout est dit dans le titre : « Déclaration sur le droit à l'insoumission dans la guerre d'Algérie ». Le droit à l'insoumission, pas le devoir :

« Le droit, expliquera Blanchot, *ne renvoie qu'à lui-même, à l'exercice d'une liberté dont il est l'expression ; le droit est un pouvoir libre dont chacun, pour lui-même, vis-à-vis de lui-même, est responsable et qui l'engage complètement et librement : rien n'est plus fort, rien n'est plus grave. »* L'essentiel de la déclaration est contenu dans ses derniers paragraphes : *« Les soussignés, considérant que chacun doit se prononcer sur des actes qu'il est désormais impossible de présenter comme des faits divers de l'aventure individuelle ; considérant qu'eux-mêmes, à leur place et selon leurs moyens, ont le devoir d'intervenir, non pas pour donner des conseils aux hommes qui ont à se décider personnellement face à des problèmes aussi graves, mais pour demander à ceux qui les jugent de ne pas se laisser prendre à l'équivoque des mots et des valeurs, déclarent :*

— Nous respectons et jugeons justifié le refus de prendre les armes contre le peuple algérien.

— Nous respectons et jugeons justifiée la conduite des Français qui estiment de leur devoir d'apporter aide et protection aux Algériens opprimés au nom du peuple français.

— La cause du peuple algérien qui contribue de façon décisive à ruiner le système colonial, est la cause de tous les hommes libres. »

Le sigle FLN est évité : on ne veut connaître que le « peuple algérien », un principe, pas une organisation.

Mascolo, Lanzmann et Péju relisent le texte de Blanchot, apportent quelques retouches. On appelle Sartre qui se prépare à partir en vacances et qui signe sans hésitation. Il a rencontré Jeanson, un an plus tôt, et lui a dit être *« cent pour cent d'accord avec son action »*. Commence alors la chasse aux signatures. Les initiateurs prévoyaient une quête longue et difficile ; d'autant qu'ils veulent réunir le dessus du panier de la « classe intellectuelle », des « noms ». Ils sont surpris par l'accueil qu'ils reçoivent. Des chaînes de signatures se forment, utilisant les relais d'amitié, les contiguïtés esthétiques, les solidarités de revues, les appartenances éditoriales. L'individualisme essentiel des créateurs paraît avoir cédé le pas aux polarisations du champ littéraire et artistique. On retrouve parmi les signataires, 121 d'abord et bientôt une centaine de plus, toute la mouvance des *Temps modernes*, mais aussi les derniers surréalistes autour de Breton, de Tzara et de la revue de cinéma *Positif*, l'avant-garde littéraire des *Lettres nouvelles* de Maurice Nadeau, celle des Éditions de Minuit autour de Jérôme Lindon, la « Nouvelle Vague » du cinéma avec Resnais, Truffaut, Kast ou Sautet. Les signatures universitaires paraissent elles aussi obéir à des affinités de discipline. Les spécialistes de l'Antiquité classique, de Jacques et Louis Gernet à Jean-Pierre Vernant et à André Mandouze, y occupent une place de choix autour de Pierre Vidal-Naquet, figure omniprésente des luttes anticolonialistes.

Ces solidarités si fortes mettent en évidence les solidarités rompues. Malgré Blanchot, les principaux animateurs de *Critique* – Bataille, Klossowski, Piel, Barthes – ont refusé leur adhésion ; tout comme les responsables d'*Esprit*, malgré la présence de chrétiens de gauche et les liens de Jeanson avec les Éditions du Seuil ; tout comme Paulhan et les vedettes littéraires de la maison Gallimard, Michel Leiris excepté. Le manifeste politique suit les lignes de fracture de la nouvelle donne littéraire. Aucun communiste orthodoxe, Aragon veille, mais toute la contestation, à la marge et à l'intérieur du PCF, semble s'être donné rendez-vous, avec l'encouragement, au moins tacite, de Laurent Casanova, le rival de Thorez au bureau politique. Après le rapport Khrouchtchev, après la Hongrie, le « Manifeste des 121 » souligne un nouvel affaiblissement de l'influence communiste sur les intellectuels.

Il se produit alors une chose étrange qui transforme la pétition en mythe et la liste de ses signataires en palmarès – au choix – de l'honneur ou du déshonneur de l'esprit. Le pouvoir interdit toute publicité, même partielle, du texte – le numéro des *Temps modernes* qui devait le publier paraît, censuré, avec deux pages blanches, suivies d'une liste de signatures – tout en poursuivant ceux qui l'ont signé. Les professeurs sont suspendus, les comédiens, les auteurs dramatiques et les chanteurs chassés des antennes, des studios de cinéma et des salles de théâtre ; il est même interdit de citer le nom des écrivains signataires dans les émissions littéraires. On perquisitionne, on auditionne, on inculpe, on révoque, au prétexte d'un écrit qu'il est interdit de lire. Le résultat de cette répression ne se fait pas attendre. À droite, les adversaires de la politique algérienne du chef de l'État défilent en réclamant, outre l'Algérie française, la tête de Sartre et celle des *« professeurs de trahison »*. À gauche, syndicats et partis, bon gré mal gré, doivent défendre les « 121 » et, par ricochet, les inculpés du réseau Jeanson. Le bureau politique du PCF, *« tout en ayant ses propres conceptions sur les formes de lutte les plus efficaces, à savoir la lutte des masses, ne saurait admettre que la répression s'abatte sur aucun partisan de la paix en Algérie, car cette répression a pour but de réduire au silence toutes formes d'opposition à la guerre colonialiste »*. Les Jeunesses communistes sont autorisées à faire un pas de plus : *« C'en est assez de combattre en "pacifiant" et de "pacifier" en combattant. Nous ne voulons plus nous battre pour des phrases vides de sens. »*

Le 5 septembre à 13 heures, lorsque comparaissent, devant le Tribunal permanent des forces armées installé dans l'ancienne prison du Cherche-Midi (là où a été condamné Dreyfus), six Algériens et dix-huit porteurs de valises français, quelque chose a changé dans l'opinion. Le soir même, de Gaulle prononce un discours où il annonce que *« l'Algérie algérienne est en marche »*. Aidé de son avocat, Roland Dumas, et de ceux du « collectif FLN », Oussedik et Vergès, le réseau Jeanson va faire de son procès celui de la guerre d'Algérie.

On a dit de la guerre d'Algérie qu'elle était *« la guerre de Sartre »* et du « Manifeste des 121 » qu'il couronnait la pratique de l'*engagement* sartrien. C'est au contraire la crise de cet *engagement* que mettent en évidence la guerre d'Algérie et le fameux « Manifeste ».

Depuis la Libération, l'organisation de l'espace littéraire épousait dans ses lignes de force l'analyse qu'en avait proposée Sartre dans son manifeste-programme de 1946, *Qu'est-ce que la littérature ?* Ceux-là mêmes qui contestaient avec le plus de flamme l'hégémonie intellectuelle du philosophe-écrivain lui rendaient raison. Les « Hussards », par exemple, ces jeunes romanciers regroupés autour de la revue *La Table ronde* sous l'œil quelque peu effaré de Mauriac, cherchaient à peine à masquer les motifs, immédiatement politiques, de leur revendication d'une littérature *« dégagée »*. Blondin, Nimier, Laurent renouent, par-dessus la période de la collaboration et de la résistance, avec la tradition de la droite littéraire de l'avant-guerre. Leur tentative de dégagement exprime une volonté d'effacement de la résistance littéraire et de restauration dont leur culte, tout idéologique, de Céline, de Chardonne et de Morand est le signe rituel. La perte d'influence de la *NRF*, reparue en 1953 sous le titre embarrassé de *Nouvelle Nouvelle Revue française*, au profit des *Temps modernes* (longtemps publiée par le même éditeur que celui de la *NRF*, celui de Sartre aussi, Gallimard) mais aussi de *Critique*, d'*Esprit* et des *Lettres françaises* d'Aragon, marque le déplacement de l'axe de la création littéraire du côté de la philosophie – existentialiste, marxiste ou spiritualiste –, des sciences sociales et de la responsabilité politique. À la fois romancier, critique, philosophe, intervenant politique et médiatique, Sartre, par sa formation, parvient en outre à lier les deux cordons, traditionnellement hostiles, de la création littéraire et de l'université.

L'apparition publique, au milieu des années 1950, de ce qu'on nomme à la hâte le « Nouveau Roman », ne semble pas remettre en cause l'équilibre de ce système. Tout esthétique, sa revendication d'un renouvellement des formes romanesques du réalisme est accueillie avec faveur du côté de chez Sartre. La responsabilité d'un écrivain est aussi engagée dans le choix des formes. Dès le premier livre de Nathalie Sarraute, *Tropismes*, paru chez Denoël en 1939 dans l'indifférence de la critique, Sartre a exprimé son admiration. En 1948, il a tenté sans succès de convaincre Paulhan de publier *Portrait d'un inconnu* chez Gallimard et, pour aider au lancement du livre, il lui a écrit une préface, la première qu'il consacrait à un roman, où il décrivait ces *« œuvres vivaces et toutes négatives qu'on pourrait nommer des antiromans.* [...] *Les antiromans conservent l'apparence et les contours du roman,* [...] *mais c'est pour mieux décevoir : il s'agit de contester le roman par lui-même, de le détruire sous nos yeux dans le temps qu'on semble l'édifier, d'écrire le roman d'un roman qui ne se fait pas, de créer une fiction qui soit aux grandes œuvres composées de Dostoïevski et de Meredith ce qu'était aux tableaux de Rembrandt et de Rubens cette toile de Miro, intitulée* Assassinat de la peinture. » Préface évidemment magistrale, évidemment récupératrice aussi : *« Je pense qu'en laissant deviner une authenticité insaisissable, en montrant ce va-et-vient incessant du particulier au général, en s'attachant à peindre le monde rassurant et désolé de l'inauthentique, elle a mis au point une technique qui permet d'atteindre, par-delà le psychologique, la réalité humaine dans son* existence *même. »* Toute la gloire de Sartre en 1947 ne suffira pas à faire lire le roman de Sarraute, mais la romancière écrira quelques articles pour *Les Temps modernes*, sans être existentialiste pour autant.

La contestation continue des formes « bourgeoises » du roman a tout pour plaire à Sartre, qui lui-même s'y essaie avec des bonheurs inégaux. La contestation de l'engagement du discours littéraire, l'affirmation d'une vérité de la littérature qui se suffit à elle-même est tout autre chose. Or, la polémique critique qui s'ouvre au milieu des années 1950 entre les partisans d'un approfondissement de la tradition romanesque et l'avant-garde du « Nouveau Roman » va conduire les uns et les autres à radicaliser leurs antagonismes. Dans cette querelle publique et largement publicisée, les écrivains des deux camps, d'abord soucieux de leur œuvre, céderont souvent la parole à la troupe des critiques, des commentateurs et des théoriciens. Avec tous les grossissements et les effets de rhétorique guerrière qu'entraîne l'activité propagandiste. C'est tout à fait logiquement que l'affrontement sur le roman se transformera quelques années après en affrontement sur la critique, selon des lignes de clivage assez semblables.

Nouvel affrontement des Anciens et des Modernes selon les lois endémiques de notre folklore littéraire ? Querelle tout aussi classique de générations entre écrivains arrivés et *outsiders* plus jeunes pressés de se faire une place au soleil ? Remarquons déjà que Nathalie Sarraute (née en 1900) est plus âgée que Sartre (1905), que Claude Simon (1913) et Sartre appartiennent à la génération qui a fait la guerre et connu les camps de prisonniers, quand Robert Pinget (1919), Alain Robbe-Grillet et Claude Ollier (1922) sortaient du lycée et que Michel Butor (1926) y entrait. Le « Nouveau Roman » n'est pas un groupe générationnel comme l'est *Tel Quel* dont le premier numéro paraît au printemps 1960. Pour autant que le groupe existe, il résulte d'une convergence de refus qui ne visent pas tant le champ romanesque qui lui est contemporain que l'institution romanesque triomphante telle qu'elle s'est établie au XIXe siècle et telle qu'elle persiste, imposant ses formes historiques comme autant de lois naturelles. Ce n'est pas un état présent de la littérature qui est contesté et sapé, c'est un vieil empire, autrefois vigoureux et dynamique, que ses vertus étiolées maintiennent à l'état de tyrannie.

Des rébellions nombreuses ont tenté d'ébranler ce despotisme. Flaubert, Gide, Proust, Céline, pour ne parler que des écrivains français, ont été des ennemis de l'intérieur efficaces ; le Sartre de *La Nausée*, le Camus de *L'Étranger* ont tenté à leur tour, plus timidement, de secouer le joug des formes canoniques : *« une histoire où l'on voit agir et vivre des personnages »* que le romancier a pour tâche de « rendre vivants » en leur conférant, pour satisfaire le besoin de croyance des lecteurs, une « épaisseur romanesque », psychologique, historique, sociale dont chaque élément du décor et l'accumulation de « petits faits vrais » sont chargés d'exhiber la véracité et d'indiquer la signification. Mais, après chacune de ces tentatives de libération, le « vieux » roman a retrouvé son emprise. De plus en plus artificiel, de plus en plus vide de réalité vivante et neuve. Inventé pour signifier le réel, le roman ne signifie plus que le divertissement du réel, le triomphe de l'inauthentique indéfiniment répété ; et tous ses lecteurs sont condamnés, s'ils y croient encore, à être des Emma Bovary : à prendre pour la réalité le trompe-l'œil du romanesque.

Nathalie Sarraute, Claude Simon, Alain Robbe-Grillet, Claude Ollier, Michel Butor, Robert Pinget sont donc les successeurs d'une lignée continue d'écrivains ; ils accomplissent le devoir de tous les créateurs, dans tous les domaines : soumettre à la critique les conventions, faire craquer les habitudes, découvrir et pressentir le nouveau. D'où vient alors la violence du rejet qu'ils suscitent, le mépris dont on accable leurs *« exercices de laboratoire »*, leurs *« romans expérimentaux »*, si différents qu'ils soient les uns des autres ? Sans doute parce qu'en détruisant l'illusion romanesque, ils exhibent sur la place publique l'objet caché, le tabou de la religion littéraire, la matière : le langage, les techniques, les procédés, le métier, la main de l'auteur. Et encore : ses hésitations, ses échecs, la résistance que lui opposent la réalité et le matériau, l'incertitude de l'œuvre inséparable de son édification.

Puisqu'il en est ainsi, puisque ces auteurs ne coulent pas leur livre dans une forme préétablie, puisqu'ils attachent tant d'importance au « comment dire », on leur collera l'étiquette infamante : ils seront « formalistes ». Des parnassiens sur le retour, des diseurs de riens sophistiqués. Plus gravement : des anti-humanistes qui excluent l'Homme de l'Art, qui le chassent de leurs œuvres au profit des objets (Robbe-Grillet), de l'anonymat du « on » (Nathalie Sarraute), de la parlerie généralisée (Pinget), du jeu des réseaux spatio-temporels (Butor) ou des ressassements de la mémoire (Simon). Plus d'homme, pas davantage de réel : dans le feu de la polémique et dans sa logique du toujours plus, certains « nouveaux romanciers » – les moins créatifs – vont pousser la rage théorique jusqu'à affirmer que le réel est une entrave dont il convient de se libérer au plus vite, que le rêve de Flaubert – écrire un roman sur rien – est le seul digne de respect artistique, que la langue est le seul objet et le seul sujet de la littérature. Sarraute, Simon, Butor peuvent bien protester et leurs livres poursuivre patiemment l'exploration du réel – y compris la réalité complexe de la langue qui ne dit jamais le réel sans le masquer et le figer –, ils sont soupçonnés de participer au même complot. Partant en guerre contre le formalisme du « vieux roman », ils se retrouvent accusés de s'adonner à de purs jeux d'agencements formels. D'être des ingénieurs et non pas des artistes.

Les « néo-romanciers » ne s'en prennent pas à « l'engagement » sartrien, comme le font, au même moment, les « Hussards » de l'extrême droite ou les jeunes littérateurs de *Tel Quel*, sous l'ombre tutélaire et conservatrice de Francis Ponge. Ils se savent engagés dans une histoire qui ne se limite pas à l'histoire de leur art ; ils sont persuadés de la responsabilité esthétique des écrivains. Mais ils refusent de confondre cette responsabilité avec on ne sait quel message préfabriqué que l'artiste aurait l'ennuyeux privilège d'illustrer. Ce n'est pas de Sartre qu'ils se méfient mais de Jdanov, le théoricien stalinien du « réalisme socialiste », et de la manière dont on peut glisser de Sartre à Jdanov, comme on glisse de la liberté à la tyrannie. Et ce glissement, ils en décèlent le risque dans la vieille, l'indéracinable distinction du « fond » et de la « forme ». Ils ne sont certes pas les premiers à affirmer que fond et forme sont indissociables et que le langage et la signification sont inséparables, qu'ils ne font qu'un, mais ils y mettent une insistance polémique. C'est que *L'Ère du soupçon*, pour reprendre le titre du traité de Nathalie Sarraute paru en 1956, ne frappe pas seulement la manière d'écrire des romans, mais aussi celle de les lire. Le « Nouveau Roman » repose la question de l'art littéraire dans une démocratie de masse.

Si le roman a si bien réussi auprès des lecteurs, s'il domine de façon si outrageuse l'espace littéraire – un écrivain, c'est un romancier –, c'est qu'il satisfait à des besoins qui sont d'ordre extra-littéraires ; appelons ces besoins le « romanesque ». Le romanesque n'a rien à voir avec l'art : on le retrouve aussi bien – et même parfois mieux – dans les romans-feuilletons, dans les romans à succès écrits pour l'industrie éditoriale ou dans de simples faits divers que dans les œuvres des grands écrivains. *« Ces besoins paraissent si naturels,* écrit Sarraute dans *L'Ère du soupçon, et le contentement que procure leur satisfaction est si fort qu'on comprend l'impatience que provoquent chez ces lecteurs, au moment où ils se sentent le plus comblés, les trouble-fête qui viennent leur parler d'"art" et de "style". Que leur importe, à ces lecteurs, que ces ouvrages ne soient pas destinés à durer ? Si, le jour où, avec l'aide de ces livres, les difficultés avec lesquelles ils sont aux prises seront surmontées, où leur situation sera transformée, où les sentiments auront changé et leur curiosité sera excitée par de nouveaux modes de vie, l'intérêt pour ces ouvrages doit tomber et disparaître l'excitation qu'ils provoquent, il n'y a là rien à redire, on aurait tort de le regretter. Quel besoin y a-t-il de stocker pour un avenir inconnu des œuvres en apparence inusables ? Il s'agit de toute urgence d'apporter une aide efficace aux hommes de son temps. Qu'un livre s'use après avoir servi, voilà qui est naturel et sain. On le jette et on le remplace. Et cette opinion serait d'une si évidente sagesse que personne ne songerait à la contester, s'il n'y avait précisément ce seul point très troublant : cette impression pénible, dès que tombe l'excitation que procuraient ces ouvrages, que ce qu'ils décrivaient n'était pas la réalité. Ou plutôt que ce n'était qu'une réalité de surface, rien que la plus plate et la plus banale apparence. Plus banale et plus sommaire encore, contrairement à ce qui avait semblé d'abord, que celle que nous percevons nous-mêmes, si pressés et distraits que nous soyons. »*

Pour dissoudre les charmes de cette production romanesque jetable et inauthentique, pour rendre au roman sa noblesse artistique, les « nouveaux romanciers » – comme, avant eux, les peintres de la modernité – se trouvent donc engagés dans une pédagogie du lecteur. Pédagogie nécessairement violente, puisqu'il s'agit d'arracher les lecteurs de romans à leur bonheur, à leur confiance, à *« l'impression d'être chez soi, parmi des objets familiers,* [...] *juste assez excités par un très léger effort, mais jamais fatigués ou découragés par un effort excessif, jamais ralentis ou arrêtés dans leur marche, vers ce à quoi ils aspirent quand ils se mettent à lire un roman : un secours dans leur solitude, une description de leur situation, des révélations sur les côtés secrets de la vie des autres, des conseils pleins de sagesse, des solutions justes aux conflits dont ils souffrent, un élargissement de leur expérience, l'impression de vivre d'autres vies ».*

L'optimisme en moins, la pédagogie des « nouveaux romanciers » retrouve le vocabulaire d'élucidation des Lumières : *« On sait combien, dans notre hâte, dans la nécessité où nous sommes, à chaque instant, d'aller au plus pressé, de nous guider d'après les plus grossières apparences, nous pouvons être ignorants et crédules. »* Sarraute, Simon et les autres s'attaquent à la forteresse littéraire de la crédulité, le roman. Butor publie en 1960 son dernier roman, *Degrés*. Il va préférer ensuite sortir d'un genre décidément trop ambigu pour inventer une littérature qui défie toutes les frontières : entre la fiction, la poésie, l'essai critique, le récit de voyages, entre les images du réel et celles du rêve, entre la littérature, la peinture, la musique, l'architecture, entre l'espace et le temps, le présent et le passé.

En 1958, Aragon rompt avec le réalisme socialiste et publie un roman d'histoire – pas un roman historique : *La Semaine sainte*.

Du présent (de l'écriture) et du passé, il est aussi essentiellement question dans le roman que publie Claude Simon à l'automne 1960, *La Route des Flandres*, son premier chef-d'œuvre. Le travail narratif de Simon est aux antipodes de ce « roman objectif » ou de cette « littérature du constat » dans lesquels des théoriciens pressés ou des arguments publicitaires voudraient enfermer le « Nouveau Roman ». *La Route des Flandres* est un roman de l'interprétation du réel, dans son expression la plus dramatique : la guerre. Il est inscrit dans un vécu : la débâcle de l'armée française sur la route des Flandres telle que l'a subie le brigadier Claude Simon entre le 12 et le 18 mai 1940, date de sa capture par les Allemands. Seulement, Simon ne « raconte » pas « sa » guerre comme on pourrait faire le compte rendu d'une expérience. *« Je crois qu'il faut tenir compte toujours, quand on parle de "réalité" et d'écriture, du fait que nous percevons très mal les choses – et dans la guerre nos perceptions sont encore plus limitées, elles sont somnambuliques, on ne mange pas, on ne dort pas, on est exténué. La mémoire déforme encore, puis l'écriture, ne serait-ce que parce qu'on est obligé de donner un ordre à ce qui n'en n'a pas. » La Route des Flandres* est une mise en ordre par l'écriture de l'inexprimable désordre de la guerre, cette situation dans laquelle l'ordre apparent du réel se révèle ce qu'il est : un chaos primordial, un désordre organique, opaque, fragmentaire, absurde, aveugle, muet que le travail de l'écriture a pour fonction d'élucider, de mettre en ordre : *« ... entre le lire dans les livres ou le voir artistiquement représenté dans les musées et le toucher et recevoir des éclaboussures, c'est la même différence qui existe entre le mot* obus *et se retrouver d'un instant à l'autre couché cramponné à la terre et la terre elle-même à la place du ciel et l'air lui-même qui dégringole autour de toi comme du ciment brisé, des morceaux de vitres, et la boue et l'herbe à la place de la langue, et soi-même éparpillé et mélangé à tellement de fragments de nuages, de cailloux, de feu, de noir, de bruit et de silence qu'à ce moment le mot* bruit *ou le mot* explosion *n'existe pas plus que le mot* terre *ou* ciel *ou* feu, *ce qu'il fait qu'il n'est pas plus possible de raconter ce genre de choses qu'il n'est possible de les éprouver de nouveau après coup, et pourtant tu ne disposes que de mots... »*

Ce travail de disposition des mots ne vise donc pas à recréer la réalité, ni même à en fournir une image, nécessairement fausse, ni à faire de l'écrivain une sorte de dieu décidant du haut de son Olympe du vrai, du faux et du sens de l'histoire des hommes, mais de proposer une vérité esthétique de l'événement, inséparable d'une rigoureuse éthique de l'écriture : ne pas faire illusion. Claude Simon rattache explicitement cette éthique de la présentation (il ne re-présente pas) à l'histoire de son époque : *« À mon avis, la grande chose, ç'a été Auschwitz. Je ne suis ni sociologue, ni historien, ni philosophe, mais après Auschwitz les idéologies s'écroulent, tout humanisme apparaît comme une farce. Il me semble qu'après cette horreur, ces effondrements de toutes les valeurs, s'est fait sentir un désarroi qui a amené les plus conscients – ou les plus sensibles – à s'interroger, à recourir au primordial, à l'élémentaire. Non plus la question du pourquoi mais celle du comment.* Comment c'est, *a écrit Beckett. »*

Le primordial, l'élémentaire, l'organique, la langue d'avant le langage social, les hommes *« comme projetés hors de l'Histoire, ou livrés à quelque chose qui se situait au-delà de toute mesure »* : les « nouveaux romanciers » cherchent les formes et les thèmes d'une humanité confrontée à son inhumanité, à la faillite monstrueuse de la « civilisation » et de l'histoire. Retour au primitif, à la caverne originaire, à l'expérience première et nocturne du langage.

En 1947, de retour des camps de la mort dont il a été sauvé par miracle, Robert Antelme écrit *L'Espèce humaine*. Son livre est un témoignage, totalement lié à une mise en cause du récit et de ses formes : *« Il y a deux ans, durant les premiers jours qui ont suivi notre retour, nous avons été, tous je pense, en proie à un véritable délire. Nous voulions parler, être entendus enfin.* [...] *Nous ramenions avec nous notre mémoire, notre expérience toute vivante et nous éprouvions un désir frénétique de la dire telle quelle. Et dès les premiers jours cependant, il nous paraissait impossible de combler la distance que nous découvrions entre le langage dont nous disposions et cette expérience que, pour la plupart, nous étions encore en train de poursuivre dans notre corps. Comment nous résigner à ne pas tenter d'expliquer comment nous en étions venus là ? Nous y étions encore. Et cependant c'était impossible. À peine commencions-nous à raconter, que nous suffoquions. À nous-mêmes, ce que nous avions à dire commençait alors à nous paraître* inimaginable. [...] *Nous avions donc bien affaire à l'une de ces réalités qui font dire qu'elles dépassent l'imagination. Il était clair désormais que c'était seulement par le choix, c'est-à-dire encore par l'imagination, que nous pouvions essayer d'en dire quelque chose.* [...] *Les héros que nous connaissons, de l'histoire ou des littératures, qu'ils aient crié l'amour, la solitude, l'angoisse de l'être ou du non-être, la vengeance, qu'ils se soient dressés contre l'injustice, l'humiliation, nous ne croyons pas qu'ils aient jamais été amenés à exprimer comme seule et dernière revendication, un sentiment ultime d'appartenance à l'espèce.* [...] *La mise en question de la qualité d'homme provoque une revendication presque biologique d'appartenance à l'espèce humaine. Elle sert ensuite à méditer sur les limites de cette espèce, sur sa distance à la "nature" et sa relation avec elle, sur une certaine solitude de l'espèce donc, et pour finir, surtout à concevoir une vue claire de son unité indivisible.* »

Robert Antelme sera l'un premiers signataires du « Manifeste des 121 ». Tous les « nouveaux romanciers » français, malgré le procès de formalisme et de « désengagement » qui leur est fait, signeront également cette proclamation du « droit à l'insoumission » : Michel Butor, Claude Ollier, Alain Robbe-Grillet, Nathalie Sarraute, Claude Simon.

On les appelle aussi les « romanciers de Minuit », à cause de la maison d'édition où ils ont publié une partie ou la totalité de leur œuvre. Appartenance plus que symbolique, immédiatement signifiante. Les Éditions de Minuit ont été fondées en 1943 dans la clandestinité pour accueillir et publier les textes de la résistance littéraire. Vercors, qui en était le directeur, y a écrit son célèbre *Silence de la mer*. À la Libération, Minuit, en crise, a été repris par un jeune éditeur, Jérôme Lindon. Depuis, Lindon, audacieux et austère, n'a jamais dévié de cette ligne éditoriale de résistance, politique, intellectuelle et littéraire. Sans mélanger les fonctions, en manifestant leur intime solidarité. Depuis le début de la guerre d'Algérie, l'éditeur de Samuel Beckett a publié les témoignages les plus retentissants sur la torture, les exécutions de prisonniers, les camps de « regroupement », les déserteurs. Il est devenu le *recordman* des ouvrages saisis et interdits, des perquisitions, des convocations à la DST. En même temps, il édite la revue *Critique*, à l'avant-garde des recherches dans le domaine des sciences humaines (et bientôt – à partir de 1964 – les livres de Pierre Bourdieu), la philosophie critique allemande, les hérétiques de la psychanalyse et du marxisme et ces hérétiques de la littérature, enfin, dont les œuvres, décrétées illisibles, absconses et fourvoyées, vont être accueillies dans le monde comme le signe du renouveau littéraire français.

Sans le savoir, sans le vouloir, contre leur vœu même, le réseau Jeanson, les insoumis et les déserteurs, les signataires du « Manifeste » ont favorisé la stratégie algérienne du général de Gaulle. C'est l'Histoire.

« Rien n'est sûr ni n'offre d'autres garanties que celles dont Flaubert parle après Novalis : une harmonie, une musique. À sa recherche, l'écrivain progresse laborieusement, tâtonne en aveugle,

s'engage dans des impasses, s'embourbe, repart – et, si l'on veut à tout prix tirer enseignement de sa démarche, on dira que nous avançons toujours sur des sables mouvants » (Claude Simon, *Discours prononcé lors de la remise du prix Nobel de littérature*, Stockholm, 1985).

SOURCES

Nathalie SARRAUTE : *Œuvres complètes*. Paris, Gallimard, « Bibliothèque de la Pléiade », 1996.

Claude SIMON : *La Route des Flandres*. Paris, Éd. de Minuit, 1960.

— *Histoire*. Paris, Éd. de Minuit, 1967.

— *Discours de Stockholm*. Paris, Éd. de Minuit, 1985.

Alain ROBBE-GRILLET : *Dans le labyrinthe*. Paris, Éd. de Minuit, 1959.

— *Pour un nouveau roman*. Paris, Éd. de Minuit, 1963.

Michel BUTOR : *La Modification*. Paris, Éd. de Minuit, 1957.

— *Degrés*. Paris, Gallimard, 1960.

Robert PINGET : *Clope au dossier*. Paris, Éd. de Minuit, 1961.

— *L'Inquisitoire*. Paris, Éd. de Minuit, 1965.

Maurice BLANCHOT : *Le Livre à venir*. Paris, Gallimard, 1959.

Roland BARTHES : *Œuvres complètes*. Tome I : *1942-1965*. Paris, Éd. du Seuil, 1993.

Jean-Paul SARTRE : *Situations 1, 2, 4*. Paris, Gallimard, 1948, 1964.

Robert ANTELME : *L'Espèce humaine*. Paris, Gallimard, 1957.

Francis JEANSON : *L'Algérie hors la loi*. Paris, Éd. du Seuil, 1955.

— *Un quidam nommé Sartre*. Paris, Éd. du Seuil, 1966.

François MASPERO : *Le Dossier des 121*. Paris, Maspero, 1961.

Georges ARNAUD : *Mon procès*. Paris, Éd. de Minuit, 1961.

Claude DÄLLENBACH : *Claude Simon*. Paris, Éd. du Seuil, 1988.

Jean RICARDOU : *Pour une théorie du Nouveau Roman*. Paris, Éd. du Seuil, 1972.

Hervé HAMON et Patrick ROTMAN : *Les Porteurs de valises*. Paris, Albin Michel, 1979. Rééd. Paris, Éd. du Seuil, « Points Histoire », 1981.

Anna BOSCHETTI : *Sartre et « Les Temps modernes »*, Paris, Éd. de Minuit, 1985.

La cérémonie des adieux

1980 ■ L'enterrement de Sartre

« ON ENTRE *dans un mort comme dans un moulin* », avait écrit Sartre dans la préface de son Flaubert, *L'Idiot de la famille*, le dernier livre qu'il ait écrit, laissé comme tant d'autres inachevé. Le 15 avril 1980, à 21 heures, dans une salle du service des urgences de l'hôpital Broussais, Jean-Paul Sartre meurt. *« Le mardi 15 avril au matin,* écrira Simone de Beauvoir dans *La Cérémonie des adieux*, *quand j'ai demandé comme d'habitude si Sartre avait bien dormi, l'infirmière m'a répondu : "Oui. Mais..." Je suis venue aussitôt. Il dormait en respirant assez fort : visiblement il était dans le coma ; il y était depuis la veille au soir. Pendant des heures, je suis restée à le regarder. Vers six heures, j'ai laissé la place à Arlette en lui demandant de me téléphoner si quelque chose arrivait. À neuf heures, le téléphone a sonné. Elle m'a dit : "Ça s'est arrêté." Je suis venue avec Sylvie. Il était pareil à lui-même, mais ne respirait plus. »*

On entre dans un mort comme dans un moulin : les lecteurs de la « grande » presse vont apprendre, comme dans une série télévisée, les prénoms et les noms des membres encore inconnus de la « famille » Sartre : Arlette El-Kaïm, devenue la fille adoptive du philosophe ; Sylvie Le Bon, l'amie de Simone de Beauvoir ; Benny Lévy, alias Pierre Victor, l'ancien chef des « maos » de la Gauche prolétarienne, secrétaire des dernières années. Ils vont aussi tout apprendre des querelles de la famille, aussi sordides, aussi inexpiables que les plus bourgeoises querelles d'héritage. Sauf qu'il ne s'agit pas de savoir comment on se partagera le trésor du défunt, mais ce que sera ce trésor lui-même : la pensée de Sartre.

Cette querelle se développe depuis sept ans, depuis que l'écrivain

Sartre est mort, à l'automne 1973, lorsqu'il a perdu la vue, l'usage de son œil gauche – il avait déjà perdu l'autre à trois ans. Excès de travail, d'alcool, de tabac, de corydrane. La fièvre d'écrire, toujours davantage, toujours plus vite, en prenant la vieillesse et la mort de vitesse ; la machine corporelle qu'on pousse comme une chaudière et qui explose : cécité, hypertension, troubles de l'équilibre, des jambes, des bras, du cerveau. Un écrivain qui ne peut plus écrire, c'est quoi ? *« Mon métier d'écrivain est complètement détruit. L'unique but de ma vie, c'était d'écrire... En ce sens, ça m'ôte toute raison d'être : j'ai été et je ne suis plus, si vous voulez... Je suis un homme de l'écrit et il est trop tard pour que je change.* [...] *Ce qui m'est désormais interdit, c'est quelque chose que beaucoup de jeunes gens d'aujourd'hui méprisent : le style, disons la manière littéraire d'exposer une idée ou une réalité. »*

Il lui reste la pensée, dira-t-on. Et les « jeunes gens d'aujourd'hui », entendez Pierre Victor, Philippe Gavi et les quelques « maos » qui gravitent dans l'entourage, lui répètent que cela suffit bien, que la littérature est plus qu'inutile, nuisible, *« que ce qu'on a à dire il faut le dire simplement et puis c'est tout. Pour moi, le style – qui n'exclut pas la simplicité, au contraire – est d'abord une manière de dire trois ou quatre choses en une. Il y a la phrase simple, avec son sens immédiat, et puis, dessous, simultanément, des sens différents qui s'ordonnent en profondeur. Si l'on n'est pas capable de faire rendre au langage cette pluralité de sens, ce n'est pas la peine d'écrire.* [...] *L'artiste du langage est celui qui dispose les mots de telle manière que, selon l'éclairage qu'il ménage sur eux, le poids qu'il leur donne, ils signifient une chose, et une autre, et encore une autre, chaque fois à des niveaux différents ».* L'écrivain mort donne sa dernière leçon de littérature. L'écriture pense, autrement que la parole.

Mais la parole est tout ce qui lui reste. Pire : au fil des années, elle va se faire plus difficile, plus intermittente, avec des absences, des distractions, des somnolences, des abdications. Dans les longues conversations avec Simone de Beauvoir d'août-septembre 1974, dans l'entretien-bilan avec Michel Contat publié à l'été 1975 sous le titre « Autoportrait à soixante-dix ans », Sartre donne déjà l'impression d'être ailleurs, de se placer en spectateur d'une vie, d'une œuvre et d'un monde qui ne le concernent plus guère. Mais ce retrait sans mélancolie, presque gai, ne nuit en rien à la souveraineté de l'intelligence, à la finesse des analyses et à la verve critique, même s'il y manque la jubilation de l'imagination, l'art. *« Maintenant j'ai fini ; je suis de l'autre côté de la porte. »* Ensuite, les choses deviennent plus troubles. D'où la querelle des héritiers.

Sartre a pris l'habitude de travailler quelques heures chaque jour avec Pierre Victor. Victor a vingt-huit ans ; Sartre l'a connu lorsqu'il a apporté, au début des années 1970, son soutien à *La Cause du peuple*, le journal de la Gauche prolétarienne poursuivi par le ministère de l'Intérieur. Sartre n'épouse en rien l'idéologie marxiste-léniniste-maoïste du petit groupe. Il lui suffit qu'il soit jeune, révolutionnaire et persécuté, dans l'ordre qu'on voudra. Intouchable, Sartre prête son nom et son nom suffit. C'est une manière de transaction ironique avec la gloire littéraire. Refuser le prix Nobel et devenir la couverture légale d'un groupuscule maoïste, c'est tout un : éreinter l'institution littéraire et Sartre lui-même en tant qu'objet institutionnel. Sartre aime qu'on l'utilise : Jeanson, les étudiants de 68, les maos de *La Cause du peuple*, de *Vive la révolution !* ou de *Libération*.

Victor l'utilise. Le chef des maos, charismatique, tranchant, dogmatique, se sert du grand écrivain bourgeois vieillissant, tout en fantasmant une traduction française de la révolution culturelle chinoise et de ses gardes rouges qui ne manquerait pas d'envoyer le grand écrivain en camp de rééducation. Un malentendu parmi tant d'autres. Il en naît une réelle amitié, faite aussi d'un étrange donnant-donnant. Sartre apporte Sartre, son statut, sa renommée internationale, son œuvre d'écrivain et de penseur, son image de héros intellectuel. Victor apporte sa jeunesse, sa qualité de militant révolutionnaire, sa contestation amicale de la philosophie de Sartre. Cela pourrait être une belle aventure de la pensée comme Sartre les aime et les rêve : le vieux philosophe s'arrachant, une fois encore, à ses propres certitudes et au sartrisme pour poser les bases d'une nouvelle perception du monde. Ouvrant derechef à la vie une pensée que l'on croyait définitive, faite : *« J'aime mieux les jeunes que les vieux parce que leur pensée n'est pas faite… »*

Sartre, depuis dix ans, a le sentiment douloureux d'un hiatus culturel avec le public. *« J'écris toujours mais on ne me lit plus. »* Le travail avec Benny Lévy-Pierre Victor, il se le présente comme une chance de retrouver le contact perdu, de survivre à travers un autre – qui ne serait pas un écrivain puisque l'époque n'en veut plus, que ses héros sont ailleurs. Mais la réalité matérielle détruit le rêve d'un échange idéal. Le travail-confrontation avec Victor est biaisé, simplement parce que le rapport des forces est par trop inégal. La vieillesse a réduit le maître au rôle de disciple. S'il regimbe encore parfois, s'il a avec Victor de *« vraies séances d'engueulade »*, la vérité est qu'il est trop fatigué pour ne pas céder, trop dépendant de Victor et de ses intérêts intellectuels personnels – après la Révolution, la Thora, avec la même ardeur dogmatique – pour ne pas se laisser guider par eux. Inutile, pour expliquer cet acquiescement, d'accuser Victor de « détournement de vieillard » ; il suffit de comparer la vigueur rhétorique, la confiance absolue en lui-même et la passion de convaincre du jeune philosophe avec l'éloignement progressif de son interlocuteur pour comprendre que Sartre n'était plus Sartre et que Victor lui mettait dans la bouche sa propre parole.

L'opération survie tourne, pour les vieux amis de Sartre, pour Simone de Beauvoir, pour l'équipe des fidèles sartriens des *Temps modernes* – Claude Lanzmann, Jacques-Laurent Bost, André Gorz, Jean Pouillon –, à l'opération catastrophe. Ils ne reconnaissent plus « leur » Sartre dans cette parole à la première personne du pluriel. Ce « nous », c'est l'autre sans « je ». Ce sentiment accompagne le constat de la dégradation physique. Beauvoir : *« Un matin, en se levant, son pied droit le faisait tellement souffrir qu'il m'a dit : "Je comprends qu'on coupe les pieds."* [...] *Seul avec moi, il était encore ouvert, vivant. Mais souvent, en présence des gens, il s'absentait, il se fermait. Même un soir, avec Bost, il n'a pas ouvert la bouche. Bost m'a dit, atterré : "Comment peut-on admettre que* ça *lui arrive, à lui" ? »*

Les clans se dressent autour du vieil homme, bientôt irréconciliables. Beauvoir et les sartriens de toujours d'un côté. De l'autre, Lévy, qu'a rejoint Arlette El-Kaïm. Les premiers reprochent aux seconds de vouloir « convertir » Sartre et de transformer sa pensée en bouillie ; les autres opposent, à une intelligence sartrienne toujours en mouvement et en recherche, les « conservateurs » qui se cachent derrière la statue d'un Sartre d'une autre époque. Bientôt, il n'y aura plus de reproches ni de répliques. Les deux camps se croisent chez Sartre, boulevard Edgar-Quinet, ils ne se parlent plus. À l'hôpital, ils se relaient au chevet du malade ; leurs échanges se bornent à des bulletins de santé. La mort, un instant, les rapprochera, avant le temps des règlements de comptes.

Dans la chambre mortuaire de l'hôpital Broussais, tous les amis sont là autour de Beauvoir. On boit un peu, on parle de Sartre ; Bost, Pouillon et Lanzmann prennent des dispositions pour la cérémonie : inhumation provisoire au cimetière Montparnasse, crémation au Père-Lachaise, sépulture définitive à Montparnasse, pas loin de Baudelaire. On essaie surtout de se défendre des journalistes et des photographes qui assiègent Broussais, tentent de forcer les portes et s'installent sur les toits voisins pour voler l'image de cadavre. *« À un moment,* écrit Simone de Beauvoir, *j'ai demandé qu'on me laisse seule avec Sartre, et j'ai voulu m'étendre près de lui sous le drap. Une infirmière m'a arrêté : "Non. Attention... la gangrène." C'est alors que j'ai compris la vraie nature de ses escarres. Je me suis couchée sur le drap et j'ai un peu dormi. À cinq heures, des infirmiers sont venus. Ils ont rabattu sur le corps de Sartre un drap et une espèce de housse, et ils l'ont emmené. »*

Le corps de Sartre est exposé dans l'amphithéâtre de Broussais, le visage découvert. Bernard Pingaud, ancien des *Temps modernes*, prend quelques photos, pour les fidèles. Une poignée de personnes choisies viennent se recueillir. Parmi elles, Valéry Giscard d'Estaing, président de la République. Il reste une heure, seul, puis s'en va discrètement. Nouvelle illustration de la vieille alliance française du pouvoir politique et du pouvoir littéraire : le chef de l'État, un grand bourgeois conservateur imbu de ses privilèges de classe, rend un hommage personnel à Sartre. Au philosophe de la libération ? Non : à l'écrivain mondialement célèbre. Une fois encore – la dernière ? – la France éprouve la littérature comme son mode d'accès à l'universel. Giscard ne propose pas des funérailles nationales, trop contraires au mode d'être de Sartre, mais il veut faire quelque chose. Quelques mois auparavant, à la demande de Sartre, il avait accordé à Benny Lévy la nationalité française que les gouvernements refusaient au militant gauchiste.

Le samedi 19 avril à 14 heures, lorsque s'ouvrent les portes de Broussais pour livrer passage au fourgon funéraire, une foule entoure les grilles ; elle va gonfler au fur et à mesure que le cortège se rapproche du cimetière. 50 000 personnes au moins qu'aucun pouvoir, aucune organisation n'ont conviées ; un déferlement spontané, bigarré, mêlant les générations et couches sociales ; beaucoup de jeunes enfants juchés sur les épaules de leurs parents pour une sorte de leçon d'instruction civique émue. La dernière manifestation d'un Mai 68 qui ne se résignerait pas à sa fin ? Oui, si l'on s'en tient à la nostalgie, à la chaleur, au sentiment d'être ensemble, de constituer un organisme vivant, pas un amas de solitudes. Non, si l'on se souvient de la tendresse de cette foule, des chaînes qui se sont formées pour protéger le fourgon de Sartre de la ruée des photographes : chacun manifestait un attachement personnel, un lien subjectif, une liberté et une appartenance. Ce n'est pas seulement un symbole qu'on mène à la tombe, c'est un homme et c'est une œuvre : *« Je me disais,* écrit Beauvoir, *que c'était exactement l'enterrement que souhaitait Sartre, et qu'il ne le saurait pas. »*

On sait le reste. Pas d'officiels, pas de discours et pas de cloches qui sonnent le glas. La vague humaine qui s'écrase dans le cimetière Montparnasse, les bousculades, les cris, le tumulte sous le ciel gris. Beauvoir : *« Quand je suis descendue du fourgon, le cercueil était déjà au fond de la tombe. J'avais demandé une chaise, et je suis restée assise au bord de la fosse, la tête vide. J'ai aperçu des gens perchés sur des murs, sur des tombes, un grouillement confus. Je me suis levée pour revenir à la voiture : elle n'était qu'à dix mètres de distance, mais la cohue était telle que j'ai cru être étouffée. »*

Sartre n'appartient déjà plus à cette foule, pas davantage à la littérature : il est la proie de la presse. Pas un homme, pas une pensée, pas même une aventure exemplaire dans l'histoire du XXe siècle n'émergent de la montagne de papier imprimé sous laquelle on l'ensevelit : une succession d'images, une pure contingence, les salles d'un musée que l'on visite, en touriste, admiratif ou goguenard, intrigué ou sarcastique. Sartre n'a pas de successeur : il n'y a pas de Sartre vivant pour écrire de Sartre mort comme il avait su écrire de ses pairs, de Gide, de Nizan, de Camus, de Merleau-Ponty.

Le talent n'a pas à y voir, ou si peu. Si les portraits signés de Sartre donnent une impression aussi intense de vécu, c'est bien sûr question d'écriture, de style, aurait dit Sartre. Le style est ce qui permet que le lecteur reconnaisse la subjectivité de l'écrivain – sa marque si l'on veut – et en même temps ce qui nous convainc de la réalité objective de ce qu'il dit, de la vérité de l'objet. L'un ne cesse de s'appuyer sur l'autre, de le vérifier et de le confirmer. Le style est la pierre de touche de la croyance littéraire. Il ne s'agit pas d'un quelconque ornement qui viendrait, pour faire joli ou agréable, s'ajouter au processus de communication. Pas davantage d'une pure et simple expression esthétique de soi, indépendante des lecteurs auxquels l'écrivain s'adresse. C'est soi et les autres, inséparablement, les moyens et la fin, le fond dans la forme et la forme dans le fond. Un jeu avec la langue qui réalise un rapport au monde.

La littérature n'a jamais cessé de s'affronter à son propre mystère, bien avant que le mot *littérature* n'apparaisse au XVIIIe siècle, déjà double, désignant tout à la fois un objet – les œuvres qui portent la « marque » de « préoccupations esthétiques » – et une institution, le « corps » des gens de lettres. Elle n'a jamais cessé de discuter de sa propre existence, tantôt en essayant de se saisir par l'extérieur – la théologie, la philosophie, l'histoire, la sociologie, la linguistique, l'économie –, tantôt en affirmant ne trouver qu'en elle-même les caractères de son être, les propriétés formelles qui distinguent un texte « littéraire » des autres communications écrites : poétique, rhétorique, esthétique. Toute une histoire de la littérature peut s'écrire autour de la question qui la traverse, celle que Sartre encore pose en 1946 : *Qu'est-ce que la littérature ?*

Sartre savait encore proposer une réponse à sa question ; et provoquer en réaction d'autres réponses. Les lecteurs français, dans la mesure où ils s'intéressaient à ces joutes, n'en retenaient que les conséquences pratiques : non pas le pourquoi, le comment : Comment faire de la littérature après Auschwitz ? Comment concilier fiction et vérité, plaisir et savoir, engagement et liberté créatrice, art et communication ? La question du pourquoi ne se pose pas, ou si peu : en France, la littérature va de soi, elle n'a pas à se démontrer. C'est une nature, inscrite dans les caractères du génie national, enseignée dans les écoles comme la matière la plus prestigieuse (les autres ne sont qu'utiles), incarnée par de grands hommes, les écrivains, qui, au long des siècles, en font exister l'essence. Quand toutes les autres croyances se sont usées ou ont révélé leurs limites historiques, géographiques et spirituelles – religions, idéologies, sciences, institutions –, la littérature demeure intacte, se refondant sans cesse elle-même, porteuse à la fois de l'absolu et de l'universel. Et la France est l'indéracinable sanctuaire de la croyance, le lieu où toutes les littératures de la planète viennent chercher l'onction de la légitimité. C'est à Paris que se décide en dernier ressort ce qui est et ce qui n'est pas de la littérature.

Face à cette certitude, peu importent les faits. La France de 1980 est une puissance de second rang (son président ne cesse de le lui répéter), son réseau de bibliothèques publiques est calamiteux, son système d'enseignement vient de s'effondrer, la langue française recule, mais le nombre de ses prix Nobel de littérature la place en tête de toutes les nations. L'exception littéraire n'est pas une revendication politique, ni l'expression d'un rapport de forces, c'est l'affirmation d'une primauté spirituelle fondée sur l'Être : l'être littérature et l'être français.

L'enterrement de Sartre marque à la fois le triomphe de cette foi et l'annonce de sa mise en crise. En ce sens, Sartre est le dernier des grands-écrivains-français. Avec lui, quelque chose trouve sa forme ultime et s'achève, la religion nationale de la littérature, dont il aura été à la fois le grand prêtre et le premier athée.

Sartre a « mangé le morceau ». Dans *Les Mots*, il raconte la naissance de sa vocation d'écrivain, dès sa prime enfance. Et comment cette vocation faisait corps avec ce qu'il nomme son imposture. À six ans, l'enfant Sartre prenait la posture de l'écrivain pour être mieux aimé de son grand-père alsacien que la langue française *« émerveillait encore à soixante-dix ans, parce qu'il l'avait apprise difficilement et qu'elle ne lui appartenait pas tout à fait »*. Mais, comme chez le sceptique de Pascal, il arrive que se mettre à genoux fasse croire en Dieu : *« Rien ne me troublait plus que de voir mes pattes de mouche échanger peu à peu leur luisance de feux follets contre la terne consistance de la matière : c'était la réalisation de l'imaginaire. Pris au piège de la nomination, un lion, un capitaine du Second Empire, un Bédouin s'introduisaient dans la salle à manger ; ils y demeuraient à jamais captifs, incorporés par les signes ; je crus avoir ancré mes rêves dans le monde par le grattement d'un bec d'acier. Je me fis donner un cahier, une bouteille d'encre violette, j'inscrivis sur la couverture : "Cahiers de romans". » Les Mots* procède au démontage, minutieux, acharné, sarcastique (et émouvant, comme une chasse), de la croyance littéraire. Confessant qu'en voulant être écrivain, il voulait tout, il dépouille un à un cette totalité de ses déguisements comme un homme perdu au milieu de l'océan crèverait ses bouées. Mieux : dans un ultime retournement, il soupçonne sa volonté de ne rien sauver d'être encore une manière de sauvetage, de faux héroïsme : *« Pardaillan m'habite encore. Et Strogoff. Je ne relève que d'eux qui ne relèvent que de Dieu et je ne crois pas en Dieu. Allez vous y reconnaître. Pour ma part, je ne m'y reconnais pas et je me demande parfois si je ne joue pas à qui perd gagne et ne m'applique pas à piétiner mes espoirs d'autrefois pour que tout me soit rendu au centuple. En ce cas je serais Philoctète : magnifique et puant, cet infirme a donné jusqu'à son arc sans condition : mais, souterrainement, on peut être sûr qu'il attend sa récompense.* »

Opération Philoctète couronnée de succès. Acte de décès de l'élection littéraire *(« Tout un homme, fait de tous les hommes et qui les vaut tous et que vaut n'importe qui »), Les Mots* est aussi un texte littéraire éblouissant dans lequel le style de Sartre brille de ses feux les plus séduisants. Sartre en convient : *« J'y mettais du temps. Je voulais qu'il y ait des sous-entendus dans chaque phrase, par conséquence que ça frappe les gens à un niveau ou à un autre. »* L'écrivain savoure le pouvoir qu'il aimerait nier.

Les Mots date de 1964. *La Mort dans l'âme* (1949) est le dernier roman de Sartre, *Les Séquestrés d'Altona* (1960) sa dernière pièce de théâtre. La philosophie, l'écriture et l'action politiques absorbent son énergie et son temps. La rédaction du premier volume de la *Critique de la raison dialectique* a ruiné sa santé. Sartre s'est pourtant toujours voulu écrivain d'abord : *« Il y a une hiérarchie, et la hiérarchie, c'est la philosophie en second et la littérature en premier. Je souhaite obtenir l'immortalité par la littérature, la philosophie est un moyen d'y accéder, mais elle n'a pas en soi de valeur absolue, parce que les circonstances changeront et amèneront des changements philosophiques.* [...] *Les gens qui aiment Rabelais de tout leur cœur le lisent comme s'il avait été écrit hier.* [...] *Quand j'étais petit, je voulais écrire un roman qui serait comme* Notre-Dame de Paris *ou* Les Misérables, *une œuvre qui serait reconnue à d'autres époques, un absolu que rien ne pourrait modifier.* »

À peine chassé, l'absolu littéraire est de retour. Pourtant, explique-t-il encore à propos des *Mots*, *« j'ai voulu qu'il* [le livre] *soit plus littéraire que les autres, parce que j'estimais que c'était en quelque sorte une manière de dire adieu à une certaine littérature et qu'il fallait à la fois la réaliser, l'expliquer, prendre congé d'elle. J'ai voulu être littéraire pour montrer l'erreur d'être littéraire »*. C'est promis, Sartre n'écrira plus de littérature ; il vend sa peau d'écrivain, il va écrire des livres « engagés », politiques, mortels, relatifs, immédiats. Vœux à peine prononcés, il se lance dans une énorme entreprise… Flaubert, *L'Idiot de la famille*.

Sartre peut bien affirmer que cela n'a que peu de chose à voir avec la littérature, que *L'Idiot de la famille « est la suite de* Question de méthode », son essai introductif à la *Critique de la raison dialectique* ; que le sujet de son livre est *« Que peut-on savoir d'un homme aujourd'hui ? »* et que Flaubert n'est qu'un exemple, un universel singulier parmi d'autres, il a choisi Flaubert, et personne d'autre : la figure même de l'écrivain, le symbole de l'absolu littéraire sous sa forme moderne. Quel homme derrière cette figure ? Quelle réalité derrière ce symbole ? Et quels rapports entre l'homme vivant, la réalité et l'œuvre – à la fois cet objet créé par Flaubert et cet objet autre, autrement parlant, que nous lisons aujourd'hui ?

Ces questions pourraient être traitées de manière théorique ; elles n'ont jamais cessé de l'être, et la critique contemporaine de Sartre, Barthes par exemple, leur apporte de nouvelles réponses, à la lumière de Marx, de Freud, de Bataille, des structuralistes et de Sartre lui-même. Mais *L'Idiot de la famille* est tout autre. Il ne va pas surplomber le « dossier Flaubert » pour en proposer un nouveau code de lecture, il va investir imaginairement Flaubert lui-même, son père, sa mère, son frère, mais aussi l'époque, la société, les manières de sentir et de penser, la médecine, la politique, la sexualité. Il va écrire un roman, son meilleur roman, celui où, enfin, les personnages ne sont pas les reflets d'une idée qui les précède, mais la réalisation d'une interrogation singulière : qu'est-ce qu'un écrivain ? Pourquoi les mots, pour quel recours, pour quel salut ?

Car l'*Idiot* est le pendant des *Mots*. Sous le « cas » Flaubert, le « cas » Sartre se dissimule à peine. Il a eu, avoue-t-il *« le sentiment d'un compte à régler avec lui* [Flaubert] *et que je devais, en vue de cela, mieux le connaître. Depuis mon antipathie première s'est changée en* empathie*, seule attitude requise pour comprendre ».* Sartre comprend Flaubert : il le prend avec lui, c'est ensemble qu'ils vont régler leurs comptes, dissemblables et conjoints, avec leur enfance – *« la plaie profonde toujours cachée »* – avec la bourgeoisie, avec eux-mêmes, avec la passion et la névrose de la littérature. Sartre invente l'autobiographie en miroir, le portrait de l'artiste en jeune Flaubert. Le sous-chapitre qui ouvre l'*Idiot* porte le même nom que le premier chapitre des *Mots* : « Lire ».

Puis il s'arrête, après trois volumes et 2 800 pages, au seuil de l'œuvre elle-même : refus ou lassitude, maladie ou volonté de l'inachevé : le quatrième volume annoncé sur *Madame Bovary* ne sera jamais écrit. Silence sur la victoire littéraire.

Adieu définitif à la littérature. Sartre parle de l'écrivain qu'il a été. Les maos qu'il fréquente se moquent ouvertement de son Flaubert et lui reprochent le temps qu'il perd à des activités d'un autre âge. S'il veut vraiment écrire, qu'il leur fasse un bon roman populaire qui réveille les masses assoupies. Ces jeunes experts en révolution, bourgeois cultivés dans les meilleures écoles, n'ignorent pas la littérature, ils la haïssent comme ils haïssent leur origine sociale avec laquelle elle se confond. Elle est tromperie des mots sur les mots. C'est trop peu dire qu'elle est politiquement nuisible : elle est, dans l'ordre symbolique, le vecteur même de l'oppression de la classe dominante. Les écrivains, de simples ouvriers de la langue, se comportent en propriétaires élus de cette langue dont ils entendent dire le sens, du haut d'un trône où la bourgeoisie les a juchés. Ils ne peuvent laver ce péché originel qu'en se mettant modestement aux ordres du peuple.

Sartre s'est trop longtemps battu contre le stalinisme littéraire pour ne pas reconnaître les fumets du sacrifice qu'on lui demande. Il résistera à ses amis, quitte, pour une fois, à ne pas penser contre lui-même. Mais les attaques contre l'institution littéraire recoupent trop certaines de ses intuitions pour qu'il s'y montre insensible. Et puis, autour de lui, parmi ces jeunes générations qu'il a toujours eu à cœur de comprendre, de séduire et de convaincre, il croit sentir que la littérature ne marche plus comme avant. *« J'écris, on ne me lit plus. »* Pas d'amertume, un constat. Sartre sait qu'il est un nom, une puissance d'entraînement, une protection politique, une vedette internationale, une référence morale, un ennemi à abattre, un titre dans les journaux, une signature, un article des dictionnaires, un objet d'admiration et de scandale, une œuvre même, comme un tombeau, mais il n'est plus Sartre-écrivain dont on attend ce qu'il va écrire. Écrire, pas dire ni manifester : donner d'un monde opaque une forme lisible.

La société française a attendu cela de Sartre, comme elle l'a attendu auparavant de tous ses écrivains qu'elle proclamait « grands » parce qu'ils satisfaisaient le plus pleinement à cette demande, de Montaigne à Gide et de Voltaire à Chateaubriand. Et il importait peu que l'auteur cherche ou ne cherche pas l'opinion de ses lecteurs, ou que le seul lecteur légitime soit le roi, ou l'aristocratie des lettrés. C'était pour tout le monde et pour toujours. Sartre a tiré un bénéfice éclatant de ce besoin. C'était à la Libération ; la grande littérature française de l'entre-deux-guerres, dominatrice, assurée de son charme, s'était flétrie pendant les années noires. On avait besoin d'une écriture neuve et forte qui réaffirme l'universalité française sérieusement amochée. Les Américains et les Russes se disputaient notre avenir, Sartre signifiait notre primauté. Il le faisait en déchirant l'optimisme officiel de ses analyses assassines ? Peu importe, c'était la tradition de Pascal, de Voltaire, de Chateaubriand, de Hugo qui se renouait, celle des « non » fondateurs.

Sartre a joué de tout cela, il voulait tout. Son pouvoir littéraire, il l'a bâti, pierre à pierre, phrase à phrase. Non sans violence verbale, retournements, ruptures, compromis, coups d'audace, abandons, toujours sincère. Il a investi les places fortes de l'institution, le roman, le théâtre, l'essai critique, la revue, en les nourrissant de son savoir philosophique et de son expérience de pédagogue. Il a noué des relations internationales étendues. Usant de son double statut d'artiste et d'intellectuel, il est intervenu dans le domaine politique et social, mais aussi dans ceux des arts plastiques, de la musique, de l'histoire, de la psychanalyse, de l'économie. Apogée de l'écrivain national universel : il n'y a pas eu de jeunesse voltairienne ou hugolienne, il a y eu une jeunesse existentialiste, longtemps après que la mode en fut passée, à Paris, à New York ou à Lima.

Sartre a choisi le pouvoir de l'institution littérature ; il n'a jamais cessé d'y croire : *« On écrit pour faire quelque chose de bien : pour faire sortir de soi quelque chose qui ait une valeur et qui vous représente. »* Coup double, tout le monde y gagne, Sartre est un généreux, il fait don de sa valeur aux autres, le pouvoir en est justifié. Mais en même temps, l'irréductible anarchiste qu'il n'a jamais cessé d'être regimbe contre l'ordre qu'il dirige ; l'athée se moque de la croyance, l'égalitariste refuse les hiérarchies. Le monument national n'est pas dupe des circonstances qui l'ont fait roi. En 1946, il analysait déjà sa gloire montante : *« On n'attendait pas Proust, ni Claudel : Maupassant, Bourget, Leconte de Lisle suffisaient à combler les âmes délicates. Aujourd'hui on n'attend pas davantage les idées ou le style : mais on attend les hommes. On vient chercher l'auteur à domicile, on le sollicite. À son premier livre, on se dit : "Hé ! Hé ! Ce pourrait bien être notre homme." À son deuxième on en est sûr. Au troisième, il règne déjà : il préside des comités, il écrit dans les journaux politiques, on pense à lui pour la députation ou l'Académie : l'essentiel est qu'il soit consacré au plus vite. Déjà on a pris l'habitude de publier de son vivant ses œuvres posthumes ; peut-être coulera-t-on sa statue avant qu'il soit mort.* [...] *Tout se passe comme si la France avait un besoin éperdu de grands hommes.* »

Le refus du prix Nobel de littérature en 1964 est tout à la fois une attitude d'homme public et l'expression d'un désengagement de la littérature comme ordre et institution. D'un côté, Sartre bafoue son statut d'écrivain de l'universalité nationale : il ne sera pas le treizième auteur français du siècle à inscrire son nom au palmarès, sur les traces de Sully Prudhomme et de Frédéric Mistral. De l'autre, il déclare appartenir à une sorte de société utopique a-sociale, sans chef, sans gouvernement, sans hiérarchie, sans récompenses et sans sanctions : le peuple des écrivains dont l'activité est de fabriquer et de lancer des livres, comme des bouteilles à la mer.

La croyance est morte et avec elle l'institution de la littérature. Barthes (il sera enterré quelques jours avant Sartre) proclame du haut de sa chaire au Collège de France que toute littérature est « fasciste ». On se gausse, le démon de la théorie inspire des bêtises aux esprits les plus fins. Mais Barthes ne fait que dresser l'avis de décès en l'égayant d'une pointe polémique. La philosophie, la linguistique, la psychanalyse, l'histoire, la sociologie : chacun s'y est mis pour démolir l'édifice. Michel Foucault a proclamé la mort de l'auteur, ce sujet encombrant, ce nid à poussières biographiques, cette invention de l'individualisme. Les linguistes avaient préparé le terrain : il n'y a que du texte, de l'intertexte, du paratexte, des énoncés, des figures. Et des névroses, ont poursuivi les néo-freudiens, fidèles à une tradition qui associe écrivains et malades. Plus prudents ou plus réalistes, les sociologues ont plongé la littérature (et plus largement le culte de l'art) dans le bain de l'analyse sociale, des jeux d'intérêts, des passions partisanes, des conflits générationnels, des calculs économiques, des affrontements de pouvoirs afin de la débarrasser de sa gangue d'impuretés et d'extraire

« l'essence sublimée de l'universel » (Pierre Bourdieu). Une essence si sublimée qu'elle n'est souvent plus que vapeur ou odeur vague.

Ces déconstructions savantes ne sont peut-être elles-mêmes que les expressions d'un désenchantement lui-même historique. Le mirage littéraire ne fonctionne plus, sinon au titre de nostalgie. Il a été. La nostalgie a la particularité de se tromper sur l'objet réel de son regret. Au lieu de regretter le temps de la croyance, on regrette le temps des grands prêtres, comme Chateaubriand regrettait le catholicisme à cause des beautés de la messe et de la collerette en dentelle des enfants de chœur. On ne dit pas : je ne crois plus à la littérature, mais : il n'y a plus de grands écrivains français. Fille aînée de l'Église littéraire, la France, plutôt que d'admettre l'évidence – elle se fiche bien aujourd'hui de la littérature et de l'universel, ces vieilles lunes –, préfère accuser ceux qui s'obstinent chez nous à écrire : ils ne sont pas à la hauteur. À la hauteur de quoi ? L'accusation montre le fond de son sac : les écrivains français n'existent plus puisqu'ils ne sont pas traduits en américain. Le chemin de l'universel est tracé par les lois internationales du commerce.

Sartre a reconnu très tôt chez lui le symptôme de désenchantement : *« Depuis ma jeunesse, et pendant assez longtemps, jusqu'en 50, j'ai considéré un livre comme apportant une vérité ; le style, la manière, les mots, c'était une vérité, cela m'apportait quelque chose. Je ne savais pas quoi et je ne me le disais pas* [...] *mais je le sentais. Les livres littéraires, c'était ça que je leur demandais, ce rapport avec la vérité.* [...] [Cette idée], *je l'ai perdue, parce que je pense qu'un livre c'est beaucoup plus banal que ça. De temps en temps, je retrouve un peu de cette impression pour de grands écrivains.* [...] *Je pense que c'était une idée qui datait d'un siècle* [...] *un peu magique. Cette vérité-là ne m'était pas proposée par des méthodes scientifiques ou logiques. Elle m'était donnée par la beauté du livre en lui-même, par sa valeur. Ça j'y ai beaucoup cru. J'ai cru qu'écrire était une activité produisant du réel, non pas exactement le livre, mais par-delà le livre. Le livre, c'est de l'imaginaire, mais par-delà le livre, il y avait de la vérité. »*

Sartre saute du présent au passé, du passé au présent, comme s'il hésitait encore à croire ou à abjurer. L'écrivain ne veut pas ou ne peut pas abandonner complètement la croyance. Le lecteur, en revanche, est déjà désaffecté. Il admet n'avoir pas eu de grands enthousiasmes littéraires depuis sa lecture de Genet et celle du *Moby Dick* de Melville. Alors que tous les auteurs, depuis trente ans, ont envoyé leurs livres au puissant directeur des *Temps modernes*, il dit en avoir ouvert peu et n'avoir jamais été intéressé : *« D'une façon générale d'ailleurs, je ne sais plus très bien pourquoi on écrit des romans. »*

La littérature n'enchante plus Sartre. Elle est également rejetée par la jeunesse contestataire qui lui reproche d'occuper une position que précisément elle n'a plus. On sait le paradoxe culturel de Mai 68 : les manifestants défilaient derrière des drapeaux rouges alors qu'ils enterraient le communisme et faisaient la promotion d'une « contre-culture » imitée des États-Unis. La littérature n'y était plus un enjeu que se disputaient les classes et les générations, mais un hors-jeu du champ culturel. La jeunesse se définissait moins comme classe d'âge dans un processus biologique d'opposition et de succession des générations que comme « communauté » distincte. Faite des éléments réputés marginaux, mineurs ou vulgaires de la culture établie – bande dessinée, science-fiction, musique de variété, roman-photo –, sa « contre-culture » s'en prenait, en théorie, à toutes les manifestations du mythe artistique de la valeur. Sans comprendre – ou trop tard – qu'elle faisait ainsi place nette à la domination d'une valeur unique universelle : celle de la marchandise.

Témoigne encore de cet effacement la disparition des revues dans l'espace littéraire. Depuis l'invention de la presse, elles en étaient le cœur ; à la fois moteur et lieu d'échange, impulsion et sélection, lieux d'élaboration théorique, d'initiation des nouveaux arrivants, laboratoire d'expériences, vivier des entreprises d'édition, point de contact entre les créateurs, les critiques spécialisés et le public des lecteurs cultivés. Les revues étaient aussi le lieu de rencontre privilégié entre la création littéraire et les autres champs : politiques, scientifiques, culturels, sociaux. Cette fonction s'atrophie. Rien ne vient remplacer la *NRF* de l'entre-deux-guerres, *Les Temps modernes* de Sartre ou *Les Lettres nouvelles* de Maurice Nadeau. Lorsqu'elles subsistent, ces revues qui ont perdu le plus clair de leurs abonnés semblent courir derrière l'ombre de leur passé. Leur qualité n'est même pas en cause ; elles ne servent plus à rien, voilà tout ; elles font comme si la littérature existait toujours, telle qu'en elle-même éternelle. *Critique* a avalé la littérature dans le vaste melting-pot des sciences humaines ; *Esprit*, l'ancien concurrent spiritualiste des *Temps modernes*, s'épuise à rechercher un point d'équilibre entre le christianisme social et la technocratie libérale, très loin de la création artistique. Succédant à *Tel Quel*, *L'Infini* de Sollers se consacre à Sollers. *Lignes* arpente inlassablement le triangle Bataille-Blanchot-Leiris, alpha et oméga de toute réflexion moderne sur la littérature et la politique. Les autres revues sont des organes de clubs ou des réunions de famille, les auteurs s'y adressent à eux-mêmes.

La littérature est morte, la vieille Église, l'antique croyance, le rêve français. Au cimetière Montparnasse, la foule porte en terre son dernier héros. L'Académie française élit Michel Droit, tout est en ordre. À quoi bon faire semblant de défendre ce qui n'existe plus ?

On s'y obstine pourtant encore, par habitude, par entêtement, par fidélité à sa jeunesse ou à ses parents. On signale que, dans certains collèges, des enseignants anachroniques résistent, contre toute raison. Maîtresse en simulacre, la télévision présente encore, de moins en moins il est vrai et de plus en plus tard, des émissions qui se baptisent « littéraires », mais qui dupe-t-elle ?

Il y a toujours, pour notre plaisir ou notre information, nos sentiments et notre intelligence, des écrivains, des créateurs, des penseurs, des lettrés, une organisation éditoriale mi-intellectuelle mi-commerciale. Il y a toujours des œuvres qui aident à vivre, et toujours des lecteurs qui en ont besoin.

Il y a aussi une catégorie de livres – les ouvrages de fiction, de toutes sortes, plus la poésie, l'éloquence et les essais critiques – vendus sous la même étiquette commerciale de « littérature ». Glissement sémantique plus parlant que toutes les analyses : la sempiternelle question « Qu'est-ce que la littérature ? » a enfin trouvé sa réponse, hors de toute valeur esthétique, cognitive ou morale, hors de tout engagement personnel de ceux qui la produisent. La littérature est ce qui se vend sous le nom de littérature.

De cette grande disparition – définitive ? provisoire ? – il subsiste des traces, des empreintes, des signes, comme des bisons sur les parois d'une caverne, rappels d'une obscure et admirable croyance abandonnée pour d'autres magies, d'autres rites. La chaîne est rompue, nous voilà libres. Ce qui veut dire que l'aliénation a trouvé ailleurs sa prise.

SOURCES

Jean-Paul SARTRE : *Œuvres romanesques*. Édition de Michel Contat et Michel Rybalka. Paris, Gallimard, « Bibliothèque de la Pléiade », 1982.

— *Les Mots*. Paris, Gallimard, 1964.

— *L'Idiot de la famille*. 3 vol. Paris, Gallimard, 1971-1988.

— *Situations*. 10 vol. Paris, Gallimard, 1948-1976.

Jean-Paul SARTRE, Philippe GAVI et Pierre VICTOR : *On a raison de se révolter*. Paris, Gallimard, 1974.

Simone de BEAUVOIR : *La Cérémonie des adieux*, suivi de *Entretiens avec Jean-Paul Sartre (août-septembre 1974)*. Paris, Gallimard, 1981.

Michel CONTAT : *Les Écrits de Sartre*. Paris, Gallimard, 1970.

François GEORGE : *Deux études sur Sartre*. Paris, Christian Bourgois, 1976.

Francis JEANSON : *Un quidam nommé Sartre*. Paris, Éd. du Seuil, 1966.

— *Sartre dans sa vie*. Paris, Éd. du Seuil, 1974.

Annie COHEN-SOLAL : *Sartre (1905-1980)*. Paris, Gallimard, 1985.

Benny LÉVY : *Le Nom de l'homme. Dialogue avec Sartre*. Lagrasse (Aude), Verdier, 1984.

Jean-Pierre ÉNARD : *Le Dernier Dimanche de Sartre*. Paris, Le Sagittaire, 1978.

POSTFACE

D'autres histoires commencent...

La langue d'ailleurs

1992 – *Texaco*, de Patrick Chamoiseau, prix Goncourt.
Une histoire : Fêté à Paris, Chamoiseau est accueilli de manière glaciale à son retour en Martinique. La lutte ouverte entre les fils et le père. D'un côté, autour d'Édouard Glissant, la jeune génération antillaise, Chamoiseau, Confiant, Bernabé, etc. De l'autre, Aimé Césaire, le poète (né en 1913) du retour aux racines africaines, mais aussi homme politique d'extrême gauche, député-maire de Fort-de-France depuis un demi-siècle. L'affrontement sur la langue. Le parler créole peut-il devenir « littéraire » ? La langue du colonisateur peut-elle (et à quelles conditions) devenir un vecteur d'émancipation ? Le français « maronné », à la fois contesté comme héritage « national » et transformé en autre chose. La réponse de Césaire à Depestre qui s'était rallié aux thèses de la « poésie nationale » d'Aragon :

Laisse-là Depestre laisse là
la gueuserie solennelle d'un air mendié
laisse leur
le ronron de leur sang à menuet l'eau fade dégoulinant
le long des marches roses
et pour les grognements des maîtres d'école
assez : Maronnons-les Depestre maronnons-les
comme jadis nous maronnions nos maîtres à fouet.

Voir aussi Frantz Fanon (1925-1961), *Peau noire, masques blancs*.

Allers-retours du centre à la périphérie ? ou multiplication des centres, structure baroque : les littératures étrangères de la langue (problématique) française, africaines, nord-américaines (Québec), caraïbes ou de l'océan Indien, mais aussi européennes. Milan Kundera : un universel centre-européen dans une langue d'adoption.

Lire, réécrire. Figures de l'anthropophagie

1999 – *Poétique du traduire*, d'Henri Meschonnic. La littérature au second degré.

Histoire : la multiplication des procès pour plagiat, outre qu'elle illustre la conception dominante de l'activité littéraire (production de biens de consommation culturelle), repose la question des frontières entre lire, réécrire et écrire, celle des hybridations, celle de la « propriété » littéraire. Laquelle ne se pose pas seulement en termes de préjudices financiers (*Notre-Dame de Paris* lyophilisée par les studios Disney).

Emprunts, hommages, citations, montages, inspiration : l'écriture se nourrit de la littérature. Pour se poursuivre ? pour se légitimer ?

La réécriture d'une langue dans une autre a cessé d'être innocente. En énonçant, depuis les années 1970, les conditions d'une poétique du traduire, Meschonnic construit la figure du traducteur-auteur, mangeant le texte initial, le livre de l'autre pour en faire une œuvre autonome caractérisée par un double système linguistique, celui de la langue d'origine marquant de son empreinte la langue française.

Dans un registre différent, Pascal Quignard, abandonnant la forme romanesque, se livre à une réécriture dépaysée du monde à la fois fictionnelle, poétique et philosophique, où la lecture, comme lien intense du « je », de l'autre et du monde, participe intimement de la création et de l'invention. La littérature disparaît comme institution sociale pour mieux se réaffirmer comme magie essentielle, forme lettrée d'un universel anthropologique.

Les lettres françaises en danger ?

2000 – Parution au CNRS du 26e et dernier volume de l'*Histoire de la langue française*, inaugurée par Ferdinand Brunot un siècle auparavant. Les scientifiques s'y montrent rassurants quant à la langue française en France : « *La langue française est-elle en réel danger ? La réponse que la science doit donner à cette question est claire, sereine et négative.* »

Histoire. La transformation de l'activité éditoriale. La place (minime, marginale) de la production littéraire dans la création d'un groupe mondial de « communication ». Le livre comme un ingrédient dans le fonctionnement de l'industrie des loisirs : cinéma, télévision, presse. L'écrivain-scénariste : la traduction de la langue littéraire dans un autre système, industrialo-esthétique. *Le Rouge et le Noir* en jeu vidéo ?

La place des lettres françaises dans les nouvelles structures de l'organisation mondialisée des livres. L'influence de ces nouvelles structures sur le choix des livres et leur contenu. Écrivains nationaux et écrivains internationaux : quelles différences, dans les canons esthétiques, dans la relation au savoir, dans les références culturelles. Les lettres françaises comme produit provincial du marché-monde. Mirages de la World-fiction, nouvel étalon de la modernité romanesque. Londres et New York assurent les consécrations commerciales à l'échelle mondiale. Paris continue à assurer un rôle de consécration littéraire, mais la religion universelle est devenue une activité de secte. La littérature était-elle insoluble dans la démocratie ?

Index

A

B

C

D

E

F

H

I

J

K

L

M

N

O

P

Q

R

S

W

Y

Z

Table

RÉALISATION : PAO ÉDITIONS DU SEUIL
IMPRESSION : NORMANDIE ROTO-IMPRESSION S.A.S. À LONRAI
DÉPPÔT LÉGAL : SEPTEMBRE 2003. N° 35879 (031863)
IMPRIMÉ EN FRANCE